经典传家

经典回到生活　阅读从心开始

经典传家

『经典传家』丛书遴选了清代《四库全书》的精华，而且每一种书在注释、译文、解读等方面做了大量的、扎实的工作。

——傅璇琮

国学就是中国人的学问。『经典传家』是一套非常适合大众阅读的国学经典丛书。国学的传承和发展迫切需要好的大众读本。

——毛佩琦

《四库全书》浩如烟海，真正的必读经典就这百余部。

——任德山

国学是相互通融的，切忌断章或是割裂。今人只有从《周易》等原始经典入手，才能真正找到进入国学的门径。

——刘君祖

经典传家系列丛书

图解古文观止

吴楚材 吴调侯 编著

崇贤书院 释译

黄山书社

《古文观止》阅读指南

释意全面弥合古今差异

以最精致的品质呈献给读者最权威的《古文观止》读本。

轻松阅读，更加立体地展现作品全貌

图文配合还原作品产生年代场景氛围；所选插图出处繁多，几乎涵盖了所有古代版画的优秀作品。力求营造与文章所述内容及观点一致的阅读氛围。

题解

- 出现在每篇正文之前。
- 介绍文章背景，点出每篇主题，解释每篇主旨。

选字注音

- 将生僻字选出，单独注音。
- 将古今读音相异的字单独注音。
- 将重复出现的疑难字词都反复标注。

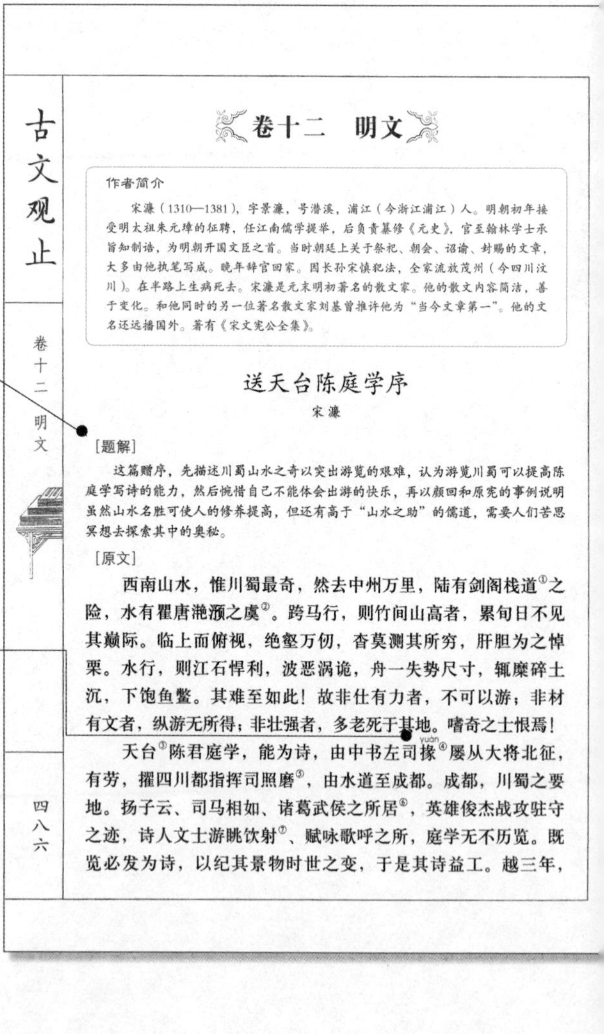

古文观止

卷十二 明文

四八六

卷十二　明文

作者简介

宋濂（1310—1381），字景濂，号潜溪，浦江（今浙江浦江）人。明朝初年接受明太祖朱元璋的征聘，任江南儒学提举，后负责纂修《元史》，官至翰林学士承旨知制诰，为明朝开国文臣之首。当时朝廷上关于祭祀、朝会、诏谕、封赐的文章，大多由他执笔写成。晚年辞官回家。因长孙宋慎犯法，全家流放茂州（今四川汶川）。在半路上生病死去。宋濂是元末明初著名的散文家。他的散文内容简洁，善于变化。和他同时的另一位著名散文家刘基曾推许他为“当今文章第一”。他的文名还远播国外。著有《宋文宪公全集》。

送天台陈庭学序

宋濂

[题解]

这篇赠序，先描述川蜀山水之奇以突出游览的艰难，认为游览川蜀可以提高陈庭学写诗的能力，然后惋惜自己不能体会出游的快乐，再以颜回和原宪的事例说明虽然山水名胜可使人的修养提高，但还有高于“山水之助”的儒道，需要人们苦思冥想去探索其中的奥秘。

[原文]

西南山水，惟川蜀最奇，然去中州万里，陆有剑阁栈道[1]之险，水有瞿唐滟滪之虞[2]。跨马行，则竹间山高者，累旬日不见其巅际。临上而俯视，绝壑万仞，杳莫测其所穷，肝胆为之悼栗。水行，则江石悍利，波恶涡诡，舟一失势尺寸，辄糜碎土沉，下饱鱼鳖。其难至如此！故非仕有力者，不可以游；非材有文者，纵游无所得；非壮强者，多老死于其地。嗜奇之士恨焉！

天台[3]陈君庭学，能为诗，由中书左司掾(yuán)[4]屡从大将北征，有劳，擢四川都指挥司照磨[5]，由水道至成都。成都，川蜀之要地。扬子云、司马相如、诸葛武侯之所居[6]，英雄俊杰战攻驻守之迹，诗人文士游眺饮射[7]、赋咏歌呼之所，庭学无不历览。既览必发为诗，以纪其景物时世之变，于是其诗益工。越三年，

《古文观止》阅读指南

挖掘《古文观止》的当今价值

从题解、注释、译文等各个方面入手，紧扣今人心灵的求知欲，用独特的视角来解读和赏析《古文观止》。

珍贵版画丰富阅读线索

编者以弘扬中国传统经典的拳拳之心，将此书献给所有爱读书却还未读过《古文观止》的读书人。

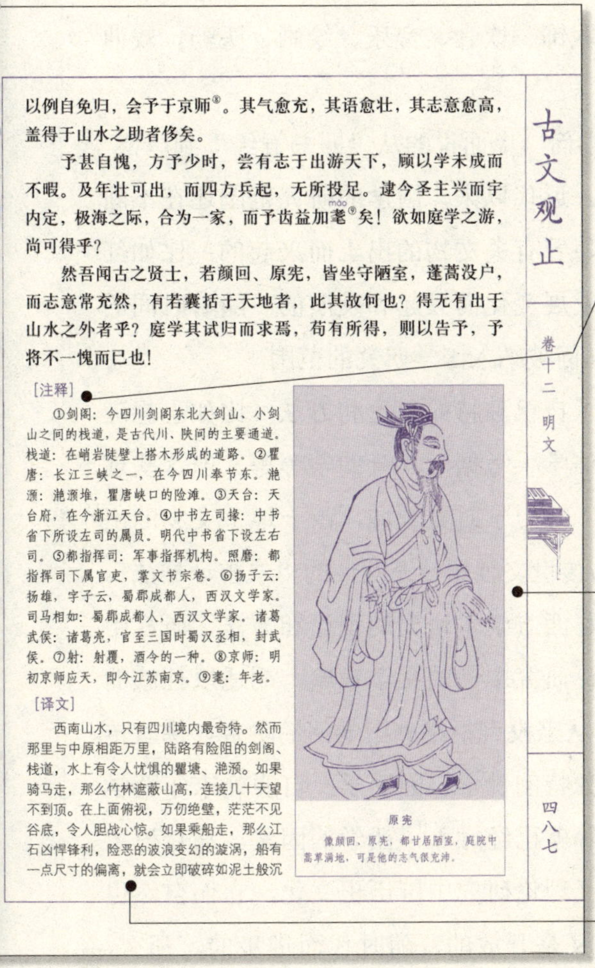

以例自免归，会予于京师[8]。其气愈充，其语愈壮，其志意愈高，盖得于山水之助者侈矣。

予甚自愧，方予少时，尝有志于出游天下，顾以学未成而不暇。及年壮可出，而四方兵起，无所投足。逮今圣主兴而宇内定，极海之际，合为一家，而予齿益加耄（mào）[9]矣！欲如庭学之游，尚可得乎？

然吾闻古之贤士，若颜回、原宪，皆坐守陋室，蓬蒿没户，而志意常充然，有若囊括于天地者，此其故何也？得无有出于山水之外者乎？庭学其试归而求焉，苟有所得，则以告予，予将不一愧而已也！

[注释]

①剑阁：今四川剑阁东北大剑山、小剑山之间的栈道，是古代川、陕间的主要通道。栈道：在峭岩陡壁上搭木形成的道路。②瞿唐：长江三峡之一，在今四川奉节东。滟滪：滟滪堆，瞿唐峡口的险滩。③天台：天台府，在今浙江天台。④中书左司掾：中书省下所设左司的属员。明代中书省下设左右司。⑤都指挥司：军事指挥机构。照磨：都指挥司下属官吏，掌文书宗卷。⑥扬子云：扬雄，字子云，蜀郡成都人，西汉文学家。司马相如：蜀郡成都人，西汉文学家。诸葛武侯：诸葛亮，官至三国时蜀汉丞相，封武侯。⑦射：射覆，酒令的一种。⑧京师：明初京师应天，即今江苏南京。⑨耄：年老。

[译文]

西南山水，只有四川境内最奇特。然而那里与中原相距万里，陆路有险阻的剑阁、栈道，水上有令人忧惧的瞿塘、滟滪。如果骑马走，那么竹林遮蔽山高，连接几十天望不到顶。在上面俯视，万仞绝壁，茫茫不见谷底，令人胆战心惊。如果乘船走，那么江石凶悍锋利，险恶的波浪变幻的漩涡，船有一点尺寸的偏离，就会立即破碎如泥土般沉

原宪

像颜回、原宪，都甘居陋室，庭院中蒿草满地，可是他的志气很充沛。

古文观止

卷十二 明文

四八七

注释
- 权威、准确、严谨，为读者排除阅读障碍。

版画插图
- 搜集三百余幅古代珍贵版画。
- 务求一一对应，切合古文阐释意境。

译文
- 用简明的白话文对古文进行翻译。
- 通过串讲、赏析，使读者更好地理解作品。

总序

国学是什么？简单说，就是中国人之所以成为中国人的学问。因此，国学不仅包括数千年积累流传下来的经典，比如“四书五经”、《老子》《庄子》《孙子》《史记》《汉书》、唐诗、宋词，也包含研究中国人思维方式、生活方式、行为方式乃至娱乐方式的各种学问。广言之，国学研究的对象不仅包括文献，也包括实物；不仅包括物质文化遗产，也包括非物质文化遗产，如我国各民族的建筑、服饰、饮食、音乐、绘画、医药、戏曲等等。

国学是不断丰富、不断发展的学问。上面说的从“四书五经”到唐诗、宋词就是一个不断丰富发展的过程。近代以来，国学的研究范围还在不断地扩大，比如敦煌学、甲骨学，是随着有关文物的出土而兴起的；比如红学，是随着文学理论和学术风气的发展变化而兴起和发展的。随着时间的推移和学术的进步，必将有更多的学问被纳入国学研究的范围。

数千年来，中国人做学问形成了自己独特的理论和方法，比如思想理论、史学理论、文学理论，以及训诂学、考据学、音韵学等等。但这些理论和方法并不是一成不变的。比如，在史学研究领域，由于地下文物的出土，王国维等人提出了以地下文物与传世文献相补充互证的“二重证据法”。近代以来，西风劲吹。国人主动借鉴西方学术研究的理论和方法，研究中国学问。王国维借鉴尼采的哲学理论研究中国的文学戏剧，胡适以杜威的实验主义研究中国的“国故”。国学从来没有拒绝外国学问的融合，佛教传入中国后，经过改造，形成了中国独特的佛学、因明学；自明朝末年西学传入中国后，中国的天文学、数学等就已经融入了西学的因素。马克思主义传入中国后，不少人用马克思主义理论研究中国历史文化，它们自然也成为了国学的一部分。因此，国学又是开放的、随时代而进步的。那么，当今我们研究、振兴国学，不允许也不应该倒退，不允许也不应该僵化。

然而，国学又是与西学明显区分的。国学是西学的对应物，是与西学完全不同的学术体系。在近代，西学挟坚船利炮强势进入中国之后，中国人还视自我，对于中国固有之学问的称呼出现了中学、国故学、国粹、国学这样的名称。面对“帝国主义”的强大，中国人自愧不如，一方面拼命地学习、引进西学，另一方面拼命地贬低、抛弃国学。虽然也有一些人，如张之洞为保护中华文化之根本，提出“中学为体，西学为用”，如胡适，提出“整理国故”，以“再造文明”“建立民族自信心”，但其声音终被时代所淹没。国学一再被严重曲解和轻视，造成了中国历史文化的大断裂。也许，这一历史过程是必然的。但回顾过去，中国在走向独立富强的过程中，国学所付出的代价实在太大、太惨重了。

新中国成立后，饱受屈辱的中国人从此站立了起来，民族自信心大大加强，但没有能够及时认识到国学在新时代的重要性，甚至仅存的一点点国学遗产也进一步成为被抛弃的对象。改革开放三十年之后，走向富强的国人终于幡然醒悟，保护和振兴国学逐渐成为全民的共识。一个强大的自立于世界民族之林的国家，必然要有与之相匹配的伟大的民族文化。中国人，从领导者、学术界到普通百姓，都在重新发现国学的现代价值。同时，在走向全球化的进程中，东西方各国也把目光投向了中国。中国学问，中国的一切都在被重新评价。中国不仅为了自身的建设和发展需要从传统文化中汲取智慧，而且也面临着以优秀的中华文化向全人类贡献智慧的责任和挑战。

那么，这套经典传家丛书的编纂就是可喜的，编纂者的初衷和努力就是可敬的。希望这套丛书能发挥点滴作用，如同涓涓细水与千百万有志者的努力一道汇成大潮，去迎接中华民族的伟大复兴！

是为序。

毛佩琦

二〇一五年五月

前　言

原本默默无闻的两个读书人，连详细一点的生平我们也难以得知，却在身后留下了一部风靡于世的古文选本。这样一部书，在当时没有名家的推荐，更没有舆论的炒作，只凭借其独特的魅力便赢得了三百多年来大量读书人青睐的文集，就是《古文观止》。就连巴金先生也曾有言：我青年时代的散文创作，完全得益于我在少年时代对于二百篇《古文观止》的背诵。

《古文观止》成书于康熙三十三年（1694），编选者是吴楚材（名乘权）、吴调侯（名大职）叔侄二人，生平不详，只知道他们是浙江山阴（今绍兴）人。除本书外，吴楚材还采用朱熹《通鉴纲目》的体例，编写了《纲鉴易知录》。

书名中“观止”一词源自书中所选的《左传· 季札观周乐》中吴季札在鲁国赏周乐时对《韶》舞的赞美：“德至矣哉！大矣！如天之无不帱也，如地之无不载也。虽甚盛德，其蔑以加于此矣。观止矣！”

本书所选文章以散文为主，兼选少量骈文，有宏篇巨论，也有精美短文，以其文章编选全面、篇幅搭配合理，成为自问世至今最为普及的初学古文选本，风行海内外三百余年。鲁迅先生将《古文观止》与《昭明文选》相提并论，评价道：“在文学上的影响，两者都一样的不可轻视。”

《古文观止》精选从西周至明代的传世美文，由于散文选目占绝大多数，这为清代以前的散文发展勾勒出一条简单清晰的脉络。选择文章时，编选者在广泛搜寻的同时又注意重点的突出：除元代以外，每个朝代都有众多作者和文章入选。在此基础上，如《左传》《国语》《战国策》等著名典籍和司马迁、韩愈、欧阳修、苏轼等古文大家都有数篇文章入选。从而使读者既能领略各时期文章的不同风格，又不错过其他作者的闪光之作。

在体例上，本书以时代为经、作者为纬对文章进行编排，查找快捷，阅读方便。虽然《古文观止》只是两百余篇的历代美文精选，却涵盖了中国古典散文的简明发展历程、中华文明和传统文化的传承与精髓、历代知识分子的生存状况与思想状态、文章写作的方法与技巧等诸多方面。

在配图方面，本书以中国古代的优秀版画作为插图。所选插图出处包括《孔子胜迹图》《帝鉴图说》《养政图解》《飞影阁》等大量古代刊刻资料。在这些资料中，我们严格按照配图必须清晰、书中的文字与图必须一一对应的原则，针对文章的某一句话或某一个词来配图片，使每一幅图都成为文章的有机组成部分，使读者的阅读变得直观，从而能够更好地理解和把握文章的意义，做到以图释文。

《古文观止》所选文章时间跨度非常大，而语言又是不断变化和发展的，有些古时的常用字，在今天看来已是很生僻，有些字读音也发生了变化，还有些通假字和多音字，我们为这些字分别加上了注音，方便读者阅读和记忆。此外，我们打破了以往出版物中，同一个字在正文中只标注一次的惯例，将有重复的疑难字词进行反复标注。

为了使读者更好地理解文章的内容，领会古人的思想，我们在每一篇文章前都加上了题解，在正文后又有对文中字、词、句加以阐释的注释。每篇的题解主要是介绍文章的背景、主要内容及由此引申出的启发和感想，注释则是对文中字词含义及典故的解释。由于所选文章大多是名家的经典传世之作，里面所含的信息量非常之大，因此注释当中也含有丰富的知识点，不仅对理解文章有帮助，还会在阅读时得到更多启示。译文对于今人阅读古文是必不可少的，我们在释译过程中，在忠实地表达文章中基本内容的基础上，采取意译与直译相结合的方法，力争通过对历史文化背景及古人情感、习俗的揣摩与体会，再现不同文章作者创作的风格与意境。

通过以上这些工作，我们呈献到读者面前的，是一本融会了题解、注释、译文等众多素材的《古文观止》，让书中所选的一篇篇千古传颂的美文，在今天的生活中依然体现出其无穷的艺术魅力与实用价值。

目录

卷一　周文

卷二　周文

卷九　唐宋文

卷十 宋文

卷一 周文

《左传》简介

《左传》是《春秋左氏传》的简称，据说是孔子同时代人左丘明为解释孔子所作的鲁史《春秋》而撰写的。

历来都把《左传》和《春秋》按年序编在一起，是因为沿袭了“《左传》释经《春秋》”的传统说法。近年来越来越多的人认为，这两部书虽然记事的时间大体相当，但《左传》并不像《公羊》《穀梁》两传那样紧紧地围着《春秋》转，而是有意识地试图再现春秋至战国初盛衰兴亡的历史。因此，它在叙事结构、叙事语言及叙事态度上都和《春秋》大不相同。由于它不再是客观地单纯记录而是生动地再现历史，所以它的叙事详尽曲折；由于它渗透了主观的历史追忆而不是冷静的现场记录，所以它的语言充满了想象力；它不仅成为我国第一部成熟的编年史，也成为一部杰出的叙事文学著作。

郑伯克段于鄢

《左传·隐公元年》

[题解]

此文是《左传》的第一篇，通过记述春秋初期郑庄公与其母亲以及胞弟的政治斗争，表现了郑国统治阶级内部的互相倾轧。文中刻画了郑庄公的善于权谋、其母姜氏的狠毒和其弟共叔段的贪婪愚蠢。最后庄公与母亲在颍考叔的帮助下重归于好，反映了古人对孝道的重视。

[原文]

初，郑①武公娶于申，曰武姜②。生庄公及共叔段③。庄公寤(wù)生，惊姜氏，故名曰寤生，遂恶之。爱共叔段，欲立之，亟请于武公，公弗许。及庄公即位，为之请制④。公曰：“制，岩邑也，虢(guó)叔⑤死焉，他邑唯命。”请京⑥，使居之，谓之“京城大叔”。

祭(zhài)仲⑦曰：“都城过百雉⑧，国之害也。先王之制：大都不过参国之一，中五之一，小九之一。今京不度，非制也，君将不堪。”公曰：“姜氏欲之，焉辟害？”对曰：“姜氏何厌之有！不如早为之所，无使滋蔓。蔓，难图也。蔓草犹不可除，况君之宠弟乎？”公曰：“多行不义必自毙，子姑待之。”

既而大叔命西鄙、北鄙贰于己。公子吕[9]曰："国不堪贰，君将若之何？欲与大叔，臣请事之，若弗与，则请除之，无生民心。"公曰："无庸，将自及。"

大叔又收贰以为己邑，至于廪(lǐn)延[10]。子封曰："可矣，厚将得众。"公曰："不义不昵，厚将崩。"

大叔完聚，缮甲兵，具卒乘，将袭郑。夫人将启之。公闻其期，曰："可矣！"命子封帅车二百乘以伐京。京叛大叔段，段入于鄢(yān)[11]。公伐诸鄢。五月辛丑，大叔出奔共。

书曰："郑伯克段于鄢。"段不弟，故不言弟。如二君，故曰"克"。称"郑伯"，讥失教也；谓之郑志。不言"出奔"，难之也。

遂寘姜氏于城颍[12]而誓之曰："不及黄泉，无相见也！"既而悔之。

颍考叔为颍谷封人[13]，闻之，有献于公。公赐之食，食舍肉。公问之，对曰："小人有母，皆尝小人之食矣，未尝君之羹，请以遗之。"公曰："尔有母遗，繄(yī)[14]我独无！"颍考叔曰："敢问何谓也？"公语之故，且告之悔。对曰："君何患焉？若阙地及泉，隧而相见，其谁曰不然？"公从之。公入而赋："大隧之中，其乐也融融。"姜出而赋："大隧之外，其乐也泄泄(yì yì)。"遂为母子如初。

君子曰："颍考叔，纯孝也。爱其母，施[15]及庄公。《诗》曰：'孝子不匮，永锡尔类。'其是之谓乎？"

[注释]

①郑：郑国，姬姓，在今河南新郑一带。②武姜："武"表示丈夫是武公，"姜"是她娘家的姓。③共叔段：共，国名，在今河南辉县。段后来曾逃亡到这里，故称共叔。④制：地名，在今河南荥阳西北。⑤虢叔：东虢国国君。东虢国位于今河南陕县东南。⑥京：地名，在今河南荥阳东南。⑦祭仲：郑大夫。⑧雉：古代城墙长三丈、高一丈为一雉。⑨公子吕：字子封，郑大夫。⑩廪延：地名，在今河南延津北。⑪鄢：地名，在今河南鄢陵北。⑫城颍：地名，在今河南临颍西北。⑬颍考叔：郑大夫。颍谷：郑边邑名，在今河南登封西。封人：管理疆界的官。⑭繄：句

首语气词。⑮施：扩展。

［译文］

当初，郑武公从申国娶了位妻子，叫武姜，生下庄公和共叔段。庄公出生的时候是脚在前头在后，使武姜受到惊吓，因此取名叫“寤生”，于是武姜很厌恶他。武姜疼爱共叔段，想立他为世子，多次向武公请求，武公没有答应。等到庄公即位，武姜就请求把“制”这个地方封给共叔段。庄公说：“‘制’是个很险要的地方，从前虢叔就死在那里，如果是其他地方，就听从您的吩咐。”武姜又请求封给京城，庄公就让共叔段住在那里，人们称他“京城大叔”。

孝德升闻

《诗经》曰：“孝子不匮，永锡尔类。”舜就是以他的孝心感化了身边的亲人。

祭仲说：“城墙超过了一百雉，就会成为国家的祸害。按照先王的规定：大城不能超过国都的三分之一，中等的不能超过五分一，小的不能超过九分之一。现在，京的城墙违反了先王的制度，这样会使您难以控制。”庄公说：“姜氏要这么做，又怎能躲开祸害呢？”祭仲答道：“姜氏怎么会满足？不如早些做好安排，不让他们的势力滋长，等蔓延开就很难对付了。蔓延开的野草不能除干净，何况是您受宠的弟弟呢？”庄公说：“多做不仁义的事，定会自取灭亡，你且等等看吧！”

不久后，大叔命令郑国西、北边区的城在从属于庄公时也从属于自己。公子吕说：“国家不能有两个君王，您打算怎么办？若您想把国家交给大叔，就允许我去侍奉他，若不给，就请除掉他，不要使百姓产生二心。”庄公说：“不用！他会自寻其祸。”

大叔又把原是两属的城邑收归己有，一直扩张到廪延。子封说：“可以采取行动了！他势力强大了，会得到更多人的拥护。”庄公说：“不行仁义，人们就不会亲近他，势力扩大，反而会崩溃的。”

大叔加固城墙，聚集百姓，修整兵器，训练步兵和整顿战车，将偷袭郑国的都城，武姜打算做内应打开城门。庄公听说大叔偷袭的日期，说：“可以了！”命令子封率兵车二百乘去讨伐京城。京城的人也背叛了大叔，大叔于是逃到鄢城。庄公又追击征讨鄢城。五月辛丑那天，大叔逃到共国。

《春秋》说：“郑伯克段于鄢。”共叔段不遵守做弟弟的本分，所以不用“弟”字，兄弟俩互相征战如同两个国君，所以叫作“克”，称庄公为“郑伯”，是讥讽他没有很好地教育弟弟，这也是庄公的本意。不说大叔“出奔”，则是因为难以下笔。

庄公把姜氏安置在城颍，并发誓说：“不到黄泉，就不再见面。”不久他又后悔这样做。

颍考叔是在颍谷主管疆界的官，听说后，就去国都给庄公进献物品。庄公请他吃饭时，他把肉留下。庄公问他，他说："我有母亲，我的食物她都吃过了，就是没有吃过您所吃的。我想把肉带回去孝敬她。"庄公说："你有母亲可以孝敬，而我却没有！"颍考叔说："敢问这是什么意思？"庄公告诉他原因，并说自己很后悔。颍考叔答道："您何必这样忧虑呢？如果在地下挖到泉水，在隧道里面相见，谁会说不对呢？"庄公按照他说的做了。庄公进入隧道，赋诗道："在隧道里，多么欢乐啊。"姜氏从地道中走出，唱道："来到隧道外，多么高兴啊。"于是母子和好，和当初一样。

君子说："颍考叔的孝很纯正。孝敬自己的母亲，又影响了庄公。《诗经》说：'孝子的孝心不会枯竭，永远感化身边的人。'说的就是这种情况吧！"

周郑交质

《左传·隐公三年》

[题解]

本文讲述了周王室任用西虢公，使郑公权力受到削弱而引起郑国不满。为与郑国和好，周王室和郑国交换人质，但没有取得好的效果，双方依然互不信任。这件事说明只有发自内心真诚待人，以礼来约束，才能互相信任。周郑交质，也体现了当时周王室的衰微。

[原文]

郑武公、庄公为平王卿士①。王贰于虢(guó)②，郑伯怨王。王曰："无之。"故周、郑交质。王子狐为质于郑，郑公子忽为质于周。王崩，周人将畀(bì)③虢公政。四月，郑祭(zhài)足④帅师取温之麦；秋，又取成周⑤之禾。周、郑交恶。

君子曰："信不由中，质无益也。明恕而行，要之以礼，虽无有质，谁能间之？苟有明信，涧、溪、沼、沚⑥之毛，蘋、蘩(fán)、蕰藻⑦之菜，筐筥(jǔ)、锜釜(yǐ fǔ)之器⑧，潢(huáng)污、行潦(xíng liáo)⑨之水，可荐于鬼神，可羞于王公。而况君子结二国之信，行之以礼，又焉用质？《风》有《采蘩》《采蘋》，《雅》有《行苇》《泂(jiǒng)酌》，昭忠信也。"

[注释]

①卿士：指执政大臣。②虢：指西虢公。③畀：给予。④祭足：祭仲，郑大夫。温：周地名，在今河南温县西南。⑤成周：周地名，在今河南洛阳东北。⑥沚：水

中小块陆地。⑦蘋：浮萍。蘩：白蒿。薀藻：一种聚生的藻类。⑧筐筥：竹制容器，方形称筐，圆形称筥。锜釜：烹饪器，有足叫锜，无足叫釜。⑨潢污：不流动的积水。行潦：流动的水。

蘩

《诗经》中有《采蘩》篇，也是用来表明忠信的。

[译文]

郑武公、庄公担任周平王的执政大臣。平王又任用了虢公，郑庄公怨恨周平王。周平王说："没有的事。"于是周王朝和郑国交换人质。平王之子狐在郑国做人质，郑庄公的儿子忽到周王室做人质。周平王死后，周王室准备让虢公掌政。四月，郑国的祭足领兵收割了温邑的麦子。秋天，又收割了成周的稻谷。周和郑互相仇恨。

君子说："信用不出于衷心，交换人质也没用。开诚布公互相谅解地行事，用礼教约束，虽然没有人质，谁能离间他们呢？假如彼此真诚地相信，山沟溪流中的野草，蕨类水草这样的菜，竹筐、铁锅，以致沟渠中的积水，都可以供奉鬼神，敬献王公，何况君子缔结两国的盟约，依礼而行，又怎么用得着人质啊？《国风》中有《采蘩》《采蘋》，《大雅》中有《行苇》《泂酌》，都是表明忠信的。"

石碏谏宠州吁

《左传·隐公三年》

[题解]

石碏以"六逆""六顺"劝谏卫庄公，指出如果真正疼爱子女，就应该对子女善加教导，用道德礼义来规范和约束，不应过分骄纵，以免子女误入歧途，惹来祸患。但卫庄公不听劝阻，对子女溺爱放纵，终于招致祸患。

[原文]

卫庄公娶于齐东宫得臣之妹[①]，曰庄姜，美而无子。卫人所为赋《硕人》[②]也。又娶于陈[③]，曰厉妫(guī)。生孝伯，早死。其娣戴妫，生桓公，庄姜以为己子。

公子州吁，嬖(bì)人[④]之子也，有宠而好兵，公弗禁。庄姜恶之。石碏(què)[⑤]谏曰："臣闻爱子，教之以义方，弗纳于邪。骄、奢、淫、佚，所自邪也。四者之来，宠禄过也。将立州吁，乃定之矣；若犹未也，阶之为祸。夫宠而不骄，骄而能降，降而不憾，憾而能眕(zhěn)⑥者，鲜矣。且夫贱妨贵，少陵长，远间亲，新间旧，小加大，淫破义，所谓六逆也。君义，臣行，父慈，子孝，兄爱，弟敬，所谓六顺也。去顺效逆，所以速祸也。君人者将祸是务去，而速之，无乃不可乎！”弗听。

其子厚，与州吁游。禁之不可。桓公立，乃老。

[注释]

①卫：卫国，姬姓，在今河南淇县一带。齐：国名，姜姓，在今山东北部、中部地区。东宫：太子的居所，这里指太子。②《硕人》：《诗经·卫风》中的一篇。③陈：国名，妫姓，在今河南东部及安徽西部。④嬖人：指地位低下而受宠的婢妾。⑤石碏：卫大夫。⑥眕：忍耐而不轻举妄动。

[译文]

卫庄公娶了齐国太子得臣的妹妹，叫庄姜，很美丽，但没有儿子。卫国人为她作了一篇名为《硕人》的诗。庄公又从陈国娶了一个妻子，名厉妫，生了儿子伯孝，早死。她的妹妹戴妫生了桓公，庄姜就把他认作自己的儿子。

公子州吁，是庄公地位低下而受宠的婢妾所生，受庄公的宠爱，喜欢玩弄武器，庄公不禁止，庄姜很厌恶他。

石碏规劝庄公说：“我听说，爱自己的儿子，就要教他法度，不让他走到邪路上去。骄傲、奢侈、淫荡、逸乐，就是走向邪路的开端。这四种缺点的产生，是过于宠爱的缘故。您如果要立州吁做太子，就定下来，若还没有这样的打算，就会引导他酿成祸害。受宠爱而不骄傲，骄傲了而能受压制，地位贬抑而不怨恨，有怨恨而能克制自己的人，是很少的。再说卑贱妨害高贵，年少欺负年长，疏远离间亲近，新的压制旧的，地位低的欺侮地位高的，淫乱破坏礼义，这是人们常说的六种违反礼义的事。君主行事合理，臣子服从命令，父亲慈爱，儿子孝顺，哥哥

遇物教储

唐太宗很重视对太子的教导，见其饭则曰：“汝知稼穑之艰难，则常有斯饭矣。”见其乘马则曰：“汝知其劳而不竭其力，则常得乘之矣。”见其乘舟则曰：“水所以载舟，亦所以覆舟。民犹水也，君犹舟也。”见其息于木下，则曰：“木从绳则正，后从谏则圣。”

爱护弟弟，弟弟敬重哥哥，这是人们常说的六种合乎礼义的事。离开顺礼的事去做逆礼的事，就会招来祸害。君主一定要消除祸患，现在却反而促使祸害的到来，这样是不可以的吧？”庄公不听。

石碏之子石厚和州吁交往，石碏禁止，石厚不听。桓公即位，石碏告老还乡。

臧僖伯谏观鱼

《左传·隐公五年》

［题解］

臧僖伯认为，作为国君，一举一动都关系国家大事，所以应依礼而行，从而极力劝阻鲁隐公去“观鱼”。但鲁隐公没有听从，于是臧僖伯没有跟随鲁隐公同去观鱼。这反映了当时的“礼”制思想，从中也可看出古时候等级的森严。

［原文］

春，公将如棠[1]观鱼者。臧僖伯[2]谏曰：“凡物不足以讲大事，其材不足以备器用，则君不举焉。君，将纳民于轨、物者也。故讲事以度轨量谓之轨，取材以章物采谓之物。不轨不物，谓之乱政。乱政亟行，所以败也。故春蒐(sōu)、夏苗、秋狝(xiǎn)、冬狩[3]，皆于农隙以讲事也。三年而治兵，入而振旅，归而饮至[4]，以数军实。昭文章，明贵贱，辨等列，顺少长，习威仪也。鸟兽之肉不登于俎(zǔ)[5]，皮革、齿牙、骨角、毛羽不登于器，则君不射，古之制也。若夫山林、川泽之实，器用之资，皂隶[6]之事，官司之守，非君所及也。”公曰：“吾将略地焉。”遂往。陈鱼而观之。僖伯称疾不从。

书曰：“公矢[7]鱼于棠。”非礼也，且言远地也。

［注释］

①棠：邑名，在今山东鱼台西北。②臧僖伯：鲁公子姬驱，封于臧，谥号僖。③春蒐：春天搜寻猎取没有怀孕的禽兽。夏苗：夏天猎取为害庄稼的禽兽。秋狝：秋天杀伤禽兽。狝，杀。冬狩：冬天围猎禽兽。以上均为四季狩猎的名称。④饮至：是诸侯朝拜、会盟、征伐完毕，在宗庙饮酒庆贺的一种典礼仪式。⑤俎：盛祭品的礼器。⑥皂隶：古代对贱役的称呼，这里泛指地位低下的人。⑦矢：陈设。通“施”。

［译文］

春天，鲁隐公打算去棠地观看捕鱼。臧僖伯劝阻道：“一切东西与祭礼战争无关，它的材料不能够用来做器用，那么，国君就不应去理会它。国君所要做的是引导百姓走向正轨和实用。所以演习大事来衡量器物是否合于法度就叫作正轨，择取材料来显示物的文采就叫作实用，不轨不物就是乱政。乱政屡行，国家就会衰败。因此春夏秋冬带有演习武事的田猎活动，都在农闲时进行。每三年，还要出兵演习，进城检验军队。整队归来，到宗庙祭祖宴饮，计算军用器械和所猎获的禽兽。这是为了显示车服旌旗的文采，表明贵贱等级，分别等第行列，依少长次序前进或后撤，演习上下有别的威仪啊。鸟兽的肉，不能放入祭器，皮革、齿牙、骨角、毛羽，不能做礼器，国君就不必亲自射猎，这是古时的制度啊。至于山林川泽的物产，把它们取来做日常用品，那是下级人员的事，臣下的职责，不是国君所应参与的。”隐公说：“我要巡视边境。”于是去了，在那里陈设出各种捕鱼的设备。僖伯托病没有同往。

史书上说：“隐公陈设渔具在棠这个地方。”认为这种做法不合礼，并且说明棠是远离国都的地方。

郑庄公戒饬守臣

《左传·隐公十一年》

[题解]

本篇反映了春秋时期诸侯国之间常互相攻打、以强凌弱的现象。公元前712年，鲁、齐、郑联合攻打许国，在攻下许国后，郑庄公能够正确估计形势，按照本国的长远利益处理这件事，并获得了“知礼”的评价。

[原文]

秋七月，公会齐侯、郑伯伐许[1]。庚辰[2]，傅于许。颍考叔取郑伯之旗蝥(máo)弧[3]以先登，子都[4]自下射之，颠。瑕叔盈[5]又以蝥弧登，周麾而呼曰：“君登矣！”郑师毕登。壬午[6]，遂入许。许庄公奔卫[7]。齐侯以许让公，公曰：“君谓许不共，故从君讨之。许既伏其罪矣，虽君有命，寡人弗敢与闻。”乃与郑人。

郑伯使许大夫百里奉许叔以居许东偏，曰：“天祸许国，鬼神实不逞于许君，而假手于我寡人，寡人唯是一二父兄不能共亿[8]，其敢以许自为功乎？寡人有弟，不能和协，而使糊其口于四方，其况能久有许乎？吾子其奉许叔以抚柔此民也。吾将使获[9]也佐吾子。若寡人得没于地，天其以礼悔祸于许，无宁兹许公复奉其社稷，唯我郑国之有请谒焉，如旧昏媾，其能降以相

从也。无滋他族实逼处此，以与我郑国争此土也。吾子孙其覆亡之不暇，而况能禋(yīn)祀⑩许乎？寡人之使吾子处此，不惟许国之为，亦聊以固吾圉(yǔ)⑪也。”乃使公孙获处许西偏，曰：“凡而器用财贿，无置于许。我死，乃亟去之！吾先君新邑于此，王室而既卑矣，周之子孙日失其序。夫许，大岳之胤⑫也。天而既厌周德矣，吾其能与许争乎？”

君子谓：“郑庄公于是乎有礼。礼，经国家，定社稷，序人民，利后嗣者也。许无刑而伐之，服而舍之，度德而处之，量力而行之，相时而动，无累后人，可谓知礼矣。”

[注释]

①公：指鲁隐公。许：国名，姜姓，在今河南许昌一带。②庚辰：七月一日。③蝥弧：春秋诸侯郑伯旗名。后借指军旗。④子都：郑大夫。据史书记载，郑师出发前，子都与颍考叔曾发生过纠纷。⑤瑕叔盈：郑大夫。⑥壬午：七月三日。⑦卫：国名，姬姓，在今河南淇县一带。⑧共亿：相安。⑨获：郑大夫公孙获。⑩禋祀：祭天神之礼。⑪圉：边境。⑫大岳：传说尧舜时的四方部落首领。胤：后嗣。

[译文]

秋七月，鲁隐公会合齐僖公、郑庄公攻许国。七月一日，进攻许城。颍考叔举着郑国的蝥弧旗先往城墙上爬，大夫子都从下面射他，颍考叔跌了下来。瑕叔盈又举起蝥弧登城，挥舞旗帜大喊道：“君王登上城啦！”郑国的军队全部登上城墙。七月三日，郑庄公攻入许国，许庄公逃到卫国。齐侯把许国让给鲁隐公。隐公说：“您说许国不守法，所以跟随您讨伐它。既然已经讨伐了许国的罪过，虽然您有命令，我也不敢听从。”于是把许国送给了郑庄公。

郑庄公让许国大夫百里侍奉许庄公的弟弟住在许城的东部，说：“上天降祸许国，鬼神实在是对许国的国君不满，借我的手惩罚他，只是我连自己的兄弟都不能相安，哪里还敢占有许国作为自己的功劳呢？我有个弟

戒饬守臣

郑庄公让许国大夫百里侍奉许庄公的弟弟住在许城的东部。

弟，不能很好地相处，还让他到处流浪，难道能长久占有许国吗？您侍奉许叔安抚这里的百姓，我就派公孙获来帮助您。若我能善终，上天也许会依照礼而悔于降祸给许国，就会让许庄公再来治理他的国家社稷，我郑国如有所求，就像同族的亲戚一样，愿你们能迂尊降贵和我们来往啊！不让其他国家觊觎这里，来和我郑国争这地方。我的子孙自己的存亡都顾不过来，何况是许国的国家大事呢？我让您在这里，不仅是为许国着想，也借以巩固我的边境啊！”于是派公孙获驻扎在许国西部，说：“凡是你的器物钱财，不要放在许城。我死了，就马上离开这里！我先父是新近在这里得到封地，周王室已经衰微了，周朝的子孙，日渐失去他们的地位。许国，是四岳的后代啊！上天已经厌倦周朝的德行了，我怎么还能和许争呢？”

君子评价郑庄公说：“在这事上是遵守礼制的。礼制是治理国家、安定神灵、驯服百姓、利于后代的事啊！许国无法度而讨伐它，服了罪就赦免它，按照自己的德操处置它，衡量自己的实力去安置它，看准时机而后行动，不连累后代，可以说懂得礼啊。”

臧哀伯谏纳郜鼎

《左传·桓公二年》

[题解]

这篇文章讲的是臧哀伯向鲁桓公进谏的事。桓公要将宋国贿于鲁国的大鼎放于太庙中，而臧哀伯认为此鼎是早年宋国灭郜时的战利品，放在大殿中是有违礼制的。他认为君主应该昭示美德、阻止邪恶，并且处处以身作则。他还阐释了建立礼仪制度的目的，再次论证了桓公将大鼎放入太庙中是不仁之举。

[原文]

夏，四月，取郜(gào)[1]大鼎于宋。纳于大庙[2]，非礼也。

臧哀伯[3]谏曰：“君人者，将昭德塞违，以临照百官，犹惧或失之，故昭令德以示子孙。是以清庙茅屋[4]，大路越席[5]，大羹不致[6]，粢食(zī sì)[7]不凿，昭[8]其俭也。衮、冕、黻(fú)、珽，带、裳、幅、舄(xì)，衡、紞、纮、綖，昭其度[9]也。藻率、鞞(bǐng)、鞛(běng)，鞶、厉、游、缨，昭其数[10]也。火、龙、黼、黻，昭其文[11]也。五色比象[12]，昭其物[13]也。钖、鸾、和、铃，昭其声也。三辰旂旗，昭其明[14]也。夫德，俭而有度，登降有数，文物以纪[15]之，声明以发[16]之，以临照百官，百官于是乎戒惧而不敢易纪律。

今灭德立违，而置其赂器于大庙，以明示百官。百官象[17]之，其又何诛[18]焉？国家之败，由官邪也。官之失德，宠赂章也。郜

鼎在庙，章孰甚焉！武王克⑲商，迁九鼎于雒（luò）邑，义士犹或非⑳之，而况将昭违乱之赂器于大庙，其若之何！”公不听。

周内史闻之，曰：“臧孙达其有后于鲁乎！君违，不忘谏之以德。”

[注释]

①郜：国名，在今天的山东成武东南，春秋时期被宋所灭，所以他们的鼎归宋国所有。②大庙：太庙，大通“太”。③臧哀伯：鲁国大夫，臧僖伯之子。④茅屋：用茅草建造的房子，这里指用作太庙的茅屋。⑤大路越席：路，通“辂”，车子的一种；大路即天子祭祀用的车子。越席，意思是用草席做垫子，这句话的意思是说，祭祀时所乘的车子是用薄草席作垫子的。⑥大羹不致：用来祭祀的肉汤是不加任何调料的。大羹，这里指祭祀所用的肉汤。致，烹调加工，这里指加调料。⑦粢食：祭祀时所吃的主食。⑧昭：显示，表明。⑨度：制度，这里指朝廷中的尊卑制度。⑩数：礼数，这里指表示尊卑的礼数。⑪文：通“纹”，纹理，纹饰。⑫五色：指青、黄、红、白、黑。⑬物：物体的颜色。⑭明：光明。⑮纪：通“记”，记载。⑯发：表现，显示。⑰象：效法，效尤。⑱诛：责备，惩罚。⑲克：打败，消灭。⑳非：不同意，提出相反意见。

[译文]

鲁桓公二年夏天四月，桓公从宋国拿到了郜国的传国大鼎，并且把它放进了本国的太庙，这是违背礼仪的大事。

于是，臧哀伯向桓公进谏道：“作君主的人，应该发扬传统美德，阻塞违背礼仪的行为，以此来做百官的榜样，即使是这样，也还怕有不周到的地方，所以还需要昭示各种美德来传示给子孙后代。因此，宗庙的屋顶是用茅草做成的，祭祀时乘坐的大车用薄草席作垫子，肉汁不用调料加以调拌，主食是没有舂过的粗米，这样做是为了表明节俭。祭祀的礼服、礼冠，皮做的蔽膝、玉制的朝板，腰带、裙子、绑腿、靴子、横簪、填绳、冠带、冠顶的盖板，都是用来表明尊卑等级制度的。皮做的玉器的垫子、刀鞘上的装饰、束衣的布带、下垂的穗子、旌旗的飘带、马颈上的丝绳，这也是用来表明尊卑等级的礼数的。礼服上绣的火、龙、斧、弓，这些东西是用来显示贵贱的纹彩。用五色象征比拟天地四方的各种图像，是为了表现器物物色的差别。用马铃、大小车铃、旗铃等鸾铃来点缀车马旗帜，是为了显示声音节奏。将日、月、星辰画于旗帜上，是为了昭示光明。所谓美德，就是节俭而有法度，上下尊卑有等级礼数，用纹彩和器物加以记录，用声音和光亮加以显示，把这些摆在百官面前，为百官树立榜样，百官才能感到警醒和畏惧，从而不敢违背纲纪、法律。

现在摒弃美德，树立违背礼仪的坏榜样，把别的国家贿赂的器物安放在太庙里，以此来明明白白地昭示百官。如果百官都跟着这样做，您又有什么理由去责备他们呢？国家的衰败，是由于官吏走邪道造成的。官吏丧失美好的德行，则是由于自恃受宠而明目张胆地收受贿赂而造成的。如今，郜鼎放在国家的太庙里，还有什么贿赂行为比这种做法更显眼的？武王打败了殷商，将九鼎迁到洛阳，当时的义士尚且不同意他的做法，况且把明显的表示违背道德礼仪、反叛动乱的贿赂器物放在太庙的大殿之上，这怎么能行得通呢？”桓公不听从他的劝谏。

周王室的内史听说了这件事，感慨道：“臧孙达在鲁国一定会后继有人吧！国君违背了礼仪制度，他却没有忘记用昭德塞违的道理对他加以劝谏。”

季梁谏追楚师

《左传·桓公六年》

[题解]

本篇中季梁的观点反映了民在主体、神是附属的春秋时代，对于民和神的关系的一种进步主张。所以好的君主必须首先做好于民有利的事，然后再去祭祀神祇，只有这样，弱小国家才能在与大国的抗衡中生存。他的劝说使“随侯惧而修政”。

[原文]

楚武王侵随[1]，使薳(wěi)章[2]求成焉，军于瑕[3]以待之。随人使少师董[4]成。

斗伯比[5]言于楚子曰：“吾不得志于汉东也，我则使然。我张吾三军，而被吾甲兵，以武临之，彼则惧而协以谋我，故难间也。汉东之国，随为大。随张，必弃小国。小国离，楚之利也。少师侈，请羸师以张之。”熊率且(lù jū)比[6]曰：“季梁[7]在，何益？”斗伯比曰：“以为后图，少师得其君。”

王毁军而纳少师。少师归，请追楚师。随侯将许之。季梁止之曰：“天方授楚，楚之羸，其诱我也，君何急焉？臣闻小之能敌大也，小道大淫。所谓道，忠于民而信于神也。上思利民，忠也，祝史[8]正辞，信也。今民馁而君逞欲，祝史矫举以祭，臣不知其可也。”公曰：“吾牲牷肥腯(tú)[9]，粢(zī)盛丰备，何则不信？”对曰：“夫民，神之主也。是以圣王先成民而后致力于神。故奉牲以告曰‘博硕肥腯’。谓民力之普存也，谓其畜之硕大蕃滋也，谓其不疾瘯蠡(cù luǒ)[10]也，谓其备腯咸有也。奉盛以告曰‘洁粢(zī)丰盛’，谓其三时不害而民和年丰也。奉酒醴以告曰‘嘉栗旨酒’，谓其

上下皆有嘉德而无违心也。所谓馨香，无谗慝（tè）也。故务其三时，修其五教[11]，亲其九族，以致其禋（yīn）祀。于是乎民和而神降之福，故动则有成。今民各有心，而鬼神乏主，君虽独丰，其何福之有？君姑修政而亲兄弟之国，庶免于难。"

随侯惧而修政，楚不敢伐。

[注释]

①随：国名，姬姓，在今湖北随州。②薳章：楚大夫。③瑕：随国地名。④董：主持。⑤斗伯比：楚大夫。⑥熊率且比：楚大夫。⑦季梁：随国贤臣。⑧祝：掌祭礼的官。史：掌祭礼时记事的官。⑨牷：毛色纯一的牲畜。腯：肥壮。⑩瘯蠡：疥癣。⑪五教：指父义、母慈、兄友、弟恭、子孝五种伦理规范。

[译文]

楚武王侵犯随国，派薳章求和，军队在瑕地等候消息。随国人派少师主持和议。

斗伯比对楚王说："我国在汉水以东不能得志的局面，是我们自己造成的。我们扩充军队，整顿武装，用武力压制小国，小国由于害怕而联合起来对付我们，所以难以离间他们。汉水东边的国家中，随国最大，若随国骄傲，必定轻视周围的小国。小国脱离随国，符合楚国的利益。随国的少师骄傲，请摆出老弱士卒以助长他的骄傲。"熊率且比说："随国有季梁在，这样做有什么用？"斗伯比说："这是为以后着想，少师是会得到他们国君宠信的。"

楚王于是以老弱士卒接待少师。少师回去，请求追击楚军，随侯准备答应他。季梁劝阻说："上天正授天命于楚国，楚军做出软弱的姿态，是在引诱我们，君王急什么呢？下臣听说过小国能抵抗大国，是由于小国有道而大国无道。所谓道，就是对百姓忠心，对神灵虔诚。在上面的人想到有利于百姓，就是忠心，祝史用真实的言辞祝祷神灵，就是诚信。现在百姓挨饿而君王满足私欲，祝史假报功德以祭告神灵，臣不知道这样的小国如何抵抗大国。"随侯说："我祭祀用的牲畜都很肥壮，祭祀的谷物也都丰盛齐备，怎么不虔诚？"季梁答道："百姓，是神的主人，因此圣明的君王先使百姓安定，然后尽力奉神。所以祭祀时奉献牲畜祝告说'牲口又高大又肥壮'，是说百姓普遍富有，饲养的牲畜高大肥壮，繁殖很快，不生疾病，各类良种应有尽有。奉献谷物祝告说'谷物又洁净又丰盛'，是说春、夏、秋三季都没有灾害，百姓和睦，年成富饶。奉献甜酒祝告说'清香的美酒'，是说上上下下都有美好的品德，而无邪恶的念头。所谓芳香远闻，不单指祭品而言，也是指没有邪恶之心。所以要提倡致力于农事，推行五教，亲近九族，以此来虔诚地祭祀宗庙、鬼神。因此，百姓和睦，神灵也降福给他们，事情一做就能获得成功。现在百姓各有各的心思，鬼神也缺乏主人，君王虽然自己祭祀丰盛，又能有什么福呢？君王姑且修明政事，同时亲近同姓的兄弟国家，也许才可免于灾患。"

随侯害怕，就着手治理政事，楚国不敢来攻。

曹刿论战

《左传·庄公十年》

[题解]

本文记述了公元前684年齐鲁两国在长勺发生的一次战役。曹刿以他的智慧谋略，帮助鲁庄公正确地选择战机，以弱胜强，击败了齐国的军队。曹刿指出，民心是决定战争胜负的关键因素，在战场上则要等待并把握战机。

[原文]

十年春，齐师伐我，公①将战。曹刿(guì)②请见。其乡人曰："肉食者谋之，又何间焉？"刿曰："肉食者鄙，未能远谋。"遂入见。

问："何以战？"公曰："衣食所安，弗敢专也，必以分人。"对曰："小惠未遍，民弗从也。"公曰："牺牲③玉帛，弗敢加也，必以信。"对曰："小信未孚④，神弗福也。"公曰："小大之狱，虽不能察，必以情。"对曰："忠之属也，可以一战。战，则请从。"

公与之乘。战于长勺⑤。公将鼓之，刿曰："未可。"齐人三鼓，刿曰："可矣。"齐师败绩，公将驰之，刿曰："未可。"下，视其辙，登轼⑥而望之，曰："可矣！"遂逐齐师。

既克，公问其故，对曰："夫战，勇气也。一鼓作气，再而衰，三而竭。彼竭我盈，故克之。夫大国，难测也，惧有伏焉。吾视其辙乱，望其旗靡(mǐ)，故逐之。"

[注释]

①公：指鲁庄公。②曹刿：鲁国人。③牺牲：祭祀用的牛羊猪。④孚：信用。⑤长勺：鲁国地名，在今山东莱芜东北。⑥轼：古代车厢前面做扶手的横木。

[译文]

鲁庄公十年春，齐国军队攻打鲁国，鲁庄公准备迎战。曹刿请求拜见庄公。他同乡的人对他说道："有权位的人自会谋划处理，你又何必去参与呢？"曹刿说："有权位的人识见鄙陋，不能长远谋划。"曹刿于是进见。

曹刿问庄公："您靠什么去与齐交战？"庄公说："衣食等使人安生的东西，我不敢独自享用，一定分给臣下。"曹刿答道："这些微小的恩惠没有遍施于众，百姓是不会服从您的。"庄公说："祭祀用的牺牲、玉帛，不敢虚夸，一定如实告神。"曹刿答道："这些小信用不能让神深受感动，神不会赐福给您。"庄公说：

"大大小小的案件，虽然不能一一细察，但是我一定按实情处理。"曹刿答道："这是尽心为百姓办事的表现，凭借这点可以和齐军打一仗。如果迎战，请允许我跟随您一起去。"

鲁庄公和曹刿同乘一辆战车，在长勺和齐军交战。鲁庄公想要击鼓进攻，曹刿说："不行。"齐军三次击鼓进攻后，曹刿说："可以击鼓了。"齐军大败。鲁庄公想要驱车追击齐军，曹刿说："不行。"他走下战车，察看了齐军的车辙，再登上战车，凭轼遥望，然后说："可以追击了。"于是追击齐军。

战胜齐军以后，鲁庄公问他原因。曹刿答道："打仗，要靠勇气。第一次击鼓进攻，士气旺盛，第二次士气便衰减了，第三次士气全都没有了。齐军已经完全没有了士气，而我军的士气正盛，因此我军打败了齐军。大国的情况难于揣测，怕他们有伏兵。我看到齐军的车辙纷乱，望见齐军的战旗倒下，因此才去追击。"

下车泣罪

一名罪犯不肯对大禹说出被捕的原因，大禹于是认为人民并未与自己同心同德而哭泣。曹刿也认为，只有尽心为百姓办事，才能得到百姓的拥护。

齐桓公伐楚盟屈完

《左传·僖公四年》

[题解]

在管仲的辅佐下，齐国迅速强盛。齐桓公为称霸天下，于公元前656年率军伐楚。但楚国也不示弱，楚大夫屈完面对齐桓公，义正词严，据理力争，以武力为后盾进行了一场外交战，迫使齐国签订了盟约。

[原文]

春，齐侯以诸侯之师侵蔡①，蔡溃，遂伐楚。楚子使与师言曰："君处北海，寡人处南海，唯是风马牛不相及也，不虞君之涉吾地也，何故？"管仲②对曰："昔召(shào)康公命我先君太公③曰：'五侯九伯，女实征之，以夹辅周室。'赐我先君履，东至于海，西至于河，南至于穆陵④，北至于无棣(dì)⑤。尔贡包茅⑥不入，王祭不共，无以缩酒⑦，寡人是征。昭王⑧南征而不复，寡人是问。"

对曰：“贡之不入，寡君之罪也，敢不共给？昭王之不复，君其问诸水滨。”

师进，次于陉(xíng)[⑨]。

夏，楚子使屈完[⑩]如师。师退，次于召陵[⑪]。

齐侯陈诸侯之师，与屈完乘而观之。齐侯曰：“岂不穀(gǔ)[⑫]是为？先君之好是继，与不穀同好何如？”对曰：“君惠徼福于敝邑之社稷，辱收寡君，寡君之愿也。”齐侯曰：“以此众战，谁能御之？以此攻城，何城不克？”对曰：“君若以德绥诸侯，谁敢不服？君若以力，楚国方城[⑬]以为城，汉水以为池，虽众，无所用之！”

屈完及诸侯盟。

[注释]

①蔡：国名，在今河南新蔡一带。②管仲：名夷吾，字仲。曾辅政于齐桓公。③召康公：周文王庶子姬奭，封于召，谥康。太公：太公吕望，齐始祖。④穆陵：齐地，在今山东临朐南的穆陵关。⑤无棣：齐地，在今山东无棣一带。⑥包茅：成捆的菁茅。⑦缩酒：祭祀时，将酒浇在束立的菁茅上，表示神在饮酒。也用它滤掉酒滓。⑧昭王：周昭王。相传昭王南巡，渡汉水时，船坏而溺死。⑨陉：山名，在今河南郾城东南。⑩屈完：楚大夫。⑪召陵：楚地名，在今河南郾城东。⑫不穀：诸侯谦称。⑬方城：楚地山名，在今河南。

[译文]

春天，齐桓公统率诸侯的军队攻打蔡国，蔡国的军队溃败了，于是又进攻楚国。楚王派使臣对齐桓公说：“您住在北海，我住在南海，就算牛马走失，也不会跑到对方境内，想不到您却来到我的土地上，这是为什么呢？”管仲答道：“从前召康公曾命令我先君太公说：‘五等诸侯，九州伯长，你都可以征讨，以便辅佐周王室。’他还给我先君指定了管辖的范围：东到大海，西到黄河，南到穆陵，北到无棣。你们应该贡献的包茅却不送来，使周王缺少祭祀的用品，而且还没有渗酒的东西，因此我来向你们问罪。昭王南巡而未能返回，这是我要责问你的。”楚使回答说：“贡品没能按时进献，这是我们国君的罪过，怎么敢不供应呢？昭王南巡没有返回，请你去问水边的人吧！”

齐国的军队继续前进，驻扎在陉邑。

夏天，楚王派屈完到诸侯营地。诸侯军后撤，驻扎在召陵。齐桓公命令诸侯的军队摆成阵势，然后让屈完和他乘一辆车观看。齐桓公对屈完说：“这难道是为了我自己吗？这是为了继承我们先祖建立的友好关系，跟我们和好如何？”屈完回答说：“承蒙您的恩惠，有劳您安抚寡君，这是寡君真诚的愿望。”齐桓公又说：

“我用这么多的军队来战斗，谁能抵挡得住？我用这么多的军队去攻城，哪一座城不能被攻克？”屈完回答说：“你若用恩德来安抚诸侯，谁敢不服？你若想依仗武力，我们楚国有方城山作为城墙，有汉水作为护城河，您的军队虽然众多，也是没有用的！”

屈完于是和诸侯订立了盟约。

宫之奇谏假道

《左传·僖公五年》

[题解]

晋国在公元前658年曾向虞国借道伐虢，三年后又向虞国借道，宫之奇识破晋国计策，劝阻虞公，指出保护邻国不受侵犯的同时也是为了保护自己不受侵犯，即“辅车相依，唇亡齿寒”的道理，但是虞公不听，招致亡国之祸。

[原文]

晋侯复假道于虞以伐虢(guó)[①]。宫之奇[②]谏曰：“虢，虞之表也；虢亡，虞必从之。晋不可启，寇不可玩，一之谓甚，其可再乎？谚所谓‘辅车相依，唇亡齿寒’者，其虞、虢之谓也。”

公曰：“晋，吾宗也，岂害我哉？”对曰：“大伯、虞仲，大王之昭[③]也，大伯不从，是以不嗣。虢仲、虢叔，王季之穆也，为文王卿士，勋在王室，藏于盟府[④]，将虢是灭，何爱于虞？且虞能亲于桓、庄乎？其爱之也？桓、庄之族何罪？而以为戮，不唯逼乎？亲以宠逼，犹尚害之，况以国乎？”

公曰：“吾享祀丰洁，神必据我。”对曰：“臣闻之，鬼神非人实亲，惟德是依。故《周书》曰：‘皇天无亲，惟德是辅。’又曰：‘黍稷非馨，明德惟馨。’又曰：‘民不易物，惟德繄(yī)物。’如是，则非德，民不和，神不享矣。神所冯依，将在德矣。若晋取虞，而明德以荐馨香，神其吐之乎？”

弗听，许晋使。宫之奇以其族行，曰：“虞不腊矣[⑤]。在此行也，晋不更举矣。”

冬，晋灭虢。师还，馆于虞。遂袭虞，灭之，执虞公。

[注释]

①虞：国名，在今山西平陆东。虢：国名，这里指北虢，在今山西平陆南。②宫之奇：虞大夫。③昭：和下文的“穆”都是指宗庙神主的位次。始祖的神主居中，子在左为昭；子之子在右为穆，顺次往下排列。大伯、虞仲、王季是周大王古公亶父的儿子，称昭；而虢仲、虢叔是王季的儿子，称穆。④盟府：掌管盟誓典策的官府。⑤腊：年终合祭众神叫腊祭。

[译文]

晋献公再次向虞国借路以进攻虢国。宫之奇劝阻虞公说：“虢国，是虞国的外围，虢国一旦灭亡，虞国必然跟着灭亡。晋国的贪心不能开头，侵略别人的军队不能轻视。一次借路已经过分，怎么能有第二次？俗谚所说：‘面颊和牙床相互依存，嘴唇没了牙齿就寒冷’，讲得就是像虞、虢两国这样互相依存的关系啊！”

虞公说：“晋国，和我同宗族啊，难道会害我吗？”宫之奇回答说：“泰伯、虞仲是大王的长子和次子，泰伯不在身旁，因此不让他继承王位。虢仲、虢叔都是王季的第二代，是文王的大臣，有功于周王室，封策藏在盟府中。如果虢国被灭掉，对虞国还爱惜什么？再说虞和晋的关系能比桓庄之族更亲密吗？他这样爱护他们，桓、庄两个家族有什么罪过？但晋献公把他们杀害了，不就是因为近亲对自己有威胁吗？亲族因势力威胁自己，还要加害他们，何况对国家呢？”

虞公说：“我的祭品丰盛、清洁，神必保佑我。”宫子奇回答说：“我听说，鬼神不随便亲近人，只亲近德行。所以《周书》说：‘上天对人没有亲疏，只是保佑有德行的人。’又说：‘黍稷不算芳香，只有美德才芳香。’又说：‘人们不用改变祭品，只有有德人的祭品才是真正的祭品。’这样看来，那么没有德，百姓就会不和，神灵就不会享用了。神灵所凭依的，就在德行了。如果晋国攻取虞国，但崇尚德行奉献芳香的祭品，神灵难道会吐出来吗？”

虞公不听，同意晋国使者。宫之奇带全族的人离开虞国，说：“虞国不要等到岁终祭祀了。在这次假道行动后，晋国不需要再次出兵了。”

冬天，晋灭了虢国，晋军回师，驻扎在虞国，随即灭了虞国，捉住了虞公。

齐桓下拜受胙

《左传·僖公九年》

[题解]

本篇反映了周王室虽已衰微，但春秋时期诸侯争霸往往还需打着周王室的旗号。齐桓公为当时盟主，会盟诸侯，周王给齐侯特殊的礼遇，欲依靠齐国之力维持统治。齐侯仍尊礼下拜，以“尊王”的名义巩固自己霸主的地位。

[原文]

夏，会于葵丘[①]。寻盟，且修好，礼也。

王使宰孔赐齐侯胙(zuò)[2]，曰："天子有事于文、武，使孔赐伯舅胙。"齐侯将下拜，孔曰："且有后命。天子使孔曰：以伯舅耋(dié)[3]老，加劳，赐一级，无下拜。"对曰："天威不违颜咫尺。小白[4]余敢贪天子之命'无下拜'？恐陨越于下，以遗天子羞，敢不下拜。"下拜，登，受。

齐桓主盟

齐桓公为当时盟主，会盟诸侯。

[注释]

①葵丘：宋地名，在今河南民权东北。②王：指周襄王。宰：官名。孔：人名。胙：祭肉。③耋：七十岁称耋。④小白：齐桓公名。

[译文]

鲁僖公九年夏，诸侯在葵丘集会，重申过去的盟约，结成邦交，这是符合礼节的。

周襄王派宰孔赐祭肉给齐桓公，说道："天子曾祭祀周文王、武王，派我来赐给您祭肉。"齐侯正要下阶拜谢，宰孔说："还有另外的命令。天子让我转告说，因为您年高，加之对王室的功劳，所以赏赐你更高一级，不用下阶跪拜。"齐侯回答说："天子的威严不能有丝毫冒犯，我小白哪里敢有一点贪图天子的宠爱而不下阶拜谢呢？那样，恐怕会在下面跌倒，因此给天子带来羞辱。哪敢不下阶拜谢啊？"下阶，拜谢，登坛，接受祭肉。

阴饴甥对秦伯

《左传·僖公十五年》

[题解]

秦穆公曾帮助过晋惠公，但晋惠公忘恩负义，于是秦晋交战，惠公被俘。晋派阴饴生出使求和。阴饴生一方面说人民坚定地要报仇，另一方面说群臣对秦国寄以希望，借"君子""小人"的话回答秦穆公的提问，显示出高超的外交口才。

[原文]

十月，晋阴饴(yí)甥会秦伯，盟于王城[1]。秦伯曰："晋国和

乎？”对曰：“不和。小人耻失其君而悼丧其亲[②]，不惮征缮以立圉（yǔ）也[③]。曰：‘必报仇，宁事戎狄[④]。’君子爱其君而知其罪，不惮征缮以待秦命[⑤]，曰：‘必报德，有死无二。’以此不和。”秦伯曰：“国谓君何？”对曰：“小人戚，谓之不免；君子恕，以为必归[⑥]。小人曰：‘我毒秦[⑦]，秦岂归君？’君子曰：‘我知罪矣，秦必归君。’贰而执之，服而舍之，德莫厚焉，刑莫威焉。服者怀德，贰者畏刑。此一役也[⑧]，秦可以霸。纳而不定，废而不立，以德为怨，秦不其然[⑨]。”秦伯曰：“是吾心也。”改馆晋侯，馈七牢焉[⑩]。

[注释]

①阴饴甥：人名，姓瑕吕，名饴甥，字子金，称瑕吕饴甥，亦称饴甥子金，又因食采于阴，或称阴饴甥，是晋国大夫。秦伯：秦穆公，名任好，秦之第十三代国君，是春秋霸主之一。王城：秦地，在今陕西朝邑以东。②小人：古代统治阶级对劳动人民或地位低下者的称呼。这里指的是“国人”（当时对城市平民的称呼，他们在国事方面有一定的发言权）。君：指晋惠公夷吾，在秦穆公扶持下立为晋侯，既立，背秦，在两国交战中为秦所虏，后又归国，是晋国第二十二代国君。亲：指在秦晋交战中丧生的亲属。③不惮征缮：不怕征赋车马与缮治甲兵之艰难。圉：太子圉，为惠公之子。其后曾在韩原战败后被秦扣留为人质，闻惠公病，逃归，惠公卒，圉继为晋第二十三代国君，被公子重耳派人杀害，在位仅五个月。④必报仇，宁事戎狄：言宁肯服侍戎秋以为君，也要报秦之仇。⑤以待秦命：以待秦让惠公归晋之命。⑥不免：指晋惠公难免为秦所害。恕：此指互相体谅。归：指惠公归晋。⑦我毒秦：指晋不报秦三施之德，因而伤害了秦国。三施，指秦国给予晋国三次援助，即惠公奔梁时求于秦，曾受到秦的支持；惠公被秦国收留，又在秦国扶持下归晋立为国君；晋国遇大饥荒，秦国从水路运输大批粮食支持晋国（即“泛舟之役”）。后来，秦遭饥荒，要求籴晋国的粮食，晋国拒绝出粮，并与秦国交战。⑧贰：背叛，有二心。执：捉住，俘获。服：服罪。怀德、畏刑：言秦归晋侯使诸侯都因此自知怀德畏刑。一役：一事之功。⑨不其然：不会这样做。⑩七牢：牛、羊、猪各一为一牢，七牢是牛、羊、猪各七。馈七牢，是加礼的表示。

[译文]

十月，晋国大夫阴饴甥会见秦穆公，在王城订立盟约。秦穆公问：“你们晋国人意见统一吗？”阴饴甥回答说：“不统一。一般人以失去了他们的国君而耻辱，悼念他们战死的亲人，所以不怕征兵入伍修筑城防，立太子圉为国君。他们说：‘一定要报仇，宁愿因此而屈从蛮族。’君子虽爱护国君，但是知道他的罪行，也不怕征兵训练等待秦国释放国君的命令。他们说：‘一定报效秦国的恩德，死也没有二心。'故而意见不统一。"秦穆公说："国人认为你们的国君会怎样？"阴饴甥回答说："一般人担忧，认为不会被免罪；君子觉得心宽，认为他必定会回国。一般人说：'我国得罪秦国那么深，秦国怎么会释放国君？'君子说：'我们认罪了，秦国必定会归还国君。'有二心就抓起他，服罪了就放了他，没有比这更宽厚的恩德了，惩罚也没有比这更严厉的了。服罪的怀念恩德，有二心的害怕严厉的惩罚，通过这件事，秦国就可以成就霸业了。当初送他回晋国为君，现在使他不得在位；过去把他抓起来，现在认罪了却不放他回去为国君，这样把过去的恩德变为现在的怨仇，秦国不会这么做的。"秦穆公说："这正是我的想法啊。"于是把晋惠公送到国宾馆去住，送给他牛、羊、猪各七头。

子鱼论战

《左传·僖公二十二年》

[题解]

楚国为救郑而攻宋，宋襄公准备应战。司马子鱼指出：宋弱楚强，敌众我寡，反对轻率地同楚国作战。当宋襄公决定作战之后，他就积极谋划，主张趁自己处于有利的地位时，攻打楚军，争取战争的胜利。他反驳宋襄公的一席话，有理有据，很有说服力。

[原文]

楚人伐宋以救郑，宋公将战。大司马固谏曰[①]："天之弃商久矣。君将兴之，弗可赦也已。"弗听。

及楚人战于泓(hóng)[②]。宋人既成列，楚人未既济。司马曰："彼众我寡，及其未既济也，请击之。"公曰："不可。"既济而未成列，又以告。公曰："未可。"既陈而后击之，宋师败绩。公伤股，门官歼焉。

国人皆咎公。公曰："君子不重伤，不禽二毛。古之军也，不以阻隘也。寡人虽亡国之余，不鼓不成列。"

子鱼曰："君未知战。勍(qíng)敌之人[③]，隘而不列，天赞我也。阻而鼓之，不亦可乎？犹有惧焉。且今之勍者，皆吾敌也，虽及胡耇(gǒu)[④]，获则取之，何有于二毛？明耻教战，求杀敌也。伤未及死，如何勿重？若爱重伤，则如勿伤；爱其二毛，则如服焉。三军以利用也，金鼓以声气也。利而用之，阻隘可也；声盛致志，鼓儳(chán)可也[⑤]。"

［注释］

①大司马：执掌军政的官。②泓：水名，在今河南柘城西北，为古涣水支流。③勍：强劲有力。④胡耇：年老的人。⑤儳：参差不齐。

［译文］

楚国人攻宋国以救郑国，宋襄公准备应战。大司马公孙固劝阻说："上天抛弃商朝已经很久了，主公想复兴它，是不可赦免的罪过啊！"襄公不听。

宋襄公和楚军在泓水交战，宋军已排列好阵势，楚军还没完全渡过泓水。司马子鱼对宋襄公说："他们人多我们人少，趁他们还没有完全渡河，请下令攻击他们。"宋襄公说："不行。"楚军渡过河还没摆好阵势，司马子鱼又请求进攻，宋襄公说："还不行。"等楚军已经摆好阵势宋军才攻击，宋军大败。宋襄公大腿受伤，卫队全被杀死。

宋国人都埋怨宋襄公，宋襄公说："君子不杀已经受伤的人，不捉头发斑白的人，古时候的用兵之道，不靠在对方处于险阻时攻击。我虽是商朝亡国的后代，也决不进攻没有摆好阵势的敌人。"

司马子鱼说："您不懂作战，强大的敌人因地形不利而没摆好阵势，是上天帮助我们。敌人受阻被困向他们进攻，不也是可以吗？还怕不能取胜呢？况且当前很强的国家，都是我们的敌人。即使是年纪很老的，能抓到就该俘虏他，头发花白的人又有什么可怜惜的？平时使士兵明白什么是耻辱，鼓舞士兵的斗志使他们作战，为的是消灭敌人。敌人受了伤还没死，为什么不能杀死他们？如果不忍心杀死他们，还不如起初就不伤害他们。怜悯年纪老的敌人，就不向敌人投降。三军是凭有利的战机作战，鸣金击鼓是用声音来鼓舞士气的。既然军队要利用有利的时机作战，那么趁敌人在险碍处进攻是可以的。既然击鼓是用来鼓舞士兵斗志的，那么进攻还没有摆好阵势的敌人也是可以的。"

寺人披见文公

《左传·僖公二十四年》

［题解］

春秋时期，晋献公因为听信宠妾骊姬的谗言，逼死太子申生，改立骊姬所生之子奚齐为太子，申生之弟重耳逃到蒲城，献公派寺人披追杀，重耳仓皇逃走，被寺人披追上来砍掉了一只袖子。晋献公死后，重耳之弟夷吾继位，就是晋惠公。惠公再次派寺人披追杀重耳，重耳再次流亡，十九年后才回国即位，也就是晋文公。此时惠公旧臣吕甥、郤芮想要谋杀重耳，但这个阴谋却被寺人披知道了，他跑去求见晋文公，但晋文公拒绝接见，于是寺人披向晋文公说了一番话，且暗示自己掌握着重要秘密。寺人披虽然品行恶劣，但这篇言辞却显示出他的机智，另外这篇文章也展示出了晋文公身为政治家的宽容大度。

[原文]

吕、郤畏逼[①]，将焚公宫而弑晋侯[②]。寺人披请见[③]。公使让之[④]，且辞焉，曰："蒲城之役[⑤]，君命一宿[⑥]，女即至[⑦]。其后余从狄君以田渭滨[⑧]，女为惠公来求杀余[⑨]，命女三宿，女中宿至。虽有君命，何其速也？夫祛犹在[⑩]，女其行乎！"对曰："臣谓君之入也，其知之矣，若犹未也，又将及难。君命无二，古之制也。除君之恶，唯力是视。蒲人、狄人、余何有焉？今君即位，其无蒲、狄乎？齐桓公置射钩而使管仲相[⑪]，君若易之，何辱命焉？行者甚众，岂唯刑臣[⑫]。"

公见之，以难告。晋侯潜会秦伯于王城[⑬]。己丑晦[⑭]，公宫火。瑕甥、郤芮不获公，乃如河上[⑮]，秦伯诱而杀之。

[注释]

①吕、郤：吕指吕饴甥，即瑕吕饴甥，一称瑕甥。郤，郤芮。二人均为晋大夫，是拥护晋惠公的大夫。畏逼：恐怕受到迫害。当时晋文公通过秦国的支持回国为君，吕、郤二人曾拥兵阻拦。②公宫：国君居住的宫室。晋侯：指晋文公。③寺人披：宦官，名披。④让：责备。⑤蒲城之役：鲁僖公五年（前655），晋献公听信骊姬谗言，逼死太子申生，下令捕捉公子夷吾（即晋惠公）与重耳（即晋文公）。当时寺人披奉命到蒲城（在今山西隰县北）来抓重耳，受命后连夜起程，几乎抓到重耳，把重耳的衣袖割断。⑥一宿：住一晚。意为第二天。⑦女：同"汝"，你。⑧余：我。同"翟"，北方民族名，居住在黄河以西的陕西一带。重耳逃离蒲城后，投奔狄人，在那儿住了十二年。田：打猎。⑨"女为"句：鲁僖公十六年（前644），晋惠公派寺人披等到狄地去谋杀重耳，未成功，重耳遂决定逃亡到齐国。⑩祛：衣袖。⑪"齐桓公"句：齐桓公与公子纠争夺君位，管仲当时拥护公子纠，曾放箭射中齐桓公带钩。齐桓公即位，听鲍叔牙言，仍重用管仲。⑫刑臣：受过刑的臣，指宦官。⑬秦伯：秦穆公。王城：在今陕西大荔。⑭己丑晦：三月三十日。⑮如：往，到。河：黄河。

[译文]

吕甥、郤芮两个人害怕受到晋文公的迫害，于是想要焚烧他的宫室，杀死晋文公。寺人披此时请求谒见晋文公，晋文公派人斥责他，而且拒绝召见，说："蒲城那场战斗，国君让你在第二天赶到就行，可是你却立即到达。后来，我逃往狄国，与狄国国君一起去渭河边打猎，你受惠公之命前去杀我，惠公让你三天以后赶到即可，可你第二天就赶到了。就算是奉君王之命，为什么要走那么快呢？在蒲城被你斩断的那只袖子还在呢，你还是赶紧走吧！"寺人披回答说："我认为您这次回到国内，已经明白如何做一个国君了，假如还没明白，恐怕您还会遭遇灾难。对于国君下达的命令，不能怀有二心，这是从古代流传到现在的制度。为国君除去他所憎恨的人，全视自己的力量而行，要尽力而为。至于您所认为的恶人是蒲人还是狄人，跟我有什么关系呢？如今您即位做了国君，难道就没有蒲、狄两地那样的事情发生了吗？以前齐桓公放下了射中带钩的仇恨，让管仲来辅佐自己。假如您采取不同于桓公的做法，那何必让您受累来下达驱逐我的命令呢？如果这样逃走的人肯定会很多，不光是受过宫刑的我一个人？”

于是晋文公就召见了寺人披，他将吕、郤准备发动叛乱的事情告诉了晋文公。晋文公于是暗中与秦穆公在秦国的王城见面，商量解决的办法。三月二十九日是这个月的最后一天，晋文公的宫室果然被大火烧毁，不过瑕甥、郤芮却没能捉到晋文公，于是他们逃到了黄河边上，秦穆公把他们诱骗过河，然后杀死了他们。

介之推不言禄

《左传·僖公二十四年》

[题解]

晋文公即位前曾在国外流亡十九年，后来在秦穆公的帮助下回国即位。当其他跟从晋文公流亡的人争功时，只有介之推不争功，也没有受到赏赐。介之推和他母亲的谈话，批判了争夺名利的行径。千百年来，他这种淡泊名利的思想一直为人们所赞赏。

[原文]

晋侯赏从亡者[①]，介之推不言禄，禄亦弗及[②]。推曰："献公之子九人，唯君在矣。惠、怀无亲，外内弃之[③]。天未绝晋，必将有主[④]。主晋祀者[⑤]，非君而谁？天实置之，而二三子以为己力，不亦诬乎[⑥]？窃人之财，犹谓之盗，况贪天之功以为己力乎？下义其罪，上赏其奸，上下相蒙，难与处矣[⑦]！"其母曰："盍(hé)亦求之，以死谁怼(duì)[⑧]？"对曰："尤而效之[⑨]，罪又甚焉！且出怨言，不食其食[⑩]。"其母曰："亦使知之，若何？"对曰："言，身之文也，身将隐，焉用文之[⑪]？是求显也。"其母曰："能如是乎？与汝偕隐。"遂隐而死。

晋侯求之不获，以绵上为之田[⑫]，曰："以志吾过[⑬]，且旌善人[⑭]。"

[注释]

①晋侯：晋文公。从亡：随从出亡。②介之推：姓介名之推，又作“子推”。他是追随晋文公出亡十九年的人。在晋文公对从亡诸臣论功行赏时，他却不居功邀

赏，与其母偕隐于绵山而死。禄亦弗及：指介之推不自求禄赏，晋文公也忽略了他，因而在颁禄时未提及介之推。③惠：晋惠公。怀：晋怀公。无亲：指众叛亲离。外：指诸侯国。内：指国内臣民。④天未绝晋，必将有主：此句及以下数句，反映了古代统治阶级的天命观。⑤主晋祀：主持宗庙之祭祀，也就是指继位享国。⑥置：立。二三子：指从亡诸臣。诬：欺骗。⑦下义其罪：意谓贪天之功，本是一种罪过，在下者反将其罪过当作立君之义。上赏其奸：意谓贪天之功，本是奸邪之事，在上者反以为推立之赏。上下相蒙：意谓在上者不究其奸而赏之，在下者不自知其罪而邀功求赏，上下互相欺蒙。处：指同处于朝。⑧盍：何不。求：求赏。以死：指不求赏而默默无闻地死去。怼：怨恨。⑨尤：罪过，此言"以为是罪过"。效：仿效。⑩怨言：指对"上下相蒙"而发的怨言。不食其食：不应再食其禄赏。⑪文：文饰。焉：安，何。是求显也：谓伪装退隐，实则有追求显达之心。⑫绵上：晋地名，在今山西介休介山下，又叫绵山。为之田：指以绵上之地为介之推私田，以供祭祀。⑬志吾过：记住我颁赏忘贤之过。⑭旌善人：表彰介之推这类有功而不贪的善人。

[译文]

晋文公赏赐跟从他流亡的人，介之推不谈爵禄，因此爵禄也没有给他。介之推说："献公之子九人，只有君侯在世了。惠公、怀公没有亲近之人，国内外都厌弃他们。天不断绝晋国的后嗣，一定会有君主。主持晋国祭祀的人，不是国君又是谁呢？实在是上天立的他，而那几个人以为是自己的力量，不是骗人吗？偷别人的财物，还被称为盗，何况窃取上天的功劳当作自己的功劳呢？下面的人赞同他们的罪过，上面的人奖赏他们的欺诈，上下相互欺骗，就难以和他们相处了。"他的母亲说："何不也去请求赏赐？就这样死了，怨谁？"介之推说："明知是错误而效法它，罪过更大。并且我发出过怨言，不可再吃国君的俸禄。"他的母亲说："也要让国君知道这件事，怎么样？"介之推答道："言语，是身上的装饰品。身子将要隐藏，哪里还要用言语去装饰它？这样做就是为了显露了。"他的母亲说："能够像你说的这样去做吗？我和你一同去隐居。"于是他们隐居而死。

晋文公寻找介之推没有找到，就以绵上作为介之推的封地，说："以此记载我的过失，并表彰好人。"

展喜犒师

《左传·僖公二十六年》

[题解]

齐国打算趁鲁国受灾时侵略鲁国。展喜以犒师的名义来到齐军中，以道义劝说齐侯，有理有据，使齐孝公无可答复，只好收兵。

[原文]

齐孝公伐我北鄙。公使展喜[1]犒师，使受命于展禽[2]。

齐侯未入竟，展喜从之，曰："寡君闻君亲举玉趾，将辱于敝邑，使下臣犒执事③。"齐侯曰："鲁人恐乎？"对曰："小人恐矣，君子则否。"齐侯曰："室如县罄(xuán)④，野无青草，何恃而不恐？"对曰："恃先王之命。昔周公、大公，股肱(gōng)周室，夹辅成王，成王劳之而赐之盟。曰：'世世子孙，无相害也。'载在盟府，太师职之。桓公是以纠合诸侯而谋其不协，弥缝其阙，而匡救其灾，昭旧职也。及君即位，诸侯之望曰：'其率桓之功。'我敝邑用不敢保聚，曰：'岂其嗣世九年，而弃命废职，其若先君何？君必不然。'恃此以不恐。"齐侯乃还。

[注释]

①展喜：鲁大夫，展禽弟。②展禽：名获，字禽，谥惠。因食邑于柳下，又称柳下惠。③执事：君王周围的办事人员。④县罄：乐器，悬挂时为中间高出两边向下的形状，里边是空的。县，同"悬"；罄，同"磬"。

[译文]

齐孝公进攻我国北部边境，鲁僖公派展喜去慰问齐军，并叫他到展禽那里去接受外交辞令。

齐侯没有进入鲁国的国界，展喜见到他说："我们的国君听到您亲劳大驾，将到我国，因此派了我来犒劳您左右的人。"齐侯问："你们鲁国人害怕吗？"展喜回答说："小人怕了，君子不怕。"齐侯说："你们的府库空无所有，田野里连青草都没有，凭什么不害怕呢？"展喜回答说："凭先王的命令。从前周公、太公扶助周王室，一起辅佐成王。成王慰劳他们并赐给他们誓约说：'你们世世代代的子孙，不要互相伤害。'这个盟约还藏在盟府里，由太师掌管着。齐桓公因此联合诸侯，解决他们之间的矛盾，弥补他们的过失，并且拯救他们的灾难，这都是表明他们的职责呀！到您登上君位，诸侯都抱着希望，说：'他大概能继承桓公的功业。'因此我们不敢修城治兵，作战争的准备。说：'难道他继承君位

展喜犒师

齐孝公进攻鲁国北部边境，鲁僖公派展喜去慰问齐军。

才九年，就要丢弃先王的命令，荒废以前的职责吗？这又怎么对得起先君呢？想来齐君一定不会如此。’我们靠着这个才不害怕。”齐侯于是就回国了。

烛之武退秦师

《左传·僖公三十年》

[题解]

秦、晋联合攻郑，危急关头烛之武去劝说秦国撤兵。他的话表面上处处为了秦国打算，实际是为了保全郑国。他利用秦晋之间的矛盾，说服秦穆公撤兵回国，化解了郑的亡国危机。

[原文]

晋侯、秦伯围郑，以其无礼于晋，且贰于楚也。晋军函陵①，秦军氾(fán)南②。

佚之狐③言于郑伯曰：“国危矣，若使烛之武④见秦君，师必退。”公从之。辞曰：“臣之壮也，犹不如人，今老矣，无能为也已。”公曰：“吾不能早用子，今急而求子，是寡人之过也。然郑亡，子亦有不利焉。”许之。

夜缒(zhuì)⑤而出。见秦伯，曰：“秦、晋围郑，郑既知亡矣。若郑亡而有益于君，敢以烦执事。越国以鄙远，君知其难也。焉用亡郑以陪邻？邻之厚，君之薄也。若舍郑以为东道主，行李⑥之往来，共其乏困，君亦无所害。且君尝为晋君赐矣，许君焦、瑕⑦，朝济而夕设版焉⑧，君之所知也。夫晋，何厌之有？既东封郑，又欲肆其西封。若不阙秦，将焉取之？阙秦以利晋，唯君图之。”秦伯说(yuè)，与郑人盟，使杞子、逢孙、杨孙戍之，乃还。

子犯⑨请击之。公曰：“不可！微⑩夫人之力不及此。因人之力而敝之，不仁，失其所与，不知，以乱易整，不武。吾其还也。”亦去之。

[注释]

①函陵：郑地名。在今河南新郑北。②氾：水名，这里指东氾，故道在今河南中牟南。③佚之狐：郑大夫。④烛之武：郑大夫。⑤缒：系在绳子上放下去。⑥行李：外交使臣。⑦焦、瑕：晋二地名，都在今河南陕县附近。⑧版：版筑，用木板

打土墙。⑨子犯：狐偃，晋文公舅。⑩微：非。

[译文]

晋文公联合秦穆公包围郑国，因为郑文公曾对晋文公无礼，而且还依附楚国。晋军驻扎在函陵，秦军驻扎在氾水之南。

佚之狐向郑文公说："国家危险了，如果派烛之武去见秦君，秦国军队一定退走。"郑文公听了他的意见。烛之武推辞说："臣壮年时，尚且不如别人，现在老了，无能为力了。"郑文公说："我没有及早重用您，危急时才来求您，这是我的过错。然而郑亡国了，对您也不利啊！"烛之武答应了。

夜里，把烛之武用绳子从城上坠下去。见到秦穆公，烛之武说："秦、晋围攻郑国，郑国已经知道就要灭亡了！如果郑国灭亡对您有好处，那就值得烦劳您的属下。越过其他国家而在远方设置边邑，您知道这不好办，哪能用灭郑来加强邻国的实力呢？邻国实力增强，就等于您的力量削弱了。如果不灭郑国而使它成为您东方道路上的主人，贵国使臣经过，郑国供应他们的食宿、给养，这对您也无坏处。再说您也曾经有恩于晋惠公，他答应给您焦、瑕两地，可是晋惠公早晨刚刚渡河回国，晚上就在那里筑城防御，这是您所知道的。那个晋国，怎么会有满足的时候？它既以郑国作为东边的疆界，又要扩张它西边的疆界，如果不损害秦国，它到哪里去夺取土地？损害秦国而让晋国得利，希望您还是多多考虑这件事。"秦伯很高兴，与郑国结盟，派杞子、逢孙、杨孙戍守郑国，秦伯就回国了。

晋国大夫子犯请求攻打秦军。晋文公说："不可，如不是秦国国君的力量，就没有我的今天。依靠过别人的力量而去损害别人，是不仁；失去同盟国，是不智；用动乱来代替整齐，是不武。我们还是回去吧！"于是晋国也撤离郑国。

蹇叔哭师

《左传·僖公三十二年》

[题解]

秦穆公不听蹇叔的一再劝阻，坚持出兵攻打郑国，被晋军在殽山打败。出征前，蹇叔哭送秦军，并阐述了他对战争形势的正确分析，也表现了他的爱国之情。

[原文]

杞子自郑使告于秦曰[1]："郑人使我掌其北门之管[2]，若潜师以来[3]，国[4]可得也。"穆公访诸蹇（jiǎn）叔[5]。蹇叔曰："劳师以袭远[6]，非所闻也。师劳力竭，远主备之，无乃不可乎[7]？师之所为，郑必知之。勤而无所，必有悖心[8]。且行千里，其谁不知？"公辞焉[9]。召孟明、西乞、白乙，使出师于东门之外[10]。蹇叔哭之曰："孟子！吾见师之出而不见其入也。"公使谓之曰："尔何知？中

寿[11]，尔墓之木拱矣[12]。”

蹇叔之子与师[13]，哭而送之[14]，曰：“晋人御师必于殽[15]。殽有二陵焉[16]，其南陵，夏后皋[17]之墓也，其北陵，文王之所辟[18]风雨也。必死是间[19]，余收尔骨焉！”

秦师遂东[20]。

[注释]

①杞子：秦穆公派驻郑国的秦大夫之名。使：派人。②管：锁钥。③潜师以来：秘密地发兵来袭击郑国。④国：郑国。⑤访：咨询。诸：之于。蹇叔：秦国大夫，是一个老臣。⑥劳师：调动军队劳苦跋涉。袭远：偷袭远方的国家。⑦远主：远方的郑君。无乃：大概、可能。⑧所：处所。勤而无所：派军队辛辛苦苦地远征而没有所得。必有悖心：官兵必定有怨恨叛离之心。⑨辞：拒绝，不接受。⑩孟明：姓百里，名视，是百里奚之子。西乞：名术。白乙：名丙。以上三人都是秦的将领。东门：秦之国都东门，当时秦国定都于雍（今陕西扶风）。⑪中寿：一般老者的寿命，大约六七十岁。此处是诅咒蹇叔活到中寿之年就该死去。⑫拱：两手合抱。⑬与：参加。⑭哭而送之：主语是蹇叔，宾语“之”，指蹇叔之子。⑮御：抵御；伏击。殽：同“崤”，山名，地势险要，在今河南洛阳北。⑯二陵：指两座山冈。⑰夏后皋：夏天子皋，夏桀的祖父。⑱辟：同“避”。⑲间：指二陵之间。⑳遂：接着就。东：向东（进军）；东进。

[译文]

杞子从郑国派人告知秦国说：“郑国人派我掌管他们北门的钥匙，如果秘密地派兵来，郑国可以得到。”秦穆公为此事征求蹇叔的意见。蹇叔说：“使军队受到很大的消耗去袭击远处，没有听说过啊！军队劳累，精力衰竭，远方的国家已有防备，这恐怕不可以吧？我军的行动，郑国必定知道。秦军劳累却没有收获，士兵必定会有叛逆作乱的心理，况且行军千里，谁不知道呢？”秦穆公不听，召集孟明、西乞、白乙，派他们从东门出兵。蹇叔哭着送他们道：“孟将军啊！我看着军队出发，却看不到他们回来了！”秦穆公派人对他说：“你懂什么！如果你只活了六七十岁的话，你坟上的树都已合抱了！”

蹇叔的儿子也跟随军队，蹇叔哭着送他道：“晋国一定会在崤山防御。崤山有两座山峰，它的南峰，是夏朝君王皋的墓；它的北峰，是周文王躲避风雨之处。你必定死在它们之间，我到那里收你的尸骨吧！”

秦国的军队便向东方出发。

卷二 周文

郑子家告赵宣子

《左传·文公十七年》

[题解]

郑国处在晋、楚两个大国之间，左右为难，在晋国威胁郑国时，郑子家利用晋、楚两大国的矛盾，警告晋国如果欺人太甚郑国就会拼死反抗，迫使晋国做出了让步。

[原文]

晋侯合诸侯于扈(hù)[①]，平宋也。

于是晋侯不见郑伯[②]，以为贰于楚也。郑子家使执讯而与之书[③]，以告赵宣子[④]曰："寡君即位三年，召蔡侯而与之事君[⑤]。九月，蔡侯入于敝邑以行，敝邑以侯宣多[⑥]之难，寡君是以不得与蔡侯偕，十一月，克减侯宣多而随蔡侯以朝于执事。十二年六月，归生佐寡君之嫡夷，以请陈侯于楚而朝诸君。十四年七月，寡君又朝，以蒇(chǎn)[⑦]陈事。十五年五月，陈侯自敝邑往朝于君。往年正月，烛之武往朝夷也[⑧]，八月，寡君又往朝。以陈、蔡之密迩于楚，而不敢贰焉，则敝邑之故也。虽敝邑之事君，何以不免？在位之中，一朝于襄，而再见于君，夷与孤之二三臣相及于绛[⑨]，虽我小国，则蔑以过之矣。

"今大国曰：'尔未逞吾志。'敝邑有亡，无以加焉。古人有言曰：'畏首畏尾，身其余几？'又曰：'鹿死不择音。'小国之事大国也，德，则其人也，不德，则其鹿也。铤而走险，急何能择？命之罔极，亦知亡矣。将悉敝赋以待于鯈(chóu)[⑩]，唯执事命之。文公二年，朝于齐。四年，为齐侵蔡，亦获成于楚。居大国之间而从于强令，岂其罪也？大国若弗图，无所逃命。"

晋巩朔[⑪]行成于郑，赵穿、公婿池[⑫]为质焉。

[注释]

①晋侯：晋灵公。扈：郑地名，在今河南原阳西。②郑伯：郑穆公。③子家：郑公子归生，字子家。执讯：掌管通讯联络的官。④赵宣子：赵盾，晋国执政大夫。⑤蔡侯：蔡庄公。君：指晋襄公。⑥侯宣多：郑大夫。⑦蒇：完成。⑧夷：郑太子。⑨绛：晋国都城，在今山西翼城东南。⑩赋：这里指军队。鯈：地名，位于晋郑交界处。⑪巩朔：晋大夫。⑫赵穿：晋国卿。池：晋灵公的女婿。

[译文]

晋灵公在扈会合各国，为了平定宋国的内乱。

晋侯不见郑伯，以为他暗地里勾结了楚国。郑国的大夫子家派通讯官去送信，告诉晋国的赵宣子说："我国的国君即位三年，召集蔡侯和他一起侍奉你们国君。九月，蔡侯来到我国准备去贵国，我国因为侯宣多的祸乱，因此国君不能和蔡侯同去。十一月，侯宣多的乱事刚刚平定之后，就和蔡侯一起朝见你们的国君。十二年六月，归生又帮助我们国君的太子夷，为陈侯朝见晋国的事向楚国请命。十四年七月，我国国君又前往朝见，来完成关于陈国的事。十五年五月，陈侯从我国前往晋国朝见。去年正月，烛之武辅佐太子夷去贵国朝见。八月，我国国君又去朝见。陈、蔡两国跟楚国贴近，却不敢对晋国有二心，这都是有我国的原因啊！虽然我国多次为贵国效劳，为什么还被认为有罪呢？我国国君在位的时候，一次朝见晋襄公，两次朝见贵国现在的国君，太子夷和我们两三位大臣，相继来到绛都朝见。虽然我们是小国，事大国之礼也无以复加了。

"如今大国却说：'你没有让我满意。'要是这样，我国只有灭亡，因为我们已无法再增加我们事晋国的礼数了。古人有话说：'顾头顾尾，身体还剩下多少呢？'还说：'鹿要死了是不会挑选阴凉的地方的。'小国为大国效劳，大国有恩惠，那小国就会恭顺，大国没有恩惠，那就会像鹿一样，铤而走险。紧急的时候哪里还能选择呢？你们的命令无法理解，我们也知道自己终究要灭亡了。我们只好集中全部的兵力在鯈等待，一切听您的命令！郑文公二年，我国到齐国朝见。四年，替齐国侵占了蔡国。蔡是楚的属国，可是我们还和楚国建立了同盟。小国夹在大国之间，屈从于强国的命令，难道有罪吗？大国如果不替我们着想，我们就无法逃避你们的命令。"

晋国的巩朔和郑国签订盟约，赵穿和晋灵公的女婿池留在郑国做人质。

王孙满对楚子

《左传·宣公三年》

[题解]

楚庄王攻打陆浑，周王派王孙满去劳军。鼎是周王室的镇国之宝，楚王向王孙满询问关于周王室鼎的情况，有觊觎王权之意。王孙满劝楚王应"重德轻鼎"，不可狂妄。

[原文]

楚子伐陆浑之戎[1]，遂至于雒[2]，观兵于周疆。

定王使王孙满[3]劳楚子，楚子问鼎之大小轻重焉，对曰："在德不在鼎。昔夏之方有德也，远方图物，贡金九牧，铸鼎象物，百物而为之备，使民知神、奸。故民入川泽山林不逢不若[4]。螭魅罔两，莫能逢之。用能协于上下，以承天休。桀有昏德，鼎迁于商，载祀六百。商纣暴虐，鼎迁于周。德之休明，虽小，重也，其奸回昏乱，虽大，轻也。天祚(zuò)明德，有所厎止。成王定鼎于郏鄏(jiá rǔ)[5]，卜世三十，卜年七百，天所命也。周德虽衰，天命未改，鼎之轻重，未可问也。"

[注释]

①楚子：楚庄王。陆浑之戎：古代西北少数民族的一支。②雒：同"洛"。洛水源出陕西，经河南入黄河。③王孙满：周大夫。④不若：不顺利。⑤郏鄏：东周王城，在今河南洛阳。

[译文]

楚王讨伐陆浑之戎，乘机来到洛河，陈兵于周王室境内。

周定王派王孙满慰劳楚王，楚庄王问起九鼎的大小和轻重，王孙满回答说："大小、轻重在于德而不在于鼎。以前夏代刚刚拥立有德之君的时候，描绘远方各种物产的图像，以九州进贡的金属铸成九鼎，将所画的事物铸在鼎上反映出来。鼎上各种事物都已具备，使百姓懂得神及邪恶事物的形象。所以百姓进入河湖和山林，不会碰到不驯服的恶物，像山精水怪之类，就不会碰到。因此能使上下协调，而承受上天赐福。夏桀昏乱无德，九鼎迁到商朝，共六百年。商纣残暴，九鼎又迁到周朝。德行美好光明，九鼎虽小，也重得无法迁走。如果奸邪、昏乱，九鼎虽大，也轻得可以迁走。上天赐福有德行的人，是有固定期限的。成王将九鼎固定安放在郏鄏，曾预卜周朝传国三十代，享国七百载，这个期限是上天所决定的。周朝的德行虽然衰退，天命并未更改。九鼎的轻重，是不可以询问的。"

齐国佐不辱命

《左传·成公二年》

[题解]

公元前589年，齐晋两国交战，齐国战败，晋国追击。齐国派宾媚人去晋国求和。他在做出适当让步的同时，也表明了齐国若求和得不到晋国的同意，愿拼死一战的决心。他的话不卑不亢，颇具说服力。

[原文]

晋师从齐师，入自丘舆[1]，击马陉[2]。齐侯使宾媚人赂以纪甗(yǎn)、玉磬与地[3]。不可，则听客[4]之所为。

武王

四王之王，树德而济同欲焉。（四王：指夏禹、商汤、周文王、周武王。）

宾媚人致赂，晋人不可，曰："必以萧同叔子为质，而使齐之封内尽东其亩[5]。"对曰："萧同叔子非他，寡君之母也。若以匹敌，则亦晋君之母也[6]。吾子布大命于诸侯，而曰必质其母以为信，其若王命何[7]？且是以不孝令也[8]。《诗》曰：'孝子不匮，永锡尔类[9]。'若以不孝令于诸侯，其无乃非德类也乎[10]？先王疆理天下，物土之宜而布其利[11]。故《诗》曰：'我疆我理，南东其亩[12]。'今吾子疆理诸侯，而曰'尽东其亩'[13]而已，唯吾子戎车是利，无顾土宜[14]，其无乃非先王之命也乎[15]？反先王则不义，何以为盟主？其晋实有阙[16]！四王[17]之王也，树德而济同欲焉。五伯之霸也，勤而抚之，以役王命[18]。今吾子求合诸侯，以逞无疆之欲[19]。《诗》曰：'布政优优，百禄是遒[20]。'子实不优而弃百禄，诸侯何害焉[21]？不然，寡君之命使臣，则有辞矣[22]。曰：'子以君师辱于敝邑，不腆敝赋，以犒从者[23]，畏君之震，师徒挠败[24]。吾子惠徼(yāo)齐国之福，不泯其社稷，使继旧好，唯是先君之敝器土地不敢爱[25]。子又不许，请收合余烬，背城借一[26]。敝邑之幸，亦云从也[27]，况其不幸，敢不唯命是听[28]？'"

[注释]

①从：追逐。丘舆：齐邑，在今山东益都境内。②马陉：齐邑，在今山东益都西南。③齐侯：齐顷公，名无野，桓公之孙，为齐第二十君。宾媚人：齐之上卿，又称国佐。纪：古国名，姜姓，侯爵，灭于齐。甗：上部呈甑形、下部呈鬲形的古

代炊器，青铜或陶制。玉磬：以美玉雕成的古代乐器。纪甗、玉磬，是指齐灭纪所得之宝器。地：指齐国以前从鲁国、卫国获取的土地。④客：指晋国。⑤萧同叔子：萧君同叔之女，即齐顷公之母。萧君字同叔，是齐顷公之外祖父。此处晋国要求以顷公之母为人质，是为了报以前晋使访问齐国时被嘲笑的怨恨。据《公羊传》等记载：晋使郤克跛足，访齐时，跛而登阶，被躲在帷幕后窥视的萧同叔子所见，便嘲笑他。客人听到笑声，十分怨恨，发誓必报此仇。封内：疆界之内。东其亩：东西其亩，指将田垄改成东西向，一方面是对齐国的侮辱，一方面也是为了便于处于齐国西部的晋国军队的车马通行。⑥匹敌：对等，相当，相比。亦晋君之母：意谓同为君母，所以，齐君之母犹晋君之母。⑦其若王命何：其于王命，如何？王命，先王以孝治天下，晋必以齐君之母为质，即违背先王之命。⑧是以不孝令：如必以齐君之母为质，这就是以不孝令于诸侯。⑨孝子不匮，永锡尔类：见《诗经·大雅·既醉》。意谓孝子的美德不竭不已，常以孝道赐予你的同族类者。⑩无乃非德类：言不以孝德赐及同类。无乃：或作"毋乃"，只怕、恐怕。⑪疆理天下，物土之宜：指划分天下土地的大界，定其沟途，治其土田，物色其地所宜。布其利：分布其所宜种之物。⑫我疆我理，南东其亩：见《诗经·小雅·信南山》。意谓区划土地疆界，定其沟途，治其垄亩，有的南北向，有的东西向。（此以南概北，以东概西。）⑬尽东其亩：完全改为东西向的田垄。⑭无顾土宜：不顾地势土田之所宜。⑮非先王之命：不是先王的遗命。⑯阙：缺失。⑰四王：指夏禹、商汤、周文王、周武王。⑱勤而抚之，以役王命：指勤力以抚绥诸侯，奔走服役于王命，遵行先王之制度。五伯：指夏伯昆吾，商伯大鼓、豕韦，周伯齐桓、晋文。一说，指齐桓、晋文、宋襄、秦穆、楚庄。⑲逞无疆之欲：希求满足无止境的欲望。⑳布政优优，百禄是遒：见《诗经·商颂·长发》。意谓商汤施政宽和，所以百福归聚。㉑诸侯何害焉：何以加害于诸侯呢？㉒有辞：指求和不成时，齐君就有理由可说了。㉓不腆敝赋，以犒从者：言敝国物力虽不雄厚，也要犒劳晋军（实则含蓄地表示要与晋军作战）。赋，兵赋。㉔震：威。挠败：挫败。㉕徼：通"邀"，求取。泯：灭。敝器：此指纪甗、玉磬等。爱：吝惜。㉖烬：余火，此喻残余的军力。背城借一：背靠城池，再借此一战。借，凭借。㉗幸：指齐战胜。从：听从晋国。㉘不幸：指齐战败。敢：岂敢。唯命是听：惟晋国之命是从。

[译文]

晋军追赶齐军，从丘舆进入齐国，进攻马陉。齐顷公派宾媚人以纪甗、玉磬和土地作为礼物求和，并说："如果他们不同意，要怎样就怎样吧！"

宾媚人送上礼物，晋国人不同意，说："一定要萧国国王同叔的女儿来做人质，并将齐国境内的全部田地变成东西走向。"宾媚人答道："萧同叔的女儿并非别人，是我国国君的母亲啊！如果用地位相对应，就也是晋国国王的母亲。您传达命令给诸侯，却又说必须将别人的母亲作为人质来表示信用，又想如何对待周天子的命令呢？而这是以不孝命令别人啊！《诗经》说：'孝子的孝心不会枯竭，它永远赐福给你们。'如果以不孝号令诸侯，这恐怕不符合道德要求的吧？先王划分天下，因地制宜来安排它们的功用，所以《诗经》说：'我的疆土我料理，向南向东辟田地。'

现今您划分治理诸侯，却说全部田地要东西走向，只考虑您兵车的便利，不顾是否适合土地，这不完全否定先朝国王的命令吗？违反先王就是不义，凭什么做盟主啊？晋国实在是不对啊！四王之所以为王，是树立道德榜样而达成共同的愿望啊！五霸之所以能称霸，是辛勤帮助其他诸侯，来执行周朝国王的命令。现今您要联合诸侯，以实现无止境的欲望。《诗经》说：'宽仁施政，百福聚集。'你们的施政实在不够宽仁，便抛弃了百福，何以加害于诸侯呢？您如果不答应，我们国君派我来，还有另外的话。寡君说：'您带军队屈尊来到敝国，没有丰厚的财物犒赏您的部下，惧怕你们的威严，我们的军队只能是失败。您若能开恩给我们齐国福气，不消灭我国，继续友好，这些先君留下的简陋器具和土地不敢吝惜。你们如果还是不同意，请允许我们收拾残兵，背对城池和你们一战。我们若有幸得胜，也还会服从您；更何况若再败，哪敢不唯命是听啊？"

楚归晋知罃

《左传·成公三年》

[题解]

晋国要求用两国交战时俘获的楚国战俘的尸体换回知罃。归国前，知罃与楚王有一段对话，在交谈中，知罃大义凛然、不卑不亢，表现了誓死忠于国家的信念，维护了本国的尊严，也赢得了楚王的尊重。

[原文]

晋人归楚公子谷臣与连尹[1]襄老之尸于楚，以求知罃(yīng)[2]。于是荀首佐中军矣，故楚人许之。

王送知罃，曰："子其怨我乎？"对曰："二国治戎，臣不才，不胜其任，以为俘馘(guó)[3]。执事不以衅鼓[4]，使归即戮，君之惠也。臣实不才，又谁敢怨？"王曰："然则德我乎？"对曰："二国图其社稷，而求纾其民，各惩其忿，以相宥也，两释累囚，以成其好。二国有好，臣不与及，其谁敢德？"王曰："子归，何以报我？"对曰："臣不任受怨，君亦不任受德，无怨无德，不知所报。"王曰："虽然，必告不穀。"对曰："以君之灵，累臣得归骨于晋，寡君之以为戮，死且不朽。若从君惠而免之，以赐君之外臣首，首其请于寡君，而以戮于宗，亦死且不朽。若不获命而使嗣宗职，次及于事，而帅偏师以修封疆，虽遇执事，其弗敢违。其竭力致死、无有二心，以尽臣礼，所以报也。"王曰：

"晋未可与争。"重为之礼而归之。

[注释]

①谷臣：楚庄王的儿子。连尹：官名。②知罃：晋大夫，荀首之子。③俘馘：俘虏。馘，割耳。古代战争中以割取敌人左耳来记军功。④衅鼓：用血涂在鼓上，是古代的一种祭礼。

[译文]

晋国人想把楚国公子谷臣和连尹襄老的尸体送还给楚国，以换回知罃。这时荀首担任中军副帅，所以楚国应允了。

楚共王为知罃送行，对他说："您大概很恨我吧？"知罃回答说："两国作战，臣下没有才能，不能胜任职务，所以被你们俘获。您的左右不杀我取血涂鼓，让我回晋国接受刑罚，这是君王的恩惠。臣下确实无能，怎么敢怨恨楚王呢？楚王说："那么你感谢我吗？"知罃回答说："两国都为自己打算，希望解除百姓的痛苦，各自抑制自己的怨怼，以求相互谅解。双方释放战俘，以成全两国的友好关系。两国建立了友好的关系，并不是为了我，又敢感激谁呢？"楚共王说："您回国后用什么报答我呢？"知罃回答说："臣下承担不起别人的怨恨，君王也承担不起人们的感激。既没有怨恨，也没有恩德，不知道要报答什么。"楚共王说："即使如此，你也一定要把你的想法告诉我。"知罃回答说："托君王的福，我这个被俘之臣能把这把骨头带回晋国，就是敝国国君杀了我，我死了也不朽。如果按照君王的好意而赦免了我，就把我交给您的外臣荀首，荀首向我们国君请求按家法在宗庙里处死我，我也死而不朽。如果未得到我们国君杀戮我的命令，而让臣下继承祖宗的职位，让我担任晋国的职务，率所属军队防御边境，即使遇上您的将帅也不敢违礼回避。我将尽心竭力以至于死，不会有别的想法，对晋王尽到为臣之责，这就是我用来报答君王的。"楚共王说："晋国是不能同它相争斗的。"于是，楚王加倍礼待知罃，把他放回晋国。

吕相绝秦

《左传·成公十三年》

[题解]

秦、晋两国都是春秋时期的大国，这两个国家既互通婚姻，同时也矛盾重重。公元前580年，晋厉公与秦桓公约定在令狐会盟，但秦桓公却背信弃义，不仅没有参加会盟，还联合北方的狄人与南方的楚国一起进攻晋国，于是晋国国君派吕相出使秦国，宣布与秦国绝交。

这篇文章叙述了秦晋两国交往的历史，谴责了秦国背信弃义的行为，堪称外交辞令的代表作。

[原文]

晋侯使吕相绝秦①，曰："昔逮我献公及穆公相好②，戮力同心[3]，申之以盟誓，重之以昏姻[4]。天祸晋国，文公如齐，惠公如秦。无禄[5]，献公即世[6]。穆公不忘旧德，俾我惠公用能奉祀于晋[7]。又不能成大勋，而为韩之师[8]。亦悔于厥心，用集我文公[9]，是穆之成也[10]。文公躬擐甲胄[11]，跋履山川，踰越险阻，征东之诸侯，虞、夏、商、周之胤而朝诸秦[12]，则亦既报旧德矣。郑人怒君之疆埸[13]，我文公帅诸侯及秦围郑，秦大夫不询于我寡君，擅及郑盟。诸侯疾之，将致命于秦[14]。文公恐惧，绥靖诸侯，秦师克还无害，则是我有大造于西也[15]。

“无禄，文公即世，穆为不吊[16]，蔑死我君[17]。寡[18]我襄公，迭我殽地[19]，奸绝[20]我好，伐我保城[21]，殄灭我费滑[22]，散离我兄弟[23]，挠乱我同盟，倾覆我国家。我襄公未忘君之旧勋，而惧社稷之陨，是以有殽之师。犹愿赦罪于穆公[24]，穆公弗听，而即楚谋我。天诱其衷[25]，成王陨命[26]，穆公是以不克逞[27]志于我。

“穆、襄即世，康、灵即位。康公，我之自出[28]，又欲阙剪[29]我公室，倾覆我社稷，帅我蝥贼[30]，以来荡摇我边疆，我是以有令狐之役。康犹不悛[31]，入我河曲，伐我涑川[31]，俘我王官[33]，剪我羁马[34]，我是以有河曲之战[35]。东道之不通[36]，则是康公绝我好也。

“及君[37]之嗣也，我君景公引领西望曰：‘庶抚我乎！’君亦不惠称盟[38]，利吾有狄难[39]，入我河县[40]，焚我箕、郜[41]，芟夷我农功[42]，虔刘我边陲[43]，我是以有辅氏之聚[44]。

“君亦悔祸之延，而欲徼[45]福于先君献、穆，使伯车来[46]，命我景公曰：‘吾与女[47]同好弃恶，复修旧德，以追念前勋。’言誓未就，景公即世，我寡君是以有令狐之会[48]，君又不祥[49]，背弃盟誓。白狄及君同州[50]，君之仇雠，而我之昏姻也[51]，君来赐命曰：‘吾与女伐狄。’寡君不敢顾昏姻，畏君之威，而受[52]命于使。君有二心于狄[53]，曰：‘晋将伐女。’狄应且憎，是用告我。楚人恶君之二三其德也[54]，亦来告我曰：‘秦背令狐之盟，而来求盟于我，昭告昊天上帝、秦三公、楚三王曰[55]：‘余虽与晋出入[56]，余

唯利是视。不穀恶其无成德[57]，是用宣之，以惩不壹。'

"诸侯备闻此言，斯是用痛心疾首，昵就寡人。寡人帅以听命，唯好是求。君若惠顾诸侯，矜哀寡人，而赐之盟，则寡人之愿也。其承宁诸侯以退[58]，岂敢徼乱？君若不施大惠，寡人不佞[59]，其不能以诸侯退矣。敢尽布之执事，俾执事实图利之！"

[注释]

①晋侯：晋厉公。吕相，魏锜之子魏相。②昔逮：自从。③戮力：并力，合力。④昏姻：婚姻。⑤无禄：没有福禄。即不幸。⑥即世：去世。⑦用：因为。奉祀：主持祭祀。即为国君。齐纳惠公在僖公十年（前650）。⑧韩之师：僖公十五年（前645），二国在韩地交战，晋惠公被秦国俘虏，后放回。⑨集：成就，成全。秦纳文公在僖公二十四年（前636）。⑩成：成就，成全。⑪擐：穿。⑫胤：后代。⑬怒：侵犯。疆埸：边境。⑭致命：拼死决战。⑮造：功劳。西：指秦国，在晋国之西。⑯吊：吊唁。⑰蔑死我君：或谓当从《释文》所引作"蔑死我君"，与下"寡我襄公"对。⑱寡：少，这里是欺侮的意思。⑲迭：同"轶"，突然进犯。事详前《蹇叔哭师》篇。⑳奸绝：遏绝，断绝。㉑保城：谓边境小城。㉒费滑：滑国，费为滑都。秦灭滑在鲁僖公三十三年（前627）。㉓散离我兄弟：秦伐郑灭滑，二国与晋同为姬姓国，故云。㉔赦罪：释罪，求和解。㉕天诱其衷：当时俗语，即天心在我。㉖成王：楚成王。楚成王殒命在鲁文公元年（前626）。㉗逞：满足。㉘我之自出：秦康公为晋献公女伯姬所生。㉙阙剪：损害。㉚蟊贼：蟊和贼，两者均为食苗的害虫，此喻危害国家的人。指晋文公子公子雍，秦曾应晋求送其回国为君，后晋变卦，于是二国战于令狐。事在鲁文公七年（前620）。㉛悛：悔改。㉜涑川：水名，在今山西西南部。或谓指山西永济之涑水城。㉝王官：在今山西闻喜南。秦康公伐涑川、掠王官不见记载。㉞剪：削断。羁马：在今山西永济南。㉟河曲之战：事在文公十二年（前615）。㊱东道不通：指两国不相往来。晋在秦东面。㊲君：指秦桓公。㊳称盟：举行盟会。㊴狄难：晋军入赤狄作战，为鲁宣公十五年（前594）事。㊵河县：临黄河的县。秦、晋以黄河为界。㊶箕：在今山西蒲县。郜：在今山西祁县。㊷芟夷：收割。农功：已经成熟的庄稼。㊸虔刘：杀戮。㊹辅氏之聚：辅氏之战，亦鲁宣公十五年事。辅氏，今陕西大荔。㊺徼：祈求。㊻伯车：秦桓公子，名鍼。㊼女：同"汝"，你。㊽令狐之会：在鲁成公十一年（前580）。㊾不详：不善。㊿同州：同在禹贡九州之雍州。(51)我之昏姻：白狄女子曾嫁晋文公。(52)受：同"授"。(53)有：同"又"。(54)二三其德：主意不定，反复无常。(55)秦三公：穆、康、共。楚三王：成、穆、庄。(56)出入：往来。(57)不穀：不善，古代王侯自称的谦词。(58)承宁：宁静，平息。(59)不佞：不佞，即"不才"。

[译文]

晋厉公派吕相出使秦国，宣布与秦国断交，吕相说道："以前我们晋国的国君献公与秦国的国君穆公关系友好，两国齐心合力，而且用盟誓来确定了这种关系，还通过联姻使两国的关系加深。上天把灾祸降给晋国，文公逃到了齐国，惠公逃到了秦国。献公不幸去世，秦穆公没有忘记过去的交情，使我们的惠公可以回到晋国主持祭祀大典，成为国君。可是秦国还没有完成这件大功，就跟我国发生了韩原之战。战后秦穆公的内心也觉得后悔，所以成全我们的文公回到国内做国君，这都是秦穆公的功劳。

“晋文公亲自穿上盔甲，跋山涉水，经历了各种艰难，征伐东方的各个国家，虞、夏、商、周的后人全都前来朝见秦国的国君，这便已经报答了秦国以前对晋国的恩德了。郑国人侵略晋国的边疆，晋文公率领诸侯与秦国一起去围攻郑国。秦国大夫在没有和晋文公商量的前提下，就擅自跟郑国订立了盟约，诸侯都非常痛恨这样的做法，想要跟秦国拼命。文公因为担心秦国因此而受到损害，于是说服各个国家的国君，秦军才能安全地回到国内而没有受到伤害，这是我国对秦国的大恩大德。

“晋文公不幸去世，秦穆公不怀好意地蔑视我们已经去世的国君，欺凌我们的晋襄公，侵犯我国的崤地，断绝了秦晋两国的友好关系，攻打我国的城池，灭亡了我国的附属国滑国，挑拨晋国与其兄弟之国的关系，扰乱与我们结盟的国家，企图颠覆晋国。我国的襄公没有忘记秦君过去的功劳，但是又担心晋国灭亡，因此才有了崤地的战斗。我们希望秦穆公能够宽恕晋国的罪过，秦穆公不同意，反而结交楚国企图对我国不利。老天有眼，楚成王死去，这才没让秦穆公侵犯晋国的阴谋得逞。

“秦穆公和晋襄公去世以后，秦康公和晋灵公即位。秦康公是我国先君献公的外甥，却总想着损害晋国，颠覆晋国，还带着公子雍那个蟊贼回到晋国来争夺国君之位，让他侵扰我们的边界，于是我国才跟秦国发生了令狐之战。秦康公还不知道悔改，侵略我国的河曲，进攻我国的涑川，抢劫我国的王官，占领了我国的羁马，所以我国才跟晋国发生了河曲之战。通往东方的道路被阻断，秦康公也断绝了与晋国的友好关系。

“到您即位为秦国国君以后，我们的晋景公伸长了脖子望着西方说道：‘秦国大概会抚恤、关照我们吧！’可是您还是不愿意施加恩惠，与晋国结盟，却趁我们跟狄人打仗的机会，侵入了我国那些濒临黄河的县邑，烧毁了我国箕、郜两个地方，割走了晋国的庄稼，屠杀晋国边界的人民，所以晋国跟秦国又发生了辅氏之战。

“您也为两国战火蔓延感到后悔，所以想对着晋献公和秦穆公祈福，于是派伯车来到晋国对景公传令说：‘我国和晋国互相友好，应该抛弃仇恨，恢复以往的情谊，来追悼以前那些国君的功绩。’盟约还没有结束，景公便去世了，所以晋国的国君和秦国的国君才有了令狐这次会盟。但是君王又产生了不良的企图，背弃了盟约。白狄与秦国都位于雍州，是您的仇人，但却是我国的姻亲。您下命令说：‘我们一起进攻狄人。’我国的国君不敢顾及姻亲关系，对您的威严感到敬畏，于是接受了君王派来的使臣所下达的进攻狄人的命令。可是您又向狄人表示了友好，对狄人说道：‘晋国就要进攻你们了。’狄人表面上应允了秦国的要求，但内心里却厌恶秦国这种做法，所以把这件事告诉了晋国。楚国人也一样厌恶您的反复无常，也来对晋国说：‘秦国人违背了秦晋两国的令狐之盟，要求与楚国结盟。他们对上天、秦国的三位先公与楚国的三位先王盟誓道：‘虽然秦国与晋国有往来，可是秦国只关心利益。楚国厌恶他们反复无常的做法，所以才公开了这些事，以此惩戒那些三

心二意、不够专一的人。'

"各国的诸侯都听说了这些话，所以都有一种痛心疾首的感觉，于是来跟晋国亲近。如今我带领诸侯到这里来听命，都是为了想结为盟好。假如您愿意开恩照顾各国诸侯，可怜我，就与我国缔结盟誓，这也是我国君主的心愿，我国君主就会安抚诸各国诸侯，让他们退回本国，怎么敢自己招致祸乱呢？假如君王不肯对晋国施行大恩大德，那么我国君主不才，恐怕就无法率领诸侯退兵了。我把所有的意思都对您说出来了，请您认真地考虑怎么做才对秦国有好处。"

驹支不屈于晋

《左传·襄公十四年》

[题解]

驹支是晋国附庸姜戎的首领，于公元前559年参加诸侯在向地举行的会盟。会前，晋国的范宣子把晋国霸主地位的削弱归咎于驹支，并威胁要拘捕他。驹支据理力辩，范宣子被说服了，并向他表示歉意。

[原文]

会于向[①]。将执戎子驹支[②]。

范宣子[③]亲数诸朝曰："来！姜戎氏。昔秦人迫逐乃祖吾离于瓜州[④]，乃祖吾离被苫盖，蒙荆棘以来归我先君。我先君惠公有不腆之田，与女剖分而食之。今诸侯之事我寡君不如昔者，盖言语漏泄，则职女之由。诘朝之事，尔无与焉！与，将执女。"对曰："昔秦人负恃其众，贪于土地，逐我诸戎。惠公蠲(juān)[⑤]其大德，谓我诸戎是四岳[⑥]之裔胄也，毋是翦弃。赐我南鄙之田，狐狸所居，豺狼所嗥。我诸戎除翦其荆棘，驱其狐狸豺狼，以为先君不侵不叛之臣，至于今不贰。昔文公与秦伐郑，秦人窃与郑盟而舍戍焉，于是乎有殽之师。晋御其上，戎亢[⑦]其下，秦师不复，我诸戎实然，譬如捕鹿，晋人角之，诸戎掎(jǐ)[⑧]之，与晋踣之，戎何以不免？自是以来，晋之百役，与我诸戎相继于时，以从执政，犹殽志也，岂敢离逷(tì)[⑨]？今官之师旅无乃实有所阙，以携诸侯，而罪我诸戎。我诸戎饮食衣服不与华同，贽(zhì)币[⑩]不通，言语不达，何恶之能为？不与于会，亦无瞢(méng)焉。"赋《青蝇》而退[⑪]。

宣子辞焉，使即事于会，成恺悌也。

[注释]

①向：吴地，在今安徽怀远。②戎子驹支：姜戎族首领，名驹支。③范宣子：晋国大臣。④瓜州：地名，在今甘肃敦煌。⑤蠲：显示。⑥四岳：传说为尧、舜时四方部落首领。⑦亢：同“抗”。⑧掎：拉住。⑨逷：疏远。⑩贽币：见面时赠送的礼物。⑪《青蝇》：《诗经·小雅》中的篇名。

[译文]

各诸侯国在向地会见，打算抓戎国国君驹支。

范宣子当庭责备他说：“过来，姜戎氏。从前秦国人在瓜州追赶你们的祖先吾离，你们的祖先吾离披草垫、戴荆棘，来投奔我国。我们的先君惠公拥有并不丰厚的田地，还与你们平分耕种。现今各诸侯国听从我国国王号令不如从前的原因，就是言语机密被泄漏，这责任就在你们。明早诸侯的会见，你不要参加了！来参与的话，就把你抓起来。”驹支回答道：“从前秦国人倚仗他们人多，贪土地，驱逐我们各戎族人。晋惠公显示他的大德，对我们各戎族说，这些人都是四岳的后裔啊，不能这样被丢弃。赐予我们南方边陲的田地，是狐狸居住、豺狼号叫之处。我们各戎族铲除那的荆棘，驱赶那的狐狸豺狼，成为先君（晋国国王）不侵犯不叛变的臣子，到今天也没有过二心。晋文公和秦国讨伐郑国，秦国人私下和郑国结盟还派军队帮助他们守卫，因为这事便有殽地的战争。晋国军队正面抵御他们，我们抗击他们的侧翼，秦国军队被歼灭，是我们各戎族实现的啊。好比捕鹿，晋国人扳它的角，各戎族人拖住它，和晋一起将它摔倒，戎族人为什么不被免罪？从那以后，晋国的多次战役，都有我们各戎族人参加，听从你们的指挥，如同殽战役的态度一样，哪有过背弃呢？现今你们的军队，的确有些不足，不能很好地领导各诸侯，却怪罪到我们各戎族头上。我们各戎族的饮食服装和华夏不同，礼物钱币不通用，语言不通，能做什么坏事呢？不参加会议，也不会不痛快。”驹支赋了《青蝇》这首诗后退出。宣子谦辞挽留，让他参加会议，大家和气相处了。

祁奚请免叔向

《左传·襄公二十一年》

[题解]

因为受到弟弟的连累，晋大夫叔向被捕了。乐王鲋说可以救他，叔向却不理会，认为只有品德、才能和胆略皆备的祁奚才能救自己。事实证明了他的判断，乐王鲋只会阿谀君主，祁奚则说服范宣子救了他，也可以说是叔向的善于识人救了自己。

[原文]

栾盈[1]出奔楚。宣子杀羊舌虎[2]，囚叔向[3]。人谓叔向曰：

伊尹

伊尹是商初重臣，原名伊挚，尹为官名。汤的孙子太甲为帝时，横行无道，被伊尹放之于桐宫，令其悔过。三年后，迎太甲复位。

“子离于罪，其为不知乎？”叔向曰：“与其死亡若何？《诗》④曰：‘优哉游哉，聊以卒岁。’知也。”

乐王鲋(fù)⑤见叔向曰：“吾为子请。”叔向弗应。出，不拜。其人皆咎叔向。叔向曰：“必祁大夫。”室老闻之，曰：“乐王鲋言于君无不行，求赦吾子，吾子不许。祁大夫所不能也，而曰必由之，何也？”叔向曰：“乐王鲋，从君者也，何能行？祁大夫外举不弃仇，内举不失亲，其独遗我乎？《诗》⑥曰：‘有觉德行，四国顺之。’夫子，觉者也。”

晋侯问叔向之罪于乐王鲋，对曰：“不弃其亲，其有焉。”于是祁奚老矣，闻之，乘驲(rì)⑦而见宣子，曰：“《诗》⑧曰：‘惠我无疆，子孙保之。’《书》⑨曰：‘圣有谟⑩勋，明征定保。’夫谋而鲜过，惠训不倦者，叔向有焉，社稷之固也。犹将十世宥之，以劝能者。今壹不免其身，以弃社稷，不亦惑乎？鲧殛(gǔn jí)而禹兴，伊尹放大甲而相之，卒无怨色，管、蔡为戮，周公右王。若之何其以虎也弃社稷？子为善，谁敢不勉？多杀何为？”

宣子说，与之乘，以言诸公而免之。不见叔向而归，叔向亦不告免焉而朝。

[注释]

①栾盈：晋大夫。与大臣范宣子争权失利而逃亡。②宣子：范宣子。羊舌虎：晋大夫。③叔向：羊舌肸，羊舌虎兄，晋大夫。④《诗》：见《诗经·小雅·采菽》。⑤乐王鲋：晋大夫。⑥《诗》：见《诗经·大雅·抑》。⑦驲：古代驿站专用的车。⑧《诗》：见《诗经·周颂·烈文》。⑨《书》：见伪《古文尚书·夏书·胤征》。⑩谟：谋略。

[译文]

栾盈出逃到楚国。范宣子杀死羊舌虎，囚禁叔向。有人对叔向说："您遭到此难，是因为你不够聪明吧？"叔向说："比起死及逃亡如何？《诗经》中说：'自在逍遥，悠闲地过完岁月。'才是明智。"

乐王鲋看望叔向，说："我为您请求。"叔向不回答，乐王鲋离开，他也不拜送。他的手下都埋怨他不该如此。叔向说："必须祁大夫才能办到。"管家听到后说："乐王鲋对国君说的话没有不被采纳的，他想救您，您却不理睬。祁大夫办不到的，您却说一定要他才行，为什么？"叔向说："乐王鲋是顺从国君的人，怎么能办到？祁大夫荐举外面的人不遗弃仇人，内部不遗漏亲人，难道会单独忘记掉我吗？《诗经》中说：'有真正的德行，四周的国家都顺应他。'祁先生就是有真正德行的人。"

晋国国君向乐王鲋询问叔向的罪责，乐大夫答道："不舍弃他的亲人，他可能是同谋。"这时祁奚已老，可听见这事，乘坐驿站的马车来见范宣子，说："《诗经》说：'给予我的恩惠无边际，子孙永远保护他。'《尚书》中说：'圣贤有谋略之功，就该表示一定保护他。'谋略很少有过失，良好教导别人而不知疲倦的，就是叔向这种人啊，可使国家稳固啊！对这样的人，应该宽宥他十代子孙的罪，来劝勉有才能的人。如今一旦不能免祸，因此舍弃国家社稷，不让人困惑吗？鲧被杀而禹兴盛，伊尹流放大甲而又做他的宰相，他始终没有怨恨；管叔、蔡叔被杀，周公辅佐成王。为何他要为了虎而舍弃社稷呢？您做好事，谁敢不努力，多杀人干什么啊？"

宣子心悦诚服地和他一起乘车来向晋侯说情，便赦免了叔向。祁奚没有见叔向就回家了，叔向也没有拜谢祁奚告之自己已免除罪责，就上朝了。

子产告范宣子轻币

《左传·襄公二十四年》

[题解]

范宣子当政时，晋国为诸侯盟主，弱小诸侯要向晋国进贡。晋国对贡品的过分要求使郑国感到难以承担，子产托人带信给范宣子，从晋国的利益出发，劝说他应重德行而轻财货，有德行四方才会归附。子产说服范宣子减轻了诸侯贡品的负担。

[原文]

范宣子为政，诸侯之币[①]重，郑人病之。二月，郑伯[②]如晋。子产寓书于子西[③]，以告宣子，曰："子为晋国，四邻诸侯不闻令德，而闻重币，侨也惑之。侨闻君子长国家者，非无贿之患，而无令名之难。夫诸侯之贿聚于公室，则诸侯贰。若吾子赖之，则晋国贰。诸侯贰，则晋国坏，晋国贰，则子之家坏。何没没

也，将焉用贿？

“夫令名，德之舆也[4]。德，国家之基也。有基无坏，无亦是务乎？有德则乐，乐则能久。《诗》[5]云：‘乐只君子，邦家之基。’有令德也夫！‘上帝临女，无贰尔心’。有令名也夫！恕思以明德，则令名载而行之，是以远至迩（ěr）[6]安。毋宁使人谓子，子实生我，而谓子浚[7]我以生乎？象有齿以焚其身，贿也。”

宣子说，乃轻币。

[注释]

①币：礼物。②郑伯：郑简公。③子产：公孙侨，字子产，又字子美，郑简公十二年（前554）为卿。子西：公孙夏，郑大夫。④舆：车。⑤《诗》：见《诗经·小雅·南山有台》及《诗经·大雅·大明》。⑥迩：近。⑦浚：榨取。

[译文]

范宣子在晋国执政，诸侯向晋国缴纳的贡品很重，郑国人感到难以承受。二月，郑简公到晋国，子产让子西带去一封信，告诉范宣子说：“您治理晋国，四邻诸侯没有听说您的美德，却听说要收很重的贡品，侨对这事感到困惑。侨听说君子治理国家和家族的，不是为没有财物担忧，而是为没有好名声而担忧。诸侯的财物聚集在晋国国君的宗室，诸侯就离心。如果您依赖这些财物，晋国人就会不团结。诸侯离心，晋国就受损害；晋国人离心，您的家室就垮台。为什么不觉悟呢？那时哪里还需要财货？

“美名，是传播德行的工具，德行，是国家的根基。有基础就不致垮台，您不也应当致力于此吗？有了德行就快乐，快乐就能长久。《诗经》说：‘快乐的君子，是国家的基石’，是因为有美德吧！‘天帝监视着你，不要使你三心二意’，说的是有好名声啊！用宽恕的心来发扬德行，美名就会载着德行走向四方，因此远方的人闻风而至，近处的人也心安。宁可让人说，‘您的确养活了我们’，还是让人说‘您榨取了我们来养活自己’呢？象有牙齿而毁灭了它自身，就是它有价值的缘故。”

范宣子很高兴，便减轻了诸侯贡品的负担。

晏子不死君难

《左传·襄公二十五年》

[题解]

公元前548年，齐庄公因与崔杼之妻通奸，为崔杼所杀。晏子冒着危险去崔杼家哭庄公，但他认为庄公身为国君，不以国事为重，既然国君并非为国事而死，臣子也就不必追随他去死。他冒死去哭庄公，是为了尽臣子之礼。晏子的看法符合

"民贵君轻"的儒家观点。

[原文]

崔武子见棠姜而美之①，遂取之。庄公通焉，崔子弑之。

晏子②立于崔氏之门外，其人曰："死乎？"曰："独吾君也乎哉？吾死也？"曰："行乎？"曰："吾罪也乎哉！吾亡也。"曰："归乎？"曰："君死，安归？君民者，岂以陵民？社稷是主。臣君者，岂为其口实？社稷是养。故君为社稷死则死之，为社稷亡则亡之。若为己死，而为己亡，非其私昵，谁敢任之？且人有君而弑之，吾焉得死之，而焉得亡之？将庸何归？"

门启而入，枕尸股而哭。兴，三踊而出。人谓崔子："必杀之。"崔子曰："民之望也，舍之，得民。"

[注释]

①崔武子：崔杼，齐国卿。棠姜：齐国大夫棠公之妻，棠公死后嫁给崔杼。②晏子：晏婴，字平仲。历仕齐灵公、庄公、景公三世，曾任齐卿。

[译文]

崔武子见到棠姜，觉得她很美，就娶了她。齐庄公和她私通，崔武子杀死了庄公。

晏子站在崔家门外，从人说："死吗？"晏子说："是我一个人的国君吗，我为什么死？"从人说："出逃吗？"晏子说："是我的罪过吗，我为什么逃？"从人说："回去吗？"晏子说："国君死了，回哪儿去？作百姓的君主，难道就是为了凌驾于百姓之上？君主是要管理国家的。作国君臣子的人，难道就是为了自己的俸禄？是要抚育国家。所以国君为国家而死，臣下就为他去死，为国家而逃亡，就跟着他逃亡。如果为自己而死，或为自己而逃亡，不是国君所宠爱的人，谁敢承担责任？而且拥立他的人又杀掉他，我怎能为他而死？怎能为他而逃亡？又回到哪里去呢？"

门开了，晏子进去，头枕在尸首的大腿上大哭。哭毕起来，跳了三下，然后走出去。有人对崔武子说："一定要杀掉他。"崔武子说："晏子是百姓所敬仰的人，放了他能得到民心。"

季札观周乐

《左传·襄公二十九年》

[题解]

吴国公子季札访问中原各国，希望与诸侯建立友好关系。公元前544年，他在鲁国观赏了保存在这里的周乐，并对一些作品做了评价，从中可以看出，古人认为乐舞与治乱有着密切的关系。《古文观止》的书名，即来自此文中季札对《韶箾》“观止矣”的赞美。

[原文]

吴公子札[1]来聘。请观于周乐。

使工为之歌《周南》《召(shào)南》[2]，曰：“美哉！始基之矣，犹未也，然勤而不怨矣。”为之歌《邶》《墉》《卫》[3]。曰：“美哉渊乎！忧而不困者也。吾闻卫康叔、武公[4]之德如是。是其《卫风》乎？”为之歌《王》[5]，曰：“美哉！思而不惧，其周之东乎？”为之歌《郑》[6]，曰：“美哉！其细已甚，民弗堪也。是其先亡乎？”为之歌《齐》[7]，曰：“美哉！泱泱乎，大风也哉！表东海者，其大公乎？国未可量也。”为之歌《豳(bīn)》[8]，曰：“美哉，荡乎！乐而不淫，其周公之东乎？”为之歌《秦》[9]，曰：“此之谓夏声。夫能夏则大，大之至也，其周之旧乎？”为之歌《魏》[10]，曰：“美哉，沨(fēng)沨乎[11]！大而婉，险而易行，以德辅此，则明主也。”为之歌《唐》[12]，曰：“思深哉！其有陶唐氏[13]之遗民乎？不然，何忧之远也？非令德之后，谁能若是？”为之歌《陈》[14]，曰：“国无主，其能久乎？”自《郐(kuài)》[15]以下，无讥焉。

为之歌《小雅》[16]，曰：“美哉！思而不贰，怨而不言，其周德之衰乎？犹有先王之遗民焉。”为之歌《大雅》[17]，曰：“广哉！熙熙乎！曲而有直体，其文王之德乎？”

为之歌《颂》[18]，曰：“至矣哉！直而不倨，曲而不屈；迩而不逼，远而不携；迁而不淫，复而不厌；哀而不愁，乐而不荒；用而不匮，广而不宣；施而不费，取而不贪；处而不底，行而不流。五声[19]和，八风平，节有度，守有序，盛德之所同也。”

见舞《象箾(shuò)》《南籥(yuè)》[20]者。曰：“美哉！犹有憾。”见舞《大武》[21]者，曰：“美哉！周之盛也，其若此乎？”见舞《韶濩》[22]者，曰：“圣人之弘也。而犹有惭德，圣人之难也。”见舞《大夏》[23]者，曰：“美哉！勤而不德，非禹其谁能修之？”见舞《韶箾》[24]

者，曰："德至矣哉！大矣！如天之无不帱也[25]，如地之无不载也。虽甚盛德，其蔑以加于此矣。观止矣！若有他乐，吾不敢请已。"

[注释]

①公子札：季札，吴王寿梦的小儿子。②《周南》《召南》：采自周、召地方的乐歌。③《邶》《墉》《卫》：采自邶、墉、卫地区的乐歌。④武公：康叔九世孙。⑤《王》：采自东周首都洛阳一带的乐歌。⑥《郑》：采自郑地的乐歌。⑦《齐》：采自齐地的乐歌。⑧《豳》：采自豳地的乐歌。⑨《秦》：采自秦地的乐歌。⑩《魏》：采自魏地的乐歌。⑪沨沨：形容音乐婉转悠然。⑫《唐》：采自唐地的乐歌。⑬陶唐氏：唐尧。⑭《陈》：采自陈地的乐歌。⑮《郐》：采自郐地的乐歌。⑯《小雅》：主要是贵族作品，也有一些民间歌谣，多创作于西周晚期。⑰《大雅》：西周时期贵族作品。⑱《颂》：祭祀所用乐歌。有周颂、鲁颂、商颂。⑲五声：指宫、商、角、徵、羽五声音阶。⑳《象箾》：执竿而舞，这是一种显示勇武的舞蹈。箾，是舞蹈者手持的竿。《南籥》：执籥而舞，这是一种象征文明的舞蹈。籥，古乐器，也用作舞蹈者手持的道具。㉑《大武》：歌颂周武王的乐舞。㉒《韶濩》：歌颂商汤的乐舞。㉓《大夏》：歌颂夏禹的乐舞。㉔《韶箾》：虞舜时的乐舞。又作箫韶。㉕帱：覆盖。

[译文]

吴国公子季札到我国聘问，请求观赏周朝的音乐舞蹈。

鲁派乐工为他演唱《周南》《召南》，他说："美妙啊！周朝的教化已经开始奠定基础了，但尚未完成，不过人民虽然辛劳却不怨怼了。"为他演唱《邶》《鄘》《卫》，他说："美妙啊，深远啊！忧伤但不困窘。我听说卫康叔、武公的德行就是这样，这可能是《卫》吧？"为他演唱《王》，他说："美妙啊！虽忧虑却不畏惧，这大概是周室东迁后的乐诗吧？"为他演唱《郑》，他说："美妙啊！可是内容太琐碎，人民是无法忍受的。这恐怕要先亡国吧！"为他演唱《齐》，他说："美妙啊，宏大啊！这是大国的音乐，作为东海诸国的表率的，可能是姜太公之国吧？这个国家前程不可限量啊！"为他演唱《豳》，他说："美妙啊！宽大啊！欢乐而不过度，应该是周公东征时的音乐吧？"为他演唱《秦》，他说："这叫夏声。能发夏声就显得宏大，大到极点了，也许是周朝旧时的音乐吧？"为他演唱《魏》，他说："美妙啊，婉转抑扬啊！乐声粗犷而言辞婉转和顺，艰难却容易实行，用德教辅助他，就会成为贤明的君主。"为他演唱《唐》，他说："忧思多么深沉啊，大概是陶唐氏的遗民吧？不然的话，为什么忧思这样深远呢？不是有德之人的后代，谁能够像这样？"为他演唱《陈》，他说："国家如果没有君主，难道会久远吗？"从《郐》以下，没有评论。

为他演唱《小雅》，他说："美妙啊！忧思却没有背叛之心，怨恨却不说出，大概是周朝的德教已经衰微了吧？还有先王的遗民在啊！"为他演唱《大雅》，他说："真宽广啊，多和美啊！乐曲抑扬曲折而遒劲刚直，恐怕是文王的美德吧？"

为他演唱《颂》，他说："美到极致了！正直而不倨傲，委曲而不卑屈，紧密而不局促，悠远而不散漫，虽有变动而不邪乱，反复往来而不厌倦，哀伤而不忧愁，欢乐而不荒淫，使用资财而不匮乏，心地宽广而不炫耀，施惠而不损耗，征收而不贪婪，静止而不停留，流动而不显得泛滥。五声和谐，八风协调。节奏有一定的尺度，乐器合鸣依照顺序，这是有盛德的人所共有的。"

见到在演《象箾》《南籥》舞，季札说："美妙啊！不过还有令人遗憾之处。"看到表演《大武》舞，他说："美妙啊！周朝兴盛的时候，应该这样吧？"看见表演《韶濩》舞，说："圣人这么伟大，尚且还表现出缺点，圣人真不容易做啊！"看到表演《大夏》舞，他说："美妙啊！勤劳于民而不自居有德，不是禹，谁还能创此乐舞？"看到跳《韶箾》舞，他说："盛德达到极点了，真伟大啊！就好像天那样无不覆盖，就好像大地那样无不承载，德行达到了顶点，没有办法再增加了。盛德无法再增加了！就观赏到此吧！即使还有其他乐舞，我也不敢再有所请求了！"

子产坏晋馆垣

《左传·襄公三十一年》

[题解]

此文写的是子产不满郑简公受到晋平公冷遇而拆毁馆舍围墙的事情。郑简公在子产的陪同下前去晋国朝觐，遭到冷落，子产就把所住馆舍的墙拆掉，把车马赶到院子里来，并与前来询问的晋国大夫理论。他以委婉的语气说明此举的缘由，并且抚今追昔，将晋文公做盟主时对诸侯的礼遇与如今的晋平公的所作所为相对比，最终使晋国认识到了自己的错误，向郑简公道歉，维护了郑国的国家尊严。

[原文]

公薨之月，子产[1]，相郑伯[2]以如晋，晋侯以我丧故，未之见也。子产使尽坏其馆之垣(yuán)[3]而纳车马焉。士文伯[4]，让[5]之，曰："敝邑以政刑之不修，寇盗充斥，无若诸侯之属辱在寡君者何，是以令吏人完客所馆，高其闬闳(hàn hóng)[6]，厚其墙垣，以无忧[7]客使。今吾子[8]坏之，虽从者能戒[9]，其若异客何？以敝邑之为盟主，缮完葺[10]墙，以待宾客。若皆毁之，其何以共[11]命？寡君使丐请命[12]。"

对曰："以敝邑褊[13]小，介[14]于大国，诛求[15]无时，是以不敢宁居，悉索敝赋，以来会时事。逢执事之不闲，而未得见，又不获闻命，未知见时。不敢输币[16]，亦不敢暴露。其输之，则君之

府实也，非荐陈[17]之，不敢输也；其暴露之，则恐燥湿之不时而朽蠹，以重敝邑之罪。侨闻文公之为盟主也，宫室卑庳(bì)[18]，无观台谢，以崇大诸侯之馆，馆如公寝。库厩(jiù)缮修，司空以时平易道路，圬人以时塓[19]馆宫室；诸侯宾至，甸设庭燎，仆人巡宫，车马有所，宾从有代[20]，巾车脂辖，隶人、牧、圉(yǔ)，各瞻[21]其事，百官之属各展[22]其物。公不留宾，而亦无废事，忧乐同之，事[23]则巡之，教其不知，而恤[24]其不足。宾至如归，无宁菑(zāi)[25]患，不畏寇盗，而亦不患燥湿。今铜鞮之宫数里，而诸侯舍于隶人，门不容车，而不可逾越；盗贼公行。而天疠[26]不戒。宾见无时，命不可知。若又勿坏，是无所藏币以重罪也。敢请执事，将何所命之？虽君之有鲁丧，亦敝邑之忧也。若获荐币[27]，修垣而行，君之惠也，敢惮[28]勤劳？"

文伯复命。赵文子[29]曰："信[30]，我实不德，而以隶人之垣以赢[31]诸侯，是吾罪也。"使士文伯谢不敏[32]焉。

晋侯见郑伯，有加礼，厚[33]其宴、好而归之。乃筑诸侯之馆。叔向[37]曰："辞[35]之不可以已也如是夫！子产有辞，诸侯赖之，若之何其释辞[36]也？《诗》曰：'辞之辑[37]矣，民之协矣。辞之绎[38]矣，民之莫[39]矣。'其知之矣。"

[注释]

①子产：指公孙侨，郑国的执政大臣。②郑伯：这里指郑简公。③垣：指围墙。④士文伯：晋国的大夫，名丐。⑤让：责备，责难。⑥闬闳：大门的意思。⑦无忧：这里是使动用法，即"使……没有忧虑"的意思。⑧吾子：这里是客气的称谓"您"。⑨戒：戒备，警戒。⑩葺：指用茅草覆盖墙头。⑪共：通"供"，提供、供给的意思。⑫请命：请问毁墙之事。⑬褊：狭窄的意思。⑭介：指夹于……之间。⑮诛求：责求所需。⑯输币：献上礼物。⑰荐陈：古代一种礼节。宾主相见，客人在庭院中行礼，让主人过目。⑱卑庳：简易低矮。⑲塓：指粉刷墙壁。⑳有代：指有人代为。㉑瞻：瞻视，照看。㉒展：展示，出示。㉓事：这里用作动词，指出事、有事的意思。㉔恤：体恤，体谅。㉕菑：通"灾"，灾难的意思。㉖天疠：指瘟疫。㉗荐币：献礼的意思。㉘惮：害怕，惧怕。㉙赵文子：晋国当时的执政大夫。㉚信：表示肯定的语气。是这样的意思。㉛赢：接待，招待。㉜谢不敏：表示歉意的意思。㉝厚：使动用法，表示"使……丰厚"的意思。

㉞叔向：晋国大夫。㉟辞：这里指外交辞令。㊱释辞：不讲究辞令。㊲辑：和睦、团结的意思。㊳绎：喜悦、高兴的意思。㊴莫：安定，安宁。

[译文]

鲁襄公去世之后的那个月，子产陪同郑简公去晋国，晋平公因为鲁国有丧事的原因，没有接见他们。子产使人把宾馆的围墙全部拆毁，用宾馆的院子来盛放自己的车马。晋国大夫士文伯责备子产说："敝国因为没有治理好政事和刑罚问题，国内到处是盗贼，不知道怎么招待屈驾来敝国访问的诸侯属官，因此派了官吏去修缮来宾住的会馆，会馆的门建得非常高，围墙修得特别厚，使宾客使者没有忧虑。现在您拆毁了围墙，即使您的随从能够警戒，那么别国的宾客又该怎么办呢？因为敝国是诸侯的盟主，所以我们才修建会馆围墙，用来招待你们。如果你们把围墙都拆了，那么我们怎么能满足宾客的要求呢？我们国君派我来问一下你们拆墙的理由。"

子产回答说："敝国面积狭小，而且夹在大国的中间，大国不定时地责求我们交纳贡物，所以我们不敢安宁地过日子，唯有搜寻敝国的全部财富，以便随时能够前来朝见贵国。由于遇上国君没有空闲的时间，所以没能见到他，又没有得到命令，不知道准确的朝见日期。我们不敢进献财物，又不敢把它们显露出来。如果进献给了贵国，那就成了贵国君主府库中的财物，没有经过进献的礼仪，是不敢进献的。如果把礼物暴露在光天化日之下，又怕被日晒雨淋而腐烂生虫，加重了敝国的罪过。我听说以前文公做盟主时，宫殿、住室简陋低矮，没有门阙和台榭，但是他把用来接待宾客的馆舍修建得非常宏伟高大，馆舍像国君的寝宫一样华丽。仓库和马棚也修得非常不错，司空按时对道路进行平整，泥水工匠按时对馆舍的房间进行粉刷。当来自各个诸侯国的宾客到达的时候，甸人就会点起庭院中的大火把，仆人也会时常巡视客舍，那里有专门的存放车马的地方，宾客的随从有代劳的人员，管理车辆的官吏会给诸侯所乘坐车的车轴加润滑油，打扫房间的、饲养牲口的各自照看自己分内的事。各部门的属官展示自己用来招待宾客的物品。文公从不在召见宾客时让他们过多地等候，也不会有被延误了的事发生。与宾客共同忧乐，出了事就会立刻巡查，宾客有不懂的地方就加以指教，而且体恤宾客们的不足之处。宾客到来就好像回到自己家里一样，哪里会有灾难隐患啊！不惧怕被人抢劫偷盗，也不用担心天气干燥还是潮湿。现如今晋国的离宫铜缇住所方圆数里，却让诸侯宾客住在像奴仆的居所一样的房子里，大门太窄，以至于连车辆都进不来，车辆又不能翻墙而入。盗贼公然横行，天灾没有办法预防。接见宾客没有固定的时间，召见的命令也不知什么时候下达。如果再不拆毁围墙，就没有地方存放礼品，这样，就会加重我们的罪过。我斗胆请教，您对我们有什么指示？虽然贵国遇上鲁国的丧事，可这也是敝国的悲伤啊！如果能让我们早点向贵国国君献上礼物，我们就会把围墙修好了再离开，这是贵君的恩惠，我们怎末敢害怕辛勤劳苦！"

于是，士文伯回去复命了。赵文子说："确实是这样，我们确实在德行方面存在不足之处，用像奴仆居所一样的馆舍来招待诸侯来宾，这是我们的罪过啊！"于是，他派士文伯前去向郑君道歉，并且承认自己不通事理。

晋平公接见了郑简公，提高了礼仪的规格，使宴会和礼物优厚了很多，然后让郑简公回国。晋国接着建造了专门用来接待诸侯来宾的会馆。叔向说："外交辞令不可废弃就像这样啊！子产善于辞令，诸侯靠他的辞令而受益，怎么能说放弃辞令呢？《诗经·大雅·板》中说：'言辞和善，百姓融洽；言辞动听，百姓安宁。'子产应该懂的这个道理。"

子产论尹何为邑

《左传·襄公三十一年》

[题解]

此篇说得是子产说服子皮不要任命年轻家臣为邑的事情。子产通过形象生动的比喻向子皮阐明对没有管理经验的年轻人委以重任的危害，应该让年轻人尹何积累丰富的知识和经验后再去从政。子产的一番言论使子皮心悦诚服，体现了一个优秀的谋略者的风范，而最终子皮也更加信任和重用他，把国事交给他去管理，表现出一个政治家任人唯贤的优秀素养。

[原文]

子皮[1]，欲使尹何[2]为邑。子产曰："少，未知可否。"子皮曰："愿[3]，吾爱之，不吾叛也。使夫往而学焉，夫亦愈知治矣。"子产曰："不可。人之爱人，求利之也。今吾子爱人则以政[4]，犹未能操刀而使割也，其伤实多。子之爱人，伤之而已，其谁敢求爱于子？子于郑国，栋也。栋折榱(cuī)崩[5]，侨将厌[6]焉，敢不尽言。子有美锦，不使人学制焉，大官、大邑，身之所庇也，而使学者制焉。其为[7]美锦，不亦多乎？侨闻学而后入政，未闻以政学者也。若果行此，必有所害。譬如田猎，射御贯[8]，则能获禽，若未尝登车射御，则败绩厌覆[9]是惧，何暇[10]思获？"

子皮曰："善哉！虎[11]不敏。吾闻君子务知大者、远者，小人务知小者、近者。我，小人也。衣服附在吾身，我知而慎之。大官、大邑，所以庇身也，我远而慢之[12]，微子之言，吾不知也。他日[13]我曰：'子为郑国，我为吾家，以庇焉其可也。'今而后知不足。自今请，虽吾家，听子而行。"子产曰："人心之不同，如其面焉。吾岂敢谓子面如吾面乎？抑[14]心所谓危，亦以告也。"

子皮以为[15]忠，故委政[16]焉，子产是以能为[17]郑国。

[注释]

①子皮：郑国的上卿大夫，名憨虎。②尹何：子皮的管家，当时非常年轻。③愿：这里是老实淳朴的意思。④以政：使动用法，即“使……为政”的意思。⑤栋折榱崩：栋梁折断，屋椽坍塌。⑥厌：通“压”。⑦为：这里是比较的意思。⑧贯：通“惯”，习惯的意思。⑨厌覆：车翻人被压。⑩暇：时间，空闲。⑪虎：子皮的自称。⑫远而慢之：疏远怠慢他们。⑬他日：以前。指过去的某个时间。⑭抑：不过。转折连词。⑮以为：认为。⑯委政：委托政事。⑰为：治理。

[译文]

子皮想让尹何去治理封邑，子产说：“他太年轻，不知道能不能胜任这个职务。”子皮说：“尹何细心淳朴，我非常喜欢他，他不会背叛我的，让他到了那里再学习，他就会越来越懂得如何治理政事了。”子产说：“不行。人们喜欢一个人，总是为他谋求对他更有利的事情。如今，您喜爱一个人以至于把政事交给他处理，这就像让一个还不懂得拿刀的人去割东西一样，这样做带来的危害确实非常多。您这样爱喜一个人，只会被喜爱的那个人受到伤害罢了，还会有谁敢来求得您的喜爱呢？对于郑国来说，您就如同栋梁，栋梁折断，屋椽就会坍塌，我也将会被压在废墟里面，怎么敢不把心里话全部说出来？您拥有美丽的锦缎，您是不会让人用锦缎来学裁剪的。朝廷的高官和国家的大邑，是自身的庇护，您却让正在学习管理政事的人来治理，与美丽锦缎相比来说，高官和大邑不是更重要吗？我听说要先学习如何管理政事才能去进行实际管理，没有听说过让没接触过政事的人直接拿实际管理当作学习的。如果真的这样做，肯定会产生危害。这就好比打猎，射箭、驾车都已经很熟悉了，才能够获取猎物，假如从来没有驾过车、射过箭，那么只会担心车翻被压，哪里还有什么时间去考虑捕获猎物？”

子皮说：“你说得很好，我确实不聪明。我听说君子致力于明白大的、深远的道理，小人致力于明白小的、浅显的道理。我是一个小人啊！衣服穿在我身上，我知道爱惜它。位高的官员、重要的城邑，是用来庇护自身的，而我却疏远怠慢它们。没有您这番话，我还不明白这个道理呢！从前我曾经说：‘您治理郑国，我只治理我的家族，以此来庇护自身，这样就可以了。’现在我才知道这样做远远不够。从现在起，我请求，即便是我家族内部的事务，也听从您的意见，按照你的意思去处理。”子产说：“每个人的心思是不一样的，就像每个人的面孔一样，我怎么敢说您的面孔跟我的面孔一样呢？不过，我会把自己认为危险的事告诉给您。”

子皮认为子产非常忠实可信，因此，就把国家的政事全部委托给他，子产因此能够治理郑国。

子产却楚逆女以兵

《左传·昭公元年》

[题解]

本文讲述的是子产派遣子羽阻止楚军持兵器入国都的事情。楚国公子围以聘娶为名率众来到郑国，并且计划趁机偷袭郑国国都，子产看穿了他们的阴谋，派子羽质问楚军，指出了楚军的阴谋，并且告知对方郑国早有防备，使其不敢轻举妄动。此举捍卫了国家安全，为国家赢得了尊严。

[原文]

楚公子围聘于郑①，且娶于公孙段氏②，伍举为介③。将入馆，郑人恶之，使行人子羽④与之言，乃馆于外⑤。

既聘，将以众逆⑥，子产患之，使子羽辞曰："以敝邑褊小，不足以容从者，请墠(shàn)⑦听命！"令尹⑧，使太宰伯州犁⑨对曰："尹辱贶(kuàng)寡大夫围，谓围：'将使丰氏抚有而室⑩。'围布几筵，告于庄、共⑪之庙而来。若野赐之，是委君贶于草莽也，是寡大夫不得列于诸卿也，不宁唯是⑫，又使围蒙其先君，将不得为寡君老⑬，其蔑⑭以复矣。唯大夫图⑮之。"子羽曰："小国无罪，恃实其罪。将恃大国之安靖己，而无乃包藏祸心以图之。小国失恃而惩⑯诸侯，使莫不憾者，距⑰违君命，而有所壅塞不行是惧。不然，敝邑，馆人之属也，其敢爱丰氏之祧？"

伍举知其有备也，请垂櫜(gāo)⑱而入。许之。

[注释]

①公子围：楚共王之子，名围，但是掌握出国的军政大权。聘：访问的意思。②且：将要，即将。公孙段氏：郑国大夫。公子围迎娶的是公孙段氏的女儿。③伍举为介：楚大夫伍举为副官。伍举，楚国大夫；介，副官。④行人子羽：外交官子羽。行人，指管理外交事务的官员；子羽，公孙挥，字子羽。⑤馆于外：住在城外的馆舍。⑥逆：迎亲。⑦墠：这里指修整场地为行礼的地方。⑧令尹：这里指公子围。⑨太宰伯州犁：楚国当时的太宰伯州犁。太宰，出国掌管官廷内外事宜的官员；伯州犁，楚国当时的太宰。⑩将使丰氏抚有而室：将让丰氏做你的妻子。丰氏，公孙段的女儿；抚有，占有；而，即尔，这里指公子围。⑪庄、共：楚庄王和楚共王，公子围的祖父和父亲。⑫不宁唯是：不仅这样，不仅如此。⑬老：臣子，大臣。⑭蔑：无，没有。⑮图：考虑，谋划。⑯惩：警戒，戒备。⑰距：通"拒"，违抗，抗拒的意思。⑱垂櫜：倒垂袋子，表示没有装武器。櫜，古人用来装弓箭的袋子。

[译文]

楚公子围到郑国访问，与此同时，迎娶公孙段家的女儿。楚大夫伍举担任公子围的副使，他们一行人准备入住城内的宾馆，郑国人对他们的到来感到反感，就派行人子羽告诉了他们，于是，公孙围一行人就住在了城外的馆舍里。

访问结束后，公子围准备率领军队前去城内迎亲。子产对他们的到来怀有忧虑，就派子羽推辞这件事，子羽对公孙围说：“因为敝国地方窄小，容纳不下你的随从，请允许我们在城外修整一片行礼的地方，我们将在那里听候你的指令。”公子围派太宰伯州犁回答说：“辱蒙贵国君王赏赐敝国的大夫围，对围说‘将把丰氏嫁给您做妻子’。为此，公子围摆设了筵席，到庄王、共王的宗庙里祭拜过才来迎亲。如果在野外对我们行恩赐之礼，这就等于将贵国君王的赏赐扔在了草野之地，如此一来，就会使敝国大夫围无法在卿大夫们的行列里立身了。不仅如此，更会使围蒙骗了自己的先君，将不能再做楚国的大臣了，也恐怕没脸回去向敝国国君复命了，希望大夫您仔细考虑这件事情。”子羽说：“小国没有罪，完全依赖大国才是它真正的罪过。我们本来打算依靠大国的庇护使自己过上安定的生活，又担心大国包藏祸心来对我们进行谋划。如果像敝国这样的小国失去依靠，就会使依附于楚国的其他诸侯产生戒备，使他们都怨恨大国，抗拒、抵触楚王的命令，从而使楚王的命令不能顺畅地执行。如果不是这个原因，敝国本来就是招待各位来宾的馆舍服务人员，又怎么敢吝惜丰氏的宗庙而不让你们入内呢？”

伍举知道郑国早就有了防备，就请求众人放下箭囊入城。郑国同意了他们的请求，这才答应他们入城。

子革对灵王

《左传·昭公十二年》

[题解]

楚灵王很有野心，想称霸诸侯，他以此事询问子革。起初，子革并不反驳，采取欲擒故纵的方法，使灵王说出了自己的全部想法。然后，借祭公谋父劝阻周穆王的史事劝说灵王应量力而行，否则后果会不堪设想。但是，灵王无法克制自己的野心，不听从子革的劝说，终于招致祸患。

[原文]

楚子狩于州来[1]，次于颍尾[2]，使荡侯、潘子、司马督、嚣尹午、陵尹喜帅师围徐[3]以惧吴。楚子次于乾溪[4]，以为之援。

雨(yù)雪，王皮冠、秦复陶[5]、翠被、豹舄(xì)[6]，执鞭以出。仆析父[7]从。右尹子革[8]夕，王见之，去冠、被，舍鞭，与之语曰：“昔我先王熊绎与吕伋、王孙牟、燮父、禽父并事康王[9]。四国皆有分，我独无有。今吾使人于周，求鼎以为分，王其与我乎？”对曰：“与君王哉！昔我先王熊绎辟在荆山[10]，筚路[11]蓝缕以处草莽，跋涉山林以事天子，唯是桃弧棘矢以共御王事。齐，

王舅也，晋及鲁、卫，王母弟也。楚是以无分，而彼皆有。今周与四国服事君王，将唯命是从，岂其爱鼎？”王曰：“昔我皇祖伯父昆吾[12]，旧许[13]是宅。今郑人贪赖其田，而不我与。我若求之，其与我乎？”对曰：“与君王哉！周不爱鼎，郑敢爱田？”王曰：“昔诸侯远我而畏晋，今我大城陈、蔡、不羹(láng)[14]，赋皆千乘，子与有劳焉，诸侯其畏我乎？”对曰：“畏君王哉！是四国者，专足畏也，又加之以楚，敢不畏君王哉？”

爱民兴国

楚王说：“从前我们先王熊绎和吕伋、王孙牟、燮父、禽父共同服侍康王。”（伯禽，姓姬，字伯禽，亦称禽父，周公旦长子，被成王封为鲁国的第一任国君。）此图说的是成王教授伯禽治国之道。

工尹路请曰：“君王命剥圭以为𫓯柲(qī bì)[15]，敢请命。”王入视之。析父谓子革：“吾子，楚国之望也。今与王言如响，国其若之何？”子革曰：“摩厉以须[16]，王出，吾刃将斩矣！”

王出，复语。左史倚相趋过，王曰：“是良史也，子善视之！是能读《三坟》《五典》《八索》《九丘》[17]。”对曰：“臣尝问焉。昔穆王欲肆其心，周行天下，将皆必有车辙马迹焉。祭(zhài)公谋父[18]作《祈招》之诗以止王心，王是以获没于祗宫。臣问其诗而不知也，若问远焉，其焉能知之？”王曰：“子能乎？”对曰：“能。其《诗》曰：‘祈招之愔愔，式昭德音。思我王度，式如玉，式如金。形民之力，而无醉饱之心。’”

王揖而入，馈不食，寝不寐，数日。不能自克，以及于难。

仲尼曰：“古也有志：‘克己复礼，仁也。’信善哉！楚灵王若能如是，岂其辱于乾溪？”

［注释］

①狩：冬猎。州来：楚地名，在今安徽凤台。②次：驻扎。颍尾：颍水入淮河的地方称颍尾，在今安徽颍上东南。③徐：国名，在楚、吴之间，今江苏泗洪东南。④乾溪：地名，在今安徽亳州东南。⑤秦复陶：秦国所赠可防雨雪的羽衣。⑥豹舄：豹皮做的鞋子。⑦仆析父：楚大夫。⑧右尹：楚官名。子革：郑大夫子然的儿子，名丹。由郑入楚。⑨熊绎：楚国最初受封的国君。吕伋：齐太公吕尚的儿子。王孙牟：卫国始封之君康叔的儿子。燮父：晋国始封之君唐叔的儿子。禽父：周公的儿子，名伯禽，始封于鲁。康王：指周康王。⑩荆山：在今湖北南漳西。⑪筚路：柴车。⑫皇祖伯父昆吾：楚国远祖季连之兄名昆吾，因有伯父之称。⑬许：国名，在今河南许昌。⑭陈：国名，在今河南淮阳一带。蔡：国名，在今河南上蔡东南一带。不羹：楚地名，有东西二邑，东邑在今河南舞阳西北，西邑在今河南襄城东南。⑮圭：古玉器。铖：斧。柲：柄。⑯摩厉：通“磨砺”。须：等待。⑰《三坟》《五典》《八索》《九丘》：传说记载三皇、五帝、八卦、九州的古书。⑱祭公谋父：周朝的卿士。

［译文］

楚灵王在州来狩猎，驻扎在颍尾，派荡侯、潘子、司马督、嚣尹午、陵尹喜率领军队把徐国包围以使吴国畏惧。楚灵王驻扎在乾溪，作他们的后援。

天下着雪，楚王戴着皮帽，穿着秦国的羽衣，翠羽披肩，脚穿着豹皮鞋，手拿鞭子走了出来，太仆析父跟在身旁。右尹子革傍晚进见，楚灵王接见他。脱去帽子、披肩，丢下鞭子，同他谈话，说：“从前我们先王熊绎和吕伋、王孙牟、燮父、禽父共同服侍康王，四国都有珍宝之分赐，只有我国没有。现在我派人到周王室去，请求把宝鼎作为分赐之物，周王会答应吗？”子革答道：“会的！从前我们先王熊绎住在偏僻的荆山，驾柴车、穿破衣。从杂草中开辟道路，跋山涉水来侍奉天子。只能把桃木弓、枣木箭作为奉献给天子的礼物。齐国是周天子的舅父，晋国、鲁国、卫国是周天子的同胞兄弟，楚国因此没有得到赏赐，而他们都有。现在周朝同四方诸侯都归顺君王您，他们将完全听从您的命令，难道还敢吝惜一大鼎？”楚灵王说：“从前我皇祖伯父昆吾，居住在原许国。现在郑国人贪求这些土地的利益，而不肯还给我们。我们若是要求，他们会归还我们吗？”子革回答说：“会给君王的，周朝不敢爱惜宝鼎，郑国怎敢爱惜土地？”楚灵王说：“先前诸侯疏远我国而害怕晋国，现在我修筑陈国、蔡国、不羹这些土地上的城墙，战车都有千辆，你也有功劳，诸侯会害怕我吗？”子革回答说：“当然害怕君王您！就这四国，已够可怕了，再加楚国，诸侯哪敢不怕您啊！”

工尹路向楚灵王请命说：“君王命令剥析玉圭装饰斧柄，谨请指示怎么做。”楚灵王进去察看。析父对子革说：“您是楚国受敬仰的人，今天同君王说话如同他的回声，国家还怎么办？”子革说：“我磨好刀等着。君王来，我的刀就将斩去他的邪念。”

楚灵王出来，子革继续和他谈话。左史倚相快步走过，楚灵王说："这是个好史官，您好好对待他。这个人能读《三坟》《五典》《八索》《九丘》。"子革说："我曾经问他，从前周穆王想实现他的野心，周游天下，想到处都一定要有他的车辙马迹。祭公谋父写下《祈招》之诗，用来劝阻穆王的欲望，穆王因此得以在祇宫终老。臣问这首诗他就不知道。如果问他年代久远的事，他又怎会知道？"楚灵王说："您能知道吗？"子革回答说："能。那首诗说：'祈求得到安静和悦，显明有德者的声音。想我们君王的风度，就像玉，像金。他保全百姓的力量，而自己没有纵欲之心。'"

楚灵王向子革拱拱手就进去了，饭吃不下，觉睡不着，这样子好几天，但无法克制自己，因而招到祸难。

孔子说："古时候有记载：'克制自己回复到礼，就是仁。'说得真好啊！楚灵王如果能做到这一点，哪里还会在乾溪受到羞辱？"

子产论政宽猛

《左传·昭公二十年》

[题解]

子产认为，施政应刚柔并济，但只有有德者能够以宽仁治民，而德行略差者施政当以刚猛为主。继子产主政的太叔，起初不忍严厉而施行宽仁的政策，但效果不佳，盗贼横行，后来改行严厉的政策。子产刚柔相济的施政方式与孔子的儒家观点是一致的，孔子称他的仁爱有古人遗风。

[原文]

郑子产有疾，谓子大叔[①]曰："我死，子必为政。唯有德者能以宽服民，其次莫如猛。夫火烈，民望而畏之，故鲜死焉；水懦弱，民狎而玩之，则多死焉，故宽难。"疾数月而卒。

大叔为政，不忍猛而宽。郑国多盗，取人于萑苻[②]之泽。大叔悔之，曰："吾早从夫子，不及此。"兴徒兵以攻萑苻之盗，尽杀之，盗少止。

仲尼曰："善哉！政宽则民慢，慢则纠之以猛，猛则民残，残则施之以宽。宽以济猛，猛以济宽，政是以和。《诗》[③]曰：'民亦劳止，汔[④]可小康，惠此中国，以绥四方。'施之以宽也。'毋从诡随[⑤]，以谨无良，式遏寇虐，惨不畏明。'纠之以猛也。'柔远能迩，以定我王。'平之以和也。又曰[⑥]：'不竞不絿(qiú)[⑦]，不

刚不柔，布政优优，百禄是遒。’和之至也。”

及子产卒，仲尼闻之，出涕曰：“古之遗爱也。”

[注释]

①大叔：指游吉。②萑苻：泽名，因葭苇丛生而便于藏身。③《诗》：见《诗经·大雅·民劳》。④汔：其。⑤诡随：欺诈叫诡，善变叫随。⑥又曰：见《诗经·商颂·长发》。⑦絿：急。

[译文]

郑大夫子产有病，对子太叔说：“我死后，你必然执政。只有有德之人能够以宽大来使百姓服从，那德行次一等的人不如严厉些。火很猛烈，百姓看见就害怕，所以，很少有人死于火中。水很柔弱，人们因亲近喜欢而轻视它，于是就有很多人死在水里。因而宽柔很难。”子产病了几个月后死了。

大叔执政，不忍心严厉而施政宽仁，结果，郑国强盗很多，他们聚集在芦苇塘。大叔很懊悔，说：“我早听先生的话，就不至于到这一步。”于是调动步兵去攻打水泽的盗贼，将他们全部杀死，强盗稍有收敛。

孔子说：“好啊！施政宽仁，百姓就轻慢，轻慢，就要用严厉的政策来纠正。但是，太严厉了，百姓就要受到伤害，受到摧残就必须以宽柔的政策来调和。用宽大调和严厉，又用严厉调和宽大，政事因此而调和。《诗经》上说：‘百姓辛劳，可使安康，赐恩给中原，安抚四方。’这是实施宽柔政策。又说：‘不放纵阿谀之人，以此约束不良之人，遏制盗贼暴虐，他们从不畏惧法律。’这是说用严厉来纠正。又说：‘安抚边远，怀柔近处，安定我王室。’这是说用和谐使国家安定。又说：‘不急不缓，不刚不柔，施政从容，百福临头。’这是和谐的最高境界！”

等到子产死了，孔子得到消息，流着眼泪说：“他的仁爱是古人仁爱的遗风啊！”

吴许越成

《左传·哀公元年》

[题解]

鲁哀公元年，吴王夫差大败越国于夫椒，越王勾践派遣使者前去求和。伍子胥深刻分析了当前形势，主张灭掉越国，以杜绝后患。吴王贪婪钱财，刚愎自用，不采纳伍子胥的忠言，伍子胥也发出了日后吴国必为越国灭亡的预言。此文中，伍子胥的才智谋略充分显示了出来，可以说是一位非常有远见的谋士，可惜没有遇上明主，使他徒有远大抱负也无法施展。

[原文]

吴王夫差败越于夫椒，报槜李也[1]。遂入越。越子以甲楯[2]

五千保于会稽，使大夫种因吴太宰嚭以行成[3]。吾子将许之。

伍员[4]曰："不可。臣闻之：'树德莫如滋[5]，去疾莫如尽。'昔有过浇杀斟灌以伐斟鄩[6]，灭夏后相，后缗方娠(shēn)，逃出自窦[7]，归于有仍[8]，生少康焉[9]。为仍牧正，惎(jì)[10]浇能戒之。浇使椒求之，逃奔有虞，为之庖正，以除其害。虞思于是妻之以二姚，而邑诸纶，有田一成[11]，有众一旅[12]。能布其德，而兆[13]其谋，以收夏众，抚其官职；使女艾谍浇[14]，使季杼诱豷(yì)。遂灭过、戈[15]。复禹之绩，祀夏配天，不失旧物。今吴不如过，而越大于少康，或将丰[16]之，不亦难乎！勾践能亲而务施，施不失人，亲不弃劳[17]。与我同壤，而世为仇雠(chóu)。于是乎克而弗取，将又存之，违天而长寇雠，后虽悔之，不可食已。姬之衰也，日可俟[18]也。介在蛮夷，而长寇雠，以是求伯[19]，必不行矣。"

弗听。退而告人曰："越十年生聚，而十年教训，二十年之外，吾其为沼[20]乎！"

[注释]

①报槜李也：报槜李战役之仇。公元前 496 年，越过曾在槜李打败过吴国，并且杀死吴王夫差的父亲阖闾，所以，吴王夫差今打败越国，算是报了一箭之仇。②甲楯：指士兵。古时士兵以甲楯为武器。③行成：这里是求和的意思。④伍员：伍子胥，楚国大夫，本来是楚国人，因父兄在国内被杀害而逃到了吴国，当时是吴国的大夫。⑤滋：滋长的意思。⑥昔有过浇杀斟灌以伐斟鄩：这句话的意思是说古时过国的国君浇杀了斟灌国君，又攻打斟鄩国。浇，过国的国君，名浇。⑦窦：墙上的洞或者孔。⑧归于有仍：回到了有仍。有仍是夏后相的妻子后缗的娘家。⑨少康：后夏的儿子，是后缗回到娘家之后生的，他后来恢复了夏朝。⑩惎：痛恨。⑪成：方圆十里称为一成。⑫旅：古代五百名士兵称为一旅。⑬兆：开始。⑭女艾谍浇：女艾刺探浇国的秘密。女艾，少康的臣子；谍。刺探敌情。⑮过、戈：指过国和戈国。⑯丰：壮大。⑰劳：有功劳的人。⑱俟：等待，等候。⑲伯：通"霸"，这里作动词，称霸的意思。⑳沼：变成沼泽地，这里指消灭的意思。

[译文]

吴王夫差在夫椒山打败了越国，算是报了槜李战役的杀父之仇，吴军随即进入了越国。越王勾践率领五千披甲执盾的将士驻守在会稽山，并且派大夫文种通过吴国太宰伯嚭向吴王夫差求和，吴王准备答应越国的请求。

伍子胥说："不能答应，臣听说过这样的话：'树立好的德行不如让其滋长，铲除有害之物不如彻底清除干净。'以前过国有个名叫浇的君王，他杀掉了斟灌国君，又攻克了斟鄩，后来又除掉了夏国君后相。当时后相的皇后缗怀有身孕，战乱时从墙洞里逃了出来，回到了自己的娘家有仍，后来生下了儿子少康。少康长大后做了有仍的牧正，他非常痛恨过国君浇，但对浇也存有防范之心。浇派椒到处寻找少康，少康逃奔到了有虞，做了有虞的庖正，从而消除了浇对自己的危害。此时，有虞国君姚思将两个女儿嫁给了少康，并且把他封于纶邑，这样，少康就拥有了方圆十里土地，拥有五百名百姓。少康在邑内广泛地发扬美德，与此同时，他也开始策划他的复兴之策，他召集夏朝的遗民，安抚夏朝的官吏，派女艾刺探浇的情况，派儿子季杼引诱浇的弟弟豷。经过一番谋划，少康灭掉了过、戈二国，恢复了夏禹的功业，奉祀夏朝的祖先配享天帝，没有抛弃夏朝以前的典章制度。现在吴国不如过国强大，越国却比少康强大，上天或许要使吴国强人起来，那时不就不好办了吗？勾践能够亲近臣民，广泛施与民众以恩德，施恩时不看错对象，亲近人不抛弃有功劳的人。越国与我们存在于同一块土地上，然而却世代为仇敌，此时，战胜了却不把它完全夺取过来，而是要保存它，这样做违背天意，而且助长了敌寇的势力，以后即使对这样的做法感到后悔，也不能挽回了。我们姬姓之国的衰败，是指日可待了。处在蛮夷之国中间，反而助长敌寇的势力，凭借此举来求取霸业，这种做法肯定是行不通的。"

吴王不听从他的劝阻。伍子胥退出来对别人说："越国用十年的时间生养积聚，再用十年的时间教育训练人民，二十年之后，吴国恐怕会被消灭，沦为一片沼泽地！"

卷三 周文

《国语》简介

《国语》作者至今已无法确考，相传为春秋时期左丘明。左丘明因目盲，故又称“盲左”，是春秋时鲁国史官，与孔子同时，亦作《左传》。其生平事迹不详，仅从《论语·公冶长》里知道孔子对他很敬佩。

从《国语》看，作者的思想以儒家为主，尤其是儒家的民本思想，贯穿全书始终。《国语》是我国第一部国别体史书，分周、鲁、齐、晋、郑、楚、吴、越八国，有重点地记载了一些重要历史人物的言论、活动。其中多客观记叙，作者的主观评判大都依靠形象描写，在叙述中体现出来。《国语》以记言为主，运用的是接近当时的口语，逻辑严密，表现力强，并长于通过对话表现人物的个性，塑造人物形象。

今本《国语》共二十一卷，记载了自周穆王征犬戎至韩、赵、魏三国瓜分晋国共五百多年的史事，其中《周语》三卷、《鲁语》二卷、《齐语》一卷、《晋语》九卷、《郑语》一卷、《楚语》二卷、《吴语》一卷、《越语》二卷。汉、唐时，有人认为《国语》与《左传》同传《春秋》，称《左传》为“内传”，《国语》为“外传”，因此，《国语》又有“春秋外传”之称。

祭公谏征犬戎

《国语·周语上》

[题解]

周穆王以不进贡为借口，打算征讨犬戎。祭公劝阻他，认为如有诸侯不来朝贡，周王应先自反省德行，修明政治，以德服人。若再有诸侯不朝觐，才可讨伐。穆王并未听从，执意出征犬戎，没有取得成功，还造成了远方诸侯不再来朝贡的后果。

[原文]

穆王将征犬戎[①]。祭(zhài)公谋父[②]谏曰：“不可。先王耀德不观兵[③]。夫兵戢而时动[④]，动则威，观则玩，玩则无震。是故周文公之《颂》[⑤]曰：‘载[⑥]戢干戈，载櫜(gāo)[⑦]弓矢。我求懿德，肆于时夏[⑧]，允王[⑨]保之。’先王之于民也，茂[⑩]正其德而厚其性，阜[⑪]其财求而利其器用，明利害之乡[⑫]，以文[⑬]修之，使务利而避害，怀德而畏威，故能保世以滋大。

“昔我先世后稷[⑭]，从服事虞、夏[⑮]。乃夏之衰也，弃稷弗务，

商中宗修德

国君有德，诸侯才会来朝拜。商中宗通过修德，使国家复兴，远方外国也仰慕商的德义。

我先王不窋(zhú)[16]用失其官，而自窜于戎、翟之间，不敢怠业，时序其德，纂修其绪[17]，修其训典，朝夕恪勤，守以惇笃，奉以忠信，奕世载德[18]，不忝[19]前人。至于武王，昭前之光明而加之以慈和，事神保民，莫不欣喜。商王帝辛[20]，大恶于民。庶民弗忍，欣戴武王，以致戎于商牧[21]。是先王非务武也，勤恤民隐，而除其害也。

“夫先王之制：邦内甸服[22]，邦外侯服[23]，侯、卫宾服[24]，夷、蛮要(yāo)服[25]，戎、翟荒服[26]。甸服者祭[27]，侯服者祀[28]，宾服者享[29]，要服者贡[30]，荒服者王[31]。日祭、月祀、时享、岁贡、终王[32]，先王之训也。有不祭，则修意；有不祀，则修言；有不享，则修文；有不贡，则修名；有不王，则修德。序成而有不至，则修刑。于是乎有刑不祭，伐不祀，征不享，让不贡，告不王。于是乎有刑罚之辟，有攻伐之兵，有征讨之备，有威让之令，有文告之辞。布令陈辞而又不至，则又增修于德，而无勤民于远，是以近无不听，远无不服。

“今自大毕、伯仕[33]之终也，犬戎氏以其职来王。天子曰：‘予必以不享征之，且观之兵。’其无乃废先王之训而王几顿乎！吾闻夫犬戎树惇(dūn)[34]，能帅旧德，而守终纯固[35]，其有以御我矣。”

王不听，遂征之，得四白狼、四白鹿以归。自是荒服者不至。

[注释]

①穆王：周穆王，前1001年至前947年在位。犬戎：古代西北戎人的一支。

②祭公谋父：周公的后代。祭，封邑名，今河南开封东北十五里有祭伯城。谋父，祭公的字。③观兵：显示兵威。④戢：集结。时动：到用兵时机才动用。古时春、夏、秋三时务农，冬时讲武。⑤周文公：周公，名旦，谥号为文。《颂》：指《诗经·周颂·时迈》，相传是周公为武王所作。⑥载：句首助词，则。⑦橐：原为收藏盔甲、弓矢的器具，此处作动词用，收藏。⑧肆：传布。时：代词，这。夏：指中国。⑨允：信。王：指周武王。⑩茂：通"懋"，勉励。⑪阜：增多、丰富。⑫乡：地方。⑬文：礼法。⑭世：世袭。后稷：尧封周民族始祖弃的官职，主管农事。⑮虞：指舜。夏：指夏朝。⑯不窋：弃的儿子。⑰纂：通"缵"，继续。绪：前人未竟的事业。⑱奕世：累代。载：承受。⑲忝：辱没。⑳帝辛：商纣之名。㉑商牧：商都城郊外牧野，在今河南淇县南。㉒邦内：京畿之内，古制为千里之地。甸：王田。服：服侍于天子。㉓邦外侯服：京畿之外方圆五百里之地，每年朝见天子一次。㉔侯、卫宾服：介于侯服地区与边疆之间的地方，应纳贡，宾见于王。㉕蛮：卫之外，距王城三千五百里之地。夷：距王城四千里之。要：通"邀"，希求。㉖戎、翟：距王城四千五百里至五千里之地。荒：在九州之外，故谓之荒。㉗祭：供给祭祀天子祖父、父亲的祭品。㉘祀：供给祭祀天子高祖、曾祖的祭品。㉙享：供给祭祀天子远祖的祭品。㉚贡：供给祭神的祭品。㉛王：王事天子，指进京朝见。㉜日祭：每天祭一次。月祀：每月祀一次。时享：每季享一次。岁贡：每年贡一次。终王：在诸侯新即位或新王嗣位时进行，一生一次。㉝大毕、伯仕：犬戎的两个君主。㉞惇：敦厚。㉟帅：遵循。纯固：专一。

[译文]

周穆王准备攻打犬戎族，祭公谋父劝阻道："不可，先王显示美德不显示军力。军队在适当的时候动用，动用就要有威力，显示是玩赏，玩赏便无震撼力。所以周文公的《颂》说：'收藏盾戈、弓箭。追求美好的德行，散布于华夏公正的文王永保昌盛。'先王对待百姓，让他们的美德发扬性情敦厚，丰富他们的财物，使他们的用具便利，使他们明白利害所在，用法令制度约束他们，让他们趋利避害，怀美德、敬畏威严，所以能永葆强盛。

"过去我们的祖先主管农事，辅佐虞、夏。等到夏朝衰微，舍弃作物不耕种，我们的先王不窋因此失去了他的官职，逃到戎、翟之间，他却不敢懈怠事业，整顿他的行为，奋斗他的事业和功绩，改进他的教导，早晚谨慎勤奋，坚守敦厚诚实，信奉信用，累代传承美德，不辱没前人。到了周武王，发扬先人的光明还加上仁慈、祥和，侍奉神明、保全民众，没有不喜欢高兴的。商朝的纣王被民众憎恨，百姓难以忍受，欣然拥戴武王带兵在商王城的牧野宣战。这并不是武王要用武，是非常体恤民众的痛苦而除掉他们的祸害啊！

"先王的制度是：邦内的国家叫甸服，邦外的国叫侯服，侯、卫范围的叫宾服，蛮、夷范围的叫要服，戎、翟范围的叫荒服。甸服的要参加王朝每天的祭，侯服的要供应参加每月的祀，宾服的要献上每季的祭品，要服的要每年纳一次贡，荒服的只是做国王时朝见一次。每天一次的祭、每月一次的祀、每个时节的祭品、每年的纳贡、一生一次的朝觐，都是先王的规定。出现不供应每天祭的，周王自责；有不供应每月祀的，周王就改善王朝的言辞；有不供应每季一次祭品的，就改善政令；有不供应每年一次纳贡的，就修明法典；有终生不来朝拜的，就改善道德教育。依次反省改善后却还有不到的就加以惩罚。依法惩治不祭的，出兵讨伐不祀的，令其他诸侯征讨不享的，派专人去责备不贡的，通告天下劝告不朝觐的。这样，就有了惩治讨伐的条文，有攻击讨伐的部队，有征讨的准备，有谴责的命令，有劝告的辞令。若发布命令宣告文书辞令后还不到，就再省察、改善王朝的德行，不让民众征讨远方。这样近处的没有不听命令的，远方的没有不臣服的。

"自大毕、伯仕到如今，犬戎的君主都遵守职责来朝见天子，天子说：'我要因为不朝贡而征讨它，并且显示武力。'您这样做是废止了先王的规定而使自己危险！我听说犬戎树立了敦厚的德行，能够遵循旧有的德操而坚守抵抗，他会抵御我们的！"

穆王不听，便征讨犬戎，得到四匹白狼、四头白鹿回朝，从此荒服之国不再朝觐。

召公谏厉王止谤

《国语·周语上》

[题解]

周厉王昏庸暴虐，国人都在背后批评指责他，周厉王于是用暴力镇压人民的言论。召公以"防民之口，甚于防川"的道理劝说厉王，不应堵塞言路。厉王不听召公的劝谏，继续施行暴政，导致三年后被国人放逐到彘地。

[原文]

厉王虐，国人谤王。召公[①]告曰："民不堪命矣！"王怒，得卫巫，使监谤者，以告，则杀之。国人莫敢言，道路以目。

王喜，告召公曰："吾能弭谤矣，乃不敢言。"召公曰："是障之也。防民之口，甚于防川。川壅而溃，伤人必多，民亦如之。是故为川者，决之使导，为民者，宣之使言。故天子听政，使公卿至于列士献诗，瞽(gǔ)[②]献典，史献书，师箴，瞍(sǒu)[③]赋，矇[④]诵，百工谏，庶人传语，近臣尽规，亲戚补察，瞽史教诲，耆(qí)艾[⑤]修之，而后王斟酌焉，是以事行而不悖。民之有口也，犹土之有山川也，财用于是乎出，犹其有原隰(xí)衍沃也，衣食于是乎生。口之宣言也，善败于是乎兴，行善而备败，其所以阜财用衣食者也。夫民，虑之于心，而宣之于口，成而行之，胡可壅

也？若壅其口，其与能几何？”

王弗听，于是国人莫敢出言。三年，乃流王于彘[6]。

[注释]

①召公：召穆公，名虎，周王的卿士。②瞽：盲人，这里指乐师。③瞍：无瞳仁的盲人。④矇：有瞳仁而看不见的盲人。⑤耆艾：寿高德重的人。六十岁为耆，五十岁为艾。⑥彘：晋地，在今山西霍县。

[译文]

周厉王暴虐，国人都批评他。召公告诉他说："百姓无法忍受了！"厉王恼怒，找到一个卫国的巫师，让他监视指斥自己的人，发现后报告，就杀死他。国人不再敢说话，在路上只用眼睛打招呼。

厉王很高兴，告诉召公说："我可以消灭指责啊，他们都不敢开口了。"召公说："这样是阻隔他们啊！阻止人民进行批评的危害，比堵塞河川引起的水患还要严重。河川堵塞然后溃堤，死伤的人必定更多，对百姓也是如此。所以治理河川、疏通河道，让水按照导引流泻，治理民众得让他们发言、宣泄。所以天子治理政务，让自公卿到列士都献诗，瞽官献乐曲，史官献史书，师官读箴言，瞍官念赋，矇官诵读，百官规劝，百姓把意见转达，近臣按法度力劝，亲戚作为补救帮着察看，瞽、史官加以教诲，老人整理这些，然后天子对它们进行分析决策，这样天子的事情做得就不会发生谬误。民众有嘴，如同大地有山川，财物从此生出，如同它有便于繁衍的肥沃的低湿原野，衣服食物在这里生长。口用来说话，好坏才分别，施行好的，防备不好的，这些就是用来增加财物、衣食的方法啊！民众心中所想，用口说出，好的就施行，怎么能够堵塞？如果堵塞他们嘴，又能堵多久？"

厉王不听，这时都城的人都不敢说话，三年后，召公把厉王流放到彘地。

襄王不许请隧

《国语·周语中》

[题解]

本文说的是晋文公请求隧葬未遂的事情。晋文公帮周襄王恢复王位以后，向周王请求允许他死后用隧葬的礼安葬，周襄王不愿意放弃天子的特权，但是又顾忌文公的实力，就对文公讲了一大堆君臣之礼不能僭越的道理，而且以不遵守可以取而代之的话来对他施加压力，最终使文公放弃了这一要求。周襄王虽然是没落朝代的君王，但是仍然具有天子的威严，为了维护自己的尊严不顾自身生命安危，确实让人感到钦佩，也为衰微的周王室赢得了一点尊严。

[原文]

晋文公[1]，既定襄王[2]于郏，王劳之以地，辞，请隧[3]焉。

王弗许，曰："昔我先王之有天下也，规方千里以为甸服，以供上帝山川百神之祀，以备百姓兆民之用④，以待不庭、不虞之患⑤。其余⑥以均分公侯伯子男，使各有宁宇，以顺及天地，无逢其灾害。先王岂有赖⑦焉？内官不过九御⑧，外官不过九品，足以供给神祇而已，岂敢厌⑨纵其耳目心腹以乱百度？亦唯是死生之服物、采章⑩，以临长百姓⑪，而轻重布⑫之，王何异之有？

"今天降祸灾⑬于周室，余一人仅亦守府⑭，又不佞以勤叔父⑮，而班⑯先王之大物以赏私德，其叔父实应且憎，以非余一人，余一人岂敢有爱也，先民有言曰：'改玉改行'⑰。叔父若能光裕大德，更姓改物⑱，以创制天下，自显庸⑲也，而缩取备物⑳以镇抚百姓，余一人其流辟于裔㉑土，何辞之与有？若犹是姬姓也，尚将列为公侯，以复先王之职㉒，大物㉓其未可改也。叔父其懋昭明德，物将自至，余何敢以私劳变前之大章，以忝㉔天下？其若先王与百姓何？何政令之为也？若不然，叔父有地而隧焉，余安能知之？"

文公遂不敢请，受地而还。

[注释]

①晋文公：名重耳，春秋时期五霸之一。曾经平定周的内乱，帮助周襄王复位，以"尊王"的口号号召各诸侯国。②襄王：周襄王。公元前649年，周襄王的弟弟、叔叔谋划取而代之，襄王逃亡郑国，请求晋文公辅助他恢复帝位，晋文公答应了他的要求，帮助了复辟了帝位。③请隧：请求周襄王允许他在死后用天子的隧葬之礼。隧，隧道。那时只有天子可以用墓道入葬。④以备百姓兆民之用：用来准备百姓万民的用度。⑤以待不庭、不虞之患：用来对付不服从朝廷的臣子、应对无法预料的灾祸。⑥其余：除甸服以外的地方。⑦赖：有利。⑧内官不过九御：天子的内官不过才有九级嫔妃。⑨厌：满足。⑩服物、采章：衣服器物、颜色花纹的配合。古代的等级制度在衣服器物及其颜色花纹上都有严格的体现。⑪临长百姓：表示是百姓的君长。⑫布：表明，显示。⑬天降祸灾：指周王室内乱。⑭府：原指收藏国家文书的府库，这里指国家本来就有的规章制度。⑮勤叔父：使叔父受到劳累。勤，劳累；叔父，天子对同姓诸侯的尊称，这里指晋文公。⑯班：通"颁"，颁发。⑰改玉改行：佩玉换了，行列中的位置就会发生改变。⑱更姓改物：这里指改朝换代。⑲庸：通"用"，用处，功用。⑳缩取：取出。㉑裔：远，边远。㉒职：尊卑等级的规定。㉓大物：这里指国

家的制度。㉔忝：侮辱，玷污。

［译文］

晋文公在洛阳让周襄王安定下来，襄王用土地来犒劳他。晋文公没有接受，他请求享受隧葬的礼遇。襄王不同意，说："过去我的先王得到天下以后，划出方圆千里的土地作为王朝供应用度的地域，以此来供应祭祀上天和山川各路神仙所需要的用度，以此来预备百姓万民的用度，以便对付不服从朝廷的反叛者、应付无法预料的祸患。其余的土地平均分配给公、侯、伯、子、男等诸侯，让他们各自有安宁的领地，用来顺应天地尊卑的法则，使臣民不会遭逢灾害，先王哪里还有什么特别的好处呢？天子的内宫也不过有九级嫔妃，宫外也不过有九级官员，只是够供奉天地、神灵而已，怎么敢放纵声色、私欲和肚腹食欲来扰乱国家的法度呢？也就只在这生前死后仪式上的服装、器物上的颜色、花纹有所不同，用来表示是百姓的君长，表明贵贱等级罢了。除此之外，天子和臣民又有什么不同呢？

"现在上天降祸给周王室，我仅仅能保住先王所立下的规章制度，又因为自己没有才能而使晋文公受到了劳累，如果颁赐先王的重要礼仪来赏赐对我个人有恩的人，晋文公您就是应承了心里还是会憎恶我，以此来责怪我，我个人又怎么会吝惜将这葬礼赏赐给您啊？先朝民众说：'改换佩带，就要改换位置。'如果您能光大丰富美好的德行，改朝换代，在天下创建新的制度，自己显示的作用，取出大批的备用物领导、抚恤百姓，我一个人流落到荒远边疆，又有什么可说的呢？如果现在的天下还算是姬姓的天下，那么请您仍然站在公侯列里，以恢复先王所指定的尊卑等级制度，国家的礼仪制度是不可以更改的。如果晋文公您充分丰富、光大您的美德，那么像天子隧葬礼这样尊贵的礼仪自然就会来到，我哪敢因为自己的原因而改变过去的重要规章制度，玷污天下呢？这样做把先王和百姓放在了什么位置呢？发布政令又为了什么呢？不然的话，晋文公您自己有土地，如果您想挖掘隧道进行隧葬礼，我怎么能知道呢？"

于是，文公不敢再提这个请求，接受赏赐的土地就回国了。

单子知陈必亡

《国语·周语中》

［题解］

周定王六年（前160），周大夫单子去楚国时路过陈国。他回朝后向定王报告在陈国的所见所闻，认为陈国发生的许多不正常的事情，废弃了先王的教诲，不久定遭灾难。单子的判断是正确的，定王八年（前599），陈国为楚所灭。

［原文］

定王使单(shàn)襄公聘于宋[①]，遂假道于陈[②]，以聘于楚[③]。火朝觌(dí)矣[④]，道茀(fú)不可行也。候不在疆，司空不视涂，泽不陂，川不梁，

野有庾积，场功未毕，道无列树，垦田若蓺(yì)[5]，膳宰不致饩(xì)[6]，司里不授馆，国无寄寓，县无旅舍，民将筑台于夏氏。及陈，陈灵公与孔宁、仪行父南冠以如夏氏，留宾弗见。

单子归，告王曰：“陈侯不有大咎，国必亡。”王曰：“何故？”对曰：“夫辰角[7]见而雨毕，天根[8]见而水涸，本[9]见而草木节解，驷[10]见而陨霜，火见而清风戒寒。故先王之教曰：‘雨毕而除道，水涸而成梁，草木节解而备藏，陨霜而冬裘具，清风至而修城郭宫室。’故《夏令》曰：‘九月除道，十月成梁。’其时儆曰：‘收而场功，偫(zhì)而畚挶[11]，营室[12]之中，土功其始。火之初见，期于司里。’此先王之所以不用财贿而广施德于天下者也。今陈国火朝觌矣，而道路若塞，野场若弃，泽不陂(bēi)障，川无舟梁，是废先王之教也。

“周制有之曰：‘列树以表道，立鄙食以守路。国有郊牧，疆有寓望。薮有圃草，囿有林池。所以御灾也。其余无非谷土，民无悬耜，野无奥草，不夺农时，不蔑民功。有优无匮，有逸无罢。国有班事，县有序民。’今陈国道路不可知，田在草间，功成而不收，民罢于逸乐，是弃先王之法制也。

“周之《秩官》有之曰：‘敌国宾至，关尹以告，行理以节逆之，候人为导，卿出郊劳，门尹除门，宗祝执祀，司里授馆，司徒具徒，司空视涂，司寇诘奸，虞人入材，甸人积薪，火师监燎，水师监濯，膳宰致飧，廪(lǐn)人献饩，司马陈刍，工人展车，百官各以物至，宾入如归，是故小大莫不怀爱。其贵国之宾至，则以班加一等，益虔。至于王使，则皆官正莅事，上卿监之。若王巡守，则君亲监之。’今虽朝也不才，有分族于周，承王命以为过宾于陈，而司事莫至，是蔑先王之官也。

“先王之令有之曰：‘天道赏善而罚淫，故凡我造国，无从匪彝[13]，无即慆(tāo)淫，各守尔典，以承天休[14]。’今陈侯不念胤续[15]之常，弃其伉俪妃嫔，而帅其卿佐以淫于夏氏，不亦渎姓矣乎？

陈，我大姬之后也，弃衮冕而南冠以出，不亦简彝乎？是又犯先王之令也。

“昔先王之教，茂帅其德也，犹恐陨越，若废其教而弃其制，蔑其官而犯其令，将何以守国？居大国之间，而无此四者，其能久乎？”

六年，单子如楚。八年，陈侯杀于夏氏。九年，楚子入陈。

[注释]

①单襄公：名朝，周定王的卿士。宋：国名，在今河南商丘。②陈：国名，国都在今河南淮阳。③楚：国名，在今湖南、湖北、安徽、江苏、浙江境内。④火：古星名，即大火、商星，又叫心宿，可以在立冬前后的早晨看见。觌：见。⑤蓺：茅草芽。⑥饩：粮食和饲料，也指活的牲畜。⑦角：古星名，即角宿，寒露节的早晨出现。⑧天根：古星名，氐宿的别名，寒露节后五日出现。⑨本：古星名，即氐星，寒露节后十日的早晨出现。⑩驷：古星名，房宿，霜降时节的早晨可见。⑪偫：备置。畚挶：竹、木、铁做成的盛土抬土工具。⑫营室：古星名，室宿，又称定星，夏历十月出现在天空正中，古人认为此时宜造宫室。⑬匪彝：不法。⑭休：恩赐。⑮胤续：继嗣。

[译文]

周定王派单襄公到宋国访问，又从陈国经过，访问楚国。心星在东方显现，道路上杂草丛生，行走困难，边疆没有官员迎送，主管建设的官员不察看道路，湖畔没有堤岸，河流上没有桥梁，野地露天堆积粮食，收拾农作物的劳动没有完工，道路没有成列的树，耕种的田地像草地，主管宰割的官员不送牲畜，管理住宅街道的官员不引导宾客，国中没有旅店，民众准备着到夏大夫家建造高台。单襄公到达陈国时，陈灵公和孔宁、仪行父戴着楚国人的帽子前往夏大夫家，孔宁、仪行父不接见宾客。

单襄公回朝，对周定王说：“陈国自己没有大灾祸，也必定灭亡。”定王说：“什么原因？”单襄公答道：“清晨角星显现就是下雨的季节完结了，天根星显现预示河水干枯，本星显现就是草木凋零，驷星显现就要降霜，心星显现说明寒风将至。所以先王教导说：‘下雨的季节过了就要修整道路，河水干涸了就要修筑桥梁，草木凋落了就要储备粮草，下霜了就要准备好冬天的裘皮，寒风到来就要修整城郭和房舍。’所以《夏令》说：‘九月修理道路，十月修筑桥梁。’又告诫道：‘收拾完农活，准备好担土的工具，定星位于中天时，土木工程开始。心星刚开始显现的时候，在确定好的时间到司理。’这就是先王不用钱财却广泛地施美德于天下的缘故。现在的陈国，心星显现，而道路还是堵塞的，野外场地的农活无人过问，湖畔没有堤岸，河流没有桥梁，这都是废弃了先王的教导之故啊。

“周王朝的制度规定：‘成行的树用来标志道路，边邑有房舍饮食供应过路人。

国有郊区牧场，边疆有寓所和守护者。湿地有草场，园地里有树林和池塘。这些地方是用来抵御灾患的。其余的地方无非庄田，民众的农具不闲置，田野没有杂草，不错过农作时节，不漠视农民的劳动成果。人民富裕而不匮乏，有安逸没有疲困。都城各级官员有层次地办事，城郊有遵从秩序的良民。’现在的陈国道路无法辨认，田间尽是野草，农作物成熟了不收割，民众为陈侯享乐而劳累，这都是违反先王的法制啊！

“周王朝的《秩官》中说：‘同等的国家的宾客来到，由关尹禀报，按理行事用符节迎接他们，候人做引导，大臣出城慰劳门尹打扫门庭，宗祝陪同祭祀，司理管理宾馆，司徒召集仆役，司空检查道路，司寇审问盗寇，虞人供应肉类，甸人准备柴火，火师看管灯烛，水师监督洗涤，膳宰送上食物，廪人献上谷米，司马摆放好牲畜的饲料，工人摆放车辆，各类官员分别提供相应事物，以使宾至如归。所以宾客满意。等级高国的宾客来到，就把接待礼仪加一等级，更加恭敬。是周王朝的使官，就全是各部门主管官员亲自接待，由上卿监督他们。如果是周王巡视，那国君就亲自监督他们。’现在虽然我没有才能，也是周王朝的族系，奉周王的命令在陈国作为过路的宾客。但应尽的事务没有到位的，这是轻视先王的官啊！

“先王的教令说：‘上天奖赏善良惩罚淫邪，所以凡是我分封的诸侯国，不要学违背常规的行为，不要过度地享乐，各自遵守法则，来接受上天的赐福。’今天的陈侯不考虑后代继承的伦常，抛弃他的王后嫔妃，却率领他的上卿官员到夏大夫家享乐，不是亵渎他的始祖吗？陈，是我周王朝太姬的后代啊！丢弃礼服礼帽却戴着楚国的帽子外出，不是轻视常规吗？这也违背了先王的条令啊！

“从前先王的训条，遵照而行勉励自己，唯恐堕落和超越规范。如果丢掉他的教诲，废弃他的制度，轻视他的官职及职责，违反他的条令，如何保国家？处在大国之间，却没有这四种行为，怎么能持久？”

定王六年，单子前往楚国。定王八年，陈侯在夏大夫家被杀。定王九年，楚王攻占了陈国。

展禽论祀爰居

《国语·鲁语上》

[题解]

此篇说得是展禽对鲁大夫要求祭祀海鸟“爰居”加以劝阻的事。展禽列举了祭祀标准和祭祀的等级，认为臧文仲这个举动是不仁的，同时用科学的观点指出海鸟的到来是天气的一种反应。后来的气候状况证明了展禽的观点是正确的，充分显示了展禽学识的丰富，以及辨别事物的能力。

[原文]

海鸟曰“爰居”，止于鲁东门之外二日。臧文仲[①]使国人祭之。展禽[②]曰：“越[③]哉，臧孙[④]之为政也！夫祀，国之大节[⑤]也，

而节，政之所成也，故慎[6]制祀以为国典。今无故而加典[7]，非政之宜也。

“夫圣王之制祀也，法施于民则祀之，以死勤事[8]则祀之，以劳定国[9]则祀之，能御大灾则祀之，能捍[10]大患则祀之。非是族也，不在祀典。昔烈山氏[11]之有天下也，其子曰柱，能植百谷百蔬，夏之兴也，周弃[12]继之，故祀以为稷。共工氏[13]之伯九有[14]也，其子曰后土，能平九土，故祀以为社[15]。黄帝能成命百物，以明民共财[16]，颛顼（zhuān xū）能修之[17]。帝喾（kù）[18]能序三辰以固民，尧能单均[19]刑法以仪民，舜勤民事而野死，鲧障洪水而殛[20]死，禹能以德修[21]鲧之功，契为司徒而民辑[22]，冥勤其官而水死，汤以宽治民而除其邪，稷勤百谷而山死，文王以文昭[23]，武王去民之秽[24]。故有虞氏禘黄帝而祖颛顼[25]，郊尧而宗舜[26]；夏后氏禘黄帝而祖颛顼，郊鲧而宗禹；商人禘舜而祖契，郊冥而宗汤；周人禘喾而郊稷，祖文王而宗武王。幕[27]，能帅[28]颛顼者也，有虞氏报焉；杼[29]，能帅禹者也，夏后氏报焉；上甲微[30]，能帅契者也，商人报焉；高圉、太王[31]，能帅稷者也，周人报焉。凡禘、郊、祖、宗、报，此五者国之典祀也。加之以社稷、山川之神，皆有功烈于民者也；及前哲令德之人，所以为明质[32]也；及天之三辰，民所以瞻仰也；及地之五行，所以生殖也；及九州名山川泽，所以出财用也，非是不在祀典。

“今海鸟至，己不知而祀之，以为国典，难以为仁且知[33]矣。夫仁者讲功，而知者处物[34]。无功而祀之，非仁也；不知而不问，非知也。今兹海其有灾乎？夫广川[35]之鸟兽恒知而避其灾也。”

是岁[36]也，海多大风，冬暖。文仲闻柳下季之言，曰：“信吾过也，季子之言不可不法[37]也。”使书以为三策[38]。

[注释]

①臧文仲：鲁国大夫，当时长官鲁国的政务。②展禽：柳下惠。③越：超越祭祀的礼仪了。④臧孙：臧文仲，这是对其的蔑称。⑤节：礼节，制度。⑥慎：谨慎，仔细。⑦加典：增加典章制度。⑧以死勤事：因为国事勤劳致死。⑨以劳定国：

因为安定国家而大有功劳。⑩捍：抗拒，抵抗。⑪烈山氏：指炎帝神农氏。⑫周弃：指后稷，周朝的始祖。⑬共工氏：传说中的天神，曾经撞倒了不周山。⑭有：通“域”，地域。⑮社：指土神。⑯以明民共财：使百姓明白事理，为国家提供财物。⑰修之：修黄帝之功，指完成黄帝未完成的工作。⑱帝喾：黄帝的曾孙，尧的父亲。⑲单均：使动用法，指“使……尽量公平”。⑳殛：杀害的意思。㉑修：继承的意思。㉒辑：和睦，融洽。㉓昭：著称，有名。㉔秽：这里指伐纣之事。㉕禘黄帝而祖颛顼：用禘礼祭皇帝，用祖礼祭颛顼。㉖郊尧而宗舜：用郊礼祭尧，用宗礼祭顺。㉗幕：虞思，舜的后代。㉘帅：通“率”，这里是遵循的意思。㉙杼：禹的第七代孙。㉚上甲微：契的第八代孙，商汤的第六代祖先。㉛高圉、太王：高圉，稷的第十代孙；太王，高圉的曾孙。也是周文王的祖先。㉜明质：百姓都知道且相信。㉝知：通“智”，明智。㉞处物：审处事物。㉟广川：这里指大海。㊱是岁：当年，那一年。㊲法：遵从，听从。㊳策：古人把字书写在竹片上，写完后用绳子把竹片串在一起，称为一策。

[译文]

有一种名叫“爰居”的海鸟，在鲁国东城门之外已经停留两天了，臧文仲命令国人去祭祀他。展禽说：“超越祭祀礼仪的范围啊！臧孙就这样主持政务啊！祭祀，是国家的重大礼节，而礼节，是政治取得成功的重要因素。因此，历来各个朝代都谨慎地制定祭祀礼仪，来作为国家的重大典礼。现在无故增加祭祀典礼，不是适宜的为政之策。

“圣明的君主制定祭祀之礼，如果一个人能够确立法度，并且使法度广泛施与民众的人，就祭祀他；一个人能勤劳而死，就祭祀他；一个人辛勤劳动使国家稳定，就祭祀他；一个人能够抵御大灾难，就祭祀他；一个人在大灾患中能够捍卫国家，就祭祀他。不是这几类人，就不在祭祀之列。从前炎帝统治天下的时候，他有个叫柱的儿子，柱能够种植各种谷物和蔬菜；夏朝兴起，周族的祖先继承了柱的事业，因此将他当作五谷之神来祭祀。共工氏成为九州盟主的时候，他有个儿子叫后土，能够平整天下的土地，所以将他当作土神来祭祀。黄帝能够为万物命名，以使百姓明白，为国家贡献钱财，颛顼能够继承他的功业。喾帝能够根据日月星辰的运行规律确定时节，使百姓安居乐业，尧能尽力使刑法的施行公正，舜为民众的事务操劳以至死在野外，鲧因为没有成功阻挡洪水而被尧杀死，禹却用自己的高尚的德操继承了其父亲鲧的功业，契做司徒的时候民众和睦相处，冥因为勤恳能干、忠于职守以至淹死在水里，汤用宽厚仁慈的法度治理民众从而消除了由于桀的暴虐而产生的奸邪之气，稷因为忙于百谷的种植而死在了山上，文王依靠文德而著称于世，武王为民众铲除了暴君纣王。因此，有虞氏用禘礼祭皇帝，用祖礼祭颛顼，用郊礼祭尧，用宗礼祭舜；夏后氏用禘礼祭祀黄帝，用祖礼祭祀颛顼，用郊礼祭祀鲧，用宗礼祭祀禹；商朝人用禘礼祭祀舜，用祖礼契，用郊礼祭祀冥，用宗礼祭祀汤；周朝人用禘礼祭祀喾，用郊礼祭祀稷，用祖礼祭祀文王，用宗礼武王。幕，能够遵循颛顼的教诲，有虞氏对他进行报祭；杼，能够遵循禹的教诲，夏后氏对他进行报祭；上甲微，能够遵循契的教诲，商朝人对他进行报祭；高圉、太王能够遵循稷的教诲，周朝人祭祀他。禘、郊、祖、宗、报，这五种祭祀都是国家的祭祀典礼啊！再加上社稷山川的神明，他们都是对人民有功劳的；以及以前有智慧、有美德的人，都是百姓所知道且信赖的。天上的日、月、星辰，是百姓所瞻望敬仰的；地上的五行金、木、水、火、土是百姓得以生存繁衍的依靠；还有各地的山川、河流、湖泊，是出产财物的地方，不属于神明，就不在祭祀的范围之内。

“现在海鸟来了，自己不知道它的来历却祭祀它，而且用了国家级的祭祀典礼，这很难说是仁爱和明智之举。仁爱的人讲究功绩，而明智的人讲究审物。没有功绩而要祭祀它，不是仁爱的行为；不知道却不询问，是不明智的行为啊！今年大海可能有灾害吧？大海里的鸟兽，通常能预先知道而且会躲避灾难啊！”

这年，海上多大风，冬季暖和。文仲听到柳下季（即展禽，又名柳下惠）的话，说：“真是我的错啊！季先生的话，不可不听从！”他让人把这些话写在竹简上，分为三策。

里革断罟匡君

《国语·鲁语上》

[题解]

本文写鲁宣公不顾时令，下网捕鱼，被里革当场割破渔网，强行劝阻的经过。里革先声夺人，引古论今，批评宣公不顾时令捕鱼的行为是出于贪心。乐师存的话使“匡君”的主题更加突出。古人很早就从实践中总结出来保护自然资源、维护生态和谐的重要性了。本文借里革之口对这个道理作了阐述。鲁宣公不懂得这个道理，受到了里革的批评，但他那种勇于改正错误的精神还是值得肯定的。

[原文]

宣公[1]夏滥[2]于泗渊，里革[3]，断其罟(gǔ)[4]，而弃[5]之，曰：“古者大寒降，土蛰发[6]，水虞于是乎讲罛(gū)罶(liǔ)，取名鱼，登[7]川禽，而尝[8]之寝庙，行诸国人，助宣气[9]也。鸟兽孕，水虫成，兽虞于是乎禁罝罗，矠(cuò)鱼鳖，以为夏槁[10]，助生阜也。鸟兽成，水虫孕，水虞于是乎禁罜(zhǔ)麗(lù)，设阱鄂，以实庙庖，畜[11]功用也。且夫山不槎蘖(niè)，泽不伐夭[12]，鱼禁鲲鲕(ér)，兽长麑(ní)麇(yǎo)，鸟翼鷇卵，虫舍蚳(zhǐ)蝝(yuán)，蕃庶物也。古之训也。今鱼方别孕，不教鱼长，又行网罟，贪无艺[13]也！”

公闻之，曰：“吾过而里革匡[14]我，不亦善乎？是良罟也，为我得法。使有司藏之，使吾无忘谂[15]。”师存[16]侍，曰：“藏罟不如置里革于侧之不忘也。”

[注释]

①宣公：鲁宣公。②滥：在水里下网捕鱼。③里革：古国大夫。④罟：渔网的意思。⑤弃：丢弃，扔掉。⑥发：苏醒。⑦登：捕捉。⑧尝：这里是祭祀的意思。⑨宣气：舒散阳气。宣，舒散，宣泄。⑩槁：干鱼。⑪畜：通“储”，储藏。⑫夭：没有完全发育成熟的树木。⑬艺：限度。⑭匡：纠正，匡正。⑮谂：规劝，劝谏。⑯师存：一个乐师，名字叫存，称为师存。

[译文]

鲁宣公夏天到泗水深处下网捕鱼，里革割破了他的渔网，并把渔网丢在一旁，说：“古时候，大寒之后，冬眠在土中的动物便苏醒了，开始活动，水虞于是开始整理渔网、鱼篓，捕捞大鱼，捉取龟鳖等，然后把这些东西拿到寝庙里祭祀祖宗，同时也在百姓之间施行这种办法，这样做是为了舒散地下的阳气。当鸟兽开始孕育幼仔，水中的鱼鳖已经长大的时候，兽虞这时禁止用网捕捉鸟兽，只准用刀叉刺取鱼鳖，并把它们做成夏天吃的鱼干，这样做是为了帮助鸟、兽生长繁衍下去。当鸟、兽已经长成，鱼鳖开始孕育的时候，水虞就禁止用网入水，只准设陷阱捕捉鸟、兽，用来满足宗庙和庖厨的需要，这是为了储存物资，以备四季都能享用。不仅如此，还规定在山上不能砍伐新长出来的树枝，在水边也不能割取还未长成的幼嫩的草木，禁止捕小鱼，捕兽时要留下小鹿和走兽的幼仔，捕鸟时要保护雏鸟和鸟卵，捕虫时要避免舍弃蚂蚁和蝗虫的幼虫，这些规定都是为了万物的繁殖生长，这是古人的教训。现在鱼类正在孕育，不让幼苗长大，却要下网捕捉，真是贪得无厌啊！”

宣公听到里革的这些话以后，说：“我有过失，里革便纠正我，这不是很好的事情吗？这是一张意义非同寻常的网，让我得到了治理天下的方法，这张网要让主管官吏保存起来，使我永远不忘记里革的劝谏。”当时，乐师存在旁服侍宣公，说道：“保存好这张网，还不如将里革安置在您的身边，那就更不会忘记他的劝谏了。”

敬姜论劳逸

《国语·鲁语下》

[题解]

敬姜认为：“劳则善心生，逸则恶心生。”她主张人们都应该参加劳动，并分析了劳动对个人和国家的意义，以此来教育自己的儿子。作为鲁国大夫的妻子，她能够认识到劳动的意义，懂得反对享乐的观点，是很可贵的。

[原文]

公父文伯[①]退朝，朝其母，其母方绩。文伯曰：“以歜(chù)之家，而主[②]犹绩，惧干季孙[③]之怒也，其以歜为不能事主乎！”其母

叹曰："鲁其亡乎！使僮子备官而未之闻耶？居，吾语女。昔圣王之处民也，择瘠土而处之，劳其民而用之，故长王天下。夫民劳则思，思则善心生；逸则淫，淫则忘善，忘善则恶心生。沃土之民不材，淫也；瘠土之民莫不向义，劳也。是故天子大采朝日[4]，与三公、九卿[5]祖识地德。日中考政，与百官之政事，师尹、惟旅、牧、相[6]宣序民事；少采夕月[7]，与太史、司载纠虔天刑[8]；日入监九御[9]，使洁奉禘(dì)、郊之粢(zī)盛[10]，而后即安。诸侯朝修天子之业命，昼考其国职，夕省其典刑，夜儆百工，使无慆(tāo)淫，而后即安。卿大夫朝考其职，昼讲其庶政，夕序其业，夜庀(pǐ)[11]其家事，而后即安。士朝受业，昼而讲贯，夕而习复，夜而计过无憾，而后即安。自庶人以下，明而动，晦而休，无日以怠。王后亲织玄紞(dǎn)[12]，公侯之夫人加之以纮(hóng)、綖(yán)[13]，卿之内子为大带，命妇成祭服，列士之妻加之以朝服，自庶士以下，皆衣其夫。社而赋事，烝而献功，男女效绩，愆则有辟，古之制也。君子劳心，小人劳力，先王之训也。自上以下，谁敢淫心舍力？今我，寡也，尔又在下位，朝夕处事，犹恐忘先人之业。况有怠惰，其何以避辟？吾冀而朝夕修我，曰：'必无废先人。'尔今曰：'胡不自安？'以是承君之官，余惧穆伯之绝祀也。"

仲尼闻之曰："弟子志之，季氏之妇不淫矣。"

织帛图

列士之妻加之以朝服，自庶士以下，皆衣其夫。社而赋事，烝而献功，男女效绩，愆则有辟，古之制也。

[注释]

①公父文伯：公父歜，鲁国大夫，敬姜之子，其父公父穆伯也是鲁国大夫。②主：这里是主母的简称，古代对贵族家中女主人称主

母。③季孙：季康子，鲁国卿。④大采：天子祭日时所穿的礼服。朝日：古代帝王祭日之礼。⑤三公、九卿：三公指周朝中枢最高长官太师、太傅、太保。九卿指分管各部门的长官冢宰、司徒、宗伯、司马、司寇、司空、少师、少傅、少保。⑥师尹、惟旅、牧、相：均为周朝主持各项事务的各级官员。⑦少采：三采礼服。夕月：古代帝王祭月之礼。⑧太史：古代记事兼管星历的官。司载：古代主管天文的官。纠：恭。虔：敬。⑨九御：帝王九官之嫔妃。⑩粢盛：盛在祭器内以供祭祀用的谷物。⑪庀：治理。⑫玄统：古代冠冕两旁用来悬玉的黑色丝带。⑬纮：古代冠冕系在颔下的带子。綖：覆在冕上的布。

［译文］

公父文伯退朝回家，去看他的母亲，他的母亲正在纺麻。文伯说："以我歜家这样的实力而您却还在纺麻，怕惹季孙发火，认为我不能侍奉您啊！"他的母亲叹道："鲁国要危亡了吧！让小孩子占着位置当官却没教给你道理吗？坐下，我讲给你听。从前圣贤国王对待百姓，选择贫瘠的土地安置他们，锻炼他们然后任用，所以长久统治天下。民众劳作才会思考，思考才会心善。安逸就会淫乱，淫乱就不善，忘了善良，邪恶的念头便产生。肥沃的土地上的民众没有能耐，由于荒淫；贫瘠的土地上的民众无不崇尚正义，由于勤劳。因此天子身穿五彩礼服祭祀太阳，和三公、九卿一起祭地和识别土地的功用。中午考察政务，为百官分派事务，众官之长考虑众官员的事，使牧、相有秩序地工作；身穿三彩礼服祭月亮，和太史、司载收集威猛的天的法则；日落便督促宫内的女官，让她们清洁并准备好器皿，然后就休息。诸侯们清早学习天子布置的事务和命令，白天完成他们为国供职的任务，傍晚学习典章和法规，夜晚警告众官，让他们不放荡，然后就休息。卿大夫清早考虑他的职责、任务，白天谋划事务，傍晚安排他的职责，夜晚处理他的家事，然后就休息。贵族青年清早接受教育，白天研习所学，傍晚复习，夜晚反省，如无遗憾，就去休息。从平民以下，日出而作，日落而息，没有一天懈怠的。王后亲自织悬在礼帽上的黑色的丝带，公侯的夫人加上纮、綖，卿的妻子做腰带，大夫的妻子制祭服，各种士的妻子加制朝服，从平民以下，都为丈夫缝制衣物。春祭祭社时分配事务，冬祭时献上谷物布帛，男男女女献功，有过失就治罪，（这些都是）古人的制度啊！君子操劳心，小人付出劳力，是先王的训导。自上而下，谁敢荒淫不出力？如今的我，守着寡，你职位又不高，从早到晚工作，还担心丢失了先人的事业，更别说有所松懈，那怎么躲避得了惩罚呢？我希望你能早晚提醒我说：'一定不要废弃先人的功绩。'你今天却说：'为什么不自己图安逸啊？'以你这样担任君王的官职，我害怕你父亲要绝后啊！"

孔子闻知这事，说："学生们记住，季家这妇人不违礼法啊！"

叔向贺贫

《国语·晋语八》

［题解］

韩宣子忧心于自己的贫穷，叔向却向他道贺。叔向以栾、郤两家的兴衰为例说明，应“忧德不忧贫”。若贫而有德，终会致富；如富而无德，则不但不可贺，反而可吊。他的观点很有说服力，使宣子心悦诚服。

[原文]

叔向见韩宣子①，宣子忧贫，叔向贺之。宣子曰：“吾有卿之名，而无其实，无以从二三子，吾是以忧，子贺我何故？”对曰：“昔栾武子无一卒之田②，其官不备其宗器，宣其德行，顺其宪则，使越于诸侯。诸侯亲之，戎、狄怀之，以正晋国。行刑不疚，以免于难。及桓子③，骄泰奢侈，贪欲无艺④，略则行志，假贷居贿⑤，宜及于难，而赖武之德，以没其身。及怀子⑥，改桓之行，而修武之德，可以免于难，而离桓之罪，以亡于楚。夫郤(xì)昭子⑦，其富半公室，其家半三军，恃其富宠，以泰⑧于国。其身尸于朝，其宗灭于绛⑨。不然，夫八郤，五大夫三卿，其宠大矣。一朝而灭，莫之哀也，惟无德也。今吾子有栾武子之贫，吾以为能其德矣，是以贺。若不忧德之不建，而患货之不足，将吊不暇，何贺之有？”

宣子拜稽首焉，曰：“起也将亡，赖子存之。非起也敢专承之，其自桓叔以下嘉吾子之赐⑩。”

[注释]

①韩宣子：名起，晋卿。②一卒之田：百顷田。③桓子：栾书的儿子。④艺：极限。⑤居贿：囤积的财物。⑥怀子：桓子的儿子。⑦郤昭子：郤至。⑧泰：奢侈。⑨绛：晋国国都，在今山西翼城东南。⑩桓叔：韩起的祖先。嘉：感激。

[译文]

叔向去见韩宣子，宣子为贫困担忧，叔向却向他表示祝贺。宣子说：“我空有晋卿的虚名，却没有相应的财富，没有什么可以和卿大夫们交往的，因此而发愁，你却祝贺我，这是什么缘故呢？”叔向回答说：“从前栾武子没有百亩之田，他掌管祭祀，家里却连祭祀的器具都不齐全，可是他能够宣扬美德，遵循法制，名闻于诸侯各国。诸侯亲近他，戎狄归附他，使晋国安定下来。执行刑法，没有弊病，因而避免了灾难。传到桓子时，他骄傲自大，贪得无厌，宁可犯法，胡作非为，放债取财，该当遭到祸难，但依赖他父亲栾武子的余德，才得以善终。传到怀子时，改变桓子的所作所为，学习他祖父武子的德行，本应免灾，可是却受到他父亲桓子的罪孽的连累，逃到楚国。那个郤昭子，财富抵得上晋国公室财产的一半，他家里的武力有全国的一半，他依仗自己的财产和势力，在晋国奢靡、腐败，最后被陈尸在朝堂上，他的宗族也在绛邑被灭绝。若非如此，那八个姓郤的有五个做大夫，三个做卿，他们的权势够大的了，可是一旦灭亡，没有一个人同情他们，只是因为没有德行的缘故！现在你有栾武子的清贫境况，我认为你也能够具备他的德行，所以表示祝贺。如果你不忧虑道德的缺乏，却只为财产的不足而发愁，我哀吊你还来不及，哪里还能够祝贺呢？”

宣子下拜，并叩头说：“我将灭亡时，全靠你拯救了我，不但我本人蒙受你的教诲，就是始祖以下的族人都感激你的恩德。”

王孙圉论楚宝

《国语·楚语下》

[题解]

晋国的赵简子向前来访问的楚国大夫王孙圉炫耀本国的富有，想当面使楚国受辱。王孙圉也发表了他对于宝物的观点，认为真正的宝物是贤能的人和富饶的国土，而不是晋国那些无大用的玩物。

[原文]

王孙圉（yǔ）[1]聘于晋，定公飨之。赵简子[2]鸣玉以相，问于王孙圉曰：“楚之白珩（héng）[3]犹在乎？”对曰：“然。”简子曰：“其为宝也，几何矣？”曰：“未尝为宝。楚之所宝者，曰观射父（guàn yì fǔ）[4]，能作训辞，以行事于诸侯，使无以寡君为口实。又有左史倚相，能道训典，以叙百物，以朝夕献善败于寡君，使寡君无忘先王之业。又能上下说乎鬼神，顺道其欲恶，使神无有怨痛于楚国。又有薮曰云连徒洲，金、木、竹、箭之所生也，龟、珠、角、齿、皮、革、羽、毛，所以备赋[5]，以戒不虞者也，所以共[6]币帛，以宾享于诸侯者也。若诸侯之好币具，而导之以训辞，有不虞之备，而皇神相之，寡君其可以免罪于诸侯，而国民保焉。此楚国之宝也，若夫白珩，先王之玩也，何宝焉？圉闻国之宝，六而已：圣能制议百物，以辅相国家，则宝之；玉[7]足以庇荫嘉谷，使无水旱之灾，则宝之；龟足以宪臧否，则宝之；珠足以御火灾，则宝之；金足以御兵乱，则宝之；山林薮泽，足以备财用，则宝之。若夫哗嚣之美，楚虽蛮夷，不能宝也。”

[注释]

①王孙圉：春秋末期楚国大夫。②赵简子：晋大夫赵鞅。③珩：系在玉佩上的横玉。④观射父：楚大夫。⑤赋：指军备财物。⑥共：同“供”，供给。⑦玉：指用于祭祀的玉器。

贱货尊贤

王孙圉认为真正的宝物是贤能的人和富饶的国土，而不是晋国那些无大用的玩物。

[译文]

王孙圉到晋国访问，晋定公盛宴款待他，赵简子佩鸣响的玉来陪同，问王孙圉说：“楚国的白珩还保存着吗？”王孙圉回答说：“在。”简子说：“那个宝物价值几何啊？”王孙圉说：“并不将之当作宝。楚国之宝是观射父，他能撰写训导和外交辞令，和各诸侯国交往，使我国国君不会有什么话柄。还有左史倚相，能够说出先王的教导，陈述各种事物，朝夕将成败的经验和教训告诉国君，使国君不忘记先王的功业，还能使神明喜悦，顺应它们好恶的规律，使神不会对楚国有怨怼。还有云梦泽，它连接徒洲，是金属、木材、竹子、箭杆的产地啊，乌龟、珍珠、犀角、象牙、皮革、箭羽、皮毛，用于军备，以戒备外侵。这些可用来供应钱财布匹，给各诸侯国赠送和享用的啊！如果诸侯喜好这些物品，再使用得体的外交辞令交往，有防备外来侵犯的军备，那么神灵会保佑我，我国君王能够不被各诸侯国怪罪的，国民就会安全。这就是楚国的宝贝啊！如白珩之类，只是先王的玩物，哪称得上是宝贝啊？”“我听说国家的宝物，有六样而已：圣贤能用来议论事务辅佐国家的，就将他当作宝；足以庇护五谷丰登的宝玉，避免水旱的灾难，就将它当作宝；可布告福祸的龟甲，就将它当作宝；足以用来抵御火灾的珍珠，就将它当作宝；足以抵御兵乱的金属，就将它当作宝；足以供给各种材料的山林湿地沼泽，就将它当作宝。叮当吵闹的美玉嘛，楚国虽然是野蛮偏远之国，也不将它当作宝的。”

诸稽郢行成于吴

《国语·吴语》

[题解]

此文写的是越王勾践派遣诸稽郢向吴国求和成功的事情。吴王在夫椒打败越军，后来又趁机追杀，越王勾践决定听从大夫文种的意见，委曲求全，向吴王求和，以此来助长吴王的骄横之心，为自己赢得翻身的时间。这才有了以后的“卧薪尝胆”的典故。

[原文]

吴王夫差起师伐越，越王勾践起师逆[1]之江。大夫种乃献谋曰：“夫吴之与越，唯天所授，王其无庸战。夫申胥、华登简服[2]吴国之士于甲兵，而未尝有所挫也。夫一人善射，百夫决拾[3]，胜未可成。

“夫谋必素见[4]成事焉，而后履之，不可以授命[5]。王不如设戎，约辞行成，以喜其民，以广侈[6]吴王之心。吾以卜之于天，天若弃吴，必许吾成而不吾足[7]也，将必宽然有伯诸侯之心焉。既罢[8]弊其民，而天夺之食[9]，安受其烬[10]，乃无有命矣。”

越王许诺，乃命诸稽郢行成于吴，曰：“寡君勾践使下臣郢，不敢显然布币[11]行礼，敢私告于下执事曰：‘昔者越国见祸，得罪于天王。天王亲趋玉趾[12]，以心孤[13]勾践，而又宥[14]赦之。君王之于越也，繄起死人而肉[15]白骨也。孤不敢忘天灾，其敢忘君王之大赐乎？今勾践申祸无良[16]，草鄙之人，敢忘天王之大德，而思边陲之小怨，以重得罪于下执事？勾践用[17]帅二三之老，亲委[18]重罪，顿颡(sǎng)于边。今君王不察，盛怒属兵[19]，将残伐越国。越国固贡献之邑也，君王不以鞭箠(chuí)[20]使之，而辱军士使寇令焉。勾践请盟：一介嫡女，执箕帚以晐(gāi)姓于王宫；一介嫡男，奉槃(pán)匜(yí)[21]以随诸御；春秋贡献，不解[22]于王府。天王岂辱裁之？亦征诸侯之礼也。’夫谚曰：‘狐埋之而狐搰(hú)[23]之，是以无成功。’今天王既封殖[24]越国，以明闻于天下，而又刈(yì)亡[25]之，是天王之无成劳也。虽四方之诸侯，则何实以事吴？敢使下臣尽辞，唯天王秉利度义焉！”

[注释]

①逆：迎战，迎接敌人的进攻。②简服：这里是训练的意思。③决拾：古代作战用的工具。决，射箭用的扳指；拾，射箭用的护臂。④素见：预见，预料。⑤授命：下达命令。⑥广侈：增强自高自大。⑦不吾足：不满足于战胜我们。⑧罢：

通“疲”，疲惫、疲劳的意思。⑨天夺之食：天降灾难，遇到自然灾害，粮食歉收。⑩烬：残余，剩余，此处指残局。⑪布币：展示礼品，显示礼品。⑫亲趋玉趾：这里指吴王亲自率兵攻打越国。⑬以心孤：本心要抛弃。孤，抛弃。⑭宥：宽恕，饶恕。⑮肉：使动用法，使……长出肉。⑯申祸无良：无德无才，自取灾难。⑰用：亲自。⑱委：承担，承受。⑲属兵：调集士兵。⑳鞭箠：这里只竹板。㉑奉槃匜：捧着盘子和脸盆。奉，通“捧”。㉒解：通“懈”，松懈，懈怠。㉓搰：挖掘的意思。㉔封殖：分封扶植。㉕刈亡：割除消灭。

[译文]

吴王夫差起兵讨伐越国，越王勾践率军迎战于长江。越国大夫文种就向越王供献计谋说：“吴国和越国都是上天所授予的国度，国王您不用打仗。伍子胥、华登在军营中训练吴国的贵族，他们的军队没有遭到过挫败。如果有一个人善于射箭，就会有上百个人跟着射箭，胜利是不可预料的。

“谋划一件事就必须预先料到事情能成功，然后才去实践这件事情，不能随意下达命令。国王您不如摆下兵阵自守，并且约见对方请求讲和，这样会使他们的百姓高兴，以此使吴王自高自大的心理得到加强。我向老天卜卦，询问未来的情况。如果上天放弃吴国，吴王一定同意与我们讲和，他并不满足于打败我们，还必定有称霸于诸侯的贪心啊！这样的做法会使吴国的力量疲惫、民心不振，这是上天在掠夺他们的食物，我们就会安全地收拾剩下的残局，吴国就没有存在的命运了。”

越王同意了他的建议，于是让诸稽郢到吴国去跟吴王求和，（诸稽郢）对吴王说：“敝国君主勾践派出的下臣郢，不敢明目张胆地展示所带钱财礼物来向您行礼，我壮大胆子私下里对您的属下说：‘以前越国自取灾祸，得罪了天王您。您亲自光临了敝国，本心要抛弃勾践，然而又宽恕赦免了他。君王您对于越国来说，就是使死人活过来，让白骨上长肉的大恩人呢！敝国君主不敢忘记上天降下的灾难，同样地，也不敢忘记君王您厚厚的赏赐啊！现在勾践无才无德，再次自取祸患，我们是草野粗鄙之人，怎么敢忘记天王您的美德，怎么敢想着边境上的一些小小的冲突，以致再次得罪您的部下呢？勾践亲自率领几位老臣，来您这向您承认这重罪，在边境上给您叩头。现在君王您不清楚事情的真相，只会感到非常愤怒，然后带着兵来摧残讨伐越国，越国本来就是吴国的封地啊，它有向贵国纳贡献物的使命，君王您不用鞭杖来使唤命令我们，却劳烦军士发布对付敌国的号令。勾践请求与您结盟。我有一个亲生女儿，我愿意将她送给天子您，让她在王宫里做个拿扫帚、畚箕的仆人；我还有一个亲生儿子，让他为您捧盥洗用具跟随您，做一个让您任意驱使的仆人；春秋两季的进贡，绝不敢怠慢送往王府的贡品。天王您用得着屈尊发兵来制裁勾践吗？这也是征讨诸侯的惯例。’谚语说：‘狐狸刚刚埋下又被挖起来，这样是没有成效的。’现在天王您既然分封扶植了越国，而且这个消息已经公开传于天下，如今却又要消灭它，这样的话，就是天王您就没有成绩啊！那么四方的诸侯，应该做什么来侍奉吴国呢？勾践斗胆派在下说了以上言辞，只有请天王按照利益、度量和忠义来定夺此事啊！”

申胥谏许越成

《国语·吴语》

[题解]

吴国攻打越国，越王勾践派诸稽郢去向吴王求和。伍子胥识破了越国的计策，主张不同意讲和而消灭越国。但是，吴王夫差过于狂妄，觉得越国不会对吴构成威胁，于是没有听从伍子胥的意见，答应了越国的请求。

[原文]

吴王夫差乃告诸大夫曰："孤将有大志于齐。吾将许越成，而无拂吾虑。若越既改，吾又何求，若其不改，反行，吾振旅焉。"申胥谏曰："不可许也。夫越非实忠心好吴也，又非慑畏吾甲兵之强也。大夫种勇而善谋，将还(xuán)玩[①]吴国于股掌之上，以得其志。夫固知君王之盖威以好胜也，故婉约其辞，以从逸王志，使淫乐于诸夏之国，以自伤也。使吾甲兵钝弊，民人离落，而日以憔悴，然后安受吾烬。夫越王好信以爱民，四方归之，年谷时熟，日长炎炎。及吾犹可以战也，为虺(huǐ)[②]弗摧，为蛇将若何？"吴王曰："大夫奚隆于越，越曾足以为大虞乎？若无越，则吾何以春秋曜吾军士？"乃许之成。

将盟，越王又使诸稽郢(yǐng)辞曰："以盟为有益乎，前盟口血未干[③]，足以结信矣。以盟为无益乎？君王舍甲兵之威以临使之，而胡重于鬼神而自轻也。"吴王乃许之，荒[④]成不盟。

伍子胥剑赠渔父

伍子胥，名员。春秋末期吴国大夫，军事家、谋略家。伍子胥出逃，见一渔父。渔父乘船渡子胥并为他准备食物。临别之际，子胥赠宝剑于渔父。渔父不接受，并说得子胥人头可得粟五万石，进爵执圭，所以不接受宝剑。为了不暴露伍子胥的行踪，渔父沉船于江水中。

[注释]

①还玩：摆弄。还，通"旋"。②虺：小蛇。③口血未干：指距誓盟时间不长。古代

盟会要杀牲饮血，以示诚信。④荒：空，虚。

[译文]

吴王夫差告诉他的臣子："我对齐国有大的企图，因此同意越国的求和，你们不要反对我。如果越国已经改过，我还有什么要求呢？如果它不悔改，从齐国回来，我率军讨它。"申胥劝道："不能同意求和啊！越国并非真心和吴国和好，也不是害怕我们军队的强大。他们的大夫文种有勇有谋，把吴国玩弄在股掌之中，来实现他的愿望。他本来就知道您乐于逞威斗胜，所以说婉转驯服的言辞，来使您的心志放纵，沉浸在征服中原各国的快乐中，来让你自己伤害自己。使我们的武器钝朽，民众流离失所而日益憔悴，然后他们不必费力地收拾我们。越王信用好而爱惜民众，邻国都归顺他，年年谷物按时节成熟，日子过得蒸蒸日上。在我们还能够打败他们，他们是小蛇的时候不摧毁它，成为大蛇将怎么办？"吴王说："大夫你何必如此抬高越国，越国能够足以成为大患吗？如果没有越国，那我春秋演习向谁炫耀我的军队啊？"于是同意与越国讲和。

将要签订盟约时，越王又派诸稽郢推辞说："要认为盟誓有用吗？上次盟誓时涂在嘴上的血尚未干呢，足以表明信义啊！要认为盟誓没用吗？君王家的军队便能威胁并使唤我们，干吗要看重鬼神而看轻您自己的威力啊。"吴王便同意讲和，只订了和约，没有盟誓。

《公羊传》简介

《公羊传》是《春秋公羊传》的简称，据说是孔子的再传弟子公羊高为解释《春秋》一书所作，主要是阐发《春秋》中的微言大义。与《左传》大不相同，它最初是在师徒之间口耳相传，并没有形成书面文字，直到西汉景帝时才由公羊寿和胡毋生写定成书。也许因为它是师徒之间讲授《春秋》的记录稿，所以它的格式都是先引"经"，然后以自问自答的形式对每一个词进行解释，看上去好像是塾师自编的启蒙教材，但是它时而穿凿附会，时而剔抉精深的解释和步步逼问穷追猛打所发掘的精义中，有时又隐含着中国文化尤其是儒家学说很重要的内容，所以后世也不知道有多少人在这里找到了自己可以利用的理论武器。如其中的《春王正月》中的尊王大一统论，《宋人及楚人平》中的人本精神及《吴子使札来聘》中的君臣观念，都曾经成为后人借题发挥托古改制、干预现实的依据。

春王正月

《公羊传·隐公元年》

[题解]

此篇文章是对"元年春王正月"的解释，进一步阐发了信奉王道、统一局势的大一统思想。文章最后还通过鲁隐公的例子来说明"立嫡以长不以贤，立子以贵不以长”的宗法继承制度。

[原文]

元者何也？君之始年也。春者何？岁之始也。王者孰谓？谓文王也。曷[①]为先言“王”而后言“正月”？王正月[②]也。何言乎王正月？大一统也。

公[③]何以不言即位？成公意也。何成[④]乎公之意也？公将平国而反之桓[⑤]。曷为反之桓？桓幼而贵，隐长而卑，其为尊卑也微，国人莫知。隐长又贤，诸大夫扳隐而立之。隐于是焉而辞立，则未知桓之将必得立也。且如桓立，则恐诸大夫之不能相幼君也。故凡隐之立，为桓立也。隐长又贤，何以不宜立？立適[⑥]，以长不以贤；立子[⑦]，以贵不以长。桓何以贵？母贵也。母贵则子何以贵？子以母贵，母以子贵。

[注释]

①曷：通“何”，什么。②王正月：这里指周代的正月。③公：鲁隐公，鲁惠公的儿子，因为是妾所生的，所以无法正式立为君主。④成：成全的意思。⑤平：治理。反：通“返”，返还，还给。桓：鲁桓公，鲁隐公的弟弟，也是妾生的。⑥適：通“嫡”，指嫡亲。⑦子：这里指庶子。

[译文]

“元年”的意思是什么？是指君主即位的第一年。“春”的意思是什么？是指新的一年的开始。“王”指的是谁？是指周文王。在这里为什么先说王而后说正月，这是因为是周王朝的正月。为什么说周王朝的正月？是为了尊重大一统制度。

隐公为什么不说即位？是为了成全隐公的意愿。为什么说成全隐公的意愿？因为隐公打算把国家治理好，之后再把朝政还给桓公。为什么把朝政还给桓公？因为桓公年幼却地位尊贵，隐公年长却地位低下，他们之间的尊卑差别非常小，国人都不知道。隐公年长而有德行，众大夫都荐举隐公，想要立他为国君。隐公在这时如果推辞即位，就不确定以后桓公一定能立为国君，如果立桓公为国君，又担心众大夫不辅佐幼君。因此，总而言之，隐公现在即位，正是为了桓公将来即位。隐公年长而有德行，立为国君为什么不合适呢？因为，立嫡子，凭借的是年纪的长幼而不是德行的善恶；立庶子，凭借的是地位的尊卑而不是年纪的长幼。为什么桓公尊贵？因为他的母亲地位尊贵。母亲尊贵，为什么儿子就会尊贵？母亲凭借儿子尊贵，儿子凭借母亲尊贵。

宋人及楚人平

《公羊传·宣公十五年》

[题解]

本篇文章解释的是他国事宜为什么出现在本国史书中的原因。从文章的名字可以看出，事情的主人公是宋人和楚人。文章说的是宋楚两国交战后，两国将领在偶遇时主动求和的事情。之所以会出现在鲁史中，是为了发扬仁义、赞美和平。文章对楚国子反的仁义举动表示赞许，同时也认为这样的做法不是常法。

[原文]

外平不书，此何以书？大其平乎己也。何大其平乎己？庄王围宋[1]，军有七日之粮尔，尽此不胜，将去而归尔。于是使司马子反[2]乘堙(yīn)而窥(kuī)宋城，宋华元亦乘堙[3]而出见之。司马子反曰："子之国何如？"华元曰："惫矣。"曰："何如？"曰："易子而食之，析[4]骸而炊之。"司马子反曰："嘻！甚矣惫！虽然[5]，吾闻之也，围者柑(xián)[6]马而秣之，使肥者应客。是何子之情也？"华元曰："吾闻之，君子见人之厄[7]，则矜[8]之，小人见人之厄则幸之。吾见子之君子也，是以告情于子也。"司马子反曰："诺。勉之矣。吾军亦有七日之粮尔，尽此不胜，将去而归尔。"揖而去之。

反于庄王。庄王曰："何如？"司马子反曰："惫矣！"曰："何如？"曰："易子而食之，析骸而炊之。"庄王曰："嘻！甚矣惫！虽然，吾今取此，然后而归尔。"司马子反曰："不可。臣已告之矣，军有七日之粮尔。"庄王怒曰："吾使子往视之，子曷为告之？"司马子反曰："以区区之宋，犹有不欺人之臣，可以楚而无乎？是以告之也。"庄王曰："诺。舍而止[9]。虽然，吾犹取此，然后归尔。"司马子反曰："然则君请处于此，臣请归尔。"庄王曰："子去[10]我而归，吾孰与处于此？吾亦从[11]子而归尔。"引师[12]而去之。

故君子大其平乎己也。此皆大夫野，其[13]称"人"何？贬。曷为贬？平者在下[14]也。

［注释］

①庄王围宋：宣公十四年，楚庄王派大夫申舟为使者访问齐国，途中路过宋国的境内，但是却不向宋国借路，宋国大夫一怒之下杀了申舟，楚庄王怒而发兵宋国，由此得出庄王围宋的典故。②司马子反：楚国大夫。司马是其官名，子反是其名字。③乘堙：登上公事。乘，登的意思；堙，原义小土山，这里指为攻城而准备的工事。④析：劈。⑤虽然：使这样，尽管这样。⑥柑：通“衔”，使动用法，指使……衔着东西。⑦厄：困难，险境。⑧矜：怜悯，可怜。⑨舍而止：安营驻扎。⑩去：离开。⑪从：跟从，随从。⑫引师：率领军队。⑬其：这里指《春秋》。⑭在下：这里指臣子。

［译文］

鲁国之外的和平协议不会记载在《春秋》里，宋人及楚人平这件事为什么记载了呢？看重那自作主张的和平协议啊！赞扬他们发自内心的求和态度。为什么赞扬他们主动的求和态度呢？楚庄王的军队把宋国都城包围了起来，楚军最后还剩下七天的粮草了，这些粮草用尽了还不能取得胜利，楚军就得班师回朝。这时，楚将派遣司马子反登上工事窥视宋国都城，恰巧宋国的华元也登上工事出来见他。司马子反说：“你们情况如何？”华元回答说：“将士们疲惫不堪啊！”司马子反接着问：“疲惫到什么程度啊？”华元回答道：“已经到了互相交换孩子吃，劈开骸骨烧火做饭的程度了。”司马子反感叹道：“啊！这么悲惨啊！尽管如此，但我听说，城里被围的百姓，给马套上笼头后再喂它，派肥壮马去迎接客人，以显示自己的实力，为什么您说出真实情况呢？”华元说：“我听说，君子看见别人处于困难的境地就怜悯他，小人看见别人处于困难的境地就会幸灾乐祸。我认为您是君子，因此把实情告诉给您。”司马子反说：“好，共同努力吧！我军也只剩下七天的粮草了，用完这些粮草如果还不能取得胜利，就要班师回国了。”两人拱手作揖而别。

司马子返回到楚庄王那儿。庄王问：“那边情况怎么样？”司马子反说：“疲惫不堪！”楚王问：“疲惫到什么程度？”司马子反回答说：“到了互相交换孩子吃，拆出骸骨烧火做饭的程度了。”庄王说：“哈！这么惨啊！既然如此，我们现在就向这里发起进攻，取胜后就回朝。”司马子反说：“不行。我已经告诉他我们的实际情况了，我军只剩下七天的粮草了。”庄王发怒道：“我派您前往打探他们的军情，您为什么告诉他们我们的真实情况？”司马子反说：“区区一个小小的宋国，都有不欺骗人的臣子，而堂堂一个楚国难道就没有这样的人吗？所以我告诉了他我们的实际情况。”庄王说：“好吧，安营扎寨住下来。尽管如此，我还是要攻克这里，然后班师回朝。”司马子反说：“请君王您留在这，我请求回国。”庄王说：“您离开我回国，我和谁留在这里？我也跟您一起回国吧。”于是，庄王率军离开宋国。因此，君子赞扬自作主张的和平啊！

这两个人都是大夫，在《春秋》中他们的称谓为什么是“人”呢？那是批评他们。为什么批评他们呢？因为做出求和举动的人是臣子啊！

吴子使札来聘

《公羊传·襄公二十九年》

[题解]

公子札的父亲寿梦在位时，吴国就已称王。但中原诸国将吴国视为蛮夷之邦，《春秋》记事称之为“吴子”，爵位在公、侯、伯之下。而《公羊传》出于“诸夏”的民族偏见和地域偏见，甚至否认吴国“有君”“有大夫”，认为《春秋》的说法抬高了吴国的地位。公元前 544 年，吴王派弟弟公子札访问鲁国。全文层层设问，步步深入，公子札的贤、仁、明礼，提高了吴国在诸侯中的地位。

[原文]

吴无君、无大夫，此何以有君、有大夫？贤季子也[①]。何贤乎季子？让国也。其让国奈何？谒也，馀祭也，夷昧也，与季子同母者四。季子弱而才，兄弟皆爱之，同欲立之以为君。谒曰：“今若是迮(zé)[②]而与季子国，季子犹不受也。请无与子而与弟。弟兄迭为君？而致国乎季子。”皆曰：“诺。”故诸为君者，皆轻死为勇，饮食必祝曰：“天苟有吴国，尚速有悔于予身！”故谒也死，馀祭也立，馀祭也死，夷昧也立；夷昧也死，则国宜之季子者也。

季子使而亡焉。僚[③]者，长庶也，即之。季子使而反，至而君之尔。

阖庐[④]曰：“先君之所以不与子国而与弟者，凡为季子故也。将从先君之命与，则国宜之季子者也。如不从先君之命与，则我宜立者也。僚恶得为君乎？”于是使专诸刺僚，而致国乎季子。季子不受，曰：“尔弑吾君，吾受尔国，是吾与尔为篡也；尔杀吾兄，吾又杀尔，是父子兄弟相杀，终身无已也。”去之延陵[⑤]，终身不入吴国。故君子以其不受为义，以其不杀为仁。

贤季子，则吴何以有君、有大夫？以季子为臣，则宜有君者也。“札”者何？吴季子之名也。《春秋》贤者不名，此何以名？许夷狄者，不壹而足也。季子者，所贤也，曷为不足乎季子？许人臣者必使臣，许人子者必使子也。

[注释]

①季子：季札，春秋时吴王寿梦的幼子。②迮：仓促。③僚：吴王夷昧之子。④阖庐：又作阖闾，名光，吴王谒之子。⑤延陵：地名，在今江苏武进。

[译文]

《春秋》记载：吴国本无国君、无大夫，这则记载为什么又说它有国君、有大夫呢？是为了表明季子的贤良。季子怎样贤呢？辞让国君的位置啊！他辞让君位是怎么一回事呢？谒、馀祭、夷昧和季子是一母所生的四兄弟，季子年最小而有才干，兄长们都爱他，都想立他做国君。谒说："现在如果就这样仓促的把君位给他，季子是不会接受的。我愿不传位给儿子而传位给弟弟，由弟弟依次接替哥哥做国君，最后把国家交给季子。"馀祭、夷昧都说行。所以几个哥哥在位时都不贪生怕死，每次就餐必定祈祷，说："上天如果让吴国存在下去，就早点将灾难下降给我吧！"所以谒死了，馀祭做国君。馀祭死后，夷昧做国君。夷昧也死了，国君的位子应该传给季子了。

季子出使逃避在外，僚是寿梦的庶长子，就即位了。季子出访归来，一到就把僚当作国君。

阖闾说："先君不传位给儿子，而传位给弟弟的原因，都是为了季子。要是遵照先君的遗嘱呢，那么君位应该传给季子，要是不照先君的遗嘱呢，那么我该是国君。僚怎么能做国君呢？"于是派专诸刺杀僚，而把国家交给季子。季子不接受，说："你杀了我的国君，我受了你给予的君位，这样我就和你一起篡位了。你杀了我哥哥的儿子，我又杀你，这样父子兄弟相残杀，一辈子也无法停止。"于是季子就离开国都到了延陵，终身不再入吴都，所以君子认为他不受君位为义，反对互相残杀为仁。

人们认为季子贤德，那么吴国为什么有国君、大夫呢？既然季子有资格为臣，就应该有君啊。"札"是什么呢？吴季子的名字。《春秋》对贤者不直称其名，这里为什么又称名呢？认可夷狄，不能因为他们做了一件好事就认为够条件了。季子被认为贤德，为什么还不够条件呢？赞美臣子，一定要使他像个臣子；赞美人子，一定要使他像个儿子。

题季札墓

孔子题季札墓云："呜呼有吴延陵君子之墓。"

《穀梁传》简介

《穀梁传》是《春秋穀梁传》的简称，据说它也是孔子再传弟子穀梁赤为解释《春秋》而作。主旨、格式、语言和《公羊传》很相近，成书及写定的过程也很类似，不过，据清代学者考证，《穀梁传》成书应当比《公羊传》晚，因为它批评与引证过《公羊传》，也引述过战国中期人尸子的话。如果这些不是后人误加进去的，那么它成书最早也只能在战国中叶。

郑伯克段于鄢

《穀梁传·隐公元年》

[题解]

本文出自《穀梁传》，《穀梁传》又被称为《春秋穀梁传》，传说是孔子的再传弟子谷梁赤所作，它与《左传》《公羊传》合称“春秋三传”。

“郑伯克段于鄢”原是《春秋》中的一句话，《左传》曾对其进行了详细的阐述，本文以议论为主，主要讨论了郑伯兄弟之间的关系，其观点与《公羊传》中对此事的记载大致相同，也比较符合《春秋》一书“微言大义”的宗旨。

[原文]

克者何？能也。何能也？能杀也。何以不言杀？见段之有徒众也①。

段，郑伯弟也②。何以知其为弟也？杀世子③、母弟目君，以其目君，知其为弟也。

段，弟也，而弗谓弟。公子也，而弗谓公子，贬之也。段失子弟之道矣。贱段而甚郑伯也④。何甚乎郑伯？甚郑伯之处心积虑，成于杀也。于鄢⑤，远也，犹曰取之其母之怀中而杀之云尔，甚之也。

然则为郑伯者宜奈何？缓追逸贼⑥，亲亲之道也⑦。

[注释]

①段：郑庄公的弟弟，因受封于京邑，故称京城太叔，后叛逃至共国，又称共叔段。徒众：士兵和百姓。②郑伯：郑庄公，前 743 年至前 741 年在位。③世子：古代天子和诸侯的嫡长子，也是其合法继承人。④甚：严厉责备。⑤鄢：郑国城池名，位于今河南鄢陵境内。⑥贼：做了大坏事的人。⑦亲亲：亲爱自己的亲人。

[译文]

“克”这个字是什么意思呢？就是“能够做到”的意思。能做些什么呢？就是能够“杀”的意思。为什么书中不直接说郑伯杀死了共叔段呢？那是因为要有很多人追随共叔段。

共叔段是郑庄公的亲弟弟，如何得知他是弟弟呢？因为如果国君杀死了嫡长子，或者是自己的同母胞弟，《春秋》一书中就会用国君的爵号来称呼他，如今书中称呼郑庄公为郑伯，那么就能知道共叔段是郑伯的弟弟。

共叔段是国君的弟弟，可是书中不称他为弟。共叔段本来应该是公子，可是也没有称他为公子，这便表明书中对他是采取贬斥态度的，由于共叔段已然丢掉了身为一个公子和弟弟应该具备的道德，因此《春秋》对于共叔段采取鄙视的态度，也对郑伯提出了严厉的批评。郑伯有哪些地方是受人批评的呢？就是郑伯总是想尽一切方法，故意让弟弟走上邪路，然后杀死了他。《春秋》中郑伯是在鄢这个地方打败共叔段的，这说明鄢与郑国都城的距离很遥远，就像从母亲的怀里把婴儿夺过来杀掉一样，这是郑伯受到严厉指责的地方。

既然这样，那么郑伯怎样做才算恰当呢？慢慢地追赶已经逃远了的贼子共叔段，这才是亲近自己同母兄弟的表现。

虞师晋师灭夏阳

《穀梁传·僖公二年》

[题解]

公元前658年，晋献公以重礼贿虞君，借道伐虢。虞贤臣宫之奇识破了晋国一箭双雕的用意，劝谏虞君不要上当。虞君不听，还派兵帮助晋国攻下了虢邑夏阳。《穀梁传》记载，晋国当年就灭了虢国，五年以后又灭虞。《左传》认为晋攻下夏阳，但未即灭虢。三年以后，晋再次向虞国借道，灭了虢国，还师途中又灭掉虞国。

[原文]

非国而曰灭，重夏阳也[①]。虞无师，其曰师，何也？以其先晋，不可以不言师也。其先晋何也？为主乎灭夏阳也。夏阳者，虞、虢(guó)[②]之塞邑也，灭夏阳而虞、虢举矣。

虞之为主乎灭夏阳，何也？晋献公欲伐虢，荀息[③]曰：“君何不以屈产之乘(shèng)、垂棘之璧[④]，而借道乎虞也？”公曰：“此晋国之宝也。如受吾币而不借吾道，则如之何？”荀息曰：“此小国之所以事大国也。彼不借吾道，必不敢受吾币。如受吾币而借吾道，则是我取之中府而藏之外府，取之中厩而置之外厩也。”

公曰：“宫之奇[5]存焉，必不使受之也。”荀息曰：“宫之奇之为人也，达心而懦，又少长于君，达心则其言略，懦则不能强谏，少长于君，则君轻之。且夫玩好（hào）[6]在耳目之前，而患在一国之后，此中知以上乃能虑之。臣料虞君，中知以下也。”

公遂借道而伐虢。宫之奇谏曰：“晋国之使者，其辞卑而币重，必不便于虞。”虞公弗听，遂受其币而借之道。宫之奇又谏曰：“语曰：‘唇亡则齿寒。’其斯之谓与？”挈其妻子以奔曹。

献公亡虢，五年，而后举虞。荀息牵马操璧而前曰：“璧则犹是也，而马齿加长矣。”

[注释]

①夏阳：虢邑名，在今山西平陆东北。②虢：春秋时国名。这里指北虢，在今山西平陆与河南陕县一带。③荀息：晋大夫。④屈：晋邑，在今山西吉县北。垂棘：晋地名。⑤宫之奇：虞大夫。⑥玩好：供玩赏的物品。

[译文]

不是国都但称之为灭，是看重夏阳。虞国并未出兵，《春秋》说是师，为什么呢？因为虞国在晋之前就让夏阳无法保全。为什么说虞在晋之前就令夏阳无法得救呢？因为它是灭夏阳的主要因素。夏阳，是虞、虢交界处虢国的一个要塞。夏阳被灭，虞、虢两国都到手了。

虞国为什么是夏阳被灭的主要原因呢？晋献公想要讨伐虢国，荀息说：“君主为什么不用北屈出产的马和垂棘出产的玉去向虞国借路呢？”献公说：“这是晋的国宝，如果受了我的礼物而不借路给我，那又该怎么办呢？”荀息说：“这就是小国侍奉大国的原因。它不借路给我们，一定不敢接受我们的礼物。如收了我们的礼而借路给我们，那就是我们把美玉从宫中的库房里拿出来，而藏在外面的库房里，把马匹从里面的马房里拿出来，而放在外面的马房里。”献公说：“宫之奇在，一定不让虞君这么做的。”荀息说：“宫之奇的为人，心里明白，但是胆小，又比虞君大不了几岁。心里明白，话就说得简短，怯懦就不能拼命谏阻，比虞君大不了几岁，虞君就不尊重他。再加上珍玩心爱的东西就在虞君眼前，而灾祸在一个国家灭亡之后，这一点是有中等智力以上的人才能想到的。臣料想虞君是中等智力以下的人。”

献公就向虞国借路征伐虢国。宫之奇对虞君说：“晋国的使者言辞谦卑但礼物贵重，一定对虞国没有好处。”虞公不听，就接受了晋国的礼物而借路给晋国。宫之奇又谏道：“俗语说：‘唇亡齿寒’，说的不就是虢国和虞国的关系吗？”于是他带领妻儿投奔曹国去了。

晋献公灭了虢国，鲁僖公五年，占领了虞国。荀息牵着马捧着玉，走到晋献公面前说：“玉还是这样，而马的年龄大了。”

《礼记》简介

《礼记》，西汉戴圣与其叔父戴得编纂。戴圣，字次君，梁（今河南商丘）人，宣帝时博士，曾任九江太守。世称其叔父戴德为大戴，圣为小戴，因此戴圣所编的四十九篇又世称《小戴礼记》。其中《檀弓》记述古代居丧、治丧等；《礼运》记大同、小康的政治理想；《学记》记秦汉以前的学校制度、教学内容和方法及阐述一些教育经验；《表记》《缁衣》记孔子论修养的语录。《礼记》中的议论文结构严谨，雍容大雅，记叙文中的《坊记》文笔洗练，言简意赅。《檀弓》中的叙事小品形象生动，意味隽永。传世的有东汉郑玄的《礼记注》，唐孔颖达的《礼记正义》，清孙希旦的《礼记集解》等。《礼记》在唐列为《九经》之一，宋代列于《十三经》中，今流通的版本认《十三经注疏》为底本。

晋献公杀世子申生

《礼记·檀弓上》

[题解]

晋献公的宠妃骊姬欲立自己的儿子奚齐，便设法诬陷世子申生要下毒谋害晋献公篡位，于是献公要杀申生。申生不辩解，也不逃走，而是选择了自尽。他的这种做法符合封建礼教的观念，在封建社会得到了称赞，但这是一种愚忠愚孝的行为，不只是自己丢了性命，还导致了晋国的内乱，对于国家和自己都没有好处。

尝粪忧心

古代孝敬父母的故事很多，南齐黔娄尝父亲的粪便判断病情就是一例。然而申生这种愚忠愚孝的行为于国于己都没有好处。

[原文]

晋献公将杀其世子申生。公子重耳谓之曰："子盖言子之志于公乎？"世子曰："不可。君安骊姬，是我伤公之心也。"曰："然则盖行乎？"世子曰："不可。君谓我欲弑君也，天下岂有无父之国哉？吾何行如之？"

使人辞于狐突[①]曰："申生有罪，不念伯氏之言也，以至于死。申生不敢爱其死。虽然，吾君老矣，子少，国家多难。伯氏不出

而图吾君，伯氏苟出而图吾君，申生受赐而死。”再拜稽首乃卒。是以为恭[2]世子也。

[注释]

①狐突：字伯，申生的师傅。②恭：申生的谥号。

[译文]

晋献公将要杀他的世子申生，公子重耳对申生说：“您为什么不把您的想法跟君王说清楚呢？”申生说：“不行。君王有骊姬才得安适，这样做会使君王伤心。”（重耳）说：“那么你为何不出逃呢？”世子说：“不行。是国君说我要弑君啊，天下哪有无父之国呢？我逃到哪里去啊？”

申生派人向狐突辞别道：“申生有罪，没有听您的话，以至今日死之将至，我不敢吝惜生命。虽然如此，君王年老，弟弟尚且年幼，国家将有许多灾难。您不出来帮君王谋划就算了，您如果出来辅佐君王，我虽死也感激您的恩德。”申生叩头至地，拜了两拜，然后自缢赴死。人们称之为“恭世子”。

曾子易箦

《礼记·檀弓上》

[题解]

儒家倡导“克己复礼”，作为孔子的学生，曾子很好地做到了这一点。在临死之前，曾子坚持换掉季孙送给他的一条大夫才能用的竹席，因为这与他的身份地位不相符合——即使在临死之时，他也不愿违背礼法。

[原文]

曾子寝疾，病。乐正子春[1]坐于床下，曾元、曾申坐于足，童子隅坐而执烛。

童子曰：“华而睆[2]，大夫之箦与[3]？”子春曰：“止！”曾子闻之，瞿然曰：“呼！”曰：“华而睆，大夫之箦与？”曾子曰：“然！斯季孙之赐也，我未之能易也。元，起易箦。”曾元曰：“夫子之病革矣[4]，不可以变。幸而至于旦，请敬易之。”曾子曰：“尔之爱我也不如彼！君子之爱人也以德，细人之爱人也以姑息。吾何求哉？吾得正而毙焉，斯已矣。”举扶而易之，反席未安而没。

[注释]

①乐正子春：子春是曾子弟子，官任乐正。乐正为公室乐官名。②睆：光洁。③箦：竹席。④革：危急。

[译文]

曾子躺在床上，病得很重。乐正子春坐在床旁边，曾元、曾申坐在曾子脚边，童仆坐在角落手拿蜡烛。

童仆说："华美而光洁，是大夫才能用的竹席吧？"子春说："住口！"曾子听见这话，惊醒说："啊！"童仆又说："华美而光洁，那是大夫才能用的竹席吗？"曾子说："是的，那是季孙送的，我没有来得及更换啊！曾元，扶我起来换竹席。"曾元说："您的病非常危重，不能动。愿您能坚持到早晨，到时一定遵从您的意思把席子换了。"曾子说："你爱我不如童子，君子以德爱人，见识不够的人则姑息迁就，我如今还能有何求？只要能得到正道，死去也就圆满了。"于是大家扶着抬起他更换了竹席，把他放回席子上，还没躺好，曾子就死了。

有子之言似夫子

《礼记·檀弓上》

[题解]

文章说的是对"有子之言似夫子"的证实。文章起于曾子对孔子言论断章取义的理解，有子知道孔子的那番话是事出有因的，他的想法后来被子游所证实。文章言简意赅，情节跌宕起伏。阐述了孔子"丧不欲速贫，死不欲速朽"的观念。

[原文]

有子①，问于曾子②曰："问丧于夫子乎③？"曰："闻之矣，丧欲速贫，死欲速朽。"有子曰："是非君子之言也。"曾子曰："参也闻诸夫子也。"有子又曰："是非君子之言也。"曾子曰："曾子以斯言告于子游④。"子游曰："甚哉，有子之言似夫子也。昔者夫子居于宋，见桓司马自为石椁⑤，三年而不成。夫子曰：'若是其靡也，死不如速朽之愈⑥也。'死之欲速朽，为桓司马言之也。南宫敬叔⑦反，必载宝而朝。夫子曰：'若是其货也，丧不如速贫之愈也。'丧之欲速贫，为敬叔言之也。"

"参也与子游闻之。"有子曰："然，然则夫子有为言之也。"

曾子以子游之言告于有子。有子曰："然，吾固曰非夫子之言也。"曾子曰："子何以知之？"有子曰："夫子制于中都⑧，

四寸之棺，五寸之椁，以斯知不欲速朽也。昔者夫子失鲁司寇[⑨]，将之荆[⑩]，盖先之以子夏[⑪]，又申以冉有[⑫]，以斯知不欲速贫也。”

[注释]

①有子：孔子的弟子，鲁国人，名若。②曾子：孔子的弟子，鲁国人，名参。③问丧于夫子乎：向先生请教过丧方面的事情吗？丧，失去官位。④子游：孔子的弟子，吴国人。⑤椁：套在棺材外面的大棺材。⑥愈：好。⑦南宫敬叔：仲孙阅，他曾经因为在鲁国失掉官职而离开鲁国。⑧制：制定典章制度。中都：鲁国地名。孔子曾经在那里做过宰相。⑨鲁司寇：鲁国的司寇。司寇，掌管司法制度的官员。⑩荆：这里指楚国。⑪子夏：孔子的弟子，卫国人。⑫冉有：孔子的弟子，鲁国人。

[译文]

有子问曾子：“你向先生问过丧方面的事情吗？”曾子回答说：“听他这样说，‘希望丢官后迅速变得贫穷，希望死后迅速腐烂。’”有子说：“这不是先生说的话。”曾子说：“这话确实是我从先生那听来的。”有子又坚持道：“这不是先生说的话。”曾子说：“我和子游一起听先生说过这话。”有子说：“他的确说过这样的话，但先生是针对某件事而说的。”

曾子将这番话告诉了子游。子游说：“太奇妙啦！有人说话跟先生很像啊！那个时候，先生住在宋国，有一天看见桓司马给自己做死后所用的石椁，历时三年还没做完。先生说：‘像这样奢靡浪费的人，不如死了赶快腐烂掉，越快越好啊！’希望人死了赶快腐烂掉，是针对桓司马而说的。南宫敬叔回到自己的国家，朝见国王时必定带上宝物。先生说：‘像这种失掉官职后用钱财行贿的人，不如迅速贫穷下去，而且越快越好啊！’希望丧后迅速变得贫穷，是针对敬叔说的啊！”

曾子将子游的一番话告诉了有子。有子说：“是啊。我本来就说那不是先生的话。”曾子说：“您是如何知道的呢？”有子说：“先生在中都做宰相时，给中都制定的关于椁的礼法有，棺厚四寸，椁厚五寸。根据这条律例，我知道先生不希望人死后迅速腐烂啊！以前先生丢掉鲁国司寇的官职时，计划去楚国，就先让子夏去打听情况，又让冉有去联络。根据这，我知道先生不希望失官后迅速变得贫困。”

公子重耳对秦客

《礼记·檀弓下》

[题解]

晋献公于公元前651年去世，这时重耳还在秦国流亡。秦穆公派人去劝说重耳回国掌权，但此时重耳处于丧期，于礼不该回国夺权，同时他也不明白秦穆公的真正意图，所以婉言拒绝了。

[原文]

晋献公之丧，秦穆公使人吊公子重耳，且曰："寡人闻之：'亡国恒于斯，得国恒于斯。'虽吾子俨然在忧服之中，丧亦不可久也，时亦不可失也，孺子其图之。"

以告舅犯[1]。舅犯曰："孺子其辞焉。丧人无宝，仁亲以为宝。父死之谓何？又因以为利，而天下其孰能说之？孺子其辞焉。"

公子重耳对客曰："君惠吊亡臣重耳，身丧父死，不得与于哭泣之哀，以为君忧。父死之谓何？或敢有他志，以辱君义？"稽（sǎng）颡[2]而不拜，哭而起，起而不私。

子显以致命于穆公，穆公曰："仁夫、公子重耳！夫稽颡而不拜[2]，则未为后也，故不成拜。哭而起，则爱父也；起而不私，则远利也。"

[注释]

①舅犯：狐偃，字子犯，重耳的舅父。②稽颡：古代居父母之丧跪拜宾客的礼节，以额触地，表示哀痛。

[译文]

晋献公去世了，秦国穆公派子显慰问公子重耳，并且说："寡人听说，失去君主的权力，常常在这个时候，得到君主的权力，也常常在这个时候。虽然您正庄严地服丧，但流亡也不可太久，良机也不可错失，您应早作安排啊！"

重耳将这事告知舅犯。舅犯说："您应该推辞。居丧之人没有宝贵的东西，只有仁爱和亲情才宝贵。父亲死去这叫作什么样的事情啊？还要利用这事来夺权，天下有谁会理解你呢？您应该推辞。"

重耳对秦国的客人说："贵君慰问流亡的重耳，我在外流亡，父亲死去也不能回去哭泣表达悲哀，而让您操心了。父亲死去这叫作什么样的事情啊？我哪里还有其他的图谋而辜负贵君的情义呢？"重耳行稽颡之礼但不拜谢，哭着起身，起身后不再与秦国来的客人私谈。

子显复命将事情禀告穆公。穆公说："仁人啊，公子重耳。叩头但不拜谢，就表示还不是继承人啊，所以不拜谢。哭着站起，就表示敬爱父亲。起身后不与宾客私谈，表示不以得君位为利而避开。"

杜蒉扬觯

《礼记·檀弓下》

[题解]

本文讲的是晋国杜蒉巧妙委婉地对晋平公劝谏的故事。平公知错而改，而且把杜蒉用来劝谏的道具“觯”保留了下来，以作纪念，使后人引以为鉴。

[原文]

知悼子①卒，未葬，平公②饮酒，师旷、李调侍，鼓钟。杜蒉(kuì)③自外来，闻钟声，曰：“安在？”曰：“在寝④。”杜蒉入寝，历阶而升。酌曰：“旷饮斯。”又酌曰：“调饮斯。”又酌，堂上北面坐饮之。降⑤，趋⑥而出。

平公呼而进之，曰：“蒉，曩(nǎng)⑦者，尔心或⑧开予，是以不与尔言。尔饮旷⑨，何也？”曰：“子卯不乐⑩。知悼子在堂，斯其为⑪子卯也大矣。旷也，太师也，不以诏，是以饮之也。”“尔饮调，何也？”曰：“调也，君之亵臣⑫也，为一饮一食亡君之疾⑬，是以饮之也。”“尔饮，何也？”曰：“蒉也，宰夫也，非刀匕是共，又敢与知防⑭，是饮之也。”平公曰：“寡人亦有过焉，酌而饮寡人。”杜蒉洗而扬觯⑮。公谓侍者曰：“如我死，则必无废斯爵也。”

至于今，既毕献，斯扬觯(zhì)，谓之“杜举”。

[注释]

①知悼子：晋国的大夫。②平公：晋平公。③杜蒉：晋国国王平公的膳食官。④寝：这里指寝宫。⑤降：走下来，指从高处走到低处。⑥趋：快步走。⑦曩：刚才，刚刚。⑧或：好像。⑨饮旷：使旷饮酒。⑩子卯不乐：甲子日和乙卯日不能饮酒。这里有一个典故：相传商纣在甲子日自焚而亡，夏桀在乙卯日死在逃亡在途中，后代国君都把这两天当作忌日，不能饮酒作乐。⑪为：这里是“比”的意思。⑫亵臣：亲近宠幸的大臣。⑬疾：通“忌”，忌讳。⑭知防：知觉并防止有违道德礼仪的事情。⑮觯：古代用木料制成的酒杯。

[译文]

知悼子去世，还没有下葬。平公在寝宫饮酒，师况、李调侍奉左右，敲击编钟奏乐助兴。杜蒉从宫外走来，听到编钟的声音，便问道：“君王在哪？”仆人回答说：“在寝宫。”杜蒉就往寝宫赶去，走上阶梯。到了寝宫，斟了一杯酒说："师旷干了这杯。"又斟了一杯说："李调干了这杯。"又斟了一杯酒，走到大厅的北面，坐下，面对着国王，自己干了这杯酒。然后，走下台阶，快步跑了出去。

平公把杜蒉喊进来，对他说："蒉，刚才我心里认为你可能要开导我，因此我不跟你说话。你罚师旷喝酒，是什么原因？"杜蒉说："子日和卯日不能演奏乐曲，而且知悼子的灵柩还停在堂上，比起子卯日来，这件事大多了！师旷，是太师啊，他不告诉您这个道理，所以我罚他喝酒啊！""你罚李调喝酒，又是什么原因呢？"杜蒉说："李调，是君主亲近宠幸的大臣。他为了吃喝儿忘记了君主的忌讳，所以我罚他喝酒啊！""你自己罚自己喝酒，又是因为什么呢？"杜蒉说："我杜蒉只是一个膳食官而已，不去管理刀勺的分内事务，却敢参与察觉和防止有违道德规范的事情，所以我罚自己喝酒。"平公说："我也有过错啊，斟酒来罚我。"杜蒉把手中的酒杯洗干净然后高高举起。平公对侍从们说："如果我死了，千万不要丢掉这个酒杯啊！"

直到现在，人们在席间敬完酒后，都要高高地举起酒杯，称这一动作为"杜举"。

晋献文子成室

《礼记·檀弓下》

[题解]

赵氏是晋国的一个大族，历代辅佐晋侯。晋景公三年，晋国司寇屠岸贾勾结诸将军构罪族灭赵氏，赵朔的夫人怀着身孕躲进宫中，生下赵武，就是本篇所记的文字，即"赵氏孤儿"。十五年后，赵武得到韩厥的帮助，灭屠岸贾报仇。本篇中赵武新室筑成，张老在赞颂的同时，也规劝赵家不要因奢侈惹祸，赵武也表示听从劝告。

[原文]

晋献文子成室，晋大夫发焉。张老曰："美哉轮焉[①]，美哉奂焉[②]。歌于斯，哭于斯，聚国族于斯。"文子曰："武也，得歌于斯，哭于斯，聚国族于斯，是全要领以从先大夫于九京也[③]。"北面再拜稽(qǐ)首。君子谓之善颂、善祷。

[注释]

①轮：高大。②奂：众多。③要领：古代有腰斩、砍头两种刑罚。要，通"腰"；领，颈。九京：晋国卿大夫墓地九原。

[译文]

晋国赵武新屋落成，晋国的大夫前往送礼。张老说："多美啊，这么高大！多美啊，这么富丽堂皇！既可以在这儿祭祀，在这儿办丧礼，还可以在这儿宴饮宾客。”赵武说：“我赵武能够在这儿歌舞、祭祀，在这儿办丧礼，在这儿宴饮宾客，也就能保全我的性命，来追随亡祖亡父于九原啊！”向北面一再深深地跪拜。君子称赞他们一个祝颂得好，一个祈祷得也好。

卷四　秦文

《战国策》简介

《战国策》是一部分国记载战国史事的书，包括东周、西周、秦、齐、楚、赵、魏、韩、燕、宋、卫、中山等十二“策”。原编撰者是什么人现在已不清楚了，它是西汉晚期由刘向重新编校而成的，分三十三篇。因为它多记载战国时代游说之士为各国诸侯出谋划策的言论，所以起名叫“策”。这批游说之士为了打动诸侯们的心，也为了使自己谋求到一定地位，通常要想方设法把话讲得动听，讲得有力，所以往往言辞犀利，滔滔不绝。

苏秦以连横说秦

《战国策》

[题解]

战国时期，各诸侯为自身利益，战和不定，一批舌辩之士以利害关系游说诸侯。苏秦始以连横之策说秦，不被重用，于是发愤读书，以“合纵说”说赵终获重用，得佩六国相印。苏秦是当时具有代表性的策士形象，他热衷功名，善于言辩，文中苏秦的说辞，铺张扬厉，气势不凡。文中还描写了苏秦家人在苏秦成功前后的不同表现，刻画出了人心的势利和世态的炎凉。

[原文]

苏秦始将连横说秦惠王曰[1]：“大王之国，西有巴、蜀、汉中之利[2]，北有胡貉、代马之用[3]，南有巫山、黔中之限[4]，东有殽、函之固[5]。田肥美，民殷富，战车万乘，奋击百万，沃野千里，蓄积饶多，地势形便，此所谓天府，天下之雄国也。以大王之贤，士民之众，车骑之用，兵法之教，可以并诸侯，吞天下，称帝而治。愿大王少留意，臣请奏其效。”

秦王曰：“寡人闻之，毛羽不丰满者不可以高飞，文章不成者，不可以诛罚，道德不厚者，不可以使民，政教不顺者，不可以烦大臣。今先生俨然不远千里而庭教之，愿以异日。”

苏秦曰：“臣固疑大王之不能用也。昔者神农伐补遂[6]，黄帝伐涿鹿而禽蚩尤[7]，尧伐驩(huān)兜[8]，舜伐三苗[9]，禹伐共工，汤

伐有夏，文王伐崇[10]，武王伐纣，齐桓任战而霸天下。由此观之，恶有不战者乎？古者使车毂击驰，言语相结，天下为一；约从连横，兵革不藏；文士并饬，诸侯乱惑；万端俱起，不可胜理；科条既备，民多伪态；书策稠浊，百姓不足；上下相愁，民无所聊；明言章理，兵甲愈起；辩言伟服，战攻不息；繁称文辞，天下不治；舌弊耳聋，不见成功；行义约信，天下不亲。于是，乃废文任武，厚养死士，缀甲厉兵，效胜于战场。夫徒处而致利，安坐而广地，虽古五帝、三王、五霸，明主贤君，常欲坐而致之，其势不能，故以战续之。宽则两军相攻，迫则杖戟相撞，然后可建大功。是故兵胜于外，义强于内；威立于上，民服于下。今欲并天下，凌万乘，诎（qū）[11]敌国，制海内，子元元，臣诸侯，非兵不可！今之嗣主，忽于至道，皆惛（hūn）于教，乱于治，迷于言，惑于语，沉于辩，溺于辞。以此论之，王固不能行也。”

说秦王书十上而说不行，黑貂之裘敝，黄金百斤尽，资用乏绝，去秦而归。羸縢（téng）[11]，履蹻（jué）[12]，负书担囊，形容枯槁，面目黧黑，状有愧色。归至家，妻不下纴[13]，嫂不为炊，父母不与言。苏秦喟然叹曰：“妻不以我为夫，嫂不以我为叔，父母不以我为子，是皆秦之罪也。”乃夜发书，陈箧（qiè）[14]数十，得太公《阴符》[15]之谋，伏而诵之，简练以为揣摩。读书欲睡，引锥自刺其股，血流至足。曰：“安有说人主不能出其金玉锦

冻苏秦衣锦还乡

苏秦叹道：“唉！贫穷失意之时，父母都不把我当儿子，富贵的时候连亲戚也畏惧，人活在世上，怎么能忽视权势地位和荣华富贵呢？”

绣，取卿相之尊者乎？”期年，揣摩成，曰：“此真可以说当世之君矣！”

于是乃摩燕乌集阙[16]，见说赵王[17]于华屋之下，抵掌而谈，赵王大说，封为武安君[18]，受相印。革车百乘，锦绣千纯[19]，白璧百双，黄金万镒[20]，以随其后。约从散横，以抑强秦，故苏秦相于赵而关不通。当此之时，天下之大，万民之众，王侯之威，谋臣之权，皆欲决于苏秦之策。不费斗粮，未烦一兵，未战一士，未绝一弦，未折一矢，诸侯相亲，贤于兄弟。夫贤人在而天下服，一人用而天下从。故曰：式于政，不式于勇。式于廊庙之内，不式于四境之外。当秦之隆，黄金万镒为用，转毂连骑，炫熿于道，山东之国，从风而服，使赵大重。且夫苏秦特穷巷掘门、桑户棬(quān)枢[21]之士耳，伏轼撙衔[22]，横历天下，庭说诸侯之主，杜左右之口，天下莫之伉。

将说楚王，路过洛阳。父母闻之，清宫除道，张乐设饮，郊迎三十里。妻侧目而视，侧耳而听，嫂蛇行匍伏，四拜自跪而谢。苏秦曰：“嫂，何前倨而后卑也？”嫂曰：“以季子位尊而多金。”苏秦曰：“嗟乎！贫穷则父母不子，富贵则亲戚畏惧。人生世上，势位富厚，盖可以忽乎哉！”

［注释］

①苏秦：字季子，战国时著名的纵横家。连横：流行于战国期间诸侯国相互争斗的一种策略，指函谷关以西的秦国与楚、齐等国的个别联合。②巴：包括今四川东部、重庆以及湖北西部的地区。蜀：今四川中、西部地区。汉中：指今陕西汉中一带。③胡貉：产于北方地区的貉皮。代：相当于今河北、山西北部地区，多产马。④巫山：山名，在今四川巫山东。黔中：地名，在今湖南常德。⑤殽：殽山，在今河南洛宁西北。函：函谷关，在今河南灵宝东北。⑥补遂：古国名。⑦涿鹿：地名，在今河北涿鹿附近。蚩尤：传说为九黎族首领。⑧驩兜：传说为尧的臣下。⑨三苗：古代部落，在今湖北武汉、湖南岳阳、江西九江一带。⑩崇：商代小国，在今河南嵩县，一说在今陕西西安西沣。这里指崇侯虎。⑪诎：屈服。⑫羸：同“缧”，缠绕。縢：绑腿布。蹻：草鞋。⑬纴：织布帛的丝缕。这里指织布机。⑭箧：箱子。⑮《阴符》：传说姜太公著有兵书《阴符经》。⑯摩：接近。燕乌集阙：赵国的宫殿。宫室前两侧的楼台称阙。⑰赵王：赵肃侯。⑱武安：地名，在

今河北武安。⑲纯：匹，束。⑳镒：古代重量单位，二十两为一镒。又说二十四两为一镒。㉑棬枢：用卷起来的树枝做门枢。㉒撙衔：勒住马嚼子。

[译文]

苏秦开始时以连横游说秦惠王说："大王您的国家，西面有巴、蜀、汉中的富饶，北面有胡貉和代马可用，南面有巫山、黔中的屏障，东面有殽山、函谷关的坚固。耕田肥美，百姓富足，战车有万辆，武士有百万，沃野千里，物产丰富，地势形胜而便利，这就是所谓的天府，天下的强国啊！凭着大王的贤明、士民的众多、车骑的充盈、兵法的教习，可以兼并诸侯，独吞天下，称帝而加以治理。希望大王能对此稍许留意一下，请让我来向您详细陈述。"

秦王回答说："我听说，羽毛不丰满的，不能够飞得很高，法令不完备的不能惩治犯人，道德不高尚的不能驱使百姓，政教不顺民心的不能烦劳大臣。虽说您不远千里来到朝廷上开导我，我愿改日再听您的高见。"

苏秦说："我本来就怀疑大王是否会采纳我的意见。过去神农讨伐补遂，黄帝讨伐涿鹿而擒蚩尤，尧讨伐驩兜，舜讨伐三苗，禹讨伐共工，商汤讨伐夏桀，周文王讨伐崇国，周武王讨伐殷纣王，齐桓公用武力称霸天下。由此看来，哪有不用武力的呢？古代让车辆来回奔驰，用言语互相交结，天下成为一体，或合纵或连横，不再储备武器、甲胄。文士个个能言善辩，诸侯听得稀里糊涂，群议纷起，没有头绪。规章制度虽已完备，人们却都很虚伪，条文记录又多又乱，百姓还很贫困。君臣愁容相对，人民无所依靠，道理愈是清楚明白，战乱反而更为频繁。身着盛装的文士虽然善辩，战争却未停息。愈是广泛地玩弄文辞，天下就愈难以治理。发言者说得舌头破，听的人听得耳朵聋，却不见成功，嘴上大讲仁义礼信，却不能使天下人和谐相处。于是各国废却文治，信用武力，以优厚待遇蓄养勇士，备好盔甲，磨好兵器，在战场上决出胜负。想白白等待以招致利益，安然而坐，扩展疆土，即使是上古五帝、三王、五霸等贤君，常想坐而实现，在这种形势下也是无法办到的。所以用战争来解决问题，在宽阔的战场上相互进攻，相距近了便持着刀戟相互冲刺，然后方能建立大功。因此对外军队取得了胜利，对内因行仁义才能强大，上面的国君有了威望，下面的人民才能驯服。现在，要想并吞天下，超越大国，使敌国屈服，制服海内，君临天下百姓，使诸侯臣服，非发动战争不可。现在在位的国君，忽略了这个根本道理，不明政教，治理混乱，又被一些人的奇谈怪论所迷惑而不能识破诡辩的言辞。这样看来，大王您是不会听从我的主张的。"

神农

神农氏是传说中的农业和医药的发明者。苏秦以神农伐补遂事游说秦王施行自己的主张。

苏秦多次上书劝说秦王，而他的主张仍

未实行，黑貂皮大衣穿破了，一百斤黄金也用完了，钱财分文不剩，不得不离开秦国，返回家乡。苏秦缠着绑腿布，穿着草鞋，背着书箱，挑着行李，脸上又瘦又黑，面有愧色。回到家里，妻子不下织机迎接，嫂子不给他做饭，父母不与他说话。苏秦长叹道："妻子不把我当丈夫，嫂子不把我当小叔子，父母不把我当儿子，这都是我的过错啊！"于是他半夜找书，摆开几十只书箱，找到了姜太公的兵书，埋头诵读，有选择地熟习、研究和体会。读到昏昏欲睡时，就拿锥子刺自己的大腿，鲜血一直流到脚跟，并自言自语说："若再去游说各国国君，怎能不让他拿出金玉锦绣，取得卿相之尊呢？"满一年，研究成功，说："这下我可以去说服当代的国君了！"

于是苏秦经过燕乌集阙，来到宫殿之下谒见并游说赵王，他击掌有声侃侃而谈，赵王大喜，封苏秦为武安君。拜受相印，以兵车一百辆、锦绣一千匹、白璧一百对、黄金一万镒跟随他，去合纵六国，瓦解连横，抑制强秦，所以苏秦在赵国为相时，函谷关交通断绝。在这个时候，天下之大，百姓之众，以及王侯的威望和谋臣的权力，都要被苏秦的策略所决定。不耗费一斗粮，不烦劳一个士兵，一个战士也不作战，一根弓弦也不曾断过，一枝箭也不弯折，诸侯亲近和睦，胜过兄弟。贤人在位才使天下驯服，一位贤人被用而天下顺从，所以说：应在施行德政上用力，不应凭借勇力；应用于朝廷决策，不应用于周边战争。在苏秦显赫尊荣之时，黄金万镒任他使用，随从车骑络绎不绝，一路炫耀。殽山以东各国随风折服于苏秦，从而使赵国的地位大大加重。况且，苏秦不过是出于穷巷、窑门、桑户、棬枢之中的贫穷的读书人而已，但他伏在车轼之上，牵着马的勒头，走遍天下，在朝廷上劝说诸侯王，左右大臣无话可说，天下没有人能与他匹敌。

苏秦将去游说楚王，经过洛阳，父母听到消息，收拾房屋，打扫街道，设置音乐，准备酒席，到郊外三十里去迎接。妻子不敢正面看他，侧着耳朵听他的吩咐。嫂子像蛇一样在地上匍匐，向他跪倒，拜了四拜谢罪。苏秦问："嫂子，为何从前那么趾高气扬，而现在又如此卑躬屈膝呢？"嫂子回答说："因为你如今地位高，又很有钱呀！"苏秦叹道："唉！贫穷失意之时，父母都不把我当儿子，富贵的时候连亲戚也畏惧，人活在世上，怎么能忽视权势地位和荣华富贵呢？"

司马错论伐蜀

《战国策》

[题解]

司马错与张仪在秦王面前辩论，张仪主张伐韩，司马错主张伐蜀。司马错分析了目前秦国的情况，以秦国当时的实力，占领内乱不断的蜀国是很轻松的事情。这样可使秦国扩充国土，增强财力。若如张仪之言攻打韩国夺取天子，会背上劫天子的恶名，又不得利。秦惠王听取了司马错的正确建议，用了十个月完成了伐蜀计划。从此秦国开始变得富强，为统一天下奠定了基础。

[原文]

司马错与张仪争论于秦惠王前[1]。司马错欲伐蜀，张仪曰：

“不如伐韩。”王曰：“请闻其说。”

对曰：“亲魏善楚，下兵三川[2]，塞轘(huán)辕、缑(gōu)氏之口[3]，当屯留之道[4]，魏绝南阳[5]，楚临南郑[6]，秦攻新城、宜阳[7]，以临二周之郊，诛周主之罪，侵楚、魏之地。周自知不救，九鼎宝器必出。据九鼎，按图籍，挟天子以令天下，天下莫敢不听，此王业也。今夫蜀，西僻之国，而戎狄之长也。敝名劳众不足以成名，得其地，不足以为利。臣闻：‘争名者于朝，争利者于市。’今三川、周室，天下之市朝也，而王不争焉，顾争于戎狄，去王业远矣。”

司马错曰：“不然。臣闻之，欲富国者，务广其地，欲强兵者，务富其民，欲王者，务博其德。三资者备，而王随之矣。今王之地小民贫，故臣愿从事于易。夫蜀，西辟之国也，而戎狄之长也，而有桀、纣之乱。以秦攻之，譬如使豺狼逐群羊也。取其地，足以广国也，得其财，足以富民，缮兵不伤众，而彼已服矣。故拔一国，而天下不以为暴，利尽西海，诸侯不以为贪。是我一举而名实两附，而又有禁暴正乱之名。今攻韩劫天子，劫天子，恶名也，而未必利也，又有不义之名，而攻天下之所不欲，危。臣请谒其故：周，天下之宗室也，韩，周之与国也。周自知失九鼎，韩自知亡三川，则必将二国并力合谋，以因乎齐、赵，而求解乎楚、魏。以鼎与楚，以地与魏，王不能禁。此臣所谓‘危’，不如伐蜀之完也。”

惠王曰：“善！寡人听子。”卒起兵伐蜀，十月取之，遂定蜀。蜀主更号为侯，而使陈庄相蜀[8]。蜀既属，秦益强富厚，轻诸侯。

[注释]

①司马错：战国时秦将。张仪：战国时魏人，曾任秦相。②三川：指今河南洛阳一带，因有黄河、洛水、伊水，故称三川，地属韩国。③轘辕：山名，在今河南偃师东南。缑氏：山名，也在今偃师。④屯留：韩地，在今山西屯留南。太行山的羊肠坂道即经过此地。⑤南阳：韩地，在今河南境内。⑥南郑：地名，在今河南境内。⑦新城：韩地，在今河南伊川西南。宜阳：韩地，在今河南宜阳。⑧陈庄：秦国官员，公元前 314 年出任蜀相。

[译文]

司马错同张仪在秦国惠王面前争论。司马错主张讨伐蜀国，张仪说："不如讨伐韩国。"惠王说："请让我听听你们的道理。"

张仪回答说："应和魏、楚两国友好，出兵三川，堵住轘辕山、缑氏山山口，挡在通往屯留的道路，魏国断绝了南阳的通道，楚国进军南郑，秦国攻打新城、宜阳，来威逼东周、西周京都的城郊，声讨周王朝君主的罪行，然后侵占楚国、魏国的领土。周王朝知道无法自救，必会交出九鼎宝器。我国占有九鼎，依照版图和户籍，挟持天子来命令天下，天下诸侯没有敢不听的，这么做是称王的霸业啊！而今的蜀国，是西方偏远落后的国家，是戎狄野蛮国家的首领，如此劳师动众，不足以成就威名，得到它的土地不足以获利。我听说：'争名于朝廷，夺利于市场。'如今三川、周王室，便是争名利的市场和朝廷啊，而国王您不去争，却只在戎狄那争夺，离帝王之业太遥远啊！"

司马错说："不对。我听说，要使国家富强，就一定要扩展它的疆土；想要军队强大，务必使百姓富有；想要称王，务必广施他的美德。这三种资格具备了，帝王之业也就随之成功。现在您的疆土小，百姓穷，所以我希望您从容易的事做起。蜀国，是西方偏远的小国，是戎狄国家的首领，但是经过桀、纣那样的祸乱，以秦攻打它，就如同豺狼驱逐羊群啊！夺取它的国土，足以扩展我国的疆土啊；得到它的财富，足以使我国的民众富有；整治军队，不需伤害许多人，蜀国已经屈服了。所以消灭了一个国家，但天下不因此认为我们残暴；秦虽尽得蜀国之财，各诸侯国并不认为我们贪婪。这样我们一举两得，名声实惠两样都归我们，还有禁绝暴力制止叛乱的名声。现在攻打韩国劫持天子，劫持天子本不是好的名声，还未必有利啊，又有不义的名声，攻打天下都不想攻打的国家，危险啊！我请求说明原因：周王朝，天下尊崇的王室啊；韩国，是周交好的国家。周王朝自知要失去九鼎，韩国自知要失去三川，就必定联合谋划，来通过齐国、赵国，求得与楚魏和解。把鼎给楚国，把土地给魏国，这是大王您无法阻止的。这就是我所说的危险，不如攻打蜀国那么完满啊！"

惠王说："好！我听您的。"最终还是起兵攻打蜀国，用十个月攻下了它，然后平定了蜀国。蜀国君主改称为侯，派陈庄去做蜀国的宰相。蜀国就成了秦国的附属国，秦国更加富强，不把各诸侯国放在眼里。

范雎说秦王

《战国策》

[题解]

秦昭王时，太后和穰侯当政，昭王无实权。范雎在魏国遭诬受冤屈，来到秦国游说昭王。昭王初见范雎时，对他非常礼敬，范雎抓住了秦统治阶级内部矛盾的要害，取得了秦王的信任。后来，秦王废掉太后，驱逐穰侯，用范雎为相。

[原文]

范雎至[①]，秦王[②]庭迎范雎，敬执宾主之礼。范雎辞让。

是日见范雎，见者无不变色易容者。秦王屏左右，宫中虚无人。秦王跪而进曰："先生何以幸教寡人？"范雎曰："唯唯。"有间，秦王复请，范雎曰："唯唯。"若是者三。秦王跽[③]："先生不幸教寡人乎？"

范雎谢曰："非敢然也！臣闻昔者吕尚之遇文王也，身为渔父而钓于渭阳之滨耳。若是者交疏也。已一说而立为太师，载与俱归者，其言深也。故文王果收功于吕尚，卒擅天下而身立为帝王。即使文王疏吕望而弗与深言，是周无天子之德，而文、武无与成其王也。今臣，羁旅之臣也，交疏于王，而所愿陈者，皆匡君臣之事，处人骨肉之间。愿以陈臣之陋忠，而未知王心也，所以王三问而不对者是也。臣非有所畏而不敢言也，知今日言之于前，而明日伏诛于后，然臣弗敢畏也。大王信行臣之言，死不足以为臣患，亡不足以为臣忧，漆身而为厉[④]，被发而为狂，不足以为臣耻。五帝之圣而死，三王之仁而死，五霸之贤而死，乌获[⑤]之力而死，奔、育[⑥]之勇焉而死。死者，人之所必不免。处必然之势，可以少有补于秦，此臣之所大愿也，臣何患乎？伍子胥橐(tuó)载而出昭关[⑦]，夜行而昼伏，至于菱水[⑧]，无以糊其口，膝行蒲伏，乞食于吴市，卒兴吴国，阖闾为霸。使臣得进谋如伍子胥，加之以幽囚不复见，是臣说之行也，臣何忧乎？箕子、接舆[⑨]，漆身而为厉，被发而为狂，无益于殷、楚。使臣得同行于箕子、接舆，可以补所贤之主，是臣之大荣也，臣又何耻乎？臣之所恐者，独恐臣死之后，天下见臣尽忠而身蹶也[⑩]，是以杜口裹足，莫肯向秦耳。足下上畏太后之严，下惑奸臣之态，居深宫之中，不离保傅[⑪]之手，终身暗惑，无与照奸，大者宗庙灭覆，小者身以孤危，此臣之所恐耳。若夫穷辱之事，死亡之患，臣弗敢畏也。臣死而秦治，贤于生也。"

秦王跽曰："先生是何言也！夫秦国僻远，寡人愚不肖，先

生乃幸至此，此天以寡人慁[12]先生，而存先王之庙也。寡人得受命于先生，此天所以幸先王而不弃其孤也。先生奈何而言若此！事无大小，上及太后，下至大臣，愿先生悉以教寡人，无疑寡人也。”范雎再拜，秦王亦再拜。

[注释]

①范雎：战国时魏人，字叔。因游说秦昭王得到信任，被任国相。②秦王：秦昭王。③跽：通常古人席地而坐时，以两膝着地，臀部贴在脚后跟上，臀部不贴脚跟为跪，跪而挺身直腰即为跽。④厉：通“癞”。⑤乌获：秦武王的力士。⑥奔、育：指孟奔、夏育，卫国勇士。⑦橐：口袋。昭关：在今安徽含山西北小岘山上。⑧菱水：溧水，在今江苏溧阳一带。⑨箕子：名胥余，商纣王叔父，官太师，封于箕（今山西太谷东）。因谏纣王不听，披发佯狂。接舆：春秋时楚国隐者，姓陆名通。⑩蹶：跌倒。这里是死亡的意思。⑪保傅：是在宫内侍候、教导王子的女官。⑫慁：打扰。

[译文]

范雎来到秦国，秦昭王在宫廷前迎接，恭敬地执行主人接待宾客的礼节。范雎谦虚辞让。

这一天接见范雎，看到那场面的人无不惊讶失色。后来，秦王屏退左右的人，宫中没有别人了，秦王跪在地下请求说：“先生打算用什么来赐教寡人？”范雎说：“对，对。”过了一会儿，秦王又问，范雎说：“对，对。”像这样有三次了。秦王挺直上身跪着说：“先生不肯赐教寡人吗？”

范雎谢罪说：“不是我敢这样。我听说当初吕尚遇到文王的时候，吕尚不过是个渔父在渭水北岸垂钓罢了。像这种情况，他与文王可说是生疏的。一次交谈就任他做太师，请他同车一起回去，这是他讲得道理深刻啊！所以文王果真得到吕尚为他建立的功勋，终于据有天下，成为帝王。假如文王因为跟吕望生疏而不跟他深谈，周就不具备天子的德行，文王、武王也就不能成为王了。现在我是个客处他乡的人，与大王关系疏远，而所想要说的，又都是纠正君臣关系偏差的事，要处在人家骨肉之间。我愿意陈述浅陋的忠诚，却不知大王的想法，大王连问三次

伍子胥

伍子胥藏于牛皮袋混出昭关，夜间赶路，白天隐蔽，到了菱水，没东西可吃，爬行向前，在吴市讨饭，最后使吴国兴盛，使阖闾成为霸主。

而不回答，就是这个原因。我并非害怕而不敢说，即使知道今天说在前面，明天就会被杀害，然而我也不敢害怕。大王真能接受我的主张，死不足成为我的祸殃，流亡不足成为我的忧虑，浑身涂漆像生癞疮，披头散发装作发狂，不足成为我的耻辱。五帝这样的圣人要死，三王这样的仁人要死，五霸这样的贤人要死，乌获这样的力士要死，孟奔、夏育这样的勇士要死。死，是人无法避免的。处在必然会死的形势下，如果可以对秦国稍为有些益处，这就是我最大的心愿了，我还有什么担心呢？伍子胥藏于牛皮袋混出昭关，夜间赶路，白天隐蔽，到了菱水，没东西可吃，爬行向前，在吴市讨饭，最后使吴国兴盛，使阖闾成为霸主。假如我能像伍子胥那样进献谋略，就是把我禁闭起来，不能再见到大王，只要我的主张实行了，我担忧什么呢？箕子、接舆他们，浑身涂漆像生癞疮，披头散发装作发狂，可是对殷朝、楚国毫无帮助。假如我可以跟箕子、接舆有相同的行为，便能够对我认为贤明的君主有所帮助，这就是我最大的荣耀了，又怎么会感到耻辱呢？我所忧心的是我死后，天下人看到臣子尽了忠而身体倒下，从此闭口不言，裹足不前，没有人再愿到秦国来罢了。您对上怕太后的严厉，还下受奸臣的伪装迷惑，居住在深宫之中，离不开辅臣照料，终身受到蒙蔽，无法查明奸佞，大则会使国家灭亡，小则自身陷于孤立危险的境地，这才是我所怕的！至于个人穷困受辱的事，死刑与流亡的祸殃，我不敢畏惧。我死了而秦国得到很好的治理，比我活着更有意义。”

秦王于是跪着说：“先生这是什么话！秦国远离中原，地处偏僻，寡人又笨拙且不贤明，幸得先生光指教，这是上天要寡人来烦劳先生，从而使先王的宗庙能够保存啊！我能聆听先生的教诲，这是上天赐恩于先王而不遗弃于我啊！先生为何这么说呢？从此，事不论大小，上到太后，下到大臣，希望先生全都指教我，不要怀疑我啊！”范雎向秦王拜了两拜，秦王也向范雎拜了两拜。

邹忌讽齐王纳谏

《战国策》

[题解]

作为齐国的宰相，邹忌切身体会到，一个被偏爱者、敬畏者、有求者包围的人，会难以听到真话，从而做出错误的判断。他把这个观点引申到政治领域，委婉劝谏齐威王，要广开言路，肯于虚心听取不同意见。

[原文]

邹忌[①]修八尺有余，而形貌昳(yì)丽[②]。朝服衣冠，窥镜，谓其妻曰：“我孰与城北徐公美？”其妻曰：“君美甚，徐公何能及君也！”城北徐公，齐国之美丽者也。忌不自信，而复问其妾曰：“吾孰与徐公美？”妾曰：“徐公何能及君也！”旦日，客从外来，与坐谈，问之：“吾与徐公孰美？”客曰：“徐公不若君之美

也。”明日，徐公来，熟视之，自以为不如，窥镜而自视，又弗如远甚。暮，寝而思之，曰：“吾妻之美我者，私我也；妾之美我者，畏我也；客之美我者，欲有求于我也。”

于是入朝见威王③，曰：“臣诚知不如徐公美。臣之妻私臣，臣之妾畏臣，臣之客欲有求于臣，皆以美于徐公。今齐地方千里，百二十城，宫妇左右，莫不私王；朝廷之臣，莫不畏王；四境之内，莫不有求于王。由此观之，王之蔽甚矣！”

王曰：“善。”乃下令：“群臣吏民能面刺寡人之过者，受上赏；上书谏寡人者，受中赏；能谤议于市朝，闻寡人之耳者，受下赏。”令初下，群臣进谏，门庭若市；数月之后，时时而间进；期年之后，虽欲言，无可进者。

燕、赵、韩、魏闻之，皆朝于齐。此所谓“战胜于朝廷”。

[注释]

①邹忌：齐人，齐威王时任齐相。②昳丽：光艳美丽。③威王：齐威王。

[译文]

邹忌身高八尺多，体格相貌俊美。早晨，他穿着礼服戴上冠在镜子前细看，对妻子说：“我跟城北徐公谁更漂亮？”他妻子说：“您美极了，徐公怎么能和您相比呀！”城北徐公，是齐国的美男子。邹忌不太自信比徐公美，就再问他的侍妾：“我跟徐公谁更漂亮？”侍妾说：“徐公怎么比得上您啊！”第二天，有客人从外边来，一块儿坐着说话，又问客人说：“我跟徐公谁美？”客人说：“徐公没有您漂亮。”过了一天，徐公到邹忌家拜访。邹忌仔细端详他，自以为不如，又照镜子看自己，更感自己差得很远。夜晚躺着，思考这件事，我妻子说我美，因为偏爱；侍妾说我美，是怕我；客人说我美，是有事求我啊！

于是，上朝见威王说：“臣子确实知道不如徐公漂亮，臣子的妻偏爱臣子，臣子的妾怕臣子，臣子的客人有事求臣子，都说我比徐公美。现在齐国土地方圆千里，有一百二十座城池，国王后宫嫔妃和侍从，没一个不偏爱您；满朝大臣，没一个不畏惧您；一国之内的大小事，没一件不有求于王。从这点看来，国王不明真相的情况就很严重了！”

威王听后，悟到：“说得好。”就发布命令：“不论官民，敢当面指责我的过错的，得上等奖；呈上书信劝谏我的，得中等奖；能在公共场所批评我传到我耳中的，得下等奖。”命令刚发下时，臣子们纷纷上朝进谏，批评时政。几个月以后，仍断续有人来进谏。一年以后，即使想说，也没什么可以进谏的了。

燕、赵、韩、魏听说此事，都来朝拜威王。这就是“安坐朝内而四方归附”。

颜斶说齐王

《战国策》

[题解]

颜斶不求名利，不惧权势，面对齐宣王，他不卑不亢，维护了自己的尊严。

[原文]

齐宣王见颜斶（chù）[1]，曰："斶前！"斶亦曰："王前！"宣王不说。左右曰："王，人君也；斶，人臣也。王曰'斶前'，亦曰'王前'，可乎？"斶对曰："夫斶前为慕势，王前为趋士，与使斶为慕势，不如使王为趋士。"王忿然作色曰："王者贵乎？士贵乎？"对曰："士贵耳，王者不贵。"王曰："有说乎？"斶曰："有。昔者秦攻齐，令曰：'有敢去柳下季[2]垄五十步而樵采者，死不赦！'令曰：'有能得齐王头者，封万户侯，赐金千镒！'由是观之，生王之头，曾不若死士之垄也。"

宣王曰："嗟乎！君子焉可侮哉！寡人自取病耳。愿请受为弟子。且颜先生与寡人游，食必太牢[3]，出必乘车，妻子衣服丽都。"颜斶辞去，曰："夫玉生于山，制则破焉，非弗宝贵矣，然太璞不完。士生乎鄙野，推选则禄焉，非不尊遂也，然而形神不全。斶愿得归，晚食以当肉，安步以当车，无罪以当贵，清净贞正以自虞。"则再拜而辞去。

君子曰："斶知足矣，归真反璞，则终身不辱。"

[注释]

①颜斶：齐国隐士。②柳下季：展禽，字获，排行季，鲁国人。食采邑于柳下，谥惠，又称柳下惠。③太牢：祭祀时牛、羊、猪各一头为太牢。

[译文]

齐宣王接见颜斶，说："斶过来！"颜斶也说："国王你过来！"宣王生气了，脸色很难看。左右大臣责怪颜斶说："国王，是万人的君主啊；斶，是别人的臣子啊！国王说'斶过来'，斶也说'国王前来'，能这样吗？"颜斶说："我上前是羡慕势力，国王上前是礼敬贤士，（我）斶羡慕势力，不如让国王礼敬贤士。"宣王更生气了，问道："国王尊贵，还是学士尊贵？"颜斶答道："学士尊贵啊，国王不尊贵。"宣王说："有原因吗？"斶说："有。从前，秦国攻打齐国，曾命令：'有敢到柳下惠墓地五十步内打柴的人，杀不赦。’还命令：‘能够得到齐王头颅的人，封万户侯，赐黄金一千镒。’由此看来，活的国王的脑袋，还不如已死学士的坟头尊贵。”

宣王说：“唉！君子怎能受人侮辱？我是自找苦吃啊！诚心愿拜您为师。并且颜先生和我出游时，吃的必定是大鱼大肉，出行必定有车乘坐，妻子和孩子穿戴华贵。”颜斶婉拒，说：“玉生在山，制作就会损坏，不是不宝贵了，但与原始的璞相比却不完整了。学士生长在偏僻乡野，被推荐为官就有了俸禄，不是不尊贵了，但身心已变得功利了。我斶希望回家，吃素就当作吃肉，信步缓行如同坐车，无罪过就如同富贵，清净贞洁正直能使自己欢娱。”然后，拜了两拜辞别离去。

君子说：“斶懂得知足啊，回归自然，返璞归真，终身不受外辱。”

冯谖客孟尝君

《战国策》

[题解]

战国时，养士之风盛行。最著名的养士者如战国四公子（齐国孟尝君、赵国平原君、魏国信陵君、楚国春申君）和秦国的吕不韦等。本文叙述了冯谖到孟尝君门下为客，开始时他提出了许多要求，孟尝君都满足了他。后来，他为孟尝君出谋划策，使孟尝君的政治地位得到了巩固，又获得了美名。

[原文]

齐人有冯谖(xuān)者[1]，贫乏不能自存，使人属孟尝君[2]，愿寄食门下。孟尝君曰：“客何好？”曰：“客无好也。”曰：“客何能？”曰：“客无能也。”孟尝君笑而受之，曰：“诺。”

左右以君贱之也，食以草具。居有顷，倚柱弹其剑，歌曰：“长铗(jiá)[3]归来乎，食无鱼！”左右以告。孟尝君曰：“食之比门下之客。”居有顷，复弹其铗，歌曰：“长铗归来乎，出无车！”左右皆笑之，以告。孟尝君曰：“为之驾，比门下之车客。”于是乘其车，揭其剑，过其友曰：“孟尝君客我！”后有顷，复弹其剑铗，歌曰：“长铗归来乎，无以为家！”左右皆恶之，以为贪而不知足。孟尝君问：“冯公有亲乎？”对曰：“有老母。”孟尝君使人给其食用，无使乏。于是冯谖不复歌。

后孟尝君出记，问门下诸客：“谁习计会，能为文收责于薛者乎？”冯谖署曰：“能。”孟尝君怪之，曰：“此谁也？”左右曰：“乃歌夫‘长铗归来’者也。”孟尝君笑曰：“客果有能也！吾负之，未尝见也。”请而见之。谢曰：“文倦于事，愦（kuì）[4]于忧，而性懦愚，沉于国家之事，开罪于先生。先生不羞，乃有意欲为收责于薛乎？”冯谖曰：“愿之。”于是约车治装，载券契而行。辞曰：“责毕收，以何市而反？”孟尝君曰：“视吾家所寡有者。”

驱而之薛，使吏召诸民当偿者，悉来合券[5]。券遍合，起矫命，以责赐诸民，因烧其券，民称万岁。

长驱到齐，晨而求见。孟尝君怪其疾也，衣冠而见之，曰：“责毕收乎？来何疾也？”曰：“收毕矣。”“以何市而反？”冯谖曰：“君云‘视吾家所寡有者’。臣窃计，君宫中积珍宝，狗马实外厩，美人充下陈[6]，君家所寡有者以义耳。窃以为君市义。”孟尝君曰：“市义奈何？”曰：“今君有区区之薛，不拊[7]爱子其民，因而贾利之。臣窃矫君命，以责赐诸民，因烧其券，民称万岁，乃臣所以为君市义也。”孟尝君不说，曰：“诺。先生休矣！”

后期年，齐王谓孟尝君曰：“寡人不敢以先王之臣为臣！”孟尝君就国于薛。未至百里，民扶老携幼，迎君道中，终日。孟尝君顾谓冯谖：“先生所为文市义者，乃今日见之！”

冯谖曰：“狡兔有三窟，仅得免其死耳！今有一窟，未得高枕而卧也，请为君复凿二窟。”孟尝君予车五十乘，金五百斤，西游于梁[8]。谓梁王曰：“齐放其大臣孟尝君于诸侯，先迎之者，富而兵强。”于是梁王虚上位，以故相为上将军，遣使者，黄金千斤，车百乘，往聘孟尝君。冯谖先驱，诫孟尝君曰：“千金，重币也，百乘，显使也。齐其闻之矣。”梁使三反，孟尝君固辞不往也。

齐王闻之，君臣恐惧，遣太傅赍（jī）[9]黄金千斤，文车[10]二驷，服剑一，封书谢孟尝君曰：“寡人不祥，被于宗庙之祟[11]，沉于谄谀之臣，开罪于君。寡人不足为也，愿君顾先王之宗庙，

姑返国统万人乎！”冯谖诫孟尝君曰：“愿请先王之祭器，立宗庙于薛。”庙成，还报孟尝君曰：“三窟已就，君姑高枕为乐矣。”

孟尝君为相数十年，无纤介之祸者，冯谖之计也。

[注释]

①冯谖：孟尝君的门客。②孟尝君：田姓名文，齐相，封于薛（今山东滕州东南），号孟尝君，与魏信陵君、赵平原君、楚春申君都养有许多食客，号称战国四公子。③铗：剑把。这里指剑。④愦：昏乱。⑤合券：验对债券。古时的契约，借贷双方各执一半，验证时看这两半是否相合。⑥下陈：台阶下面。⑦拊：同“抚”。⑧梁：魏国都城大梁，在今河南开封。⑨赍：持物赠人。⑩文车：华丽的车子。⑪祟：灾祸。

[译文]

齐国有个叫冯谖的人，贫困得没法养活自己，请人告诉孟尝君，愿意投奔门下做个食客。孟尝君问：“他喜欢什么？”回说：“他没什么爱好。”“他有什么才能。”“他没什么才能。”孟尝君笑着答应了，说：“行啊！”

孟尝君的手下以为孟尝君看不起他，给他吃粗劣的食物。住了一段时间，冯谖靠着柱子弹他的剑，唱道：“长长的剑啊，咱们回去吧！没有鱼吃啊！”底下人告诉了孟尝君。孟尝君说：“给他吃鱼，待他像我的门客一样。”又住了一段时间，冯谖又弹起他的剑把，唱道：“长长的剑啊，咱们回去吧！外出没有车坐啊！”孟尝君的近侍都嘲笑他，又报告上去。孟尝君说：“给他驾车，和有车的门客一样。”于是他坐着车，举着剑，到朋友家串门说：“孟尝君把我当成上等门客。”又过了一阵，冯谖又弹起他的剑把，唱道：“长长的剑啊，咱们回去吧！没有东西照顾家。”孟尝君的近侍都讨厌他了，认为他不知足。孟尝君问：“冯公有亲人吗？”近侍们答道：“有个老母亲。”孟尝君派人给冯送去吃的和用的，不让缺少。从此冯谖不再唱歌了。

后来孟尝君出了一个通告征询家里养的众门客：“哪一位熟悉会计，能为我到薛邑去收债？”冯谖写下名字说：“我能。”孟尝君惊诧地问：“这位是谁？”底下人说：“就是唱‘长长的剑把，咱们回去吧’的人啊！”孟尝君笑道：“这位客人果然是有才干的，我对不起他了，一直没会过他面。”请他相见，赔礼说：“我琐事缠身精疲力倦，忧虑挂心头昏脑涨，天性懦弱笨拙，埋头于国家的事务中，得罪您了。先生不见怪我，果真想为我到薛邑去收债吗？”冯谖说：“愿意。”于是备好车辆，整理行装，带上债券契约动身了，告辞说：“收完债，买些什么回来呢？”孟尝君说：“看我家缺少什么就买什么吧！”

冯谖赶车到薛邑，叫从人把该还债的乡民们都召集来核对债券。凭证核对后，冯谖站起来，说是孟尝君的命令，把欠的债赏赐给众乡民，于是把债券烧了，人们都欢呼万岁。

冯谖驱车回到齐都，大清早就求见。孟尝君见他这么快回来，感到奇怪，穿衣戴冠接见他，问："债收完了吗？回来得为何这么快啊？""收完了。""买些什么回来了？"冯谖说："您说'看我家缺少什么就买什么吧'！我暗自考虑，您宫中宝物很多，宫外狗马满圈，阶下站满了美人。您家里缺少的就是义罢了。我私下为您买回了仁义。"孟尝君说："买义是什么意思？"冯谖说："现在您拥有小小的薛邑，不把百姓当子女般抚爱，相反还要在他们身上牟利。我已私自假托您的命令，把债赏赐给了百姓，借此把债券烧了，乡民都欢呼万岁，这就是我为您买的义啊！"孟尝君不高兴了，说："行了，先生去休息吧！"

一年后，齐王对孟尝君说："我不敢用先王的臣子做我的臣子。"孟尝君于是只能去领地薛邑。他离薛还有百里，乡民们扶老携幼，在半路上迎接孟尝君。孟尝君回头对冯谖说："先生为我买的义，在今天见到了。"

冯谖说："狡猾的兔子有三个窝，仅能免死。现在您只有一个洞，还不能高枕无忧。请让我为您再建两个窝。"孟尝君给了他五十乘车，五百斤黄金，向西出到大梁，对魏王说："齐国把大臣孟尝君放逐到国外，先迎接他的诸侯就能国富兵强。"于是魏王空出了相国的位置，任从前的相国为大将军，派了使者，带着黄金一千斤，车一百乘，去聘请孟尝君。冯谖抢先赶着马车回来，提醒孟尝君说："千斤黄金，是很贵重的礼品；百套车马，是显贵的使者。齐王该听说这事了。"魏国的使者往返多次，孟尝君坚持推辞不去。

齐王得知后，君臣都慌了，派太傅送来黄金一千斤，文车二辆，马八匹，佩剑一柄，写信向孟尝君谢罪说："我太不慎重了，被祖先降下灾祸，被喜欢阿谀的臣子所蒙蔽，得罪了您，我是不值得您来帮助的。希望您看在先王的分上，能够回国来管理百姓吧！"冯谖提醒孟尝君说："希望你向齐王求得先王传下的祭器，在薛邑建立宗庙。"宗庙建好，冯谖回报孟尝君说："三个窝都建好了，您就此高卧享乐吧！"

孟尝君担任相国几十年，没遭受一点祸殃，都是冯谖计谋的作用啊！

赵威后问齐使

《战国策》

[题解]

战国时期，我国就已有了民贵君轻的民本思想。作为赵国当时的执政者，赵威后通过回答齐国使者的问题，表达了她以民为本的政治思想，这在当时具有很重要的进步意义。篇末说她要杀于陵子仲，可见她对异己不能宽容，在这方面是专制的。

[原文]

齐王使使者问赵威后[1]。书未发，威后问使者曰："岁亦无恙耶？民亦无恙耶？王亦无恙耶？"使者不说，曰："臣奉使使

威后，今不问王，而先问岁与民，岂先贱而后尊贵者乎？”威后曰：“不然。苟无岁，何以有民？苟无民，何有君？故有问舍本而问末者耶？”

乃进而问之曰：“齐有处士曰钟离子[②]，无恙耶？是其为人也，有粮者亦食(sì)，无粮者亦食，有衣者亦衣(yì)，无衣者亦衣。是助王养其民者也，何以至今不业也？叶阳子[③]无恙乎？是其为人，哀鳏(guān)寡，恤孤独，振困穷，补不足，是助王息其民者也，何以至今不业也？北宫之女婴儿子无恙耶[④]？撤其环瑱(tiàn)[⑤]，至老不嫁，以养父母，是皆率民而出于孝情者也，胡为至今不朝也？此二士弗业，一女不朝，何以王齐国、子万民乎？於陵子仲[⑥]尚存乎？是其为人也，上不臣于王，下不治其家，中不索交诸侯，此率民而出于无用者，何为至今不杀乎？”

[注释]

①齐王：战国时齐王田建。赵威后：赵孝成王之母，惠文王妻。惠文王卒，太后佐孝成王执政。②钟离子：齐国处士。钟离是复姓。③叶阳子：齐国处士。叶阳是复姓。④北宫：复姓。婴儿子：姓北宫名婴儿子，齐国有名的孝女。⑤环瑱：女子装饰用品。环，指耳环、手镯；瑱，做耳饰的玉。⑥於陵：齐地，在今山东邹平南。子仲：齐国隐士。

[译文]

齐王派使者问候赵威后，信件还未打开，赵威后问使者：“今年收成很好吧？百姓安乐吗？你们大王无恙吧？”使者不太高兴，说：“臣奉大王之命给您问安，您不先问候我们大王却打听年成、百姓的状况，尊贵的反而居后吗？”赵威后回答说：“话不能这样说。如果没有收成，怎么会有百姓？如果没有百姓，又怎么会有国君？怎能丢掉根本而去问枝节呢？”

她接着又问：“齐国有个叫钟离子的处士，还好吧？对有粮食的人，钟离子让他们有饭吃，没粮食的人也让他们有饭吃，有衣服的给他们衣服，没有衣服的也让他们有衣穿，这是在帮助君王养活百姓，为什么至今也未做官？叶阳子还好吧？他主张怜恤鳏寡孤独，帮助穷苦之人，这是替大王安抚百姓，为何至今还不加以任用？北宫家的女儿婴儿子还好吗？她摘去首饰，至今不嫁，一心奉养双亲，是引导百姓守孝道的人啊，为何至今未被朝廷褒奖？这样的两位贤士不受重用，一位孝女不被接见，齐王靠什么治理齐国、抚恤万民呢？於陵的子仲，他还活着吧？他在上不对君王称臣，在下不能很好地治理家业，又不和诸侯交往，这是在引导百姓无所事事呀！齐王为什么至今还不杀了他呢？”

庄辛论幸臣

《战国策》

[题解]

楚怀王被骗到秦国，其子襄王继位，整日荒淫享乐，庄辛劝谏不听。庄辛逃亡到赵国，后秦军攻下楚国国都，襄王逃到陈，派人请庄辛回国救楚。庄辛见到楚王，劝他不应只图享乐而荒废国事，否则后果不堪设想。

[原文]

臣[1]闻鄙语曰："见兔而顾犬，未为晚也，亡羊而补牢，未为迟也。"臣闻昔汤、武以百里昌，桀、纣以天下亡。今楚国虽小，绝长续短，犹以数千里，岂特百里哉！

王独不见夫蜻蛉(líng)乎[2]？六足四翼，飞翔乎天地之间，俛啄蚊虻而食之[3]，仰承甘露而饮之，自以为无患，与人无争也，不知夫五尺童子，方将调饴胶丝，加己乎四仞之上，而下为蝼蚁食也。

夫蜻蛉其小者也，黄雀因是以。俯噣(zhuó)[4]白粒，仰栖茂树，鼓翅奋翼，自以为无患，与人无争也，不知夫公子王孙，左挟弹，右摄丸，将加己乎十仞之上，以其类[5]为招。昼游乎茂树，夕调乎酸咸，倏忽之间，坠于公子之手。

夫雀其小者也，黄鹄因是以。游乎江海，淹乎大沼，俯噣鳝鲤，仰啮蓤衡，奋其六翮[6]，而凌清风，飘摇乎高翔，自以为无患，与人无争也，不知夫射者，方将修其碆(bō)卢[7]，治其矰缴(zēngzhuó)[8]，将加己乎百仞之上，被礛磻(jiān bō)[9]，引微缴，折清风而抎[10]矣。故昼游乎江湖，夕调乎鼎鼐[11]。

夫黄鹄其小者也，蔡灵侯[12]之事因是以。南游乎高陂(bēi)[13]，北陵乎巫山[14]，饮茹溪[15]之流，食湘波之鱼，左抱幼妾，右拥嬖(bì)女，与之驰骋乎高蔡之中，而不以国家为事，不知夫子发[16]方受命乎灵王，系己以朱丝而见之也。

蔡灵侯之事其小者也，君王之事因是以。左州侯[17]，右夏侯，辇从鄢(yān)陵君与寿陵君，饭封禄之粟，而载方府之金，与之驰骋乎云梦[18]之中，而不以天下国家为事，而不知夫穰侯方受命乎秦王⑲，填黾塞⑳之内，而投己乎黾塞之外。

[注释]

①臣：庄辛自称。楚庄王的后代。②蜻蛉：蜻蜓。③俛：同“俯”。虻：一种飞蝇。④噣：同“啄”。⑤类：一说作“颈”。⑥六翮：因为鸟翅的主羽一般有六根，这里代指鸟翅膀。⑦碆：石制的箭头。卢：黑色的弓。⑧矰缴：系有丝绳的箭。矰，射鸟的箭；缴，系箭的丝绳。⑨磻：锐利。磻：石箭头。⑩抎：同“陨”，坠落。⑪鼎鼐：古代烹煮食物用的器具。鼐是一种大鼎。⑫蔡灵侯：春秋时蔡国国君。公元前531年被楚灵王诱杀。⑬陂：山坡。⑭巫山：山名，在今重庆巫山东。⑮茹溪：水名，在今重庆巫山北。⑯子发：楚国令尹。⑰州侯：与下面提到的夏侯、鄢陵君、寿陵君均是楚顷襄王宠臣。⑱云梦：楚国大泽名，在今湖北境内。⑲穰侯：秦相魏冉，封于穰（在今河南邓州）。秦王：指秦昭王。⑳黾塞：平靖关，在今河南信阳西南，与湖北应山接界。

[译文]

我听俗语说：“看到兔子才想到猎犬，还不算晚。在一些羊逃跑之后，亡羊补牢也还不算迟。我过去听说汤王、武王，起初只依靠百多里的地方兴盛。桀、纣有了天下也终要灭亡。现在楚国地方虽很小，但是截长补短，算起来还有好几千里，何止一百里呢？

楚襄王梦遇巫山神女

庄辛见到楚王，劝他不应只图享乐而荒废国事。

大王难道没见过蜻蜓么？六只脚，四只翼，在天地之间飞来飞去，低头捉食蚊、虻，仰头承饮甘露，它自己以为没有灾难，与哪个也不相争了。怎能想到那五尺高的小孩子，正要调好黏糖，粘在网丝上，加在它身上，将它从三丈高的地方粘下来，给蚂蚁吃了。

蜻蜓的还是小事啊，黄雀也是这样。向下啄米，向上栖息在树上，展翅奋飞，它自己以为没有灾难，和谁也不相争。可是没想到那王孙公子，左手拿着弹弓，右手按上弹丸，正把它的颈作为弹射的目标，把它从高处射下来。白天还在树上游玩，晚上被人加上调料做成菜肴了，顷刻间就落到了公子手中。

黄雀的遭遇还是小事啊，天鹅也是这样。它在江、海遨游，在水池边休息，低头啄食水中的鳝、鲤，仰头咀嚼菱角和水草，举起它的翅膀，驾着清风，在高空中飞行，它自己以为没有灾难，与谁都无争。可是没想到那射手正修理箭头和硬弓，整治他系有生丝线的箭，射向高空，它带着射中的箭头，拖着箭上的细丝绳，在清风中掉下来了。因此，白天在江湖中遨游，晚上就放在锅中烹调了。

天鹅的遭遇还是小事啊，蔡灵侯也是这样。他南游高丘，北登巫山，在茹溪饮马，在湘江吃鱼。他左手抱着年轻的爱妾，右手搂着心爱的美女，和她们在高蔡的路上驱车游玩，而不把国家的安危当作正事。怎么知道子发正从楚王那里接受了攻打蔡国的命令，最后他自己被绳子绑住去见楚王。

蔡灵侯的遭遇还是小事啊，君王您也是这样。左边有州侯，右边有夏侯，辇车后面跟着鄢陵君和寿陵君，吃着由封邑进奉来的粮食，挥霍纳于国库的钱财，和他们一起驾着车子在云梦游玩，而不关心天下国家的安危，没想到穰侯从秦王那里接受了攻打楚国的命令，出兵在黾塞之内，而把您驱逐在黾塞之外了。

触龙说赵太后

《战国策》

[题解]

赵国孝成王年幼，赵太后执政。秦国攻赵，赵向齐求救，齐以赵太后小儿子长安君做人质为出兵交换条件。触龙对赵太后说，要为子女长远考虑，让他们通过自己的努力取得成功，最终说服赵太后答应以长安君为人质换齐国出兵相救。

[原文]

赵太后[①]新用事，秦急攻之。赵氏求救于齐。齐曰："必以长安君[②]为质，兵乃出。"太后不肯，大臣强谏。太后明谓左右："有复言令长安君为质者，老妇必唾其面！"

左师触龙[③]愿见。太后盛气而揖之。入而徐趋，至而自谢，曰："老臣病足，曾不能疾走，不得见久矣，窃自恕，恐太后玉体之有所郄(xì)也[④]，故愿望见。"太后曰："老妇恃辇而行。"曰："日食饮得无衰乎？"曰："恃鬻耳。"曰："老臣今者殊不欲食，乃自强步，日三四里，少益嗜食，和于身。"曰："老妇不能。"太后之色少解。

左师公曰："老臣贱息[⑤]舒祺，最少，不肖，而臣衰，窃爱怜之，愿令补黑衣[⑥]之数，以卫王宫，没死以闻。"太后曰："敬诺。年几何矣？"对曰："十五岁矣。虽少，愿及未填沟壑而托之。"太后曰："丈夫亦爱怜其少子乎？"对曰："甚于妇人。"太后曰："妇人异甚。"对曰："老臣窃以为媪(ǎo)之爱燕后[⑦]，贤于

长安君。”曰：“君过矣，不若长安君之甚！”左师公曰：“父母之爱子，则为之计深远。媪之送燕后也，持其踵，为之泣，念悲其远也，亦哀之矣。已行，非弗思也，祭祀必祝之，祝曰：‘必勿使反。’岂非计久长有子孙相继为王也哉？”太后曰：“然。”

左师公曰：“今三世以前，至于赵之为赵，赵王之子孙侯者，其继有在者乎？”曰：“无有。”曰：“微独赵，诸侯有在者乎？”曰：“老妇不闻也。”“此其近者祸及身，远者及其子孙，岂人主之子孙则必不善哉！位尊而无功，奉厚而无劳，而挟重器多也。今媪尊长安君之位，而封以膏腴之地，多予之重器，而不及今令有功于国。一旦山陵崩，长安君何以自托于赵？老臣以媪为长安君计短也，故以为其爱不若燕后。”太后曰：“诺，恣君之所使之。”于是为长安君约车百乘，质于齐，齐兵乃出。

子义[8]闻之曰：“人主之子也，骨肉之亲也，犹不能恃无功之尊，无劳之奉，以守金玉之重也，而况人臣乎！”

[注释]

①赵太后：赵威后，赵惠文王妻。②长安君：赵威后幼子的封号。③触龙：赵国的左师。④郄：疲劳。⑤贱息：对人谦称自己的儿子。⑥黑衣：指宫廷卫士。⑦媪：对老年妇女的尊称。燕后：赵威后嫁与燕王的女儿。⑧子义：赵国贤士。

[译文]

赵太后刚刚开始主事，秦国加紧攻赵。赵太后向齐国求助。齐国说：“一定要长安君做人质，就出兵。”太后不肯，大臣们极力劝说。太后公开对身边的人说：“有再说让长安君做人质的，我必定当面啐他。”

左师触龙求见，太后气冲冲地接见他。触龙进入后缓步上前，来到太后面前自动谢罪，说：“老臣的脚有毛病，不能走快，很久没有来见您了。私下自己原谅自己，但是担心太后的玉体不舒服，所以希望看望太后。”太后说：“我靠车走动。”触龙说：“每天的饮食不会减少吧？”太后说：“只吃粥。”触龙说：“老臣最近特别没有食欲，就强迫自己散步，每天走三四里，稍微增进点食欲，使身体舒适了些。”太后说：“我做不到。”太后的脸色稍微缓解了些。

左师公说：“老臣的儿子舒祺，是最小的儿子，没出息，但是我衰老了，私下非常怜爱他，希望让他能够成为宫廷的一名卫士，来保卫王宫，我冒死来跟您说。”太后说：“好吧。多大年纪了？”触龙答道：“十五岁了。虽然年幼，我希望在死前把他托付给您。”太后说：“男人也心疼他的小儿子吗？”触龙说：“比女人更厉害。”太后笑道：“女人更厉害。”触龙说：“老臣私自以为太后对燕后的疼爱比长安君更多些。”太后说：“您错了，不如对长安君那么疼爱。”左师公说：“父母爱子女，要为他们长远考虑。您送燕后时，拉着她的脚哭泣，惦念感伤她的远去，也是爱她啊！已经走了，不是不想念啊，每当祭祀的时候必定为她祝福，祷告说：‘千万不能被赶回来。’难道不是长远谋划，希望她有子孙世代做君王吗？”太后说：“是。”

左师公说：“从现在推到三代之前，甚至赵建国时，赵王的子孙被封为侯的，他们的后代还有相继为侯的吗？”太后说：“没有。”触龙说：“不只是赵国，其他诸侯国有相继为侯的吗？”太后说：“老妇没有听说过。”左师公说：“这些人近的祸及自身，远的累及子孙。难道是国君的子孙就必定不好吗？只因他们地位尊贵却毫无功勋，俸禄优厚却没有功劳，但是拥有的财宝却很多。如今您使长安君的地位尊贵，并封给他丰腴的邑地，给他很多财宝，却不在现在让他为国立功，一旦您不在了，长安君凭借什么自存于赵国呢？老臣觉得您为长安君考虑的是短期，所以认为您对他的疼爱比不上对燕后的疼爱。”太后说：“好吧，任凭您怎样指派他。”于是为长安君准备百辆马车，送他到齐国为人质，齐国就出兵了。

子义听说这事，说：“国君的子女，是骨肉之亲，也不能凭借没有功勋的尊贵、没有劳绩的俸禄，来拥有贵重的金玉，更何况做臣子的呢？”

鲁仲连义不帝秦

《战国策》

[题解]

公元前259年，秦军包围赵都邯郸。赵求救于魏，而魏惧怕秦国，迟迟不敢出兵，并派辛垣衍劝赵尊秦为帝。危急关头，鲁仲连挺身而出，向辛垣衍陈述了尊秦为帝的害处，劝说他应联合抗秦，说服了辛垣衍，解了赵国之围。鲁仲连立功后不贪名利，为人传颂。

[原文]

秦围赵之邯郸[①]。魏安釐(xī)王使将军晋鄙救赵。畏秦，止于荡阴[②]，不进。

魏王使客将军辛垣衍间入邯郸，因平原君[③]谓赵王曰：“秦所以急围赵者，前与齐闵王争强为帝，已而复归帝，以齐故。今齐闵王益弱，方今唯秦雄天下，此非必贪邯郸，其意欲求为帝。赵诚发使尊秦昭王为帝，秦必喜，罢兵去。”平原君犹豫未有所决。

此时鲁仲连适游赵，会秦围赵。闻魏将欲令赵尊秦为帝，

乃见平原君曰："事将奈何矣？"平原君曰："胜也何敢言事？百万之众折于外，今又内围邯郸而不去。魏王使客将军辛垣衍令赵帝秦，今其人在是，胜也何敢言事？"鲁连曰："始吾以君为天下之贤公子也，吾乃今然后知君非天下之贤公子也。梁客辛垣衍安在？吾请为君责而归之！"平原君曰："胜请召而见之于先生。"平原君遂见辛垣衍曰："东国有鲁连先生，其人在此，胜请为绍介而见之于将军。"辛垣衍曰："吾闻鲁连先生，齐国之高士也。衍，人臣也，使事有职，吾不愿见鲁连先生也。"平原君曰："胜已泄之矣。"辛垣衍许诺。

鲁连见辛垣衍而无言。辛垣衍曰："吾视居此围城之中者，皆有求于平原君者也。今吾视先生之玉貌，非有求于平原君者，曷为久居此围城之中而不去也？"鲁连曰："世以鲍焦[4]无从容而死者，皆非也，今众人不知，则为一身。彼秦，弃礼义、上首功[5]之国也。权使其士，虏使其民，彼则肆然而为帝，过而遂正于天下，则连有赴东海而死耳，吾不忍为之民也！所为见将军者，欲以助赵也。"辛垣衍曰："先生助之奈何？"鲁连曰："吾将使梁及燕助之[6]，齐、楚固助之矣。"辛垣衍曰："燕则吾请以从矣。若乃梁，则吾乃梁人也，先生恶能使梁助之耶？"鲁连曰："梁未睹秦称帝之害故也，使梁睹秦称帝之害，则必助赵矣。"辛垣衍曰："秦称帝之害，将奈何？"鲁仲连曰："昔齐威王尝为仁义矣，率天下诸侯而朝周。周贫且微，诸侯莫朝，而齐独朝之。居岁余，周烈王崩，诸侯皆吊，齐后往，周怒，赴于齐曰：'天崩地坼，天子下席。东藩之臣田婴齐，后至则斮(zhuó)之[7]。'威王勃然怒曰：'叱嗟！而母，婢也！'卒为天下笑。故生则朝周，死则叱之，诚不忍其求也。彼天子固然，其无足怪。"

辛垣衍曰："先生独未见夫仆乎？十人而从一人者，宁力不胜，智不若邪？畏之也。"鲁仲连曰："然梁之比于秦若仆耶？"辛垣衍曰："然。"鲁仲连曰："然则吾将使秦王烹醢(hǎi)[8]梁王。"辛垣衍怏然不说，曰：“嘻！亦太甚矣，先生之言也！先生又恶能使秦王烹醢梁王？”鲁仲连曰：“固也。待吾言之。昔者鬼侯、鄂侯、文王，纣之三公也。鬼侯有子而好，故入之于纣。纣以为恶，醢鬼侯。鄂侯争之急，辨之疾，故脯鄂侯。文王闻之，喟然而叹，故拘之于牖(yǒu)里之库百日[9]，而欲令之死。曷为与人俱称帝王，卒就脯醢之地也？

“齐闵王将之鲁，夷维子执策而从，谓鲁人曰：‘子将何以待吾君？’鲁人曰：‘吾将以十太牢待子之君。’夷维子曰：‘子安取礼而来待吾君？彼吾君者，天子也。天子巡狩，诸侯避舍，纳筦键，摄衽抱几，视膳于堂下，天子已食，退而听朝也。’鲁人投其籥[10]，不果纳。不得入于鲁。将之薛，假涂于邹。当是时，邹君死。闵王欲入吊。夷维子谓邹之孤曰：‘天子吊，主人必将倍[11]殡柩，设北面于南方，然后天子南面吊也。’邹之群臣曰：‘必若此，吾将伏剑而死。’故不敢入于邹。邹鲁之臣，生则不得事养，死则不得饭含，然且欲行天子之礼于邹、鲁之臣，不果纳。今秦万乘之国，梁亦万乘之国，交有称王之名，睹其一战而胜，欲从而帝之，是使三晋[12]之大臣，不如邹、鲁之仆妾也。

“且秦无已而帝，则且变易诸侯之大臣，彼将夺其所谓不肖，而予其所谓贤，夺其所憎，而予其所爱，彼又将使其子女谗妾，为诸侯妃姬，处梁之宫，梁王安得晏然而已乎？而将军又何以得故宠乎？”

于是辛垣衍起，再拜，谢曰：“始以先生为庸人，吾乃今日而知先生为天下之士也！吾请去，不敢复言帝秦。”

秦将闻之，为却军五十里。适会公子无忌夺晋鄙军，以救赵击秦，秦军引而去。

于是平原君欲封鲁仲连。鲁仲连辞让者三，终不肯受。平原君乃置酒，酒酣，起，前，以千金为鲁连寿。鲁仲连笑曰：“所贵于天下之士者，为人排患释难，解纷乱，而无所取也。即

有所取者，是商贾之人也，仲连不忍为也。”遂辞平原君而去，终身不复见。

[注释]

①邯郸：赵国都城，在今河北邯郸西南。②荡阴：地名，位于赵魏两国交界处，今河南汤阴。③平原君：赵胜，封号平原君，当时为赵相。④鲍焦：春秋时隐士，据说他抱树饿死。⑤上首功：崇尚斩首之功。⑥梁：魏国。魏惠王于公元前362年徙都大梁，故魏又称梁。⑦斮：斩。⑧烹醢：古代的两种酷刑。烹，下油锅。醢，剁成肉酱。⑨牖里：也作羑里，地名，在今河南汤阴北。库：监牢。⑩籥：通“钥”，锁。⑪倍：通“背”。⑫三晋：指魏、赵、韩三国，是春秋时的晋国分裂而成。

[译文]

秦国包围了赵都邯郸。魏安釐王派大将晋鄙将军援救赵国，晋鄙畏惧秦军，驻扎在荡阴，不敢前进。

魏王又派客将军辛垣衍从小路潜入邯郸，通过平原君对赵王说：“秦国之所以加紧攻打赵国，从前秦王与齐王争强称帝，后来去掉帝号，是因为齐国不称帝了。如今，齐国日渐衰弱，只有秦国能够称雄。可见，秦国不是为了夺取邯郸之地，是打算称帝。如果赵国真能派遣使者尊崇秦昭王为帝，秦国必然欢喜，这样秦兵就会撤走。”平原君很犹豫，没有决定。

这个时候，鲁仲连恰巧来到赵国，正碰上秦军围攻邯郸，他听说魏国想要让赵国拥戴秦王为帝，就去见平原君说：“事情怎样处理？”平原君回答说：“我赵胜如何敢谈战事？赵国的百万大军战败于外，秦军现在又深入赵国，围住邯郸而不撤兵。魏王派客将军辛垣衍让赵王尊秦为帝，现在辛将军就在邯郸，我还怎么谈论国事？”鲁仲连说：“刚开始我一直以为您是诸侯国中的贤明公子，今天我才知道您并不贤明。魏国那位叫辛垣衍的客人在哪里？请让我为您当面去斥责他，让他回去。”平原君说：“那我就请他来您见面吧！”平原君就去见辛垣衍，说：“齐国有位鲁仲连先生正在这里，我把他介绍给您，让他来见您。”辛垣衍说：“我听说过鲁仲连先生，他是齐国的人，而我辛垣衍，魏王的臣子，此次出使是担负着重要职责的，我不想见鲁先生。”平原君说：“我已经把你在这里的消息告诉他了。”辛垣衍答应了。

鲁仲连见到辛垣衍后，没有开口。辛垣衍说：“据我看，居住在这个被围困的都城中的人，都是有求于平原君的，而我见到先生的相貌，不像是有求于平原君的人，为什么久留在这个围城之中而不离开呢？”鲁仲连说：“世上认为鲍焦是不能自我宽容而死去的人，都错了。现在一般人不了解原因，认为他是为了自己。那秦国，是一个抛弃了仁与礼而崇尚杀的国家，以权术利用臣下，像奴隶一样役使它的百姓。如果让秦国放肆地称帝，甚至号令天下，那么我鲁仲连只有跳东海自杀了，我不能容忍做秦国的百姓。我来见将军，只是想帮助赵国。”辛垣衍问：“先生将怎样帮助赵国呢？”鲁仲连说：“我要让魏国和燕国发兵救赵，齐、楚两国本来就会帮助他的。”辛垣衍说：“燕国么，我倒是相信它会听从您的。至于魏国，我就是魏国人，您怎么能使魏国帮助赵国呢？”鲁仲连说：“魏国还没有看到秦国称帝的危害。如果魏国明白这一点，一定会救助赵国的！”辛垣衍又问：“秦国称帝究竟会有怎样的危害呢？”鲁仲连说：“当初齐威王曾讲求仁义，率领各诸侯国去朝见周天子。当时的周王室贫穷衰弱，诸侯们不去朝见，只有齐国朝见他。一年多后，周烈王死了，各诸侯国都去吊丧，齐国去晚了。周国生气了，在给齐国的讣告里说：‘天子驾崩，如同天塌地陷，新天子都亲自守丧，而戍守卫东部边防的齐国的田婴竟敢迟到，该杀。’齐威王大怒，竟然骂道：‘呸！你母亲只是个丫头而已。’结果成了天下的笑柄。活着的时候去朝见，死后却辱骂他，实在是因为忍受不了周室的苛求啊！然而天子本就如此，没有什么奇怪的。”

辛垣衍说：“您难道没有见过奴仆吗？十个仆人听从一个主子，难道是因为力量和智慧都胜不过吗？不，只是由于惧怕呀！”鲁仲连问：“那么魏国和秦国的关系就像是仆人与主子的关系了？”辛垣衍回答：“是。”鲁仲连问：“那么我就可以让秦王把魏王煮了！”辛垣衍有些生气地说：“咳！先生的话太过分了，您又怎么能让秦王把魏王煮了呢？”鲁仲连说：“当然可以，等我说。从前，鬼侯、鄂侯、文王是商纣王的三个诸侯。鬼侯有个女儿很漂亮，把她送进纣的后宫，纣却认为她丑，就把鬼侯剁成肉酱。鄂侯极力为鬼侯辩护，被纣王杀死制成肉干。文王听说后，长声叹息，纣王就把文王拘禁在牖里的库房里一百天，还要处死他。为什么一样称王，最后却被人制成肉酱、肉干呢？

“齐闵王准备去鲁国，夷维子为随从驾车。问鲁国人：‘您打算怎样接待我的国君呢？’鲁国人回答：‘我们准备用十太牢的规格来接待贵国国君。’夷维子说：‘您怎么能用这样的礼节来接待我们的国君呢？我们的国君是天子。天子四处视察，诸侯要离开自己的宫室避让，到别处居住，自己提起衣襟，捧着几案，在堂下侍候天子吃饭。天子吃完饭，诸侯才能退回听政。’鲁国立刻关门上锁，不让他们进城。齐王又准备到薛地去，向邹国借路。恰巧在此时，邹国国君死了。齐闵王想入城吊丧，夷维子对邹国的孝子说：‘天子来吊丧，主人一定要把灵柩掉转方向，在南边设立朝北的灵堂，然后天子面向南祭吊。’邹国的大臣们说：‘如果一定要这样，我们就只有以死抗争了。’所以，齐闵王不敢进入邹城。鲁国和邹国的臣子，君主生时不能亲身侍奉，死后又不能很好地安葬，然而当齐王让他们对其行天子之礼时，他们也都决不接受。现在秦国是拥有兵车万辆的大国，魏国也是拥有兵车万辆的大国，彼此都有称王的名分，仅仅看到秦国打了一次胜仗，就要拥它为帝，如此，赵、韩、魏的大臣还不如邹、鲁二国的大臣啊！

“况且秦国若能毫无阻碍地称帝，会马上更换各诸侯国的大臣们。他们将撤换他们认为无能的臣子，把职务授予他们认为有才能的人，剥夺他们所憎恨的人，把职务授予他们亲近的人，还会以他们的女儿和那些善于毁贤嫉能的女人做诸侯的妃子，日夜谗毁。这样的女人住在魏王的宫中，魏王还能安然地生活吗？将军您又怎么能像原来那样受宠呢？”

于是，辛垣衍站起身来，拜了两拜，向鲁仲连道歉说：“起初我以为先生是个平庸之辈，如今我才知道先生是天下的高人啊！请让我离开这里，不敢再说尊秦为帝的事了。”

秦国的将军得知此事后，把围困邯郸的部队撤退了五十里。恰巧魏国的公子无忌夺取了晋鄙的兵权，率军来救赵，进攻秦军，秦军就撤离了邯郸。

这时，平原君要封赏鲁仲连。鲁仲连再三辞让，始终不肯接受。平原君就宴请他，酒喝到畅快的时候，平原君站起身来，献上千金为鲁仲连祝福。鲁仲连笑道："天下之士的可贵之处，是替人排除忧患，消除危难，排解纠纷而不索取回报。假若收取报酬，就和商人没有什么区别了。我鲁仲连不忍心做这样的事。"于是辞平原君而去，终身不再露面。

鲁共公择言

《战国策》

[题解]

本文记述了鲁共公在梁惠王所设宴席上做的一番即兴演讲。意在劝告梁惠王不可以沉湎于美酒、美食、美色、美景之中，以免国破家亡。梁惠王听的心悦诚服，连连称好，表现了诸侯国之间的和谐关系。

[原文]

梁王魏婴觞诸侯于范台①。酒酣，请鲁君②举觞。鲁君兴，避席③择言曰："昔者，帝女令仪狄④作酒而美，进之禹，禹饮而甘之，遂疏仪狄，绝旨酒，曰：'必有以酒亡其国者'。齐桓公夜半不嗛(qiè)⑤，易牙⑥乃煎熬燔(fán)炙，和调五味⑦而进之，桓公食之而饱，至旦不觉，曰：'后世必有以味亡其国者。'晋文公得南之威⑧，三日不听朝，遂推南之威而远之，曰：'后世必有以色亡其国者。'楚王登强台而望崩山⑨，左江而右湖，以临彷徨，其乐忘死，遂盟强台而弗登，曰：'后世必有以高台陂(bēi)池⑩亡其国者。'今主君⑪主尊，仪狄之酒也。主君之味，易牙之调也。左白台而右闾须⑫，南威之美也。前夹林而后兰台⑬，强台之乐也。有一于此，足以亡其国。今主君兼此四者，可无戒与！"梁王称善相属(zhǔ)⑭。

[注释]

①这句话的意思是说梁王在范台宴请诸位诸侯。当时魏国强盛，魏惠王十四年，鲁、宋、卫、韩来朝。梁王，梁惠王；觞，酒樽，这里指饮请；范台，遗迹在今开封市。②鲁君：鲁共公，即鲁恭侯。③避席：离座。古人席地而坐，为表示

敬意，离座起立，称为避席。④帝女：传说是夏禹的女儿，或者说是尧、舜的女儿。仪狄：人名。晋张华《博物志》称系禹时人，善于造酒。⑤嗛：通"慊"，满足，舒服。⑥易牙：雍巫，字易牙，长于调味，非常得桓公亲幸，桓公死后，曾作乱。⑦五味：指甜、酸、苦、辣、咸五种味道。⑧南之威：古代一个有名的美女，也称"南威"。⑨强台：又叫"章华台"，楚灵王所建造，在今湖北监利县西北。崩山：在今湖北省京山县东。⑩高台陂池：指园林建筑，游乐场所。陂池，池塘。⑪主君：对国君的尊称。尊：同"樽"，一种酒器。⑫白台、闾须：都是美女的名字。⑬夹林、兰台：都是魏国的园林建筑。⑭相属：相连，接连不断。

[译文]

梁惠王魏婴在范台上宴请诸位诸侯。酒喝到尽兴的时候，梁惠王请鲁共公举起酒杯祝酒。鲁共公起身，离开座位，选择好听的话说："从前，帝女让仪狄酿酒，仪狄酿出来的酒非常甜美，于是他就把美酒献给了大禹，大禹喝了之后感觉酒非常甘甜，于是就对仪狄疏远了，把美酒也戒绝了，大禹说：'后世肯定会有因为贪恋美酒而丧失国家的君主。'齐桓公半夜里感到肚子饿，于是易牙经过煎、熬、烤、熏，调制出各种美味，然后把它进献给齐桓公，桓公吃得非常舒服，结果，一觉睡到第二天早上还没有醒来。他感叹道：'后世肯定会有因为贪恋美味而丧失国家的君主。'晋文公娶到美女南之威，连续三日不上朝听政，于是推开南之威，并且疏远了她，晋文公说：'后世肯定会有因为贪恋美色而丧失国家的君主。'楚昭王登上强台，远眺崩山，看到左边是长江，右边是洞庭湖，居高临下，以至于流连忘返，快乐忘形，于是就在强台上发誓永远不再登临这个地方，他说：'后世肯定会有因为贪恋美景而丧失国家的君主。'现在君王您的酒樽里，装的是跟仪狄所酿之酒一样甘美的酒；为你做饭的，是易牙一样的烹调高手；身边的白台、闾须都是南之威那样的美女；周围的夹林、兰台，都是强台那样的美景胜地。这四者，如果贪恋其中的一者，就足以能够丧失国家。现在您同时具备四者，能不产生警惕吗？"梁惠王对他的这一番委婉的规劝之言连连称赞。

唐雎说信陵君

《战国策》

[题解]

信陵君夺晋鄙兵权，解了赵国邯郸之围，赵王将亲自到郊外迎接信陵君。这时，唐雎告诫信陵君，不要因此而骄傲，应记住别人对自己之恩，忘掉自己对他人之恩。

[原文]

信陵君杀晋鄙①，救邯郸，破秦人，存赵国，赵王②自郊迎。唐雎(jū)③谓信陵君曰："臣闻之曰，事有不可知者，有不可不知者；

有不可忘者，有不可不忘者。”信陵君曰：“何谓也？”对曰：“人之憎我也，不可不知也；我憎人也，不可得而知也。人之有德于我也，不可忘也；吾有德于人也，不可不忘也。今君杀晋鄙，救邯郸，破秦人，存赵国，此大德也。今赵王自郊迎，卒[4]然见赵王，愿君之忘之也。”信陵君曰：“无忌谨受教。”

[注释]

①信陵君：魏无忌，魏昭王之子。晋鄙：魏将。秦国围赵，魏派晋鄙率兵救赵，晋鄙畏缩不敢前，被无忌所杀。②赵王：赵孝成王。③唐睢：魏国人，信陵君的门客。④卒：同“猝”，突然。

[译文]

魏国的信陵君杀了晋鄙，夺了兵权，解救了邯郸，击破了秦军，保住了赵国，赵王亲到郊外去欢迎他。唐睢对信陵君说：“我听到有句俗话说，事情有不可知的，有不可不知的；有不可以忘记的，有不可不忘记的。”信陵君问道：“这是何意呢？”唐睢回答说：“人家厌恶我的事，不可不知；我厌恶别人，却不应让他得知。别人对我有恩的事，不应忘记，我对别人有恩，却不应不忘记。如今您杀晋鄙，救邯郸，打败秦军，保住了赵国，这是大恩。现在赵王亲自到郊外来迎接您，很快就见到赵王，我希望您忘掉这事！”信陵君说：“无忌一定牢记您的指教。”

唐雎不辱使命

《战国策》

[题解]

魏国灭亡后，秦王嬴政妄图以欺骗的手段灭掉魏的属国安陵。安陵君拒绝了秦王的要求，并派唐雎出使秦国。唐雎以非凡的胆识与智慧，与秦王当面展开辩论，最终使秦王敬服。

[原文]

秦王使人谓安陵君[1]曰：“寡人欲以五百里之地易安陵[2]，安陵君其许寡人！”安陵君曰：“大王加惠，以大易小，甚善。虽然，受地于先王，愿终守之，弗敢易。”秦王不说。安陵君因使唐雎（jū）[3]使于秦。

秦王谓唐雎曰：“寡人以五百里之地易安陵，安陵君不听寡人，何也？且秦灭韩亡魏，而君以五十里之地存者，以君为长者，故不错意也[4]。今吾以十倍之地请广于君，而君逆寡人者，轻寡人欤？”唐雎对曰：“否！非若是也。安陵君受地于先王而守之，虽千里不敢易也，岂直五百里哉？”

秦王怫(fú)然[5]怒，谓唐雎曰：“公亦尝闻天子之怒乎？”唐雎对曰：“臣未尝闻也。”秦王曰：“天子之怒，伏尸百万，流血千里。”唐雎曰：“大王尝闻布衣之怒乎？”秦王曰：“布衣之怒，亦免冠徒跣(xiǎn)[6]，以头抢地耳。”唐雎曰：“此庸夫之怒也，非士之怒也。夫专诸之刺王僚也[7]，彗星袭月。聂政之刺韩傀也[8]，白虹贯日。要离之刺庆忌也[9]，苍鹰击于殿上。此三子皆布衣之士也，怀怒未发，休祲(jìn)[10]降于天，与臣而将四矣。若士必怒，伏尸二人，流血五步，天下缟(gǎo)素，今日是也。”挺剑而起。秦王色挠[11]，长跪[12]而谢之曰：“先生坐，何至于此！寡人谕矣。夫韩、魏灭亡，而安陵以五十里之地存者，徒以有先生也。”

[注释]

①秦王：秦始皇嬴政，其时尚未称帝。安陵君：战国时魏襄王曾封其弟为安陵君，此为安陵君后裔。②安陵：魏的附庸小国，在今河南鄢陵西北。③唐雎：魏国人。④错意：放在心上。错，通“措”。⑤怫然：忿怒的样子。⑥徒跣：光着脚。⑦专诸：春秋时吴国勇士。王僚：春秋时吴王寿梦第三个儿子夷昧之子，名僚。寿梦长子诸樊之子公子光（即后来的阖闾）与之争夺王位，派专诸将短剑藏在鱼腹中，借献食的机会，刺死王僚，专诸也被杀。⑧聂政：战国时勇士。韩傀：韩国的相。韩国大夫严仲子和韩傀有仇，聂政便替严仲子刺死韩傀，自己毁容自杀。⑨要离：春秋时吴国勇士。庆忌：吴王僚之子。吴王阖闾杀死吴王僚后，庆忌出逃至卫国。要离便假装得罪吴王，逃归庆忌，并取得信任，寻机杀死庆忌，然后伏剑自尽。⑩休祲：休，吉兆；祲，凶兆。⑪色挠：脸色沮丧下来。⑫长跪：双膝跪地，直腰挺立，臀部离开脚后跟，以示郑重。

[译文]

秦王嬴政派人对安陵君说：“我要用方圆五百里的土地交换安陵，安陵君应该答应！”安陵君说：“大王给我恩惠，用大的换小的，很好。虽然如此，但我从先王那里继承了封地，愿意永远守卫它，不敢交换！”秦王不高兴，安陵君因此派唐雎出使秦国。

秦王对唐雎说：“我用五百里的土地交换安陵，安陵君不听从，为什么呢？况且秦国灭掉韩国和魏国，然而安陵君却凭借五十里的土地幸存，是我把安陵君当作老实人，未加注意。现在我用十倍的土地，扩大安陵君的领土，但他却拒绝了，难道不是轻视我吗？”唐雎回答说：“不，并非如此。安陵君从先王那里接受土地并且保卫它，即使是方圆千里的土地也不敢交换，何况只有五百里？”

秦王大怒，对唐雎说：“您也曾听说过天子发怒吗？”唐雎回答说：“不曾听说”。秦王说：“天子发怒，使百万尸体倒下，血流千里。”唐雎说：“大王曾经听说过老百姓发怒吗？”秦王说：“百姓发怒，也不过是摘掉帽子光着脚，用头撞地而已。”唐雎说：“这是平庸之人发怒，不是有胆识的人发怒。从前，专诸刺杀王僚时，彗星的光芒冲击了月亮，聂政刺杀韩傀的时候，白色的云气横贯太阳，要离刺杀庆忌的时候，苍鹰突然扑击到朝堂上。这三个人都是百姓，心里的怒气还没发作，上天就降下了祸福的征兆，现在，加上我将要成为四个人了。有胆识的人真要发怒，倒在地上的尸体只有两个，血只流五步远，可是全国人民要穿孝服，今天就是这样。”于是拔剑站在秦王面前，秦王的脸色马上和缓了，直挺挺地跪着向唐雎道歉说：“先生请坐！为什么会到这个地步呢？我明白了。韩、魏灭亡，安陵却凭五十里的土地幸存，只是因为有先生啊！”

乐毅报燕王书

《战国策》

[题解]

燕昭王任命乐毅为上将军，率领五国的军队打败齐军。后乐毅攻莒、即墨，数年不破。燕昭王死，惠王继位，中了齐国的反间计，不信任乐毅，派骑劫替换他，于是乐毅去了赵国。齐人打败燕军，杀死骑劫。燕王却派人指责乐毅忘恩负义，乐毅回此信，表明自己不会做出背叛燕国的事情。

[原文]

昌国君乐毅[1]为燕昭王合五国之兵而攻齐，下七十余城，尽郡县之以属燕。三城未下，而燕昭王死。惠王即位，用齐人反间，疑乐毅，而使骑劫[2]代之将。乐毅奔赵，赵封以为望诸君[3]。齐田单[4]诈骑劫，卒败燕军，复收七十余城以复齐。

燕王悔，惧赵用乐毅乘燕之敝以伐燕。燕王乃使人让[5]乐毅，且谢之曰：“先王举国而委将军，将军为燕破齐，报先王之仇，天下莫不振动，寡人岂敢一日而忘将军之功哉？会先王弃群臣，寡人新即位，左右误寡人，寡人之使骑劫代将军，为将军久暴露于外，故召将军且休计事。将军过听，以与寡人有隙，遂捐燕而归赵。将军自为计则可矣，而亦何以报先王之所以遇将军之意乎？”

望诸君乃使人献书报燕王曰：“臣不佞，不能奉承先王之教，以顺左右之心，恐抵斧质之罪[⑥]，以伤先王之明，而又害于足下之义，故遁逃奔赵。自负以不肖之罪，故不敢为辞说。今王使使者数之罪，臣恐侍御者之不察先王之所以畜幸臣之理，而又不白于臣之所以事先王之心，故敢以书对。

田单火牛破敌

齐国用反间计使乐毅奔赵，田单击败骑劫，收复齐地。

“臣闻贤圣之君，不以禄私其亲，功多者授之；不以官随其爱，能当者处之。故察能而授官者，成功之君也；论行而结交者，立名之士也。臣以所学者观之，先王之举措，有高世之心，故假节[⑦]于魏王，而以身得察于燕。先王过举，擢之乎宾客之中，而立之乎群臣之上，不谋于父兄，而使臣为亚卿[⑧]。臣自以为奉令承教，可以幸无罪矣，故受命而不辞。

“先王命之曰：‘我有积怨深怒于齐，不量轻弱，而欲以齐为事。’臣对曰：‘夫齐，霸国之余教而骤胜之遗事也。闲[⑨]于甲兵，习于战攻。王若欲伐之，则必举天下而图之。举天下而图之，莫径于结赵矣。且又淮北、宋地，楚、魏之所同愿也，赵若许约，楚、魏尽力，四国攻之，齐可大破也。’先王曰：‘善！’臣乃口受令，具符节，南使臣于赵，顾反命，起兵随而攻齐。以天之道、先王之灵，河北之地，随先王举而有之于济上[⑩]。济上之军，奉令击齐，大胜之。轻卒锐兵，长驱至国，齐王逃遁走莒（jǔ）[⑪]，仅以身免。珠玉财宝、车甲珍器，尽收入燕，大吕陈于元英，故鼎返乎历室，齐器设于宁台，蓟丘之植[⑫]，植于汶篁（wènhuáng）[⑬]。

自五伯以来，功未有及先王者也。先王以为顺于其志，以臣为不顿命，故裂地而封之，使之得比乎小国诸侯。臣不佞，自以为奉令承教，可以幸无罪矣，故受命而弗辞。

“臣闻贤明之君，功立而不废，故着于春秋，蚤知之士，名成而不毁，故称于后世。若先王之报怨雪耻，夷万乘之强国，收八百岁之蓄积，及至弃群臣之日，遗令诏后嗣之余义。执政任事之臣，所以能循法令，顺庶孽者⑭，施及萌隶⑮，皆可以教于后世。

“臣闻善作者不必善成，善始者不必善终。昔者伍子胥说听乎阖闾，故吴王远迹至于郢，夫差弗是也，赐之鸱(chī)夷⑯而浮之江。故吴王夫差不悟先论之可以立功，故沉子胥而弗悔。子胥不蚤见主之不同量，故入于江而不改。

“夫免身全功以明先王之迹者，臣之上计也。离⑰毁辱之非，堕先王之名者，臣之所大恐也。临不测之罪，以幸为利者，义之所不敢出也。

“臣闻古之君子，交绝不出恶声；忠臣之去也，不洁其名。臣虽不佞，数奉教于君子矣。恐侍御者之亲左右之说，而不察疏远之行也，故敢以书报，唯君之留意焉！”

[注释]

①乐毅：战国时燕将。燕昭王时任亚卿，公元前284年率燕军破齐，封为昌国君。②骑劫：燕将。③望诸君：赵国给乐毅的封号。④田单：战国时齐人。因用反间计使乐毅奔赵，又击败骑劫，收复齐地而被齐襄王任为相国。⑤让：责怪。⑥斧质之罪：杀身之罪。斧质，斩人刑具。⑦节：外交使臣所持符节。⑧亚卿：官名，地位仅次于上卿。⑨闲：通“娴”，熟练。⑩济：济水，古时与淮、河、江并称四渎。发源于河南，其故道经山东，与黄河并行入海。⑪莒：地名，在今山东莒县。⑫蓟丘：燕都，在今北京。植：旗杆。这里代指旗帜。⑬汶：齐国水名，即今山东大汶河。篁：种竹的田。⑭庶孽：庶子，指妾所生的儿子。⑮萌隶：百姓。⑯鸱夷：皮革制的口袋。⑰离：通“罹”，蒙受。

[译文]

昌国君乐毅为燕昭王联合五国的军队攻打齐国，攻下七十多座城池，全部划为郡县，归属燕国。还有三座城池没有拿下，而燕昭王死了，惠王即位，误信齐人的离间，怀疑乐毅，就派骑劫代他统军。乐毅逃到赵国，赵国封他为望诸君。齐国的田单对骑劫施展计谋，最后打败燕国军队，恢复齐国领土。

燕王后悔了，担心赵国起用乐毅，趁燕国疲乏来讨伐燕国。燕王就派人责备乐毅，又向他谢罪道："先王将全国委托给将军，将军为燕国攻破齐国，报了先王的仇，天下无不振动，我哪里会有一天忘记了将军的功劳呢？正当先王去世，我刚刚即位，左右的臣子误导我，我才派骑劫去替将军的，为的是长期风餐露宿，所以召将军回来，一边休息一边议事。将军你误听谣言，而认为我怀疑您，就抛弃燕国投奔赵国。将军为自己考虑这样做是应该的，但又如何报答先王对您的知遇之情呢？"

望诸君便派人送信给燕王说："我不聪明，不能奉行先王的教诲，来顺应您左右官员的心，害怕犯下受斧质刑的罪，就伤害了先王的英明，又伤害了您的道义，所以逃奔到赵国。自己来承担不贤的罪名，因此不敢辩解。现在您派使者来数说我的罪行，我怕您身边的人不了解先王之所以重用我的道理，又表达不清我之所以侍奉先王的真心，所以斗胆用书信回答。

"我听说圣贤的君王，不用俸禄私自照顾他亲信的人，功劳多的就给他；不将官爵随便给他所喜爱的人，让能力合格的人待在那位子上。所以了解能力而授予官职的人，是成功的君王；依照品行而结交朋友的，是树立名望的人士。据我的所学来看，先王的措施，有高于世事的心志，所以我借着魏王的符节出使燕国，而得到燕王的赏识。先王抬举，将我在宾客中选拔出来，安排在群臣之上，先王不和父兄商量，就让我成为亚卿。我觉得听从命令接受教诲，可以侥幸不犯错，所以接受命令不推辞。

"先王命令说：'我对齐国有深仇，不考虑自己实力的弱小，就是希望进攻齐国。'我回答说：'齐国，有大国的遗风，有多次胜利的战绩，熟习军事，经常练习进攻作战。君王如果想讨伐它，就必须发动天下的力量来谋划，最直接的办法莫过于结交赵国。况且齐的淮北、宋地，是楚国、魏国都希望得到的。赵国如果答应结盟，楚国、魏国都会尽力，四国攻打它，可以大破齐国啊！'先王说：'好。'我便接受口令，准备好符节，向南出使赵国。回国复命，一起发兵攻齐。凭借上天的眷顾，先王的福运，黄河以北的地利，跟着先王一举而攻占了济上。济上的军队，受命攻打齐国，大胜。轻装锐利的军队，长驱直入来到齐都。齐国国王逃跑到莒，仅仅自己逃脱。齐国的财宝，战车甲胄珍贵器具，全都收归燕国。大吕钟摆放在元英宫，原来被夺的鼎放回到历室宫，齐国的器具摆在于宁台上。燕都蓟丘的植物栽到了汶河的竹田中。自从五霸以来，功业没有及得上先王的。先王觉得实现了他的心愿，认为我没有败坏他的命令，所以划地封赏我，使我相当于小国诸侯。我不够聪明，自以为听从命令接受教诲，就可以侥幸免罪，所以接受命令而没有推辞。

"我听说贤明的君王，建立功业不会废弃，所以被记于史册；有远见的人士，成就了功名不会将它毁坏，所以被后世称道。像先王报仇雪耻，平定了拥有万辆战车的强国，收缴了八百年积累的财富，等到死去的日子，他还遗留下告诫后代的条令。执政担任事务的臣子，因此遵循法令，使庶子听从，并施加到百姓头上，全都是可以教导后世的。

"我听说善于劳作未必善于成功，善于开始的人不一定善于收尾。从前伍子胥说的道理被阖闾接受，所以吴王的足迹远涉到楚都郢。夫差不认可，赐给他的是皮袋子并投之于江。所以夫差不明白伍子胥的远见可以建立功业，因此将伍子胥沉尸而不后悔。伍子胥不能早料到阖闾、夫差两位君主不同的雅量，因此被沉入江中也不改他的主张。

"避免我自己遭祸保全我的功绩，来彰显先王的事迹，是我的上策啊！罹患毁誉受辱的错误，损贬先王的英名，是我最担心的啊！面临不测的罪行，来侥幸获得利益，按照一般的道理，我也是不敢做的。

"我听说古代的君子，断交也不说他人的坏话；忠臣离去，也不为自己的名声辩白。我虽不才，也多次受君子的教诲啊！怕您身边的人听信左右的话，而不能了解被疏远者的品行啊，所以斗胆用书信呈报，请您仔细考虑。"

作者简介

李斯（？—前208），楚国上蔡（今河南上蔡）人，与韩非同师事荀子。战国末期著名政治家，早年为楚小吏，后入秦。秦王（后称始皇）拜为客卿，升廷尉。秦始皇统一六国后，任丞相，协助秦始皇推行一系列加强封建君主专制的措施。秦二世即位后，他被赵高陷害而死。这篇《谏逐客书》是由《史记·李斯列传》收录才保留下来的，标题也是后人加上去的。

谏逐客书①

李斯

[题解]

战国末年，韩国派水工郑国到秦国去，建议秦国建造郑国渠，欲以此消耗秦之国力阻秦攻韩。事情被发现后，秦宗室大臣提出逐客的主张，李斯也在被逐之列，因此写了这封《谏逐客书》。他在文中列举穆公、孝公、惠王、昭王四君任用客卿所收到的功效，又举出秦王爱好的色乐珠玉都不产于秦，认为秦应广纳天下人才，终于说服了秦王。

[原文]

秦宗室大臣皆言秦王曰："诸侯人来事秦者，大抵为其主游间于秦耳，请一切逐客。"李斯议亦在逐中。

斯乃上书曰："臣闻吏议逐客，窃以为过矣②。昔穆公③求士，西取由余于戎④，东得百里奚于宛⑤，迎蹇叔⑥于宋，求丕豹、公孙支于晋⑦。此五子者，不产于秦，而穆公用之，并国二十⑧，遂霸西戎。孝公⑨用商鞅之法，移风易俗，民以殷盛，国以富强，百姓乐用，诸侯亲服，获楚、魏之师，举地⑩千里，至今治强。

惠王用张仪之计[11]，拔三川之地[12]，西并巴、蜀，北收上郡[13]，南取汉中[14]，包九夷，制鄢(yān)、郢[15]，东据成皋[16]之险，割膏腴之壤，遂散六国之从[17]，使之西面事秦[18]，功施到今。昭王得范雎[19]，废穰侯，逐华阳[20]，强公室，杜私门[21]，蚕食诸侯，使秦成帝业。此四君者[22]，皆以客之功。由此观之，客何负于秦哉？向使四君却客而不内[23]，疏士[24]而不用，是使国无富利之实，而秦无强大之名也。

郑国

战国末年，韩国派水工郑国到秦国去，建议秦国建造郑国渠，欲以此消耗秦之国力阻秦攻韩。事情被发现后，秦宗室大臣提出逐客的主张。

“今陛下致昆山之玉[25]，有随、和之宝[26]，垂明月之珠[27]，服太阿(ē)之剑[28]，乘纤离[29]之马，建翠凤之旗[30]，树灵鼍(tuó)之鼓[31]。此数宝者，秦不生一焉，而陛下说[32]之，何也？必秦国之所生然后可，则是夜光之璧[33]不饰朝廷；犀象之器[34]，不为玩好；郑、卫之女，不充后宫；而骏马駃騠(jué tí)[35]，不实外厩；江南金锡不为用，西蜀丹青不为采。所以饰后宫、充下陈、娱心意、悦耳目者，必出于秦然后可，则是宛(yuān)珠[36]之簪，傅玑之珥[37]，阿缟(gǎo)之衣[38]，锦绣之饰，不进于前，而随俗雅化、佳冶窈窕，赵女[39]不立于侧也。夫击瓮叩缶，弹筝搏髀(bì)[40]，而歌呼呜呜、快耳目者，真秦之声也；郑、卫桑间，《韶虞》《武象》者[41]，异国之乐也。今弃击瓮而就郑卫，退弹筝而取《韶虞》，若是者何也？快意当前，适观而已矣。今取人则不然，不问可否，不论曲直，非秦者去，为客者逐。然则是所重者在乎色、乐、珠、玉，而所轻者在乎人民也。此非所以跨[42]海内、制诸侯之术也。

“臣闻地广者粟多，国大者人众，兵强则士勇。是以泰山不让[43]土壤，故能成其大，河海不择[44]细流，故能就其深，王者不却众庶，故能明其德[45]。是以地无四方，民无异国，四时充美，鬼神降福，此五帝三王[46]之所以无敌也。今乃弃黔首[47]以资敌国，却宾客[48]以业诸侯，使天下之士退而不敢西向，裹足不入秦，此所谓‘借寇兵而赍[49]盗粮’者也。

“夫物不产于秦，可宝者多；士不产于秦，而愿忠者众。今逐客以资敌国，损民以益仇，内自虚而外树怨于诸侯，求国之无危，不可得也。”

秦王乃除逐客之令，复李斯官。

[注释]

①谏：直言规劝，使改正错误。逐客：指驱逐六国在秦之人。书：指上书。②窃：私下。过：错误。③穆公：秦穆公，名任好，春秋时秦国国君，春秋五霸之一。④由余：本是晋国人，先在西戎做官，后投奔秦，助穆公统一西戎各部。西戎：指当时在西部的少数民族。⑤百里奚：楚人，曾为虞国（今山西平陆北）大夫。百里奚作为晋献公之女的陪嫁奴仆入秦，秦穆公任为大夫。宛：楚邑，今河南南阳。⑥蹇叔：原是西戎岐（今陕西岐山）人，游于宋，受百里奚推荐入秦，秦穆公礼聘为上大夫。⑦丕豹：晋国人。晋惠公杀其父丕郑后逃入秦。公孙支：秦大夫，穆公谋臣，又名公孙子桑。⑧产：出生。并国：兼并别的国家。⑨孝公：秦孝公，名渠梁，战国时秦国国君。⑩举地：开拓疆土。⑪惠王：秦惠文王，名驷，孝公之子。张仪：魏国人，任惠文王相。⑫三川：指黄河、洛水、伊水，指今河南洛阳一带地区。⑬上郡：郡名，战国魏地，今陕西北部及内蒙古的一部分。⑭汉中：郡名，战国楚地，今陕西汉中一带。⑮九夷：指居于楚国境内的少数民族。鄢：楚古都，今湖北宜城。郢：楚都，今湖北江陵西北。⑯成皋：古邑名，今河南荥阳汜水镇，原名虎牢，后改成皋。⑰从：同“纵”，指东方六国联合抗秦的合纵策略。⑱西面：面向西。事秦：服从秦国。⑲昭王：秦昭襄王。范雎：字叔，魏人，后入秦，为昭王相。封于应，又称应侯。⑳穰侯：魏冉，原为楚人，秦昭王母宣太后异父弟，封于穰，故称穰侯。华阳：华阳君，宣太后同父弟，封于华阳，称华阳君。㉑公室：指国家。杜私门：杜绝贵族专权之路。㉒四君：指穆公、孝公、惠文王、昭襄王。㉓向使：假使。内：同“纳”，接纳。㉔疏士：疏远贤士。㉕致：求得。昆山：传说中的产玉之山。㉖随、和：指随侯珠、和氏璧。㉗明月之珠：明月珠，一说指夜光珠。㉘太阿之剑：太阿宝剑。古代名剑，相传为春秋时期楚国人干将和莫邪所铸。㉙纤离：骏马名。㉚建：竖。翠凤之旗：用翠鸟羽毛组合成凤凰形图案的旗。

㉛树：设置。灵鼍之鼓：用神鼍（一种鳄鱼）皮做成的鼓。㉜说：同“悦”，喜欢。㉝夜光之璧：夜间发光的玉璧。㉞犀象之器：犀牛角和象牙制成的器具。㉟骏马駃騠：北方所产之良马。㊱宛珠：宛地产的宝珠。㊲傅：同“附”。玑：不圆的宝珠。珥：耳环。傅玑之珥，指带着珠子的耳环。㊳阿缟之衣：指齐国东阿所产之丝绸制成之衣。㊴赵女：赵地的美女。㊵搏髀：拍着大腿，打拍子的动作。㊶桑间：卫国地名，在濮水岸边，此地民间音乐极优美动听，古称桑间濮上之音。韶虞：韶是虞舜的乐曲，故称韶虞。武象：武是周武王的乐曲，像是周武王的舞曲。㊷跨：统一。㊸让：拒绝。㊹择：挑选。㊺明其德：彰明他的道德。㊻五帝三王：泛指古时的圣君贤主。㊼黔首：秦称百姓为黔首。㊽宾客：指客居在秦的人。㊾赍：持物送人。

[译文]

秦国的王族、大臣对秦王说：“诸侯各国来投奔秦国的人，大多不过是为了替其君主在秦国游说离间罢了，请下令把一切外来的客卿驱逐出去。”当时，李斯也在提名被逐之列。

于是李斯向秦王上书说：“我听说官员们在商议驱逐客卿，臣私下认为这是不对的。过去秦穆公求士，在西边的戎那里得到了由余，东边从宛得到百里奚，在宋国迎来蹇叔，在晋国招来丕豹、公孙支。这五个人，不出生在秦国，可穆公重用他们，吞并了二十个小国，使秦称霸西戎。孝公推行商鞅的新法，改变习俗，人民因此殷盛，国家因此富强，百姓愿意为国效力，诸侯各国归附听命，又战胜了楚、魏的军队，攻取了千里土地，至今还巩固地统治着。秦惠王采用张仪的连横之计，攻占三川一带。往西吞并了巴、蜀，往北收服了上郡，往南夺取了汉中，并吞了九夷的土地，控制鄢、郢，往东占据成皋的险要，占领了肥沃的土地。于是瓦解了六国的合纵，使他们向西侍奉秦国，功效一直延续至今。昭王得到范雎，废掉了穰侯，驱逐华阳君，加强王室的地位，废除了权贵的垄断，逐步侵吞各国，使秦成就帝业。这四位国君，都是任用客卿而成功。由此看来，客卿们有什么对不起秦国的呢？假使这四位国君不接纳客卿，疏远贤士而不用，这就不会使秦得到富强，秦国也不会有强大的威名。

“现在陛下得到昆山的美玉，宫中有随侯珠，和氏璧，悬挂着光如明月的宝珠，身佩太阿宝剑，乘纤离马，树立翠凤旗，陈设灵鼍鼓。这些宝物，没有一种产自秦国，而陛下却很喜欢它们，这是为什么呢？如果一定要产自秦国才可采用，那么这种夜光宝玉，决不会成为秦廷的装饰；犀角、象牙雕成的器物，也不会为陛下所赏玩；郑、卫的美女，也不会填满陛下的后宫；北方的名骥良马，就不会养在陛下的马房；江南的金锡不会为陛下所用，西蜀的颜料也不会作为彩饰。用以装饰后宫、广充侍妾、爽心快意、愉悦耳目的所有这些都产自秦国才可用的话，那么点缀有珠宝的簪子，耳上的玉坠，丝织的衣服，锦绣的饰物，就都不会献于陛下面前；那些随风俗装扮艳丽、优美的佳丽，也不会立于陛下的身旁。那敲击瓦器，拍髀弹筝，呜呜呀呀地歌唱，能开心悦耳的，是真正的秦国的音乐；那郑、卫桑间的歌声，《昭虞》《武象》的古曲，都是外国的音乐。如今陛下放弃敲击瓦器的音乐，而取用郑、卫淫靡悦耳之音，不要秦筝而要《昭虞》，这是为什么呢？难道不是为了快意，满足耳目官能的需要么？可现在用人却不如此，不问是否可用，不管是否有理，凡是外来的就要离开，凡是客卿都要驱逐。可见，陛下所看重的，只在珠玉声色，而所轻视的却是人才。这不是能用来统一天下，制服诸侯的方法啊！

“我听说，地域广的，粮食充足；国家大的，人民必众；武器精良，兵士一定勇敢。所以泰山不拒绝土壤，方能高大；河海不遗弃溪流，方能成为深水；称王的人不抛弃臣民，才能表现出他的德行。因此，地不分东西，民不论国籍，四季丰足，鬼神也会来降福。这正是五帝、三王无敌的原因啊！现在陛下却抛弃百姓以资助敌国，拒绝宾客以壮大诸侯，使天下之士退出秦国而不敢往西，停步不敢入秦，这正是人们所说的给强盗粮食，送敌人武器啊！

“许多东西并不产于秦，然而可贵的却很多；许多士人都不生于秦，可是愿意对秦尽忠心的却不少。现在驱逐客卿而帮助敌国，减少本国人口而有利仇人，结果对内削弱自己，在外又和各国诸侯结怨，而想使国家不陷于危境，这是办不到的啊！”

秦王于是撤销逐客令，恢复了李斯的官职。

《楚辞》简介

《楚辞》是西汉刘向所编的楚地诗体作品的集子，收录了屈原、宋玉和汉代一些作家的辞赋，因为这些辞赋用的是在楚地的诗歌体制、语言声韵和楚地特有的意象，所以叫作“楚辞”。《宋玉对楚王问》不一定是宋玉所作，可能是后人根据屈原、宋玉的资料整理而成的。《楚辞》对后世文学影响深远，我国诗歌史上常以“风”“骚”并称，“风”指《诗经》，“骚”即指《楚辞》。

卜 居

《楚辞》

[题解]

《卜居》的题意是用卜筮的方法，选择今后的生活道路和处世态度。本文传说是屈原的作品，但实际上是楚国人为了悼念他所作，文中借求太卜郑詹尹卜筮之机，以排比、比喻等修辞手法，把现实生活中“善”与“恶”，“光明”与“黑暗”的斗争淋漓尽致得展现了出来。

[原文]

屈原既放，三年不得复见。竭智尽忠，而蔽障于谗[①]。心烦虑乱，不知所从。乃往见太卜郑詹尹曰[②]：“余有所疑，愿因先生决之。”詹尹乃端策拂龟曰[③]：“君将何以教之？”屈原曰：“吾宁悃悃(kǔn kǔn)款款[④]，朴以忠乎？将送往劳来[⑤]，斯无穷乎[⑥]？宁诛

锄草茅以力耕乎？将游大人以成名乎？宁正言不讳以危身乎？将从俗富贵以偷生乎？宁超然高举以保真乎？将哫訾(zú zǐ)栗斯[7]，喔咿儒儿[8]，以事妇人乎[9]？宁廉洁正直以自清乎，将突梯滑稽(gǔ)[10]，如脂如韦[11]，以絜(xié)楹乎[12]？宁昂昂若千里之驹乎，将氾(fàn)氾若水中之凫(fú)[13]，与波上下，偷以全吾躯乎？宁与骐骥亢轭(gě)乎[14]？将随驽马之迹乎[15]？宁与黄鹄(hú)比翼乎[16]？将与鸡鹜(wù)争食乎[17]？此孰吉孰凶？何去何从？世溷(hùn)浊而不清[18]，蝉翼为重，千钧为轻；黄钟毁弃，瓦釜雷鸣[19]；谗人高张，贤士无名。吁嗟默默兮，谁知吾之廉贞？”

詹尹乃释策而谢曰：“夫尺有所短，寸有所长；物有所不足，智有所不明；数有所不逮[20]，神有所不通。用君之心，行君之意。龟策诚不能知此事！”

[注释]

①蔽障：遮蔽阻隔。指屈原遭谗被楚怀王疏远隔绝。②太卜：主管占卜的官名。③策：蓍草，用以筮。龟：龟甲，用以卜。端策拂龟是占卜前表示虔诚的准备动作。④宁：表选择，宁可。悃悃款款：诚实勤劳的样子。⑤将：表选择，还是。送往劳来：意谓随处周旋、巧于应酬。⑥斯：连词，乃，则。穷：困境。⑦哫訾：以言献媚。栗斯：阿谀奉承状。栗，恭谨，恭敬。斯，语助词。⑧喔咿儒儿：强颜欢笑的样子。⑨妇人：指楚怀王宠姬郑袖，她与朝中重臣上官大夫等人联合排挤谗毁屈原。⑩突梯滑稽：迎合世俗、态度圆滑貌。⑪如脂如韦：比喻处世圆转，如油脂般光滑，如兽皮般柔顺。脂，油脂。韦，熟牛皮。⑫絜楹：指把方状物体做成屋的柱子，引申为削方为圆的处世之态。絜，度量物体周围的长度。楹，屋柱。⑬氾氾：漂浮。凫：野鸭。⑭与骐骥亢轭：指与骏马齐驱。亢轭，并驾。轭，车辕前套在牲口颈上的横木。⑮驽马：劣马。⑯黄鹄：天鹅。⑰鹜：野鸭。⑱溷浊：浑浊。⑲“黄钟”两句：贵重的黄钟遭到毁坏遗弃，劣质的瓦器发出雷鸣般的声音，比喻黑白颠倒，小人得志。黄钟，一种形体最大、声音最洪亮的乐器。瓦釜，原始的瓦制击打乐器。⑳数：术数。逮：及，到。

[译文]

屈原既被放逐，多年都不能再见楚王。他竭尽智慧与忠诚，却被谗言所遮蔽阻隔。他心情烦闷纷乱，不知何去何从。于是去见卜筮之官郑詹尹问：“我有疑惑，想请先生帮我决断。”詹尹摆正了蓍草拂拭龟甲说：“你有什么要问我的？”屈原问道：“我应该诚实恳切从心里忠于君王，报效国家呢，还是终生不知疲倦地追随世俗，使自己没有困境呢？应该除草助苗，努力去耕种呢，还是游说那些贵人，取得卿相地位和荣耀呢？是该忠谏君之恶，危害自身的生命呢，还是追求世俗贪求名利、苟且偷安呢？是应该超脱世俗长逝远游，来持守内美呢，还是媚言讨好，去奉承君王左右的重臣呢？是廉洁正直、清高自重呢，还是世故圆滑、巧言善辩，没有自己的立场呢？要昂首挺胸、志行远大，像奔驰千里的骏马呢？还是做那小河里的水鸭，随着水流游走，得过且过地保全自己的身躯呢？要和骏马并驾齐驱呢，还是在驽马的身后安步徐行呢？要和鸿鹄比翼齐飞直冲云霄呢，还是和那鸭子争啄残羹呢？这些哪些是吉，哪些是凶？我将何去何从？当今的世道污浊不清，薄薄的蝉羽却说有着千斤，而把千斤的重量说得比羽毛还轻；洪亮的黄钟遭毁弃，可把那瓦盆敲打得响如雷鸣；谗佞的小人占据高位，气焰嚣张，可那贤明之士却默默无闻。长吁短叹沉默不语啊，有谁知道我的廉洁忠贞？"

詹尹于是放下占卜的用具，辞谢道："尺有所短，寸有所长。世间任何万物各有不足，智者也有困惑的时候。日月运行虽有定数也有不可计量的时候，神明可判吉凶可也有无法通晓的时候。以你的心，行你自己的操守，龟卜占策不能决断你的心志。"

宋玉对楚王问

《楚辞》

[题解]

相传宋玉是伟大诗人屈原的学生，在楚怀王、楚襄王时做过文学侍从之类的官，常在楚王身边。本文通过宋玉和楚王的问答，表现了宋玉的清高，也反映了仕途不顺的苦恼。

[原文]

楚襄王问于宋玉[①]曰："先生其有遗行与？何士民、众庶不誉之甚也？"

宋玉对曰："唯，然，有之。愿大王宽其罪，使得毕其辞。客有歌于郢中者。其始曰《下里》《巴人》[②]，国中属(zhǔ)[③]而和者数千人。其为《阳阿》《薤(xiè)露》[④]，国中属而和者数百人。其为《阳春》《白雪》[⑤]，国中属

东墙窥宋

宋玉是古时有名的美男子，据说曾有女子登墙偷看他。

而和者，不过数十人。引商刻羽，杂以流徵(zhǐ)[⑥]，国中属而和者，不过数人而已。是其曲弥高，其和弥寡。故鸟有凤而鱼有鲲。凤凰上击九千里，绝[⑦]云霓，负苍天，足乱浮云，翱翔乎杳冥之上。夫藩篱之鷃(yàn)[⑧]，岂能与之料天地之高哉？鲲鱼朝发昆仑之墟，暴鬐(qí)于碣石[⑨]，暮宿于孟诸[⑩]。夫尺泽之鲵[⑪]，岂能与之量江海之大哉？故非独鸟有凤而鱼有鲲也，士亦有之，夫圣人瑰意琦行[⑫]，超然独处，世俗之民，又安知臣之所为哉？”

[注释]

①宋玉：战国后期楚国人，相传为屈原的学生，在楚怀王、襄王时做过文学侍从类的官。②《下里》《巴人》：都是楚国通俗的乐曲。③属：跟随。④《阳阿》《薤露》：都是楚国比较高雅的乐曲。⑤《阳春》《白雪》：都是楚国高雅的乐曲。⑥引商刻羽，杂以流徵：古代有五声，即宫、商、角、徵、羽，后又增加了变徵、变宫，成为七声，表示七声音阶的七个音级。这里用音级的复杂变化来形容音乐技巧的高超。⑦绝：超越。⑧鷃：一种小鸟。⑨碣石：山名，在今河北昌黎。⑩孟诸：泽名，在今河南商丘东北。⑪鲵：一种小鱼。⑫瑰意琦行：卓越不凡的思想行为。

[译文]

楚襄王问宋玉说：“先生大概有不检点的行为吧？为什么士人、百姓都对你不满呢？”

宋玉回答说：“是的，是这样，有这种情形。希望大王宽恕我的罪过，让我把话说完。有个客人在都城里唱歌，开始唱《下里》《巴人》，都城里跟着他唱的人有几千，后来唱《阳阿》《薤露》，都城里跟着他唱的人有几百，等到唱《阳春》《白雪》的时候，都城里跟着他唱的只有几十人，最后引用商声，刻画羽声，再和以徵声时，都城里跟着他应和的不过几个人罢了。这样看来，所唱越是高雅，和唱的人也就越少。所以鸟类中有凤，鱼类中有鲲。凤凰展翅上飞九千里，穿越云霓，背负苍天，脚踏浮云，翱翔在那极高远的天上。那落在篱笆上鷃雀，怎能和它一样了解天地的高大？鲲鱼早上从昆仑山脚下出发，中午在渤海边的碣石山上歇息，夜晚在孟诸过夜，浅水塘里的鲵鱼，岂能和它一样测知江海的广阔？“不仅是鸟类中有凤，鱼类中有鲲，士人之中也有杰出人才。圣人卓见拥有美好操行，超出常人而独自存在，一般的人又怎能理解我的所作所为呢？”

卷五 汉文

《史记》简介

《史记》为我国第一部纪传体通史，记载从黄帝到汉武帝时代约三千年的历史。其作者为我国古代伟大的史学家和文学家司马迁。司马迁（前145—约前87），字子长，夏阳（今陕西韩县）人。

《史记》全书由本纪、世家、表、书、列传五部分组成。“本纪”按帝王世系、时间顺序记叙政治、军事等天下大事及帝王本人事迹，是编年的大事记。“世家”记叙的是先秦各国的兴衰以及汉朝宗室和开国元勋的事迹。“表”按年月以表格形式谱列各国重大事件。“书”是关于经济、文化等一些专门问题的记述。“列传”是一些有影响的历史人物的传记。全书分为十二本纪、三十世家、十表、八书、七十列传，共计一百三十篇，五十二万余字。

五帝本纪赞

《史记》

[题解]

《五帝本纪》是《史记》中的第一篇，记述了传说中的五位帝王——黄帝、颛顼、帝喾、尧、舜的事迹。这里所选的是篇中的最后一段，内容是说明此篇的史料来源和司马迁本人的观点。

文中表明司马迁对一些史料进行了认真的考察和分析，并且亲自到有关地区进行调查，然后通过综合与研究，选取这些史料中真实可信的部分，写成了《五帝本纪》，这是一篇言简意赅的说明文，是研究《史记》和司马迁治史精神的重要资料。

[原文]

太史公曰[①]：学者多称五帝[②]，尚矣[③]。然《尚书》独载尧以来[④]，而百家言黄帝[⑤]，其文不雅驯[⑥]，荐绅先生难言之[⑦]。孔子所传《宰予问五帝德》及《帝系姓》[⑧]，儒者或不传。余尝西至空桐[⑨]，北过涿鹿[⑩]，东渐于海[⑪]，南浮江淮矣，至长（zhǎng）老皆各往往称黄帝、尧、舜之处[⑫]，风教固殊焉，总之不离古文者近是[⑬]。予观《春秋》《国语》，其发明《五帝德》《帝系姓》章矣[⑭]，顾弟弗深考[⑮]，其所表见皆不虚[⑯]。《书》缺有间（jiàn）矣[⑰]，其轶乃时时见于他说。非好学深思，心知其意，固难为浅见寡闻道也。余并论次[⑱]，择其言尤雅者，故著为本纪书首。

[注释]

①太史公：司马迁自称。司马迁曾任太史令。②五帝：见“题解”。③尚：久远。④《尚书》：上古政治文诰和部分追述古代事迹著作的汇编书，亦称《书》《书经》。尧：唐尧，传说中的远古帝王。⑤百家：诸子百家。黄帝：轩辕氏，传说中的远古帝王，中原各族的共同祖先。⑥雅驯：正确可信。雅：正确。驯，同“训”，规范。⑦荐绅先生：即士大夫。荐绅，即搢绅。搢，插。绅，腰带。⑧《宰予问五帝德》《帝系姓》：为《大戴礼记》及《孔子家语》中的篇名。有些儒者人物不是圣人之言，不可信，因而不传学。⑨空桐：崆峒山，在今甘肃平凉西。传说黄帝曾到过此山。⑩涿鹿：涿鹿山，在今河北涿鹿东南。传说黄帝、尧、舜都曾在那里建都。⑪渐：入，到。⑫长老：年纪大的人。⑬古文：指用古文字（金文、战国文字、篆文）写成的典籍。⑭发明：阐明。章：明白。⑮顾：不过。弟：通“第”，只是。⑯见：同“现”。⑰有间：为时已久。⑱论次：评论编次。

[译文]

太史公司马迁评论道：学者们经常会说到五帝，这种风气已有很久了。可是《尚书》却只记录了尧之后的历史事实，至于诸子百家所提到的黄帝，他们所作的记载又不是那么正确和令人相信，士大夫们对于这些记载经常发出诘难。孔子流传下来的《宰予问五帝德》和《帝系姓》，有些儒者并没有向弟子传授并让他们学习。我曾经向西到达崆峒山，向北到达涿鹿山，向东到达海边，向南渡过长江和淮河，在这些地方遇到的老年长者往往都会与我谈起黄帝、唐尧、虞舜曾经到过的地方，可是这些地方的风俗教化原本就是不同的，总的来说都以不与古籍记载违背的当作正确的。我在读《春秋》《国语》的时候，发现它们所阐述的《五帝德》与《帝系姓》的内容都是非常清楚的，只不过没有进行深入的思考和观察，可是两本书中所记载的内容都非常值得相信的。《尚书》从很早的时候就残缺不全，它所散佚的内容经常可以在其他的著作中看到。假如不喜欢学习、不进行深入的思考，不对书中的含义进行深入领会，那么当然也就难以对见识短浅、孤陋寡闻的人去说清楚。我把与五帝相关的材料综合起来进行编定，选择这些材料中最正确的说法，写成了《五帝本纪》，当作全书的第一篇。

项羽本纪赞

《史记》

[题解]

秦汉交替之际，项羽叱咤风云，在推翻秦王朝的过程中建立了巨大的功业，对时局起过支配作用，故司马迁将他归入本纪，但他滥用武力、目光短浅，终于丧失民心而失败。本文对项羽既有肯定也有批评及惋惜之情。

[原文]

太史公曰：吾闻之周生曰："舜目盖重瞳子。"又闻项羽亦重瞳子。羽岂其苗裔[①]邪？何兴之暴也！夫秦失其政，陈涉首难，豪杰蜂起，相与并争，不可胜数。然羽非有尺寸，乘势起陇亩[②]之中，三年，遂将五诸侯灭秦，分裂天下，而封王侯，政由羽出，号为"霸王"，位虽不终，近古以来未尝有也。及羽背关怀楚，放逐义帝而自立，怨王侯叛己，难矣。自矜(jīn)功伐，奋其私智而不师古，谓霸王之业，欲以力征经营天下，五年卒亡其国。身死东城，尚不觉寤(wù)，而不自责，过矣。乃引"天亡我，非用兵之罪也"，岂不谬哉！

[注释]

①苗裔：后代。②陇亩：田野，这里指民间。

[译文]

太史公说：我听周生说，舜的眼睛有两个瞳仁，又听说项羽也是双瞳仁，项羽难道是舜的后代吗？他的兴起，是如此迅猛啊！秦朝统治无道，陈涉首先发难，各地豪杰蜂拥而起，互相争夺天下，多的难以数清。然而项羽没有尺寸土地，徒手起于民间，三年的时间，统率原来五国诸侯的军队灭掉了秦朝，分割天下的土地，封王封侯，政令全都由他发布，号称"霸王"，虽然没能保持长久，但也是三代以后不曾有过的了。后来，项羽舍弃关中之地，怀念楚国而回东方，放逐义帝，自立为王，惹得诸侯埋怨，背叛自己，想成大事可就难了。他自夸战功，只凭自己想法行事，却不肯师法古人，一心成就霸王的功业，想只靠武力征伐和治理天下，结果五年之间终于使国家灭亡，自己死于东城。他仍不省悟，也不自责，实在是太过分了。还说"上天要灭亡我，不是作战不利的缘故"这句话来自我辩解，不是很荒唐吗？

秦楚之际月表

《史记》

[题解]

此篇是《秦楚之际月表》的序言。秦楚之际，指秦灭汉兴之间的短暂时期。时间虽短，但形势复杂，变化万端，因此司马迁按月来叙述。文章说明了秦灭后，群雄并起，而汉高祖终于称帝的原因，认为行仁义者方可得天下，但仍受宿命论影响。

[原文]

太史公读秦楚之际，曰：初作难，发于陈涉；虐戾灭秦自

项氏；拨乱诛暴，平定海内，卒践帝祚(zuò)，成于汉家。五年之间，号令三嬗(shàn)[①]，自生民以来，未始有受命若斯之亟(jí)也[②]。

昔虞、夏之兴，积善累功数十年，德洽百姓，摄行政事，考之于天，然后在位。汤、武之王，乃由契、后稷修仁行义十余世，不期而会孟津八百诸侯，犹以为未可，其后乃放弑。秦起襄公，章于文、缪，献、孝之后，稍以蚕食六国，百有余载，至始皇乃能并冠带之伦[③]。以德若彼，用力如此，盖一统若斯之难也。

秦既称帝，患兵革不休，以有诸侯也。于是无尺土之封，堕[④]坏名城，销锋镝(dí)[⑤]，锄[⑥]豪杰，维万世之安。然王迹之兴，起于闾巷，合从讨伐，轶于三代，乡[⑦]秦之禁，适足以资贤者为驱除难耳。故愤发其所为天下雄，安在“无土不王”？此乃传之所谓大圣乎？岂非天哉！岂非天哉！非大圣孰能当此受命而帝者乎？

入关约法

秦楚之际，发令者五年三变，汉高祖施行仁义，最终得到天下。

[注释]

①嬗：变更。②亟：急促。③冠带之伦：这里指五国诸侯。④堕：通“隳”，毁坏。⑤镝：箭头。⑥锄：铲除。⑦乡：通“向”，从前。

[译文]

太史公读秦楚之际的历史后说：最初反秦的，开始于陈胜；残酷暴虐地消灭秦的，来自项羽；拨乱反正，诛灭残暴，平定海内，最后登上帝位的，成就于汉家。五年之间，发号施令者变更了三次，自从有了民众以来，从来没有接受王命变换如此快的。

从前虞舜、夏禹的兴起，（是）积善行累积功德数十年，德行惠及百姓。还要代理执政，在上天考验之后，然后才即位。商汤、周武王，乃是由契、后稷开始遵循仁爱施行道义几十代，武王没想到八百诸侯会在孟津会集，还认为时机不成熟，后来消灭商纣。秦国兴起于襄公，强大于文公、缪公，献公、孝公之后，渐渐蚕食六国，经一百多年，到秦始皇才能兼并六国。以德行取天下如此，用武力取天下如此，一统天下本就如此之难啊！

秦称帝后，诸侯国造成无休止的战乱，于是没有尺寸的土地分封，他们还毁坏名城，销毁兵器，铲除英雄豪杰，指望得到万代平安。然而帝王的兴起，兴起在街巷之中，联合讨伐的规模，超过夏、商、周三个朝代。从前秦朝的禁令，恰好足以资助贤达者排除灭秦的困难。所以奋发作为，成为天下的英雄，怎能说没有土地便不能称王？这就是书上所讲的大圣贤吧！难道不是天意吗？难道不是天意吗？不是大圣贤谁能当受此天命而称帝呢？

高祖功臣侯年表

《史记》

[题解]

《高祖功臣侯年表》记载了被汉高祖封为侯的 140 多个开国功臣家族的兴衰，本文是此表的序言。到汉武帝时，因后代不遵法令而受罚，只剩五家依然保有爵位。后人应从中吸取教训，不要再让祖先功业付诸东流。

[原文]

太史公曰：古者人臣功有五品，以德立宗庙定社稷曰勋，以言曰劳，用力曰功，明其等曰伐，积日曰阅。封爵之誓曰："使河如带，泰山若厉①。国以永宁，爰及苗裔。"始未尝不欲固其根本，而枝叶稍陵夷②衰微也。

余读高祖侯功臣，察其首封，所以失之者，曰：异哉所闻！《书》曰"协和万国"迁于夏商，或数千岁。盖周封八百，幽厉之后，见于《春秋》。《尚书》有唐虞之侯伯，历三代千有余载，自全以蕃③卫天子，岂非笃于仁义，奉上法哉？汉兴，功臣受封者百有余人。天下初定，故大城名都散亡，户口可得而数者十二三，是以大侯不过万家，小者五六百户。后数世，民咸归乡里，户益息，萧、曹、绛、灌之属或至四万，小侯自倍，富厚如之。子孙骄溢，忘其先，淫嬖（bì）。至太初④百年之间，见侯五，余皆坐法陨命亡国，耗矣。罔⑤亦少密焉，然皆身无兢兢于当世之禁云。

居今之世，志古之道，所以自镜也，未必尽同。帝王者各

殊礼而异务，要以成功为统纪，岂可绲(gǔn)乎[6]？观所以得尊宠，及所以废辱，亦当世得失之林也，何必旧闻？于是谨其终始，表见其文，颇有所不尽本末，着其明，疑者阙之。后有君子，欲推而列之，得以览焉。

[注释]

①厉：同“砺”，磨刀石。②陵夷：衰落。③蕃：通“藩”，屏障。④太初：汉武帝年号（前104—前101）。上推刘邦建汉，正是100年。⑤罔：同“网”，法禁之网。⑥绲：缝合。

[译文]

太史公说，古时人臣的功绩分为五等：凭借德行安定国家的称“勋”；凭借出谋划策的称“劳”；借助武力的称“功”；明确功劳等级的称“伐”；资历的长短称“阅”。汉初的封爵誓词上讲：“即使黄河变得细如衣带，泰山平得像磨刀石了，你们的封国也会永远安宁，把对你们的恩泽延及给子孙。”朝廷最初并非不想稳固这些功臣们的根本，但那些封国还是逐渐地衰微了。

我读了有关高祖给功臣们封侯的记载，考察了第一批受封者的后嗣失掉侯位的因由，认为，这真是和我所听到的大不一样！《尚书》说“各个邦国都应和睦相处”，直到夏、商时代，大约几千年。周朝分封了八百个诸侯，幽王、厉王之后，《春秋》上还有记载。《尚书》上记载了唐尧、虞舜时的侯伯，经历夏、商、周三代一千多年，仍然保全着自己的地位而屏卫着天子。这难道不是因为他们深信仁义，奉行国法吗？汉朝兴起了，功臣受封爵位的有一百多人。当时天下刚刚安定，以前那些大城名都的人流散在外，能够统计的户口不过原来的十分之二三，因此，大侯的封户不过万户，小的只有五六百户。以后几代，百姓都回归故乡了，户口才日益繁衍起来。萧何、曹参、周勃、灌婴等人的后代有的封户达到了四万，小侯的封户也增加了一倍，财产也像这样不断增加，他们确实富裕厚足了。但是，他们的子孙骄傲自满了，忘记了自己祖先创业的艰难，干起了放荡邪恶的勾当。从受封到太初，只有百余年的时间，保持至今的侯爵只剩下五家，其余的都因犯法而丧命亡国，就不存在了。这有国家法网渐渐严密的缘故，然而他们自己也没有小心地遵守当世的禁令啊！

生活在当今，记住古人的道理是要把它当作镜子来对照自己，但不必强求古今完全一样。帝王们会采取不同的统治方法，主要还是以成就功业为原则，怎能完全一样？分析功臣们由受到恩宠到被废黜的原因，也是当今政治得失的经验教训，何必非要借鉴古代的传闻？因此，我考察了功臣侯们的始末，并列出表格说明，其中有些没能完全弄清本末之处，便只记下确切的，存有疑问的则不记。以后如果有人想继续考证其中的道理，这个表可供其参阅。

孔子世家赞

《史记》

[题解]

因孔子的思想学说对中国有着极其深远的影响，所以司马迁将他列入记载诸侯事迹的“世家”。此文对孔子的思想给予了非常高的评价，也表达了作者对孔子的尊敬。

[原文]

太史公曰：《诗》有之：“高山仰止，景行(háng)①行止。”虽不能至，然心乡往之。余读孔氏书，想见其为人。适鲁，观仲尼庙堂、车服、礼器，诸生以时习礼其家，余低回留之，不能去云。天下君王，至于贤人，众矣，当时则荣，没则已焉。孔子布衣，传十余世，学者宗之。自天子王侯，中国言《六艺》者，折中于夫子，可谓至圣矣！

孔丘

孔子名丘，字仲尼，春秋后期鲁国人。

[注释]

①景行：大道，比喻行为正大光明。

[译文]

太史公说：《诗经》有诗说：“高高的山为人所仰望，宽广的路为人所遵行。”虽然做不到，但是心中向往它。我读孔氏的书，就想象到他为人的风范。来到鲁国，参观孔子的庙堂、坐的车、服装和祭祀的器具，当地的儒生在他的家里学习礼仪，我徘徊流连，不忍离去。天下的君王以及贤人众多啊！但他们当世荣耀，过去了就完结了！孔子虽只是一百姓，已传了十几代，学者至今仍以他为宗师。从天子、王侯起，到整个中国谈论《六艺》的人，都是以孔夫子的思想为标准，可以说是最高的圣贤了！

外戚世家序

《史记》

[题解]

本文是记载汉高祖到汉武帝时外戚世家历史的《外戚世家》的序。司马迁认为，外戚对国家政权有很大影响。汉初以来，出现了多次外戚专权的情况，造成了多次混乱局面。作者希望统治者吸取夏、商、周三代的教训，在处理婚姻问题时多追求美好的品行，不要因处理不当给国家带来灾祸。

[原文]

自古受命帝王及继体守文之君，非独内德茂也，盖亦有外戚之助焉。夏之兴也以涂山①，而桀之放也以妺喜②。殷之兴也以有娀(sōng)③，纣之杀也嬖(bì)④妲己。周之兴也以姜原及大任⑤，而幽王之禽也淫于褒姒(sì)。故《易》基《乾》《坤》，《诗》始《关雎(jū)》，《书》美厘降⑥，《春秋》讥不亲迎。夫妇之际，人道之大伦也。礼之用，唯婚姻为兢兢。夫乐调而四时和，阴阳之变，万物之统也，可不慎与？人能弘道，无如命何！甚哉，妃匹⑦之爱，君不能得之于臣，父不能得之于子，况卑下乎！既欢合矣，或不能成子姓，能成子姓矣，或不能要其终，岂非命也哉？孔子罕称命，盖难言之也。非通幽明之变，恶能识乎性命哉？

[注释]

①涂山：古代部落名，传说夏禹娶涂山氏之女。②妺喜：夏桀的宠妃。③有娀：古国名，在今山西运城，有娀氏之女简狄为帝喾之妃，生契，为商的始祖。④嬖：宠爱。⑤姜原：传说为周始祖后稷的母亲。大任：周文王母亲。⑥厘降：指尧亲自办理两个女儿嫁给舜的事。厘，理。降，下嫁。⑦妃匹：指夫妇。妃，同“配”。

[译文]

自古受天命成为帝王和继承遵守成法的君主，不只是其族内品德高尚，大概还有外戚的帮助啊！夏朝的兴旺与涂山氏有关，而桀被流放是因为妺喜，殷朝的兴起是因为有娀，纣王被杀与宠爱妲己有关。周朝的兴起是因为姜原和大任，而周幽王被俘获是因为与褒姒的淫乱。所以《易经》是以《乾卦》《坤卦》为基础，《诗经》以《关雎》为开篇，《书经》赞美尧下嫁二女，《春秋》讥讽不亲自迎娶。夫妇关系，是人与人之间重要的伦常关系啊！礼仪的运用，在婚姻方面一定要认真。音乐调和了四季才会谐调。阴阳的变换，是万物的根本啊，怎么能不谨慎呢？人可以弘扬道德，但是对天命无可奈何。夫妻之爱太重要了啊！这种爱，君王不能从臣子那得到，父亲不能从儿子那得到，何况地位卑贱之人呢？已经美好地结合了，有的不能生育子孙，有的能传宗接代的，有的不能永葆终生，不就是命运使然吗？孔子极少谈论天命，大概是天命很难说清吧！不通晓玄妙的变幻，怎么能看清天命呢？

伯夷列传

《史记》

[题解]

本文是《史记》“列传”部分的第一篇，文章以议论为主、叙事为辅，简单叙述了孤竹君两子伯夷、叔齐的故事，歌颂了他们高尚的情操，并且用许由、务光这些古代的高士与二人进行对比，说明这两个人之所以闻名于世，是因为孔子的极力赞扬。文中对封建统治阶级所持的“天道”观念进行了大胆的否定，同时也表现了司马迁对与当时社会现状的不满情绪。

[原文]

夫学者载籍极博[1]，犹考信于六艺[2]。《诗》《书》虽缺[3]，然虞、夏之文可知也[4]。尧将逊位[5]，让于虞舜，舜、禹之间，岳牧咸荐[6]，乃试之于位，典职数十年[7]，功用既兴[8]，然后授政，示天下重器[9]。王者大统[10]，传天下若斯之难也。而说者曰[11]：尧让天下于许由[12]，许由不受，耻之逃隐。及夏之时，有卞随、务光者[13]。此何以称焉[14]？太史公曰：余登箕山，其上盖有许由冢(zhǒng)云[15]。孔子序列古之仁圣贤人，如吴太伯、伯夷之伦详矣[16]。余以所闻由、光义至高，其文辞不少概见[17]，何哉？

孔子曰[18]：“伯夷、叔齐，不念旧恶[19]，怨是用希[20]。”“求仁得仁，又何怨乎？”余悲伯夷之意，睹轶诗可异焉[21]。其传曰[22]：伯夷、叔齐，孤竹君之二子也[23]。父欲立叔齐，及父卒，叔齐让伯夷。伯夷曰：“父命也。”遂逃去。叔齐亦不肯立而逃之。国人立其中子[24]。于是伯夷、叔齐闻西伯昌善养老[25]，盍往归焉[26]。及至，西伯卒，武王载木主[27]，号为文王，东伐纣[28]。伯夷、叔齐叩马而谏曰[29]：“父死不葬，爰及干戈[30]，可谓孝乎？以臣弑君，可谓仁乎？”左右欲兵之[31]。太公曰[32]：“此义人也。”扶而去之。武王已平殷乱，天下宗周[33]，而伯夷、叔齐耻之，义不食周粟，隐于首阳山[34]，采薇而食之[35]。及饿且死[36]，作歌，其辞曰：“登彼西山兮[37]，采其薇矣。以暴易暴兮，不知其非矣。神农、虞、夏忽焉没兮[38]，我安适归矣[39]？于嗟徂(cú)兮[40]，命之衰矣！”遂饿死于

首阳山。由此观之，怨邪非邪？

或曰[41]：“天道无亲[42]，常与善人[43]。”若伯夷、叔齐，可谓善人者非邪？积仁絜行如此而饿死[44]！且七十子之徒[45]，仲尼独荐颜渊为好学[46]。然回也屡空[47]，糟糠不厌[48]，而卒蚤夭[49]。天之报施善人[50]，其何如哉？盗跖日杀不辜[51]，肝人之肉[52]，暴戾(lì)恣睢(suī)[53]，聚党数千人[54]，横行天下，竟以寿终[55]。是遵何德哉[56]？此其尤大彰明较著者也[57]。若至近世，操行不轨[58]，专犯忌讳[59]，而终身逸乐，富厚累世不绝[60]。或择地而蹈之[61]，时然后出言[62]，行不由径[63]，非公正不发愤，而遇祸灾者，不可胜数也。余甚惑焉，傥所谓天道[64]，是邪非邪？

子曰：“道不同不相为谋[65]。”亦各从其志也。故曰[66]：“富贵如可求，虽执鞭之士[67]，吾亦为之。如不可求，从吾所好。”“岁寒，然后知松柏之后凋。”举世混浊，清士乃见(xiàn)[68]，岂以其重若彼，其轻若此哉？

“君子疾没世而名不称焉[69]。”贾子曰[70]：“贪夫徇财[71]，烈士徇名[72]，夸者死权[73]，众庶冯(píng)生[74]。”同明相照，同类相求[75]。“云从龙，风从虎，圣人作而万物睹[76]。”伯夷、叔齐虽贤，得夫子而名益彰[77]。颜渊虽笃学[78]，附骥尾而行益显[79]。岩穴之士[80]，趣舍有时若此[81]，类名堙(yīn)灭而不称[82]，悲夫！闾(lǘ)巷之人[83]，欲砥行立名者[84]，非附青云之士[85]，恶(wū)能施(yì)于后世哉[86]？

[注释]

①载籍：书籍，泛指各种图书资料。②考信：通过检验而被确认。六艺：《诗》《书》《礼》《乐》《易》《春秋》六部儒家经典。③缺：残缺不全。④虞、夏之文：指《尚书》中有关尧、舜、禹之间禅让的事迹的记载。虞，虞舜。夏，夏禹。⑤逊位：退位。⑥岳牧：四岳、九牧。传说中四方诸侯之首及九州行政长官。⑦典职：任职管事。⑧功用：功效。⑨示：表明，显示。天下：此指政权。重器：宝器，大器。⑩大统：大纲。主宰者。⑪说者：指诸子杂记。⑫许由：传说中尧时的隐士。相传尧要让位于他，他拒不接受，逃隐到箕山（在今河南登封南）。⑬卞随、务光：《庄子·让王》中虚构的人物。据说商汤曾向他们请教有关伐桀的问题，他们不回答。汤灭桀后，想把天下让给他们，他们都气愤的投河而死。⑭称：说。⑮盖、云：语气助词，表示怀疑。冢：坟墓。⑯“孔子”二句：孔

子评述吴太伯事见《论语·泰伯》："太伯其可谓至德也亦，三以天下让，民无得而称焉。"孔子评述伯夷事见下文。序列：评述。序，通"叙"。吴太伯：周朝祖先古公亶父的长子，让位于其弟季历（周文王之父），自己出走到吴地。⑰不少：没有一点。少，稍微。概见：概略的记载。概，梗概，概略。⑱孔子曰：以下两句，前一句引自《论语·公冶长》，后一句引自《论语·述而》。⑲恶，仇怨。⑳是用："用是"，因此。希：同"稀"，少。㉑轶诗：散佚而未编入《诗经》中的诗歌，指下文的《采薇》诗。异：诧异。因前文孔子曰"怨是用希"、"又何怨乎"，而《采薇》诗中多有怨词，故司马迁感到诧异。㉒传：指《韩诗外传》及《吕氏春秋》等书的记。㉓孤竹君：孤竹国国君，姓墨胎。孤竹，商时诸侯国名，在今河北卢龙南。㉔中子：排行在伯夷、叔齐之间的儿子。㉕西伯昌：周文王姬昌。姬昌商时为西伯（西方诸侯之长），故称。养老：收养老人，即招贤纳士之意。㉖盍：同"盖"，于是。归：投奔。㉗武王：周文王之子姬发。木主：木制灵牌。文王死后，武王载其父之灵牌伐纣，以示谨奉父命，行父之志。㉘纣：商代最后一位帝王。㉙叩马：勒住马。㉚爰：于是，就。㉛兵之：用兵器加害于他。㉜太公：姜尚，字子牙，辅佐周武王伐纣，建立周朝。㉝宗周：服从于周室政权。㉞首阳山：说法不一。一说即今山西省永济附近的雷首山。一说即今河南省偃师西北的首阳山。㉟薇：也叫蕨，野菜名。㊱且：将要。㊲西山：首阳山。㊳神农：神农氏，传说中的远古帝王。没：完了，尽。㊴安：如何，哪里。适：往。㊵于嗟：感叹词。于，同"吁"。徂，通"殂"，死。㊶或曰：下句引自《老子》第七十九章。㊷亲：亲近，偏向。㊸与：帮助。㊹絜：同"洁"。㊺七十子：指孔子门下弟子三千，才德出众者七十二人。此举其整数为"七十"。㊻颜渊：颜回，字子渊，孔子的弟子。孔子认为他最好学。㊼屡空：多次遭受困厄。空，困厄。㊽不厌：无法满足。㊾卒：终于。蚤夭：早死。颜渊死时年仅三十二岁。蚤，同"早"。夭，夭折。㊿报施：报答，酬谢。51盗跖：相传为春秋时奴隶起义的领袖，历史上被诬为大盗，名跖。不辜：无辜，无罪之人。52肝人之肉：《庄子·盗跖》中所谓"脍人肝而铺之"。一说肝为"脍"字之讹。53暴戾：残暴凶狠。戾，乖张。恣睢：放任胡为。54党：同伙。55寿终：自然死亡。56遵何德：犹言"干了什么好事"。57彰明：鲜明。较著：明显。较：明。58不轨：不端，不走正道。59忌讳：指禁令。60累世：一连几代。61择地而蹈之：看好了地方才下脚迈这一步。言其小心谨慎之状。62时然后出言：看准时机合适再说话。语出《论语·宪问》："夫子时然后言，人不厌其言。"63行不由径：走路不抄近道。语出《论语·雍也》："有澹台灭明者，行不由径。"径，小路。64傥：同"倘"，如果。65子曰：下句引自《论语·卫灵公》。子，孔子。66故曰：以下两句分别引自《论语·述而》和《论语·子罕》。67虽：即使。执鞭：持鞭驾车。指干低贱的事情。68清士：高洁的人。见：同"现"，显现。69"君子"句：引自《论语·卫灵公》。疾：恨。没世：死。70贾子：贾谊，汉初著名的文学家、政治家。下文引自贾谊《鹏鸟赋》。71徇财：为财而死。徇，同"殉"。72烈士：指坚贞不屈的刚强之士。73夸者：好矜夸、好作威作福之人。权：权势。74众庶：老百姓。冯生：贪生。冯，同"凭"，仗恃，这里引申为看重。75"同明"二句：语出《周易·乾卦》，原文为

“同声相应，同气相求”。⑯“云从”三句：引自《周易·乾卦》。⑰夫子：孔子。⑱笃学：勤学。⑲附骥尾：蚊虻附在千里马的尾巴上也可以行千里。比喻普通人受到名人的提携。骥，千里马。⑳岩穴之士：指隐居之士。㉑趣：通“趋”，指出仕。舍：指退隐。有时：依据时机。㉒类，大抵。堙灭：埋没。堙，通“湮”，淹没。㉓闾巷：里巷。泛指民间。㉔砥行：磨砺行为，修养道德。㉕青云之士：名望、地位极高的人。㉖恶：哪里。施：延续。

[译文]

有学问的学者看过的书籍非常广博，可是还应该用六艺来对材料的真实性进行核实。《诗经》《尚书》虽然已经残缺了，可是与虞舜、夏禹的事迹有关的记载还是能够看到的。尧帝即将退位时，将帝位让给舜，舜和后来的禹在接受禅让即位之前，都是经过四岳和九牧的一致推举，才接受官职进行试任。他们掌管了几十年的政事，直到显示出功效来，才将帝位正式地传给他们，这些都说明政权是最为贵重的宝器。帝王是整个天下的主宰者，政权的传交是如此之难啊！但是有些诸子杂说中的记载却这样说，尧想将天下交给许由来掌管，许由不愿意接受，并且把这件事当成一种耻辱，进而逃走并隐居起来。到夏朝时，又出现了卞随、务光这样的隐士。这是从哪里得到的根据呢？太史公说道：我登上了箕山，据说山上有一座坟墓是许由的。孔子在评论和叙述古代那些仁人、圣人和贤士时候，比如吴太伯、伯夷等人，是非常详细的。我听说许由、务光在德行和道义上是最为高尚的，可是与他们有关的文字记载却无法在经书中见到，甚至连简略而大概的记载也没有，这是什么原因呢？

孔子是这样说的：“伯夷、叔齐，没有对旧仇念念不忘，所以很少有怨恨的感情。”“他们所追求的事物是仁德，而得到的也恰恰是仁德，这又有什么可怨恨的呢？”我对于伯夷的意志感到悲叹，当看到他们散佚在《诗经》以外的《采薇》诗后觉得诧异。关于他们两个人的传记是这么写的：伯夷和叔齐是孤竹国国君的儿子。他们的父亲想要让叔齐继位为国君，可是当父亲去世之后，叔齐却把要把国君之位让给伯夷。伯夷对叔齐说“这个决定是父亲做出来的。”说完他就逃离了国都。但是叔齐也不愿意继承国君之位，他也逃走了。孤竹国的人只好把孤竹君的二儿子立为国君。伯夷、叔齐这时听说西伯侯姬昌能够很好地奉养老人，于是便想去投奔姬昌。当他们两个赶到那里的时候，姬昌已经去世了，姬昌的儿子武王姬发正用车载着姬昌的灵位，尊称姬昌为文王，准备向东进攻讨伐商纣。伯夷和叔齐于是拉住武王的坐骑劝谏道：“父亲去世却不去好好安葬，而是马上大兴干戈，这能说是遵守孝道吗？身为纣王的臣子却要杀害君王，这能说是遵从仁道吗？”武王身旁的卫士想杀死这两个人，姜太公说道：“这两个人可以说是遵守义的人啊！”于是就搀扶着他们站起来，让他们离开了。武王平定了商纣王造成的乱象之后，天下全都属于了周朝王室，但是伯夷和叔齐却把这当成了耻辱，他们想要坚守大义，不吃周朝出产的粮食，于是就在首阳山中隐居，靠采集野菜来充饥。等到他们饿得快死了的时候，就作了一首歌。歌词是这样的：“爬上那座首阳山啊，采集山上的野菜食用。以暴虐来替换暴虐，还不明白自己犯了错误。神农、虞舜、夏禹这些圣君都已经匆匆地消失了，我还能到什么地方去呢？啊，我就要死了啊，命运是这样衰薄！”最终他们在首阳山饿死了。从这一点来看，他们究竟是有怨恨的情绪呢，还是没有怨恨的情绪呢？

有人曾经说过："天道是不存在偏心和私心的，它通常都会向着善良的人。"那么伯夷和叔齐呢，他们是被称为善人呢，还是不是善人呢？如他们一样累积仁德、品格高尚的人居然会被饿死！还有孔子那七十二位高徒之中，颜回是唯一一个被孔子称为最好学的，可是颜回却多次遭受困厄的磨难，就算是把糟糠当作食物，都无法得到满足，最终年纪轻轻就夭亡了。天道对于善人所给予的回报和答谢，又怎么会这样呢？盗跖作为强盗，每天都要杀死一些无辜的人，把人的心肝当食物来吃，凶狠残暴，肆意胡为，他聚集了几千人，横行于天下，最终竟然活得很好，寿终正寝。他做的事情有哪一件是好事呢？这些例子都非常重要而且显著。假如再说近世，有些人品行和操守不端正，专干一些违法犯纪的事情，可是却能一辈子享受安逸、快乐的生活，家里拥有丰厚的财产，几代人都享用不尽。有些人一辈子都小心翼翼，选好了地方才敢迈动脚步，看好了机会才敢张口说话，从来都不敢走邪路，事情不公正就不敢发愤来做，这样反倒遭受了祸害，有这种遭遇的人不可胜数。我觉得十分困惑，难以理解，假如这便是人们所说的天道，那么它到底是对还是不对呢？

孔子曾经说过："两个人的见解和主张不同，就不能一齐谋划、商量事情。"意思就是说各人应该按照自己的意愿去做事就行了。因此孔子又说过："假如富贵是可以通过追求来得到的话，就算做一个手拿鞭子、驾驶马车的人，我也乐意去做。假如富贵是无法通过追求来得到的，那么就按着我喜欢的方式去做好了。""时间流逝，直到最寒冷的季节，才明白松柏是最后才会凋零的树木。"当整个世界全都变得浑浊之时，品行高洁的人才能显露出来。莫非是由于他们将已经得到的看得过重，又或者是把富贵看得过轻？

"君子最害怕的事情是死了以后名声不受到人们的称颂。"贾谊这样说过："贪婪的人为了钱财而死去，刚烈好强的人为了名气和节操而献出自己的生命，觉得自己不平凡的人为了获得权势而死，普普通通的老百姓就只能够渴望自己能够生存下去。"一样明亮的东西会互相映照生辉，同一种事物彼此之间会互相照应。"云会伴随着龙的出现而出现，风会随着老虎的出现而出现，一旦有圣人出现，那么万物也会随之变得受人注意。"伯夷、叔齐尽管是贤德的人，也是由于受到了孔子的称赞才让他们的名声变得更加显赫。颜回虽然喜欢学习，也是由于得到了孔子的教诲、提携才让自己的德行变得更加显露。隐居在山野的人士，他们的出仕和隐居都是根据时机来做出决定的，可是他们的名声大都湮没无闻而没有受到称道，那便非常可悲了！居住于民间的老百姓，要想磨砺自己的品德，树立美好的名声，假如不依附于孔子那样德高望重的人，又怎么可以在后世留名呢？

管晏列传

《史记》

[题解]

管仲和晏婴是春秋时齐国的名相，此文是二人的合传。管仲辅佐齐桓公称霸，晏婴辅佐齐景公治国。本文并未着重记述他们的功绩，而是通过几件“轶事”来刻画出他们的形象。鲍叔牙多次资助管仲，并将他推荐给桓公；晏婴发现车夫的才能，荐为大夫。他们都具有知人善任的才能。

[原文]

管仲夷吾者，颍上[①]人也。少时常与鲍叔牙[②]游，鲍叔知其贤。管仲贫困，常欺鲍叔，鲍叔终善遇之，不以为言。已而鲍叔事齐公子小白，管仲事公子纠。及小白立为桓公，公子纠死，管仲囚焉。鲍叔遂进管仲。管仲既用，任政于齐，齐桓公以霸，九合诸侯，一匡天下，管仲之谋也。

管仲曰：“吾始困时，尝与鲍叔贾，分财利多自与，鲍叔不以我为贪，知我贫也。吾尝为鲍叔谋事而更穷困，鲍叔不以我为愚，知时有利不利也。吾尝三仕三见逐于君，鲍叔不以我为不肖，知我不遭时也。吾尝三战三走，鲍叔不以我为怯，知我有老母也。公子纠败，召忽(shào)[③]死之，吾幽囚受辱，鲍叔不以我为无耻，知我不羞小节而耻功名不显于天下也。生我者父母，知我者鲍子也。”

鲍叔既进管仲，以身下之。子孙世禄于齐，有封邑者十余世，常为名大夫。天下不多管仲之贤而多鲍叔能知人也。

管仲既任政相齐，以区区之齐在海滨，通货积财，富国强兵，与俗同好恶。故其称曰：“仓廪(lǐn)实而知礼节，衣食足而知荣辱，上服度则六亲固。四维不张，国乃灭亡。下令如流水之源，令顺民心。”故论卑而易行，俗之所欲，因而予之，俗之所否，因而去之。

其为政也，善因祸而为福，转败而为功。贵轻重，慎权衡。桓公实怒少姬，南袭蔡，管仲因而伐楚，责包茅[④]不入贡于周室。

桓公实北征山戎[5]，而管仲因而令燕修召(shào)公之政。于柯[6]之会，桓公欲背曹沫之约，管仲因而信之，诸侯由是归齐。故曰："知与之为取，政之宝也。"

管仲富拟于公室，有三归、反坫(diàn)[7]，齐人不以为侈。管仲卒，齐国遵其政，常强于诸侯。后百余年而有晏子焉。

晏平仲婴者，莱[8]之夷维人也。事齐灵公、庄公、景公，以节俭力行重于齐。既相齐，食不重肉，妾不衣帛。其在朝，君语及之，即危言；语不及之，即危行。国有道，即顺命，无道，即衡命。以此三世显名于诸侯。

越石父[9]贤，在缧绁(léi xiè)[10]中。晏子出，遭之途，解左骖赎之，载归。弗谢，入闺，久之，越石父请绝。晏子戄(jué)然[11]，摄衣冠谢曰："婴虽不仁，免子于厄，何子求绝之速也？"石父曰："不然。吾闻君子诎[12]于不知己而信于知己者。方吾在缧绁中，彼不知我也。夫子既已感寤(wù)而赎我，是知己；知己而无礼，固不如在缧绁之中。"晏子于是延入为上客。

晏子为齐相，出，其御之妻从门间而窥其夫。其夫为相御，拥大盖，策驷马，意气扬扬，甚自得也。既而归，其妻请去。夫问其故。妻曰："晏子长不满六尺，身相齐国，名显诸侯。今者妾观其出，志念深矣，常有以自下者。今子长八尺，乃为人仆御，然子之意自以为足，妾是以求去也。"其后夫自抑损。晏

晏婴沮封

孔子在齐国，齐景公问孔子如何治理国家，孔子要他节省财力。齐景公很高兴，想把尼溪的田地封赐给孔子，但遭到大臣晏婴反对，于是孔子离开齐国。

子怪而问之，御以实对。晏子荐以为大夫。

太史公曰：吾读管氏《牧民》《山高》《乘马》《轻重》《九府》及《晏子春秋》，详哉其言之也。既见其著书，欲观其行事，故次其传。至其书，世多有之，是以不论，论其轶事。

管仲世所谓贤臣，然孔子小之。岂以为周道衰微，桓公既贤，而不勉之至王，乃称霸哉？语曰："将顺其美，匡救其恶，故上下能相亲也。"岂管仲之谓乎？

方晏子伏庄公尸哭之，成礼然后去，岂所谓"见义不为无勇"者邪？至其谏说，犯君之颜，此所谓"进思尽忠，退思补过"者哉！假令晏子而在，余虽为之执鞭，所忻慕焉！

[注释]

①颍上：颍水之滨，在今安徽颍上。②鲍叔牙：春秋时齐大夫，以知人著称，与管仲相知最深。③召忽：齐人，与管仲一起侍奉公子纠，纠被杀后召忽也自杀了。④包茅：裹成捆的青茅，祭祀时在上边洒酒以滤去酒中的渣滓。⑤山戎：又称北戎，今河北北部。⑥柯：今山东东阿西南。齐桓公五年，齐鲁会盟于柯。⑦三归：台名。反坫：坫是放酒杯的土台，在厅堂的两根前柱之间。宴会时，宾主互相敬酒后，把酒杯放在土台上，就叫反坫。这是诸侯之间的礼节。⑧莱：国名，在今山东平度以西。⑨越石父：齐人。⑩缧绁：拘系犯人的绳索，引申为囚禁。这里指监牢。⑪戄然：震惊的样子。⑫诎：通"屈"。

[译文]

管仲，名叫夷吾，颍上人。少年时常与鲍叔牙交往，鲍叔知道他的贤能。管仲家境贫困，常常欺骗鲍叔牙，鲍叔牙却始终很好地待他，从不提起这种事。后来鲍叔服侍齐公子小白，管仲服侍公子纠。等到小白被立为桓公，公子纠被杀死，管仲也被囚禁，鲍叔就向桓公保荐管仲。管仲被重用，在齐国掌理政事，齐桓公因此建立霸业，多次会合诸侯，匡救天下，都是靠管仲的谋略。

管仲说："当初我贫穷时，曾经同鲍叔一道做买卖，分财利往往多给自己，而鲍叔不认为我贪心，他知道我贫穷。我曾经替鲍叔出谋划策，结果事情给弄得更加困窘，而鲍叔不认为我愚笨，他知道时机有利也有不利。我曾经三次做官又三次被国君斥退，鲍叔不认为我无能，他知道我没遇上好时运。我曾经三次打仗三次退却，鲍叔不认为我是懦弱，他知道我家中还有老母。公子纠失败后，召忽为此自杀，而我被关在深牢中忍辱苟活，鲍叔不认为我无耻，他知道我不会为不拘小节而羞，却为功名不曾显耀于天下而耻。生养我的是父母，了解我的是鲍叔啊！"

鲍叔推荐了管仲之后，甘心位居管仲之下。子孙世代享受齐国的俸禄，有封地的就有十几代人，常出有名望的大夫。天下人不赞美管仲的贤能，而称赞鲍叔善于识人。

管仲在齐国为相执政，凭借小小的东海之滨的齐国，流通货物，积累财富，富国强兵，与百姓同好同恶。所以他的著作中说：“粮仓充实了，百姓才知道礼节，衣食饱暖就懂得荣辱，君王的享用有一定制度，六亲才团结无二心。礼、义、廉、耻的伦理不能伸张，国家就会灭亡。颁布政令就要像流水的源头，要能顺乎民心。”所以管仲的言论浅显而易于推行，一般人所向往的，就顺应他们而给予；一般人所不赞成的，就顺应他们而革除。

管仲处理政务，善于转祸为福，转败为功。重视控制物价的贵贱，谨慎地权衡利害得失。桓公实在是恼恨蔡把少姬改嫁，就南袭蔡国，管仲则趁机讨伐楚国，谴责楚国不向周王室进贡包茅。桓公实际上是北征山戎，管仲却趁机要求燕国实行召公的善政向周朝进贡。在柯地盟会时，桓公打算背弃同曹沫所签订的归还鲁地的盟约，管仲却坚持守信，天下诸侯也因此而归附于齐。所以说：“认识到给予是为了获取，这是治理政事的法宝。”

管仲的富足可以同齐君相比，有三归，有反坫，齐国人并不认为是僭越。管仲死了以后，齐国遵循他的政策，常常强霸于诸侯之中。约一百年后，又出了一个晏子。

晏平仲，名婴，莱地夷维人。服侍过齐灵公、齐庄公、齐景公，因为节省俭朴，亲躬理事，被齐人敬重。做了齐相之后，吃饭也没有两样肉菜，小妻不穿绸缎。他在朝廷上时，国君谈到的事，他就直言，国君没有谈到的事，照样谨慎去做。国家政治清明，就顺理而行；国家无真理，就权衡利害后才行。因此，连续三朝，他的名声在诸侯间颇为显赫。

越石父很贤能，但陷于监牢之中。晏子外出时，在路上遇见他，便解下左边的骖马将他赎出，载着他回到府里。晏子也不告辞一声，就进了府门。过了很久，越石父对晏子说要绝交，晏子非常惊诧，整理衣帽，连连谢罪说：“我晏婴虽无仁德，但却将你从灾祸中挽救出来，为什么你这么快就要绝交呢？”石父说：“你说得不对。我听说君子只在不了解自己的人那儿受委屈，而在知己面前是受到礼待的。当我被囚在牢中的时候，是那些人不了解我。您既然已经知道我的为人并且赎出了我，就是我的知己。既是知己而不按礼待我，那实在不如被关在牢中。”晏子于是请他进屋为贵宾。

晏子做齐相时，有一次出门，他车夫的妻子从门缝里窥视丈夫。他为国相驾车，坐在车盖前，扬鞭驱马，意气扬扬，很是得意。回家后，他的妻子请求离开他。丈夫问为什么，妻子说：“晏子身长不满六尺，却做了齐国的相，名声显赫于各国。今天我看他出门，见他思虑很深远，态度谦虚。现在你身长八尺，却做了人家的仆从和车夫，但是你已很满足了，我因为这才要求离开你。”后来，丈夫便自觉克制自己。晏子感到奇怪，便问车夫，车夫以实情相告，晏子就推荐他做了大夫。

太史公说：我读管子的《牧民》《山高》《乘马》《轻重》《九府》和《晏子春秋》，他们说得都很详细。读过他们的书，想知道他们的行为，所以编写了他们的传记。至于他们的书，到处都能见到，因此不论述，只是记述他们的一些轶事。

管仲是世人公认的贤臣，但孔子却小看他。莫非认为周朝已经衰微，桓公既是贤君，而管仲不劝勉他实行王道而只能辅佐他称霸吗？古语说：“顺应美德，纠正恶行，因而君臣上下就能相亲相附。”这说的不正是管仲吗？

当晏子伏在庄公尸体上痛哭，并行完臣子的礼节之后才离开，这难道是古人所说的“见义不为，没有勇气”的人吗？至于他那些抗争劝阻的言论，冒犯君主，这便是《孝经》所说的“在朝时就竭尽忠心，在野就考虑弥补过失”的人啊！如果晏子现在还活着，即使让我替他执鞭赶马，也是令我欣慰和向往的。

屈原列传

《史记》

[题解]

这是《史记·屈原贾生列传》中关于屈原的部分，记载了我国历史上伟大的爱国诗人的一生。他生活在战国中后期，曾受楚王重用，后遭谗言被流放，但仍然关心祖国，终沉汨罗江自尽。本文歌颂了屈原卓越超群的才华和高洁的人格，充满了对屈原的敬仰与同情。

[原文]

屈原者，名平，楚之同姓也。为楚怀王左徒。博闻强志，明于治乱，娴于辞令。入则与王图议国事，以出号令，出则接遇宾客，应对诸侯。王甚任之。

屈原

屈原，芈姓屈氏，名平，字原，战国末期楚国人，楚武王熊通之子屈瑕的后代，中国历史上伟大的诗人之一。

上官大夫与之同列，争宠，而心害其能。怀王使屈原造为宪令，屈平属(zhǔ)草稿未定。上官大夫见而欲夺之，屈平不与，因谗之曰：“王使屈平为令，众莫不知，每一令出，平伐其功，曰：以为‘非我莫能为’也。”王怒而疏屈平。

屈平疾王听之不聪也，谗谄之蔽明也，邪曲之害公也，方正之不容也，故忧愁幽思而作《离骚》。“离骚”者，犹离忧也。夫天者，人之始也；父母者，人之本也。人穷则反本，故劳苦倦极，

未尝不呼天也；疾痛惨怛(dá)，未尝不呼父母也。屈平正道直行，竭忠尽智以事其君，谗人间之，可谓穷矣！信而见疑，忠而被谤，能无怨乎？屈平之作《离骚》，盖自怨生也。《国风》好色而不淫，《小雅》怨诽而不乱，若《离骚》者，可谓兼之矣。上称帝喾(kù)[1]，下道齐桓[2]，中述汤、武[3]，以刺世事。明道德之广崇，治乱之条贯，靡不毕见。其文约，其辞微，其志洁，其行廉。其称文小而其指极大，举类迩而见义远。其志洁，故其称物芳；其行廉，故死而不容。自疏濯淖污泥之中，蝉蜕于浊秽，以浮游尘埃之外，不获世之滋垢，皭(jiào)然泥而不滓者也。推此志也，虽与日月争光可也。

屈平既绌，其后秦欲伐齐，齐与楚从亲[4]。惠王患之，乃令张仪[5]佯去秦，厚币委质事楚，曰："秦甚憎齐，齐与楚从亲；楚诚能绝齐，秦愿献商、於(wū)之地六百里[6]。"楚怀王贪而信张仪，遂绝齐。使使如秦受地，张仪诈之曰："仪与王约六里，不闻六百里。"楚使怒去，归告怀王。怀王怒，大兴师伐秦。秦发兵击之，大破楚师于丹、淅[7]，斩首八万，虏楚将屈匄(gài)[8]，遂取楚之汉中地。怀王乃悉发国中兵，以深入击秦，战于蓝田。魏闻之，袭楚至邓[9]。楚兵惧，自秦归。而齐竟怒不救楚，楚大困。

明年，秦割汉中地与楚以和。楚王曰："不愿得地，愿得张仪而甘心焉。"张仪闻，乃曰："以一仪而当汉中地，臣请往如楚。"如楚，又因厚币用事者臣靳尚，而设诡辩于怀王之宠姬郑袖[10]。怀王竟听郑袖，复释去张仪。是时屈平既疏，不复在位，使于齐，顾反，谏怀王曰："何不杀张仪？"怀王悔，追张仪，不及。

其后，诸侯共击楚，大破之，杀其将唐昧。

时秦昭王与楚婚，欲与怀王会。怀王欲行，屈平曰："秦，虎狼之国，不可信，不如毋行！"怀王稚子子兰[11]劝王行："奈何绝秦欢！"怀王卒行。入武关，秦伏兵绝其后，因留怀王，以求割地。怀王怒，不听，亡走赵，赵不内。复之秦，竟死于秦而归葬。

长子顷襄王立，以其弟子兰为令尹。楚人既咎子兰以劝怀王入秦而不反也。

屈平既嫉之，虽放流，睠顾楚国，系心怀王，不忘欲反，冀幸君之一悟，俗之一改也。其存君兴国，而欲反复之，一篇之中三致意焉。然终无可奈何，故不可以反，卒以此见怀王之终不悟也。

人君无愚智，贤不肖，莫不欲求忠以自为，举贤以自佐，然亡国破家相随属，而圣君治国累世而不见者，其所谓忠者不忠，而所谓贤者不贤也！怀王以不知忠臣之分，故内惑于郑袖，外欺于张仪，疏屈平而信上官大夫、令尹子兰。兵挫地削，亡其六郡，身客死于秦，为天下笑。此不知人之祸也。《易》曰："井渫(xiè)不食，为我心恻，可以汲。王明，并受其福。"王之不明，岂足福哉？

令尹子兰闻之大怒，卒使上官大夫短屈原于顷襄王，顷襄王怒而迁之。

屈原至于江滨，被发行吟泽畔，颜色憔悴，形容枯槁。渔父见而问之曰："子非三闾大夫欤[12]？何故而至此？"屈原曰："举世混浊而我独清，众人皆醉而我独醒，是以见放。"渔父曰："夫圣人者，不凝滞于物而能与世推移。举世混浊，何不随其流而扬其波？众人皆醉，何不铺其糟而啜其醨(lí)？何故怀瑾握瑜而自令见放为？"屈原曰："吾闻之，新沐者必弹冠，新浴者必振衣。人又谁能以身之察察，受物之汶(mén)汶者乎！宁赴常流而葬乎江鱼腹中耳，又安能以皓皓之白而蒙世之温蠖(huò)乎！"

乃作《怀沙》之赋……

于是怀石遂自投汨罗[13]而死。

屈原既死之后，楚有宋玉、唐勒、景差之徒者，皆好辞而

以赋见称。然皆祖屈原之从容辞令[14]，终莫敢直谏。其后楚日以削，数十年竟为秦所灭[15]。

自屈原沉汨罗后百有余年，汉有贾生，为长沙王太傅[16]。过湘水，投书以吊屈原[17]。

太史公曰：余读《离骚》《天问》《招魂》《哀郢(yǐng)》[18]，悲其志。适长沙，过屈原所自沉渊[19]，未尝不垂涕，想见其为人。及见贾生吊之，又怪屈原以彼其材，游诸侯，何国不容，而自令若是。读《鹏鸟赋》[20]，同生死，轻去就[21]，又爽然自失矣[22]！

［注释］

①帝喾：传说中的古代帝王，是黄帝的曾孙，即高辛氏。②齐桓：齐桓公，春秋五霸的第一位霸主。③汤、武：汤指商朝的开国帝王商汤，又称成汤。武，指西周的周武王。④从亲：合纵亲善。战国时期，山东诸侯各国联合抗秦，称“合纵”。从，通“纵”。⑤张仪：战国时期魏国人，“连横”的说客，游说山东六国侍奉秦国，深得秦惠王的信任。⑥商、於之地：地区名。在今陕西商县至河南内乡一带地区。⑦丹、淅：水流名。丹水源出陕西商县西北，淅水是它的支流。⑧屈匄：楚国王族。楚怀王时任楚将。⑨邓：邑名。今河南邓县。⑩郑袖：也称南后。楚怀王的宠妃。⑪子兰：楚怀王之子，后任楚国令尹。⑫三闾大夫：楚国官名。掌管楚国王族昭、屈、景三姓事务。⑬汨罗：江名，在今湖南。⑭从容辞令：指文章委婉含蓄。从容，舒缓的样子。⑮为秦所灭：公元前223年秦灭楚。⑯贾生：指贾谊。太傅：官名，职务是辅佐、教导国君或太子。⑰投书以吊屈原：指贾谊写的《吊屈原赋》。⑱《天问》《招魂》《哀郢》：都是屈原的作品，收入《楚辞》。其中《招魂》，也有人说是宋玉所作。⑲过：中华书局标点本《史记》作“观”。⑳《鹏鸟赋》：贾谊作。㉑同生死：生死同等看待。轻去就：去，谓政治失意，放逐在外。就，谓在朝供职。㉒爽然：茫茫无主的样子。

［译文］

屈原，名平，与楚王同姓。他曾担任楚怀王的左徒。识见渊博，记忆力很强，通晓治理国家的道理，善于外交应答。对内与怀王商议国事，发布命令，对外接待宾客，回答诸侯使节的问题。怀王很信任他。

上官大夫和他同朝为官，想争得怀王的宠幸，嫉妒屈原的才能。怀王让屈原起草法令，屈原尚未定稿，上官大夫见了就想夺走，屈原不给，他就向怀王进谗言说：“大王叫屈原制定法令，大家都知道的，每一项法令发出，屈原就夸大他的功劳说，除了我，无人能做到。”怀王很生气，疏远了屈原。

屈原痛心怀王听不到忠言，无法明辨是非，被谗言和谄媚之辞蒙蔽了聪明才智，让邪恶害了公道，端方正直的君子则不被容纳，所以忧愁苦闷，写下了《离骚》。“离骚”，就是遭遇忧患。有苍天才有人类，父母是人的根本。人处于困境就会追念本原，所以劳苦疲倦到极点时，没有不叫天的。病痛或忧伤时，没有不叫父母的。屈原行为正直，竭尽忠诚和智慧来侍奉君主，遭到谗邪小人的离间，可以说到了困境了。信义却被怀疑，忠实却被诽谤，能够没有怨恨吗？屈原之所以写《离骚》，就是因为怨恨啊。《国风》写男女爱情而不过分。《小雅》虽然多讥讽指责，但并不主张作乱，像《离骚》，可以说是兼有二者的长处。它对远古称道帝喾，近世称赞齐桓公，中古述说商汤和周武，用来讽刺当时朝政。阐明道德的广阔崇高，国家治乱的原则，无不言简意赅。他的文笔简约，词意隐微，他的志趣高洁，行为廉正。所说的事物微小，但意义却非常重大，列举的事例虽然浅近，寓意却十分深远。由于志趣高洁，所以文章中多用芳香的事物比喻，由于行为廉正，所以到死也不许自己奸邪。他独自远离污泥浊水，如蝉脱壳般摆脱浊秽，浮游在尘世之外，不染尘世的肮脏，干净皎洁，出淤泥而不染。可以推断，屈原的志向，即使与日月同辉，也是可以的。

屈原被罢免，后来秦国准备攻打齐国，齐国和楚国合纵互相亲善。秦惠王对此担忧，就派张仪假装离开秦国，用丰富的礼品呈献给楚怀王，对他说："秦国很憎恨齐国，齐国与楚国却合纵相亲，如果楚国真能和齐国绝交，秦国愿意把商、於之间的六百里土地献给楚国。"楚怀王贪图土地，信任了张仪，就和齐国绝交，派使者到秦国接受土地。张仪欺骗使者说："我和楚王约定的是六里，没听说过六百里。"楚使气愤地离开秦国，回去报告怀王。怀王发怒，出动大兵讨伐秦国。秦国发兵反击，在丹水和淅水一带打败楚军，杀了八万人，俘虏了楚国的大将屈匄，于是夺取了楚国的汉中。怀王又发动全国的军队，深入秦地攻打秦国，交战于蓝田。魏国得知楚国空虚，袭击楚国一直打到邓地。楚军害怕，从秦国撤退。齐国终于因为对楚国愤怒，不来援救，楚国陷入窘境。

第二年，秦国割汉中侵地与楚国讲和。楚王说："我不想要土地，只希望得到张仪就甘心了。"张仪听说后，就说："用一个张仪来与汉中地方相抵，大王请让我到楚国去。"到了楚国，他又用厚礼贿赂当权的大臣靳尚，让他在怀王宠姬郑袖面前编谎话辩解。怀王竟然听信郑袖，放了张仪。这时屈原已被疏远，不在朝中，在齐国出使，回来后，劝谏怀王说："为何不杀张仪？"怀王很后悔，派人追张仪却没有追上。

后来，各国诸侯联合攻楚，杀了楚国将领唐昧。

这时秦昭王与楚国通婚，想和怀王见面。怀王想去，屈原说："秦国人像虎狼一样凶残，不可信任，不去为好。"怀王的小儿子子兰劝怀王去，说："怎么可以拒绝秦国的好意！"怀王终于前往。一进入武关，秦国的伏兵就断绝了怀王的后路，于是扣留怀王要求割地。怀王很愤怒，不同意。他逃往赵国，赵国因惧怕秦国不肯接纳。他只好又到秦国，最后死在那里，尸体运回楚国。

怀王的长子顷襄王即位，任命他的弟弟子兰为令尹。楚国人怪罪子兰劝怀王入秦而最终未能生还。

屈原也怨恨子兰，虽然被流放，仍然眷恋着楚国，心里挂念着怀王，从不忘记要返回郢都。他希望国君总有一天醒悟，恶俗会改变。他忧君忧国的情感反复表现，在《离骚》中再三表明。然而终于无可奈何，所以始终无法返回朝廷。从中也可见

“望南山而流涕兮”

这句诗出自《抽思》，全诗贯穿着真切细腻的怨愤之情。

怀王始终没有觉悟啊！

国君无论愚笨、聪明、贤明或昏庸，没有不想求得忠臣、选拔贤才来辅佐自己的。然而国破家亡的事接连发生，而圣明君主治理好国家的多少世代却不出现，这是因为所谓忠臣并不忠，贤臣并不贤啊！怀王因为不懂得忠臣的职分，所以在内被郑袖所迷惑，在外被张仪所欺骗，疏远屈原却信任上官大夫和令尹子兰，军队被打败，土地被侵占，失了六郡，自己也被扣留死在秦国，为天下人耻笑。这是不了解人而招致的祸害。《易经》说：“井淘尽污泥，还没有人喝井里的水，使我心里难过，因为井水是供人汲饮的。君王懂得此理，天下人都能得福。”君王不贤明，怎能得到福祐？

令尹子兰知道屈原怨恨他，非常愤怒，终于让上官大夫在顷襄王面前诬陷屈原。顷襄王发怒，把屈原放逐到江南。

屈原到了江边，披散头发，在水泽边一面走，一面吟诗。脸色憔悴，身体消瘦。渔翁看见他，便问道：“您不是三闾大夫吗？怎么到了这里？”屈原说：“整个世界都是混浊的，只有我清白，众人都沉醉，独有我清醒。因此被放逐。”渔翁说：“圣人，不受外界事物的束缚，而能与世俗相一致。整个世界都混浊，为什么不同流而且推波助澜呢？众人都沉醉，为什么不把酒糟吃掉，把薄酒喝掉？为什么要怀抱美德自命清高，却使自己被放逐呢？”屈原说：“我听说，刚洗过头的一定要弹去帽上的灰沙，刚洗过澡的一定要抖掉衣上的尘土。谁能以清白之身，蒙受外物的污染呢？宁可投入长流的大江而葬身鱼腹，又哪能使自己高洁的品质，去蒙受世俗的污蔑呢？”

于是他写了《怀沙》赋……抱着石头自投汨罗江而死。

屈原死后，楚国有宋玉、唐勒、景差等人，他们都爱好文学，而以善作赋被人称赞。但他们只效法屈原辞令委婉含蓄的风格，始终不敢直言进谏。在这以后，楚国日渐衰落，几十年后，被秦国灭掉。

屈原自沉汨罗江一百多年后，汉代有个贾谊，被贬为长沙王太傅。路过湘水时，做文章投入水中凭吊屈原。

太史公说：我读《离骚》《天问》《招魂》《哀郢》，为屈原不得志而悲伤。到长沙，经过屈原自沉的地方，未尝不伤心流泪，想见他崇高的为人。见了贾谊凭吊他的文章，又奇怪屈原如果凭他的才能去游说诸侯，哪个国家会不重用他呢？然而选择了这样的道路！读贾谊的《鵩鸟赋》，把生和死等同看待，不在乎得失，这又使我明白了许多道理而自感失落了。

酷吏列传序

《史记》

[题解]

此篇是《史记·酷吏列传》的序。该传记载了汉代十名酷吏，他们滥用刑罚、残酷暴虐，虽然也惩罚了一些犯罪之人，但也使许多人蒙冤受屈。在这十人中，武帝朝有九人。作者并不赞成汉武帝施行过于严酷的刑法，而是强调治国应以道德教化为主。

[原文]

孔子曰："道之以政，齐之以刑，民免而无耻。道之以德，齐之以礼，有耻且格[①]。"老氏称："上德不德，是以有德，下德不失德[②]，是以无德。""法令滋章，盗贼多有。"太史公曰：信哉是言也！法令者治之具，而非制治清浊之源也。昔天下之网尝密矣，然奸伪萌起，其极也，上下相遁，至于不振。当是之时，吏治若救火扬沸，非武健严酷，恶能胜其任而愉快乎？言道德者，溺其职矣。故曰"听讼[③]，吾犹人也，必也使无讼乎"，"下士[④]闻道大笑之"，非虚言也。汉兴，破觚(gū)而为圜，斫雕而为朴，网漏于吞舟之鱼，而吏治烝烝[⑤]，不至于奸，黎民艾(yì)安[⑥]。由是观之，在彼不在此。

[注释]

①格：方正，规矩。②上德：指有道德的人。下德：指没有道德的人。③"听讼"三句：语出《论语·颜渊》，是孔子的话。讼，案件。④下士：指才德差的人。⑤烝烝：兴盛、美好的样子。⑥艾安：平安。艾，通"乂"。

[译文]

孔子说："用政令来引导，用刑法来约束，民众规避法令但无廉耻之心。用道德来治理，用礼教来整顿，民众有廉耻之心且守法令。"老子说："最高尚的德不是形式上的德，这样才有德；没有道德的人是为了标榜不失去德，因此就没有德。""法令繁多，盗贼就很多。"司马迁说："的确如此！法令，是治理的工具，而不是治理清浊的根本方法。从前天下的法网曾经非常严密啊，然而奸诈滋生，最严重时，上下相欺，致使社会秩序混乱。在这样的时候，官吏整顿如同扬汤止沸，不是强大残酷的官吏，怎么能胜任其职而心情愉快呢？讲道德的人，就不能展开工作了。所以说"审案时，我也跟别人一样，一定要完全消灭诉讼。""下士听见真理就加以嘲笑"，不是假话啊！汉朝兴起，砍除棱角而改成圆形，去除雕镂而归于质朴，法网连能够吞下船的鱼也可漏掉，但是国家秩序却蒸蒸日上，百姓不会奸诈，黎民百姓太平无事。从这看来，关键在于德而不在于严刑。

游侠列传序

《史记》

[题解]

此篇是《史记·游侠列传》的序。游侠往往忠诚守信、见义勇为，但也因此常常违反法律，为统治阶级所不容，事迹也难以流传。司马迁认为他们大部分道德高尚，对社会是有一定贡献的，因此作传记之。

[原文]

韩子曰："儒以文乱法，而侠以武犯禁。"二者皆讥，而学士多称于世云。至如以术取宰相、卿、大夫，辅翼其世主，功名俱着于春秋，固无可言者。及若季次[1]、原宪，闾巷人也，读书怀独行君子之德，义不苟合当世，当世亦笑之。故季次、原宪终身空室蓬户，褐衣疏食不厌[2]，死而已四百余年，而弟子志之不倦。今游侠，其行虽不轨于正义，然其言必信，其行必果，已诺必诚，不爱其躯，赴士之厄困。既已存亡死生矣，而不矜(jīn)其能，羞伐其德，盖亦有足多[3]者焉。

且缓急，人之所时有也。太史公曰：昔者虞舜窘于井廪(lǐn)[4]，伊尹负于鼎俎(zǔ)[5]，傅说(yuè)匿于傅险[6]，吕尚困于棘津[7]，夷吾桎梏[8]，百里[9]饭牛，仲尼畏匡，菜色陈、蔡[10]。此皆学士所谓有道仁人也，犹然遭此菑，况以中材而涉乱世之末流乎？其遇害何可胜道哉！

鄙人有言曰："何知仁义，已飨其利者为有德。"故伯夷丑周，饿死首阳山，而文、武不以其故贬王，跖(zhí)、蹻(jué)暴戾[11]，其徒诵义无穷。由此观之，"窃钩者诛，窃国者侯，侯之门，仁义存"，非虚言也。

今拘学或抱咫尺之义，久孤于世，岂若卑论侪(chái)俗[12]，与世浮沉而取荣名哉？而布衣之徒，设取予然诺，千里诵义，为死不顾世。此亦有所长，非苟而已也。故士穷窘而得委命，此岂非人之所谓贤豪间者邪？诚使乡曲之侠，予[13]季次、原宪比权量力，效功于当世，不同日而论矣。要以功见言信，侠客之义又曷可少哉？

古布衣之侠，靡得而闻已。近世延陵[14]、孟尝、春申、平原、信陵之徒，皆因王者亲属，借于有士卿相之富厚，招天下贤者，显名诸侯，不可谓不贤者矣。比如顺风而呼，声非加疾，其势激也。至如闾巷之侠，修行砥(dǐ)名，声施于天下，莫不称贤，是为难耳。然儒、墨皆排摈不载，自秦以前，匹夫之侠，湮没不见，余甚恨之。以余所闻，汉兴有朱家、田仲、王公、剧孟、郭解之徒，虽时扞(hàn)[15]当世之文罔，然其私义，廉洁退让，有足称者。名不虚立，士不虚附。至如朋党宗强比周，设财役贫，豪暴侵凌孤弱，恣欲自快，游侠亦丑之。余悲世俗不察其意，而猥以朱家、郭解等，令与豪暴之徒同类而共笑之也。

[注释]

①季次：孔子弟子公孙哀。②厌：通“餍”，满足。③多：称赞。④廪：粮仓。⑤伊尹：商汤贤相。俎：切肉的砧板。⑥傅说：殷王武丁的贤相。傅险：傅岩，今山西平陆东。⑦吕尚：又称姜子牙，曾辅佐周武王灭殷建立周朝。棘津：在今河南。⑧夷吾：管仲字夷吾，春秋时齐桓公相。桎：脚镣。梏：手铐。⑨百里：秦穆公贤相百里奚。⑩匡：春秋时卫地。陈：国名，建都于今河南淮阳。蔡：国名，地在今河南、安徽一带。⑪跖：盗跖。跻：庄跻，与跖都是古代的“大盗”。⑫侪俗：混同于流俗。⑬予：给予。⑭延陵：春秋时吴国公子季札。⑮扞：触犯。

[译文]

韩非子说：“儒生用儒家的理论扰乱法律的施行，侠士凭借武力违犯禁令。”两者都加以讥讽，但儒生还是多被世人称赞的。说到凭权术获得宰相、公卿、大夫，辅佐他们的君主，功名都写在史册上，本来没什么可说的。至于像季次、原宪这些街闾巷子中的人，读了（圣贤）书，怀抱着独自践行君子的道德的信念，为正义不同流于当时的世俗，当时世俗的人们也讥笑他们。因此季次、原宪终生住在家徒四壁的草棚中，连粗布衣服，简单的食物都不充足。死去四百多年了，但（儒家的）后世弟子至今敬仰他们。现今的游侠，他们的行为虽不符合正统的道德标准，但是他们说的话守信，他们行动必定履行诺言，已经许

百里奚

百里奚是秦穆公时的贤相，曾喂过牛。

诺的事必定诚心去做，不会吝惜自己的身躯，解救别人的厄运。完成了生死存亡的斗争后，却不自我夸耀，羞于别人称赞他们的德操，这也有很多值得称赞的方面啊！

况且危急是人们不时都会遇上的。司马迁说："从前虞舜被困在井里和谷仓里遇到危急，伊尹背负饭锅和砧板为厨役，傅说曾藏匿在傅险，姜子牙困在棘津，管仲曾成为囚犯，百里奚曾喂过牛，孔子在匡地受到生命的威胁，在陈、蔡绝粮。"这都是学士们所称道的仁人啊，他们尚且遭受这样的灾难，何况一般才能的人处在乱世的底层啊？他们遭遇的灾害哪里说得完啊！

俗语说："怎样才是仁义，谁对人有恩谁就有德行。"所以伯夷以做周朝人为耻，饿死在首阳山，但周文王、周武王不因此而有损自己国王的声望，盗跖、庄跻暴戾，他们的弟子却永远称颂他们的道义。由此看来，"偷窃衣带钩的要被杀头，盗窃国家的成王成侯，王侯的门中，才有仁义在"，这话一点也不假啊！

当今一些人拘泥于所学把自己限定于狭隘的道义，孤立于世俗之外，还不如放下高论迎合世俗，和世事共沉浮，获取荣耀和名声啊！而平民出身的游侠，重视获取和给予以及承诺，他们的道义传颂千里，即便死也不在乎世俗的看法，这也有其长处，非寻常人能够做到的啊！所以学士们在穷困窘迫时才托付性命，这不就是人们所说的豪杰吗？一定要让民间游侠跟季次、原宪比较权势以及在社会所起的作用，自然不可同日而语。总之，凭立竿见影的效果和讲话的信用来看，游侠的道义又怎么可以轻视呢？

古代平民游侠，我没有听过传闻。近代的延陵、孟尝君、春申君、平原君、信陵君等人都因为是国王的亲属，以土地和高官的富裕为凭借，招集天下的能人，在诸侯中扬名，不能说不是贤能的人。比如顺风而呼喊，声音没有加大，但可传得更远。至于民间的游侠，修行打造名声，声明远播天下，没有不称贤德的，这就很难了。而儒家、墨家都排挤他们的事迹。秦朝以前，平民游侠的事迹湮灭不见，我感到很遗憾。我所知的是汉朝兴起时有朱家、田仲、王公、剧孟、郭解这样一些人，虽然常常触犯当时的法令，但是他们个人仁义、礼让、吃亏，有足以称赞的地方。他们的名声不是凭空而来的，学士不会毫无缘故地依附他们。至于那些互相勾结凭宗族横行，利用钱财奴役贫民，豪强暴徒侵犯凌辱孤寡弱小，以放纵自己的欲望为快事的人，游侠们也认为那是丑恶的。我痛心世俗的人们没有了解到他们的境界，而把朱家、郭解等人与暴徒豪强之徒作为同类而一起予以嘲笑。

滑稽列传①

《史记》

[题解]

此篇记录了淳于髡、优孟、优旃这样的滑稽人物，虽然出身微贱，但却机智善辩，善于缘理设喻，察情取譬，借事托讽，其言其行起到了与“六艺于治一也”的重要作用。文中赞扬了他们用委婉渐进的语言机智地向君王说明意见的方法，对国家做出了很大贡献。

[原文]

孔子曰：“六艺于治一也。《礼》以节人，《乐》以发和，《书》以道事，《诗》以达意，《易》以神化，《春秋》以道义。”太史公曰：天道恢恢，岂不大哉！谈言微中，亦可以解纷。

淳于髡(kūn)者，齐之赘婿也②。长不满七尺，滑稽多辩，数使诸侯，未尝屈辱。齐威王之时，喜隐，好为淫乐长夜之饮，沉湎不治，委政卿大夫。百官荒乱，诸侯并侵，国且危亡，在于旦暮，左右莫敢谏。淳于髡说之以隐曰：“国中有大鸟，止王之庭，三年不蜚又不鸣，王知此鸟何也？”王曰：“此鸟不蜚则已，一蜚冲天，不鸣则已，一鸣惊人。”于是乃朝诸县令长七十二人，赏一人，诛一人，奋兵而出。诸侯振惊，皆还齐侵地。威行三十六年。语在《田完世家》中。

威王八年，楚大发兵加齐。齐王使淳于髡之赵请救兵，赍(jī)金百斤，车马十驷。淳于髡仰天大笑，冠缨索绝。王曰：“先生少之乎？”髡曰：“何敢！”王曰：“笑岂有说乎？”髡曰：“今者臣从东方来，见道旁有禳(ráng)田者③，操一豚蹄，酒一盂，而祝曰：‘瓯窭(jù)满篝④，污邪⑤满车，五谷蕃熟，穰穰满家。’臣见其所持者狭而所欲者奢，故笑之。”于是齐威王乃益赍黄金千镒，白璧十双，车马百驷。髡辞而行，至赵。赵王与之精兵十万，革车千乘。楚闻之，夜引兵而去。

威王大说，置酒后宫，召髡赐之酒。问曰：“先生能饮几何而醉？”对曰：“臣饮一斗亦醉，一石亦醉。”威王曰：“先生饮

一斗而醉，恶能饮一石哉！其说可得闻乎？”髡曰：“赐酒大王之前，执法在傍，御吏在后，髡恐惧俯伏而饮，不过一斗径醉矣。若亲有严客⑥，髡帣褠(juǎn gōu)鞠跽(jì)⑦，侍酒于前，时赐余沥⑧，奉觞上寿，数起，饮不过二斗径醉矣。若朋友交游，久不相见，卒然相睹，欢然道故，私情相语，饮可五六斗径醉矣。若乃州闾之会，男女杂坐，行酒稽留⑨，六博投壶⑩，相引为曹⑪，握手无罚⑫，目眙(chì)⑬不禁，前有堕珥⑭，后有遗簪⑮，髡窃乐此，饮可八斗而醉二参。日暮酒阑⑯，合尊⑰促坐，男女同席，履舄(xì)⑱交错，杯盘狼藉，堂上烛灭，主人留髡而送客，罗襦⑲襟解，微闻芗泽⑳，当此之时，髡心最欢，能饮一石。故曰酒极则乱，乐极则悲，万事尽然。言不可极，极之而衰。”以讽谏焉。齐王曰：“善。”乃罢长夜之饮，以髡为诸侯主客㉑。宗室置酒，髡尝在侧。

[注释]

①滑稽：指能言善辩，言辞流利无滞竭。②赘婿：战国秦汉时，家贫卖子与人为奴，三年不能赎还，主家以女子配之，称为赘婿。是当时社会地位很低的人。③禳田：耕种时设祭，祈祷田神求丰收。④瓯窭：形容高地狭小之处。篝：竹笼。⑤污邪：低洼田地。⑥严客：尊客、贵客。⑦帣褠：卷着袖子。鞠跽：躬身下跪。鞠，弯曲。跽：长跪，挺直上身，双膝着地。⑧余沥：残酒。⑨稽留：延长，停留。⑩六博：古代的一种博戏，共十二粒棋子，六黑六白，故名。投壶：古代宴会的礼制，也是一种游戏，宾主依次向一种特制壶里投矢，以投中多少求胜负，负者饮酒。⑪曹：辈，这里指伙伴。⑫握手无罚：古代礼教很严，男女授受不亲，但乡里宴会饮酒，男女可以相互握手，不受拘束。⑬眙：瞪眼直视。⑭堕珥：落在地上的耳环。⑮遗簪：丢失的发簪。⑯阑：尽。⑰合尊：把残余的酒合并在一樽。尊，同“樽”，酒杯。⑱舄：木屐。⑲罗襦：女子穿的丝织上衣。⑳芗泽：浓浓的香气。芗，通“香”。㉑诸侯主客：接待各诸侯国宾客的官员。

[译文]

孔子说：“六艺是用于治国的。《礼》用来节制人们的行为，《乐》可以启发和谐感情，《书》用来记载史事，《诗》用来表达情思，《易》用来演绎事物间微妙的变化，《春秋》用来阐发微言大义。”太史公说：天道是那样广阔，难道不广阔吗？说话隐约委婉而切中事理，也可以解决大问题。

淳于髡是齐国的入赘女婿，个子不到七尺，能言善辩，几次出使诸侯国，从来都不辱使命。齐威王在位时喜欢隐语，喜欢整夜饮酒作乐，陷在里面不理朝政，把政事托付给卿大夫。官吏们懈怠腐败，诸侯国一起来犯，齐国即将危亡，就在眼前了，左右都不敢谏诤。淳于髡用隐语来劝说：“京城有一只大鸟，栖息在大王的宫廷里，三年不飞也不鸣叫，大王可知道这是什么鸟吗？”威王说：“这鸟不飞则罢，一飞就冲入云天，不鸣叫则罢，一鸣叫就震惊世人。”于是召集全国各县令县长七十二人，奖赏了一个，诛杀了一个，重振军威出战。诸侯国都震惊了，归还了侵占齐国的土地。从此威震各国三十六年。这事记在《田完世家》中。

齐威王八年，楚国大举攻齐。齐王派淳于髡带上礼物黄金百斤、车马十套到赵国求救，淳于髡仰天大笑，连系在冠上的带子全都断了。齐王说：“先生怨礼物少吗？”淳于髡说：“怎么敢呢？”齐王说：“那你为什么笑呢？”淳于髡说：“刚才臣子从东方来，看见大路旁有祈求丰收的，拿着一只猪蹄，一盂酒，祷告说：‘易旱的高地粮食装满笼，低洼的水田粮食装满车，五谷茂盛丰收，装满粮仓。’臣子见他所拿的祭品少而要求太多，所以在笑他呢。”于是齐威王把礼物增加了黄金千镒，白璧十双，车马一百套。淳于髡辞别动身，到了赵国。赵王给他精兵十万，战车千乘。楚国得知，连夜撤兵离去。

齐威王非常高兴，在后宫办了酒席，召见淳于髡。问道：“先生酒量多大？”回答说：“我喝一斗也醉，喝一石也醉。”威王说：“先生喝一斗就醉了，怎么能喝一石呢？其中含义能听听吗？”淳于髡说：“在大王面前，喝赏赐的酒，执法官在旁边，御史在后边，我心里害怕跪倒喝酒，不过一斗已经醉了。如果家父来了贵客，我用袖套束住长袖，躬着身在前边侍候他们喝酒，不时赏我点多余的清酒，我起身祝他们长寿，喝不到二斗也就醉了。如果朋友久别重逢，愉快地说起往事，互诉衷情，喝到大概五六斗就醉了。如果是乡里间的节日盛会，男女坐在一起，行酒迟缓，玩起六博、投壶，自愿组合，互相握手不受责罚，盯着人家看也不受禁止，前有遗落的耳饰，后有丢失的发簪，我喜欢这种宴会，喝到大概八斗才有两三分醉意。天色已晚，酒席将散，酒杯碰在一起，坐在一起，男女同席，鞋儿满地，杯盘散乱，厅堂上的烛光熄灭了，主人只留住我而送走其他客人。把薄罗衫儿解开，微微地闻到一阵香气。这时我最欢快，能喝到一石。所以说喝酒过度就要做出乱七八糟的事，欢乐过度就要生悲，世上所有的事都是这样。说的是不能到顶，到顶就要走向衰微。”用来讽谏齐王。齐威王说：“说得好！”就取消了通宵达旦的喝酒，任命淳于髡为诸侯主客的职务。王室宗族饮宴，淳于髡常在一旁监督。

货殖列传序

《史记》

[题解]

《货殖列传》记叙了从事“货殖”活动——即利用货物的生产与交换求利的人物的事迹，也反映了司马迁的经济思想。“货殖”是指谋求“滋生资货财利”以致富。能够注意到物质生产与贸易在社会发展中的重要作用，说明了司马迁眼光的锐利。

[原文]

《老子》曰：“至治之极，邻国相望，鸡狗之声相闻，民各

甘其食，美其服，安其俗，乐其业，至老死不相往来。”必用此为务，晚近世涂民耳目，则几无行矣。

太史公曰：夫神农以前，吾不知已。至若《诗》《书》所述虞、夏以来，耳目欲极声色之好，口欲穷刍豢(huàn)[①]之味，身安逸乐，而心夸矜势能之荣，使俗之渐民久矣，虽户说以眇[②]论，终不能化。故善者因之，其次利道之，其次教诲之，其次整齐之，最下者与之争。

夫山西饶材、竹、谷、纑、旄(máo)[③]、玉石；山东多鱼、盐、漆、丝、声色；江南出楠、梓、姜、桂、金、锡、连、丹沙、犀、玳瑁、珠玑[④]、齿、革；龙门、碣石北多马、牛、羊、旃(zhān)裘、筋角[⑤]；铜、铁则千里往往山出棋置。此其大较也。皆中国人民所喜好，谣俗被服饮食奉生送死之具也。故待农而食之，虞[⑥]而出之，工而成之，商而通之。此宁有政教发征期会哉！人各任其能，竭其力，以得所欲。故物贱之征贵，贵之征贱，各劝其业，乐其事，若水之趋下，日夜无休时，不召而自来，不求而民出之。岂非道之所符，而自然之验耶？

《周书》曰：“农不出则乏其食，工不出则乏其事，商不出则三宝绝，虞不出则财匮少。”财匮少而山泽不辟矣。此四者，民所衣食之原也。原大则饶，原小则鲜。上则富国，下则富家。贫富之道，莫之夺予，而巧者有余，拙者不足。故太公望封于营丘，地舄(xì)卤[⑦]，人民寡，于是太公劝其女功，极技巧，通鱼盐，则人物归之，繦(qiǎng)[⑧]至而辐凑。故齐冠带衣履天下，海岱之间敛袂而往朝焉。其后齐中衰，管子修之，设轻重[⑨]九府，则

老子

老子，姓李名耳，春秋时思想家，道家创始人。

桓公以霸，九合诸侯，一匡天下，而管氏亦有三归，位在陪臣，富于列国之君。是以齐富强至于威、宣也。

故曰：“仓廪(lǐn)实而知礼节，衣食足而知荣辱。”礼生于有而废于无。故君子富，好行其德；小人富，以适其力。渊深而鱼生之，山深而兽往之，人富而仁义附焉。富者得势益彰，失势则客无所之，以而不乐。谚曰：“千金之子，不死于市。”此非空言也。故曰：“天下熙熙，皆为利来，天下壤壤，皆为利往。”夫千乘之王、万家之侯，百室之君，尚犹患贫，而况匹夫编户之民乎！

[注释]

①刍豢：泛指各种牲畜。刍是吃草的牲畜，豢是吃粮食的牲畜。②眇：通“妙”，微妙。③谷：楮树，树皮可以造纸。纻：野麻，可以织布。旄：牦牛尾，可以做旗杆上的装饰。④连：同“链”，铅矿石。玳瑁：一种海龟，甲壳可做装饰品。珠玑：分别为圆的和不圆的珠子。⑤龙门：山名，在今山西河津西北、陕西韩城东北。碣石：山名，在今河北昌黎北。旃：通“毡”。⑥虞：掌管山林水泽的官员。⑦舄卤：盐碱地。⑧繦：穿钱的绳子。⑨轻重：指在各地贮积货币来调节谷价贵贱的办法。

[译文]

《老子》上说：“最清平的社会达到顶峰，邻近国家的居民可以互相望见，鸡犬的声音也能互相听到，百姓们各自认为自己的食物甘美，自己的服装漂亮，习惯于安宁的风俗，喜爱自己的职业，直至老死之时也不相互往来。”如果一定要按照这种方法去生活，等于堵塞了人民的耳目，则是行不通的。

太史公认为：神农氏以前的情况，我不了解。至于如《诗经》与《尚书》上所描述的虞舜、夏朝以来的情况，人们总是要使自己的耳目尽情地得到音乐和享受女色，使口尝尽牲畜肉类的美味，身体尽量安处于舒适而快乐的环境，而内心还要炫耀权势与才能的荣耀，使这种风俗浸染百姓的思想已经很悠久了，即使用老子那样微妙的言辞逐家逐户地去劝导，终究也不能改变了。因此，对于人民，最高明的办法是顺其自然，其次是引导，再次是教育他们，又其次是用法律制度来束缚，最下策是与百姓争利。

太行山以西有丰富的木材、竹子、楮木、野麻、旄牛尾和玉石，太行山以东多出鱼、盐、漆、丝和音乐、女色，江南出产楠木、梓木、生姜、桂、金、锡、铅矿石、丹砂、犀牛角、玳瑁、珠玑、兽角、皮革，龙门山、碣石山以北多有马、牛、羊、毛毡、毛皮和兽筋、兽角，铜、铁则往往在千里山峦中分布，如同密布的棋子。这是物产分布的大概情况。这些物品都是中原人民所喜爱的，是百姓们衣着饮食与养生送死所需要的东西。所以，人们依赖农民耕种来供给食物，虞人开出木材，工匠做成器皿来，商人去流通这些财物。这难道还需要发布政令，征发人民如期集会来完成吗？人们发挥自己的才能，竭尽自己的力量，以此来满足自己的欲望。因此，物价低廉，就寻求贵的地方卖，物价昂贵，就寻求贱的地方买，各自勤勉而致力于他们的本业，乐于从事自己的工作，如同水向低流，日日夜夜没有休止。他们不待召唤自己就赶来，物产不需征求而人民就将其生产出来。这难道不是合乎规律而自然发展的证明吗？

《周书》上说："农民不种田，食物就要匮乏，工匠不生产出器物，器物就会短缺，商人不进行流通，那么粮食、器物、钱财就要断绝，虞人不开发山泽，资源就会缺少。"资源缺少，山泽也就不能重新得到开发。这四种行业，是人民衣着食物的来源。源泉广阔，就会富饶；源泉窄小，就会贫乏。上可以使国富，下可以使家富。贫富的形成，没有人能给予或剥夺，聪明的人能使财富有余，愚蠢的人只能使财物不足。所以姜太公被封在营丘，那里的土地本来是盐碱地，人口稀少，于是姜太公就鼓励女子纺织，极力提倡工艺技巧，把鱼、盐外运。这样，其他地方的人民和货物也源源不断地来了，像钱串一般，络绎不绝，又如车辐一般，向这里聚集。所以，齐国生产的帽子、带子、衣服、鞋子畅销天下，从海滨到泰山之间的诸侯都衣袖整齐地到齐国朝拜。此后，齐国曾经衰落，管仲治理齐国，设立调整物价的九个官府，而齐桓公因此能够称霸，多次以霸主的雄姿盟会诸侯，使天下的政治得到匡正，而管仲自己也修筑了三归台，他的地位在陪臣之列，却比列国的君王还富有。从此，齐国的富强一直持续到齐威王、齐宣王时期。

所以说："粮仓充实了，百姓才能懂得礼节，衣食丰富了，百姓才知道荣辱。"礼仪产生于富有而废弃于贫穷。所以，君子富有了，喜欢做仁德之事，小人富有了，就把力量用在适当的地方。渊深了，里面就会有鱼，山林深了，野兽就会去那里，人民富了，仁义也就归附于他们了。富有者得势，更加显赫；失势了，客人也不来，因此也就心情不快。谚语说："千金之家的子弟就不会因犯法而死在市井上。"这并不是空话。所以说："天下之人，熙熙攘攘，皆是为利而来，为利而往。"有千乘兵车的天子，有万家封地的诸侯，有百室封邑的大夫，尚且担心贫穷，何况编在户口册子上的平民呢？

太史公自序

《史记》

[题解]

此篇是《史记》一书序言的第二部分，以问答体的形式，表达了撰写《史记》的目的，是为了完成父亲临终前的嘱托，上续孔子的《春秋》，也可让后世借鉴。同时，通过对历史人物的评价，抒发了自己心中的愤懑之气，表明自己以古人身处逆境、发愤著书的事迹为榜样，忍辱负重，创作《史记》这部巨著。

[原文]

太史公曰："先人有言：'自周公卒五百岁而有孔子。孔子卒后至于今五百岁，而能绍明世，正《易传》，继《春秋》，本《诗》《书》《礼》《乐》之际？'意在斯乎！意在斯乎！小子何敢让焉。"

上大夫壶遂[①]曰："昔孔子何为而作《春秋》哉？"太史公曰："余闻董生曰：'周道衰废，孔子为鲁司寇，诸侯害之，大夫壅之。孔子知言之不用，道之不行也，是非二百四十二年[②]之中，以为天下仪表，贬天子，退诸侯，讨大夫，以达王事而已矣。'子曰：'我欲载之空言，不如见之于行事之深切着明也'。夫《春秋》，上明三王之道，下辨人事之纪，别嫌疑，明是非，定犹豫，善善恶恶，贤贤贱不肖，存亡国，继绝世，补敝起废，王道之大者也。《易》着天地、阴阳、四时、五行，故长于变；《礼》经纪人伦，故长于行；《书》记先王之事，故长于政；《诗》记山川、溪谷、禽兽、草木、牝(pìn)牡、雌雄，故长于风；《乐》乐所以立，故长于和；《春秋》辨是非，故长于治人。是故《礼》以节人，《乐》以发和，《书》以道事，《诗》以达意，《易》以道化，《春秋》以道义。拨乱世反之正，莫近于《春秋》。《春秋》文成数万[③]，其指数千。万物之散聚，皆在《春秋》。《春秋》之中，弑君三十六，亡国五十二，诸侯奔走不得保其社稷者，不可胜数。察其所以，皆失其本已。故《易》曰：'失之毫厘，差以千里。'故曰：'臣弑君，子弑父，非一旦一夕之故也，其渐久矣。'故有国者不可以不知《春秋》，前有谗而弗见，后有贼而不知。为人臣者不可以不知《春秋》，守经事而不知其宜，遭变事而不知其权。为人君父而不通于《春秋》之义者，必蒙首恶之名。为人臣子而不通于《春秋》之义者，必陷篡弑之诛，死罪之名。其实皆以为善，为之不知其义，被之空言而不敢辞。夫不通礼义之旨，至于君不君，臣不臣，父不父，子不子。君不君则犯，臣不臣则诛，父不父则无道，子不子则不孝。此四行者，天下之大过也。以天下之大过予之，则受而弗敢辞。故《春秋》者，

伏羲之德

伏羲生而圣明，德合天地，代燧人氏以木德王天下。推五德之运，光理万物，明如日月，阴阳和静，鬼神不扰。四时得节，万物不伤，群生不夭，虽有诡智无所用之，此之谓至德。

礼义之大宗也。夫礼禁未然之前，法施已然之后，法之所为用者易见，而礼之所为禁者难知。”

壶遂曰：“孔子之时，上无明君，下不得任用，故作《春秋》，垂空文以断礼义，当一王之法。今夫子上遇明天子，下得守职，万事既具，咸各序其宜。夫子所论，欲以何明？”

太史公曰：“唯唯，否否，不然。余闻之先人曰：‘伏羲至纯厚，作《易》八卦；尧、舜之盛，《尚书》载之，礼乐作焉；汤、武之隆，诗人歌之。《春秋》采善贬恶，推三代之德，褒周室，非独刺讥而已也。’汉兴以来，至明天子，获符瑞[4]，建封禅（shàn），改正朔[5]，易服色[6]，受命于穆清，泽流罔极，海外殊俗，重译款塞，请来献见者，不可胜道。臣下百官，力诵圣德，犹不能宣尽其意。且士贤能而不用，有国者之耻，主上明圣而德不布闻，有司之过也。且余尝掌其官，废明圣盛德不载，灭功臣、世家、贤大夫之业不述，堕[7]先人所言，罪莫大焉。余所谓述故事，整齐其世传，非所谓作也，而君比之于《春秋》，谬矣！”

于是论次其文。七年，而太史公遭李陵之祸，幽于缧绁（léi xiè）。乃喟然而叹曰：“是余之罪也夫？是余之罪也夫？身毁不用矣！”退而深惟曰：“夫《诗》《书》隐约者[8]，欲遂其志之思也。昔西伯拘羑（yǒu）里，演《周易》；孔子厄陈、蔡，作《春秋》；屈原放

逐，着《离骚》；左丘失明，厥有《国语》；孙子膑脚，而论兵法；不韦迁蜀，世传《吕览》；韩非囚秦《说难》《孤愤》；《诗》三百篇，大抵贤圣发愤之所为作也。此人皆意有所郁结，不得通其道也，故述往事，思来者。”于是卒述陶唐以来，至于麟止[⑨]，自黄帝始。

[注释]

①壶遂：汉代天文学家，官至詹事（掌皇后、太子家事），秩二千石，故称之为上大夫。曾与司马迁一起编定《太初历》。②二百四十二年：《春秋》记事起于鲁隐公元年（前722），至鲁哀公十四年（前481）“西狩获麟”止，共242年。③《春秋》文成数万：《春秋》经文有一万八千字。西汉初，公羊学盛行，如连同公羊经传，则有四万四千余字。④符瑞：古人认为上天降示祥瑞的征兆，与人间事物相应。⑤正朔：正，指每年的正月；朔，指每月的初一。古时改朝换代时，新登基的帝王有改正朔、易服色的措施，以表示区别于前朝的新气象。⑥服色：指服用器物的制度和颜色。古代以为每一王朝的更换，是“五行”递代的反映，“五行”各有其代表颜色。如该王朝认为是“火德”，其色就是赤。各朝代都以本朝所崇尚的颜色为旗帜、官廷装饰的主色。⑦堕：同“隳”，废弃。⑧隐约：忧患不得志。隐，忧患。约，受屈。⑨麟止：据《左传》载，鲁哀公十四年（前481），鲁君臣狩猎，获得一麟。古代认为麟是仁兽，象征圣王的嘉瑞，而这时没有圣王，嘉瑞无应。孔子伤叹周道不兴，因作《春秋》以明王法，而绝笔于此年。司马迁作《史记》以继承孔子的《春秋》自任。正巧公元前122年，汉武帝亦获一所谓白麟，并改年号为“元狩”，司马迁为模仿《春秋》，他写《史记》也到元狩年间为止。

[译文]

太史公说：“我的父亲生前说过：‘周公死后，五百年才有了孔子。孔子死后，到今天也有五百年了，到了继承圣明时代的事业，修正《易传》，续写《春秋》，本于《诗经》《尚书》《礼记》《乐经》之时了。’”意思是把这事寄托在我的身上呀！寄托在我的身上呀！我怎么敢谦让呢？

上大夫壶遂说：“从前，孔子为什么要写《春秋》呢？”太史公说：“我听董生说过：‘周朝的政治衰落废弃，孔子出任鲁国的司寇，诸侯害怕他，大夫们排挤他。孔子知道他的建议不被采用，他的政治主张不能推行，于是评论二百四十二年的历史，以此作为天下的法则，贬抑天子，斥退诸侯，声讨大夫，以阐明王道。’孔子说：‘我想把我的观点用空话记载下来，但不如寓于具体的历史事件表现得更加深刻、明显。’《春秋》，上能阐明三王的政治原则，下能辨明为人处世的纲纪，分清了疑惑，判明了是非，使犹豫不决的人拿定了主意，褒善贬恶，推崇贤能，鄙视不肖，保存已经灭亡了的国家，延续已经断绝了的世系，补救政治的弊端，振兴荒废的事业，这些都是王道的重要内容。《易》显示了天地、阴阳、四时、五行的关系，所以长于指示变化；《礼》规范了人与人之间的关系，故长于行动；《尚书》记载了上古先王的事迹，所以长于政事;《诗经》记载了山川、溪谷、禽兽、草木、牝牡、雌雄，所以长于风俗教化;《乐》是音乐所以成立的根据，所以长于调和性情;《春秋》明辨是非，所以长于治理人民。因此，《礼》节制人的行动，《乐》激发和睦的感情，《尚书》用来指导政事，《诗经》表达心意，《易经》是用来说明变化的，《春秋》引导人民遵守道义。把一个混乱的社会引上正轨，没有比《春秋》更有用的了。《春秋》全书有数万字，其中的精髓也有数千。万物万事的分离与聚合都记在《春秋》里。《春秋》中，杀死国君的有三十六起，亡国的有五十二个，诸侯逃亡不能保住国家的不计其数。观察他们这样的原因，都在于失去了礼义这个根本啊！所以《易经》说:‘失之毫厘，差之千里。’因此说:‘臣杀君，子杀父，不是一朝一夕造成的，而是长时期逐步形成的。’所以，治国之人不可以不知道《春秋》，否则，当面有人进谗他看不见，背后有窃国之贼他也不了解。做臣子的不可以不知道《春秋》，否则，处理日常事务不知怎样做才合适，遇到出乎意料的事便不知道怎样应变。作为国君和家长却不懂得《春秋》，一定会蒙受罪魁祸首的恶名。作为大臣和儿子不懂得《春秋》，一定会因为篡位和弑父而获得被诛杀的罪名。其实，他们都以为自己在干好事，因为不明白大义，受了毫无根据的批评而不敢反驳。因为不通礼义的宗旨，以至于君不像君，臣不像臣，父不像父，子不像子。君不像君，大臣们就会犯上作乱；臣不像臣，就会遭到杀身之祸；父不像父，就是没有伦理道德；子不像子，就是不孝敬父母。这四种行为，是天下最大的过错。把天下最大的过错加在这些人身上，那么也只能接受而不敢推托。所以《春秋》这部书，是关于礼义的经典著作。礼的作用是防患于未然，法的作用是发生坏事后予以制裁，法的除恶作用容易见到，而礼的防患作用不易被人们理解。”

壶遂说:“孔子的时代，在上没有英明的国君，下层的贤才俊士不被重用，所以写了《春秋》，流传下这部用言辞写成的著作来判明什么是礼义，作为圣王的法典。现在，您上遇英明的君主，下有自己的职守，万事俱备，都按照适当的顺序进行着，您所论述的，想要说明什么呢？”

太史公说:“对，对！不，不！不是这样的。我从先父那里听说:‘伏羲最纯朴厚道，他创作了《周易》中的八卦。唐尧、虞舜时代的昌盛，在《尚书》上记载，礼乐自那时而兴。商汤、周武王时代的兴隆，诗人加以歌颂。《春秋》歌颂善人，贬斥邪恶，推崇夏、商、周三代的德政，赞美周王朝，并非全是抨击和讥刺。’从汉朝建立以来，直到当今的英明君主，捕获白麟，上泰山举行祭祀天地的大典，改正历法，更换车马、祭牲的颜色。受命于上天，恩泽散布到远方，四海之外与汉族风俗不同的地区，也通过几重翻译叩开关门，请求前来进献物品和拜见天子，这些事多得说不完。大臣百官尽力歌颂天子的圣德，但还不能完全表达自己的心意。况且，贤士不被任用，这是国君的耻辱，天子圣德不能宣扬于天下，是主管官员的过错。况且，我担任太史令，如果废弃天子的圣德不去记载，埋没功臣、贵族、贤大夫的事迹不去记述，丢弃先父的嘱托，没有比这更大的罪过了。我所说的记述过去的史实，整理那些相传的史料，谈不上创作，而你却把它同孔子作《春秋》相比，就错了。”

于是整理、编写史料。过了七年，我因“李陵事件”而遭受祸灾，被关进了监狱。于是喟然长叹："这是我的罪过啊！这是我的罪过啊！身体残废不会再被任用了！"事后又转而深思："《诗经》和《尚书》辞意含蓄，这是作者要表达他们内心的思想。当初文王被囚禁在羑里，就推演了《周易》；孔子在陈、蔡国受到困厄，就写作《春秋》；屈原被放逐，却著作了《离骚》；左丘明眼睛瞎了，这才有了《国语》；孙膑被挖掉膝盖骨，于是研究兵法；吕不韦谪迁蜀地，却有《吕览》传世；韩非子被囚禁在秦国，《说难》《孤愤》才产生；《诗经》三百零五篇，大多是圣贤之人为抒发胸中的愤懑而创作的。这些人都是意气有所郁结，无处可以发泄，才追述过去的事，思念将来。"于是，终于记述了从黄帝开始，经唐尧，止于武帝获麟的历史。

报任安书①

司马迁

[题解]

任安是司马迁的朋友，司马迁被处宫刑后，曾担任中书令，任安写信给司马迁，要他利用这一机会"推贤进士"。任安因事下狱后，司马迁给他写了这封回信。信中，司马迁述说了自己的遭遇，抒发了悲愤之情，对汉武帝的刚愎、严酷表达了不满。还提出了"人固有一死，或重于泰山，或轻于鸿毛"的人生观，表示将忍辱负重，完成"究天人之际，通古今之变，成一家之言"的《史记》。

[原文]

太史公牛马走司马迁再拜言②。少卿足下：曩(nǎng)者辱赐书，教以慎于接物，推贤进士为务，意气勤勤恳恳。若望仆不相师③，而用流俗人之言，仆非敢如此也。仆虽罢驽，亦尝侧闻长者之遗风矣。顾自以为身残处秽，动而见尤，欲益反损，是以独抑郁而谁与语？谚曰："谁为为之？孰令听之？"盖钟子期死，伯牙终身不复鼓琴。何则？士为知己者用，女为悦己者容。若仆大质④已亏缺矣，虽才怀随、和⑤，行若由、夷⑥，终不可以为荣，适足以见笑而自点耳。书辞宜答，会东从上来，又迫贱事，相见日浅，卒(cù)卒无须臾之间得竭志意。今少卿抱不测之罪，涉旬月，迫季冬，仆又薄从上雍，恐卒然不可为讳，是仆终已不得舒愤懑以晓左右，则长逝者⑦魂魄，私恨无穷。请略陈固陋。阙然久不报，幸勿为过。

仆闻之：修身者，智之符也；爱施者，仁之端也；取予者，义之表也；耻辱者，勇之决也；立名者，行之极也。士有此五者，然后可以托于世，而列于君子之林矣。故祸莫憯于欲利，悲莫痛于伤心，行莫丑于辱先，诟莫大于宫刑[8]。刑余之人[9]，无所比数，非一世也，所从来远矣。昔卫灵公与雍渠[10]同载，孔子适陈；商鞅因景监[11]见，赵良[12]寒心；同子参乘，袁丝[13]变色，自古而耻之！夫中材之人，事有关于宦竖[14]，莫不伤气，而况于慷慨之士乎？如今朝廷虽乏人，奈何令刀锯之余[15]荐天下之豪俊哉！

仆赖先人绪业，得待罪辇毂[16]下二十余年矣。所以自惟，上之，不能纳忠效信，有奇策材力之誉，自结明主；次之，又不能拾遗补阙，招贤进能，显岩穴之士[17]；外之，不能备行伍，攻城野战，有斩将搴旗之功；下之，不能积日累劳，取尊官厚禄，以为宗族交游光宠。四者无一遂，苟合取容，无所短长之效，可见于此矣。向者，仆亦尝厕下大夫[18]之列，陪奉外廷[19]末议，不以此时引纲维，尽思虑，今已亏形为扫除之隶，在阘(tà)茸之中，乃欲仰首伸眉，论列是非，不亦轻朝廷、羞当世之士邪？嗟呼！嗟乎！如仆尚何言哉！尚何言哉！

淮阴侯

韩信被封楚王，却在陈地戴上了刑具。

且事本末未易明也。仆少负不羁之才，长无乡曲之誉。主上幸以先人之故，使得奉薄技，出入周卫之中。仆以为戴盆何以望天[20]，故绝宾客之知，亡室家之业，日夜思竭其不肖之才力，务一心营职，以求亲媚于主上。而事乃有大谬不然者。

夫仆与李陵俱居门下，素非

能相善也。趋舍异路，未尝衔杯酒，接殷勤之余欢。然仆观其为人，自守奇士，事亲孝，与士信，临财廉，取予义，分别有让，恭俭下人，常思奋不顾身，以殉国家之急。其素所蓄积也，仆以为有国士之风。夫人臣出万死不顾一生之计，赴公家之难，斯已奇矣。今举事一不当，而全躯保妻子之臣，随而媒孽其短，仆诚私心痛之。且李陵提步卒不满五千，深践戎马之地，足历王庭[21]，垂饵虎口，横挑强胡，仰亿万之师，与单于连战十有余日，所杀过当。虏救死扶伤不给，旃裘之君长咸震怖，乃悉征其左、右贤王，举引弓之人，一国共攻而围之。转斗千里，矢尽道穷，救兵不至，士卒死伤如积，然陵一呼劳军，士无不起，躬自流涕，沫血饮泣，更张空弮[22]，冒白刃，北向争死敌者。陵未没时，使有来报，汉公卿王侯皆奉觞上寿。后数日，陵败书闻，主上为之食不甘味，听朝不怡，大臣忧惧，不知所出。仆窃不自料其卑贱，见主上惨怆怛悼，诚欲效其款款之愚，以为李陵素与士大夫绝甘分少，能得人之死力，虽古之名将，不能过也。身虽陷败，彼观其意，且欲得其当而报于汉。事已无可奈何，其所摧败，功亦足以暴于天下矣。仆怀欲陈之而未有路，适会召问，即以此指推言陵之功，欲以广主上之意，塞睚眦之辞。未能尽明，明主不晓，以为仆沮贰师[23]，而为李陵游说，遂下于理[24]。拳拳之忠，终不能自列，因为诬上，卒从吏议[25]。家贫，货赂不足以自赎，交游莫救视，左右亲近不为一言。身非木石，独与法吏为伍，深幽囹圄之中，谁可告愬者！此正少卿所亲见，仆行事岂不然乎？李陵既生降，颓其家声，而仆又佴之蚕室[26]，重为天下观笑。悲夫！悲夫！事未易一二为俗人言也。

仆之先，非有剖符丹书之功[27]，文、史、星、历[28]，近乎卜祝[29]之间，固主上所戏弄，倡优所畜，流俗之所轻也。假令仆伏法受诛，若九牛亡一毛，与蝼蚁何以异？而世俗又不能与死节者次比，特以为智穷罪极，不能自免，卒就死耳。何也？素所自树立使然也。人固有一死，或重于泰山，或轻于鸿毛，用之所趋异也。太上不辱先，其次不辱身，其次不辱理色，其次不辱辞令，其次诎体受辱，其次易服受辱，其次关木索，被棰楚受辱，其次剔毛发、婴金铁受辱，其次毁肌肤、断肢体受辱，最下腐刑极矣！传曰：“刑不上大夫。”此言士节不可不勉励也。猛虎处深山，百兽震恐，及在穽(jǐng)槛阱之中，摇尾而求食，积威约之渐也。故士有画地为牢，势不可入；削木为吏，议不可对，定计于鲜也。今交手足，受木索，暴肌肤，受榜棰，幽于圜墙之中。当此之时，见狱吏则头抢地，视徒隶则心惕息。何者？积威约之势也。及以至是，言不辱者，所谓强颜耳，曷足贵乎？且西伯，伯也，拘于羑(yǒu)里[30]；李斯，相也，具于五刑[31]；淮阴[32]，王也，受械于陈；彭越、张敖，南面称孤，系狱抵罪；绛侯诛诸吕，权倾五伯，囚于请室[33]；魏其[34]，大将也，衣赭衣[35]，关三木[36]；季布为朱家钳奴[37]；灌夫受辱于居室。此人皆身至王侯将相，声闻邻国，及罪至罔加，不能引决自裁[38]，在尘埃之中[39]。古今一体，安在其不辱也？由此言之，勇怯，势也；强弱，形也。审矣，何足怪乎？夫人不能早自裁绳墨[40]之外，以稍陵迟，至于鞭箠之间，乃欲引节，斯不亦远乎！古人所以重施刑于大夫者，殆为此也。夫人情莫不贪生恶死，念父母，顾妻子。至激于义理者不然，乃有所不得已也。今仆不幸，早失父母，无兄弟之亲，独身孤立，少卿视仆于妻子何如哉？且勇者不必死节，怯夫慕义，何处不勉焉？仆虽怯懦，欲苟活，亦颇识去就之分矣，何至自沉溺缧绁(léi xiè)[41]之辱哉！且夫臧获婢妾[42]，犹能引决，况仆之不得已乎？所以隐忍苟活，幽于粪土之中而不辞者，恨私心有所不尽，鄙陋没世而文采不表于后世也。

古者富贵而名磨灭，不可胜记，唯倜傥非常之人称焉。盖文王拘而演《周易》；仲尼厄而作《春秋》；屈原放逐，乃赋《离骚》；左丘失明，厥有《国语》；孙子膑脚，兵法修列；不韦迁蜀，世传《吕览》；韩非囚秦，《说难》《孤愤》；《诗》三百篇，大抵圣贤发愤之所为作也。此人皆意有所郁结，不得通其道，故述往事，思来者。及如左丘无目，孙子断足，终不可用，退而论书策，以舒其愤，思垂空文以自见。仆窃不逊，近自托于无能之辞，网罗天下放失旧闻，略考其事，综其终始，稽其成败兴坏之理。上计轩辕，下至于兹，为十表，本纪十二，书八章，世家三十，列传七十，凡百三十篇。亦欲以究天人之际，通古今之变，成一家之言。草创未就，适遭此祸，惜其不成，是以就极刑而无愠色。仆诚已着此书，藏之名山，传之其人，通邑大都，则仆偿前辱之责，虽万被戮，岂有悔哉！然此可为智者道，难为俗人言也！

且负下未易居，下流多谤议，仆以口语遇遭此祸，重为乡党所戮笑，以污辱先人，亦何面目复上父母之丘墓乎？虽累百世，垢弥甚耳！是以肠一日而九回，居则忽忽若有所亡，出则不知其所往。每念斯耻，汗未尝不发背沾衣也。身直为闺合之臣[43]，宁得自引深藏岩穴邪？故且从俗浮沉，与时俯仰，以通其狂惑。今少卿乃教以推贤进士，无乃与仆私心剌(là)谬乎？今虽欲自雕琢，曼辞以自饰，无益于俗，不信，适足取辱耳。要之死日，然后是非乃定。书不能悉意，略陈固陋。谨再拜。

[注释]

①任安：字少卿，荥阳人。曾任郎中、益州刺史、北军使者护军等官，与司马迁是朋友。②太史公：这里指作者自己。牛马走：像牛马一样奔走的仆役，司马迁自称的谦词。③相师：效法他人的意见行事。④大质：身体。⑤随和：指随侯之珠与和氏之璧。⑥由、夷：指许由与伯夷。他们两人都是被人称赞的品德高尚的人。⑦长逝者：指任安。⑧官刑：破坏男子生殖器的酷刑，也称腐刑。中国古代五刑之一。⑨刑余之人：受刑后得到余生的人。⑩雍渠：卫灵公宠幸的宦官。卫灵公外出时，与雍渠同坐在一辆车上，而让孔子坐在后面的另一辆车上，孔子以为耻，离卫而去。⑪景监：是秦孝公的宦官。⑫赵良：秦国隐士。商鞅相秦十年，宗室贵族大都怨恨他，这时赵良劝说商鞅激流引退，以避免祸难。⑬袁丝：袁盎。西汉大臣，历任齐相、吴相。⑭宦竖：对宦官的贱称。⑮刀锯之余：指受过官刑的自己。⑯辇毂：指皇帝的车驾。代指皇帝身边。⑰岩穴之士：指隐居山野的贤士。⑱下大夫：指太史令之职。周代太史属下大夫。⑲外廷：也称外朝。汉代把官员分为外朝与中朝。外朝是丞相以下的正规行政官员。国家疑难大事由外朝官员讨论。⑳戴盆何从望天：比喻忙于职守，无暇他顾。㉑王庭：指匈奴单于的居处。

㉒空卷：没有箭的弓。㉓贰师：指李广利。李广利是汉武帝宠妃李夫人之兄。这次与匈奴的战役是李陵与李广利领兵，但李广利没有派援兵援救李陵，使李陵兵败。司马迁为李陵说话，故汉武帝认为他有意中伤贰师将军。㉔理：廷尉，是掌管诉讼的官。㉕吏议：法庭官吏的判决。㉖蚕室：这里指受了官刑后居住的温暖、密闭的房间。㉗剖符：汉代皇帝给功臣的凭证。丹书：丹书铁券。铁制的凭证，用朱砂书写誓言，故称丹书。得到剖符丹书的功臣，子孙有罪可得赦免。㉘文、史、星、历：太史令掌管的史籍和天文、历法、文籍。㉙卜祝：负责占卜和祭祀的官。㉚羑里：商纣王时商朝的监狱所在地。故址在今河南汤阴。㉛五刑：割鼻、斩左右趾、笞杀、枭首、菹骨肉于市。㉜淮阴：指韩信（？—前196），汉初诸侯王。淮阴（今属江苏）人。秦末农民起义爆发后，投奔项梁，后属项羽。楚汉战争期间，归属刘邦，被任为大将，被封为齐王。项羽失败后，汉朝建立时，改称为楚王。㉝请室：汉代囚禁有罪官吏的监狱。㉞魏其：魏其侯窦婴，汉景帝时大将军。㉟赭衣：古代囚服为赭色。㊱三木：指加在颈、手、足三处的刑具，即枷、梏、桎。㊲季布：楚人。楚汉战争时，为项羽部将。朱家：汉初鲁人。以“任侠”闻名，大量藏匿豪杰和亡命者，在关东地区势力很大。刘邦即位后，追捕季布，季布匿其家为奴。后设计使季布得解脱。钳：以铁束颈。㊳引决：自杀。自裁：自杀。㊴尘埃：比喻卑贱污秽的地方。㊵绳墨：指国家法令。㊶缧绁：捆绑犯人的绳索，引申为囚禁。㊷臧获婢妾：泛指奴仆。臧是男奴，获、婢、妾都是女奴。㊸闺合之臣：宦官。闺、阁都是妇女住所，指代后宫。合，同“阁”。

[译文]

太史公、像牛马般奔走的司马迁再拜陈说。少卿足下：前些时候承蒙您给我写信，教导我要顺应时世来处理事情，把推举人才当作责任。信中辞意和语气诚恳而真挚，好像在抱怨我不听从您的意见，却随着世俗人的意见而改变主张，我是不敢这样做的呀！我虽然平庸无德，但也曾听说品德高尚的长者遗风，只是自以为身体残废、地位下贱，一行动就受人责难，想做点贡献反把事情搞坏，所以才心情沉闷，无人诉说。谚语说：“为谁做呢？又让谁听呢？”钟子期死后，伯牙终身不再弹琴。为什么呢？因为士人只为了解自己的人效力，女子只为喜欢自己的人打扮。我身体已经残缺，即使才能像随侯珠、和氏璧那样可贵，行为又像许由、伯夷那样高洁，还是不可自以为光彩，这样反而会被人耻笑以致自取侮辱。您的来信本该及时答复，但恰逢我跟从皇上东巡归来，又忙于烦琐的事务，彼此相见的机会很少，忙忙碌碌没有片刻的空闲可以说明我的心意。现在，您遭遇难以想象的罪过，一个月后就接近十二月了，而我又将被迫跟从皇上到雍地去，担心您会突然遭到不幸，那样我就永远不能把心中的愤懑向您诉说，而您的在天之灵会抱恨无穷的。请让我大概陈述一些褊狭、浅陋之见。隔了这么长时间不给您回信，请不要责备。

曾听说：“加强自我的修养是智慧的仓库，乐于施舍是仁的开端，获取和给予恰当是守义的标志，以被侮辱为可耻是是否具备勇敢的标准，建立功名是行动的最高目标。”士人具备了这五条，可以立足于社会，跻身于君子的行列。所以，祸患没有比贪利更悲惨了，悲哀没有比伤心更痛苦了，行为没有比祖先受辱更难堪了，而耻辱没有比受宫刑更严重了。受过宫刑的人，不能同正常人相提并论，不仅现在是这样，历史上由来已久。从前，卫灵公和雍渠同车，孔子就出走陈国；商鞅通过景监被秦孝公召见，赵良就替他担忧；赵谈为汉文帝参乘，袁盎就勃然变色，自古以来人们就鄙视宦官。一般的人，只要事情同宦官有关，没有不自感羞耻的，更何况慷慨激昂的人呢？如今朝廷虽然缺乏人才，又怎么会让受过宫刑的人来推荐天下的贤士英俊呢？

我依靠先人未竟的学术事业，得以在京师任职，已二十余年。所以我想，对上，不能效尽自己的忠信，获得有策略和才能的声誉，而取得皇上的赏识；其次，又不能为皇上拾遗补缺、弥补缺失、招纳贤才、引进能人，使隐居贤人扬名于世；对外，不能参加军队攻城野战，建立斩将拔旗的功勋；对下，不能累积年资和功劳，获取高官厚禄，使宗族和朋友增光。这四条没有一方面有成就，不过是勉强容身，没有或大或小的功劳，也就由此可见了。从前，我也曾置身于下大夫的行列，侍奉在朝廷上发表一些微议。不在那时伸张国家的法度，竭尽智谋，到现在形体已残，当了一名打扫台阶的差役，身处下贱之辈的行列，却要昂首扬眉，评论是非，不是轻视朝廷，羞辱当今的士人了吗？唉！唉！像我这样的人，还说什么呢？还说什么呢？

事情的本末不容易弄明白。我少年时自恃有高远的才华，但长大后并没有在故乡获得好名声，幸亏皇上因为我祖先的关系，使我得以奉献微薄的技能，出入于宫廷。我以为头上戴了木盆怎么能够望见天空呢？所以断绝与宾客的交往，忘记家庭的私事，日夜思考，竭尽自己微薄的才力，恪尽职守，以求得皇上的亲近和信任，但是，事情却并非如此。

车裂商鞅

赵良曾劝说商鞅急流勇退，否则有祸，商鞅不听。后来商鞅果真被车裂。

我与李陵，同在宫中任职，素来不是好朋友。彼此的好恶不同，未曾在一起喝过一杯酒，尽情地欢乐。然而，我观察李陵的为人，的确是个出众之人，他侍奉父母很孝顺，结交士人守信用，遇到钱财廉洁奉公，获取和给予都按礼仪办，懂得尊卑长幼而能谦让，恭敬节俭，甘居人后，常想奋不顾身地献身于国家的急难。他这些长期养成的美德，我以为有国士的风度。一个大臣出于宁肯万死而不求一生的意念，奔赴国家的危难，已经很难得了。现在办事一有不当，那些只会保全自己和家室的大臣紧跟着就夸大他的短处，对此我感到痛心。况且李陵带领不到五千步兵，深入敌方阵营，到达匈奴王驻地，在虎口垂饵诱敌，勇猛地向强悍的匈奴挑战，向群山之间的敌军发起仰攻，与匈奴王接连战斗了十多天，所杀敌人超过了自己将士的人数，以致敌寇救死扶伤都来不及。匈奴的君主、长官们都震惊了，于是全数调集了左、右贤王的军队，动用擅长弓箭的百姓，全国一起围攻李陵。李陵转战数千里，箭矢用尽，兵退绝境，而救兵不至，死伤的士卒堆积遍地。但只要李陵振臂一呼，士兵没有不强撑起身体，流着眼泪，血流满面，以泪解渴，拉开没有箭的空弓，冒着敌人的锋刃，争着向北与敌人死斗。当李陵的军队还没有覆没时，信使来报捷，朝中的公卿、王侯都向皇上祝贺。几天后，李陵兵败的奏书传来，皇上为此吃饭无味，听政也闷闷不乐。大臣们担心害怕，不知该怎么办。我不再多考虑自己的卑贱，见皇上伤心痛苦，实在想献上自己诚恳的意见。我以为李陵对待部下能够先人后己，因此能赢得部下以死力效劳，即使是古代的名将也不如他。他虽因兵败被俘获，但看他的用意，是想要寻找一个适当的机会来报效汉朝。这件事已经无可奈何，但他曾打败敌人的功劳也足以颁布天下了。我想把这些说给皇上听，却没有机会。正逢皇上召见，我就用这些意思论述李陵的功绩，想以此来宽慰皇上的胸怀，堵塞那些怨恨李陵的言辞。我没能彻底表达明白，以致圣主不能进一步了解，反以为我在诋毁贰师将军而为李陵开脱，于是把我送大理寺审判。耿耿忠心，终于无法自我表白，被定了欺蒙皇上的罪名，皇上终于听从了狱吏的判决。我因为家贫，钱财不足以为自己赎罪，朋友无力救援，皇上身边的人也不为我说一句求情的话。我不是木石，却让我同执法的狱吏一起相处，被关押在监狱之中，心中的痛苦可以向谁诉说呢？这些正是您亲眼看到的，我做事难道不是这样吗？李陵既然已经活着投降了，败坏了他家族的声誉，而我被关在蚕室，又被天下之人耻笑。可悲啊！可悲呀！这些事情是不容易对世俗之人说清的。

我的祖先并没有受赐剖符丹书的功勋，掌管文史书籍和天文历法，与掌管占卜和祭祀的官员类似，本来就是被皇上戏弄、像乐工伶人一样养着，为世俗所看不起的。假如我受到法律的制裁被杀，就像九头牛身失去一毛，与杀死一只蝼蚁有何不同呢？而世人又不会把我比之于坚持气节而死的人，只认为我是智谋不足而又罪大恶极，无法逃脱，终于被杀而已。为什么呢？因为我的职业从来就被人轻视。人必然有一死，有的死比泰山还重，有的死比鸿毛还轻，这是因为死的目的不一样。首先，不使祖先受辱；其次，自己身体不受辱；其次，不使自己的颜面受辱；其次，不因言辞违礼而受辱；其次，被捆缚受辱；其次，被囚禁受辱；其次，戴刑具被人抽打受辱；其次，或剃光了头，或戴铁圈受辱；其次，毁坏肌肤、截断四肢受辱；最下等的就是宫刑，这是达到极点了！书中说："刑罚不能加于大夫以上。"这是说不可以磨砺士大夫的节操。猛虎处在深山中，百兽为之惊恐，等到它落进了陷坑、关进了笼子，就摇着尾巴乞求食物，这是威力逐渐制约它的结果。所以，在地上划圈为牢，有的士人并不肯进去；用木头削成狱吏，气节之士也决不受它审讯，他们的打算非常的明确。现在，捆了手脚，戴着木枷、绳索，肌肉、皮肤暴露在外，被杖打，关押在监狱之中。这时，见到狱吏就叩头触地，见到狱卒就惶恐不敢喘息。为什么呢？这是受到威逼而逐渐形成的。已经到了这种地步，还说自己没有受辱，就是所谓厚着脸皮了，还有什么尊贵可言呢？况且，西伯，是一方诸侯之长，却被拘禁在羑里；李斯，是秦朝的丞相，却受五种刑罚；淮阴侯被封楚王，却在陈地戴上了刑具；彭越、张敖，曾南面封王，却下狱判罪；绛侯诛杀了诸吕，权力超过了春秋五霸，却被囚禁于请室；魏其侯是大将军，却穿上囚衣，戴上了三枷；季布卖身给朱家做奴隶；灌夫关在居室中受辱。这些人都位至王侯将相，名声传到邻国，等到犯罪落入法网，不能果断自杀，结果落在肮脏的尘埃之中。古今相同，怎么能不受到侮辱呢？由此而言，勇敢和胆怯，都是具体形势造成的。明白这一点，还有什么值得奇怪的呢？况且，人不能在受到法律制裁之前就已自杀，而逐渐受挫，到了遭受鞭打的时候，才想到要以自杀来保持节操，这不是太晚了吗？古人之所以不轻易对大夫施刑，大概就是这个原因。人之常情都是热爱生命，害怕死亡，思念父母，顾及妻儿的。至于被正义和真理激起来的人就不是这样了，他们有不得已之处。现在我不幸，双亲早亡，没有兄弟姐妹，独自一人孤单地生活。您看我对妻儿的态度怎样？勇敢的人不一定为了名节而死，怯懦的人仰慕高义，什么时候不在勉励自己呢？我虽然怯弱，想苟活偷生，但也知道舍生取义之理，怎么会自甘沉溺于牢狱的侮辱之中呢？就是奴婢还能够自杀，更何况像我这样处于不得已的境地呢？我之所以暗暗地忍受，苟活下来，关在粪土般污秽的监狱里而不肯去死，是因为遗憾于自己心中还有未实现的理想，若在屈辱中死去，我的文章著述就不能流传于后世了。

古时富贵而名声埋没不传的人，多得无法记载，只有卓越非常的人才能流芳百世。西伯被拘禁而推演出《周易》，孔子处于困境而写成了《春秋》，屈原被放逐才创作了《离骚》，左丘失明，才完成了《国语》，孙膑膝盖骨被剜去，撰修了《孙膑兵法》，吕不韦谪迁蜀地，《吕览》却流传于世；韩非在秦国被捕，这才有了《说难》《孤愤》，《诗经》共三百篇，大都是圣人贤士抒发内心的愤懑而写作的。这些人都是情意郁结，理想难以实现，所以才追述往事，而寄希望于将来。至于像左丘明眼瞎，孙膑腿断，永远不可能被重用了，退下来著书立说以抒发心中的愤懑，希望文章能够流传后世，来表现自己。我不自量力，最近靠着拙劣的文字，收集记载了散失于天下的历史传闻，考证史实，推究历史上成败、兴衰的规律。上至黄帝，下到当今。写成表十篇，本纪十二篇，书八篇，世家三十篇，列传七十篇，共一百三十篇，也就是想弄清自然和人之间的关系，弄通自古至今的变化，成为一家之言。草稿尚未完成，正好遇上那场大祸，我痛惜全书未完，所以受到严酷的刑罚也毫无怨色。如果我著成那本书，把它藏在名山之中，传给理解我的人，在四通八达的都市里散布。这样，我就偿还了从前被侮辱的旧债，即使被千刀万剐，又有什么可后悔的呢？然而，这些话只能对有智慧的人说，难以同一般人讲。

再说，背着污辱之名的人在社会上不容易安生，地位卑贱的人常常被诽谤、议论。我因为说话遭到了这次灾祸，深深地被故乡人耻笑，玷污了祖先，又有什么脸面去给父母亲上坟呢？即使百代之后，耻辱也只会加重！所以我天天非常痛苦，居家则恍恍惚惚、若有所失，出门则不知要到何处去。每当我想起那种耻辱，就汗流浃背，浸湿了衣服。我简直已经成了宦官，怎么能够自己引退山林岩穴中去呢？所以暂且随波逐流，见机行事，以抒发内心的愤怒与矛盾。现在少卿却教我推举贤士，不正与我内心的想法相违背吗？现在即使我想要修饰打扮，用美妙的言辞为自己解脱，也无济于事，不会让一般人相信，不过是自取侮辱。总而言之，到我死后才能确定是非。信中不能尽情表达心意，所以简略地陈述我狭浅之见。谨再拜。

卷六　汉文

高帝求贤诏

西汉文

[题解]

汉高祖建立汉朝后，他深知能够得到天下是因为有贤人的辅佐，而今要治理天下，同样需要才智之士的帮助。于是他颁布诏书令各诸侯国和郡县的长官推举所辖范围内有才能的人，来帮助他巩固统治。

[原文]

盖闻王者莫高于周文，伯者莫高于齐桓，皆待贤人而成名。今天下贤者智能，岂特古之人乎？患在人主不交故也，士奚由进？今吾以天之灵、贤士大夫定有天下，以为一家，欲其长久世世奉宗庙亡绝也。贤人已与我共平之矣，而不与吾共安利之，可乎？贤士大夫有肯从我游者，吾能尊显之。布告天下，使明知朕意。御史大夫昌下相国，相国酂(zàn)侯①下诸侯王，御史中执法下郡守②。其有意称明德者③，必身劝为之驾，遣诣相国府，署行、义、年④。有而弗言，觉免。年老癃(lóng)病⑤，勿遣。

[注释]

①酂侯：指萧何。②郡守：郡的最高长官，设于春秋战国时，汉景帝时改太守。③明德：才德。④署行、义、年：登记他的品行、仪表、年龄。义，通“仪”。⑤癃：手足不灵活的病。

[译文]

听说古代圣王中周文王最高，霸主中齐桓公最高，他们都依靠贤人的帮助而成名，现在天下贤人的智慧才能难道不如古人吗？忧虑的是君主不去与他们交往，贤士怎么能够来呢？现在我依靠上天的保佑以及贤士大夫的辅佐，平定了天下，把天下统一成一家。想要这政权能长久地保持下去，世世代代奉祀祖先的宗庙以至无穷。贤人已经与我共同平定天下了，而不与我共同享受太平，这可使得么？贤士大夫有跟我交游的，我能够使他们尊贵，特此布告天下，让大家明白我的意思。御史大夫周昌把这诏书下达给丞相，丞相酂侯下达给诸侯王，御史中丞下达给各郡的太守，那些确实有德才的人，郡守应该亲自去劝说，并为之驾车，送他们到丞相府，记载其经历、容貌和年龄。如果有那样的贤人而郡守不推荐，发觉之后就免郡守的官。年老多病的贤人，不必送来。

文帝议佐百姓诏

西汉文

[题解]

文帝时，国家连年受灾，百姓生存艰难。作为当权者，为帮助百姓改善生活，也为了汉朝的稳定统治，汉文帝颁布了这篇诏书。文中提到了一些引起天灾的原因，但没有找到主要原因，于是广开言路，征求各方意见。

[原文]

间者数年比不登[①]，又有水旱疾疫之灾，朕甚忧之。愚而不明，未达其咎。意者，朕之政有所失而行有过与？乃天道有不顺，地利或不得，人事多失和，鬼神废不享与？何以致此？将百官之奉养或费，无用之事或多与？何其民食之寡乏也？夫度（duó）田非益寡，而计民未加益，以口量地，其于古犹有余，而食之甚不足者，其咎安在？无乃百姓之从事于末[②]，以害农者蕃，为酒醪（láo）[③]以靡谷者多，六畜之食焉（sì）者众与？细大之义，吾未能得其中。其与丞相、列侯、吏二千石、博士议之[④]，有可以佐百姓者，率意远思，无有所隐。

[注释]

①间：近来。比：屡屡。登：庄稼成熟。②末：指工商业。③醪：酿酒。④列侯：汉代制度，称异姓封侯者为列侯。二千石：是官员的俸禄，这里指汉代郡守以上的官。博士：掌管书籍文献，通晓古今，为当政者出谋划策的官员。

[译文]

近年作物接连歉收，又有水、旱和疾病的灾害，我很担忧。我笨拙不明道理，不知道这些问题的原因。（我）猜想，是我的政策有过失因而行为有过错吗？是天道有不顺之处，有的地利没有得到，人们失和，鬼神被遗弃没有祭祀吗？为什么会这样呢？养官的俸禄是不是过高，没用的事是不是做得过多了？为什么民众的粮食如此匮乏呢？计算一下田地并不比以前少，人口也没有增加，按土地与人口的比例算，那比古人还有多余啊，但粮食非常不足的问题，究竟是哪儿错了呢？难道是百姓从商损害农业的地方多了，酿酒浪费的谷子多了，牲畜吃掉的粮食多了吗？这些大大小小的道理，我没能明白它的主要原因，要与丞相、列侯、吏二千石、博士们讨论，有可以帮助百姓的想法，尽管大胆明言，不要有所隐瞒！

景帝令二千石修职诏

西汉文

[题解]

因连年争战，国力受损，汉初一直实行休养生息政策。此篇中景帝以亲自劳作来鼓励民众从事农桑，希望百姓遵纪守法，保持良好的社会秩序，并主要告诫各地二千石的官员不要违法舞弊，否则必严厉治罪。

[原文]

雕文刻镂，伤农事者也；锦绣纂组[①]，害女红者也。农事伤，则饥之本也；女红害，则寒之原也。夫饥寒并至，而能无为非者寡矣。朕亲耕，后亲桑，以奉宗庙粢(zī)盛、祭服[②]，为天下先。不受献，减太官[③]，省徭赋，欲天下务农蚕。素有蓄积，以备灾害。强毋攘弱，众毋暴寡，老耆(qí)[④]以寿终，幼孤得遂长。

今岁或不登，民食颇寡，其咎安在？或诈伪为吏，吏以货赂为市，渔夺百姓，侵牟万民。县丞[⑤]，长吏也，奸法与盗盗，甚无谓也。其令二千石，各修其职。不事官职、耗(mào)乱者[⑥]，丞相以闻，请其罪。布告天下，使明知朕意。

[注释]

①纂组：五彩丝带。②粢盛：盛在祭器内供祭祀用的谷物。③太官：掌官廷膳食的官。④耆：老，古代六十岁以上的人称耆。⑤县丞：县令的副职。⑥耗乱：昏乱。

[译文]

在器具上雕刻镌镂花纹，是妨碍农事的行为；衣服要用绣花纹的锦帛和精美的丝带，会损害妇女纺织。农事受损伤，粮食就会不足；纺织受损害，就是受寒的缘由。挨饿受冻而能不做非法的事的人少有啊！我亲自耕作，皇后亲自种桑养蚕，用作供奉宗庙的祭品、服装，给天下百姓带个头。不接受献给我的礼物，减少官员进奉的膳食，省去徭役赋税，希望天下的人务农养蚕，平时有所积累，来防备灾害。强者不掠夺弱者，不要依仗人多欺负人少，老人得以寿终，年幼的孤儿顺利成长。

若作物歉收，民众的粮食就缺乏，原因何在呢？有的是狡诈虚伪的人做了官，官吏用钱财做买卖，欺压百姓。县丞，是县里官吏的首长，如果也与盗贼一同犯法，就与设长吏的本意相违背了。现命令二千石的官吏执行好自己的职责，不负责、昏乱不明的，丞相听说了，就奏请皇帝治罪。将此公告天下，使百姓明知我的意思。

武帝求茂材异等诏

西汉文

[题解]

有奇异才能的人往往有不同于常人的性格和行为，武帝命令地方官员们注意考察和选拔这样的人才为自己服务。

[原文]

盖有非常之功，必待非常之人。故马或奔踶（chí）①而致千里，士或有负俗之累（lèi）②而立功名。夫泛驾③之马，跅弛④之士，亦在御之而已。其令州郡⑤察吏民，有茂材异等可为将相，及使绝国者。

[注释]

①踶：通“驰”，快跑。②负俗之累：被世俗讥笑的过失。③泛驾：把车子弄翻，指不受驾驭。④跅弛：放荡不羁。⑤郡：指地方行政区。

[译文]

大凡要建立非凡的功业，必须有非凡的人才。有的马狂奔飞驰，往往能日行千里，士人中有的受到世俗的责难，可往往能建立功名。不驯服的马，不遵礼俗的狂士，也全决定于驾驭的方法是否正确而已。命令各州郡的长官务必要考察举荐吏民中才能优越可任将相的人及可以出使远方国家的人才。

作者简介

贾谊（前200—前168），河南洛阳人，西汉著名的政论家和辞赋家。他21岁被汉文帝召为博士，升至太中大夫。因多次上疏议论政事，被元老权贵排斥。被贬为长沙王太傅，后又任梁怀王太傅。梁怀王坠马死，贾谊抑郁而亡，年仅33岁。所著散文58篇（今存56篇），刘向编为《新书》。另有赋5篇。贾谊的散文兼有荀孟的雄辩气势和庄骚的酣畅流丽，多少还有一些战国纵横之士的谲诡机智。

过秦论（上）

贾谊

[题解]

此篇是《过秦论》的上篇。贾谊写作此文，是为了总结秦之过失，为汉文帝提供政治上的借鉴。文章通过对秦统一六国前后政策的对比，得出秦之过在于“仁义不施”，“攻守之势异”。文章铺陈排比，气势不凡，首创了“史论”这一散文体裁，对汉以后的散文创作产生了重要的影响。

[原文]

秦孝公据殽函之固[①]，拥雍州之地，君臣固守，以窥周室[②]。有席卷天下、包举宇内、囊括四海之意，并吞八荒之心[③]。当是时也，商君佐之[④]，内立法度，务耕织，修守战之具，外连衡而斗诸侯[⑤]。于是秦人拱手而取西河之外[⑥]。

孝公既没，惠文、武、昭蒙故业[⑦]，因遗策，南取汉中，西举巴、蜀，东割膏腴之地，北[⑧]收要害之郡。诸侯恐惧，会盟而谋弱秦，不爱珍器、重宝、肥饶之地，以致天下之士[⑨]，合从缔交，相与为一。当此之时，齐有孟尝，赵有平原，楚有春申，魏有信陵[⑩]。此四君者，皆明智而忠信，宽厚而爱人，尊贤而重士，约从离横[⑪]，兼韩、魏、燕、楚、齐、赵、宋、卫、中山之众。于是六国之士，有宁越、徐尚、苏秦、杜赫之属为之谋[⑫]，齐明、周最、陈轸(zhěn)、召滑、楼缓、翟景、苏厉、乐毅之徒通其意[⑬]，吴起、孙膑、带佗、倪良、王廖、田忌、廉颇、赵奢之伦制其兵[⑭]。尝以什倍之地，百万之众，叩关[⑮]而攻秦。秦人开关而延敌，九国之师，逡巡遁逃而不敢进[⑯]。秦无亡矢遗镞之费，而天下诸侯已困矣。于是从散约解，争割地而赂秦。秦有余力而制其弊，追亡逐北，伏尸百万，流血漂橹[⑰]，因利乘便，宰割天下，分裂

坑儒焚书

秦始皇焚书坑儒，希望以此维护统一的集权政治，打击方士荒诞不经的怪谈异说，但效果并不如他所愿。

河山，强国请服，弱国入朝。

施（yì）及孝文王、庄襄王，享国之日浅[18]，国家无事。及至始皇，奋六世之余烈[19]，振长策而御宇内，吞二周而亡诸侯[20]，履至尊而制六合，执敲扑以鞭笞天下[21]，威振四海。南取百越之地，以为桂林、象郡[22]，百越之君，俯首系颈，委命下吏。乃使蒙恬北筑长城而守藩篱[23]，却匈奴七百余里，胡人不敢南下而牧马，士不敢弯弓而报怨。于是废先王之道，燔百家之言[24]，以愚黔首。隳（huī）[25]名城，杀豪杰，收天下之兵聚之咸阳，销锋镝[26]，铸以为金人十二，以弱天下之民。然后践华为城，因河为池，据亿丈之城，临不测之溪以为固。良将劲弩，守要害之处，信臣精卒，陈利兵而谁何！天下已定，始皇之心，自以为关中之固，金城千里，子孙帝王万世之业也。

始皇既没，余威震于殊俗[27]。然而陈涉瓮牖绳枢之子，氓隶[28]之人，而迁徙之徒也。材能不及中庸，非有仲尼、墨翟之贤[29]，陶朱、猗顿之富[30]，蹑足[31]行伍之间，倔起阡陌之中，率罢弊之卒，将数百之众，转而攻秦。斩木为兵，揭竿为旗。天下云集而响应，赢粮而景从[32]，山东[33]豪俊，遂并起而亡秦族矣。

且夫天下非小弱也。雍州之地，殽、函之固，自若也。陈涉之位，不尊于齐、楚、燕、赵、韩、魏、宋、卫、中山之君也；锄耰（yōu）棘矜[34]，不铦（xiān）于钩戟、长铩[35]也；谪戍之众，非抗于九国之师也；深谋远虑，行军用兵之道，非及曩（nǎng）时[36]之士也。然而成败异变，功业相反。试使山东之国与陈涉度长絜（xié）大[37]，比权量力，则不可同年而语矣。然秦以区区之地，致万乘之权，招八州而朝同列[38]，百有余年矣。然后以六合为家，殽函为宫。一夫作难而七庙[39]隳，身死人手[40]，为天下笑者，何也？仁义不施，而攻守之势异也。

[注释]

①秦孝公：秦国国君，名渠梁。他任用商鞅，行新法使秦国富强。殽函：古代对殽山和函谷关的合称。②窥：偷看。这里是暗中打算的意思。周室：指周王

朝。③八荒：八方，极远的地方。④商君：商鞅。也称卫鞅。⑤连衡：连横。当时处于西方的秦与东方的齐、楚等国进行联合以打击其他国家，叫作连横；东方各国，北自燕，南至楚联合起来抗秦，叫作合纵。斗诸侯：使诸侯自相争斗。⑥西河：今陕西省大荔、宜川一带。⑦惠文：秦惠文王，孝公之子，名驷。武：秦武王，惠文王之子，名荡。昭：秦昭襄王，武王异母弟，名则，一名稷。蒙故业：继承旧业。⑧《史记》无"北"字。⑨弱：削弱。致：招纳。⑩孟尝：孟尝君田文。平原：平原君赵胜。春申：春申君黄歇。信陵：信陵君魏无忌。作者将上述四个不同时代的公子并列在一起，是为了综合说明当时前后八十年间东方人才荟萃的形势。⑪约从离衡：建立合纵，拆散连横。⑫宁越：赵人。徐尚：宋人。苏秦：周人。杜赫：周人。⑬齐明：周臣。周最：周君之子。陈轸：楚人，事秦。召滑：一作昭滑，楚臣。楼缓：魏相。翟景：魏人。苏厉：苏秦弟。乐毅：燕国名将。⑭吴起：魏将，后又事楚。孙膑：齐将，著名军事家。带佗：楚将。儿良：越将。王廖、田忌：齐将。廉颇、赵奢：赵将。⑮关：函谷关。⑯九国：指韩、魏、燕、赵、楚、齐、宋、卫、中山等国。逡巡：徘徊，行而不进。⑰橹：大盾牌。⑱浅：少。⑲始皇：秦始皇。秦庄襄王之子，名政。六世：指秦孝公、惠文王、武王、昭襄王、孝文王、庄襄王。⑳二周：指周赧王时分化的东、西二周，西周都于洛（今河南洛阳），东周都于巩（今河南巩义）。西周灭于秦昭襄王五十一年（前256），东周灭于秦庄襄王元年（前249）。㉑六合：天地四方。敲扑：杖棒。㉒百越：对东南方一些少数民族的总称。桂林、象郡：二郡均在广西境内。㉓蒙恬：秦国将领，二世时赐死。藩篱：篱笆。引申为屏障。㉔百家之言：诸子百家的著述。㉕隳：毁坏。㉖锋镝：泛指各种兵器。㉗殊俗：不同的风俗。指边远的部族。㉘氓隶：古代对低贱者的称呼。㉙仲尼：孔子。墨翟：墨子。㉚陶朱：春秋末年越国大夫范蠡的别号。范蠡晚年曾在陶山经商，号称陶朱公。猗顿：鲁国人，因养殖牛羊致富。㉛蹑足：涉足，参加。㉜赢：携带。景从：如影相随。景，通"影"。㉝山东：指函谷关、殽山之东。㉞锄耰：锄头柄。棘矜：棘木杖。㉟铦：有长刃的矛。㊱曩时：过去，从前。㊲度长絜大：较量长短大小。㊳同列：同等的诸侯国。㊴七庙：祖先七代的宗庙。古代宗法规定，天子祀七庙。㊵身死人手：指秦王子婴为项羽所杀。

[译文]

秦孝公凭借崤山和函谷关险固的关隘，又拥有雍州的土地，君臣固守疆土，窥探周王朝，怀有席卷天下、包举四方、吞并四海、囊括八荒之地的野心。这时，商鞅辅佐他，对内建立法规制度，鼓励农耕和纺织，修造防守和进攻的武器装备，对外推行连横政策，使各诸侯国互相争斗。于是，秦人轻而易举地夺取了西河以外的大片土地。

秦孝公死后，惠文王、武王、昭王继承祖上业绩，遵循既定的政策，向南攻取汉中，向西攻占巴、蜀，在东面占据了肥沃的土地，向北征服了地势险要的州郡。诸侯们很恐慌，结盟设法削弱秦国。他们不吝惜珍奇的器具、贵重的宝物、富饶的土地，用以招纳普天下的才士，建立同盟，结成一体。这时，齐国有孟尝君，赵国有平原君，楚国有春申君，魏国有信陵君。这四位君子都忠诚信义，对人宽厚而友爱，尊重贤士，纵向联合来离散秦国的连横，聚集了韩国、魏国、燕国、楚国、齐国、赵国、宋国、卫国、中山国的兵力。于是，六国的士人，有宁越、徐尚、苏秦、杜赫这班人替他们出谋献策，有齐明、周最、陈轸、昭滑、楼缓、翟景、苏厉、乐毅一类人替他们互通消息，有吴起、孙膑、带佗、倪良、王廖、田忌、廉颇、赵奢这班人替他们指挥军队，曾以十倍于秦的土地，百万大军，逼临函谷关进攻秦国。秦人打开函谷关，引敌入境，但九国的将士徘徊，逃走而不敢进击。秦国没有耗费丝毫兵力，而各诸侯国已陷入了困境。于是合纵离散，盟约解除，各诸侯争相割让土地讨好秦国。秦国有余力控制已衰弱的六国，追赶败逃的各国士兵，被杀的人多达百万，流的血可以漂浮起盾牌。秦国乘着有利时机，宰割天下的百姓，分裂各国的河山，迫使强国请降，弱国入秦朝拜。

延续到孝文王、庄襄王，他们在位的日子较短，国家没有重大的战事。到了秦始皇，他继承了六世祖先积累的功绩，挥动长鞭统治天下，吞并了周王朝，又灭亡了各国诸侯，登上了至高无上的皇帝宝座，统治四方，手执棍棒鞭挞天下人民，威震四海。向南攻取了百越的土地，建立桂林郡和象郡。百越的君主低着头、颈上被套上绳索，听命于秦朝的官吏。于是，又派遣蒙恬在北方修筑长城，守卫边境，把匈奴击退了七百多里。胡人不敢再南下放马，战士不敢动用武力来报仇。于是，秦始皇完全废除从前君主治国的原则，焚烧诸子百家的著作，以愚昧百姓。又毁坏各国的名城，杀害豪杰俊才，收集全国的兵器聚集到咸阳，熔化锋刃而制成十二个铜人，以削弱百姓的力量。然后以华山作为咸阳的城墙，凭借黄河作为护城河，占据亿丈高的城墙，下临深不可测的溪水，以为这样就牢不可破了。派遣良将手持硬弓，驻守要害的据点；派遣忠诚的臣子率领精锐的士兵，手执锐利的兵器盘问过往的行人。天下已经安定，秦始皇的心里，自以为关中地势的坚固，铜墙铁壁长达千里，真是使子孙后代称帝万世不变的基业。

秦始皇死后，他的余威震慑到偏远地区。然而，陈涉这位用破瓮作窗、用绳子拴着门板的穷人，他是卑贱的农夫，又是发配戍边的士卒，才智不如一般人，又没有孔子、墨子的贤能，陶朱公、猗顿的财富，置身于发配队伍中，却崛起于行伍间，率领疲惫散乱的士兵，统领几百人的队伍，反来攻打秦朝。他们斩断树木作兵器，撑起竹竿做大旗，天下人如云一样聚集，像回声般响应，带着粮食如影随身般地跟从陈涉，于是，殽山以东的豪杰英俊就都起来消灭秦朝。

况且这时天下，并不是又小又弱，雍州的土地，殽山和函谷关的险固，仍与过去相同。陈涉的地位，也不如齐国、楚国、燕国、赵国、韩国、魏国、宋国、卫国、中山国的君主尊贵；锄头和木棍，并不比钩戟长矛锋利；谪戍服役的士卒也并不超过九国的军队；深谋远虑，行军用兵的战略战术，又比不上从前六国的谋士。然而，成功和失败却有所不同，建立功业的人恰好相反。如果让殽山以东的诸侯国与陈涉比较强弱、大小、权势和实力，那就不可以同日而语了。然而，当初秦国凭借小小的国土，获得万乘大国之权，扫平原先位处同列的诸侯入秦朝拜，达一百多年之久。然后以天地四方为家，把殽山和函谷关当作自家宫室。谁料陈涉一人发难，就使秦朝的社稷毁灭，死在别人的手里，被天下人嘲笑，是什么原因呢？就因为不施行仁义，而攻守的形势也就变化了。

治安策（一）

贾谊

[题解]

本文又名《陈政事疏》，选自《汉书·贾谊传》，本文是节选。

西汉初年，政治混乱，虽然已经对异姓诸侯王割据的势力进行了沉重打击。但是在汉文帝时期，同姓诸侯王对与中央政府仍然是重大隐患。贾谊因此作《治安策》上呈汉文帝，着重论述了这一问题。在文中，贾谊指出强盛的诸侯国将对中央政权产生威胁，若不尽早防范，就一定会发生犯上作乱的情况。他提出了“众建诸侯而少其力”的观点，以保证中央政权。贾谊的统一思想既符合当时的政治形势，也合乎历史发展的潮流。

全篇围绕“众建诸侯而少其力”的中心论点，纵横铺陈，层层深入，以理服人，抒情与说理并重，读起来气势磅礴，具有很强的说服力和感染力。

[原文]

夫树国固[1]，必相疑之势[2]，下数被其殃，上数(shuò)爽其忧[3]：甚非所以安上而全下也。今或亲弟谋为东帝[4]，亲兄之子[5]，西乡而击[6]，今吴又见告矣[7]。天子春秋鼎盛[8]，行义未过，德泽有加焉，犹尚如是，况莫大诸侯[9]，权力且十此者乎？然而天下少安[10]，何也？大国之王幼弱未壮，汉之所置傅相方握其事[11]。数年之后，诸侯之王大抵皆冠，血气方刚，汉之傅、相称病而赐罢，彼自丞尉以上[12]，偏置私人，如此，有异淮南、济北之为邪？此时而欲为治安，虽尧舜不治。黄帝曰：“日中必彗(wèi)[13]，操刀必割。”今令此道顺而全安甚易[14]。不肯早为，已乃堕骨肉之属而抗刭之[15]，岂有异秦之季世乎[16]？

夫以天子之位，乘今之时，因天之助，尚惮以危为安，以乱为治。假设陛下居齐桓之处[17]，将不合诸侯而匡天下乎[18]？臣又知陛下有所必不能矣。假设天下如曩(nǎng)时[19]，淮阴侯尚王楚，黥布王淮南，彭越王梁，韩信王韩，张敖王赵，贯高为相，卢绾王(wǎnwàng)燕，陈豨在代[20]，令此六七公者皆亡恙[21]，当是时而陛下即天子位，能自安乎？臣有以知陛下之不能也。天下殽乱[22]，高皇帝与诸公并起[23]，非有仄室之势以豫席之也[24]。诸公幸者乃为中涓[25]，其次厪得舍人[26]，材之不逮至远也。高皇帝以明圣威武，即天子位，割膏腴之地，以王诸公，多者百余城，少者乃三四十县，德至渥也[27]，然其后七年之间，反者九起。陛下之与诸公，非亲角材而臣之也[28]，又非身封王之也。自高皇帝不能以是一岁为安，故臣知陛下之不能也。

然尚有可诿者曰疏[29]。臣请试言其亲者。假令悼惠王王齐，元王王楚，中子王赵，幽王王淮阳，共王王梁，灵王王燕，厉王王淮南[30]，六七贵人皆亡恙，当是时陛下即位，能为治乎？臣又知陛下之不能也。若此诸王，虽名为臣，实皆有布衣昆弟之心[31]，虑亡不帝制而天子自为者[32]。擅爵人[33]，赦死罪，甚者或戴黄屋[34]，汉法令非行也。虽行不轨如厉王者，令之不肯听，召之安可致乎？幸而来至，法安可得加？动一亲戚，天下圜视而起[35]。陛下之臣，虽有悍如冯敬者[36]，适启其口，匕首已陷其胸矣。陛下虽贤，谁与领此[37]？故疏者必危，亲者必乱，已然之效也[38]。其异姓负强而动者，汉已幸胜之矣[39]，又不易其所以然[40]。同姓袭是迹而动[41]，既有征矣，其势尽又复然。殃祸之变，未知所移，明帝处之，尚不能以安，后世将如之何！

屠牛坦一朝解十二牛[42]，而芒刃不顿者[43]，所排击剥割[44]，皆众理解也[45]。至于髋髀(bì)之所[46]，非斤则斧[47]。夫仁义恩厚，人主之芒刃也；权势法制，人主之斤斧也。今诸侯王，皆众髋髀也，释斤斧之用，而欲婴以芒刃[48]，臣以为不缺则折。胡不用之淮南、济北？势不可也。臣窃迹前事[49]，大抵强者先反。淮阴王楚最强，则最先反；韩信倚胡[50]，则又反；贯高因赵资，则又反；陈豨兵精，则又反；彭越用梁，则又反；黥布用淮南，则又反；卢绾最弱，最后反。长沙乃在二万五千户耳[51]，功少而最完，势疏而最忠，非独性异人也，亦形势然也。曩令樊、郦、绛、灌据数十城而王[52]，今虽已残亡可也。令信、越之伦列为彻侯而居[53]，虽至今存可也。

然则天下之大计可知已。欲诸王之皆忠附，则莫若令如长沙王；欲臣子之勿菹醢(zū hǎi)[54]，则莫若令如樊、郦等。欲天下之治安，莫若众建诸侯而少其力[55]。力少则易使以义，国小则亡邪心[56]。令海内之势，如身之使臂，臂之使指，莫不制从，诸侯之君，不敢有异心，辐凑并进[57]，而归命天子，虽在细民，且知其安，故天下咸知陛下之明[58]。割地定制[59]，令齐、赵、楚各为若干国，使悼惠王、幽王、元王之子孙，毕以次各受祖之分地，地尽而止。及燕、梁他国皆然。其分地众而子孙少者，建以为国，空而置之，须其子孙生者[60]，举使君之。诸侯之地，其削颇入汉者[61]，为徙其侯国[62]，及封其子孙也，所以数偿之[63]。一寸之地，一人之众，天子亡所利焉，诚以定治而已，故天下咸知陛下之廉。地制一定，宗室子孙，莫虑不王，下无倍畔之心[64]，上无诛伐之志，故天下咸知陛下之仁。法立而不犯，令行而不逆，贯高、利幾之谋不生[65]，柴奇、开章之计不萌[66]，细民乡善[67]，大臣致顺，故天下咸知陛下之义。卧赤子天下之上而安[68]，植遗腹[69]，朝委裘[70]，而天下不乱。当时大治，后世诵圣。一动而五业附[71]，陛下谁惮而久不为此[72]？

天下之势，方病大瘇(zhǒng)[73]。一胫之大几如要[74]，一指之大几如股[75]，平居不可屈信[76]，一二指搐，身虑无聊[77]。失今不治，必为锢疾[78]，后虽有扁鹊[79]，不能为已。病非徒瘇也，又苦蹠盭(zhí lì)[80]。元王之子[81]，帝之从弟也；今之王者[82]，从弟之子也。惠王之子[83]，亲兄子也；今之王者[84]，兄子之子也。亲者或亡分地以安天下[85]，疏者或制大权以逼天子。臣故曰：非徒病瘇也，又苦蹠盭。可痛哭者[86]，此病是也。

[注释]

①树国：建立诸侯国。固：强大。②相疑：指朝廷与所封诸侯国相互疑忌。③“下数”二句：下、上：分别指诸侯国与汉室。数：屡次。爽：太，过甚。④亲弟：指淮南厉王刘长，文帝之弟。《汉书·五行志》载，刘长“谋逆乱，自称东帝”。⑤亲兄之子：指济北王刘兴居，文帝兄刘肥（齐悼惠王）之子。文帝

三年（前177）谋反，袭荥阳，兵败被杀。⑥乡：通“向”。⑦吴：指吴王濞，当时他不循汗法而被人告发。⑧春秋鼎盛：年龄正轻。鼎：方，正值。⑨莫大：最大。⑩少安：稍安。⑪傅相：朝廷派往诸侯国的辅佐官员。⑫丞尉：各级文武官员的副职。此泛指诸侯国官吏。⑬熭：晒干。⑭今：如果。⑮抗刭：举头而割。⑯季世：末世。⑰齐桓：春秋齐桓公小白，曾九合诸侯，一匡天下，为春秋五霸之首。⑱匡：正。⑲曩：从前。⑳“淮阴侯”八句：淮阴侯：韩信，曾封楚王。王：作动词用。后四句同此。黥布：英布，封淮南王。彭越：封梁王。韩信：韩王信。贯高：赵国之相。卢绾：封燕王。陈豨：曾任代国之相。㉑六七公：上文述八人，此约略举之。亡：同“无”。㉒殽：杂。㉓高皇帝：汉高祖刘邦。㉔仄室：侧室，此指庶子，非正妻所生之子。文帝是高祖薄姬（后为文帝太后）所生。席：凭借。㉕中涓：身边亲近之臣。㉖廑：同“仅”。舍人：此指门客。㉗渥：厚。㉘角材：比较、衡量才能。臣之：给他们封官。㉙诿：推托。㉚“假令”七句：悼惠王：刘肥，刘邦子：封齐王。元王：刘交，刘邦弟，封楚王。中子：刘如意，刘邦子，封赵王。幽王：刘友，刘邦子，封淮阳王。共王：刘恢，刘邦子，封梁王。灵王：刘健，刘邦子，封燕王。厉王：淮南王刘长（厉为谥号），刘邦子。㉛布衣昆弟：谓诸王认为与刘邦只是像在民间一样的兄弟关系，而不认为有君臣之分。㉜亡：同“无”。㉝爵人：封给人以爵位。㉞黄屋：天子专用的黄缯车盖。㉟圜：同“圆”，睁圆眼睛。㊱冯敬：汉初御史大夫，曾奏刘长谋反，后为刺客所杀。㊲领：治理。㊳效：结果。㊴幸：侥幸。㊵所以然：指分封制度。㊶同姓：同姓王，刘氏宗族中封王者。此指淮南王刘长、济北王刘兴居。㊷屠牛坦：春秋时人，名坦，屠牛为业。㊸芒刃：利刃。顿：同“钝”。㊹排：批，分开。㊺理解：关节处。㊻髋髀：大骨。髋，组成骨盆的大骨。髀，股骨。㊼斤：伐木之斧。㊽婴：触。㊾迹：考察，追寻。㊿韩信倚胡：指韩王信投降匈奴。倚，依靠。51长沙：指长沙王。秦时吴芮为鄱阳令，入汉就其地封长沙王，子孙世袭，领土狭小。52樊：汉初名将樊哙。郦：郦商，曾任右丞相。绛：绛侯周勃，汉初名将。灌：灌婴，汉初名将。53彻侯：侯爵中最高的一等，只享受封地的租税而无兵权。后避汉武帝刘彻讳改为通侯。54菹醢：执行死刑后剁成肉酱。55众建诸侯而少其力：多封诸侯国而减弱他们的势力。56亡：通“无”。57辐凑：车的辐条集中于轴心。58咸：都，全。59定制：指定出一诸侯国领地面积大致规格。60须：等待。61削颇入汉：指因有罪而被削地划入汉朝廷直接管辖。62徙：迁移。63所以数偿之：照削地的面积数量偿还给诸侯的子孙。64倍畔：同“背叛”。65利幾：项羽部将，降汉封颍川侯，后反叛被杀。66柴奇、开章：两人皆参与淮南王刘长谋反。67乡：向。68赤子：婴儿。指幼小君主。69遗腹：遗腹子。70委裘：把亡君的常服放在宝座上。71五业：指上文所说明、廉、仁、义、圣。72谁惮：“惮谁”的倒装，怕什么的意思。73瘇：足肿。此泛指肿。74胫：小腿。要：通“腰”。75股：大腿。76信：同“伸”。77聊：依靠。78锢疾：久治不愈的繁症。79扁鹊：战国时名医。80跋盭：：同“蹠戾”，足掌反扭不能行走。81元王之子：楚元王刘交的儿子刘郢客。82今之王者：指楚王刘戊。83惠王之子：齐悼惠王刘肥的儿子刘襄。84今之王者：指齐文王刘则。85亡：同“无”。86可痛哭者：《治安策》开头有“臣窃惟事势，可为痛哭者一”语。

[译文]

诸侯国被建设得过分强盛，就必然会形成天子与诸侯之势均力敌的情况。臣子多次遭祸患，皇上也屡屡忧伤，这实非安定朝廷、保全臣民的方法。现如今陛下的亲弟弟在东边图谋称帝，亲侄子也敢从西面进攻朝廷，最近又有吴王因谋反被人告发。现在天子您年富力强，品行适宜而没有过错，对他们施以恩泽，他们尚且这样，更何况最大的诸侯国，拥有相当于此十倍的力量呢！但是现在天下还算安定，这是为什么呢？这是因为大的诸侯国君年纪小尚未成年，还是由大汉派遣去的太傅、丞相来掌管政事。假如几年之后，诸侯王都加冠成人，血气方刚，而大汉派去的太傅和丞相也不得不称病还乡，诸侯王也会从丞和尉一级开始安插亲信，倘若这样，他们的行为与淮南王、济北王相比，又有什么不同呢？到那时，要想天下安定，就算是唐尧和虞舜这样的人都做不到了。黄帝说过："一定要趁着中午曝晒东西，拿好刀就得赶紧宰割。"现今，假如顺利推行保全安定的措施还是很容易的。若不肯及早实行，日后就会破坏骨肉之情，甚至杀他们的头，难道这与秦末之时有什么不同么？

凭借天子之位，趁现在的有利时机，再通过上天的帮助，尚且还会害怕转危为安、转乱成治的措施推行不利，假设陛下处在齐桓公的位置上，恐怕就不会联合诸侯去匡正天下了吧？我也知道陛下一定不会那样的。假设天下的形式还像过去一样，淮阴侯韩信还在当楚王，黥布做淮南王，彭越是梁王，韩王信做韩王，张敖封赵王，并由贯高辅佐，卢绾做燕王，陈豨做代王，倘若这六七个王都没被剿灭，而陛下也正好继承天子位，自己还能有安全感么？我知道陛下是不会的。天下混乱时，高祖与诸王公一同起事时，并没有倚靠旁系亲属的力量。这些王公中幸运的做了中涓，其次的做了舍人，他们才实不符的情况很严重。高祖凭借着他的圣明威武做了天子，割划出肥沃的土地给诸侯王统治，多的有上百个城，少的也有三四十个县，恩德已经非常优厚了，但在之后的七年里，谋反叛乱就发生了九次。陛下对诸王，并不是通过亲自与之较量才让他们臣服的，也并非出于本意封赏他们做诸侯王的。所以从高祖几乎因此没得到一年安宁这件事上来看，我知道陛下也无法在此事上得到片刻安宁。

不过，上述情况，还可以找到借口，就是"关系疏远"。那么，请允许我试着说以说亲族中美的诸侯王好了。假如派遣悼惠王去统治齐，元王去统治楚，隐王去统治赵，幽王取统治淮阳，恭王去统治梁，灵王去统治燕，去厉王统治淮南，假如这六七为身份尊贵之人还全都健在，陛下若在这时即皇帝位，能使天下大治么？我知道陛下还是做不到的。像这样的诸侯王，虽然有臣子的名分，实际上却都怀有普通百姓中那种兄弟间平等分家的心思，心中无视天子之制，都想着自己当天子。他们擅自封赏爵位，赦免死罪，深知还有的乘坐了只有天子才能享有的黄屋车，没有一个执行汉朝的法令。就算执行了，也有如同厉王那样不遵守的，对他的命令都不肯听从，召见他有怎么会来呢！就算幸运地召来了，又怎么能把法令施加给他呢！对一个皇亲国戚动手惩处，会惊动天下诸王关注此事。陛下的臣子里面就算有冯敬那样勇敢的人，就在他刚一张嘴说话的时候，行刺的匕首就已经扎入胸膛了。即使陛下贤明，又有谁能与您一起来治理诸王呢？所以关系疏远的诸王绝对是危险的，而亲族的诸王也必然会作乱，事实已然摆在眼前了。那些自强盛就叛上作乱的异姓诸王，很幸运，大汉已将其战胜，但是并没有改变叛乱为何而起的原因。同姓诸侯王因袭了这一发动叛乱的传统，现今已有征兆，完全有死灰复燃的势态。灾祸的变化，尚且不知道会转移到哪去。圣明的皇上在位尚且不能安定国家，后世还能怎么办呢？

屠牛坦一个早晨就能宰割十二头牛，而刀锋却并没有变钝，这是因为他宰牛时的刮剔割剥等动作，都是顺着肌肉的纹理下刀。等到了髋骨、胯骨那里时，就会换成大小斧子来砍。仁义恩泽，如同人君的刀刃，权势法制，如同君王的斧斤。现如今，诸王好比髋骨胯骨，若弃斧斤而不用，只想着拿刀刃去应对，我认为要么刀子出缺口要么就会折断。为何仁义恩泽不能施与淮南王和济北王等人呢？这是因为形势不允许呀。微臣在私下里仔细查核了之前的事，大部分情况是势力强大的先行反叛：淮阴王当时统治楚国，实力最强，也是最先反叛；韩王信依靠着匈奴的力量，于是第二个反叛；贯高依仗赵国的财资，也就又反叛了；陈豨的部队精锐，就也反叛了；彭越凭借梁国的力量，反叛了；黥布坐拥淮南国，也反叛了；卢绾势力最弱，所以才最后一个反叛。长沙王吴芮的食邑仅仅是二万五千封户，功劳很少却得到保全，势力最弱但是对汉朝却最忠，这并非只是是因为性情跟其他人不同，也是由于形势使然。如果从前命令樊哙、郦商、周勃、灌婴占据几十个城封为诸王，那么现如今即使他们的势力已经衰弱，也是不可以的。假入让韩信、彭越之类的人，只是位居彻侯的地位，即便存活至今，也是可行的。

这样看来，天下大计就可想而知了。要想使诸王都对汉朝都忠心归附，就莫过于让他们像长沙王那样；要想使臣子不至于被菹醢，就莫过于使他们像樊哙、郦商那徉；要想使天下安定，莫过于多立诸侯国但使其的势力弱小。倘若力量弱小则容易以道义来指挥，国土小则没有反叛之心。这样一来，全国的形势，就如同身体使用手臂，手臂使用手指一样，没有不遵从命令的。诸王若不敢有反叛之心，就会像辐条一样归顺天子，即便是普通百姓，都知道诸王的安稳。于是天下就都会知晓陛下的英明。分割土地并且规定制度，使齐、赵、楚三个王国各自分为若干小国，让悼惠王、赵幽王和楚元王的子孙，都依次受封祖先的封地，直到国土分尽为止。至于燕、梁等其他国也实行这样的政策。对那些封地大而子孙少的，也分建若干小国，暂时空置起来，等到他们的子孙出生以后，再行分封治理。诸王的封地，已经被削收归汉朝所有的，就要因为取消其封国的原因，等到要子孙到了可以接受时候，就按其国应有的户数，给予补偿。就算是一寸土、一口人，政府也不占有他们的利益，只是诚心诚意为了天下太平罢了。于是这样，天下人就都会知道陛下是清正廉洁的。只要分封土地的制度一旦确定下来，宗室子孙就不会有不考虑保全自己统治的。臣子没有背叛的心思，皇帝没有诛伐的想法。所以天下人就都会知道陛下的仁爱之心。如果法令制定以后没人触犯，政令推行以后没人抵触，贯高、利几等人不策划阴谋，柴奇、开章等人不图行诡计，百姓们一心向善善，大臣们向皇上表致忠顺，天下人就都会知道陛下的道义。这样的话就算让幼儿躺着治理天下也会安定，就算扶植遗腹子做皇上，或者让臣子朝拜先帝留下来的皇袍，天下也不会混乱。若当时天下安定不乱，后世也会称颂陛下的圣明。只需要采取一项措施，就相应的建立其他五种，陛下您又因为害怕什么而许久也施行呢?

天下当今的形势严峻就像患了脚肿病：小腿粗得几乎跟腰一样，脚趾肿得几乎像大腿。平时都无法自如屈伸，有一两个趾头抽搐，就会觉得周身无所依赖。若错失医治的时机，一定会成为顽症。就算日后遇到扁鹊那样的神医，都没有办法了。目前的病因还不只是肿脚，还因苦于脚掌折断。楚元王的儿子，是陛下的叔伯兄弟，当今的楚王，是远房弟弟，齐悼惠王的儿子，是陛下亲侄子，当今的齐王是陛下的侄孙。连陛下自己的子孙，还有没被分封土地以便于安定天下的情况，远亲中倒是有掌握大权能威胁到天子的。所以微臣说：不仅因为脚肿病，还苦于脚掌折断。让人忍不住痛哭的，正是这样的病症呀!

作者简介

晁错（前200—前154），西汉政论家，颍川（今河南禹州）人。初从张恢学申不害、商鞅的法家学说。文帝时任太常掌故，后为太子家令，得太子（即景帝）信任，号“智囊”。景帝即位，任为御史大夫。他坚持“重本抑末”的政策，主张纳粟受爵，建议募民充实塞下，积极备御匈奴贵族的攻掠，削弱诸侯王国的封地，巩固中央集权制度，得到景帝采纳。不久，吴楚等七国以诛晁错为名，发动武装叛乱，晁错亦被袁盎所谮杀。所著政论有《论募民徙塞下》《论贵粟疏》等，议论深刻。

论贵粟疏

晁错

[题解]

西汉初期奉行“与民休息”的政策，重视农桑，使得农业繁荣，商业发展。但因商业发展，大地主、大商人对农民兼并侵夺，以致大批农民流离失所，阶级矛盾很严重。文帝时晁错上了这篇奏疏，提出要重农抑商，论述了“贵粟”的重要意义，这对当时社会经济的稳定发展起到积极的作用。

[原文]

圣王在上，而民不冻饥者，非能耕而食(sì)之，织而衣(yì)之也，为开其资财之道也。故尧、禹有九年之水，汤有七年之旱，而国无捐瘠①者，以蓄积多而备先具也。

今海内为一，土地人民之众，不避禹、汤，加以之天灾数年之水旱，而蓄积未及者，何也？地有余利，民有余力，生谷之土未尽垦，山泽之利未尽出也，游食之民未尽归农也。

民贫则奸邪生，贫生于不足，不足生于不农，不农则不地著[②]，不地著则离乡轻家，民如鸟兽，虽有高城、深池，严法重刑，犹不能禁也。夫寒之于衣，不待轻暖，饥之于食，不待甘旨，饥寒至身，不顾廉耻。人情一日不再食则饥，终岁不制衣则寒。夫腹饥不得食，肤寒不得衣，虽慈母不能保其子，君安能以有其民哉！明主知其然也，故务民于农桑，薄赋敛，广蓄积，以实仓廪(lǐn)，备水旱，故民可得而有也。

民者，在上所以牧之，趋利如水走下，四方无择也。夫珠玉金银，饥不可食，寒不可衣，然而众贵之者，以上用之故也。其为物轻微易藏，在于把握，可以周海内而无饥寒之患，此令臣轻背其主，而民易去其乡，盗贼有所劝，亡逃者得轻资也[③]。粟米布帛，生于地，长于时，聚于力，非可一日成也。数石之重，中人弗胜，不为奸邪所利，一日弗得而饥寒至。是故明君贵五谷而贱金玉。

今农夫五口之家，其服役者不下二人，其能耕者不过百亩，百亩之收不过百石。春耕，夏耘，秋获，冬藏，伐薪樵，治官府，给徭役。春不得避风尘，夏不得避暑热，秋不得避阴雨，冬不得避寒冻，四时之间，无日休息。又私自送往迎来，吊死问疾，养孤长幼在其中。勤苦如此，尚复被水旱之灾，急政[④]暴虐，赋敛不时，朝令而暮改。当具[⑤]，有者半贾而卖，无者取倍称之息，于是有卖田宅、鬻(yù)子孙以偿责者矣。而商贾大者积贮倍息，小者坐列贩卖，操其奇赢[⑥]，日游都市，乘上之急，所卖必倍。故其男不耕耘，女不蚕织，衣必文采，食必粱肉，亡农夫之苦，有阡陌[⑦]之得。因其富厚，交通王侯，力过吏势，以利相倾，千里游敖，冠盖[⑧]相望，乘坚策肥[⑨]，履丝曳缟(gǎo)[⑩]。此商人所以兼并农人，农人所以流亡者也。今法律贱商人，商人已富贵矣；尊农夫，农夫已贫贱矣。故俗之所贵，主之所贱也；吏之所卑，法之所尊也。上下相反，好恶乖迕，而欲国富法立，

耕织图

粟米和布帛的原料从地里生出，在一定的季节里成长，收获也需要人力，不可能在短期内完成。

不可得也。

方今之务，莫若使民务农而已矣。欲民务农，在于贵粟。贵粟之道，在于使民以粟为赏罚。今募天下入粟县官，得以拜爵[11]，得以除罪。如此，富人有爵，农民有钱，粟有所渫（xiè）[12]。夫能入粟以受爵，皆有余者也。取于有余，以供上用，则贫民之赋可损，所谓损有余，补不足，令出而民利者也。顺于民心，所补者三：一曰主用足；二曰民赋少；三曰劝农功。今令[13]："民有车骑马一匹者，复卒三人[14]。"车骑者，天下武备也，故为复卒。神农之教曰[15]："有石城十仞，汤池[16]百步，带甲百万，而亡粟，弗能守也。"以是观之，粟者，王者大用，政之本务。令民入粟受爵，至五大夫[17]以上，乃复一人耳。此其与骑马之功，相去远矣。爵者，上之所擅，出于口而无穷；粟者，民之所种，生于地而不乏。夫得高爵与免罪，人之所甚欲也。使天下人入粟于边，以受爵免罪，不过三岁，塞下[18]之粟必多矣。

[注释]

①捐瘠：被遗弃和瘦得不成样子的人。②地著：定居在某一地方。③轻资：轻便的物资。④急政：指"急征"，急迫地征收赋税的政令。⑤当具：当交纳的时候。⑥奇赢：商贾所获之余物与赢利。⑦阡陌：本指田间的道路，这里指田亩。⑧冠盖：指古代上层社会的服饰与车乘。⑨乘坚策肥：乘坚车，赶肥马。⑩履丝曳缟：脚穿丝鞋，身披丝织长衣。⑪拜爵：封爵位。⑫渫：流通。⑬今令：现行法令。⑭车骑马：用于车骑的战马。复卒三人：免除三个人的兵役。⑮神农：指神农氏，传说中的部落首领。⑯汤池：险要的城池。汤，沸水。池，护城河。⑰五大夫：汉代的爵位有二十级，五大夫排为第九级。⑱塞下：指边塞。当时主要是长城一带。

[译文]

在圣明的君王统治下百姓不挨饿受冻的原因，并非是君王能亲自种粮食给他们吃，织布匹给他们穿，而是由于他可以为人民开发财源。所以唐尧、夏禹之时有过九年的水灾，商汤之时有过七年的旱灾，但却无饿死或饿瘦的人，这是因为贮藏积蓄的东西多，早有防范。

现在天下统一，土地、人口之数，不亚于禹、汤之时，又没发生连年的水旱灾害，但积蓄却不如禹、汤之时，这是为什么呢？是因为土地还有潜力，百姓还有余力，能长谷物的土地尚未全部开垦，山林湖沼的资源尚未完全开发，游手好闲的人还没全都回到务农上去。

百姓生活贫困，就会滋生邪恶。贫困是因不富足，不富足是由于不务农，不从事农业就不能安居一处，不能定居就会轻易离开家乡，像鸟兽一样四处奔散。这样的话，国家即使有高的城墙，深的护城河，严厉的法令，残酷的刑罚，还是无法禁止他们。人在受冻时，不会等有了轻暖的皮衣才穿；饥饿时，也不会强求美味；饥寒交迫，就顾不上廉耻了。人之常情是：一天吃不到两顿饭就要挨饿，整年不做衣服穿就会受冻。那么，肚子饿了吃不到东西，身上冷了无衣穿，即使是慈母也不能留住她的儿子，国君又怎能保有他的人民呢？贤明的君主懂得这个道理，所以让人民从事农桑，减轻他们的赋税，增加粮食的积累，以便充实仓库，防备水旱灾荒，故而也就能够拥有人民。

百姓呢，在于君主用来管理他们的方法，他们追逐利益就像水往低处流一样，不管东南西北。珠玉金银这些东西，饿时不能充饥，冷了不能御寒，然而人们还是重视，是君主需要它的缘故。珠玉金银这些物品，轻便小巧，容易收藏，拿在手里，可以游遍全国而无饥寒的威胁。这就会使臣子轻易地背叛君主，而百姓也随便地离开家乡，盗贼受到了鼓励，犯法逃亡的人有了轻便易带的财物。粟米和布帛的原料从地里生出，在一定的季节里成长，收获也需要人力，不可能在短期内完成。几石重的粮食，中等体力的人拿不动它，也不为奸邪的人所贪图，可是一天得不到这些就要挨饿受冻。因此，贤明的君主以五谷为贵而轻视金玉。

现在农民中的五口之家，为国家服劳役的不少于二人，能够耕种的土地不到百亩，百亩的收成不超过百石。春天耕地，夏天锄草，秋天收获，冬天储藏，还得伐木柴，修理官府的房舍，服劳役。春天不能避沙尘，夏天不能避暑热，秋天不能避阴雨，冬天不能避寒冷，一年四季，没有一天休息，还要忙于私人方面的迎来送往，吊唁死者，看望病人，赡养孤老，养育幼儿。农民如此辛苦，还可能遭受水旱灾害，官府又要残暴征敛，不时摊派，早晨下命令，晚上就要改变。有粮食的农民，常半价贱卖以交税，无粮之人只好以加倍的利息借债纳税，于是就出现了卖田宅、卖子孙来还债的事。而那些商人们，大的囤积货物，获取成倍的利息。小的贩卖货物，牟取高利。他们每日到集市游逛，趁政府急需货物的机会，所卖粮食的价格就加倍。所以商人家中男的不耕种田地，女的不用养蚕织布，穿的必定是华美的衣服，吃的必定是精美的米和肉，不像农夫般劳苦，却占有农桑的收获。依仗自己富厚的钱财，结交王侯，势力超过官吏，争夺权利，相互倾轧。他们到各地游荡，车乘络绎不绝，乘坚固的车，骑壮实的马，脚穿丝鞋，身披绸衣。这就是商人兼并农民，农民流亡在外的原因。如今法律轻视商人，而商人实际上已经富贵了。尊重农民，而农民已经贫贱了。所以世俗人所看重的，正是君主所轻贱的；官吏所轻视的，正是法律所尊重的。上下相反，好恶相背，在这种情况下，要想使国家富裕，法律有效，那是不可能的。

当今应做的，没有比使百姓务农更为重要的了。而要想使百姓从事农业，关键在于提高粮价。抬高粮价的办法，在于让百姓可以用粮食求赏或免罚。现在应该号召天下百姓交粮给政府，就可以得封爵位，或免除罪过。这样，富人得到爵位，农民得到钱财，粮食得到流通。能交纳粮食得到爵位的，都是富有的人。从富有的人那里得到货物供应朝廷使用，那么贫苦百姓所担负的赋税就可以减轻，这就叫作用有余的补不足的，此令一出，百姓就能够得益。顺乎百姓的心愿，有三个好处：一是君主所用的东西充足，二是百姓的赋税减轻，三是鼓励务农。按现行法令，百姓能输送一匹战马的，可以免除三个人的兵役。战马是全国通用的军事装备，所以可以使人免除兵役。神农氏有教导说："有十仞高的石砌城墙，有百尺宽贮满沸水的护城河，百万武装好的兵士，如果没有粮食，那是守不住的。"可见，粮食是君王最需要的物资，是国家最根本的政务。现在让百姓交粮换爵，封到五大夫以上，才免除一个人的兵役，这与交纳战马的功用差得太远了。封爵的权力，是皇上专有的，只要一开口，就可以无穷无尽地封赏。粮食，是百姓种出来的，可以不断在土地中长出。封爵与赎罪，是人们十分向往的事。如果让天下百姓都向边境献纳粮食，换取爵位、免除罪过，那么，不到三年，边境的粮食必定会多起来。

作者简介

邹阳，西汉文学家。齐（今山东东部）人。初从吴王刘濞，有《上吴王书》。吴王要起兵反抗中央朝廷，他劝谏无效；后投梁孝王，被梁孝王周围的幕僚谗害。梁孝王听信谗言，将邹阳逮捕入狱，判处死罪。邹阳在此情形下，写了《狱中上梁王书》，申诉冤屈。梁孝王读此书后，释放了邹阳，并以邹阳为上客。邹阳的散文，尚有战国时期的游士纵横善辩之风。邹阳现存的作品极少，从仅存的《上吴王书》和这篇《狱中上梁王书》来看，他善于用典，好写骈句，文采华丽。

狱中上梁王书①

邹阳

[题解]

梁王是汉景帝的胞弟，有人劝他刺杀反对立他为嗣的袁盎，邹阳劝阻，被人诬毁下狱。作者在此书中，并不媚上乞怜，而是继续谏诤，以史实为据，借古喻今，说明自己的忠信却被疑获罪。梁王见书后便放了他。

［原文］

邹阳从梁孝王游。阳为人有智略，慷慨不苟合，介于羊胜、公孙诡之间。胜等疾阳，恶之孝王。孝王怒，下阳吏，将杀之。阳乃从狱中上书曰：

臣闻：忠无不报，信不见疑。臣常以为然，徒虚语耳。昔荆轲慕燕丹之义[2]，白虹贯日[3]，太子畏之。卫先生为秦画长平之事[4]，太白食昴(mǎo)[5]，昭王疑之[6]。夫精诚变天地，而信不谕两主，岂不哀哉！今臣尽忠竭诚，毕议愿知，左右不明，卒从吏讯，为世所疑，是使荆轲、卫先生复起，而燕秦不寤(wù)也。愿大王孰察之。

昔玉人[7]献宝，楚王诛之[8]；李斯[9]竭忠，胡亥极刑[10]。是以箕子[11]阳狂，接舆避世，恐遭此患也。愿大王察玉人、李斯之意，而后楚王、胡亥之听，毋使臣为箕子、接舆所笑。臣闻比干剖心，子胥鸱(chī)夷，臣始不信，乃今知之。愿大王孰察，少加怜焉。

语曰："有白头如新，倾盖如故。"何则？知与不知也。故樊於期[12]逃秦之燕，借荆轲首以奉丹事；王奢[13]去齐之魏，临城自刭，以却齐而存魏。夫王奢、樊於期非新于齐、秦而故于燕、魏也，所以去二国、死两君者，行合于志而慕义无穷也。是以苏秦[14]不信于天下，为燕尾生[15]；白圭[16]战亡六城，为魏取中山。何则？诚有以相知也。苏秦相燕，人恶之于燕王，燕王按剑而怒，食以駃騠(jué tí)[17]；白圭显于中山，人恶之于魏文侯[18]，文侯赐以夜光之璧。何则？两主二臣，剖心析肝相信，岂移于浮辞哉！

孙叔敖

春秋时期楚国人，楚庄王时任令尹。

故女无美恶，入宫见妒；士无贤不肖，入朝见嫉。昔司马喜膑脚于宋[19]，卒相中山；范雎拉胁折齿于魏[20]，卒为应侯。此二人者，皆信必然之画，捐朋党之私，挟孤独之交，故不能自免于嫉妒之人也。是以申徒狄[21]蹈雍之河，徐衍[22]负石入海。不容于世，义不苟取比周于朝，以移主上之心。故百里奚[23]乞食于道路，缪公[24]委之以政；宁戚[25]饭牛车下，桓公任之以国。此二人者，岂素宦于朝，借誉于左右，然后二主用之哉！感于心，合于行，坚如胶漆，昆弟不能离，岂惑于众口哉？故偏听生奸，独任成乱。昔鲁听季孙之说逐孔子；宋任子冉之计囚墨翟。夫以孔、墨之辩，不能自免于谗谀，而二国以危。何则？众口铄金，积毁销骨也。秦用戎人由余[26]，而霸中国；齐用越人子臧[27]，而强威、宣。此二国岂系于俗，牵于世，系奇偏之浮辞哉？公听并观，垂明当世。故意合则吴、越为昆弟[28]，由余、子臧是矣；不合则骨肉为雠敌，朱、象、管、蔡是矣[29]。今人主诚能用齐、秦之明，后宋、鲁之听，则五伯不足侔，而三王易为也。

是以圣王觉寤，捐子之[30]之心，而不说田常之贤，封比干之后，修孕妇之墓，故功业覆于天下。何则？欲善无厌也。夫晋文亲其仇[31]，强伯诸侯，齐桓用其仇[32]，而一匡天下。何则？慈仁殷勤，诚加于心，不可以虚辞借也。至夫秦用商鞅之法，东弱韩、魏，立强天下，卒车裂之；越用大夫种之谋，禽劲吴而伯中国，遂诛其身。是以孙叔敖[33]三去相而不悔，於陵子仲[34]辞三公，为人灌园。今人主诚能去骄傲之心，怀可报之意，披心腹，见情素，堕肝胆，施德厚，终与之穷达，无爱于士，则桀之犬可使吠尧，跖（zhí）之客可使刺由，何况因万乘之权，假圣王之资乎？然则荆轲湛七族，要离[35]燔（fán）妻子，岂足为大王道哉！

臣闻明月之珠，夜光之璧，以暗投人于道，众莫不按剑相眄者。何则？无因而至前也。蟠木根柢，轮囷（qūn）离奇，而为万乘器者，以左右先为之容也。故无因而至前，虽出随珠、和璧，只怨结而不见德。有人先游，则枯木朽株，树功而不忘。今夫天下布衣穷居之士，身在贫羸，虽蒙尧、舜之术，挟伊、管之辩，怀龙逢、比干之意，而素无根柢之容，虽竭精神，欲开忠于当世之君，则人主必袭按剑相眄之迹矣。是使布衣之士，不得为枯木朽株之资也。

是以圣王制世御俗，独化于陶钧之上，而不牵乎卑乱之语，不夺乎众多之口。故秦皇帝任中庶子蒙嘉[36]之言以信荆轲，而匕首窃发；周文王猎泾、渭，载吕尚归，以王天下。秦信左右而亡，周用乌集而王。何则？以其能越挛拘之语，驰域外之议，独观乎昭旷之道也。今人主沉谄谀之辞，牵帷廧之制，使不羁之士与牛骥同皁，此鲍焦[37]所以愤于世也。

臣闻盛饰入朝者，不以私污义；砥厉名号者，不以利伤行。故里名胜母[38]，曾子不入；邑号朝歌[39]，墨子回车。今欲使天下寥廓之士，笼于威重之权，胁于位势之贵，回面污行，以事谄谀之人，而求亲近于左右，则士有伏死堀穴岩薮之中耳，安有尽忠信而趋阙下[40]者哉？

[注释]

①梁王：指梁孝王，即刘武，汉文帝次子，汉景帝之弟，公元前168年，封为梁王，都睢阳。②荆轲（？一前227），战国末期的刺客。卫国人，卫人叫他庆卿。游历燕国，燕人叫他荆卿，亦称荆叔。燕丹：燕太子丹，燕王喜的太子，名丹。曾去秦国做人质，秦王政对他无礼，后由秦国逃归燕国，厚养荆轲。公元前227年，太子丹派荆轲入秦刺秦王，失败后荆轲当场被杀死。次年秦国攻破燕国，太子丹也被杀死。③白虹贯日：精诚感天之象。传说荆轲出发时，出现了白虹贯日的天象。④卫先生：秦人。长平之事：指公元前260年，秦将白起在长平大败赵军，欲趁势灭赵，派卫先生去见秦昭王，请求增兵。但应侯范睢从中作梗，秦昭王怀疑白起，不发兵粮，事遂不成。⑤太白：金星。昴：星宿名。⑥昭王：指秦昭王，即嬴稷。公元前306年至公元前251年在位。⑦玉人：指卞和。相传卞和得到一块璞，献给楚厉王，楚厉王及其左右愚笨无知，误以为石，砍掉了卞和的左脚。楚武王即位，卞和又献，又被砍去右脚。文王即位，卞和抱着玉璞在王宫前哭了三天三夜，文王命人剖开玉璞，得稀世美玉，世称和氏璧。⑧楚王：指楚武王，公元前740年至公元前690年在位。⑨李斯（？一前208）：秦代政治家，楚上蔡（今河南上蔡西南）人。战国末年入秦，初为吕不韦舍人，后被秦王政任为客卿、廷尉。秦统一六国后，

任丞相。秦始皇死后，秦二世听信赵高谗言，处其极刑。⑩胡亥：秦二世（前230—前207），公元前210年至公元前207年在位。秦始皇少子，勾结赵高、李斯，在秦始皇死后，发动政变，杀死其兄扶苏，篡夺皇帝位。后被赵高杀死。⑪箕子：商朝人。名胥余，殷纣王的叔父。封于箕，故称箕子。殷纣王荒淫昏乱，箕子因谏被囚，怕遭杀害，便假装疯狂。⑫樊於期：原秦将，因被谗害逃亡燕国，投奔燕太子丹。秦王政杀了他的全家，并悬重金购其头。燕太子丹派荆轲去谋刺秦王政，樊於期以自己的头，助荆轲刺秦王政。⑬王奢：齐臣。因得罪齐王逃亡魏国。齐伐魏，王奢自杀。⑭苏秦：战国时期东周洛阳（今河南洛阳东）人，字季子。奉燕昭王命入齐，从事反间活动，暴露后被车裂而死。⑮尾生：传说古代坚守信约的人。据说他与一女子相约在桥下相见，女子没到，大水来了，他抱桥柱死在了桥下。⑯白圭：战国时期中山国的将领，因丢失六座城，中山王要杀他，逃到魏国后，魏文侯待他极厚，他帮助魏国攻灭了中山国。⑰駃騠：良马名。⑱魏文侯：魏斯。魏国国君，公元前445年至公元前396年在位。⑲司马喜：战国时期宋国人。在宋国受刑后，逃亡中山国，做了宰相。膑脚：挖掉膝盖骨的刑罚。⑳范雎（？—前255）：战国时期魏国人。因被须贾诬告，化名张禄逃亡秦国，被秦昭王重用为相，封应侯。胁：从腋下至肋骨尽处。㉑申徒狄：商朝人，姓申徒，名狄。传说因谏君不被听信，便自投雍水而死。㉒徐衍：西周末年人，因不满于乱世，负石投海自尽。㉓百里奚：春秋时虞国大夫。晋灭虞，被俘虏。后来作为陪嫁奴仆，随同晋献公女儿一同入秦。在入秦的途中，他逃往楚国。秦穆公听说他有才能，很想重用他，又怕楚国不放，便用五张羊皮去同楚交换得百里奚，后任为大夫。㉔缪公：秦穆公，姓嬴，名任好。公元前659年至公元前621年在位。㉕宁戚：春秋时期卫国人，以经商贩牛为业。齐桓公外出，见宁戚唱着歌喂牛，与之交谈，知其为贤者，便举为大夫。㉖由余：春秋时期晋国人，逃亡到戎人地区。后奉戎王之命出使秦国，被秦穆公重用。秦穆公用由余之策，开地千里，遂霸西戎。㉗子臧；春秋时期越人。其事迹不详。㉘吴、越：一本作“胡、越”，释文作胡、越解。㉙朱、象、管、蔡：朱，指丹朱，尧的儿子。象：指虞舜的异母弟弟象。管蔡：指管叔度与蔡叔鲜，他二人都是周武王的弟弟。周武王死后，周成王年幼，周公旦辅政。管叔、蔡叔便与商纣王的儿子武庚在东方发动叛乱，结果被镇压。周公旦杀了武庚和管叔，流放了蔡叔。㉚子之：人名。战国时期燕王哙的相。燕王哙非常信任子之，竟把王位让给了子之。㉛晋文：姬重耳，公元前636年至公元前628年在位。晋献公之子。晋文公在骊姬之乱时，寺人披曾奉命去追杀他。后寺人披求见晋文公，晋文公不记前仇，接见了寺人披，结果避免了被吕省、郤芮杀害的祸患。㉜齐桓用其仇：指齐桓公任用管仲。㉝孙叔敖：春秋时期楚国人，楚庄王时任令尹。㉞於陵子仲：齐国於陵（今山东邹平南）人。楚王欲举他为相，他便同妻子逃跑了。㉟要离：春秋时期吴国人。吴王阖闾派要离去卫国刺杀吴王僚之子庆忌，在回吴国的船上刺死了庆忌，他也随即自杀。㊱蒙嘉：人名，秦王政之宠臣。荆轲刺秦王，即由蒙嘉引见的。㊲鲍焦：周之隐士，节行非世，廉洁而守，不为天子臣，最后抱木饿死。㊳胜母：里名，故县名。㊴朝歌：商朝都城名，在今河南汤阴南。㊵阙下：宫阙之下，帝王居住的地方。

[译文]

邹阳跟从梁孝王。他很有谋略，有志向，不轻易迎合别人，与羊胜、公孙诡相处。羊胜等嫉妒邹阳，在孝王面前诋毁他。梁王很生气，把他交给狱吏，要杀他。邹阳于是从狱中上书说：

臣听说：忠心不会得不到报答，诚实不会遭受怀疑，臣曾经以为这话说得对，实际却不是。从前荆轲仰慕燕太子丹的义气，看到白虹横贯太阳的景象，太子丹却不放心他；卫先生为秦国策划长平灭赵之计，太白星出现于昴方，秦昭王却怀疑他。精诚感动天地，却得不到两位君主的信任，难道不可悲吗？现在臣尽忠竭诚，讲出我全部的想法，大王左右的人却不明白，还把我交给狱吏审讯，被世人怀疑。正如荆轲、卫先生重生，而燕太子、秦昭王仍然不觉悟啊！希望大王好好考虑。

从前卞和献宝，被楚王杀掉；李斯尽忠，却被秦二世处以极刑。因此箕子装疯，接舆隐居，都是怕遭到这类祸害。希望大王明白卞和、李斯的本心，抛弃楚王、秦二世的偏听，不要使臣被箕子、接舆嘲笑。臣子听得比干被挖心，伍子胥死后被裹在马皮囊里弃尸江中，臣子原先不相信，今天才懂了。希望大王深思明察，给我点儿怜悯吧！

俗话说："相处到老，依然陌生，停车交谈，像老朋友。"为什么？关键在于相互间是否理解。所以樊於期从秦国逃到燕国，把自己的头交给荆轲来帮助太子丹成就事业；王奢离开齐国投奔魏国，亲上城楼自杀使齐军退走以保存魏国。王奢、樊於期并非对齐、秦生疏而对燕、魏有深交，他们离开前两个国家，为后两个国君而死，是因为行为志向与自己相合，他们无限地仰慕道义。因此苏秦不被各国信任，却在燕国成为尾生一样的人；白圭为中山国作战丢失六城，到了魏国却能为魏夺得中山。为什么？确实是因为得到了君王的信任啊！苏秦做燕相时，有人对燕王说他坏话，燕王按着剑把很生气，反而对苏秦更好。白圭攻下中山后很显贵，有人对魏文侯说他坏话，魏文侯反而将夜光璧赐给他。为什么？两个君主两个臣子，肝胆相照、相互信任，岂能被无根据的话所改变！

女子无论是否美丽，进了宫就会受人嫉妒；士无论是否贤能，一入朝廷都会遭到排挤。从前司马喜在宋国被挖去膝盖骨，后来到中山国做了丞相；范睢在魏国被打断了肋骨敲折了牙齿，后来到秦国被封为应侯。这两个人，都相信一定会实现的计谋，丢弃结党的私情，以孤傲的态度交往别人，所以不可避免会受到别人的嫉妒。因此申徒狄自沉雍水，徐衍背负石头跳海，他们与世俗不相容，坚持操守而不肯在朝廷里同流合污改变君主的主意。所以百里奚在路上讨饭，秦穆公让他执政；宁戚在车下喂牛，齐桓公委任他治国。这两个人，难道是曾常在朝廷做官，靠了左右亲信说好话，然后才得到两位君主的重用吗？心意相通，行动相合，牢如胶漆，兄弟都不能离间他们，又怎么会被众人的谗言所迷惑呢？所以偏听会产生奸邪，独断独行会造成祸乱。从前鲁国听信季孙的坏话而赶走孔子，宋国采用了子冉的诡计把墨子拘禁。凭孔子、墨翟的口才，也不能避免谗言的中伤，而鲁、宋两国则陷于危机。为什么？众人的嘴足以销毁真金，积年累月的诽谤足以将人杀死。秦国任用了戎人由余而称霸中原，齐国用了越人子臧而威王、宣王两代强盛。这两国岂是受俗见的束缚，被世人所牵制，为偏执不实之词所左右

范雎借宿遇故人

范雎在魏国被敲断肋骨打掉牙齿，后来到秦国封了应侯。

吗？公正地听取意见，观察各个方面，为当世留下一个明智的榜样。所以心意相合，胡人越人也可以当作兄弟，由余、子臧就是例子；心意不合就是亲骨肉也可以成为仇敌，丹朱、象、管叔、蔡叔就是这样。当今的君主如果真能采取齐国、秦国的明智立场，置宋国、鲁国的偏听偏信于脑后，那么不仅可以超越五霸，三王的功业也是能够做到的啊。

因此，圣王能够省悟，抛弃子之那种想法，不喜欢田常那种贤才，像周武王那样封赏比干的后人，为遭纣王残害的孕妇修坟冢，功业才覆盖天下。为什么？善政从不以为够了。晋文公亲近往日的仇人，终于称霸诸侯；齐桓公任用过去的敌对者，从而号令天下。为什么？慈善恳切，是虚假的言辞无法表达的。至于秦国采用商鞅的变法，削弱东边的韩、魏，很快强盛于天下，最后却把商鞅五马分尸了。越王采用大夫文种的策略，打败了强大的吴国而称霸于中原，然后却逼迫文种自杀了。因此孙叔敖三次离开相位也不后悔，於陵子仲推辞掉三公的高位去为人浇灌菜园。当今的君主如果真能去掉骄傲之心，怀着有功必报之意，袒露心胸，现出真情，披肝沥胆，厚施恩德，始终与人同甘苦，待人无所保留，那么夏桀的狗可使它冲着尧狂吠，盗跖的部下可以叫他去杀许由，何况凭着国君的权力，借着圣王的地位呢？这样，那么荆轲灭七族，要离甘愿烧死妻儿，还值得对大王说吗？

臣子听说明月珠、夜光璧，暗中投给路人，没有不按着剑柄斜看的。为什么？是因为无缘无故地出现在面前啊！弯曲的树根，屈曲得模样难看，倒能够成为君主的用具，是君主身边的人先将其装饰过了。所以无原因来到面前，即使献出随侯珠、和氏璧，也只能遭忌结怨而不会令人感恩；有人先说好话，那枯木朽枝也会受到重视而令人难忘。当今天下身份低下、家境贫穷的士人，即使胸中怀有尧、舜的方略，具有伊尹、管仲的辩才，怀着龙逢、比干的忠诚，而且从来没有树根的模样，虽然尽心竭力，打算向当世的君主献上忠心，那么君主一定以按着剑柄看的态度来对待了。这就使平民出身的士人得不到枯朽木头的待遇啊！

因此圣明的君主治理社会，要依据一定的原理，而不被奉承的话所牵制，不因众说纷纭而改变主张。所以秦始皇听信了中庶子蒙嘉，因而相信了荆轲，突然遭到暗藏的匕首；周文王于泾水渭水之间出猎，遇见吕尚同车而回，从而取得了天下。秦轻信左右而灭亡，周因为偶然得到的人才而成王。为什么？因为文王能看清狭隘的言论，发扬天下的议论见解，独自看到光明正大的道理。当今君主陷于阿谀奉承的言辞，受到妃妾近臣的牵制，使思想不受陈规拘束的人才与牛马相同待遇，这就是鲍焦愤于世俗的原因。

臣听说，穿戴庄重服饰进入朝廷的人不要因私心玷污了节操，修身立名的人不为私利去败坏德行。所以里闾名叫“胜母”，曾子就不肯进入；都邑名为“朝歌”，墨子就回车而行。现在要使天下胸怀大志的人才受到威重的权势的囚禁，受到尊位显贵的胁迫，改变面孔，自坏操行，拍阿谀小人的马屁，求得亲近君主的机会，那么，士宁可老死在山洞草泽之中，怎会有向君主尽忠来投奔的呢？

作者简介

司马相如（前179—前117），字长卿，蜀郡成都（今四川成都）人。景帝时，他做武骑常侍。由于景帝不喜欢辞赋，他前往梁国。他在梁国写了《子虚赋》。梁孝王死后，司马相如又回到蜀郡的临邛。汉武帝读了他的《子虚赋》很叹赏，他的同乡杨得章把他推荐给汉武帝，于是受到武帝召见，并在朝廷中获得一个不显要的官职。

汉武帝使唐蒙通夜郎、僰中（今贵州、四川境内），唐蒙在西南大肆骚扰百姓，汉武帝派司马相如责唐蒙，叫相如写《喻巴蜀檄》，一方面解释唐蒙的骚扰不是汉武帝的意旨，一方面又威胁巴蜀人服从汉朝的命令。后来武帝又派相如“略定西南夷”，“邛笮冉駹斯榆”，各部落的酋长都来降汉。他还写了一篇《难蜀父老》，假托蜀人的非难，说明了通西南夷的意义。

司马相如的赋文以讽喻为名，铺张皇帝打猎和观赏歌舞的享乐生活以及游仙故事，作品的文字华丽雕琢，成为汉魏文人模仿的对象。

司马相如上书谏猎

司马相如

[题解]

此篇是为劝阻汉武帝打猎而作。汉武帝有雄才大略，也奢侈靡费。司马相如曾随武帝出猎，看见了追逐猛兽的危险行为。他写了这篇谏猎书呈上。由于言辞委婉，劝谏与奉承结合得很恰当，武帝看了也很高兴。

[原文]

相如从上至长杨[①]猎，是时天子方好自击熊豕，驰逐壄兽[②]。相如因上疏谏曰：

“臣闻物有同类而殊能者，故力称乌获，捷言庆忌[③]，勇期贲(bēn)、育[④]。臣之愚，窃以为人诚有之，兽亦宜然。今陛下好陵阻险，射猛兽，卒然遇逸材[⑤]之兽，骇不存之地[⑥]，犯属车之清尘[⑦]，舆不及还辕，人不暇施巧，虽有乌获、逢蒙[⑧]之技不得

纳谏赐金

袁盎曾在霸陵劝汉文帝不可以帝王之尊身赴险境而驰下高坡，汉文帝赐金赏他。文中司马相如劝谏汉武帝，与此同理。

用，枯木朽株，尽为难矣。是胡越⑨起于毂下，而羌夷⑩接轸(zhěn)也，岂不殆哉！虽万全而无患，然本非天子之所宜近也。

“且夫清道而后行，中路而驰，犹时有衔橛之变⑪。况乎涉丰草，骋邱墟，前有利兽之乐，而内无存变之意，其为害也不亦难矣。夫轻万乘之重不以为安，乐出万有一危之途以为娱，臣窃为陛下不取。

“盖明者远见于未萌，而知者避危于无形。祸固多藏于隐微，而发于人之所忽者也。故鄙谚曰：‘家累千金，坐不垂堂⑫。’此言虽小，可以喻大。臣愿陛下留意幸察。”

[注释]

①长杨：长杨宫，秦宫苑名。据说内有长杨树。旧址在今陕西周至东南。②壄：“野”的异体字。③庆忌：春秋时期吴王僚之子。阖闾刺杀了吴王僚夺得王位后，想杀死庆忌，骑马追捕他，也没有追到。故以跑得快著称。④贲：指孟贲。战国时期的勇士。据说他水行不避蛟龙，陆行不避狼虎，能生拔牛角。育：指夏育。战国时期的勇士，传说能力举千钧。⑤逸材：同“轶材”，谓过人之才。⑥不存之地：谓必死之地。⑦清尘：尊贵之人的代称。⑧逢蒙：夏朝时的善射者。⑨胡越：指北方和南方的少数民族。⑩羌夷：指西方和东方的少数民族。⑪衔橛之变：谓车马奔驰有倾覆的危险。⑫坐不垂堂：不坐堂阶之地，唯恐檐瓦坠地伤人。谓富有之人非常自爱。

[译文]

相如随皇上到长杨打猎。那时天子正爱好亲自射击熊豕，追逐野兽。相如因此上书劝谏，说：

“臣听说物有同类而能力不同的，所以谈到力气要称誉乌获，论速度要提到庆忌，勇敢要数到孟贲、夏育。臣愚蠢，私下认为人确实有这种现象，兽类也应该是这样。现在陛下喜欢冒险，射猎猛兽，要是突然遇到非常凶猛的野兽，它们因身处绝境而惊起，向您的圣驾车骑猛扑，车子来不及掉头，人来不及应变，即使有乌获、逄蒙的技术也无法施展，枯树朽枝全都成了障碍。这正如胡人越人、突然出现在眼前，羌人、夷人紧跟在车子后面，岂不是很危险？即使防备周全不会有危险，但这类事本来不是天子应该遇到的啊！

“况且派人开路而后出行，驰骋在大路中间，尚且不时会出现拉断了马络头、滑出了车钩心之类的事故。何况在密层层的草丛里穿过，在小丘山陵里奔驰，只顾猎获野兽的快乐，心里却没有应付事故的警惕，这样造成祸害也就难免了。不以天子身份为重，不安于此，却喜欢奔波于可能发生万一的危险道路上去以为有趣，臣以为陛下如此做是不妥当的。

“聪明的人能在事端尚未萌生时就已预见，智慧的人能在危险还未形成时就避开。灾祸本来就多藏在隐蔽细微的地方，而暴发在人忽视它之时。所以俗语说：‘家里富千金，就不坐在近屋檐的地方。’这说的虽是小事，却可以说明大问题。臣希望陛下留意这一点。”

作者简介

李陵（？—前74），西汉陇西成纪（今甘肃秦安）人，字少卿，西汉名将李广之孙，善骑射。武帝时，为骑都尉，率兵出击匈奴贵族，战败投降。后病死匈奴。

答苏武书

李陵

［题解］

李陵面对数十倍于己的敌军寡不敌众，投降匈奴后，曾与被匈奴扣留的苏武见面。后苏武得归，修书劝李陵归汉，李陵写此书答复。信中战斗场面的描写很生动，意欲说明，当时双方兵力悬殊，武帝杀李陵全家是错误的，自己完全是因不得已而投降。

［原文］

子卿足下：勤宣令德，策名清时，荣问休畅，幸甚幸甚！远托异国，昔人所悲。望风怀想，能不依依！昔者不遗，远辱还答，慰诲勤勤，有逾骨肉。陵虽不敏，能不慨然！

自从初降，以至今日，身之穷困，独坐愁苦。终日无睹，但见异类。韦鞲（gōu）毳（cuì）幕[①]，以御风雨。膻肉酪浆，以充饥渴。举目言笑，谁与为欢！胡地玄冰，边土惨裂，但闻悲风萧条之声。

凉秋九月，塞外草衰，夜不能寐，侧耳远听，胡笳互动[②]，牧马悲鸣，吟啸成群，边声四起。晨坐听之，不觉泪下。嗟乎子卿，陵独何心，能不悲哉！

与子别后，益复无聊。上念老母，临年被戮[③]。妻子无辜，并为鲸鲵[④]。身负国恩，为世所悲。子归受荣，我留受辱，命也何如？身出礼义之乡[⑤]，而入无知之俗，违弃君亲之恩，长为蛮夷之域[⑥]，伤已！令先君之嗣，更成戎狄之族，又自悲矣。功大罪小，不蒙明察，孤负陵心区区之意。每一念至，忽然忘生。陵不难刺心以自明，刎颈以见志，顾国家于我已矣，杀身无益，适足增羞，故每攘臂忍辱，辄复苟活。左右之人见陵如此，以为不入耳之欢，来相劝勉。异方之乐，秖令人悲，增忉(dāo)怛(dá)耳。

嗟乎子卿，人之相知，贵相知心。前书仓卒，未尽所怀，故复略而言之。昔先帝授陵步卒五千，出征绝域。五将失道，陵独遇战。而裹万里之粮，帅徒步之师，出天汉[⑦]之外，入强胡之域。以五千之众，对十万之军，策疲乏之兵，当新羁[⑧]之马。然犹斩将搴旗，追奔逐北，灭迹扫尘，斩其枭帅[⑨]，使三军之士，视死如归。陵也不才，希当大任，意谓此时功难堪矣。匈奴既败，举国兴师，更练精兵，强逾十万。单于临阵，亲自合围。客主之形既不相如，步马之势又甚悬绝。疲兵再战，一以当千，然犹扶乘创痛，决命争首。死伤积野，余不满百，而皆扶病，不任干戈。然陵振臂一呼，创病皆起，举刃指虏，胡马奔走。兵尽矢穷，人无尺铁，犹复徒首奋呼，争为先登。当此时也，天地为陵震怒，战士为陵饮血。单于谓陵不可复得，便欲引还。而贼臣教之，遂使复战，故陵不免耳。

昔高皇帝以三十万众困于平城[⑩]，当此之时，猛将如云，谋臣如雨，然犹七日不食，仅乃得免。况当陵者，岂易为力哉！而执事者云云，苟怨陵以不死。然陵不死，罪也。子卿视陵，岂偷生之士而惜死之人哉？宁有背君亲捐妻子而反为利者乎！

嬖佞戮贤

汉哀帝宠幸佞臣董贤杀戮贤良郑崇，而与此类似的情况，李陵认为在武帝时就存在了。

然陵不死，有所为也。故欲如前书之言，报恩于国主耳。诚以虚死不如立节，灭名不如报德也。昔范蠡不殉会稽之耻，曹沫不死三败之辱[11]，卒复勾践之仇，报鲁国之羞。区区之心，窃慕此耳。何图志未立而怨已成，计未从而骨肉受刑，此陵所以仰天椎心而泣血也。

足下又云："汉与功臣不薄。"子为汉臣，安得不云尔乎！昔萧、樊囚絷，韩、彭菹醢，晁错受戮，周、魏见辜，其余佐命立功之士，贾谊、亚夫之徒，皆信命世[12]之才，抱将相之具，而受小人之谗，并受祸败之辱，卒使怀才受谤，能不得展。彼二子之遐举[13]，谁不为之痛心哉！陵先将军，功略盖天地，义勇冠三军，徒失贵臣之意，到身绝域之表，此功臣义士所以负戟而长叹者也，何谓"不薄"哉！

且足下昔以单车之使，适方乘之虏，遭时不遇，至于伏剑不顾，流离辛苦，几死朔北之野，丁年[14]奉使，皓首[15]而归，老母终堂[16]，生妻去帷[17]，此天下所希闻，古今所未有也。蛮貊[18]之人，尚犹嘉子之节，况为天下之主乎？陵谓足下，当享茅土[19]之荐，受千乘之赏。闻子之归，赐不过二百万，位不过典属国[20]，无尺土之封，加子之勤。而妨功害能之臣，尽为万户侯，亲戚贪佞之类，悉为廊庙[21]宰。子尚如此，陵复何望哉！

且汉厚诛陵以不死，薄赏子以守节，欲使远听之臣望风驰命，此实难矣。所以每顾而不悔者也。陵虽孤恩，汉亦负德。昔人有言："虽忠不烈，视死如归。"陵诚能安，而主岂复能眷眷

乎？男儿生以不成名，死则葬蛮夷中，谁复能屈身稽（sǎng）颡[22]，还向北阙[23]，使刀笔之吏弄其文墨耶？愿足下勿复望陵。

嗟乎，子卿，夫复何言！相去万里，人绝路殊，生为别世之人，死为异域之鬼，长与足下，生死辞矣。幸谢故人，勉事圣君。足下胤（yìn）子[24]无恙，勿以为念。努力自爱，时因北风，复惠德音。李陵顿首。

[注释]

①韦：皮革。韝：古代的套袖。毳：鸟兽的细毛。幕：帐幕。②胡笳：古代管乐器。汉朝时流行于塞北和西域地区。③临年：临到老年。④鲸鲵：动物名。雄性叫鲸，雌性叫鲵。比喻杀戮。⑤礼义之乡：泛指汉族人居住的地区，或汉朝统辖的地区。⑥蛮夷：古代边疆地区少数民族的贬称。⑦天汉：指汉朝主要统治地区。⑧羁：系住。这里谓训练、装备。⑨枭帅：勇将。⑩昔高皇帝以三十万众困于平城：高皇帝，指刘邦。平城，今山西大同。公元前200年，刘邦率军击韩王信，到了平城，被匈奴围困长达七天，后用陈平计买通匈奴阏氏，才得解救。⑪曹沫不死三败之辱：曹沫，春秋时期鲁国大夫。与齐三战三败，鲁庄公恐慌了，献出遂邑之地与齐讲和。后齐桓公与鲁庄公在柯地会盟时，曹沫执匕首劫持齐桓公，迫使齐桓公归还了侵占的鲁国土地。⑫命世：应运出世。⑬二子：这里指贾谊与周亚夫。遐举：死的讳称。⑭丁年：壮年。⑮皓首：白头、老年。⑯终堂：死去的讳称。⑰去帷：离开帷内。意谓改嫁。⑱蛮貊：我国古代称南方的民族为蛮，东方的民族为貊。这里指匈奴。⑲茅土：古代天子社稷的祭坛用五色土（青、赤、白、黑、黄）建成，分封诸侯时，取不同颜色的泥土用茅草包好，分别授予被封的人，以作为封得土地的象征。⑳典属国：官名，始于秦，掌少数民族事务。㉑廊庙：庙堂，指朝廷。㉒稽颡：叩头至地。㉓北阙：古代宫殿北面的门楼，为臣子等候朝见或上书之处。亦用为朝廷的别称。㉔胤子：指苏武在匈奴的儿子。苏武曾在匈奴娶妻生子，其子名通国。

[译文]

子卿足下：您努力宣扬美德，为官于清明的时代，美名流传四方，真是非常幸运！我远离故土流落在异国，这是前人所感悲痛的。遥望南方，心中怀念，怎能不满含深情？从前承蒙您不弃，从远方给我回信，诚恳地安慰、教诲，超过了骨肉之情。我虽然愚钝，又岂能不感慨万端？

我自从投降匈奴，身处艰难困境，一人独坐，苦闷发愁。整天只见到些异族之人，别的什么也见不到。只能用皮袖套和毡幕来抵御风雨，吃腥的肉，喝乳浆来充饥解渴。四周没有亲人，有谁能一起谈笑欢乐呢？胡地有厚厚的冰雪，边塞上的土被冻得裂开，只听见萧瑟凄凉的风声。深秋九月，塞外草木凋零，夜晚难以入睡，侧耳倾听，胡笳声此起彼伏，牧马一声声地哀鸣，边地的各种声响相混合，在边塞的四面响起。清晨坐起来听着这些声音，禁不住流下泪水。唉，子卿，我难道有特别的心肠，怎能不感到伤心？

同您分别后，觉得更加无聊。上念老母，在垂暮之年还被杀戮，妻子、儿女们没有罪，也一起惨遭杀害。我自己有负于国家之恩，被世人耻笑。您回国后享受荣誉，我留在这里蒙受羞辱，这是命运的安排啊！我出身于礼仪之邦，却进入对礼仪茫然无知的社会。我背弃了国君又摒弃了亲人，终身居住在蛮夷的区域，伤心极了！让祖先的后代，变成了戎狄的族人，自己怎能不感到悲痛？功大于罪，得不到公正的评价，辜负了我微小的诚意。每当想到这里，恍惚之中仿佛失去了活下去的念头。我不难做到刺心来表白自己，自刎来显示志向，但国家对我已经恩断义绝，自杀已无益，只会增加羞辱。因此常勉励自己忍受侮辱，又苟且地活在世上。周围的人见我这样，用不中听的话来安慰我，可是，异国的快乐，只能使人悲伤，增加忧愁罢了。

唉，子卿！人与人之间的相互了解，贵在相互知心。前一封信匆忙写成，没能充分表达我的心情，所以再作些补充。从前先帝授予我步兵五千，出征到远方。五员将领走错了路，我单独与匈奴军作战，带着供征战万里的粮草，徒步行军。出了国境之外，进入强胡的疆土，以五千士兵，抵挡十万敌军，指挥疲乏的队伍，抵挡养精蓄锐的马队。但是，依然斩将夺旗，追逐败逃之敌。像扫除灰尘一样斩杀其骁勇将领，使我全军将士视死如归。我没有什么本领，很少担当重任，内心以为，此时的功劳，是其他情况下所难以相比的了。匈奴兵败后，在全国征兵，又挑选出十万多精兵。单于亲临阵前，指挥包围我军。我军与敌军的力量不对等，步兵与马队的力量更加悬殊。将士疲惫，一人要敌千人，但仍然忍受伤痛，奋勇争先。伤亡的士兵遍地都是，身边剩下的不满百人，而且都伤痕累累，拿不动兵器。但是，我只要振臂一呼，重伤和轻伤的士兵都站立起来，拿起兵器向敌人进攻，迫使敌骑逃奔。兵器箭支都用尽，手无寸铁，还是高呼杀敌，抢登高地。在这时刻，天地为我震动发怒，战士感奋地为我饮泣。单于认为不可能再捉住我，打算退兵，不料叛徒出卖军情，于是单于重新对我作战，而我终于未能免于被俘。

以前高祖皇帝拥有三十万大军，被匈奴围困在平城。那时，军中猛将如云，谋臣似雨，然而还是七天断粮，只不过勉强脱身。何况像我这样的人，难道是容易做到的吗？而当权者却议论纷纷，一味怨责我不能为国而死。不过我未能以死殉国，确是罪过，但您看我难道是贪生怕死的人吗？又怎会有背弃君亲，抛弃妻儿却反而以为对自己有利的人？我所以不死，是因为想有所作为。本来是想如前一封信中所言，要向皇上报恩啊！实在因为徒然死去不如有所作为，身死名灭不如报答恩德。从前范蠡不因会稽山投降之耻而殉国，曹沫不因三战三败的耻辱去死，终于，范蠡为勾践报了仇，曹沫为鲁国雪了耻。我的一点愿望，就是暗自效仿他们的作为。哪里料到志向尚未实现，怨责之声已四起，计划未曾实行，亲人作刀下之鬼，这就是我仰望苍天椎心泣血的原因啊！

您又说道："汉朝对待功臣不薄。"您是汉朝之臣，怎能不这样说？可是，以前萧何、樊哙被逮捕囚禁，韩信、彭越被剁成肉酱，晁错遭杀戮，周勃、魏其侯被判罪处刑。其余辅助汉室建立功勋的人士，如贾谊、周亚夫等，都确实是当时杰出的人才，具备将相的才能，却遭受小人的诽谤，他们都受迫害、屈辱，最终有才能而受诽谤，不得施展。这几个人的遭遇，谁不为之痛心呢？我已故的祖父，身任将军，其功绩谋略盖天地，忠义勇敢冠于全军，只是因为不去迎合当朝权贵，结果自杀在边远的疆场。这就是功臣义士手持兵刃叹息不止的事啊，怎么能说“不薄”呢？

您过去凭着单车出使到强大的敌国，遭到变故，竟至伏剑自刎也不在乎。颠沛流离，历尽辛苦，差点死在北方的荒野。壮年时奉命出使，到白头才回归，老母在家中亡故，妻子也改嫁离去。这是天下的奇闻，古今所没有的遭遇。未开化的蛮夷还称赞您的节气，何况是天下的君主呢？我认为您应当受封领地为侯，受赏千乘车马。可是，听说您回国后，赏赐不过二百万，不过封为典属国之职，并没有一尺土的封赏来奖励您的辛劳。而那些排斥功臣、陷害贤良的朝臣，都成了万户侯。皇亲国戚或奉迎拍马之流，都成了掌握实权的高官。对您且如此，我还有什么希望呢？

汉朝因为我未能死节而施以残酷的诛杀，您坚贞守节又只给予微薄的奖赏，而希望远方的臣民急切地投奔效命，这实在是难以办到的，所以我常常想到这事却并不后悔。我虽然辜负了汉朝的恩情，汉朝也辜负了我的功德。前人说过：“虽然忠诚却不壮烈，也能做到视死如归。”如果我能够安心去死，皇上难道就能对我有所眷顾吗？男子汉活着不能成就英名，死了还要埋葬在异族之地，谁还能屈身叩头，回到汉廷，听凭那帮刀笔吏舞文弄墨，随意处置呢？希望您不必再盼着我回去了。

唉，子卿！还有什么话可说？相隔万里，人不交往路不相通。我活着时是另一世界的人，死后便成了异国鬼魂。我和您告别，生死都不再相见。请转达我对老朋友们的心意，希望他们勉力侍奉圣明的君主。您在这里的儿子很好，不要挂念。愿您自己保重，更盼时常依托北风传来您的音信。李陵顿首。

作者简介

路温舒，西汉著名的司法官。字长君，巨鹿（今属河北）人，信奉儒家学说。起初学习律令，当过县狱吏、郡决曹史，后来又学习《春秋》经义，举孝廉，当过廷尉奏曹掾、守廷尉史、郡太守等职。宣帝即位，他上疏请求改变重刑罚、重用治狱官吏的政策，主张“尚德缓刑”，“省法制，宽刑罚”。他认为秦朝灭亡的原因，是法密政苛，重用狱吏。汉承袭秦朝这一弊政，必须改革。他还反对刑讯逼供，认为刑讯迫使罪犯编造假供，给狱吏枉法定罪开了方便之门。他在奏疏中还提出废除诽谤罪，以便广开言路。路温舒“尚德缓刑”的主张受到重视，宣帝曾下诏在廷尉下面设置廷平四员，秩六百石，负责审理冤狱。

尚德缓刑书

路温舒

[题解]

这篇文章尖锐地揭露了封建法制用刑讯逼供的残忍手段，进而指出通过这种做法实际造成了大批冤假错案。虽然名义上看来犯人自行认罪，而实际上，通过“诱供”，就能进一步陷人于罪名中。同时文中也指出，只要能做到让人人讲真话，国君要不计较臣民们的“谤言”，就能听到真实的意见，但路温舒作为封建时代的官吏，其局限性还只能是把希望寄托于国君的开明。

[原文]

昭帝崩[1]，昌邑王贺废[2]，宣帝初即位[3]。路温舒上书，言宜尚德缓刑。其辞曰：

“臣闻齐有无知之祸，而桓公以兴[4]；晋有骊姬之难，而文公用伯[5]。近世赵王不终，诸吕作乱，而孝文为太宗[6]。由是观之，祸乱之作，将以开圣人也。故桓、文扶微兴坏，尊文、武之业，泽加百姓，功润诸侯，虽不及三王[7]，天下归仁焉[8]。文帝永思至德[9]，以承天心，崇仁义，省刑罚，通关梁，一远近，敬贤如大宾，爱民如赤子[10]，内恕情之所安[11]，而施之于海内，是以囹圄(líng yǔ)空虚[12]，天下太平。夫继变化之后，必有异旧之恩，此贤圣所以昭天命也。

“往者昭帝即世而无嗣[13]，大臣忧戚，焦心合谋，皆以昌邑尊亲，援而立之。然天不授命，淫乱其心，遂以自亡。深察祸变之故，乃皇天之所以开至圣也。故大将军受命武帝[14]，股肱(gōng)汉国[15]，披肝胆，决大计，黜亡义[16]，立有德，辅天而行，然后宗庙以安，天下咸宁[17]。臣闻《春秋》正即位[18]，大一统而慎始也。陛下初登至尊，与天合符，宜改前世之失，正始受命之统，涤烦文，除民疾，存亡继绝，以应天意。

“臣闻秦有十失，其一尚存，治狱之吏是也。秦之时，羞文学，好武勇，贱仁义之士，贵治狱之吏，正言者谓之诽谤，遏过者谓之妖言。故盛服先王不用于世[19]，忠良切言皆郁于胸，誉谀之声日满于耳，虚美熏心，实祸蔽塞。此乃秦之所以亡天下也。方今天下，赖陛下恩厚，亡金革之危、饥寒之患[20]，父子夫妻，戮力安家[21]。然太平未洽者[22]，狱乱之也。

“夫狱者，天下之大命也。死者不可复生，绝者不可复属[23]。《书》曰：‘与其杀不辜，宁失不经[24]。’今治狱吏则不然，上下相驱，以刻为明，深者获公名，平者多后患。故治狱之吏，皆欲人死。非憎人也，自安之道，在人之死。是以死人之血，流离于市，被刑之徒，比肩而立，大辟之计[25]，岁以万数，此仁圣之所以伤也。太平之未洽，凡以此也。夫人情安则乐生，痛则思死。棰楚之下，何求而不得？故囚人不胜痛，则饰辞以视之[26]；吏治者利其然，则指道以明之；上奏畏却，则锻练而周内(nà)之[27]。盖奏当之成，虽咎繇(gāoyáo)听之[28]，犹以为死有余辜。何则？成练者众，文致之罪明也。是以狱吏专为深刻，残贼而亡极[29]，愉为一切[30]，不顾国患，此世之大贼也。故俗语曰：‘画地为狱，议不入[31]；刻木为吏，期不对[32]。’此皆疾吏之风，悲痛之辞也。故天下之患，莫深于狱；败法乱正，离亲塞道，莫甚乎治狱之吏，此所谓一尚存者也。

“臣闻乌鸢(yuān)之卵不毁[33]，而后凤皇集；诽谤之罪不诛，而后良言进。故古人有言[34]：‘山薮(sǒu)藏疾[35]，川泽纳污；瑾瑜匿恶[36]，国君含诟(gòu)[37]。’唯陛下除诽谤，以招切言，开天下之口，广箴(zhēn)谏之路[38]，扫亡秦之失，尊文、武之德，省法制，宽刑罚，以废治狱，则太平之风，可兴于世，永履和乐，与天亡极，天下幸甚！”上善其言。

[注释]

①昭帝：西汉昭帝刘弗陵，武帝少子。武帝死，大臣霍光，金日磾、上官桀等受遗诏辅佐刘弗陵即位。在位十三年。崩：黄帝死叫崩。②昌邑王贺：刘贺，武帝之孙，封昌邑王。昭帝死后无子，由刘贺继位。但他淫乱后宫，霍光奉太后命废之。③宣帝：西汉宣帝刘询，武帝曾孙。刘贺被废，刘询即位。在位二十五年。④“臣闻”二句：春秋时齐国公孙无知杀死齐襄公自立，不久被国人所杀，时襄公之弟小白流亡国外，遂回国即位，是为齐桓公，终为春秋五霸之一。以，以之，因此。⑤“晋有”二句：春秋时晋献公的宠妃骊姬想让自己生的儿子继位，在献公面前谗毁公子重耳等人。重耳被迫流亡国外，后来在秦国的帮助下，重耳回国做了国君，是为晋文公，也是春秋五霸之一。用，因而，因此。伯，通“霸”。⑥“近世”三句：赵王刘如意是汉高祖刘邦爱妃戚夫人的儿子，刘邦死后，吕后害死戚夫人，又用毒酒药死赵王刘如意。太后吕后转正，大封本家侄儿，吕后死，吕氏家族图谋作乱，太尉周勃、丞相陈平平定叛乱，迎立代王刘恒即位，即是汉文帝。太宗，汉文帝的庙号。⑦三王：夏禹、商汤、周文王武王。为人们公认的有道君主。⑧天下归仁：语出《论语·颜渊》：“一日克己复礼，天下归仁

焉。”意为天下人都归服于仁德，标志时世清明。⑨永思：深思，深远的思虑。至德：崇高的道德。⑩赤子：初生之婴儿。⑪恕：恕思，用宽厚之心考虑。⑫囹圄：监狱。⑬即世：逝世。嗣：后代。⑭大将军：指霍光。汉武帝临终前任霍光为大司马大将军，辅佐年纪八岁的幼主昭帝即位。⑮股肱：大腿和胳膊，辅助和捍卫的意思。⑯亡义：无义。亡：无。⑰咸：都，全。⑱正即位：新的王朝建立之初，首先要改变历法，以表示承受天命。正，即一年开始的那个月，就是正月。汉高祖刘邦即位，承秦制，以建亥之月为岁首。武帝即位，改以建寅之月为岁首，自此一直沿用到清朝灭亡。⑲盛服先生：衣冠齐楚的儒者。⑳金革：兵器甲胄，喻战争。㉑戮力：齐心合力。㉒洽：协调，和美。㉓属：接续。㉔“《书曰》”三句：见《尚书·大禹谟》。不辜，无罪的人。不经，不按常规办事。㉕大辟：死刑。㉖视：通“示”。这里作招供解。㉗锻炼：原意是冶炼金属，此作罗织罪状解。周内：使罪状周密陷人于罪。㉘咎繇：又写作皋陶，相传是帝舜时掌管刑法的官，以执法公正廉明称。听：审讯。㉙亡极：无极。亡：无。㉚愉：通“偷”，苟且。㉛议：谋虑。㉜期：必定。㉝鸢：老鹰。卵：蛋。㉞古人：指春秋时晋国大夫伯宗。见《左传·宣公十五年》。㉟薮：水浅草茂的湖泽。㊱瑾瑜：美玉。㊲诟：辱骂。㊳箴：劝告，劝诫。

[译文]

汉昭帝驾崩以后，继任者昌邑王刘贺没多久就被废黜，汉宣帝接着就即位。路温舒向宣帝上书，提出崇尚德治减轻肉刑的措施，上书里面说：

“我听说齐国正是有公孙无知杀害襄公的祸乱，才有齐桓公的兴起；晋国也正是因为由骊姬引发的危难，晋文公才能称霸诸侯的；近世以来，因为赵王未能善终，所以才有诸吕之乱，所以才有了孝文皇帝庙号太宗的旧事。由此看来，发生祸患，或许将是圣人出现的契机。所以齐桓公，晋文公扶植并振兴了危亡衰败的国家，尊奉周文王、周武王的功绩，把恩泽施加给百姓，用功劳去封赏诸侯，即使比不上夏禹、商汤以及周文王，但是天下百姓还是都归附到他们的仁政之中了。孝文帝经常思索取得最高德行的方法，用来承受上天的旨意，他崇尚仁义，减轻刑罚，通架关梁，对关系远近平等对待，尊敬贤人就像对待贵宾一样，关爱人民如同爱护婴儿，他将自己心中认为安适的事在全国推行，所以监狱里就空空荡荡，天下太平。一般来说，在天下形势有所变化之后担当君主的人，施与天下的恩惠必然与过去不同，这是因为圣贤的君主显示的是上天旨意。

“想当初，昭帝驾崩时没有子嗣，大臣们忧心忡忡，都心怀焦急而共同商议，一致认为昌邑王贵为皇亲，推举并且将他立为皇帝，但上天没有授命，而是弄乱他的心智，所以就自己失去了帝位。深入地思考祸变发生的原因，其实这正是皇天用以启发至圣至明君主的手段。因而大将军霍光秉承武帝遗命，成为大汉君主股肱之臣，他披肝沥胆，决定大计方针，罢黜无义的昏君，扶立有德的君主，辅佐天子行事，这样一来宗庙社稷才能得以安定，举天之下才会安宁。我曾听说《春秋》一书里十分重视新君的即位，想一统天下就要慎重对待开始。陛下刚登帝位，符合天意，应该矫正前任的过失，接受天命承接帝位时应慎重看待开始，去掉繁文缛节，解除百姓疾苦，好好保存即将断绝的好传统，并且将之发扬光大，从而顺应上天的旨意。

“我听说秦朝有十大罪状，其中一条至今尚存，就是审案官员酷刑判案一事。秦朝时，耻于文教，崇尚勇武，轻视仁义之人，重视判案官吏的一己之见，把正直的言论当作诽谤，把遏制错误当成妖言惑众，所以当时衣冠整齐的儒生不为社会重视，忠正恳切的言论都积聚在心中，阿谀奉承的话每天在人们的耳畔响，虚伪的赞美熏迷内心，但实际的祸患却被遮掩，这正是秦朝失掉天下的原因。现如今，天下依仗陛下的恩厚，既没有战争的危险，也没有饥寒交迫的忧患，父子、夫妻齐心合力安定家庭，但是还尚未完全实现天下太平，这就是因为案狱之事搅乱的。

“判案断狱，可以说是天下最重要的事情，被处死的人无法复生，被砍断了肢体也不能重新接上。《书经》里说：‘与其杀死无辜，还不如不按常规法理办事。’但是现在负责判案的官吏却并不如此，上下级官员相互驱使，将苛刻当成严明，断案严厉之人还能获得公正之名，而真正判案公平之人日后却多致祸患。所以判案的官吏都置人于死地，并非他们憎恨他人，而是因为对他们而言，只有置人于死地才能获得安全。所以死人的鲜血于街上流淌，等待受刑之人站成一排并肩站立，被处以极刑的人每年数以万计，这就是圣明仁爱之伤心的原因。太平盛世未能实现，全都因此。安适时享受人生，病痛时只求速死是人之常情，在荆杖的责打之下，还有什么不能从被打之人身上得到的呢？因而犯人无法忍受痛苦，就已招供出闪烁其词的假话，官吏就会利用这样的状况，就明确指出某项罪名，并拿出罪状让罪犯画押，官吏们担心上奏案件以后会被驳回，所以就违法罗织罪状以使其周全，所以等上报判罪结果时，就算是咎繇再世，也会认为罪犯死也不足抵罪，这是为什么呢？这是因为构织罪名的官吏太多了，纹饰文书将罪状写得很明确的原因。这就是官吏们特意苛刻地对待犯人，残害罪犯没有极限，所有事情都马虎对待，置国家祸患于不顾，这才是世间最恶极的罪人。所以俗话说：‘画地为牢狱，都不想进去。面对木刻的狱吏，都不想与之对质。’这些都是世间厌恶狱吏的风气，也都是十分悲痛的言辞。所以才会说天下的祸害，没有什么比案狱之事还要深的了。败坏国法，扰乱正道，分离亲人，阻塞道义，没有什么比判案的官吏更严重的了。这正是我所说的至今尚存的一条秦朝过错。

“我听说过乌鸦和鸢鹰的蛋没被毁坏，凤凰才会聚集在树上；身犯诽谤罪的人没被诛伐，才有人进谏良言。所以古人说过：‘山坳之中藏有恶疾，河湖之内容纳污秽，美玉之中隐匿着瑕疵，国君能容忍诟病。’希望陛下能取消诽谤之罪，以便能招致恳切的忠言，让天下之人都敢张嘴说话，扩大进谏的门路，扫除导致秦朝灭亡的过失，尊奉周文王、周武王的德行，俭省法制，放宽刑罚，通过这些来废除案狱之事的弊端，这样的话，天下太平的气象就会在世间逐渐出现，永保和平、安乐，如同天地那样没有尽头，如此就是全天下的幸事了。”皇上非常赞同他的话。

作者简介

杨恽（？—前54），字子幼，华阴（今属陕西）人。司马迁的外孙。父杨敞，汉昭帝时为丞相。汉宣帝时，恽以父荫补常侍郎。以才能见称，名显朝廷，复擢为左曹。后因告发霍氏谋反有功，封平通侯，迁中郎将。居官清正，有治绩，擢为诸吏光禄勋，亲近用事。为人轻财好义，廉洁无私，但自矜其能，不能容物，每有忤己者必欲害之，因此得罪不少朝廷显贵。太仆戴长乐怀疑杨恽在背后暗算他，就上书告发杨恽平日言论诽谤朝廷，无人臣之礼，恽被免为庶人。后逢日食，有人上书归咎于恽骄奢不悔过所致，他被捕入狱。廷尉按验时，在家中搜出他写给孙会宗的信，宣帝看后大怒，判以大逆不道罪，腰斩处死。其妻儿被流放到酒泉郡。孙会宗也因此而罢官。

报孙会宗书

杨恽

[题解]

本文作者杨恽，字子幼，是宰相杨敞之子，司马迁的外孙。素有才干，因告发霍光子孙谋反而封通侯，后遭人怨恨，为人构陷而被免职。杨恽被免职以后在家中以治理财产自娱，他的朋友安定太守西河孙会宗写信劝诫。杨恽很不服气，就写了这封回信。在回信中他以貌似开玩笑的口吻，对孙会宗逐一批驳，并且为自己的狂放不羁辩解。而且讽喻朝政，提出了与卿大夫“道不同，不相为谋”的心志。全篇行文尖刻，锋芒毕露，后人认为其桀骜不驯的风格，可以与其外祖父司马迁的《报任少卿书》相比。

[原文]

恽既失爵位家居，治产业，起室宅，以财自娱。岁余，其友人安定太守西河孙会宗[①]，知略士也，与恽书，谏戒之，为言大臣废退，当阖门惶惧[②]，为可怜之意，不当治产业，通宾客，有称誉。恽宰相子[③]，少显朝廷，一朝暗昧，语言见废，内怀不服。报会宗书曰：

“恽材朽行秽，文质无所底(zhǐ)[④]，幸赖先人余业，得备宿卫。遭遇时变[⑤]，以获爵位。终非其任，卒与祸会。足下哀其愚，蒙赐书，教督以所不及，殷勤甚厚。然窃恨足下不深惟其终始[⑥]，而猥(wěi)随俗之毁誉也[⑦]。言鄙陋之愚心，若逆指而文(wèn)过[⑧]；默而息乎，恐违孔氏‘各言尔志’之义[⑨]。故敢略陈其愚，唯君子察焉。

"恽家方隆盛时，乘朱轮者十人[10]，位在列卿[11]，爵为通侯[12]，总领从官[13]，与闻政事。曾不能以此时有所建明[14]，以宣德化，又不能与群僚同心并力，陪辅朝廷之遗忘，已负窃位素餐之责久矣[15]。怀禄贪势，不能自退，遭遇变故，横被口语，身幽北阙[16]，妻子满狱。当此之时，自以夷灭不足以塞责，岂意得全首领[17]，复奉先人之丘墓乎？伏惟圣主之恩不可胜量。君子游道，乐以忘忧，小人全躯，说(yuè)以忘罪[18]。窃自思念，过已大矣，行已亏矣，长为农夫以没世矣。是故身率妻子，戮力耕桑[19]，灌园治产，以给公上，不意当复用此为讥议也[20]。

"夫人情所不能止者，圣人弗禁。故君父至尊亲，送其终也[21]，有时而既[22]。臣之得罪已三年矣，田家作苦，岁时伏腊[23]，亨羊炰(páo)羔[24]，斗酒自劳。家本秦也，能为秦声，妇赵女也，雅善鼓瑟[25]，奴婢歌者数人，酒后耳热，仰天拊缶(fǒu)[26]，而呼乌乌。其诗曰：'田彼南山，芜秽不治；种一顷豆，落而为萁[27]。人生行乐耳，须富贵何时[28]？'是日也，拂衣而喜，奋袖低昂，顿足起舞，诚淫荒无度，不知其不可也。恽幸有余禄，方籴(dí)贱贩贵[29]，逐什一之利[30]。此贾(gǔ)竖之事[31]，污辱之处，恽亲行之。下流之人，众毁所归[32]，不寒而栗。虽雅知恽者，犹随风而靡[33]，尚何称誉之有？董生不云乎[34]：'明明求仁义，常恐不能化民者，卿大夫之意也；明明求财利，尚恐困乏者，庶人之事也[35]。'故'道不同，不相为谋[36]'。今子尚安得以卿大夫之制而责仆哉？

"夫西河魏土[37]，文侯所兴[38]，有段干木、田子方之遗风[39]，漂然皆有节概[40]，知去就之分[41]。顷者[42]，足下离旧土，临安定。安定山谷之间，昆戎旧壤[43]，子弟贪鄙，岂习俗之移人哉？于今乃睹子之志矣！方当盛汉之隆，愿勉旃(zhān)[44]，毋多谈。"

［注释］

①安定：郡名，治所在今宁夏固原。孙会宗：西河郡人，官安定太守。杨恽被诛后，他受牵连罢官。②阖门：关门。③宰相：指杨恽的父亲杨敞，汉昭帝时任丞相，娶司马迁之女为妻。④底：引致，达到。⑤时变：指霍光子孙霍禹等人欲谋

反事。⑥惟：思考，谋虑。⑦猥：随意，轻率。⑧文过：掩饰过错。⑨孔氏：指孔子。“各言尔志”：语出《论语·公冶长》：“盍（何不）各言尔志？”尔，你，你们。⑩朱轮：用红漆漆车轮的车子。汉制，公卿列侯及俸禄在二千石以上的官员才能乘朱轮车。⑪列卿：汉朝廷设有九卿，都是中央的高级官员。⑫通侯：原称彻侯，为避汉武帝名（刘彻）讳改为通侯。为十二等爵中最高一级。⑬从官：皇帝的侍从官。杨恽曾任光禄勋，管辖所有的侍从官。⑭曾：而，乃，表示语气转折。⑮素餐：语出《诗经·魏风·伐檀》：“彼君子兮，不素餐兮。”白吃饭。⑯北阙：宫殿北面的楼观，为臣子上书奏事的地方。⑰首领：头颅。⑱说：通“悦”。⑲戮力：齐心协力。⑳用：以，因。㉑送其终：指为国君和父亲料理丧事。㉒既：完，结束。㉓伏腊：秦汉时习俗，各选取夏天和冬天的一日进行祭祀。伏，指夏至后第三个庚日。腊，指冬至后第三个戌日。㉔炰：裹起来烤。羔：幼羊。㉕雅：素来，一向。㉖拊：拍打。缶：瓦制乐器。㉗萁：豆茎。㉘须：等待。㉙籴：买进粮食。㉚什一：十分之一。㉛贾竖：对商人的贱称。㉜“下流二句”：语出《论语·子张》：“是以君子恶居下流，天下之恶皆归焉。”这里是说地位卑贱的人，大家都把坏事往他身上推。㉝靡：倒伏。㉞董生：指汉代大儒董仲舒。㉟“明明”六句：语出董仲舒《对贤良策》三，文字有所不同。《汉书·董仲舒传》“明明”作“皇皇”，“皇皇”即“遑遑”，急切的样子。㊱“道不同不相为谋”：语出《论语·卫灵公》。㊲西河：西汉郡名，孙会宗出生地。但战国时魏国的西河，在今陕西东部黄河西岸地区，与西汉时不同。作者这样说，是为了讽刺孙会宗。㊳文侯：魏文侯，战国时魏国君主。㊴段干木、田子方：魏国贤人。㊵漂然：高远的样子。㊶去就：去留，退进。㊷顷者：近来，近日。㊸昆戎：西戎，古代西部的一个少数民族部落。㊹旃：“之焉”的合音，语气词。

[译文]

杨恽已经失去了爵位，居住家中。治理田产，兴建房屋，用经营家财来自娱自乐。一年多以后，他的好朋友安定太守、西河人孙会宗——这是一位有知识和谋略的人，他给杨恽写了一封信，劝诫并且警示他。孙会宗认为大臣被免职以后，应该诚惶诚恐地闭门思过，表现出很可怜的样子，而不应当治理产业，结交宾客，获得赞许。杨恽是宰相的儿子，年少时就在朝廷中崭露声名，因为一时糊涂，说话不注意而被免职，心中非常不服气。他给孙会宗的回信里说：

“杨恽我才能低贱，行为卑微，文章和道德的修养都尚未有所成就，很幸运地依靠先人留下的功业，在宫中充当侍从官。还因为遭正好赶上了非常的事变，才获得通侯的爵位，但却始终都不能胜任，最后终于遭受了灾祸。您能哀怜我的愚蠢蒙昧，专门写信来教育和督促我力所不及之处，情意殷切，也非常的深厚。但是私下里我却有点责怪你没有仔细地从头到尾思考这件事情，就按照世俗眼光轻率地做出评价。我现在说说自己浅薄的内心想好了，就似乎是与你来唱反调来文过饰非，但是如果沉默不语，恐怕也违背了孔子所说的各言其志的原则。所以我才胆敢简单地陈说一下我愚蠢的想法，希望以您的君子之风明察一下。

“想当初我杨恽家正在兴隆的时候，有资格乘坐朱轮车的有十人，连我自己也位列九卿，封爵位为通侯，总管宫内的侍从官，参加国家大政的讨论。我居然没能在那个时候有所建树，从而宣扬道德教化，也不能与同僚们同心协力，辅佐朝廷，并查缺不周全之处，已经被指责为窃据高位以及白食俸禄很长时间了。但是我贪恋俸禄权势，没能自行辞退，所以才遭受意外变故，十分意外地被人告发，我自己囚禁在宫殿的北门楼里面，妻子儿女也全都被关押在牢狱之中。在当时，我自己认为就算被满门抄斩也不能抵罪，哪敢想竟然能保住脑袋，还能去祀奉祖先的坟墓呢！我伏身在地恭敬思量圣明君主的恩德，简直无法估量。君子将身心沉湎于大道中，就能快乐得忘掉忧伤；小人保全了身体，就会愉快得忘掉罪过。我私下里认为，我的过失已经十分严重，行为也有所欠缺，甘愿长久地做农夫直到去世，于是我就亲自带领妻子儿女，尽全力耕田植桑，灌溉果园，以及经营产业，就是为了交纳赋税给国家，没想到还会因此被人讥讽非议。

“依照人情所不应该禁止的事，就算是圣人也不能禁止。所以即使是为至尊的君王和至亲的送终服丧，在适当的时候也应该结束。作为臣子，我已经获罪三年了。田家耕作辛苦，每逢伏日、腊日的祭祀，就煮羊肉和烤羊羔，喝一斗酒慰劳自己一下。我的老家本来是在秦地，所以我也懂秦地的音乐。我的妻子也是赵地的女子，十分擅长弹瑟。奴婢中还有几个唱歌很好的，所以喝完酒以后耳根发热，就会仰天敲击瓦缶，呜呜地唱歌。唱得是：‘南山种田好辛勤，荆棘野草多除不尽。豆子种了一顷地，全都落地变豆萁。人生还需及时乐，坐享富贵到哪天！’每逢这天，我都会兴奋得上上下下甩袖子，跺着脚跳起舞来，的确是纵情欢乐也没有节制，我不知道这样有什么错。幸亏杨恽积攒着一些俸禄，正在经营低价买高价卖的生意，追求那十分之一的微薄利益。这是奸商才会干的事，被人侮辱并且看不起，但是我却亲自做了。身份卑贱之人，被众人所诽谤，想起来我就会不寒而栗。即使是平素知道我杨恽为人的，都跟随世俗之风来讥讽我，哪里还有人回来赞誉我呢？董仲舒不是也说么：‘忙前忙后地追求仁义，还常常担心不能教化百姓，这正是卿大夫的心思。忙前忙后地追求财利，还担心贫穷匮乏，这正是老百姓的事情。’所以道不同，就不相为谋。现如今您怎么可以用卿大夫的标准来指责我呢！

“好比说，您的家乡西河郡当初是魏国的领土，是魏文侯兴建的。现在都还保存着段干木、田子方等人树立的遗风，这两位都志气高远，懂得分辨隐居和致仕。这些年，您离开故乡，去安定做太守。安定的山谷之间，是当初西戎人的土地，他们的后代贪婪卑鄙，难道当地的习俗改变了您的志向情操么？在今天才看清了您的志向！当今正好赶上大汉兴盛之时期，愿您勤勉，不必多说了！”

光武帝临淄劳耿弇

《后汉书》

[题解]

耿弇率军取胜立了大功，光武帝亲自去劳军。光武帝把耿弇与西汉开国功臣韩信相比，称赞他的功绩高过韩信，还称赞他有远见，并能坚持信念，终于取得成功。

[原文]

车驾至临淄[①]，自劳军，群臣大会。帝[②]谓弇(yǎn)[③]曰："昔韩信破历下[④]以开基，今将军攻祝阿[⑤]以发迹。此皆齐之西界，功足相方。而韩信袭击已降[⑥]，将军独拔勍(qíng)敌，其功乃难于信也。又田横烹郦生[⑦]，及田横降，高帝诏卫尉[⑧]不听为仇。张步[⑨]前亦杀伏隆[⑩]，若步来归命，吾当诏大司徒[⑪]释其怨。又事尤相类也。将军前在南阳[⑫]，建此大策[⑬]，常以为落落难合，有志者事竟成也。"

[注释]

①临淄：地名，在今山东淄博东北。②帝：指光武帝刘秀，字文叔，公元25年至公元57年在位。③弇：耿弇，字伯昭，东汉初扶风茂陵（今陕西兴平东北）人，其父在王莽时任朔调连率（即上谷太守）。更始时，弇率上谷兵投奔刘秀。多次向刘秀献策，甚得宠，官大将军。刘秀称帝后，任建威大将军，封好畤侯。④历下：在今山东济南。⑤祝阿：在今山东济南西。当时是张步的前哨阵地。⑥韩信袭击已降：楚汉战争中，刘邦使郦食其说齐王田广归汉，齐王听郦生言，撤除对汉的防御，韩信乘机袭齐历下军，遂至临淄。⑦田横：田广之弟。韩信破齐王田广后，横自立为齐王。汉朝建立，田横率其彼属五百余人入居海岛，刘邦使人召之，田横被迫前往，因不愿称臣于汉，遂中途自杀。当韩信袭击历下时，相国田广以为郦生出卖自己，乃烹郦生。⑧卫尉：官名，掌宫门卫屯兵，此指郦食其之弟郦商。高祖恐郦商与田横为仇，诏郦商曰："横即至，敢动者族之。"⑨张步：琅琊人，字文公。光武初起时，步拥众割据于剧城（今山东寿光）。光武遣伏隆持节招张步归降，张步杀了伏隆。⑩伏隆：伏湛之子，字伯文，曾任光禄大夫。⑪大司徒：官名，地位相当于汉初之丞相，此指伏湛，伏隆之父。⑫南阳：郡名，在今河南南阳一带。⑬建此大策：指建武三年（公元27年）耿弇在舂陵（属南阳郡）向刘秀提出的军事计划：北收上谷兵，定彭宠于渔阳，取张丰于涿鹿，还收富平、获索，东攻张步以平齐地。

[译文]

光武帝来到临淄，亲自慰劳军队，群臣都聚集过来。光武帝对耿弇说："从前韩信攻破历下开创汉朝基业，今天将军你攻下祝阿而扬名，这两个地方都是在齐地的西边边界，你们的功绩足以相当。然而韩信袭击已经投降的敌军，将军靠独立的军队战胜强敌，这功劳就难于韩信啊！另外田横烹煮了郦生，到田横投降时，高祖刘邦诏告郦商不得任性与田横结仇。张步以前也杀了伏隆，如果张步前来归降，我就会诏告大司徒要他消除怨恨，这又是类似的事情啊！将军你先前在南阳谋划这么大的策略，我总认为不实际难以实现，其实是有志者事竟成啊！"

作者简介

马援（前14—前49），字文渊，东汉初年扶风茂陵（今陕西兴平东北）人。建武十七年曾任伏波将军，封新息侯。马援进军交趾。《诫兄子严敦书》就是他在交趾时写的。

这篇短信，抓住其兄子马严、马敦等喜欢讥议、妄通侠客的缺点，谆谆训诫。又以龙伯高和杜季良为例，并加以比较，规劝他们一定要做到忠厚谨慎，切忌华而不实，陷于轻薄。全信字数不多却切中要害。

诫兄子严敦书①

马援

[题解]

马援的侄子马严、马敦平时喜欢讥笑议论时政、与侠客交往，使他很担忧，于是他写了这封信，述说自己的亲身经验，评析当世贤良的行为得失来劝说晚辈。文章言辞恳切，充满了长辈对晚辈的深情关怀和殷殷期待。

[原文]

援兄子严、敦，并喜讥议，而通轻侠客。援前在交趾，还书诫之曰："吾欲汝曹②闻人过失，如闻父母之名，耳可得闻，口不可得言也。好议论人长短，妄是非正法，此吾所大恶也，宁死不愿闻子孙有此行也。汝曹知吾恶之甚矣，所以复言者，施衿结缡③，申父母之戒，欲使汝曹不忘之耳。龙伯高④敦厚周慎，口无择言，谦约节俭，廉公有威。吾爱之、重之，愿汝曹效之。杜季良⑤豪侠好义，忧人之忧，乐人之乐，清浊⑥无所失，父丧致客，数郡毕至。吾爱之、重之，不愿汝曹效也。效伯高不得，犹为谨敕⑦之士，所谓刻鹄不成尚类鹜（wù）⑧者也；效季良不得，陷为天下轻薄子，所谓画虎不成反类狗者也。讫今季良尚未可知，郡将下车⑨辄切齿，州郡以为言，吾常为寒心，是以不愿子孙效也。"

[注释]

①严、敦：指马严、马敦。二人都是马援的侄子。②汝曹：你辈。③施衿结缡：衿，佩带。缡，佩巾。古代女子出嫁，母亲把佩巾结在女儿身上。④龙伯高：东汉时期京兆（今陕西西安）人，名述，当时任山都长。⑤杜季良：东汉京兆（今

陕西西安）人，名保，当时任越骑司马。⑥清浊：清，指品行好的人；浊，指品行不好的人。⑦谨敕：谨慎，能约束自己的言行。⑧鹜：野鸭。⑨下车：指官吏到任。

[译文]

我兄长之子马严和马敦，都喜欢讥笑、评论别人的事，而且爱与轻浮的侠士结交。我在前往交趾前，写信告诫他们说："我希望你们听到别人的过失，如同听见了父母的名字，可以耳朵听见，不可用口说。喜欢议论别人的长处和短处，胡乱褒贬朝廷的法度，这些都是我深恶痛绝的。我宁可死，也不愿知道自己的子孙有这种行为。你们知道我十分厌恶这种行径，所以我再次提起。就像女儿在出嫁前父母再三告诫的一样，我想让你们牢牢记住。龙伯高为人诚实厚道，说出的话无可指责。谦约节俭，廉洁奉公又不失威严。我爱护他，敬重他，希望你们学习他。杜季良为人豪侠好义，有正义感，忧他人所忧，乐他人之乐，无论什么人都结交。他的父亲去世时，几郡的人都赶来了。我爱护他，敬重他，但不希望你们向他学习。学习龙伯高不成功，还可以做一个谨慎谦虚的人，即所谓'刻鹄不成尚类鹜'。学习杜季良不成功，那你们就成了轻薄子弟，即所谓'画虎不成反类狗'。到现今杜季良还不知道，郡守一上任就对他怨恨，州郡官把这事对我说。我常常为他寒心，因此不希望子孙向他学习。

作者简介

诸葛亮（181—234），字孔明，琅琊阳都（今山东沂南）人，汉朝末年著名的政治家、军事家和外交家。从26岁起，他竭尽心志辅助刘备，使力量较弱的刘备在成都立住脚，建立了与曹操、孙权抗衡的蜀汉。刘备死后，他又全力帮助懦弱的刘禅，北拒曹魏，东和孙权，南平蛮夷，并努力恢复农业生产，兴修水利，连他的敌人司马懿也称赞他为"天下奇才"。

诸葛亮在文学创作方面也取得了一些成就，他的《前出师表》和《后出师表》皆为流传千古的佳作。

前出师表[①]

诸葛亮

[题解]

"表"是古时臣对君陈述事情的一种文体。建兴五年，蜀汉外结孙吴，内定南中，诸葛亮认为此时可北伐中原、匡复汉室。决定率军北进征伐曹魏。临行上书后主刘禅，规劝后主辨明忠奸、采纳忠言，也表达了自己愿以兴复汉室为己任的志向，情义真诚感人。

[原文]

臣亮言：先帝[②]创业未半，而中道崩殂(cú)[③]。今天下三分，益

州[④]疲敝，此诚危急存亡之秋也[⑤]。然侍卫之臣不懈于内，忠志之士忘身于外者，盖追先帝之殊遇，欲报之于陛下也。诚宜开张圣听，以光先帝遗德，恢宏志士之气，不宜妄自菲薄，引喻失义，以塞忠谏之路也。

宫中府中，俱为一体，陟(zhì)罚臧否[⑥]，不宜异同。若有作奸犯科及为忠善者，宜付有司，论其刑赏，以昭陛下平明之治，不宜偏私，使内外异法也。侍中、侍郎郭攸之、费祎、董允等[⑦]，此皆良实，志虑忠纯，是以先帝简拔[⑧]以遗陛下。愚以为宫中之事，事无大小，悉以咨之，然后施行，必能裨补阙漏，有所广益。将军向宠[⑨]，性行淑均，晓畅军事，试用于昔日，先帝称之曰能，是以众议举宠以为督。愚以为营中之事，事无大小，悉以咨之，必能使行阵和穆，优劣得所也。亲贤臣，远小人，此先汉所以兴隆也；亲小人，远贤臣，此后汉所以倾颓也。先帝在时，每与臣论此事，未尝不叹息痛恨于桓、灵也[⑩]。侍中、尚书、长史、参军[⑪]，此悉贞亮死节之臣也，愿陛下亲之信之，则汉室之隆，可计日而待也。

臣本布衣，躬耕于南阳，苟全性命于乱世，不求闻达于诸侯。先帝不以臣卑鄙，猥自枉屈，三顾臣于草庐之中，咨臣以当世之事，由是感激，遂许先帝以驱驰。后值倾覆，受任于败军之际，奉命于危难之间，尔来二十有一年矣。先帝知臣谨慎，故临崩寄臣以大事也。受命以来，夙夜忧叹，恐托付不效，以伤先帝之明。故五月渡泸[⑫]，深入不毛。今南方已定，兵甲已足，当奖帅三军，北定中原。庶竭驽钝，攘除奸凶[⑬]，兴复汉室，还于旧都。此臣所以报先帝而忠陛下之职分也。至于斟酌损益，进尽忠言，则攸之、祎、允之任也。愿陛下托臣以讨贼兴复之效，不效则治臣之罪，以告先帝之灵。若无兴德之言，则责攸之、祎、允之咎，以彰其慢。陛下亦宜自谋，以谘[⑭]诹善道，察纳雅言，深追先帝遗诏[⑮]，臣不胜受恩感激。今当远离，临表涕泣，不知所云。

[注释]

①表：旧时臣下对君主有所陈奏时所用的一种文体。②先帝：已去世的皇帝。这里指蜀汉昭烈帝刘备。③崩殂：古代称帝王死亡。④益州：约当今四川及其附近一带，是蜀汉政权所在地。⑤秋：年岁，时代。⑥陟罚：提升和惩罚。臧否：善的和恶的，引申为赞扬和斥责的意思。⑦郭攸之：字演长，当时任侍中。费祎：字文伟，曾任黄门侍郎，出使吴国归来，升任侍中。董允：字休昭，曾任黄门侍郎。⑧简拔：选拔。⑨向宠：字巨违，刘备时任牙门将（守卫主帅营门的官员）。⑩桓、灵：指汉桓帝（刘志）和汉灵帝（刘宏）。⑪尚书：在宫廷中协助皇帝处理政务的高级官员。指陈震。长史：协助丞相总管政务的官员。指张裔。参军：参谋军务的官。指蒋琬。⑫五月渡泸：后主建兴三年五月，诸葛亮率军渡泸水（今四川南部雅砻江下游和金沙江会合雅砻江后的一段），南征少数民族统治者孟获。泸水上阴历五月瘴气特别大。⑬攘除：排除。奸凶：奸邪凶恶的人。指曹魏集团。⑭诹：询问。⑮遗诏：指章武三年刘备病危时的遗命。刘备曾嘱咐刘禅："勿以恶小而为之，勿以善小而不为！惟贤惟德，可以服人。"

定三分隆中决策

刘备登门拜访诸葛亮，孔明为他分析了天下的形势。

[译文]

臣诸葛亮进言：先帝开创大业还未完成一半就中途死去，现在天下三足鼎立，益州是那么疲乏困顿，这真是处于生死存亡的时刻啊！然而朝廷里侍奉、护卫的臣子，不敢有丝毫懈怠；疆场上忠贞的将士，奋不顾身地作战，那是因为大家在怀念先帝对他们非常的恩遇，要向陛下表示报答之情啊！陛下确实应该广泛地听取大家的意见，来光大先帝留下的美德，鼓舞大臣们坚贞为国的正气，不可轻率地看轻自己而说出无理的话，以致堵塞了尽忠规劝的言路。

宫里的近臣和相府的官吏，是一个整体，凡是有所奖惩，不应该有不同标准。如果有做坏事触犯法令或忠心做好事的，应该交由有关官员加以惩罚或奖励，以此来显示陛下处事的公正贤明，不可有所偏袒，使得宫廷内外法令不一。侍中、侍郎郭攸之、费祎、董允等，都是品德善良诚实、意念忠贞纯正的人，所以先帝选拔出来留给陛下任用。我认为宫廷中事，无论大小，都应该询问他们，然后再执行，一定能够补救疏漏，增加效益。向宠将军性情善良公正，通晓军事，当初曾被任用过，先帝对他很赞赏，因此众人酝酿着要推举他做中部督。我认为禁卫部队的事务，无论大小，全都向他询问，一定能使军队协调齐心，处置得当，各得其所。亲近贤臣，疏远小人，前汉因而兴旺强盛；亲近小人，疏远贤臣，后汉因此而衰落灭亡。先帝在世时，每逢与我议论到这些事，无不对桓、灵二帝的作为感到痛恨而叹息。侍中郭攸之、费祎，尚书令陈震，长史张裔，参军蒋琬，都是忠贞坦诚、能以死报国的臣子，希望陛下亲近他们，信任他们，则汉家天下的兴旺，就为期不远了。

我本来是个平民，在南阳耕田为生，只求在乱世中能保全性命，不想向诸侯谋求官禄和显赫的名声。先帝不嫌弃我低贱和见识少，不惜自降身份而三顾茅庐，向我询问天下大事。因此我为之感动，答应为先帝效力。后来战事危急，我在败亡之际，接受了挽救危局的重任，至今已有二十一年了！先帝知道我处事谨慎，所以在临死时把国家大事交付给我。接受先帝遗命以来，我日夜担心叹息，唯恐辜负所托，从而有损先帝的英名，所以我在炎热的五月渡过泸水，深入到不毛之地。现在南方已平定，兵器充足，应统率全军，北进平定中原。我可以竭尽微薄的才能，扫除凶残的奸贼，光复汉家江山，迁回旧时的国都。这就是臣下用来报答先帝，效忠于陛下的职责。至于权衡利弊得失，向陛下进忠言，那是郭攸之、费祎、董允的责任了。希望陛下把讨伐曹魏、兴复汉室的任务赋予我，如果无所成就，就治我的罪，来禀告先帝在天之灵。如果没有发扬圣德的言论，那就要责备郭攸之、费祎、董允等人的怠惰之罪，公布他们的过失。陛下也应该自作打算，探求从善的道理，了解并接受正直的言论，不忘先帝的遗愿，我就感恩不尽了。如今就要远征，面对表文，流下泪来，不知该说些什么。

后出师表

诸葛亮

[题解]

《后出师表》作于第一次北伐失败后，有的大臣对再次北伐持有不同意见。诸葛亮认为汉贼不两立，现实的形势是敌强我弱，向后主阐明北伐不仅是为实现先帝的遗愿，也关系到蜀汉的存亡，因此不能动摇。表达了自己愿“鞠躬尽力，死而后已”的忠贞之情。因为这篇表不见于《三国志》本传和《文选》，只是在裴松之的注中被引用，所以有人认为系后人伪作。

[原文]

先帝虑汉、贼[①]不两立，王业不偏安[②]，故托臣以讨贼也。以先帝之明，量臣之才，固知臣伐贼，才弱敌强也，然不伐贼，王业亦亡，惟坐而待亡，孰与伐之？是故托臣而弗疑也。臣受命之日，寝不安席，食不甘味，思惟北征，宜先入南，故五月渡泸，深入不毛，并日而食。臣非不自惜也，顾王业不可偏安于蜀都，故冒危难以奉先帝之遗意，而议者谓为非计。

今贼适疲于西[③]，又务于东[④]，兵法乘劳，此进趋之时也。谨陈其事如左：

高帝明并日月，谋臣渊深，然涉险被创，危然后安。今陛下未及高帝，谋臣不如良、平，而欲以长策取胜，坐定天下，此臣之未解一也。刘繇(yáo)、王朗[⑤]，各据州郡，论安言计，动引圣人，群疑满腹，众难塞胸，今岁不战，明年不征，使孙策[⑥]坐大，遂并江东，此臣之未解二也[⑦]。曹操智计殊绝于人，其用兵也，仿佛孙、吴，然困于南阳[⑧]，险于乌巢[⑨]，危于祁连[⑩]，逼于黎阳[⑪]，几败北山[⑫]，殆死潼关[⑬]，然后伪[⑭]定一时尔。况臣才弱，而欲以不危而定之，此臣之未解三也。曹操五攻昌霸不下[⑮]，四越巢湖不成[⑯]，任用李服而李服图之[⑰]，委任夏侯[⑱]而夏侯败亡。先帝每称操为能，犹有此失，况臣驽下，何能必胜？此臣之未解四也。自臣到汉中，中间期年耳，然丧赵云、阳群、马玉、阎芝、丁立、白寿、刘郃、邓铜等及曲长屯将七十余人，突将无前，賨(cóng)、叟、青羌[⑲]散骑、武骑一千余人，此皆数十年之内所纠合四方之精锐，非一州之所有；若复数年，则损三分之二也，当何以图敌？此臣之未解五也。今民穷兵疲，而事不可息，事不可息，则住与行劳费正等，而不及早图之，欲以一州之地与贼持久，此臣之未解六也。

夫难平者，事也。昔先帝败军于楚[⑳]，当此时，曹操拊手，谓天下已定。然后先帝东连吴、越[㉑]，西取巴蜀[㉒]，举兵北征，夏侯授首，此操之失计而汉事将成也。然后吴更违盟，关羽毁败[㉓]，秭归蹉跌[㉔]，曹丕称帝[㉕]。凡事如是，难可逆料。臣鞠躬尽力[㉖]，死而后已，至于成败利钝，非臣之明所能逆睹也。

[注释]

①贼：指曹魏。②偏安：偏居一方以自安。③今贼适疲于西：指蜀汉建兴六年（228），诸葛亮出祁山（在今甘肃礼县东）伐魏，陇右之天水、南安等郡相继叛魏响应蜀军，魏将姜维投降，关中大震，魏明帝不得不亲自到长安坐镇。④又务于东：指建兴六年（228），魏曹休攻吴，吴将陆逊大破曹休军于石亭（今安徽潜山

白帝城先主托孤
刘备在白帝城托孤于诸葛亮。

东北）。⑤刘繇：东汉末为扬州刺史。王朗：东汉末为会稽太守。⑥孙策：孙坚之子，献帝兴平二年（195），率军渡江，吞并了刘繇、王朗等割据势力，在江东建立孙氏政权。⑦“此臣”句：以上数句借刘繇、王朗事暗喻蜀若坐失良机不出师伐魏必致以国资敌，故言“未解”。⑧困于南阳：汉献帝建安二年（197），曹操率军至宛（南阳郡治，今河南南阳），攻张绣。张绣投降曹操，随即又反悔，袭操。操军败，操中流矢，其长子曹昂、侄子曹安民均死于是役。⑨险于乌巢：建安四年（199），袁绍率精兵十万，骑万余，欲攻许昌，分兵约万人于官渡设防。次年8月袁绍军进至官渡，操坚壁防守，对峙百余日。曹操兵少粮缺，曾一度想退回许昌。乌巢，在今河南延津东南，临近官渡（今河南中牟东北）。⑩危于祁连：事未详。⑪逼于黎阳：建安八年（203），曹操攻黎阳，大破袁谭、袁尚军，当时无被逼事。黎阳，在今河南浚县东北。⑫几败北山：建安二十四年（219），曹操与刘备争夺汉中郡（属益州），曹军失利，曹操赶赴前线，双方展开鏖战。有一次曹军运米至北山下，黄忠领兵夺取，赵云接应。赵云与曹军遭遇，大败曹军。⑬殆死潼关：建安十六年（211），曹操开始了向关西的军事行动，关中马超、韩遂等十部联合抗操，据守潼关。⑭伪：蜀汉自居正统，故称曹操为“伪”。⑮五攻昌霸不下：建安四年（199），东海昌霸叛曹，归附刘备，曹操遣刘岱、王忠数击之不克。⑯四越巢湖不成：曹操与孙权曾多次战于巢湖一带。巢湖，在今安徽合肥东南。⑰“任用李服”句：李服，当是王子服，因“王子”连写致误。建安四年（199），王子服曾与董承密谋杀操。⑱委任夏侯：曹操调大将夏侯渊驻守汉中，夏侯渊恃勇轻敌，为蜀将黄忠击败于定军山（今陕西勉县东南），被杀。⑲賨、叟、青羌：西南地区的少数民族。⑳“昔先帝”句：建安十三年（208），刘备被曹操击败于当阳长阪（今湖北当阳东北）。㉑东连吴、越：建安十三年（208），刘备联合孙权大破曹操于赤壁。㉒西取巴蜀：建安十九年（214），刘备打败刘璋，占据益州。㉓关羽毁败：建安二十四年（219），孙权派吕蒙袭南郡。败杀关羽，据荆州。㉔秭归蹉跌：蜀昭烈章武元年（221），刘备率军攻吴，次年，被吴将陆逊大败于夷陵（今湖北宜昌东南）。刘备率残兵西逃，经秭归（今湖北秭归）至白帝城（今重庆奉节）。㉕曹丕称帝：魏文帝黄初元年（220），曹丕废汉献帝，自立为帝。㉖尽力：一作“尽瘁”。

[译文]

先帝考虑到蜀汉和篡汉的奸贼不能并存，汉王室的大业不能苟且偷安于一地，所以委任我讨伐曹贼。以先帝那样的明察，衡量我的才能，本来就知道让我去征讨敌人，我的能力微弱而敌人强大。但是，不去讨伐敌人，王业也是要败亡的。是坐等灭亡，还是主动去征伐敌人呢？因此先帝毫不犹豫地托付于我。我从接受任命起，睡不安稳，食无滋味。想到要去北伐，应先安定南面，所以五月里竟渡过泸水，深入荒芜的地方，两天才能吃过去一天的粮食。我并非不爱惜自己，而是看到帝王之业不可能偏处在蜀地而自安，所以甘愿冒险，来执行先帝的遗愿，可是议政的群臣说这不是上策。目前敌人恰好在疲于对付西边的叛乱，又忙着应付东方的战事，按兵法的要求，敌方劳困时，正是进军攻打的时机。现在谨将有关事情陈述如下：

高祖皇帝的英明可与日月相比，他的谋臣见识广博，谋略深远，但还是要经历艰险和创伤，遭遇危难然后取得安定。现在，陛下不如高祖皇帝，谋臣也不如张良、陈平，而想用长期相持的战略来取胜，安安稳稳地得到天下，这是我所不能理解的第一点。刘繇、王朗，各自占据州郡，议论安定天下的策略，动辄引用古代圣贤的话，大家心中充满疑问，胸中疑难不解。今年不出战，明年不征讨，让孙策坐享强盛，终于并吞了江东，这是我所不能理解的第二点。

曹操的智能谋略，超过别人，他用兵和孙武、吴起一样，但是曾在南阳败困，在乌巢遇险，在祁连遭到厄难，在黎阳被敌困逼，几乎惨败在北山，差一点死在潼关，然后才僭称国号于一时得逞。何况我才能低微，而竟想不冒艰险来平定天下，这是我所不能理解的第三点。曹操五次攻打昌霸不能取胜；四次想跨越巢湖而未成功，任用李服，而李服密谋杀害他；委用夏侯渊，而夏侯渊战败身死。先帝常常称赞曹操有才干，还是有这些挫败，何况我才能低微，怎能保证一定得胜呢？这是我所不能理解的第四点。自从我进驻汉中，已有一年时间，这期间就丧失了赵云、阳群、马玉、阎芝、丁立、白寿、刘郃、邓铜等将领及曲长、屯兵将官七十余人，突将、无前、賨叟、青羌、散骑、武骑等士卒一千余人。这些都是几十年内从各处招集来的精锐，不是蜀地一州所能有的。如果再过几年，就会损失三分之二，那时怎样去对付敌人？这是我所不能理解的第五点。现在百姓穷困、兵士疲惫，但战争不会停息，战争不能停息，驻军和出击，其劳力费用正是相等的。不趁此时出击敌人，妄想以益州一地来和敌人长久相持，这是我所不能理解的第六点。

最难预测的是战事。当初先帝战败于楚地，那时曹操拍手称快，以为天下已经平定了。但是，后来先帝与孙吴联合，取得了西方的巴蜀之地，出兵北伐，夏侯渊掉了脑袋。这是曹操估计错误之处，复兴汉室的大业眼看成功了。但是，后来孙吴又背弃盟约，关羽战败被杀，先帝又在秭归遭到挫败，曹丕篡汉称帝。所有的事都是这样，难以预料。我只有竭尽全力，到死为止。至于究竟是成功还是失败，是顺利还是遭到挫折，就不是我的智力所能预见的。

卷七　六朝唐文

作者简介

李密（224—287），字令伯，一名虔，三国时犍为郡武阳（今四川彭山东）人。父早亡，母改嫁，由祖母刘氏抚养成人。在蜀汉任尚书郎，曾出使吴国，很有才辩。祖母死后，才赴洛阳任职。

陈情表[1]

李 密

[题解]

李密是在祖母刘氏的抚养下长大的，也以孝敬祖母而闻名。李密幼时体弱多病，但非常好学。年轻时，曾任蜀汉尚书郎。晋灭蜀后，征西将军邓艾请他担任主簿，李密以奉养年迈祖母为由谢绝。后来晋武帝屡次下诏征用李密。这时，李密的祖母已96岁，年老多病。于是他上《陈情表》说明自己无法应诏的原因。

[原文]

臣密言：臣以险衅[2]，夙遭闵凶[3]。生孩六月，慈父见背[4]。行年四岁，舅夺母志。祖母刘，愍臣孤弱[5]，躬亲抚养。臣少多疾病，九岁不行，零丁孤苦，至于成立。既无叔伯，终鲜兄弟。门衰祚(zuò)薄[6]，晚有儿息。外无期(jī)功强近之亲[7]，内无应门五尺之童[8]。茕茕孑立[9]，形影相吊。而刘夙婴疾病，常在床蓐[10]。臣侍汤药，未曾废离[11]。

逮奉圣朝，沐浴清化[12]。前太守臣逵，察臣孝廉[13]；后刺史臣荣，举臣秀才[14]。臣以供养无主，辞不赴命[15]。诏书特下，拜臣郎中，寻蒙[16]国恩，除臣洗(xiǎn)马[17]。猥[18]以微贱，当侍东宫，非臣陨首[19]所能上报。臣具以表闻，辞不就职。诏书切峻，责臣逋慢[20]，郡县逼迫，催臣上道，州司临门，急于星火[21]。臣欲奉诏奔驰，则以刘病日笃[22]，欲苟顺私情，则告诉不许。臣之进退，实为狼狈。

伏惟[23]圣朝以孝治天下，凡在故老[24]，犹蒙矜(jīn)育[25]，况臣孤苦，

特为尤甚。且臣少事伪朝[26]，历职郎署[27]，本图宦达[28]，不矜名节。今臣亡国贱俘，至微至陋，过蒙拔擢[29]，宠命优渥[30]，岂敢盘桓[31]，有所希冀[32]？但以刘日薄西山[33]，气息奄奄，人命危浅，朝不虑夕。臣无祖母，无以至今日，祖母无臣，无以终余年。母孙二人，更相为命，是以区区不能废远[34]。臣密今年四十有四，祖母刘今年九十有六。是臣尽节于陛下之日长，报刘之日短也。乌鸟私情，愿乞终养。臣之辛苦[35]，非独蜀之人士及二州牧伯[36]所见明知，皇天后土[37]，实所共鉴。

愿陛下矜愍愚诚，听臣微志。庶刘侥幸，卒保余年[38]。臣生当陨首，死当结草[39]。臣不胜犬马怖惧之情[40]，谨拜表以闻[41]。

[注释]

①表：文体名，属于奏章一类。②险衅：指遭遇的危难和不幸。③夙：早。闵：凶丧。④见背：离开了我（指去世）。⑤愍：哀怜。孤弱：失去父母而又幼弱。⑥祚薄：福泽不厚。⑦期功：古代丧服的名称：为长辈服丧一年的，叫期服；为长辈服丧九月、五月的叫功服。强近：比较亲近。⑧应门：照管门户。五尺之童：指没有成年的僮仆。童，“僮”的本字。⑨茕茕：孤独的样子。孑立：孤立无依。孑，独。⑩床蓐：床铺。蓐，草席。⑪废离：丢下奉养的责任而远离。⑫沐浴清化：沉浸在清明的教化之中。⑬太守臣逵：郡的最高军政官员名逵（姓不详）。察：审察、荐举。孝廉：以孝顺父母、行为廉洁为标准。⑭刺史臣荣：州的最高军政官员名荣（姓不详）。秀才：以才学秀美为标准。⑮赴命：受命应召。⑯寻：不久。蒙：受到。⑰除：授予官职。洗马：太子洗马，太子的侍从官。⑱猥：意同“辱”，谦词。⑲陨首：抛弃生命的意思。陨，掉下。⑳逋慢：逃避（征召）而傲慢无礼。㉑星火：流星的光，这里比喻急迫。㉒笃：病重。㉓伏惟：俯伏着思忖。旧时下对上有所陈述时示敬之词。惟，思，念。㉔故老：旧时称年高有德的人。㉕矜育：怜惜、抚养。㉖伪朝：旧时对敌对王朝的贬称。这里指蜀汉。㉗历职：东汉制度，选孝廉中有才能的入尚书台，初入台称守尚书郎中，满一年称尚书郎。郎署：指尚书台。㉘宦达：任官显达。㉙拔擢：提拔。㉚宠：恩荣。优渥：优厚。㉛盘桓：义同“徘徊”，逗留不进。㉜希冀：希望，企求。㉝日薄西山：比喻年岁衰暮。薄，逼近。㉞区区：恳切的意思。废远：意同“废离”。㉟辛苦：痛苦的意思。㊱二州牧伯：指梁州、益州的地方长官。牧，州牧。古代称州牧为伯。后又以牧伯称刺史。㊲皇天后土：指天地。㊳庶：庶几，也许。侥幸：出于意外的幸运。卒：终于。保：保有。㊴这两句意思是说：不论我活着或死后，都将报答大恩。㊵犬马怖惧之情：像犬马一样恐怖畏惧的心情，表示极度惶恐。㊶拜表：拜送表文。

[译文]

焚裘示俭

晋武帝曾多次下诏征用李密，此图讲的是晋武帝焚华丽裘袄，提倡节俭之事。

臣李密陈言：臣因命运不好，从小遭遇不幸，刚出生六个月，慈父就不幸去世了。四岁那年，舅舅又逼迫母亲改了嫁。祖母刘氏，怜悯我从小丧父又多病消瘦，于是亲自抚养我。臣小时常生病，九岁时还不会走路，孤独无靠，直至长大。臣既没有叔伯，也没有兄弟，门庭衰微福气浅，直到很晚才有了儿子。在外没有比较亲近的亲戚，在家里又没有照管门户的僮仆。孤单地生活，只有自己的影子相伴。祖母刘氏很早就疾病缠身，常年卧床不起，臣侍奉她服用汤药，从不离开。

到了当今的圣朝，臣蒙受着清明的政治教化。先是太守逵，推举臣为孝廉，后来刺史荣又推举臣为秀才。臣因为无人照顾祖母，都推辞掉没有遵命。朝廷特别下了诏书，任命臣为郎中，不久又承蒙国家恩命，任命臣为太子洗马。像我这样卑微低贱的人，能够去服侍太子，这实在是杀我身捐躯所不能报答的。我将以上处境苦衷上表，推辞不去就职。但是诏书又下达，急切严峻，指责我逃避命令，有意怠慢。郡县长官催促我上路，州官登门督促，十分急切，刻不容缓。臣想接受旨意立刻为国奔走效劳，但祖母刘氏的病却日益加重，想要姑且顺从私情，但报告、申诉又未获准许。臣如今进退两难，处境狼狈。

臣想圣朝是以孝道来治理天下的，凡是故旧老人，尚且受到怜惜抚养，何况我的孤苦程度更为严重呢？而且臣年轻时曾在蜀汉任职，历任郎中和尚书郎，原本就愿仕途通达，无意以名誉、节操来炫耀。现在我是低贱的亡国俘虏，实在卑微低下，承蒙提拔，而且恩宠十分优厚，怎敢徘徊另有所图呢？只因祖母刘氏已如西山的落日，气息微弱，生命垂危，朝不保夕。臣如果没有祖母，不能活至今日，祖母如果没有我的服侍，也无法度过她的余生。我们祖孙二人，相依为命，正是因为这些，我实在不忍离开祖母出仕为官。臣今年四十四岁，祖母九十六岁，臣尽忠于陛下的日子还长，而对刘氏尽孝的日子已经不多了。我怀着乌鸦反哺的私情，企求为祖母养老送终。我的辛酸苦楚，不仅蜀地的百姓及益州、梁州的长官所目睹知晓，天地神明也都清楚。

希望陛下能怜悯臣愚昧至诚的心，准许臣实现小小的心愿，使刘氏能够侥幸地保全余生。臣活着当牺牲生命，死了也要结草来报答陛下之恩。臣下我怀着犬马对主人般惶恐的心情，恭敬地上表禀报。

作者简介

王羲之（321—379），字逸少，琅琊临沂（今山东临沂）人，居住在会稽（今浙江绍兴）。他是东晋最大的世家的子弟，曾任江州刺史、会稽内史、右军将军。他是我国历史上最著名的书法家，行书尤其精妙，后世尊为“书圣”。那些被后人反复临摹的“帖”常常就是一则则风神飘逸、散淡自如的短文。他也长于诗文，所作清新隽永，多含哲理，书牍杂帖，也富有情致，但诗文为书法之名所掩。现存辑本有《王右军集》。

兰亭集序

王羲之

[题解]

晋穆帝永和九年三月三日，王羲之与谢安、孙绰等四十一人于绍兴西南渚山上的兰亭饮酒赋诗。王羲之事后为诗集写了这篇序，生动地记述了这次集会的盛况，抒发了人生短暂的感慨。此文不追求雕琢词句的技巧，文风清新质朴。

[原文]

永和九年[1]，岁在癸丑，暮春之初[2]，会于会稽山阴之兰亭[3]，修禊(xì)事也[4]。群贤毕至，少长咸集。此地有崇山峻岭，茂林修竹，又有清流激湍，映带左右，引以为流觞曲水[5]，列坐其次，虽无丝竹管弦之盛[6]，一觞一咏，亦足以畅叙幽情。是日也，天朗气清，惠风[7]和畅。仰观宇宙之大，俯察品类之盛，所以游目骋怀[8]，足以极视听之娱[9]，信可乐也。

夫人之相与，俯仰一世，或取诸怀抱，晤言一室之内[10]；或因寄所托[11]，放浪形骸(hái)之外。虽取舍万殊[12]，静躁不同，当其欣于所遇，暂得于己，快然自足，曾不知老之将至。及其所之既倦，情随事迁，感慨系[13]之矣。向之所欣，俯仰之间，已为陈迹，犹不能不以之兴怀[14]。况修短随化[15]，终期于尽。古人云：“死生亦大矣。”岂不痛哉！

每览昔人兴感之由，若合一契，未尝不临文嗟悼[16]，不能喻[17]之于怀。固知一死生为虚诞，齐彭殇为妄作[18]。后之视今，亦犹今之视昔。悲夫！故列叙时人[19]，录其所述，虽世殊事异[20]，所

以兴怀，其致一也。后之览者，亦将有感于斯文。

[注释]

①永和九年：353年。永和为晋穆帝司马聃的年号（345—356）。②暮春之初：三月初三。三月为暮春，也称晚春。③会稽：郡名，东汉时郡治移山阴。山阴：县名，今浙江绍兴。兰亭：地名兰渚，有亭为兰亭。现存有清康熙十二年重建的兰亭遗址。④修禊：古人风习，在农历三月三日，临水而祭，以祓除不祥，称为修禊。⑤流觞曲水：觞，酒杯；曲水，引水环曲为渠，把酒杯放在曲水上游，任其循流而下，停在谁的面前，谁即取饮。⑥丝竹管弦：丝，弦乐，指琴瑟之类弦乐器；竹，管乐，指笙箫之类管乐器。⑦惠风：春日的和风。⑧游目骋怀：纵目游览，舒展胸怀。⑨极：尽，尽情享受。视听之娱：指耳目的享受。⑩晤言：面对面谈话。⑪因寄所托：有所凭借，寄托。⑫取舍：选取与舍弃。万殊：千差万别。⑬系：附着。⑭兴怀：产生感慨。⑮修短随化：修短，指寿命长短。化，造化。⑯嗟悼：叹息、悲伤。⑰喻：理解、明白。⑱齐：齐一，等同。彭：彭祖，传说古代长寿的人。殇：短命早死的人。⑲列叙：逐一叙写。时人：指当时参加聚会的人。⑳世殊事异：指世间人事变化。

[译文]

永和九年是癸丑年。暮春三月上旬，我们在会稽郡山阴县的兰亭聚会，举行修禊之事。此处贤者都来参加，老少聚集在一起。这地方有高山峻岭，繁茂的树林和挺拔的翠竹，又有清澈湍急的溪水，如罗带萦绕在亭子左右。把水引来作为漂流酒杯的弯曲水道，大家列坐在旁，虽然没有音乐伴奏的盛况，可是饮酒赋诗，也足以酣畅地抒发内心的感情。这天天气晴朗，空气清新，和风习习，温暖舒畅。抬头仰望宇宙之浩瀚，低首俯察万类之繁多，极尽耳目视听的乐趣，确实是很快活的啊！

人们彼此交往，转瞬间度过一生。有的人常反躬内省，在家里与朋友倾心交谈；有的人寄情于外物，不拘于礼法而纵情游乐。虽然人们对生活的取舍千差万别，性情也有沉静和急躁等不同，但当他们遇到可喜之事，心里感到暂时的得志，就喜悦满足，竟没想到人生衰老的暮年会很快到来。等到他们对生平所追求的事物感到厌倦，心情也随着而起变化，就会引发感慨。以往所得到的欢乐，顷刻之间已成为往事，对这些尚且不能不深有感触。更何况人的寿命长短取决于造化，但终有穷尽之时。古人说：“死生也是人生一件大事啊！”岂不令人心痛！

每次看到前人抒发感慨的原因，总像符契一样一致，总难免对着这些文章而叹息悲伤，心里却不知道这是为什么。我一向认为把死和生当作一回事是虚诞的，把长寿和夭亡等量齐观也是荒谬的。后人看待今人，正如现代人看古代人一样，可悲啊！因此我列出集会者的名字，抄录下他们吟咏的诗篇。即使时代不同，世事变化，但人们抒发情怀的原因是相同的。后世的读者，也将因这些诗文而感慨吧！

作者简介

陶渊明（365—427），东晋著名诗人，辞赋家，散文家。字符亮，或名潜，字渊明，世号靖节先生。浔阳柴桑（今江西九江西南）人，早年曾几次出仕，于41岁时弃官归隐，后来一直过着躬耕隐居的生活。

他的诗文多描写农村日常生活，质朴自然，形象鲜明，韵味隽永，具有独特的风格，在中国文学史上产生了深刻的影响。陶渊明的诗文现存130余篇。有《陶渊明集》传世，注本较多。

归去来辞

陶渊明

[题解]

本文写于晋安帝义熙元年，作者辞去彭泽令回家。文中抒写了作者归田的决心、愉快心情和归田后的乐趣，赞美了在田园劳动的生活，表达了他对当时政治状况的批评态度，反映了他不屑于功名的高尚情操。

[原文]

归去来兮，田园将芜，胡不归！既自以心为形役[1]，奚惆怅而独悲！悟已往之不谏，知来者之可追[2]。实迷途其未远，觉今是而昨非[3]。舟摇摇以轻扬，风飘飘而吹衣[4]。问征夫以前路，恨晨光之熹微[5]。乃瞻衡宇，载欣载奔[6]。僮仆欢迎，稚子候门。三径[7]就荒，松菊犹存。携幼入室，有酒盈樽。引壶觞以自酌，眄(miǎn)庭柯以怡颜[8]。倚南窗以寄傲，审容膝之易安[9]。园日涉[10]以成趣，门虽设而常关。策扶老以流憩，时矫首而遐观[11]。云无心以出岫[12]，鸟倦飞而知还。景翳翳以将入，抚孤松而盘桓[13]。

归去来兮，请息交以绝游。世与我而相遗，复驾言兮焉求[14]？悦亲戚之情话，乐琴书以消忧。农人告余以春及，将有事于西畴[15]。或命巾车，或棹孤舟[16]。既窈窕以寻壑，亦崎岖而经丘[17]。木欣欣以向荣，泉涓涓而始流[18]。羡万物之得时，感吾生之行休[19]！

已矣乎[20]！寓形宇内复几时[21]，曷不委心任去留[22]！胡为遑遑欲何之？富贵非吾愿，帝乡不可期[23]。怀良辰以孤往，或植杖而

耘耔(zǐ)[24]。登东皋以舒啸[25]，临清流而赋诗。聊乘化以归尽，乐夫天命复奚疑[26]！

[注释]

归去来

田园将芜，胡不归！

①以心为形役：把心（指精神）当成了形体（指口腹）的奴役。②悟：觉察到。已往：指过去的事。不谏：这里是无法挽回的意思。谏，制止。来者：将来的事。③今：指归隐。昨：指出仕。④摇摇：飘荡的样子。以：而。轻扬：船行轻快的样子。飘飘：风吹的样子。⑤征夫：行人。前路：指通向故乡的道路。熹微：天色蒙蒙亮。⑥瞻：眺望。衡宇：横一根木条当门的简陋房子。载：语助词，“又”的意思。⑦三径：指屋前的小径。⑧引壶觞：举起酒壶、酒杯。觞，盛酒器。酌：饮酒。眄：斜视。庭柯：庭院里的树木。柯，树枝。怡颜：悦意的意思。颜，颜面。⑨倚：靠。寄傲：寄托高超自得的心情。审：明白，知道。⑩日涉：每天进入。涉，涉足，到。⑪策：拄着。扶老：竹名，可做手杖。流憩：散步休息。矫首：昂起头。遐观：远眺。⑫无心：无意，自然而然。岫：有穴的山，也泛指山。⑬景：阳光。翳翳：光线暗弱的样子。盘桓：意同“徘徊”，流连不去。⑭驾：指乘车外出交游。言：语助词。焉：何、什么。⑮春及：春天将到。事：指春耕等农事。畴：田地。⑯命：指派。这里指吩咐人驾车。巾车：有篷的车。棹：划船的桨。这里作动词，划。⑰窈窕：这里是形容山路深远曲折。壑：山谷。崎岖：形容山路不平。⑱木：树木。欣欣：生机旺盛的样子。向荣：渐趋茂盛。涓涓：细水慢流的样子。⑲羡：赞赏。得时：适时。行休：将要终止，指死亡。⑳已矣乎：算了吧。㉑寓形：寄身的意思。宇内：世间。㉒曷：何。委心：任随心愿。去留：行止。㉓帝乡：指仙界。期：希望。㉔怀：心念着。良辰：景物美好的日子。孤往：独出游赏。植杖：拄着杖。植，竖立，引申为倚、拄的意思。杖，一种木棍上装有短柄作“T”形的农具。耘：除草。耔：壅苗。㉕东皋：泛指田边的高地。舒啸：舒徐地发出啸声。啸，撮口发出清亮的声音。㉖聊：姑且。夫：语助词。

[译文]

回去吧，田园将要荒芜了，为什么还不回去呢？既然让自己的心志受形体的奴役，为什么还要独自伤悲？我觉悟到过去做错的已经无法挽救，靠未来却还来得及弥补。虽然走入迷途但还不是太远，现在已经明白了如今是对的，从前是错的。船儿轻快地飘荡前进，微风吹动着我的上衣。向行人询问前面的路程，只恨早晨天色隐约朦胧。看到自己家的屋檐，就高兴地奔去。家中的僮仆前来迎接，孩子们在门口等候。象征隐士生活的“三径”已经荒芜，只有松菊依然存在。拉起孩子们的手进入屋里，酒已摆好。端起酒壶自斟自酌，看着院子里的树木露出了笑颜。倚靠着南窗寄托自己傲然自得的情怀，深深感到小小的空间也可以使人满足。每天到庭院散散步，自有乐趣，屋子虽然有门却经常关着。拄着手杖到处走走停停，不时仰首眺望远方。云彩自然地从山峰边飘出，鸟儿飞倦了也知道自己回来。日光慢慢暗下去就快坠入大地，我还抚摸着独立的松树徘徊流连。

回去吧，让我断绝与世俗的交游。既然社会与我的情志相违背，我驾车出游还有什么可追求？与亲戚们谈心使我感到愉快，弹琴读书能够消除我的忧愁。农人们告诉我春天已至，将要到西边的田地里去耕种。有时驱动有篷帘的小车，有时划了一条小船。有时进入曲折幽深的山谷，有时经过高低不平的山丘。树木欣欣向荣，泉水涓涓地流淌。我赞美万物生机勃勃，感叹自己的一生即将终止。

算了吧！人生寄身于天地之间还会有多少时候，为什么不随着自己的心意决定去留？为什么整天心神不定，还想到哪里去呢？富贵不是我的心愿，神仙境界又不可预期。趁此良机走吧，或者把手杖插在地上做些除草培苗的工作。登上东边的高岗放声长啸，在清澈的水边吟咏赋诗。姑且顺着大自然的变化以了结此生，快乐地接受天命，又有什么可疑虑的呢？

桃花源记

陶渊明

[题解]

《桃花源记》是《桃花源诗》的序，创作此文时，陶渊明已归隐多年。元熙二年，刘裕废晋恭帝，第二年，又用毒酒将其杀害。陶渊明对现实政治的黑暗不满，但又无法改变，并且也不愿干预这种现状，于是借助创作来抒写情怀，塑造了一个与污浊社会相对立的美好世界来寄托自己的政治理想。

[原文]

晋太元中，武陵人捕鱼为业①。缘②溪行，忘路之远近。忽逢桃花林，夹岸数百步，中无杂树，芳草鲜美，落英缤纷。渔人甚异之。复前行，欲穷③其林。林尽水源，便得一山。山有小口，仿佛若有光。便舍船，从口入。

初极狭，才通人④。复行数十步，豁然开朗。土地平旷，屋舍俨然⑤。有良田、美池、桑竹之属。阡陌交通⑥，鸡犬相闻。

其中往来种作，男女衣着，悉如外人。黄发垂髫（tiáo）⑦，并怡然⑧自乐。见渔人，乃大惊。问所从来，具答之。便要⑨还家，设酒杀鸡作食⑩。村中闻有此人，咸来问讯。自云⑪先世避秦时乱，率妻子邑人⑫，来此绝境，不复⑬出焉，遂与外人间隔。问今是何世，乃不知有汉，无论⑭魏晋。此人一一为具言所闻，皆叹惋。余人各复延⑮至其家，皆出酒食。停数日，辞去。此中人语云："不足⑯为外人道也。"

既出，得其船，便扶向路⑰，处处志之。及郡下，诣⑱太守，说如此。太守即遣人随其往，寻向所志，遂迷，不复得路。

南阳刘子骥⑲，高尚士也，闻之，欣然规往⑳，未果㉑，寻㉒病终。后遂无问津者㉓。

［注释］

①太元：东晋孝武帝的年号（376—396）。武陵：郡名，治所在今湖南常德。②缘：沿着。③穷：尽。这句说：渔人想走完桃花林，探究到底。④才通人：仅能容一个人通过。⑤俨然：整齐的样子。⑥阡陌：田间的道路。南北为阡，东西为陌。交通：互相通达。⑦黄发垂髫：指老人和儿童。黄发：因年老头发由白转成黄色。髫：小孩垂下的头发。⑧怡然：愉快的样子。⑨要：通"邀"，约请。⑩设：备办。作食：准备饭食。⑪自云：桃源中人自我介绍说。⑫邑人：同乡人。⑬不复：不再。⑭无论：不必说。⑮延：邀请。⑯不足：不必，不值得。⑰扶：沿着。向路：先前所经的道路。⑱诣：前往拜见。⑲南阳：郡名，治所在今河南南阳。刘子骥：名骥之，晋代高士，喜游山水。⑳规往：筹划前去。㉑未果：没能实现。㉒寻：不久，接着。㉓问津：询问渡口。指探访桃花源。

［译文］

晋朝太元年间，有个武陵人以捕鱼为职业。有一天他沿着小溪行船，忘记了路程的远近。忽然遇到一片桃花林，桃树夹着溪流两岸，宽达几百步，中间没有杂树，地上芳草鲜艳美丽，坠落的花瓣缤纷交杂。渔人对这种美景很惊异，继续前行，想寻到桃林的尽头。桃林在溪水的源头就没有了，紧接着就看见一座山，山上有个小洞，里面仿佛有光亮。渔人就舍弃小船，从洞口进去。

开始洞口很窄，仅能通过一人。又走了几十步，突然变得开阔敞亮了。这里土地平坦开阔，房屋整齐，有肥沃的田地、清澈的池塘和桑树竹子之类。田间小路纵横交错，彼此能听到鸡鸣狗叫之声。那里面的人们来往耕作，男女的穿戴与外面的人一样。老人和儿童都悠闲、高兴、自得其乐。他们看见渔人，很惊讶，问渔人从哪儿来。渔人详尽地回答了他们。他们就邀请渔人到自己家，摆酒杀鸡做饭菜。村子里的人听说有这么个人，都来打听消息。他们自己说，祖先为了躲避秦朝的祸乱，带领妻儿和乡亲来到这个与人世隔绝的地方，再没有出去过，于是就与外面的人隔绝了。他们问现在是什么朝代，竟不知道还有汉朝，更不必说魏朝和晋朝。这渔人详细地为他们说出自己知道的情况，那些人听后都感叹不已。其他的人又各自邀请渔人到自己的家中，拿出酒食来招待。渔人住了几天，辞别离开。这里的人告诉他说："这里的情况不要对外边的人说啊！"

渔人出来后，找到自己的船，就沿着旧路回去，沿途处处作了标记。回到郡里，去向太守报告了这些情况。太守立即派人同他前往，寻找先前作的标记，竟迷失了方向，找不到路了。

南阳刘子骥是个高士，听说这件事，高高兴兴地计划前往。没能实现，不久病死了。后来就没有想去的人了。

五柳先生传

陶渊明

[题解]

本文描绘了一个喜欢读书、不图名利、安贫乐道、不计较得失的封建时代知识分子的形象，其实就是作者借这一形象作的自我描绘。

[原文]

先生不知何许人也，亦不详其姓字。宅边有五柳树，因以为号焉。闲静少言，不慕荣利。好读书，不求甚解[①]，每有会意，便欣然忘食。性嗜酒，家贫不能常得。亲旧知其如此，或置酒而招之。造饮辄尽[②]，期在必醉，既醉而退，曾不吝情去留。环堵萧然[③]，不蔽风日，短褐穿结[④]，箪(dān)瓢屡空[⑤]，晏如也。常著文章自娱，颇示己志。忘怀得失，以此自终。

宅旁有五柳树

五柳先生宅旁有五柳树，因以为号焉。

赞曰：黔娄[⑥]有言："不戚戚于贫贱，不汲汲于富贵[7]。”其言兹若人之俦(chóu)乎[8]？衔觞赋诗[9]，以乐其志，无怀氏之民欤？葛天氏之民欤[10]？

[注释]

①不求甚解：这里指不读死书，不死抠字眼。②造：往，到。辄：总是。③环堵：房屋四周墙壁。萧然：空荡无物的样子。④褐：粗布。短褐：粗布短衣。穿：洞。结：打结。⑤箪瓢：盛饭的圆筐与舀水的葫芦。⑥黔娄：春秋时鲁国人，修身清节，安贫乐道，不仕于诸侯。⑦戚戚：忧惧的样子。汲汲：急于得到的样子。⑧兹：这。若人：那个人。俦：同列，一类。⑨觞：酒杯。衔觞即酣饮，指酒喝得很痛快。⑩无怀氏、葛天氏：传说中的上古帝王名。

[译文]

先生不知道是什么地方人，也不清楚他的姓名。他的住宅旁边有五棵柳树，因此就以“五柳”作为号。他安闲沉静，不好言谈，也不羡慕名利。喜欢读书，但不拘泥于个别字句的解释。每当读书有所领悟的时候，他就高兴得忘记吃饭。好喝酒，但因为家贫就不能经常得到。亲朋好友知道他这样，有时备酒招待他。他前去饮酒时总是喝尽，直到大醉方休，醉后就向主人告辞，从不掩饰情感。他的住室四壁空空荡荡，不能遮风，也不能挡太阳，穿的粗布短衣打满了补丁，常常缺少吃喝，而他却能安然自得。他常常创作诗文当作娱乐，抒发自己的志趣，能够完全忘掉世俗的得失，只愿这样直至死去。

赞曰：黔娄说过这样的话：“不因为处境贫困而忧愁伤心，不为了富贵而到处奔走钻营。”据他所说，五柳先生不就是这样的人吗？饮酒赋诗，使自己的心志快乐，是无怀氏时的人吗？是葛天氏时的人吗？

北山移文

孔稚珪

[题解]

《北山移文》揭掉了诸多假隐士的面具。南北朝时期，隐逸之风盛行，很多人就用隐居的手段沽名钓誉，或者标榜清高，但是其真实目的往往都是为了寄身庙堂之中。作者假托北山山神，辛辣地讽刺了以“周子”为代表的假隐士的丑态，表达了作者对这种社会现实的厌恶。

“移文”是一种近似与檄文的问题，多用于讽刺或者责备。

[原文]

钟山之英，草堂之灵[1]，驰烟驿路[2]，勒移山庭[3]。

夫以耿介拔俗之标[4]，萧洒出尘之想[5]，度(duó)白雪以方洁[6]，干青云而直上[7]，吾方知之矣。若其亭亭物表[8]，皎皎霞外，芥千金而不盼[9]，屣(xǐ)万乘其如脱[10]。闻凤吹于洛浦[11]，值薪歌于延濑[12]，固亦有焉。

岂期终始参差[13]，苍黄反覆[14]，泪翟子之悲[15]，恸朱公之哭[16]，乍回迹以心染[17]，或先贞而后黩[18]，何其谬哉！呜呼，尚生不存[19]，仲氏既往[20]，山阿寂寥，千载谁赏！

世有周子[21]，俊俗之士[22]，既文既博[23]，亦玄亦史[24]。然而学遁东鲁[25]，习隐南郭[26]，偶吹草堂[27]，滥巾北岳[28]。诱我松桂，欺我云壑[29]。虽假容于江皋[30]，乃缨情于好爵[31]。

其始至也，将欲排巢父[32]，拉许由[33]，傲百氏[34]，蔑王侯。风情张日[35]，霜气横秋[36]。或叹幽人长往，或怨王孙不游[37]。谈空空于释部[38]，覈(hé)玄玄于道流[39]。务光何足比[40]，涓子不能俦[41]。

及其鸣驺(zōu)入谷[42]，鹤书赴陇[43]，形驰魄散，志变神动。尔乃眉轩席次[44]，袂(mèi)耸筵上[45]。焚芰制而裂荷衣[46]，抗尘容而走俗状[47]。风云凄其带愤，石泉咽而下怆[48]。望林峦而有失，顾草木而如丧[49]。

至其钮金章[50]，绾(wǎn)墨绶[51]，跨属城之雄[52]，冠百里之首[53]。张英风于海甸[54]，驰妙誉于浙右[55]。道帙(zhì)长殡[56]，法筵久埋[57]。敲扑喧嚣犯其虑[58]，牒诉倥偬(kǒngzǒng)装其怀[59]。琴歌既断，酒赋无续。常绸缪于结课[60]，每纷纶于折狱[61]。笼张、赵于往图[62]，架卓、鲁于前箓[63]，希踪三辅豪[64]，驰声九州牧[65]。

使其高霞孤映，明月独举，青松落阴，白云谁侣？涧户摧绝无与归[66]，石径荒凉徒延伫[67]。至于还飙(biāo)入幕[68]，写雾出楹[69]，蕙帐空兮夜鹄(hú)怨[70]山人去兮晓猨惊[71]。昔闻投簪逸海岸[72]，今见解兰缚尘缨[73]。于是南岳献嘲，北垄腾笑，列壑争讥，攒峰竦诮[74]。慨游子之我欺，悲无人以赴吊[75]。

故其林惭无尽，涧愧不歇，秋桂遣风，春萝罢月[76]，骋西山之逸议[77]，驰东皋之素谒[78]。

今又促装下邑[79]，浪栧(yè)上京[80]。虽情投于魏阙[81]，或假步于山

扃(jiōng)[82]。岂可使芳杜厚颜[83]，薜荔无耻[84]，碧岭再辱，丹崖重滓(zǐ)[85]，尘游躅(zhǔ)于蕙路[86]，污渌池以洗耳[87]。宜扃岫(xiù)幌[88]，掩云关[89]，敛轻雾，藏鸣湍，截来辕于谷口[90]，杜妄辔于郊端[91]。于是丛条瞋(chēn)胆[92]，叠颖怒魄[93]，或飞柯以折轮[94]，乍低枝而扫迹[95]。请回俗士驾，为君谢逋客[96]！

[注释]

①英、灵：均指山神。草堂：周颙在钟山所建。②驰烟：腾云驾雾。驿路：古代建有驿站的道路。③勒：刻石。移：移文。④耿介：方正刚直。标：气节。⑤萧洒：潇洒，豁达无拘。⑥度：衡量。方：比。⑦干：冒犯，此指高耸。⑧亭亭：独立不依的样子。物表：万物之上。⑨芥：小草，此用作动词，表轻蔑。⑩屣：草鞋。用法如“芥”。万乘：指天子。此极言至尊。⑪凤吹：指吹笙如凤。洛浦：洛水之滨。《列仙传》：“周灵王太子晋吹笙作凤鸣，游于伊洛之间。”⑫值：遇。薪歌：樵歌。延濑：长长的河滩。《文选》五臣注谓苏门先生曾游延濑，见一人采薪，就问他是否以此为终，那人答以“吾闻圣人无怀，以道德为心，何怪乎而为哀也”，并作歌二章而去。⑬终始：指前后。参差：不一致。⑭苍黄：青色和黄色。此以染丝可成青成黄喻反复变化。⑮泪：落泪。翟子：指墨子，名翟。⑯恸：哀泣。朱公：指杨朱。以上二句事见《淮南子·说林训》：“杨子见歧路而哭之，为其可以南，可以北。墨子见练丝而泣之，为其可以黄，可以黑。”⑰乍：暂时。回迹：指避迹山林。心染：指为世俗利禄所动。⑱贞：清白。黩：污浊。⑲尚生：东汉末隐士尚子平，以采薪为生。⑳仲氏：东汉末名人仲长统，州郡屡召，辄称疾不就。㉑周子：指周颙。㉒俊俗：卓异于流俗。㉓既：已经。㉔玄：指老庄之道。史：史书。㉕东鲁：指春秋时鲁国隐士颜阖。《庄子·让王》记鲁君使人礼聘于他，被他借故逃走。㉖南郭：南郭子綦。《庄子·齐物论》：“南郭子綦隐几而坐，仰天嗒然，似丧其偶。”㉗偶吹：与他人一起吹奏，即滥竽充数之意。事见《韩非子·内储说》。㉘滥巾：胡乱戴上隐士的头巾。北岳：北山。㉙云壑：烟云弥漫的深谷。㉚假容：装模作样。江皋：江边。因钟山在长江边，故云。㉛缨情：系情挂意。爵：指名利，高官厚禄。㉜排：排斥。巢父：尧时隐士。㉝拉：折辱。许由：与巢父同为尧时隐士，见《高士传》。㉞百氏：诸子百家。㉟风情：风度情致。张：扩大。㊱霜气：喻志气凛然如秋霜。㊲王孙：贵族子弟。此反用《楚辞·招隐士》“王孙游兮不归，春草生兮萋萋”语意。㊳空空：指佛教义理，认为一切事物都是虚幻的，空的。释部：佛家典籍。㊴覈：审定。玄玄：指道家义理。《老子》：“玄之又玄，众妙之门。”㊵务光：夏时高士。《列仙传》谓汤得天下以让光，光潜水而逃。㊶涓子：齐人，隐居宕山，见《列仙传》。俦：匹敌，相配。㊷鸣驺：指使者的车马。鸣，官吏出行时的喝道。驺，前后侍卫。㊸鹤书：诏书，因诏所用书体如鹤头，故云。陇：山阜。㊹轩：高扬。席次：座间。㊺袂：衣袖。㊻芰制、荷衣：指隐士服，语本《离骚》：“制芰荷以为衣兮，集芙蓉以为裳。”㊼抗：张扬。

走：奔逐。㊽怆：埋怨愤懑的样子。㊾丧：失落。㊿纽：系。金章：铜印。51绾：拴系。墨绶：黑色印带。52跨：超越。属城：郡下所属各县。53百里：古时一县辖地约百里，因用作县的代称。54海甸：海边。55浙右：浙江之右，今绍兴一带。据《南齐书》本传载，周颙曾为山阴县令。56道帙：道家经典。殡：抛弃。57法筵：讲法的坐席。58敲扑：指鞭打拷问犯人。犯：打扰。59牒诉：文书和诉讼。倥偬：事务繁忙紧迫的样子。60绸缪：纠缠筹谋。结课：综核赋税。61纷纶：纷繁忙乱的样子。折狱：断案。62笼：盖过。张、赵：指西汉能吏张敞和赵广汉。往图：历来的记载。63架：超越。卓、鲁：指东汉循吏卓茂和鲁恭。箓：簿籍。64希踪：追慕踪迹。三辅：汉代以京兆、左冯翊和右扶风为三辅。豪：指能吏。65驰声：远播声名。九州牧：指治理天下各州的长官。66涧户：指周颙建在山涧里的草堂。摧绝：毁坏。67延伫：久立等待。68还飚：回风。69写：同“泻”，喷吐。楹：屋柱。70鹄：天鹅，群栖于湖畔泽地。71猨：猿。72投簪：指弃官。因簪为做官者用以连结冠发的物品，故云。逸：隐遁。73解兰：指放弃隐居。缚尘缨：为世俗的绳缨所束缚。74攒：密聚堆积。竦：耸动。诮：讥笑。75吊：慰问。76萝：女萝，一种草类植物。77骋：传播。逸议：隐士的清议。78东皋：泛指隐居地。皋：水边高地。素谒：贫素有德之言。谒，告，此指议论。79促装：束装，打点行李。下邑：指原来做官的县邑。80浪拽：鼓棹，指驾舟。上京：南朝齐京都建业（今南京）。81魏阙：指朝廷。阙，官门两边的门楼。82假步：借道。山扃：山门，此指北山。83芳杜：芳香的杜若草。84薜荔：香草名。85重滓：重被污染。86尘：用作动词，使蒙尘。躅：足迹。87渌池：清池。洗耳：《高士传》载尧聘许由为九州长，许又听了就去颍水洗耳，恰逢巢父牵牛来饮，问知其故，以为“污我犊口”，遂于上游饮之。88扃：关闭。岫幌：犹山的门户。幌：帷幕。89掩云关：指以云为关锁蔽掩之。90截：阻拦。辕：驾车之木，此指车乘。91杜：堵塞。妄辔：肆意乱闯的车马。92条：枝条。瞋：愤怒。93颖：草尖。94柯：树枝。95乍：骤然。扫迹：遮挡道路。96君：指山神。谢：拒绝。逋客：逃客，指曾逃离北山的周颙。逋：逃亡。

[译文]

钟山的精魂，草堂的神灵，就像烟云一样驰骋在驿路上，将这篇移文刻在山崖之上。有些人，有耿直脱俗的标准，潇洒从容的理想，纯洁如雪的品德，自以为品格高尚，可与青云媲美。我直到现在算是了解这样的人了。

就像亭亭玉立超然物外，洁身自好、志趣高洁，视千金如草芥看都不看一眼，视万乘之国如同破草鞋随手抛弃，在洛水边上仙倾听凤鸣一般的乐曲，在延濑碰到隐逸高人采薪时的歌声，这种人也固然是有的。但是，却不曾想他们中却有不能始终如一，颜色在青之间黄反复变化，就像墨翟悲痛过的素丝，杨朱哭泣过的歧路一样。这种人才进山中隐居，又突然被俗尘污染了心志，开始可能非常清白，后来就变得十分肮脏，这是多么荒谬的事情呀！哎呀，尚子平已经离去，仲长统也成为往事，山谷中寂寞空荡，千年岁月还有谁人会来欣赏呢！

当今世上有位周先生，乃俊逸脱俗人士，善于作文并且学问渊博，既懂玄学还懂史学。虽然这样，他还是要学习颜阖去遁世，效仿南郭子綦先生去隐居，栖身草堂之中滥竽充数，居住北山之上冒充隐士。诱骗我们山中的松树、桂树，欺侮我们的白云、山谷，即使在江边装模作样，心里还是挂念着高官爵位。

当初他刚来的时候，似乎想把巢父排挤出隐士的行列，把许由拉下神坛，藐视诸子百家的学问，看不起王侯的尊严。风度、情感似乎能遮住太阳，淡然如霜的气势似乎想胜过秋天。时而慨叹隐士们早已不在，一会儿又埋怨王孙们不来交游。既能谈佛家的“四大皆空”，也能说道家的“玄之又玄”，自以为务光比不了他，涓子不配跟他站一块。

等到皇上的使者高调的来到山谷，把征召的鹤书带来北山时，这时他立刻挥舞手脚而神魂颠倒，志向改变而心思萌动。他在宴请使者的筵席上眉飞色舞，洋洋自得。烧掉菱花衣，撕毁荷叶服之后，就马上露出庸俗的样子。此时风云悲伤凄凉含带忧愤，石下清泉哽咽幽怨，向山林看去似乎他们也若有所失，回头看一看草木似乎他们死去了亲人。

到了他身佩金印墨绶，超越了郡中各县中称雄，成为大县的官员，张扬威风到了海滨，美名赞誉也传到浙东。不过道家的经典久已摈弃，佛法家的坐席也早就埋没。鞭打罪犯的喧嚣之声惊扰到他的思考，文书诉讼的紧急公务塞满了胸怀。弹琴唱歌已经中断，饮酒作赋更无法继续，常常被结算赋税而缠身，每每因断狱审案而繁忙，希望盖过张敞和赵广汉过去的政绩，也希望凌驾于卓茂和鲁恭曾经的作为，希望能成为三辅令尹，声明与九州官吏中传播。

于是乎，他使山中朝霞孤单地映照，明月寂寞地升于山巅，青松投落下绿荫，谁还能和白云做伴？涧中的石门崩落，没有人归复，石板路荒凉，徒劳地伫立等待。旋风吹入帷幕，云雾泻出堂前，蕙帐空空如也，就连夜晚的鹤都会怨恨，隐居在山中的人离开了，连清晨的猿猴都会吃惊。过去曾听说有人脱掉官服跑去海边隐居，如今却看到有人扔掉佩兰投身于尘网的束缚中。所以南岳嘲讽，北山耻笑，一排排的深谷讥讽，一群群的山峰也在嘲笑，慨叹我们被那位游子隐士给欺骗了，更伤心的是甚至都没有前来连慰问他。

因此山林觉得非常羞耻，山涧追悔莫及，秋天的桂树辞退了风吹，春萝也对月色摆手拒绝。西山传出隐逸者的清议，东皋传出道德高尚着的言谈。

如今周先生正在县中整理行装，摇着船去往京城，虽然他心中想着朝堂，或许还会来山中借住。我们岂能还让山中的芳草厚颜陪伴，让薜荔遭受羞耻，碧岭再蒙羞辱，丹崖重遭玷污、污浊，让世间的灰尘污染了兰蕙之路，使洗耳的清池再次变为浑浊？应该锁好北山的窗户，遮掩好上云彩的大门，收敛起轻雾，藏匿好清泉。拦截他的车不让进入谷口，堵住他乱闯的马匹不让进入山间。于是山中的重叠的草树勃然大怒，有的撇过树枝打折他的车轮，有的低垂下枝叶遮蔽他的路途。请这位俗客转身回去吧，我们代替山神谢绝这位逃客。

作者简介

魏徵（580—643），字玄成，是唐朝初年的政治家和历史学家。他辅佐唐高祖李渊、唐太宗李世民，做过尚书右丞、秘书监等官职，最后封为太子太师。魏徵是历史上出了名的谏臣，敢于说话，常常给李世民以义正词严的劝告；他又是一个历史学家，在劝谏时常常引述历史的教训与经验。因此在他的奏议中常常能看到类似于这篇《谏太宗十思疏》的文章，话说得虽直率，论据却常借古讽今显得较委婉，虽理直气壮，但又不伤害皇上的面子，词锋虽犀利，但情辞却很恳切，所以志得意满的唐太宗看了之后也很感动，据说还亲自写了诏书承认自己的过失。

谏太宗十思疏

魏徵

[题解]

唐太宗即位初期，以隋朝为戒，励精图治，后来生活却越来越奢侈。魏徵因此而担忧，多次上疏劝谏，本文是其中的一篇。文章规劝唐太宗要慎始敬终，虚心接受建议，生活上应节约俭朴。这些观点的目的都是维护唐朝的统治，但客观上也是有利于人民的。

[原文]

臣闻求木之长者，必固其根本；欲流之远者，必浚其泉源；思国之安者，必积其德义。源不深而望流之远，根不固而求木之长，德不厚而思国之安，臣虽下愚[①]，知其不可，而况于明哲乎[②]！人君当神器[③]之重，居域中之大，不念居安思危，戒奢以俭，斯亦伐根以求木茂，塞源而欲流长也。

凡昔元首，承天景命[④]，善始者实繁，克终者盖寡，岂取之易，守之难乎？盖在殷忧，必竭诚以待下，既得志，则纵情以傲物。竭诚，则吴、越为一体；傲物，则骨肉为行路。虽董[⑤]之以严刑，震之以威怒，终苟免而不怀仁，貌恭而不心服。怨不在大，可畏惟人[⑥]，载舟覆舟，所宜深慎。

诚能见可欲，则思知足以自戒；将有作，则思知止以安人；念高危，则思谦冲而自牧[⑦]；惧满盈，则思江海下百川；乐盘游，则思三驱以为度[⑧]；忧懈怠，则思慎始而敬终；虑壅蔽，则思虚心以纳下；惧谗邪，则思正身以黜恶；恩所加，则思无因喜以

谬赏；罚所及，则思无以怒而滥刑。总此十思，宏兹九德。简能[9]而任之，择善而从之，则智者尽其谋，勇者竭其力，仁者播其惠，信者效其忠。文武并用，垂拱而治。何必劳神苦思，代百司之职役哉？

[注释]

①下愚：最愚蠢的人（这里是魏徵自谦之辞）。②明哲：明智而洞察事理的人（这里指唐太宗）。③神器：帝位。④景：大。承天景命：承受上天的大命。⑤董：督责。⑥人：唐代避唐太宗李世民的名讳，凡用“民”字的地方都改用“人”字。⑦谦冲：谦虚。自牧：加强自己的修养。⑧三驱以为度：打猎时只围三面，留一条路，使野兽可逃出一些，以示好生之德。⑨简能：选拔有才能的。

[译文]

臣听说希望树木生长，就一定要加固它的根干；希望河水流得长远，就一定要深挖它的源头；想使国家安定，就一定要广积恩德和仁义。水源不深却希望水流得长远，根不牢固却要求树木茂盛，道德不深厚却希望国家安定，臣虽然愚笨，也知道那是不可能的，更何况圣明之人呢？国君承担着帝王大权的重任，处于天下最高的地位，不能居安思危，戒除奢侈而厉行节俭，就与砍断树根却希望树木长得茂盛，堵塞泉源却想要流水长远一样啊！

望陵毁观

太宗葬文德皇后于昭陵，上念后不已，乃于苑中作层观，以望昭陵。尝引魏徵同登，使视之。徵言：“以为陛下望献陵，若昭陵，则臣故见之矣。”上泣，为之毁观。这是魏徵委婉劝谏的一个事例。

凡是从前的国君，承受上天的大命，获得好的开端的确是很多，但能坚持到底的却很少。难道是取天下容易，守天下困难吗？大概他们在创业时忧患深重，必然竭尽诚意对待下属，一旦实现了志向，便放纵情欲，傲视他人。以诚意待人，那么即使像吴、越那样敌对的国家也能结为一体；傲视他人，那么骨肉至亲也会像路人一样疏远。即使用严酷的刑罚督责，用威严的势力来震慑，也只能使人们苟且地以免于刑罚，却不会感念国君的恩德，外表恭敬，可是心里并不服气。怨恨不在大小，可怕的只是百姓。百姓如水一样，既可以载船，也可以使船翻，这是应特别谨慎对待的。

如真能做到：看见想要得到的东西，就想到知足使自己警戒；将要大兴土木，就想到要适可而止，使人民安宁；考虑到帝位高随时会有危险，就想到要谦虚，加强自身修养；害怕骄傲自满，就想到江海的器量能容纳百川；喜欢打猎游乐，就想到三面包围网开一面之法度；担心政务懈怠，就想到做事要始终谨慎；忧虑会受蒙蔽，就想到虚心听取下属的意见；害怕谗佞奸邪，就想到端正自身而摈斥邪恶小人；加恩于人时，就想到不因一时高兴而赏赐不当；施行刑罚时，就想到不要因为正在发怒而处置失当。如能做到这十个方面，弘扬美德，选拔任用有才能的人，选择听取好的意见，那么，聪明的人就会竭尽他的才智，勇敢的人就会竭尽他的气力，仁爱的人就会广施他的恩惠，诚实的人就会献出他的忠诚。文臣武将都得到任用，就可以垂衣拱手，无为而治了。何必劳心伤神，替百官行使职务呢?

作者简介

骆宾王（约 640—约 684），字观光，婺州义乌（今浙江义乌）人。所作《帝京篇》，当时以为绝唱。武后时，数上疏言事，任临海县丞，后弃官而去。徐敬业起兵讨武后，骆宾王为其府属，草檄天下，斥武后罪。后徐敬业兵败，骆宾王亡命，不知所终。今传有《骆临海集》。

为徐敬业讨武曌檄

骆宾王

[题解]

骆宾王曾因上书议政，被武后贬为监海丞。公元 684 年，武后大肆杀戮李唐子孙，废中宗欲自立。被贬为柳州司马的徐敬业起兵反抗，骆宾王替他写了这篇檄文。为了声讨武后，檄文对武后的政事及私生活进行了揭露，列出罪状公之于众，将徐敬业一方描绘成大义凛然的正义之师。文章写得很有气势，具有强烈的号召力。

[原文]

伪临朝武氏者，性非和顺，地实寒微。昔充太宗下陈，曾以更衣[①]入侍。洎(jì)乎晚节，秽乱春宫[②]。潜隐先帝之私，阴图后房之嬖(bì)。入门见嫉，蛾眉不肯让人；掩袖工谗，狐媚偏能惑主。践元后于翚翟(huī dí)，陷吾君于聚麀(yōu)[③]。加以虺(huǐ)蜴为心，豺狼成性。近狎邪僻，残害忠良，杀姊屠兄，弑君鸩(zhèn)母，人神之所同嫉，天地之所不容。犹复包藏祸心，窥窃神器。君之爱子，幽之于别宫；贼之宗盟，委之以重任。呜呼！霍子孟之不作，朱虚侯之已亡。燕啄皇孙[④]，知汉祚(zuò)之将尽；龙漦(chí)帝后[⑤]，识夏庭之遽衰。

敬业皇唐旧臣[6]，公侯冢子，奉先君之成业，荷本朝之厚恩。宋微子之兴悲，良有以也，袁君山之流涕，岂徒然哉！是用气愤风云，志安社稷。因天下之失望，顺宇内之推心，爰（yuán）举义旗，以清妖孽。南连百越，北尽三河，铁骑成群，玉轴相接。海陵红粟，仓储之积靡穷；江浦黄旗，匡复之功何远。班声动而北风起，剑气冲而南斗平；喑（yīn）呜则山岳崩颓，叱咤则风云变色。以此制敌，何敌不摧，以此图功，何功不克！

公等或居汉地，或叶[7]周亲，或膺重寄于话言，或受顾命于宣室。言犹在耳，忠岂忘心？一抔之土未干，六尺之孤何托？倘能转祸为福，送往事居，共立勤王之勋，无废大君之命，凡诸爵赏，同指山河。若其眷恋穷城，徘徊歧路，坐昧先几之兆[8]，必贻后至之诛。请看今日之域中，竟是谁家之天下！

[注释]

①更衣：借用卫子夫的典故。据说汉武帝一次遇歌女卫子夫，卫子夫因替武帝更衣而得宠幸，成为皇后。②洎：及，至。春宫：太子所居宫室。指当时的太子、后来的高宗李治。③翚翟：野鸡，五彩羽毛的叫翚，长尾的叫翟。唐代皇后的礼服上有翚翟图饰。聚麀：指两头公鹿共有一只母鹿。④燕啄皇孙：用赵飞燕故事。西汉成帝时，赵飞燕入宫为皇后，妹为昭仪，姐妹俩都无子，却嫉恨别人，暗中杀害皇孙，使成帝无嗣。武则天当政时也有“燕飞来，啄皇孙，皇孙死，燕啄矢”的谣谚。⑤龙漦：龙的涎沫。传说夏帝曾将两条自称是褒地二君的龙的涎沫收藏起来。周厉王末年，龙涎流出，一宫女遇上后怀孕生下一女即褒姒。褒姒后来成为周幽王宠妃，并导致了周朝灭亡。⑥敬业：徐敬业，唐开国功臣徐绩的长孙，曾任太仆少卿、眉州刺史，后贬柳州司马。他在扬州兴兵讨伐武则天被击败。⑦叶：通“协”，合乎。⑧昧：看不清。先几之兆：事先显出的预兆。

宠昵飞燕

汉成帝废许皇后，立赵飞燕为后。

[译文]

非法把持朝政的武氏，本性就不良顺，出身寒微。原是太宗皇帝的才人，曾利用皇帝更衣时入室邀宠。年龄稍长，便乱伦于太子的东宫。唐太宗死后就隐匿同太宗的私情，暗中图谋高宗皇帝后宫的宠幸。她入宫后便怀嫉恨之心，依仗美貌从不肯让人去分享皇帝的宠爱；像郑袖一样善于挑拨离间，谗害别人，如狐狸般的妖媚，偏偏迷惑君主。她取得皇后之位，陷皇帝于乱伦的境地。她心如蛇蝎，豺狼本性，亲近奸邪小人，残害忠良。杀戮姐妹兄弟，弑君毒母。她使人神共愤，天地所不容。她还包藏祸心，企图篡夺帝位。高宗皇帝的爱子，被她囚于别宫，她那盗贼般的同族，被委以要职。唉！没有霍子孟这样的人挺身而出了，朱虚侯这样的义士也已不存在。赵飞燕残害皇孙，就知道汉朝将要到尽头了；龙涎在帝王的宫殿时流淌，也标志着夏朝的迅速衰败。

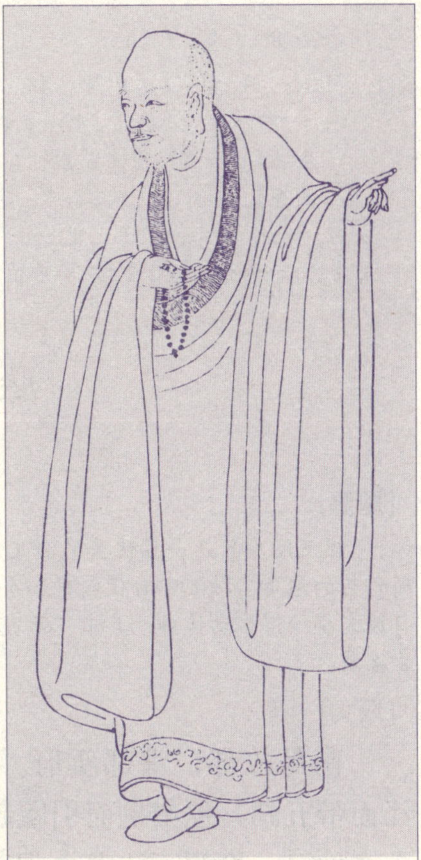

骆宾王

徐敬业起兵讨武后，骆宾王为其作了这篇檄文。后徐敬业兵败，骆宾王不知所终。

徐敬业是唐朝的老臣，公侯的嫡孙。继承了祖先的功业，蒙受朝廷深厚的恩德。宋微子感伤商的灭亡，很有道理啊！桓君山痛哭外戚的专权，又岂无缘故！这就要借用举国气愤的风云，决心匡扶社稷。凭借天下人失望的情感，顺应国内民众的心愿，于是徐敬业举起义旗，清除妖孽。南至百越，北到三河，铁骑成群，战车相连。海陵仓库充实，存粮堆积无数，江面上黄旗满布，兵士众多，匡救天下不会遥远。战马鸣叫如强劲的北风吹起，剑气冲天致使南斗星暗。军士的怒气使山岳崩塌，叱咤怒吼令风云变色。凭这样的军队打败敌人，什么样的敌人不能摧毁？凭这样的军队来建立功业，什么样的功业不能完成？

大家有的是异姓王族，有的是皇室至亲，有的在外面承担重任，有的在皇宫里接受重托。皇帝的声音仿佛还在耳畔，臣子的忠心岂可忘怀！先帝陵墓的土还没有干，幼小的新主托付何人？如果能转祸害而为平安，恭送先帝，辅佐新主，一起为朝廷尽力，不使先帝的遗命落空，一切封爵和赏赐，都可指山河盟誓。如果眷恋自己困窘的城池，徘徊在错误的道路上，错失已有的先兆，必将遭受惩罚。请看今天的国家，到底是谁家的天下！

作者简介

王勃（约650—676），字子安，绛州龙门（今山西河津）人。他是隋末大儒王通之孙，幼有才名。未及冠，应幽素举及第。召为沛王李贤府修撰。因作《檄英王鸡文》，被唐高宗斥退。唐高宗上元二年（675），勃往交趾省亲，途经南昌，曾撰名文《滕王阁序》。后南行，溺海而死，年仅二十七岁。王勃是初唐四杰之一，有《王子安集》传世。诗歌成就远比散文高，但这篇《滕王阁序》的知名度却几乎超过他所有诗歌，被人传诵的程度也可以和他那两句诗“海内存知己，天涯若比邻”相比。

滕王阁序

王 勃

[题解]

《滕王阁序》是一篇优秀的骈文，借登高之会感叹跌宕的命运，抒发了渴望有所作为的抱负，融汇了时代精神和个人情感。文章对景物的描写也非常出色，把秋日风光描绘得生动传神，其中“落霞与孤鹜齐飞，秋水共长天一色”一句，成为千古名联。

[原文]

南昌故郡，洪都新府。星分翼、轸(zhěn)[1]，地接衡、庐[2]。襟三江而带五湖，控蛮荆而引瓯(ōu)越。物华天宝，龙光射牛、斗之墟[3]；人杰地灵，徐孺下陈蕃之榻[4]。雄州雾列，俊彩星驰。台隍枕夷夏之交，宾主尽东南之美。都督阎公之雅望，棨(qǐ)戟遥临；宇文新州之懿范，襜(chān)帷暂驻。十旬休暇，胜友如云；千里逢迎，高朋满座。腾蛟起凤，孟学士之词宗；紫电清霜，王将军之武库。家君作宰，路出名区；童子何知，躬逢胜饯。

时维九月，序属三秋。潦(lǎo)水尽而寒潭清，烟光凝而暮山紫。俨骖騑于上路[5]，访风景于崇阿[6]。临帝子之长洲，得仙人之旧馆。层峦耸翠，上出重霄；飞阁流丹，下临无地。鹤汀凫渚，穷岛屿之萦回；桂殿兰宫，列冈峦之体势。披绣闼，俯雕甍(méng)[7]，山原旷其盈视，川泽盱其骇瞩。闾阎扑地，钟鸣鼎食之家；舸舰迷津，青雀黄龙之轴。虹销雨霁，彩[8]彻云衢。落霞与孤鹜齐飞，秋水共长天一色。渔舟唱晚，响穷彭蠡(lí)之滨，雁阵惊寒，

声断衡阳之浦。

遥吟俯畅，逸兴遄[9]飞。爽籁发而清风生，纤歌凝而白云遏。睢园绿竹，气凌彭泽之樽；邺水朱华，光照临川之笔。四美具，二难并[10]。穷睇眄(dì miǎn)于中天[11]，极娱游于暇日。

天高地迥，觉宇宙之无穷；兴尽悲来，识盈虚之有数。望长安于日下，指吴会(kuài)于云间。地势极而南溟深，天柱高而北辰远。关山难越，谁悲失路之人？萍水相逢，尽是他乡之客。怀帝阍(hūn)而不见，奉宣室以何年？

呜呼，时运不齐，命途多舛(chuǎn)。冯唐易老，李广难封。屈贾谊于长沙，非无圣主，窜梁鸿于海曲，岂乏明时？所赖君子安贫，达人知命。老当益壮，宁知白首之心？穷且益坚，不坠青云之志。酌贪泉而觉爽，处涸辙以犹欢。北海虽赊，扶摇可接[12]；东隅已逝，桑榆非晚[13]。孟尝高洁，空怀报国之心；阮籍猖狂，岂效穷途之哭？

勃，三尺微命，一介书生。无路请缨，等终军之弱冠[14]，有怀投笔，慕宗悫(què)之长风[15]。舍簪笏于百龄，奉晨昏于万里。非谢家之宝树，接孟氏之芳邻。他日趋庭，叨陪鲤对[16]；今晨捧袂(mèi)，喜托龙门[17]。杨意不逢，抚凌云而自惜；钟期既遇，奏流水以何惭？

呜呼！胜地不常，盛筵难再。兰亭[18]已矣，梓泽[19]丘墟。临别赠言，幸承恩于伟饯；登高作赋，是所望于群公。敢竭鄙诚，恭疏短引。一言均赋，四韵俱成：

滕王高阁临江渚，佩玉鸣鸾罢歌舞。
画栋朝飞南浦云，珠帘暮卷西山雨。
闲云潭影日悠悠，物换星移几度秋。
阁中帝子今何在？槛外长江空自流。

[注释]

①翼、轸：都是二十八宿中的星名。古人以为天上的某个星宿对着地面上的某个区域，叫作“某星在某地之分野”，翼、轸二星在豫章长沙等郡的分野。②衡：衡山，在湖南境内。庐：庐山，在江西境内。③龙光：宝剑的光华。牛、斗：都是

二十八宿中的星名。墟：所在之处。相传晋武帝时，牛、斗二星之间常现紫气，在豫章丰城县地下掘得宝剑，一名龙泉，一名太阿。宝剑出现之后，紫气不再有了。剑后没于水，化为龙。④徐孺：徐稚，字孺子，东汉豫章南昌人，家贫，躬耕自给，不接受朝廷征召。陈蕃：东汉人，曾任豫章太守，不喜接待宾客，但特设一榻接待徐稚，徐稚来了才把榻放下来，走了就把榻挂起来。这里把“徐孺子”省称为“徐孺”，是因为骈体文上下句讲究整齐相对的关系。下文称“杨得意”为“杨意”，“钟子期”为“钟期”，都是这个缘故。⑤俨：通“严”，整治。骖騑：古代驾在车前两侧的马。上：高。⑥崇：高。阿：丘陵。⑦披：开。绣闼：雕绣精致的门。甍：屋脊。⑧彩：指日光。⑨遄：速。⑩四美：指良辰、美景、赏心、乐事。具：齐备。二难：指贤主人、佳宾客。难，难得。并：合在一起。⑪穷：极。睇眄：纵观，极视。中天：长天，遥天。⑫赊：远。扶摇：从下而上的大风，这里指乘着大风。⑬东隅：指日出处，表示早。桑榆：指日落处，表示晚。⑭终军：西汉终军，字子云。汉武帝时，与南越（现在两广一带）和亲，派终军往说南越王。终军请求给他长缨（绳索），必缚南越王而致之皇宫前。等：同于。弱冠：古代以男子二十岁为弱冠。终军请缨时才二十多岁。⑮投笔：东汉班超，曾受雇为人抄写文书，后投笔从军，出使西域，封定远侯。宗悫：南朝宋宗悫，字符干，少年时自述志向说：“愿乘长风破万里浪。”这两句说：自己怀有班超那样投笔从军的壮志，羡慕宗悫的远大抱负。⑯趋庭：恭敬地从庭前走过。古代臣过君前，子过父前，都应当徐趋（安然快走），以示恭敬。叨：惭愧地承受，自谦的说法。陪：比附。鲤：孔子的儿子名鲤，字伯鱼。孔鲤在孔子面前趋庭应对，后来就用“趋庭”为接受父教的典故。⑰捧袂：举起双袖，古人进谒相见时作揖，这里借指进谒。龙门：东汉李膺，字符礼，地位高，名声大，士人有受到他接待的，称“登龙门”。⑱兰亭：在今浙江绍兴，晋王羲之曾和宾客宴集于此。⑲梓泽：晋石崇的金谷园，又名梓泽，在今河南洛阳。

[译文]

从前是豫章郡，新设为洪州府。天上有翼、轸二星，地形与衡、庐两山相接。四周围绕三江和五湖，前后连接荆楚和瓯越。物产的精华发出天生的宝气，宝剑的光芒直射牛、斗之间的区域。英杰凝聚着大地的灵气，徐稚高卧于陈蕃的床榻。密布的州城像雾一样浓，人才辈出像繁星一样多。城楼处在蛮夷和中原的交界，宾主都是东南一带的名流。都督阎公有着崇高的声望，大驾远来；宇文刺史有着不凡的风度，车驾暂停。正逢十天的假期，好友聚合，喜远处的来宾，高朋满座。孟学士的文章如蛟龙腾飞、凤凰起舞；王将军的武艺有着闪电和宝剑的光辉。家父在交趾做官，我省亲路过这胜地。我是无知的少年，居然也亲逢这盛宴。

正值九月，已是深秋。积水退尽，寒冷的池潭分外清澈；烟霭凝聚，傍晚的山峦一片紫色。整治车马，登上大路，向高山寻访美景。来到帝子的长洲，得见仙人的旧馆。楼台层叠，高耸向上直插云霄；阁檐飞架，如空中流动的色彩。栖息着白鹤和野鸭的水滩，在岛屿四周萦回；用桂树和木兰建筑的殿堂楼馆，排列成冈峦的形状。推开精雕的门扇，俯瞰装饰华美的屋脊。辽阔的山原尽收眼底，江湖开阔使我的视野。住宅齐整，都是钟鸣鼎食的人家。船只挤满渡口，还有青雀黄龙的形状。云散天晴，彩虹满天。落霞伴着鸭子一齐向天边飞去，秋水映着长空融成一色。傍晚的渔船响起悠扬的歌声，飘到彭蠡湖岸边，秋凉的天空传来雁群的惊叫，直传到衡阳山下。

放眼远望，逸兴飞扬。箫管引来徐徐的清风，歌声遏住了白云。睢园高昂的竹林，气势胜过陶渊明的酒杯，邺水灿烂的莲花，光彩映照谢灵运的文采。四种美好的事物齐备，两个难得的条件俱全，极目眺望远空，在假日里尽情欢娱。

天地高远，感到宇宙的无穷无尽。乐去悲来，明白了兴衰皆由命定。西望长安，东指吴会。地势倾斜，直至南海，仰望北极星，天柱高不可攀。关山重重难以越过，有谁同情失意之人？萍水相逢，都是异乡之客。怀念着宫门，但却不被召见，什么时候才能为朝廷服务呢？

李 广

西汉名将，但终身未得封侯。

唉，时机不同，命运多有不顺。冯唐容易衰老，李广难得封侯。贾谊遭贬于长沙，并不是没有圣明的君主，梁鸿逃匿到海滨，难道不遇太平的时代？只不过由于君子安于贫贱，通达的人懂得天命。人老心不老，怎能在白头时改变心情？境遇虽然困苦，但心志却更加坚定，决不能抛弃自己的凌云壮志。即使喝了贪泉的水，头脑却更加清醒；即使身处于困境，也依然愉快。北海虽然遥远，乘风还是能达到；早晨虽然已经过去，还有黄昏可以珍惜。孟尝君心地高洁，却空怀报国的热情，不学放纵的阮籍在穷途哭泣！

我身份卑微，只是一个书生。虽遇终军的青年时代，却无处请缨杀敌。羡慕宗悫那种英雄气概，也有投笔从戎的志向。如今我抛弃了一生的功名，去看万里之外的父亲。虽然比不上谢家的人才，但是愿意找贤良的邻居，不久我将聆听父亲的教诲。今天我有幸见到各位长者，高兴地登上龙门。假如碰不上杨得意那样引荐的人，就只有捧着赋而自我叹惜。既然已经遇到了钟子期，就弹奏一曲又有什么羞愧呢？

呵！胜地不能常存，盛宴难以再逢。兰亭宴集已为陈迹，金谷也变成了废墟。承蒙这个宴会的恩赐，临别作了这篇序文，登高作赋，只有仰仗在座诸公了。尽我微薄的诚意，作了短短的引言。每人分用一韵，作成八句诗：

壮美的滕王阁俯面临江边，
佩玉响时歌舞结束。
晨光中南浦的白云飞上画栋，
朱帘卷起西山的暮雨。
阴云投影深潭自在悠悠，

时移人易过了几度春秋。
楼阁中的王子今在哪里?
门外江水依然寂寞地奔流!

作者简介

李白(701—762),字太白,唐代伟大的浪漫主义诗人。他早年家住四川,后漫游江汉、吴越、山东等地。天宝初年,玄宗召他为翰林供奉。不久,为高力士等人所谗,赐金放还。安史之乱,为永王璘所牵连,坐死罪,得免后客死于族叔李阳冰家。今有《李太白集》传世。

与韩荆州书

李白

[题解]

李白志向远大,但他不愿经由常规考试入仕,希望蒙受帝王赏识,一朝获得重用。所以多处干谒,以期体现出自己的才能。本文就是这样的一篇作品,作者称赞韩荆州善于识人,但没有流露出卑屈的态度,充满了自信。

[原文]

白闻天下谈士相聚而言曰:“生不用封万户侯,但愿一识韩荆州。”何令人之景慕一[1]至于此!岂不以周公之风,躬吐握[2]之事,使海内豪俊,奔走而归之,一登龙门,则声价十倍。所以龙蟠凤逸[3]之士,皆欲收名定价于君侯[4]。君侯不以富贵而骄之,寒贱而忽之,则三千之中有毛遂,使白得颖脱而出,即其人焉。

白,陇西布衣,流落楚汉。十五好剑术,遍干[5]诸侯。三十成文章,历抵卿相[6]。虽长不满七尺,而心雄万夫。皆王公大人,许与[7]气义。此畴曩(nǎng)心迹[8],安敢不尽于君侯哉!

君侯制作侔神明[9],德行动天地,笔参造化,学究天人。幸愿开张心颜[10],不以长揖见拒。必若接之以高宴,纵之以清谈,请日试万言,倚马可待。今天下以君侯为文章之司命,人物之权衡,一经品题[11],便作佳士,而今君侯何惜阶前盈尺之地,不使白扬眉吐气、激昂青云耶?

昔王子师[12]为豫州，未下车即辟荀慈明[13]，既下车又辟孔文举[14]。山涛[15]作冀州，甄拔三十余人，或为侍中、尚书，先代所美。而君侯亦一荐严协律，入为秘书郎，中间崔宗之、房习祖、黎昕、许莹之徒，或以才名见知，或以清白见赏。白每观其衔恩抚躬，忠义奋发。白以此感激，知君侯推赤心于诸贤之腹中，所以不归他人，而愿委身国士[16]。倘急难有用，敢效微躯。

且人非尧舜，谁能尽善？白谟猷(yóu)筹划[17]，安能自矜？至于制作，积成卷轴，则欲尘秽视听，恐雕虫小技，不合大人。若赐观刍荛(ráo)[18]，请给纸笔，兼之书人[19]，然后退扫闲轩，缮写呈上。庶青萍、结绿，长价于薛、卞[20]之门。幸推下流[21]，大开奖饰。惟君侯图[22]之！

[注释]

①一：竟然。②躬：亲自。吐握：比喻为招揽人才而操心。③蟠：盘伏。逸：隐逸。④收名定价：获得名誉，肯定声望。君侯：封建时代对贵官的尊称。⑤干：犯，引申为接触，结识。⑥历：普遍。抵：接触到。卿相：泛指有权势的高官。⑦许与：赞许。⑧畴曩：从前。心迹：内心的真实情况。⑨制作：作的文章。侔：相等。⑩幸愿：希望。开张：开展。心颜：心胸和颜面。⑪品题：评定。这里的意思侧重在赞誉。⑫王子师：东汉王允，汉灵帝时做豫州刺史。⑬辟：征聘出来做官。荀慈明：东汉荀爽，从小好学，弟兄八人，他最有名，人称“荀氏八龙，慈明无双”。后来官做到司空（东汉时中央高级长官）。⑭孔文举：东汉孔融，曾任北海相，时称“孔北海”，又任少府、大中大夫等职。⑮山涛：西晋名士，字巨源，“竹林七贤”之一，曾任冀州刺史，又任吏部尚书很久，选拔官吏，能得人才。⑯委身国士：把自己托付给国内杰出的人物。国士，这里指韩朝宗。⑰谟猷筹划：计谋策略。⑱刍荛：割草打柴，这里谦称自己。⑲书人：抄写的人。⑳薛、卞：薛烛和卞和，一个认得出剑的好坏，一个认得出玉的好坏。这里是用来比喻韩朝宗。㉑幸推下流：希望把恩惠推广给地位低下的人。㉒图：考虑。

[译文]

我听说天下善言谈的人聚在一起说：“人生宁可不被封为万户侯，只愿结识一下韩荆州。”怎么使人敬仰、爱慕达到如此程度！还不是因为您有周公那样的礼敬贤士的作风，躬行吐哺握发之事，才使天下的豪杰、俊士都奔走而归于您的门下。鲤鱼登上龙门，身价大增，所以有才能的人士，都想在您这儿获得美名和声望。您不因自己富贵而对他们傲慢，也不因他们微贱而轻视他们，那么您众多的宾客中便会出现如毛遂般的奇才。如果我能有显露才干的机会，我就是您的毛遂。

我是陇西平民，流落在楚汉之地。十五岁时爱好剑术，谒见过许多地方官；

三十岁时文章有所成就，又多次拜见公卿。虽然身长不满七尺，但雄心胜于万人。王公大人都赞许我有气概和义气。这些是我素来的心事和行迹，怎敢不尽情地向您表露呢？

您的著述堪与神明相比，德行感动天地；文笔之妙可与造化同功，学问穷极天道人事的奥秘。希望您心情愉快，不因我傲然长揖而拒绝我的拜见。如若使我在您的盛宴上清谈高论，再测试我的文章，即使万言，也将顷刻可就。如今天下人认为您是决定文章命运、评价人物的权威，一经您的品评，便被认作贤才，您何必舍不得阶前的一尺之地接待我，不让我扬眉吐气、气概凌云呢？

从前，王允担任豫州刺史，未到任即征用荀慈明，到任后又征召孔文举；山涛做冀州刺史，选拔三十余人，有的成为侍中，有的做了尚书，这些举动都被前代人所赞美。您也荐举过严协律为秘书郎，还有崔宗之、房习祖、黎昕、许莹等人，有的因才能出众被您知晓，有的品行崇高受您赏识。我每每看到他们怀恩感慨，为之发奋，知道您对诸位贤士推心置腹、赤诚相待，为此我深为感动，不去投奔他人，而愿意托身于您。如有急难之处，我当献身效命。

人都不是尧、舜，谁能完美无缺？在谋略策划方面，岂能自我夸耀？至于诗文作品，已积累成为卷轴，很想请您过目。只怕这些雕虫小技，不合乎您的眼光。若有幸，您愿意看看拙作，便请给以纸墨和抄写的人手，我回去打扫静室，缮写奉上。希望这些文章如青萍宝剑受到薛烛的赏识，结绿美玉受到卞和赏识一样。愿您顾念地位低下的人，大开奖誉之门，请君侯考虑。

春夜宴从弟①桃李园序

李白

[题解]

这篇序文是李白与从弟们聚会赋诗时所写，记述了赏景清谈、饮酒作诗的情景，抒发了热爱生活、热爱自然的情志。

[原文]

夫天地者，万物之逆旅也②；光阴者，百代之过客。而浮生若梦，为欢几何③？古人秉烛夜游，良有以也④。况阳春召我以烟景，大块假我以文章⑤。会桃花之芳园，序天伦之乐事。群季俊秀⑥，皆为惠连⑦，吾人咏歌，独惭康乐⑧。幽赏未已，高谈转清。开琼筵以坐花，飞羽觞(shāng)而醉月。不有佳作，何伸雅怀⑨？如诗不成，罚依金谷酒数⑩。

[注释]

①从弟：堂弟。②逆旅：旅馆。③几何：多少。④良有以也：真有道理啊。

以，因由。⑤大块：天地。文章：这里指绚烂的文采。⑥季：弟弟。⑦惠连：谢惠连，南朝诗人，少年时就很聪明，十岁能文，其族兄谢灵运非常喜欢他。和谢灵运同称“大谢、小谢”。⑧康乐：谢灵运，南朝诗人。谢玄的孙子，袭封康乐公，世称“谢康乐”。他的诗描写山水名胜，颇多佳句。⑨伸：表白。雅怀：高雅的胸怀。⑩金谷酒数：酒三斗。金谷是晋朝富豪石崇家花园的名字。

[译文]

天地是万物的旅舍，光阴是百代的过客，而漂泊短促的人生像梦幻，能有多少欢乐呢？古人手持明烛夜游是有原因的。更何况那温暖的春天用绚丽的景色召唤我们，大自然将缤纷的文采向我们展现。在桃李芬芳的名园聚会，畅叙兄弟间的乐事。诸位贤弟是贤俊才士，都可与谢惠连相比，只有我的诗，自愧不如谢康乐。幽雅的景色尚未观赏完，高论已转入清雅谈。在花丛中摆好筵席，明月下杯盏飞快地传递。没有好诗，怎能抒发风雅的情怀？如果谁吟不出诗来，就依照金谷园的旧例，罚酒三杯。

作者简介

李华（约715—774），字遐叔，赵州赞皇（今河北赞皇）人。开元二十三年（735）进士。历官监察御史、右补阙。安史之乱中，为安禄山所获，伪署凤阁舍人。安史之乱平定后，被贬为杭州司户参军。从此，自伤失节，遂屏居江南。著有《李遐叔集》。

吊古战场文

李华

[题解]

唐玄宗后期好战喜功，边境将士常挑起对少数民族的战争以邀功求赏。本文通过凭吊古战场，提出应实行王道，以仁义使远方归服，达到天下一统。为了使人们支持反战，文章把战争景象描绘得非常凄惨。作者的态度是，应兴仁义之师，对反侵略战争给予了肯定。

[原文]

浩浩乎！平沙无垠，夐（xiòng）①不见人，河水萦带，群山纠纷②。黯兮惨悴，风悲日曛③。蓬断草枯，凛若霜晨。鸟飞不下，兽铤亡群④。亭长告余曰：“此古战场也，常覆三军，往往鬼哭，天阴则闻。”伤心哉！秦欤？汉欤？将近代欤？

吾闻夫齐魏徭戍⑤，荆韩召募，万里奔走，连年暴露。沙草晨牧，河冰夜渡。地阔天长，不知归路。寄身锋刃，腷（bì）臆⑥谁

边境用兵

唐玄宗后期好战喜功，边境将士常挑起对少数民族的战争以邀功求赏。在这种背景下，本文作者提出，应以仁义服天下。

诉？秦汉而还，多事四夷；中州耗斁（dù）[7]，无世无之。古称戎夏[8]，不抗王师。文教失宣，武臣用奇[9]；奇兵有异于仁义，王道迂阔而莫为。呜呼！噫嘻！

吾想夫北风振漠，胡兵伺便。主将骄敌，期门受战[10]。野竖旄旗，川回组练[11]。法重心骇，威尊命贱。利镞穿骨，惊沙入面。主客相搏，山川震眩。声析江河，势崩雷电。

至若穷阴凝闭，凛冽海隅；积雪没胫，坚冰在须。鸷鸟休巢，征马踟蹰，缯纩（zēng kuàng）[12]无温，堕指裂肤。当此苦寒，天假强胡，凭陵杀气，以相剪屠。径截辎重，横攻士卒；都尉新降，将军没覆。尸填巨港之岸，血满长城之窟。无贵无贱，同为枯骨，可胜言哉！鼓衰兮力尽，矢竭兮弦绝。白刃交兮宝刀折，两军蹙兮生死决。降矣哉，终身夷狄。战矣哉，骨暴沙砾。鸟无声兮山寂寂，夜正长兮风淅淅，魂魄结兮天沉沉，鬼神聚兮云幂（mì）幂[13]。日光寒兮草短，月色苦兮霜白。伤心惨目，有如是耶！

吾闻之：牧[14]用赵卒，大破林胡[15]，开地千里，遁逃匈奴。汉倾天下，财殚力痡（pū）[16]。任人而已，其在多乎？周逐猃狁（xiǎn yǔn），北至太原，既城朔方，全师而还。饮至策勋，和乐且闲，穆穆棣棣[17]，君臣之间。秦起长城，竟海为关，荼毒生灵，万里朱殷。汉击匈奴，虽得阴山，枕骸遍野，功不补患。苍苍蒸民[18]，谁无父母？提携捧负，畏其不寿。谁无兄弟，如足如手？谁无夫妇，如宾

如友？生也何恩，杀之何咎？其存其没，家莫闻知。人或有言，将信将疑。悁（juān）悁心目，寝寐见之。布奠倾觞，哭望天涯。天地为愁，草木凄悲。吊祭不至，精魂何依？必有凶年，人其流离。呜呼噫嘻！时耶命耶？从古如斯。为之奈何，守在四夷。

［注释］

①敻：远。②河水萦带，群山纠纷：河水像带子围绕，群山纠结重叠。③日曛：日色昏暗。④铤：疾走貌。亡群：失去群伙。⑤徭戍：征兵去守卫边境。⑥腷臆：胸中存蓄的心事。⑦耗斁：损耗，败坏。⑧戎：指边境少数民族。夏：中原。⑨奇：诡诈的算谋。⑩期门受战：敌军攻到营门，被动地接受战争。⑪组练：组甲、被练，均为兵士的衣甲战服，引申指精锐的军队。⑫缯纩：帛绵之类，此指衣被。⑬幂幂：阴森凄惨的样子。⑭牧：李牧，战国时赵国的名将。⑮林胡：匈奴中的种族名。⑯痡：病，竭。这里指军力枯竭。⑰饮至：祭告于祖庙而饮。策勋：把战功记于史册。穆穆：谦和敬畏的样子。棣棣：威仪安闲的样子。⑱苍苍：指天。蒸：众。

［译文］

辽阔的旷野一望无垠，极目远望看不见一人。河水像一条带子弯曲萦绕，远处群山重叠错乱。景象暗淡凄凉：寒风悲，日色昏，蓬蒿断，野草枯，寒气凛冽如降霜的清晨。鸟儿飞过不落，离群的野兽狂奔。亭长对我说："这儿就是古战场，曾经全军覆没。阴天时常有鬼哭的声音。"真令人痛心啊！这是秦朝、汉朝，还是近代的战场呢？

我听说战国时期齐、魏征集徭役，楚、韩募兵备战。士兵们万里跋涉，连年暴露在外，早晨在沙漠中的草原放牧，夜晚穿过结冰的河流。地远天长，不知道哪里是归乡之路。性命寄托于刀枪之间，满怀苦闷向谁诉？秦汉以来，边境战事频繁，中原遭到破坏，世代如此。古人说，外夷中夏，都不与朝廷的仁义之师为敌，后来不再宣扬礼乐教化，武将擅权。暴力不符合仁义道德，王道被认为迂腐不切实际。唉！

我想象，北风席卷沙漠的时候，胡兵乘机来袭，主将骄傲轻敌，敌兵已到营门才被迫迎战。原野竖起战旗，河谷地老士兵排开阵势。严峻的军法使人恐惧，军令重大，士兵的性命微贱。利箭穿透骨头，飞沙直扑人面。敌我激烈搏斗，山川为之震撼。响声巨大使江河分裂，攻势如雷电奔掣。

何况阴云密布，天地闭塞，寒气笼罩边境。积雪没过小腿，坚冰冻住胡须。凶猛的鸷鸟躲在巢里，战马也徘徊不前。衣被冰冷，人的手指冻掉，肌肤开裂。在这苦寒之际，老天帮助了胡兵，他们凭仗寒冬之气来屠戮掠夺，半途中截取物资，屠杀士卒。都尉刚投降，将军又战死。尸体堆积在大港沿岸，鲜血流满了长城下的洞穴。不论贵贱，一样变成枯骨。无法描述的凄惨啊！鼓声微弱啊，战士已经精疲力竭；箭已射尽啊，弓弦断绝。白刃拼杀啊，宝刀折断；两军迫近啊，以生死相决。投降吗？终身将沦为夷狄。战斗吗？尸骨将暴露于沙砾！鸟无声啊群山沉寂，漫漫长夜啊风声凄厉，阴魂凝结啊天昏沉，鬼神聚集啊阴云厚积。日光惨淡啊百草不长，月色凄苦啊映着白霜。人间还有如此令人伤心惨目的景象吗？

我听说，李牧统率赵军，大破林胡的入侵，扩地千里，匈奴望风远逃。而汉朝倾全国之力抵抗匈奴，反而民穷财尽。关键在于用人，哪在于兵多呢！周朝驱逐猃狁，直至太原，在北方筑城防御，尔后全军凯旋回京，在宗庙告祭饮酒，记功授爵，大家和乐安适。君臣之间，相敬有礼。秦朝修筑长城，关塞达到海边，残害了无数的人民，鲜血染遍万里大地；汉朝攻击匈奴，虽然占领了阴山，但阵亡将士骸骨遍野，功劳不能与灾祸相抵。天下百姓，谁没有父母？尽心抚育，唯恐他们夭折。谁没有亲如手足的兄弟？谁没有相敬如宾、相爱如友的妻子？活下来的人受了谁的恩惠？战死的人是谁的过错？他们是生是死，家中无从知道，即使听到传言，也是疑信参半。整日忧愁疑虑，梦中与亲人相聚。亲人们陈列祭品，酹酒祭奠，望远痛哭。天地为之忧愁，草木为之悲伤。吊祭之情难以表明，孤魂何处归依？何况战争之后，一定会出现灾荒，人民逃亡流离。唉！是时运？是命运？从古以来就是如此！怎么办呢？国家的防御就在四方民族的保卫啊！

作者简介

刘禹锡（772—842），字梦得，洛阳人。贞元九年（793）进士，后又中宏词科。任淮南节度使杜佑掌书记。贞元末，入朝为监察御史。顺宗即位，他与柳宗元等人辅佐王叔文革新朝政，擢为屯田员外郎。不久，王叔文被杀，革新失败，刘禹锡被贬为朗州司马。十年后，转为连州、和州、苏州等地任刺史。最后入朝为太子宾客。著作收入《刘梦得文集》中。诗现存800余首。其学习民歌，反映民众生活和风土人情的诗，题材广阔，风格上汲取巴蜀民歌含思宛转、朴素优美的特色，清新自然，健康活泼，充满生活情趣。其讽刺诗往往以寓言托物手法，抨击镇压永贞革新的权贵，涉及较广的社会现象。

陋室铭

刘禹锡

[题解]

铭是古代刻在金石上用于规诫或歌颂的韵文。本文通过对陋室的描绘和赞美，以表达屋主人对崇高道德的追求。

[原文]

山不在高，有仙则名；水不在深，有龙则灵。斯是陋室[1]，惟吾德馨[2]。苔痕上阶绿，草色入帘青。谈笑有鸿儒[3]，往来无白丁[4]。可以调素琴，阅金经[5]。无丝竹之乱耳，无案牍之劳形[6]。

南阳诸葛庐[7]，西蜀子云亭[8]。孔子曰："何陋之有？"

陋室铭

斯是陋室，惟吾德馨。

[注释]

①斯：此。陋室：狭隘简陋之屋室。②德馨：道德美好。馨，美好。③鸿儒：大儒，知识渊博的学者。④白丁：白衣平民。⑤素琴：素朴无饰之琴。金经：指以泥金书写之佛经。⑥案牍：指刑名文书。劳形：使身体辛劳。⑦诸葛庐：诸葛亮未出山前曾隐居南阳茅庐中。⑧子云：扬雄之字，汉时蜀郡成都人，在成都少城西南有宅"草玄堂"。

[译文]

山不在高，有仙人居住就有盛名；水不在深，有蛟龙潜藏就显示神灵。这虽然是间简陋的小屋，但我的品德散发芳香。苔痕布满阶石，一片翠绿；草色映入帘栊，满室葱青。往来谈笑的都是饱学多识之士，相往来的没有一个浅薄无识之人。可以弹未加彩饰的琴，可以阅读佛经。没有嘈杂音乐的喧闹，没有批阅案卷的劳苦。南阳有诸葛亮的草庐，西蜀有扬雄的玄亭。正如孔子说的："有什么简陋之处呢？"

作者简介

杜牧（803—852），字牧之，京兆万年（今陕西西安）人。文宗太和二年（828）进士，又举贤良方正科。曾任江西团练府巡官、淮南节度使掌书记。历任黄、池、睦三州刺史。后迁中书舍人。他是晚唐著名诗人。其诗情致豪迈，有与杜甫相似处，人称小杜。擅长文赋，其《阿房宫赋》为后世传诵。注重军事，写下了不少军事论文，还曾注释《孙子》。有《樊川文集》二十卷传世，为其外甥裴延翰所编，其中诗四卷。又有宋人补编的《樊川外集》和《樊川别集》各一卷。《全唐诗》收杜牧诗八卷。晚唐诗多柔靡，牧之以峻峭矫之。人谓之小杜，以别于少陵。七绝尤有逸韵远神，晚唐诸家让渠独步。

阿房宫赋

杜牧

[题解]

秦始皇统一中国后，横征暴敛，大兴土木修建阿房宫。还未建成，秦国就灭亡了，阿房宫后来被项羽放火烧毁。作者通过对阿房宫的描写，总结亡秦教训，说明统治者若荒淫奢侈，必定会招致人民的反抗，使当时的统治者引为鉴戒。

[原文]

六王毕，四海一[1]，蜀山兀[2]，阿房出。覆压三百余里，隔离天日[3]。骊山北构而西折，直走咸阳[4]。二川溶溶，流入宫墙[5]。五步一楼，十步一阁，廊腰缦回，檐牙高啄[6]，各抱地势，钩心斗角[7]。盘盘焉，囷[qūn]囷焉[8]，蜂房水涡，矗不知其几千万落[9]。长桥卧波，未云何龙？复道行空，不霁何虹？高低冥迷[10]，不知西东。歌台暖响，春光融融；舞殿冷袖，风雨凄凄。一日之内，一宫之间，而气候不齐[11]。

妃嫔媵[yìng]嫱，王子皇孙，辞楼下殿，辇来于秦[12]，朝歌夜弦，为秦宫人。明星荧荧，开妆镜也；绿云扰扰[13]，梳晓鬟也；渭流涨腻[14]，弃脂水也；烟斜雾横，焚椒兰也；雷霆乍惊，宫车过也；辘辘远听，杳不知其所之也。一肌一容，尽态极妍[15]，缦立远视，而望幸焉[16]。有不得见者三十六年。

燕、赵之收藏，韩、魏之经营，齐、楚之精英，几世几年，取掠其人，倚叠如山[17]。一旦不能有，输来其间。鼎铛[chēng]玉石，金块珠砾[18]，弃掷逦迤，秦人视之，亦不甚惜。

嗟乎！一人之心，千万人之心也[19]。秦爱纷奢，人亦念其家，奈何取之尽锱铢[20]，用之如泥沙！使负栋之柱，多于南亩[21]之农夫；架梁之椽，多于机上之工女；钉头磷磷，多于在庾之粟粒；瓦缝参差，多于周身之帛缕；直栏横槛，多于九土之城郭；管弦呕哑，多于市人之言语。使天下之人，不敢言而敢怒，独夫之心，日益骄固[22]。戍卒叫，函谷举[23]。楚人[24]一炬，可怜焦土。

呜呼！灭六国者，六国也，非秦也。族秦[25]者，秦也，非天下也。嗟乎！使六国各爱其人，则足以拒秦；秦复爱六国之人，则递三世可至万世而为君，谁得而族灭也？秦人不暇自哀，而后人哀之，后人哀之而不鉴[26]之，亦使后人而复哀后人也。

[注释]

①六王：指战国末年齐、楚、燕、赵、韩、魏六国国君。毕：结束。四海：指全中国。一：统一。②兀：高而平。这里形容山的光秃。③覆压：掩盖。隔离：此为“遮蔽”意。④北：向北。构：建造。西折：向西转折。走：趋。⑤二川：渭川和樊川。溶溶：河水盛大的样子。⑥廊腰缦回：形容游廊曲折，似缦带环绕建筑物之间。檐牙高啄：尖耸的屋檐，像禽鸟的喙。⑦各抱地势：指阿房宫的楼阁，各就地势而建立。钩心：指建筑物彼此环抱，同中心区相勾连。斗角：指房角向上，互成对峙之状。⑧盘盘：盘结的样子。囷囷，曲折回旋的样子。⑨蜂房水涡：形容建筑物稠密重叠，远望如蜂房，似水涡。落：院落，这里指称建筑物的量词。⑩冥迷：昏迷，分辨不清。⑪不齐：不同。⑫妃嫔媵嫱：都是封建帝王的配偶，她们各有等级。妃的等级高。辇：帝王或王后坐的车。⑬绿云：喻宫女黑而密的头发。扰扰：纷乱的样子。⑭涨腻：涨了一层脂膏。⑮一肌一容：指任何一部分肌肤，每一个姿态。尽、极：同义，皆指到了极点。态、妍：同义，皆为娇媚、美丽之意。⑯缦立：舒徐而立。望幸：希望得到皇帝的宠爱。⑰取掠：抢劫、掠夺。人：人民。倚叠：堆积。⑱鼎铛玉石：把宝鼎当作铁锅，把美玉看作石头。金块珠砾：把黄金当作土块，把珍珠看作石子。⑲一人：指秦始皇。千万人：指百姓。⑳锱铢：比喻极微小的数量，一两的二十四分之一叫铢，六铢为一锱。㉑南亩：泛指田亩。㉒独夫：孤立的暴君。这里指秦始皇。骄固：骄傲顽固。㉓戍卒叫：指陈胜、吴广起义。他们原是谪戍渔阳的士兵。函谷举：指刘邦攻破函谷关。㉔楚人：指项羽。项羽是楚将项燕之后，故称。㉕族秦：杀死秦九族的人。㉖鉴：鉴戒，后世以之为镜，以免重蹈覆辙。

杜舍人

杜牧通过对阿房宫的描写，总结亡秦教训。

[译文]

六国灭亡，四海统一，伐光了蜀山的树木，盖起阿房宫。阿房宫占地三百多里，遮蔽了天上的阳光。从骊山之北建起，曲折地向西延伸，一直修到秦京咸阳。渭水和樊川的水，荡漾地流入宫墙。五步一楼，十步一阁。走廊如腰带般回环，飞檐像鸟在高处啄食。楼阁依地势回旋环抱，屋角像钩一样联结。盘旋地、曲折地，如蜂房，似水涡，不知有几千万座。长桥卧在水上，没有云，怎么出现了龙？复道横空而过，不是雨过天晴，怎么会有彩虹？楼阁随着地势起伏，使人不辨方向。台上歌声悠扬，暖意如春光般和煦。殿中舞袖飘拂，寒意如风雨交加。就在同一天，同一座宫殿，气候如此不同。

妃嫔和公主们，出了六国的宫殿，被一车车送到秦国，日夜弹唱，成了秦国的宫人。星光闪闪，是她们打开了梳妆镜；绿云缭绕，是她们梳头时散开秀发；渭水河上浮起垢腻，是她们倒掉的脂粉；烟雾弥漫，是她们在焚烧椒兰香料。皇帝的宫车驰过，如雷声震耳，隆隆之声渐远，也不知驰到哪儿去了。宫人们修饰容貌，摆出各种姿势，久立远视，盼望皇帝驾临，有的等了三十六年，还未见到皇帝。

燕、赵的财宝，韩、魏的奇珍，齐、楚搜求的珍奇，这都是多少年来从人民那里夺得的，堆积得如山一样。一旦保不住，就运进了阿房宫。把宝鼎看作铁锅，美玉当石头，黄金为土块，珍珠为沙石，到处丢弃，秦人见了也不觉可惜。

唉！一人之心，也就是千万人之心。秦始皇喜爱奢侈，人民也顾念自己的家业。为什么搜刮人民的财物不放过分毫，挥霍时却对待如泥沙？阿房宫中的柱子，比田里的农夫还多；梁上的椽子，比机上的织女还多；一个个钉头，比粮仓里的谷粒还多；一道道瓦缝，比身上衣服的线缝还多；纵横的栏杆，比天下的城郭还多；嘈杂的器乐声，比百姓的说话声还多。天下的老百姓敢怒而不敢言。秦始皇这个独裁者，却越来越骄横顽固。起义军揭竿而起，攻破函谷关，项羽放了一把火烧了阿房宫，可惜宫殿成了一片焦土。

唉！灭亡六国的是六国自己，而不是秦国；灭亡秦国的是秦国自己，而不是天下人。唉！如果六国各自爱惜自己的百姓，力量就足以抗拒秦国。如果秦国爱六国的人民，那么秦就能从三世传下去，甚至传至万世，谁还能灭掉秦国呢？秦人来不及为自己的灭亡哀叹，只好让后人哀叹他们，后人如果只哀叹而不引为鉴戒，那么又要让再后来的人哀叹他们。

作者简介

韩愈（768—824），字退之，河内河阳（今河南孟州）人。贞元八年（792）进士，迁监察御史，又贬为阳山令。后为博士、国子祭酒等学官。元和年间，以辅佐裴度平蔡州，迁刑部侍郎。又因谏宪宗迎佛骨，贬为潮州刺史。后擢为京兆尹、兵部侍郎。他倡导古文运动，诗文均有特色。其古文成就卓著，位列“唐宋八大家”之首。作品收入《韩昌黎集》。

原　道[①]

韩愈

[题解]

此篇是韩愈表达复古崇儒、排斥佛老观点的作品。“原道”就是探求“道”的含义。作者在文中提出了自己对“道”的理解，反对佛学“清静寂灭”之道。文章观点鲜明，对历史、社会生活等方面进行分析，驳斥佛老，阐述尊儒的宗旨。

[原文]

博爱之谓仁，行而宜之之谓义，由是而之焉之谓道[2]，足乎己无待于外之谓德[3]。仁与义为定名[4]，道与德为虚位[5]。故道有君子小人，而德有凶有吉。

老子之小仁义，非毁之也，其见者小也[6]。坐井而观天，曰“天小”者，非天小也。彼以煦煦为仁，孑孑(jié jié)为义，其小之也则宜[7]。其所谓道，道其所道，非吾所谓道也；其所谓德，德其所德，非吾所谓德也。凡吾所谓道德云者，合仁与义言之也，天下之公言也。老子之所谓道德云者，去仁与义言之也，一人之私言也。

周道衰，孔子没，火于秦[8]，黄老于汉，佛于晋、魏、梁、隋之间。其言道德仁义者，不入于杨[9]，则入于墨[10]；不入于老，则入于佛。入于彼，必出于此。入者主之，出者奴之；入者附之，出者污之。噫！后之人其欲闻仁义道德之说，孰从而听之？老者[11]曰：“孔子，吾师之弟子也。”佛者曰：“孔子，吾师之弟子也。”为孔子者，习闻其说，乐其诞而自小也[12]，亦曰：“吾师亦尝师之云尔”。不惟举之于其口，而又笔之于其书。噫！后之人虽欲闻仁义道德之说，其孰从而求之？

甚矣，人之好怪也！不求其端，不讯其末，惟怪之欲闻。古之为民者四，今之为民者六；古之教者处其一，今之教者处其三。农之家一，而食粟之家六；工之家一，而用器之家六；贾之家一，而资焉之家六。奈之何民不穷且盗也！

古之时，人之害多矣。有圣人者立，然后教之以相生相养之道，为之君，为之师，驱其虫蛇禽兽而处之中土[13]。寒然后为之衣，饥然后为之食。木处而颠，土处而病也，然后为之宫室。为之工，以赡其器用[14]；为之贾，以通其有无；为之医药，以济其夭死；为之葬埋、祭祀，以长其恩爱；为之礼，以次其先后；为之乐，以宣其湮郁[15]；为之政，以率其倦怠；为之刑，以锄其强梗。相欺也，为之符玺、斗斛（hú）、权衡以信之[16]；相夺也，为之城郭甲兵以守之。害至而为之备，患生而为之防。今其言曰："圣人不死，大盗不止；剖斗折衡，而民不争。"呜呼！其亦不思而已矣！如古之无圣人，人之类死久矣。何也？无羽毛鳞介以居寒热也，无爪牙以争食也。

是故君者，出令者也；臣者，行君之令而致之民者也；民者，出粟米麻丝，作器皿，通货财，以事其上者也。君不出令，则失其所以为君；臣不行君之令而致之民，则失其所以为臣；民不出粟米麻丝，作器皿，通货财，以事其上，则诛。今其法曰："必弃而君臣，去而父子，禁而相生相养之道，以求其所谓'清净''寂灭'[17]者。"呜呼！其亦幸而出于三代之后，不见黜于禹、汤、文、武、周公、孔子也。其亦不幸而不出于三代之前，不见正于禹、汤、文、武、周公、孔子也。

帝之与王，其号虽殊，其所以为圣一也。夏葛而冬裘，渴饮而饥食，其事虽殊，其所以为智一也。今其言曰："曷不为太古之无事？"是亦责冬之裘者曰："曷不为葛之之易也？"责饥之食者曰："曷不为饮之[18]之易也？"

传曰："古之欲明明德[19]于天下者，先治其国；欲治其国者，先齐其家；欲齐其家者，先修其身；欲修其身者，先正其心；欲正其心者，先诚其意。"然则古之所谓正心而诚意者，将以有为也。今也欲治其心，而外天下国家[20]，灭其天常[21]，子焉而不父其父，臣焉而不君其君，民焉而不事其事。孔子之作《春秋》也，诸侯用夷礼则夷之[22]，进于中国则中国之。经曰："夷狄之有君，不如诸夏之亡。"《诗》曰："戎狄是膺，荆舒是惩[23]。"今也举夷狄之法，而加之先王之教之上，几何其不胥而为夷也[24]！

夫所谓先王之教者，何也？博爱之谓仁，行而宜之之谓义，由是而之焉之谓道，足乎己无待于外之谓德。其文《诗》《书》《易》《春秋》其法礼乐刑政，其民士农工贾，其位君臣父子师友宾主昆弟夫妇，其服麻丝，其居宫室，其食粟米果蔬鱼肉。其为道易明，而其为教易行也。是故以之为己㉕，则顺而祥；以之为人，则爱而公；以之为心，则和而平；以之为天下国家，无所处而不当。是故生则得其情，死则尽其常；郊焉而天神假，庙焉而人鬼飨㉖。曰：“斯道也，何道也？”曰：“斯吾所谓道也，非向所谓老与佛之道也。”尧以是传之舜，舜以是传之禹，禹以是传之汤，汤以是传之文武周公，文武周公传之孔子，孔子传之孟轲；轲之死，不得其传焉。荀与扬也，择焉而不精，语焉而不详。由周公而上，上而为君，故其事行㉗；由周公而下，下而为臣，故其说长㉘。

然则如之何而可也？曰：“不塞不流，不止不行㉙。人其人，火其书，庐其居㉚，明先王之道以道之㉛，鳏(guān)寡孤独废疾者有养也。其亦庶乎其可也！”

[注释]

①原道：探求儒家道统之源流。②是：指仁、义。之焉：向前走去。道：道理，道路，此指按儒家的仁义标准去立身行事。③足乎己：自己内心满足，心安理得。无待于外：不需要外界任何帮助和劝慰。④定名：事物固定的名称。⑤虚位：空位，抽象的东西。⑥小仁义：把仁义的内容缩小。老子认为仁义是道德被废弃后的产物。非毁之：并不是他有意诋毁仁义。其见者小也：是他的视野狭小，见识短浅。⑦煦煦：柔顺和好的样子。此指只对亲近之人和顺。孑孑：孤独的样子，此指行为特出，与众不同。其小之也则宜：他贬低仁义的内容就是很自然的事了。⑧没：死。火于秦：指秦始皇焚书之事。⑨杨：杨朱，战国时卫国著名思想家，主张“为我”。⑩墨：墨翟，即墨子，鲁国人，战国时著名思想家，墨家学派创始人。⑪老者：信奉老子学说的人。⑫为孔子者：孔门弟子。乐其诞而自小：赞同其荒诞之说而自己贬低自己。⑬中土：指适于当时人们生活的中原地带。⑭赡：充分供应。器用：指工具。⑮湮郁：抑郁，指情志郁塞不抒。⑯玺：玉制的印信。秦以后成为帝王专用印信的名称。权：秤砣。衡：秤杆。⑰寂灭：熄灭，系梵语“涅槃”的义译。⑱饮之：让他喝水。⑲明明德：弘扬光明的道德。⑳治其心：指注意自己的思想品德修养。外：这里用作动词，遗弃、抛弃。㉑天常：所谓天伦，指封建社会中人际关系之总和，如君臣、父子、师友、宾主、昆弟、夫妇等伦理纲常关系。㉒则夷之：就把它当夷人看待。㉓戎：古时汉族对西北各少数民族的通称。膺：抵挡，打击。荆：楚国。舒：楚国的一个小附属国。㉔胥：通“与”，相与，全部。为夷：成为不知礼义的野蛮人。㉕以之为己：用先王之道来治

己之身。㉖庙：在宗庙里祭祀祖先。人鬼：指死去的先辈的灵魂。飨：同“享”，享用。㉗由周公而上：指周公以前的尧、舜、禹、汤、周文王、周武王等。上而为君：以前这些人都是君主。其事行：他们可凭借权力贯彻其政治主张。㉘由周公而下：指周公、孔子、孟子、荀子、扬雄等。下而为臣：这些人都是臣子。其说长：他们发展了儒家学说，使之得以长久流传。㉙不塞不流：佛、老之道不堵塞，儒家的圣人之道就不能流传。止：废止。行：畅行。㉚人其人：让僧徒、道士还俗，恢复他们普通人的本性。火其书：烧毁佛教、道教的经书。庐其居：将佛寺、道观改做民房。㉛道之：导之，用先王之道去教导他们。

[译文]

博爱叫作仁，行动合于仁叫作义，由此向前叫作道，自身具有不需凭借外物叫作德。仁和义是内容确定的名词，道和德是意义不具体的名词，所以道有君子之道和小人之道，而德有恶德和美德。

老子不重视仁义，并不是诋毁仁义，而是因他的观念狭小。坐在井里看天的人，说天很小，其实并不是天小。他把小恩小惠当作仁，把谨小慎微认为义，他不重视仁义就是很自然的了。他所说的道，是把他所认为的道当作道，不是我所说的道。他所说的德，是把他观念里的德当作德，不是我所说的德。凡是我所说的道德，是结合仁和义而说的，是天下的公论。老子所说的道德，是脱离了仁和义说的，只是他的一家之言。

解网施仁

商汤仁义，将捕鸟的网解开三面，只留一面。人们认为他的仁义能够惠及人民，一时归商者，三十六国。

周道衰落，孔子去世后，儒家经籍被焚于秦，黄老学说流行于汉，佛教盛行于魏、晋、梁、隋之间。那时谈论道德仁义的，不归入杨朱之学，就归入墨翟之学；不归入道学，就归入佛学。归入了这一家，就背离另外一家。尊崇所归入的学派，就贬低所背离的学派；依从归入的学派，就污蔑反对的学派。唉！后世的人想了解仁义道德的学说，应该听从谁呢？尊崇道家的人说：“孔子是我们老师的弟子。”尊崇佛家的人也说：“孔子是我们老师的弟子。”研究孔学的人，听惯了那些话，乐于接受他们荒诞的言论而轻视自己，也说“我们的老师孔子曾向他们学习”。不仅在口头说，而且写进书里。唉！后世的人即使想了解仁义道德之说，又该向谁去请教呢？

人们喜欢听古怪的说法，这种风气太严重了！他们不探求起源，不考察结果，只喜欢听怪诞之说。古代的人民分为四类，今天的人民有了六类。古代负有教育人民的任务的，占其中之一，今天却占其中之三。务农的一家，要供应六家的粮食；务工的一家，要供应六家的器用；经商的一家，要服务于六家。人民怎能不因穷困而去偷盗呢？

古时候，人民遭受的灾害很多。有圣人出来，才教给人民互相提供生活的资料和条件，做他们的君王或老师。驱走蛇虫禽兽，使人们在中原安居。天冷就教他们做衣裳，饿了就教他们生产粮食。住在树上容易掉下来，住在洞里容易生病，于是就教导他们建造房屋。又教他们做工匠以供应生活用具，教他们经营以流通货物，教他们医药知识以拯救夭亡的人，制定葬埋祭祀的制度，以增进人们的恩爱感情；制定礼节，以区分尊卑秩序；制作音乐，以宣泄心中的郁闷；制定政令，以督促倦怠之人；设立刑罚，以铲除那些强暴之徒。有人互相欺骗，又制作符节、印玺、斗斛、秤尺作为凭信。有人争夺抢劫，于是设置了城池、盔甲、兵器来守卫。灾害要来了就做好准备，祸患将发生就及早防范。现在道家说："圣人不死，大盗便不会停止。砸掉斗斛、折断秤尺，人民就不会争夺。"唉！这都是未经思考的话罢了。如果古代没有圣人，人类早已灭绝。为什么呢？因为人们没有羽毛鳞甲以适应寒暑，也没有坚牙利爪来夺取食物。

因此，君王是发布命令的，臣子是执行君王的命令并实行于民众之中的，百姓是生产粮食、丝麻，制作器物，流通财货以供奉在上的统治者的。君王不发布命令，就丧失了做君王的资格；臣子不执行君王的命令并实行于民众之中，就失去了做臣子的资格；百姓不生产粮食、丝麻，制作器物、交流商品来供应在上统治的人，就会受责罚。现在佛家的法规说，一定要抛弃你们的君臣之义，消除你们父子的亲情，禁止你们相生相养的办法，以便追求他们所谓的清净和寂灭。哎呀！他们幸而出现在三代之后，才免于被夏禹、商汤、周文王、周武王、周公、孔子贬斥。他们又不幸而没有出现在三代以前，没能被夏禹、商汤、周文王、周武王、周公、孔子教导。

五帝与三王，名号虽不相同，但他们成为圣人的原因是一样的。夏天穿葛衣，冬天穿皮衣，渴了喝水，饿了吃饭，这些事情虽然不同，但它们都是人类的智慧。如今道家说："为什么不实行远古的无为而治呢？"这如同责怪冬天穿皮衣的人们："为什么不穿简便的葛衣呢？"或者责备饿了吃饭的人们："为什么不光喝水，那多方便？"

《礼记》说："在古代，想要将他的光辉道德发扬于天下，先要治理好他的国家；要治理好他的国家，一定要先整顿好他的家庭；要整顿好他的家庭，必须搞好自身的修养；要进行自我修养，必须先端正心志；要端正心志，先要具有诚意。"因此，古人所谓正心和诚意，是为了有所作为。现在有些人想修身养性，却弃天下、国家于不顾，灭绝天性，做儿子的不把父亲当作父亲，做臣子的不把君主当作君主，百姓不做他们该做的事。孔子作《春秋》，把采用夷狄礼俗的视为夷狄，把采用中原礼俗的诸侯视为中国人。《论语》说："夷狄虽有君主，也不如华夏的没有君主。"《诗经》说："应当攻击夷狄，惩罚荆舒。"现在，却尊崇夷礼之法，将其置于先王的政教之上，那么即使我们不是夷狄，又相差多少呢？

所谓先王的政教，是什么呢？就是博爱即称之为仁，合乎仁的行动叫作义。由此向前就是道。自身具有不需凭借外物叫作德。与其相关的书有《诗经》《尚书》《易经》和《春秋》。相关的方法是礼仪、音乐、刑法、政令。其人民是士、农、工、商，其伦理次序是君臣、父子、师友、宾主、兄弟、夫妇，其衣服是麻布、丝绸，其居处是房屋，其食物是粮食、瓜菜、鱼肉。它们作为理论是易懂的，它们作为教育是易施行的。所以，用它们修身，就和顺吉祥；用它们待人，就博爱公正；用它们修养内心，就和谐而宁静；用它们来治理天下国家，就没有不恰当之处。因此，人活着就能感受到它们赋予的情谊，死了就是正常结束了人生。祭天，则天神降临；祭祖，则祖先的灵魂来享用。如有人问："这个道，是什么道呀？"我说："这是我所说的道，不是刚才所说的老子和佛家的道。这个道是从尧传到舜，舜传给禹，禹传给汤，汤传给文王、武王、周公，文王、武王、周公传给孔子，孔子传给孟轲，孟轲死后，没有再传下去。荀卿和扬雄，有所选取但选得不精，有所谈论但不全面。从周公以上，继承的都是居上位为君王的，所以儒道能够实行；从周公以下，继承的都是在下为人臣的，所以其学说能够流传。

那么，怎么办才行呢？我以为："不堵塞便不能流畅，不禁止便无法实行。必须把僧道还俗为民，烧掉佛经道书，把佛寺、道观改成民房。阐明先王之道以教导人民，使鳏夫、寡妇、孤儿、老人、残疾人、病人都能得到赡养，这样也就差不多了吧！"

原　毁①

韩　愈

［题解］

相互毁谤是道德败坏的表现，本文即是探求毁谤产生的原因。作者认为，毁谤产生于对自身修养的懈怠和对他人优点的嫉妒，指出了按君子之德的要求，应该怎样对待自己和他人，并与违背这一标准的行为相对照，说明其原因和害处。

［原文］

古之君子，其责己也重以周②，其待人也轻以约③。重以周，故不怠④；轻以约，故人乐为善。闻古之人有舜者，其为人也，仁义人也。求其所以为舜者，责于己曰："彼，人民；予，人也。彼能是，而我乃不能是！"早夜以思⑤，去其不如舜者，就其如舜者。闻古之人有周公者，其为人也，多才与艺人也。求其所以为周公者，责于己曰："彼，人也；予，人也。彼能是，而我乃不能是！"早夜以思，去其不如周公者，就其如周公者。舜，大圣人也，后世无及焉。周公，大圣人也，后世无及焉。是人

也，乃[6]曰："不如舜，不如周公，吾之病也。"是不亦责于身者重以周乎[7]！其于人也，曰："彼人也，能有是，是足为良人矣[8]；能善是[9]，是足为艺人矣[10]。"取其一，不责其二，即其新，不究其旧[11]，恐恐然惟惧其人之不得为善之利[12]。一善，易修也[13]。一艺，易能也。其于人也，乃曰："能有是，是亦足矣。"曰："能善是，是亦足矣。"不亦待于人者轻以约乎！

今之君子则不然，其责人也详，其待己也廉。详，故人难于为善；廉，故自取也少。己未有善，曰："我善是，是亦足矣。"己未有能，曰："我能是，是亦足矣。"外以欺于人，内以欺于心，未少有得[14]而止矣，不亦待其身者已[15]廉乎。其于人也，曰："彼虽能是，其人不足称也；彼虽善是，其用不足称也。"举其一不计其十[16]，究其旧不图其新；恐恐然惟惧其人之有闻（wèn）也[17]。是不亦责于人者已详乎！夫是之谓不以众人待其身[18]，而以圣人望于人[19]，吾未见其尊己也！

虽然，为是者有本有原[20]，怠与忌之谓也。怠者不能修，而忌者畏人修。吾尝试之矣。尝试语于众曰："某良士[21]，某良士。"其应者，必其人之与[22]也；不然，则其所疏远，不与同其利者[23]也；不然，则其畏也。不若是[24]，强者必怒于言，懦者必怒于色矣。又尝语于众曰："某非良士，某非良士。"其不应者，必其人之与也；不然，则其所疏远，不与同其利者也；不然，则其畏也。不若是，强者必悦于言，懦者必悦于色矣。是故事修而谤兴[25]，德高而毁来。呜呼！士之处此世，而望名誉之光[26]，道德之行[27]，难已！

将有作于上者，得吾说而存之[28]，其国家可几而理欤！

[注释]

①原：推究。毁：毁谤。②责己：要求自己。重：严格。以：连词，相当于"而"。周：全面。③轻：宽容。约：简要。④不怠：不怠慢。⑤早夜以思：早上晚上都在思考。⑥乃：却。⑦是不亦：这不就是。身：自身。⑧良人：良好的人。⑨善是：擅长做这个。⑩艺人：有技能的人。⑪即：接触到。新：现在的状况。

究：追究。旧：过去。⑫不得为善之利：得不到做好人好事的益处。⑬易修：容易做到。⑭未少有得：没有一点儿收获。⑮已：太。⑯举其一不计其十：举出他的一点，不估计他其余的十点。⑰闻：声誉。⑱是之谓：这叫作。待其身：要求自己。⑲望于人：要求别人。⑳为是者：这样做的人。有本有原：有根源。㉑某良士：某人是好人。㉒与：朋友。㉓不与同其利者：不跟他有利害关系的人。㉔不若是：要不然。㉕事修：事情办好了。谤兴：毁谤发生了。㉖光：显著。㉗行：不受阻碍。㉘存之：记牢它。

[译文]

古代的君子，要求自己严格而全面，要求别人宽容而简单。严格而全面，所以从不懈怠；宽容而简单，所以都愿多做好事。听说古人中有个叫舜的，他的为人，是个仁义的人；寻求舜之所以成为舜的原因，对应来要求自己。他是人，我也是人；他能如此，而我却做不到！早晚都在思考，去掉那些不如舜的地方，效仿舜的方法做事。听说古时候有个周公，从行事看，是个多才多艺的人。寻求周公之所以为周公的原因，对应来要求自己。他是人，我也是人；他能如此，而我却做不到！”早晚都在思考，去掉那些不如周公的地方，仿效周公的方法做事。舜，是大圣人，后人无法赶上他。周公，是大圣人，后人也无法赶上他，这人就说：“不如舜，不如周公，这是我的缺陷。”这不就是对自己要求严格而全面的体现吗？可是对待别人就说：“那个人，能做到这些，就算得上一个善良的人了；能擅长这些事，这就够得上是个有才艺的人了。”取他的一个方面，不苛求其他方面；只看他现在的表现，不追究他的过去，提心吊胆地唯恐那个人得不到做好事的益处。一件好事容易办到，一种技艺容易掌握，但他对这类人，却说：“能做到这些，就够了。”又说：“能擅长这些，就够了。”这不就是对待他人宽容而简单吗？

如今的君子却不是这样，他要求别人很多，要求自己却很少。对人要求多了，所以人们很难做好事；要求自己少，自己的进步就少。自己没有做好事，却说：“我做到这点，这也就够了。”自己没有才能，说：“我有这点能耐，也就够了。”对外欺骗别人，对自己欺骗良心，还没有什么进步就停止了，不是要求自己太少的表现吗？对待别人，就说：“他虽然才能这样，但他的为人不值得称道。他虽然擅长这些，但这本领并不值得赞美。”抓住某一点来批评，不考虑他其他的优点，追究他从前的错误，不注重他的现在表现，提心吊胆地唯恐他人有了名望，这不也是要求别人太多了吗？这就叫作不用一般人的标准衡量自己，却用圣人的标准苛求别人，我看不出他这是尊重自己。

即使如此，这样做的人也有他的思想根源，那就是懒惰和嫉妒。懒惰的人不提高修养，而嫉妒的人就害怕别人进步。我曾经试验过，曾经试着对众人说：“某某是个贤良之人，某某是个贤良之人。”赞成的人，一定是那个人的朋友；否则，就是同他不亲近，与他没有利害关系的人；再不，就是害怕他的人。如果不是这样，强硬的人一定会生气地说出反对的话，懦弱的人一定会显示反对的脸色。我又曾经对众人说：“某某不是好人，某某不是好人。”那些不赞成的人，一定是那人的朋友；否则，就是同他不亲近，没有利害关系的人；再不，就是害怕他的人。如果不是这样，强硬的人一定会高兴地说出赞成的话，懦弱的人一定会显示高兴的脸色。所以，事情做成了，诽谤也就跟着来了，声望提高了，诬蔑也就会随之而至。唉！读书人处在当今之世，希望名彰显著，道德推广，真是太难了。

身居高位而希望有作为的人，听到我所说的这些道理而牢记它，那他差不多就可以把国家治理好了吧！

获麟解

韩愈

[题解]

人们都认为麒麟是代表祥瑞的，但又不清楚麒麟的形状，通过这一点，作者得出了内在的德行比外在的形状更重要的观点。因此，麒麟是否代表祥瑞，还要根据它是不是与圣德之人相呼应而出现来定。

[原文]

麟之为灵，昭昭也①。咏于《诗》②，书于《春秋》③，杂出于传记百家之书，虽妇人小子，皆知其为祥也。然麟之为物，不畜于家④，不恒有于天下，其为形也不类，非若马牛犬豕豺狼麋鹿然⑤。然则虽有麟，不可知其为麟也。角者吾知其为牛；鬣(liè)者吾知其为马⑥；犬豕豺狼麋鹿，吾知其为犬豕豺狼麋鹿。惟麟也不可知。不可知，则其谓之不祥也亦宜。虽然，麟之出，必有圣人在乎位，麟为圣人出也。圣人者必知麟。麟之果不为不祥也⑦。又曰：麟之所以为麟者，以德不以形⑧，若麟之出不待圣人⑨，则谓之不祥也亦宜。

[注释]

①麟：麒麟，传说中的一种动物。灵：灵异之物。②咏于《诗》：《诗经》里歌咏过它。③书于《春秋》：《春秋》记载了鲁国人获麟之事。④畜于家：在家中饲养。⑤不类：什么也不像。非若……然：不像……那样。⑥鬣者：长有鬃毛的。⑦果不为不祥：最终不能算不祥之物。⑧以德不以形：（麟之所以为祥瑞之物）是因其德行，而不是因其形貌。⑨不待圣人：不等待有圣人在位就出世，即生不逢时。

[译文]

麒麟是灵兽，这是众所周知的。《诗经》咏颂它，《春秋》里记载着它，史传和杂记之类的书中也多次提到它，连妇女和小孩都知道它是一种吉祥之物。但是麒麟虽然是吉祥的象征，却不能在养家里，天下也不常看见。它的外形也与什么都不相似，不像马、牛、狗、猪、豺、狼、麋、鹿。虽然有麒麟出现在人间，一般人见了也不认得。看到它的角，我知道它是牛；看到它的鬃毛，我知道它是马；看到它像狗、猪、豺狼、麋鹿，我知道它是狗、猪、豺狼、麋鹿。只有麒麟不能辨识。无法识别，那么说它是不祥之物也可以。虽然，麒麟出现之时，在位之君一定是圣人。麒麟为圣人出现，圣人一定认识麒麟。因此麒麟果然不是不祥之物。有人说：麒麟之所以被当作祥物，是因为它的德行而不是外表。如果麒麟出现在圣人尚未登位之时，被有的人视为不祥之物当然也是有道理的。

杂说一①

韩愈

[题解]

这篇杂文以龙和云的关系来说明君臣之间应该相互依赖，委婉含蓄地劝说帝王要重用有才能的贤臣。

[原文]

龙嘘气成云，云固弗灵于龙也。然龙乘是气，茫洋穷乎玄间②，薄③日月，伏④光景，感⑤震电，神变化，水下土，汩(gǔ)⑥陵谷。云亦灵怪矣哉！

云，龙之所能使为灵也；若龙之灵，则非云之所能使为灵也。然龙弗得云，无以神其灵矣。失其所凭依，信不可欤！

异哉！其所凭依乃其所自为也。《易》曰："云从龙。"既曰"龙"，云从之矣。

[注释]

①杂说：《杂说》是韩愈写的一组短论，共有四篇。短论没有揭示论说内容的题目，总称叫《杂说》。②茫洋：浩渺无际的样子。玄间：天空。③薄：迫近。④伏：藏匿，遮蔽。⑤感：通"撼"，动摇。⑥汩：淹没。

[译文]

龙吐出气形成云，云自然不比龙灵异。但是龙乘着这股云气，在茫茫的青天四处遨游，接近日月，遮蔽它的光芒，雷电为之震动，变化神奇，雨水降落在大地，淹没了山谷。云也是很灵怪的啊！

云，是龙的神力使它有灵异的。至于龙的灵异，却不是云的能力使它拥有的。但是龙没有云，就不能使其灵异显现。失去所凭借的东西，实在是不行的啊！

奇怪啊，龙所凭借的，正是它自己造成的云。《易经》说："云随着龙。"既然叫作龙，就会有云跟随着它啊！

杂说四

韩 愈

[题解]

本文通过伯乐相马的故事，说明当权者应当用正确的方法发现、识别人才，否则即使有贤才也会被埋没。文章结尾，也委婉地表达了对自己不得志的叹息。

[原文]

世有伯乐①，然后有千里马。千里马常有，而伯乐不常有。故虽有名马，只辱于奴隶人之手②，骈死于槽枥之间③，不以千里称也④。

马之千里者，一食或尽粟一石⑤。食(sì)马者，不知其能千里而食也。是马也⑥，虽有千里之能，食不饱，力不足，才美不外见，且欲与常马等不可得，安求其能千里也。

策⑦之不以其道，食之不能尽其材，鸣之而不能通其意⑧，执策而临之⑨，曰："天下无马。"呜呼！其真无马耶？其真不知⑩马也！

[注释]

①伯乐：姓孙，名阳，战国秦穆公时善于相马的人。②辱：屈辱。奴隶人：地位低贱、受人役使的人。③骈死：成双成对地死去。槽枥：养马的地方。槽，盛饲料的器具；枥，马棚。④不以千里称也：不因为能日行千里而出名啊。⑤一食：吃一顿。或尽粟一石：有时要吃完一石小米。⑥是：这。⑦策：鞭（用作动词）。⑧鸣之而不能通其意：千里马得不到应有的待遇，嘶叫了，人们又不懂它的意思。⑨临之：面对着它。⑩不知：不识。

[译文]

世上有了伯乐，然后才会有千里马被发现。千里马常有，而伯乐却不常有，因此虽然有不少好马，却只能在奴仆手中受糟蹋，最后接连死在马厩之中，而不能作为千里马闻名天下。

那些千里马，一顿往往要吃尽一石粟米。喂马的人，不知道它能日行千里，而像普通马一般地饲养它。于是，这千里马，虽然有日行千里的本领，可是吃不饱、力气不足，它内在的才能不能表现出来，这样，即使想与凡马一般也做不到，又怎能叫它日行千里呢？

不能顺其本性来驾驭它，不能让它吃饱使它充分发挥才能，马虽然哀鸣，人却不了解它的意思。还拿着马鞭对它说："天下没有千里马！"唉！这难道是真的没有千里马吗，这是真不能识别千里马啊！

卷八　唐文

师　说

韩 愈

[题解]

本文批评了当时社会上耻于相师的不良风气，阐明了从师求学的道理。文章首先提出“师”是“传道、授业、解惑”的人，并指出人必须学习才能有所知，然后得出“弟子不必不如师，师不必贤于弟子”的结论。

[原文]

古之学者[①]必有师。师者，所以传道、授业、解惑也[②]。人非生而知之者，孰能无惑？惑而不从师，其为惑也，终不解矣。

生乎吾前，其闻道也，固先乎吾[③]，吾从而师之；生乎吾后，其闻道也，亦先乎吾，吾从而师之。吾师道也，夫庸[④]知其年之先后生于吾乎？是故无贵无贱，无长无少，道之所存，师之所存也。

嗟乎！师道[⑤]之不传也久矣！欲人之无惑也难矣！古之圣人[⑥]，其出人[⑦]也远矣，犹且从师而问焉；今之众人，其下圣[⑧]人也亦远矣，而耻学于师[⑨]。是故圣益圣[⑩]，愚益愚[⑪]。圣人之所以为圣，愚人之所以为愚，其皆出于此乎[⑫]？

访乐苌弘

圣人无常师，孔子师郯子、苌弘、师襄、老聃。

爱其子，择师而教之。于其身也，则耻师焉[⑬]，惑矣！彼童子之师，授之书而习其句读者也[⑭]，非吾所谓传其道、解其惑者也。句读之不知，惑之不解，或师焉，或不焉[15]，小学而大遗[16]，吾未见其明也。

巫医乐师百工之人[17]，不耻相师。士大夫之族，曰师曰弟子云者[18]，则群聚而笑之。问之，则曰："彼与彼年相若也，道相似也[19]。"位卑则足羞，官盛则近谀[20]。呜呼！师道之不复可知矣！巫医乐师百工之人，君子不齿[21]。今其智乃反不能及，其可怪也欤！

圣人无常师[22]，孔子师郯(tán)子、苌(cháng)弘、师襄、老聃(dān)。郯子之徒[23]，其贤不及孔子。孔子曰："三人行，则必有我师。"是故弟子不必不如师，师不必贤于弟子。闻道有先后，术业有专攻[24]，如是而已。

李氏子蟠，年十七，好古文[25]，六艺经传皆通习之。不拘于时[26]，学于余。余嘉其能行古道[27]，作《师说》以贻之[28]。

[注释]

①学者：求学的人。②传道：传授道理。授业：教授学业。解惑：解除疑难。③生乎吾前：生在我之先的。闻：这里有懂得的意思。固：本来就。先乎吾：比我早。④夫：语首助词。庸：难道。⑤师道：求师的风尚。⑥圣人：泛指品格高尚、智慧高超的人。⑦出人：超过常人。⑧下圣人：低于圣人。⑨耻学于师：耻于求师问学。⑩圣益圣：圣人更加圣明。⑪愚益愚：愚人更加愚昧。⑫其皆出于此乎：大概都是出于这个原因吧！⑬于其身：对于他自己。耻师焉：耻于从师。⑭习：教习。句读：断句。⑮句读之不知，惑之不解，或师焉，或不焉：读书不能断句，有疑难不能解除，有的从师学习，有的不从师学习。⑯小学而大遗：小的方面学习了，大的方面漏掉了。⑰巫医：旧时专搞装神弄鬼、替人祈祷的人。百工：各种工匠。⑱曰师曰弟子云者：听到称"老师"、"弟子"等称呼。⑲道：学问。⑳位卑则足羞，官盛则近谀：向地位比自己低的人学，感到可耻；向官位高的人学，又觉得近于趋奉。㉑不齿：不与同列，表示鄙视。㉒常师：固定的老师。㉓之徒：这些人。㉔术业：学术和技能。专攻：专门研究。㉕好古文：喜爱先秦、两汉的散文。㉖不拘于时：不受时代风气的拘束。这里指不受当时耻于从师求学的不良风气的限制。㉗嘉：赞许。古道：古人求师之道。㉘贻：赠送。

[译文]

古时求学之人一定有老师。所谓老师，就是传授道理、教授学业和解答疑难问题的人。人不是生下来就有知识的，谁能够没有困惑呢？有困惑却不向老师请教，那些困惑便终究不会解决了。

在我之前出生的，他懂得道理本来比我早，我向他学习；在我之后出生的，如果他懂道理也比我早，我也向他学习。我学习的是道理，哪里管他是在我之前还是之后出生呢？因此，不论地位高低、年龄大小，谁懂得道理，谁就是老师。

唉！从师求学的道德失传已经很久了，要人们没有疑惑是很难了！古时候的圣人，超出一般人太远了，尚且跟从老师请教；现在的一般人，比圣人差得太远了，却耻于从师学习。因此，圣人就更加圣明，愚人就更加无知。圣人之所以成为圣人，愚人之所以成为愚人，大概就是这个原因吧！

一个人爱自己的孩子，就选择老师来教他们；而自己呢，却不好意思去从师学习，这真是太糊涂了。那些儿童们的老师，教他们读书、断句，并非我所说的那种传授道理、解答疑惑的。读书不会断句，就从师学习，有疑惑却不向老师请教，小事学习，大事反被忽略，我看不出这是明白道理的做法。

巫医、乐师、各种手工业者，不以相互从师学习为耻，而士大夫们，一提到叫“老师”、叫“学生”等称呼，就许多人聚集在一起笑话人家。问他们为什么这样，他们就说：“他和他年纪差不多，学识修养也差不多。”称向地位低的人为师，是一种羞耻；称向官位高的人为老师，就近于奉承。唉！从师学习的风气不能恢复，由此可知了。巫医、乐师和各种手工业者，是君子们所不屑相与为伍的，现在他们的见识反而不及这些人，真是很奇怪呢！

圣人没有固定的老师。孔子曾向郯子、苌弘、师襄、老聃学习。郯子这些人，他们的品德比不上孔子。孔子说：“三个人一起走，那里面一定有可以做我老师的人。”所以，学生不一定不如老师，老师不一定比学生强。懂得道理有先有后，专业不同，各有所长，如此而已。

青年李蟠，十七岁，爱好古文，六经的经文和传注都全面学习过，不受时俗的拘束，来向我求学。我赞许他能实行古人之道，作了这篇《师说》送给他。

进学解

韩愈

[题解]

本文是作者任国子博士时所作，“进学解”的意思是勉励学生们在学业、德行方面取得进步，并回答他们提出的疑问，进而通过学生之口，表现了自己学习、捍卫儒家学说以及在文章写作方面进行的努力与取得的成绩，衬托了怀才不遇的不平心情，也表达了对当时社会的一些批评。

[原文]

国子先生晨入太学，招诸生立馆[①]下，诲之曰[②]：“业精于勤荒于嬉，行成于思毁于随[③]。方今圣贤相逢[④]，治具毕张[⑤]，拔去凶邪，登崇俊良[⑥]。占小善者率以录[⑦]，名一艺者无不庸[⑧]。爬罗

剔抉[9]，刮垢磨光[10]。盖有幸而获选，孰云多而不扬[11]！诸生业患[12]不能精，无患有司之不明，行患不能成，无患有司之不公。”

言未既，有笑于列者曰：“先生欺余哉！弟子事先生[13]，于兹有年矣[14]，先生口不绝吟于六艺之文，手不停披于百家之编。记事者必提其要，纂言者必钩其玄[15]。贪多务得，细大不捐[16]。焚膏油以继晷[17]，恒兀兀以穷年[18]。先生之于业，可谓勤矣。抵排异端[19]，攘斥佛老，补苴(jū xià)[20]罅漏，张皇幽眇[21]。寻坠绪[22]之茫茫，独旁搜而远绍[23]。障百川而东之[24]，回狂澜于既倒。先生之于儒，可谓劳矣。沉浸醲(nóng)郁，含英咀华，作为文章，其书满家。上规姚姒(sì)[25]，浑浑无涯，周诰殷盘，佶屈聱牙，《春秋》谨严，《左氏》浮夸[26]，《易》奇而法[27]，《诗》正而葩[28]，下逮[29]《庄》《骚》，太史所录；子云、相如，同工异曲。先生之于文，可谓闳(hóng)其中而肆其外矣[30]。少始知学，勇于敢为，长通于方，左右具宜[31]。先生之于为人，可谓成矣[32]。然而公不见信于人，私不见助于友。跋前疐(zhì)后[33]，动辄得咎[34]。暂为御史，遂窜南夷[35]！三年博士，冗不见治[36]。命与仇谋，取败几时[37]。冬暖而儿号寒，年丰而妻啼饥。头童齿豁[38]，竟死何裨[39]？不知虑此，反教人为！”

先生曰：“吁！子来前！夫大木为杗(máng)[40]，细木为桷(jué)[41]，欂栌(bó lú)、侏儒[42]，椳(wēi)闑(diàn)居楔(xiē)[43]，各得其宜，施[44]以成室者，匠氏之工也。玉札丹砂，赤箭青芝，牛溲马勃，败鼓之皮，俱收并蓄，待用无遗者，医师之良也。登明选公[45]，杂进巧拙[46]，纡余[47]为妍，卓荦(luò)[48]为杰，校短量长[49]，惟器是适者[50]，宰相之方也。昔者孟轲好辩，孔道以明，辙环[51]天下，卒老于行；荀卿守正，大论是弘[52]，逃谗于楚，废死兰陵。是二儒者，吐辞为经，举足为法，绝类离伦，优入圣域[53]，其遇于世何如也？今先生学虽勤而不由其统[54]，言虽多而不要其中[55]，文虽奇而不济于用[56]，行虽修而不显于众。犹且月费俸钱，岁靡廪(lǐn)粟[57]；子不知耕，妇不知织，乘马从徒[58]，安坐而食；踵常途之役役[59]，窥陈编以盗窃[60]。然而圣主不加诛，

宰臣不见斥[61]，非其幸欤？动而得谤，名亦随之。投闲置散，乃分之宜[62]。若夫商财贿之有亡[63]，计班资之崇庳[64]。忘己量之所称[65]，指前人之瑕疵，是所谓诘匠氏之不以杙为楹[66]，而訾医师以昌阳引年[67]，欲进其豨苓也[68]。”

［注释］

①馆：学舍。②诲：教导。之：指诸生。③业精：学业精进。行成：德行成就。随：因循，要求不严格。④圣贤相逢：圣君贤臣相遇。⑤治具：法令。毕：完全。张：设，建立。⑥登崇：进用推崇，含有提拔的意思。俊良：有才能而善良的人。⑦占小善者：有一点儿优点的人。率：都。⑧名一艺者：有一技之长的人。庸：录用。⑨爬：爬梳，整理。罗：搜罗。剔：区别。抉：选择。⑩刮垢：刮去尘垢。磨光：磨之使光。⑪幸：侥幸。扬：任用。⑫患：怕。⑬弟子：学生。这是在行列中发笑的人自称。事：侍奉，这里指跟着先生学习。⑭于：到。兹：现在。有年：有几年。⑮提其要：抓住它的纲要。钩其玄：探究它的玄理。⑯贪多务得，细大不捐：不知满足地探求多种学问，努力做到既学必有收获，小的大的都不放弃。⑰焚膏油以继晷：夜以继日的意思。焚膏油，点起灯烛。晷，日影。⑱恒兀兀以穷年：一年到头总是辛辛苦苦。⑲抵排：抵制，排斥。异端：旧指不符合孔孟之道的思想学说。⑳苴：本为鞋里的衬垫，引申为填塞。㉑皇：大。眇：微小。㉒坠：失落。绪：事业。㉓绍：继承。㉔障百川而东之：阻挡住百川（比喻诸子百家的学说）的泛滥，使之都东流入海（比喻要纳入儒家的轨道）。㉕规：这里是取法的意思。姚姒：姚是虞舜的姓，姒是夏禹的姓，这里借指《虞书》《夏书》。㉖浮夸：这里是铺张的意思。《左传》记事较详，并有文采，所以说它“浮夸”。㉗奇而法：奇妙而有法则。㉘正而葩：内容雅正而文辞华美。㉙逮：直到。㉚闳：大。中：指文章的内容。肆：奔放。外：指文章的形式。㉛方：道理。左右：这里泛指研究学问的一些方面。具：全，都。宜：得心应手。㉜成：完备，完美。㉝跋前疐后：老狼有胡（老狼颔下的悬肉），前进就踩着它的胡，后退又踏着它的尾巴。形容进退两难。㉞动辄得咎：动不动就获罪惹祸。㉟窜：放逐，贬谪。南夷：南方边远地区。㊱冗不见治：职位闲散，不足以显露治理之才。㊲命与仇谋，取败几时：命运和仇敌合谋，使你不时受到挫折。㊳头童：头秃了。齿豁：牙齿脱落，开了豁口。㊴竟：直。裨：益。㊵宲：房梁。㊶桷：屋椽。㊷欂：壁柱。栌：柱上短木，斗拱。侏儒：梁上短木。㊸椳：门枢。闑：门的中央所竖的短木。关门时两扇门只能止于此。扂：门闩之类。楔：门两旁长木。㊹施：用。㊺登明选公：提拔人才，看得明白；选用人才，态度公正。㊻杂：都，一并。巧拙：好的和差的。㊼纡余：委曲周备的样子。这里是说有的人小心谨慎，扭捏而不爽朗。㊽卓荦：超绝的样子。这里是说有的人性格豪放。㊾校短量长：这里是比较人才优劣的意思。㊿惟器是适：这里是指根据各人的不同才能、特点，安排合适的工作。51环：遍。52大论是弘：弘扬了儒家的伟大学说。53优入圣域：高超到进入了圣人的境地。54先生：国子先生，韩愈自称。统：指儒家的道统。55要：强求。中：中于理。56不济于用：无助于实际

应用。⑰靡：通“糜”，耗费。廪：米仓。⑱从：跟从，随行。徒：属下，一说，指御马的人。⑲踵：跟着走。常途：寻常的道路。役役：劳累不停的样子。⑳窥陈编以盗窃：看看古书，窃取其中的说法而没有创见。㉑加：加以。诛：责罚。见：被。斥：斥逐罢官。㉒投闲置散，乃分之宜：被安置在闲散的地位，是理所当然的。㉓若夫：至于。商：考虑。财贿：财货利禄。亡：同“无”。㉔计：计较。班：指品秩、地位、资格。崇：高。庳：同“卑”，低下。㉕量：分量，这里指能力。称：适合。㉖是所谓：这就是所谓。诘：追问，责问。杙：小木桩。楹：柱子。㉗訾：指摘。昌阳：中药名，即菖蒲。古人认为菖蒲可以延年益寿。引年：延长寿命。㉘进：进用。豨苓：中药名，又名猪苓，是一种利尿药。

[译文]

国子先生早上来到太学，召集学生们站立在学舍下面，训导他们说：“学业的精进依靠勤奋，迷恋于玩乐就会荒废。德行的成就依靠思考，因循随便就会毁掉。如今圣君与贤臣相遇合，规章制度健全。拔除奸恶，晋升俊贤。具有微小优点的人都被录取，以一技之长见称的人无不任用。搜罗人才，除去他们的短处，发扬他们的优点。大概只有侥幸而得选上的，怎会有才能优秀而不被高举呢？你们只怕学业不能精进，不要怕主管的官吏看不清；只怕德行不能成就，不要怕主管的部吏不公正。”

话没有说完，有人在行列里笑着说：“先生在欺骗我们吧？学生跟从先生，到现在已经好几年了。先生不曾停止地诵读六经的文章，两手不停地翻着诸子之书。对记事的一定提取它的要点，对议论的一定探索它深奥的旨意。多方面学习务求有所收获，大的小的都不漏掉。点上灯烛夜以继日，一年到头都刻苦用功。先生在学业方面可以说很勤奋了。抵制、排除异端邪说，排斥佛教与道家，弥补儒学的不足，发扬光大精深微妙的意义。寻找渺茫失落的古代儒家学说，独自广泛搜求、继承。对异端邪说像防堵纵横奔流的各条川河，排向东海；挽救回已经倾倒泛滥的狂涛怒澜。先生您对于儒家，可以说立了功劳。心神沉浸在意味浓郁的典籍中，品尝咀嚼其中精华，写作起文章来，堆满了屋子。向上取法虞、夏的典章，博大无垠；周代的诰书和殷代的《盘庚》，多么曲折拗口；《春秋》的语言精准，《左传》的文辞铺张；《易经》变化奇妙而有法则，《诗经》纯正而华美；往下一直到《庄子》《离骚》，太史公的《史记》，扬雄、司马相如的创作，各不相同却一样的美妙。先生的文章可以说是内容博大精深而外表波澜壮阔。先生少年时代就开始懂得学习，敢作敢为，长大之后通达道理，处事合宜。先生的为人，可以说是有所成就了。可是在官场不能被人们信任，在私交中得不到朋友的帮助。像老狼一样，前进退后都很困难，动一动便招来过错。当了一段时间御史就被贬到南方边远地区。做了三年博士，职务闲散也没表现出政绩。您的命运似乎与您有仇，不时使您遭受失败。在冬天里还算暖和的日子，您的孩子还要哭着喊冷，年成丰收而您的夫人却仍啼说饥饿。您自己的头顶秃了，牙齿缺了，就是死了，又有什么好处呢？不想想这些，反而来教训别人做什么呢？”

国子先生说：“唉，你过来听我说！大的木材做屋梁，小的木材做瓦椽，做斗栱，短椽的，做门臼、门橛、门闩、门柱，各得其所，各适其宜而建成房屋，这是工匠的技术啊！地榆、朱砂、天麻、龙芝、牛尿、马勃、坏鼓的皮，全都收集储藏，等到需用时使用，这是医师的高明之处啊！公正贤明地选用人才，才能高或低的人都得到引进，有的人谦和是种美德，有的人豪放而成为杰出，比较衡量各人的长处和短处，按照他们的才能品格适当地任用，这是宰相的方法啊！从前孟轲爱好辩论，孔子之道得以阐明发扬，他的车迹走遍天下，最后在奔走中度过一生。荀况恪守正道，宏伟的理论得以弘扬，因为避谗言而逃到了楚国，还是丢官而死在兰陵。这两位大儒，说出话来可以当成经典，一举一动成为可效法的准则，超越常人，达到圣人的境界，可是他们在世上的遭遇是怎样的呢？现在我学习虽然勤劳却不成系统，言论虽然不少却切不中要害，文章虽然写得出奇却起不到实际作用，行为虽然有修养在一般人中却并不突出。这样还每月浪费国家的俸钱，吃着国家的粮食。儿子不会种田，妻子不懂得织布；出门骑着车马，后面跟着仆人，安然地坐着吃饭。拘谨随俗没有特别的才能，剽窃前人著作毫无创新。然而圣明的君主不加责罪，也没有被大臣斥逐，不是很侥幸吗？动不动就遭到毁谤，名声也跟着受到影响，被置于闲散的位置，这正是应该的。至于计算财物的有无，计较品级的高低，忘记了自己有多高的才能，指摘别人的缺点，这就相当于责问工匠为什么不用小木桩做大柱子，批评医师为什么用菖蒲延年益寿，却不用豨苓啊！”

圬者王承福传

韩愈

［题解］

这篇文章是韩愈为一个名叫王承福的人所写的传记，王承福家世世代代都居住在京城长安，安史之乱期间，他因为战功而被授予官职，但他却不愿意接受，因为他觉得自己没有治理百姓的能力，于是就到市镇上去做了一名泥瓦匠。韩愈通过“听其言，约而尽”，讽刺了社会上那些不学无术却又尸位素餐、贪图富贵的人，进而对世人提出了量力而行、安守本分的规劝。

［原文］

圬之为技[①]，贱且劳者也。有业之，其色若自得者。听其言，约而尽。问之，王其姓，承福其名。世为京兆长安农夫[②]。天宝之乱[③]，发人为兵[④]。持弓矢十三年，有官勋[⑤]，弃之来归，丧其土田，手镘（màn）衣食[⑥]，余三十年，舍于市之主人，而归其屋食之当焉。视时屋食之贵贱，而上下其圬之佣以偿之。有余，则以与道路之废疾饿者焉。

又曰：“粟，稼而生者也。若布与帛，必蚕绩而后成者也[⑦]。其他所以养生之具，皆待人力而后完也，吾皆赖之。然人不可遍为，宜乎各致其能以相生也[8]。故君者，理我所以生者也；而百官者，承君之化者也。任有大小，惟其所能，若器皿(mǐn)焉[9]。食焉而怠其事，必有天殃。故吾不敢一日舍镘以嬉。夫镘易能，可力焉。又诚有功。取其直[10]，虽劳无愧，吾心安焉。夫力易强(qiǎng)而有功也[11]，心难强而有智也。用力者使于人[12]，用心者使人，亦其宜也。吾特择其易为无愧者取焉[13]。

“嘻！吾操镘以入富贵之家有年唉。有一至者焉，又往过之，则为墟矣；有再至三至者焉，而往过之，则为墟矣。问之其邻，或曰：‘噫[14]！刑戮也。’或曰：‘身既死，而其子孙不能有也。’或曰：‘死而归之官也。’吾以是观之，非所谓食焉怠其事而得天殃者邪？非强心以智而不足，不择其才之称(chèn)否而冒之者邪[15]？非多行可愧，知其不可而强为之者邪？将富贵难守[16]，薄功而厚飨(xiǎng)之者邪[17]？抑丰悴有时[18]，一去一来而不可常者邪？吾之心悯焉，是故择其力之可能者行焉。乐富贵而悲贫贱，我岂异于人哉？”

又曰：“功大者，其所以自奉也博。妻与子皆养于我者也，吾能薄而功小，不有之可也。又吾所谓劳力者，若立吾家而力不足，则心又劳也。一身而二任焉，虽圣者不可为也。”

愈始闻而惑之，又从而思之，盖贤者也，盖所谓独善其身者也[19]。然吾有讥焉[20]，谓其自为也过多，其为人也过少。其学杨朱之道者邪[21]？杨之道，不肯拔我一毛而利天下[22]。而夫人以有家为劳心，不肯一动其心以蓄(xù)其妻子[23]，其肯劳其心以为人乎哉？虽然，其贤于世之患不得之而患失之者[24]，以济其生之欲，贪邪而亡道[25]，以丧其身者，其亦远矣。又其言有可以警余者，故余为之传，而自鉴焉。

[注释]

①圬：原是涂抹的意思，这里指泥水匠的工作。②京兆：府名，治所在长安（唐代首都，在今陕西西安）。③天宝之乱：天宝十四载（755）冬，平卢、范阳、河东节度使安禄山起兵叛乱，次年进入长安。唐玄宗逃往四川，子肃宗在灵武（今

属宁夏）即位。安禄山死后，其部将史思明继续叛乱，前后历时七年多，史称“安史之乱”。④发：征发，招募。⑤勋：唐制“勋”自柱国至武骑尉，凡十二转（级），授予有功者。⑥镘：用泥土、石灰等物涂墙的工具。⑦绩：缉麻线，这里指纺织。⑧理：治理。唐高宗名治，唐人避讳，常以“理”字代“治”字。⑨器皿：盛食的用具，如杯、盘、碗、碟及古代尊彝之类。⑩直：通“值”。这里指工钱。⑪强：勉强。⑫“用力者”两句：《孟子·滕文公上》说，“劳心者治人，劳力者治于人”是“天下之通义”。《左传·襄公九年》《国语·鲁语》等也有“君子劳心、小人劳力”之说。⑬特：只是，不过。⑭噫：感叹词。⑮称：适合。⑯将：表示选择，抑或，还是。⑰飨：通“享”。⑱抑：也是表示选择，或是，还是。丰悴：繁盛和衰弱。⑲独善其身：《孟子·尽心上》说：“穷则独善其身，达则兼善天下。”⑳讥：谴责、非议。㉑杨朱：战国时思想家，相传他主张“贵生”、“重己”、“为我”，但无著作流传。㉒“不肯拔”句：《孟子·尽心上》：“杨子取为我，拔一毛而利天下不为也。”㉓畜：养。㉔患不得之句：《论语·阳货》：“鄙夫可与事君也与（欤）哉！其未得之也，患得之；既得之，患失之。苟患失之，无所不至矣。”是为成语“患得患失”的本源。㉕亡：通“无”。

［译文］

涂抹、粉刷墙壁，是一种谋生的技能和手段，但是这门营生却是低贱、辛苦的。有一个人从事这种职业，他的脸色看上去却好像对自己非常满意似的。听他所说的话，非常简单，但意思却非常明白。我问他的姓名，他说王是他的姓，承福是他的名。王家世世代代都是京城长安附近的农民。唐玄宗天宝年间，安禄山、史思明发动了叛乱，朝廷抽调百姓当兵去平定叛乱，王承福也被征入军队，手里拿着弓箭与叛军打了十三年的仗，朝廷授予他官职，让他做官，可是他却主动放弃了官职，回到了自己的家乡。由于失去了土地，他就靠着涂墙的工具镘子来维持自己的生活，就这样过了三十多年。他在街市上的屋子里租房子，然后付给房主租金和伙食费。并且根据房屋租金和伙食费的涨落，来调整他为人粉刷墙壁的工钱，这样再交纳食宿费。如果还有剩下的钱，他就把这些钱送给道路上那些残疾、贫困、饥饿的人。

他又对我说道：“五谷，需要人们去种植才能长成。而布匹和丝绸，是一定要经过养蚕、纺织才可以制成的。至于其他用于维持生计的东西，也都需要人们通过劳动才能得到，这些东西我都要依赖。可是人们又不可能把每样东西都用自己的双手制造出来，最恰当的办法就是每个人都尽自己的能力，互相合作来获得生存。因此，君主的职责是管理国家、教化百姓，让我们可以生存下去，而各级官吏的职责则要服从君主的旨意去治理百姓。职责有大小之分，但只要每个人都尽力去做就行，如同器皿虽然大小不一，可是却都有各自的用途。假如只是吃饭却不做事的话，那么上天必然会降下灾祸。因此我一天也不敢把我手中的镘子放下，去玩耍嬉戏。粉刷墙壁这项技能是很容易掌握的，可以通过自己的努力来学会，只要确实能够取得效果，就能够获得应得的报酬，尽管辛苦一些，可是却没什么惭愧的，所以我的心里非常坦然。一个人的力气很容易就可以展现出来，而且能够获得效果，但大脑却很难强迫它变得聪明起来。从事体力工作的人，就要受到别人的役使，从事脑力工作的人，就要役使他人，这也是应该的吧！我只不过选择了一种容易干的工作去做，而且获得报酬的时候也是问心无愧的！

“啊！我手拿镘子为富贵人家干了很多年的活儿了。有些富贵人家我只是去过一次，再次从那儿经过的时候，他们家房屋已经变成了废墟。有些人家我曾经去过两三次，之后再经过那儿的时候，那些房屋也都变成了废墟。询问他们的邻居，问他们为什么会变成这个样子，有人说：啊！这一家的主人因为犯罪被判刑处死了。有人说：原来的主人死了以后，他们的子孙却无法守护遗产。也有人说：人死以后，财产全都被官府没收了。我根据这些情况去看，他们不都是因为只吃饭不工作而遭到上天降下灾祸吗？他们不正是强迫自己去做自身才智无法达到的事情，不去选择与自身才能符合的事情去做，而非要占据高位所导致的结果吗？不正是因为做了很多亏心事，明明知道自己无法胜任，却非要去做所导致的结果吗？这些都是难以保持长久的富贵，只想着享受却很少贡献而造成的结果吗！或许是富贵和贫贱都是有定数的，有来有去，无法长久地保持吧？我从心里对这些人感到怜悯，因此就选择自己力所能及的事情去做。喜欢富贵，却为自己的贫贱感到悲伤，难道我跟普通人有什么不同吗？”

他又说道：功劳大的人，得到的可以用于供养自己的东西就多，他的妻子和儿女就都可以由他自己来养活。我的能力很小，所取得的功劳也小，没有妻子和儿女也是可以的。再者我是一个从事体力劳动的人，假如成了家，但能力却无法养活自己的妻子和儿女，那么也是足够让我操心的了。一个人如果既要出体力，又要出心力，就算是圣人也是无法做到的啊！”

我最初听到这些话的时候感到很不理解，然后又认真地想了想他所说的话，觉得他可能也是个贤德之人，这也许就是人们所说的“独善其身”吧！但是，我还是要对他提出批评，因为他为自己考虑得太多，为别人考虑得太少。难道他是一个学习杨朱学说的人吗？杨朱的主张，就是不肯从自己身上拔下一根毫毛来做对天下有利的事情。王承福认为成家是一件过于操心的事情，不肯为了养活自己的妻子、儿女费心，这样的人难道愿意为了别人去操心吗？话虽如此，他与世上那些为了功名利禄而患得患失的人相比，与那些为了满足自己的私欲而忘记道义、到最后反而丧命的人相比，还是好得多的。而且，他所说的话，对我也有很大的警示意义，因此，我为他写了一篇传记，以此来时时提醒、告诫自己。

讳　辩

韩愈

[题解]

封建时代，对于帝王和尊长的名字，需用其他字代替，而不能直接写或说，这叫作避讳。如果有人违犯便会受到批判。所以，才华横溢的诗人李贺，只因为他父亲的名字晋肃的“晋”与进士的“进”同音，便不能参加进士科考试而取得功名。

对此，韩愈十分气愤。在此文中，他虽然不敢反对避讳，但引用经典和法律，对避讳过多表示反对。

[原文]

愈与李贺书，劝贺举进士[①]。贺举进士有名，与贺争名者毁之[②]曰："贺父名晋肃，贺不举进士为是，劝之举者为非。"听者不察也，和而倡之[③]，同然一辞[④]。皇甫湜(shí)[⑤]曰："若不明白[⑥]，子与贺且得罪[⑦]。"愈曰："然。"

律曰："二名不偏讳[⑧]。"释之者曰："谓若言'徵'不称'在'，言'在'不称'徵'是也[⑨]。"律曰："不讳嫌名[⑩]。"释之者曰："谓若'禹'与'雨'，'丘'与'蓲(qiū)'之类是也。"今贺父名晋肃，贺举进士，为犯二名律乎？为犯嫌名律乎？父名晋肃，子不得举进士；若父名仁，子不得为人乎？夫讳始于何时？作法制[⑪]以教天下者，非周公、孔子欤？周公作诗不讳；孔子不偏讳二名；《春秋》不讥不讳嫌名。康王钊之孙实为昭王[⑫]，曾参之父名皙[⑬]，曾子不讳"昔"。周之时有骐期，汉之时有杜度，此其子宜如何讳？将讳其嫌，遂讳其姓乎？将不讳其嫌者乎？汉讳武帝名"彻"为"通"[⑭]，不闻又不讳车辙之"辙"为某字也？讳吕后名"雉"为"野鸡"，不闻不讳治天下之治为某字也。今上章及诏不闻讳"浒""势""秉""机"也[⑮]。惟宦官、宫妾乃不敢言"谕"及"机"[⑯]，以为触犯。士君子立言行事[⑰]，宜何所法守也？今考之于经，质之于律，稽之以国家之典，贺举进士为可耶？为不可耶？

凡事父母，得如曾参，可以无讥矣[⑱]；作人得知周公孔子，亦可以止矣。今世之士，不务行曾参、周公、孔子之行，而讳亲之名，则务胜于曾参、周公、孔子，亦见其惑也。夫周公、孔子、曾参卒不可胜[⑲]。胜周公、孔子、曾参，乃比于[⑳]宦官、宫妾，则是宦官、宫妾之孝于其亲，贤于周公、孔子、曾参者耶？

[注释]

①李贺：字长吉，河南昌谷（今河南宜阳）人。中唐著名诗人，颇得韩愈赏

识。举进士：应进士科考试。②毁之：诋毁他。③不察：不加分辨。和而倡之：随声附和。④同然一辞：众口一词。⑤皇甫湜：字持正，睦州新安（今浙江淳安）人。元和进士，曾任工部郎中。⑥明白：讲清楚。⑦且得罪：将要得到无视“避讳”这种礼法习俗的罪名。⑧二名不偏讳：名字中的两个字不单避讳其中的一个字。⑨言“征”不称“在”：孔子之母名征在，孔子在用到这两个字时，用了“征”字就不连用“在”字。⑩不讳嫌名：不避讳与名字声音相同或相近的字。⑪作法制：制定礼法制度，此指避讳的各种具体办法。⑫康王钊：周康王名钊。之孙实为昭王：其孙名瑕，后谥昭王。⑬曾参：字子舆，孔子弟子，事亲至孝，性又谨慎，每日必三省其身。以其学传子思，子思传孟子，后世称之为宗圣。曾皙：名点，春秋时鲁国人，孔子弟子，曾参之父。⑭汉讳武帝名彻为通：汉武帝名彻，汉代为避其讳，改“彻”为“通”。如“蒯彻”改为蒯通，“彻侯”改为通侯。⑮今上章及诏：当今臣下给皇帝的奏章和朝廷发布的诏令。浒：唐高祖李渊小名虎。势：唐太宗名世民。秉：唐高祖李渊之父名昞。机：唐玄宗名隆基。⑯谕：唐代宗名豫。机：唐玄宗名隆基。故当时宦官、宫妾不敢说“谕”和“机”。⑰士君子：泛指品德端正的知识分子。立言行事：说话、办事。⑱无讥：不受别人讥讽嘲笑。⑲卒不可胜：最终也不可超越。⑳比于：并列于。

李贺

李贺，人称诗鬼，一生愁苦抑郁，体弱多病，卒时仅 27 岁。

[译文]

我给李贺写信，勉励他参加进士科考试。李贺应考可以得中，同他争名的人出来诋毁他，说：“李贺的父亲名晋肃，李贺不参加进士考试才对，勉励他去考的人是错的。”听到这种议论的人不加分辨，随声附和，众口一声。皇甫湜对我说：“如果不辩解明白，您和李贺都将获罪。”我说：“是。”

律说：“双字的名不单避讳其中的一个字。”解释者说：“孔子的母亲名‘徵在’，孔子说‘徵’时不说‘在’，说‘在’时不说‘徵’。”律又说：“不讳声音相近的字。”解释者说：“就像‘禹’和‘雨’、‘丘’和‘苢’之类就是。”李贺的父亲名叫晋肃，李贺去考进士，是违背双字名只避一字的礼法呢，还是不避音近字的礼法呢？父名晋肃，儿子不可以参加进士考试，若父亲名仁，儿子就不能做人了吗？避讳是从何时开始的呢？制定礼法制度来教化天下的，不是周公、孔子吗？而周公作诗不避讳，孔子只避母亲名中的一个字，《春秋》中对音近而不避讳的事例，也没有加以讥刺。周康王名钊，他孙子的谥号是昭王。曾参的父亲名皙，曾子不避“昔”字。周朝有个人叫骐期，汉朝有个人叫杜度，他们的儿子又该如何避讳呢？难道为了要避父名的近音字而改姓呢？还是就不避讳近音字了呢？汉代讳武帝名彻，改“彻”为“通”，没有听说又讳车辙的辙字为别的什么字；讳吕后名雉，改“雉”为“野鸡”，但没有听说又讳“治天下”的“治”字为别的什么字。现在臣子上奏章、皇帝下诏书，也没听说要避“浒”“势”“秉”“机”这些字，只有宦官和宫女，才不敢说“谕”和“机”等字，说了就犯忌。君子的言论、行动，应该遵守什么法度呢？考据经典、对照律文，查核国家典章，李贺参加进士考试，是可以，还是不可以呢？

大凡服侍父母能像曾参那样，就无可指责了；做人能像周公、孔子，也算到了极致了。如今的读书人不学曾参、周公、孔子的行事，却要在避讳尊长的名字上，去超越曾参、周公、孔子，可见他们的糊涂。周公、孔子、曾参，毕竟是无法超过的，在避讳上超越了周公、孔子、曾参，就和宦官、宫女一样了。那么岂非宦官、宫女对亲人的孝顺，超过周公、孔子、曾参了吗？

争臣论

韩 愈

[题解]

这篇文章是韩愈对时任谏议大夫的阳城提出来的批评。阳城担任谏议大夫长达五年之久，但在此期间，他却从来不关心政事，依然像隐居时一样，终日以诗酒自娱。韩愈认为阳城这样做是失职，所以写了这篇文章对他进行批评。争，通“诤”，意思是直言规劝，在这篇文章里，韩愈直言不讳地指出，怎样做才能成为一位合格的谏议大夫。文章采用问答的方式，一问一答，层层深入地阐述自己的观点，其中有些观点在今天看来也是有积极意义的。

[原文]

或问谏议大夫阳城于愈①，可以为有道之士乎哉？学广而闻多，不求闻于人也。行古人之道，居于晋之鄙②，晋之鄙人，薰(xūn)其德而善良者几千人③。大臣闻而荐之，天子以为谏议大夫。人皆以为华，阳子不色喜。居于位五年矣，视其德如在野，彼岂以富贵移易其心哉！

愈应之曰：是《易》所谓恒其德贞④，而夫子凶者也。恶(wū)得为有道之士乎哉⑤？在《易·蛊(gǔ)》之“上九”云⑥：“不事王侯，

高尚其事。”《蹇(jiǎn)》之“六二”则曰：“王臣蹇蹇，匪躬之故[7]。”夫不以所居之时不一，而所蹈之德不同也？若《蛊》之“上九”，居无用之地，而致匪躬之节；蹇之“六二”，在王臣之位，而高“不事”之心，则冒进之患生，旷官之刺兴[8]，志不可则，而尤不终无也。今阳子在位，不为不久矣；闻天下之得失，不为不熟矣，天子待之，不为不加矣，而未尝一言及于政，视政之得失，若越人视秦人之肥瘠，忽焉不加喜戚于其心[9]。问其官，则曰谏议也；问其禄，则曰下大夫之秩也[10]；问其政，则曰我不知也。有道之士，固如是乎哉？且吾闻之：有官守者，不得其职则去；有言责者，不得其言则去。今阳子以为得其言乎哉？得其言而不言，与不得其言而不去，无一可者也。阳子将为禄仕乎？古之人有云[11]：仕不为贫，而有时乎为贫，谓禄仕者也。宜乎辞尊而居卑，辞富而居贫，若抱关击柝者可也[12]。盖孔子尝为委吏矣[13]，尝为乘田矣，亦不敢旷其职，必曰会计当而已矣[14]，必曰牛羊遂而已矣。若阳子之秩禄，不为卑且贫，章章明矣，而如此，其可乎哉？

或曰：否，非若此也。夫阳子恶讪上者[15]，恶为人臣招(qiáo)其君之过，而以为名者，故虽谏且议，使人不得而知焉。《书》曰：“尔有嘉谟(mó)嘉猷(yóu)[16]，则入告尔后于内[17]，尔乃顺之于外，曰：‘斯谟斯猷，惟我后之德。’”夫阳子之用心，亦若此者。

愈应之曰：若阳子之用心如此，滋所谓惑者矣[18]。入则谏其君，出不使人知者，大臣宰相者之事，非阳子之所宜行也。夫阳子，本以布衣隐于蓬蒿之下[19]，主上嘉其行谊[20]，擢在此位，官以谏为名，诚宜有以奉其职，使四方后代，知朝廷有直言骨鲠之臣，天子有不僭(jiàn)赏、从谏如流之美[21]。庶岩穴之士，闻而慕之，束带结发，愿进于阙下，而伸其辞说，致吾君于尧舜，熙鸿号于无穷也[22]。若《书》所谓，则大臣宰相之事，非阳子所宜行也。且阳子之心，将使君人者恶闻其过乎？是启之也。

或曰：阳子之不求闻而人闻之，不求用而君用之，不得已而起，守其道而不变，何子过之深也[23]？

愈曰：自古圣人贤士，皆非有求于闻用也。闵其时之不平，人之不乂[24]，得其道，不敢独善其身，而必以兼济天下也。孜孜矻矻[25]，死而后已。故禹过家门不入；孔席不暇暖而墨突不得黔[26]。彼二圣一贤者，岂不知自安佚之为乐哉[27]？诚畏天命而悲人穷也。夫天授人以贤圣才能，岂使自有余而已？诚欲以补其不足者也。耳目之于身也，耳司闻而目司见，听其是非，视其险易，然后身得安焉。圣贤者，时人之耳目也；时人者，圣贤之身也。且阳子之不贤，则将役于贤以奉其上矣，若果贤，则固畏天命而闵人穷也，恶得以自暇逸乎哉？

或曰：吾闻君子不欲加诸人[28]，而恶讦（jié）以为直者[29]。若吾子之论，直则直矣，无乃伤于德而费于辞乎？好尽言以招人过，国武子之所以见杀于齐也[30]，吾子其亦闻乎？

愈曰：君子居其位，则思死其官；未得位，则思修其辞以明其道。我将以明道也，非以为直而加人也。且国武子不能得善人，而好尽言于乱国，是以见杀。《传》曰[31]：“惟善人能受尽言。”谓其闻而能改之也。子告我曰：阳子可以为有道之士也。今虽不能及已，阳子将不得为善人乎哉？

［注释］

①谏议大夫：古代负责向皇帝提出建议或批评的官员。阳城：字亢宗，自幼喜好读书，曾隐居于中条山（今山西西南），后被唐德宗召为谏议大夫。任职五年间，终日饮酒，不过问政事。②晋之鄙：晋国的边境地区。阳城曾隐居于中条山，此地就位于古代晋国的边境地区。③薰：通“熏”，熏陶，受影响。几：几乎，接近。④《易》：指《周易》。恒其德贞：出自《易·恒》“六五”：“恒其德贞，妇人吉，夫子凶”。意思是说，长久地保持一种美德，却不与时通变，对妇人来说是美德，对男子来说，却是不可取的。⑤恶：哪里。⑥上九：《周易》共有六十四卦，每卦中又有六条爻辞，“上九”和下文中的“六二”都是其中的爻名。⑦王臣蹇蹇，匪躬之故：大臣能够不畏艰险，辅佐国君，是因为他不顾自身的缘故。蹇蹇：尽忠的样子。⑧旷官：放弃自己做官的职责。刺：批评指责。⑨忽彦：不经意的样子。⑩下大夫：唐朝规定，谏议大夫的官阶为正五品，年俸为二百

石，品级相当于古代的下大夫。⑪古之人：指孟子，因为接下来直到“必曰牛羊遂而已”出自《孟子·公孙丑下》。⑫抱关击柝：把守关门，击打梆子。⑬委吏：掌管粮仓的小官。⑭会计：掌管财务及出纳事务的小吏。⑮讪：嘲笑。⑯嘉谟嘉猷：好的计谋、计策。谟、猷：都是计谋、谋略的意思。⑰后：天子。⑱滋：更。⑲布衣：粗布制成的衣服，代指普通百姓。隐于蓬蒿之下：指隐居。⑳行谊：品格和德行。㉑僭赏：不应该进行的奖赏。㉒熙：明显。㉓过：指责。㉔乂：治理。㉕孜孜矻矻：非常勤奋，一点也不懈怠。㉖孔席不暇暖而墨突不得黔：出自班固《答宾戏》，意思是：孔子回到家，连坐席都没有坐暖就走了；墨子回到家，连烟囱都没有熏黑，就离开了。用来形容非常专注自己的事业。㉗佚：通“逸”，安逸。㉘加诸人：凌驾于众人之上，“君子不欲加诸人”一句出自《论语·公冶长》。㉙恶讦以为直者：出自《论语·阳货》。讦，攻击或揭发别人的短处。㉚国武子：名佐，春秋时期齐国人，为人正直，曾当庭斥责庆尅于齐灵公之母私通，被齐灵公杀死。㉛《传》：此处指《国语》。

[译文]

有个人问我谏议大夫阳城是否可以算作具备高尚道德的人。他的学识非常渊博，却并不希望自己声名显赫。仿效古人的做法，他隐居在古代晋国的边境地带，因此当地人受到他的熏陶并且变成善良之辈的将近有一千人。有些大臣听说他的事迹之后就举荐了他，皇帝任命他为谏议大夫。人们都认为是一件非常光荣的事情，但阳先生却并没有表现得多么高兴。他担任这个职务已经有五年的时间了，但看他平时的行为还是像隐居的时候一样，他怎么会由于自己变得富贵而改变自己的志向呢！

我对这个人的回答是：这就像《易经》中记载的一样，长久地保持一种美德，却不懂得随着时间的推移而变通，这对男子来说是非常危险的。他怎么能算是道德高尚的人呢？《易经·蛊》“上九”爻辞说：“不侍奉王侯，努力使自己的行为变得高尚。”但《易经·蹇》“六二”爻辞中又说道：“臣子能够不惧艰险地辅佐国君，是因为不为自己考虑的结果。”这也是由于所处的时代的境遇不相同，所崇尚的道德也就变得不同的原因。假如处于“上九”爻辞所说的境地，没有被国君重用，却非要去奋不顾身的保卫国君；或者处于“六二”爻辞中所说的境地，身为人臣，却把不侍奉国君当成一种高尚的节操，那么就会产生贪求官位和俸禄的危险，人们也会纷纷对失职的官吏进行指责。这样的志向是不值得效仿的，而他最终也会犯下过失。如今阳先生已经当了五年的谏议大夫，对于国家政事的得失，也不能说不了解。皇帝对他，也不能说不重用，但是阳先生却没有说过一句与朝政有关的话。他对于朝政的得失的看法，就像越国旁观秦国人的胖瘦一样毫不在意，无动于衷。问他担任什么官职，他说是谏议大夫；问他的爵位和俸禄，他说相当于下大夫的品秩；但当问到朝政的时候，他却说不知道。难道有道德的人会是这个样子吗？而且我还听人说过：身上有官职的人，如果失职就应当主动辞去官职；负有进谏责任的人，不能进行劝谏也要主动离开朝廷。如今阳先生觉得自己劝谏过吗？在能进谏的时候却不进谏，不能进谏也不辞职，这都是不对的。阳先生莫非是因为自己贫穷、想获得俸禄才来做官的吗？古人曾经说过：做官本来不是由于家贫的原因，但是也有人因为家境贫寒而做官的，指的就是那些单纯为了得到俸禄而做官的人。如果是这样的话，那么就应该辞去高位，去担任一些低贱的职务，不要贪图富贵的生活，应该安于贫贱，比如担任守护城门、打更巡夜之类的职务就可以了。孔子曾经做过看守仓库的小吏，也做过看守牛羊的小吏，但他依然不敢玩忽职守，非要让自己的工作不出差错，让牛羊长得又肥又壮。阳先生的官职和俸禄都不算低了，这是显而易见的，但他却这样做，难道能这样做吗？

有人也许会说：不对，不是像你说的那样。阳先生是讨厌那些讽刺皇帝、身为臣子却揭皇帝的短，并且以此来换取好名声的人。因此尽管他也向皇帝进谏、评论政事的得失，可他却不让别人知道。《尚书》中说道：有了好的计谋、好的策略，就把它告诉你的君主，你就在外面附和道“这些计谋，都是靠着我们君主的美德才想出来的”。阳先生的本意正是如此。

我对此的回答是：假如阳先生真的是这样想的、这样做的，那么就更是人们所说的愚蠢看法了。进入朝廷劝谏君主，但却不让别人知道，这样的事情应该是宰相等重臣做的，阳先生怎么能做呢？他本来是一个普通百姓，隐居在山林之中，皇上嘉奖他品行高尚，所以提拔他做了谏议大夫。既然是“谏议大夫”，那么就应该采取实际行动，履行自己的职责，让天下所有的人，以及自己的后世子孙都知道，朝廷上有这样一位敢于直言进谏的臣子，皇帝也具有不随便奖赏、从谏如流的美德。如果是这样的话，那些隐居的人听说之后，就会非常羡慕，他们也会整理好自己的衣带，束好自己的头发，到朝廷来表达自己的意见，进而让我们的皇帝也能够像尧、舜一样，享有崇高的声望，名留青史。说到《尚书》中记载的大臣、宰相的事情，不是阳先生应该去做的。况且以阳先生的用心，能够让身为皇帝的人讨厌别人指正自己的过失吗？这等于发起了为皇帝掩饰过失的开端。

有人又说，阳先生不愿意出名，但是却出了名；不想做官，却受到了皇帝的提拔和任用，在不得已的情况下做官，使自己的德行保持不变，您为什么非要这样来责难他呢？

我说：从古至今的那些圣人和贤人，他们都不是抱着想出名的目的出来做官的，他们对于当时不公正的社会感到忧虑，为老百姓没有得到很好的治理而感到忧虑，所以在具备了道德和学问之后，不想只是保持一个人的品德，所以才决定要拯救天下的，他们勤奋不懈，死而后已。因此大禹在治水的时候，多次路过家门却不进入；孔子到家之后，连坐席都没有坐暖就又走了；墨子回到家之后，连烟囱都没有熏黑就又离开了。那两位圣人和一位贤人，他们难道不知道享受安逸是一件快乐的事情吗？确实是因为对天命感到敬畏，而且对老百姓悲苦的生活产生怜悯才这样做的啊！上天将道德、明智和才能授予了他们，难道只是让他一个人生活富裕、安乐就完了吗？其实是想用他们的道德和才智来弥补其他人在这方面的不足啊！耳朵、眼睛对于人的身体来说，一个是负责听的，一个是负责看的，耳朵能够辨别是非，眼睛能够看出黑白，这样身体也就会处于平安的状态。圣人和贤人，其实就是世上所有人的耳朵和眼睛，世上所有人其实就相当于圣人和贤人的身体。再说了，阳先生如果不是贤人的话，就要听从圣贤的话来侍奉君主，假如他真的是个贤德之人，那么他本来就应该对天命保持敬畏之心，对人们的悲苦产生同情，怎么能贪图个人的安逸和舒适呢？

有人又说：我听人说君子不愿意凌驾于别人之上，而且讨厌那种将揭发别人的短处当作性格耿直的行为。您这番议论，虽然很直接，但恐怕对自己的道德修养有损害，而且最终会白费口舌，直言不讳地揭别人的短，这是齐灵公杀死国武子的原因，想必您也听说过吧！

我说道：君子既然做了官，就要随时准备殉职；如果没有做官，就要考虑写作文章来阐述道理。我正是为了阐述道理才这样做的，而不是自己觉得自己是个耿直的人而肆意指责别人。况且国武子是由于没能遇到一个道德高尚的人，在一个政治腐败的国家说一些不留余地的话，所以才被杀。《国语》中说道："只有道德高尚的人才能接受直言不讳地批评。"意思是说他听到批评以后就能注意改正错误和过失。你对我说：阳先生是一个道德高尚的人。现在看来，阳先生还没有做到这一点啊，但是他将来难道不能成为一个道德高尚、完美的人吗？

后十九日复上宰相书

韩愈

[题解]

韩愈少时家境贫穷，25 岁中进士后，却没有朝中权贵的推举、引荐，居长安数载未被任用，后来，他接连给当时的宰相赵憬、贾耽和卢迈等写信，希望能够得到他们的推荐，未获答复，多次登门也被拒，只好暂时离开长安。本文是在写了第一封信 19 天后未获答复时写的。

[原文]

二月十六日，前乡贡①进士韩愈，谨再拜言相公②阁下。

向上书及所著文后，待命凡十有九日，不得命。恐惧不敢逃遁，不知所为。乃复敢自纳于不测之诛，以求毕其说，而请命于左右。

愈闻之：蹈水火者之求免于人也，不惟其父兄子弟之慈爱，然后呼而望之也；将有介于其侧者，虽其所憎怨，苟不至乎欲其死者，则将大其声疾呼，而望其仁之也。彼介于其侧者，闻其声而见其事，不惟其父兄子弟之慈爱，然后往而全之也；虽有所憎怨，苟不至乎欲其死者，则将狂奔尽气，濡手足，焦毛

发，救之而不辞也。若是者何哉？其势诚急，而其情诚可悲也。愈之强学力行有年矣。愚不惟[③]道之险夷，行且不息，以蹈于穷饿之水火，其既危且亟矣；大其声而疾呼矣，阁下其亦闻而见之矣。其将往而全之欤？抑将安而不救欤？有来言于阁下者曰："有观溺于水而爇(ruò)[④]于火者，有可救之道而终莫之救也。"阁下且以为仁人乎哉？不然，若愈者，亦君子之所宜动心者也！

或谓愈："子言则然矣，宰相则知子矣。如时不可何！"愈窃谓之不知言者，诚其材能不足当吾贤相之举耳，若所谓时者，固在上位者之为耳，非天之所为也。前五六年时，宰相荐闻，尚有自布衣蒙抽擢者，与今岂异时哉？且今节度、观察使及防御、营田诸小使等，尚得自举判官[⑤]，无间于已仕未仕者；况在宰相，吾君所尊敬者，而曰"不可"乎？古之进人者，或取于盗，或举于管库。今布衣虽贱，犹足以方于此。情隘辞蹙[⑥]，不知所裁，亦惟少垂怜焉。愈再拜。

[注释]

①乡贡：唐代由州县荐举出来参加科举考试而考中进士的人称乡贡进士。②相公：宰相。③惟：考虑。④爇：焚烧。⑤判官：唐代为节度使、观察使和防御使的属官。⑥隘：窘迫。蹙：急促。

[译文]

二月十六日，前科乡贡进士韩愈，谨再次向宰相阁下拜伏进言。

前些日子奉上书信及拙作文章之后，等待了十九天，未获回复。心中惶恐而不敢躲避，不知如何是好。便再次甘冒难以预料的惩罚，以期能说明自己的真心话，而恳请阁下指示。

我听说，陷于水火之灾的人向别人呼救，不只是考虑父母、兄弟、子女的慈爱之情，然后才呼唤而盼望他们来拯救。只要是正在身边的，虽然自己曾经讨厌和怨恨他，但还不至于是盼着自己死的人，便要大声呼喊而期待他能怜惜、救助自己。那些站在身边的人，听到他的呼救，看到他危险的处境，不只是考虑父母、兄弟、子女的慈爱之情，然后去救他的性命。即使对他有所厌恶和怨恨，但还不至于盼他死的人，就会拼命跑去，不顾弄湿了身体，烧焦了头发、胡须，也要拯救他而不会推辞。这是为什么呢？正是因为他的处境确实危急而他的情态确实可怜啊！我刻苦学习、勉力实践已经多年了。我生性愚笨不知考虑道路的艰险或平坦，不停地往前走，以至于陷入穷愁、饥饿的水深火热之中，处境危困而又紧急，只好嘶声急切地呼喊，阁下应该也听到并看到了，是走过来帮助我呢，还是无动于衷不予救援呢？有人禀告阁下说：“有的人看见别人掉到水里或被困于火中，有办法援救而最终没去救。”阁下将会认为他是仁爱的人吗？若不这样认为，像我这种情况，德高望重的人应该也是为之动心的。

韩愈《北楼》

郡楼乘晓上，尽日不能回。晚色将秋至，长风送月来。

有人对我说，你的话是对的，宰相也了解你，但是时机还不允许，怎么办啊？我认为，那些言论不为宰相所了解、重视的人，确实是他们的才干不足以得到我们贤明的宰相的举荐啊！说到时机，本来就是身居高位的人提供的，不是苍天给予的。五六年前，由于宰相的荐举，尚且有从平民百姓中得到提拔的人，那时和现在在时势上难道有什么变化吗？而今的节度使、观察使以及防御使、营田使等，尚且可以自己选用判官，对有无官职的都同样看待，何况是宰相，我们的君主所尊敬的人，怎么好说不能做到呢？古时候举荐人才，有的从盗贼中选取，有的从管理仓库的人中提拔，现今我这个平民虽然地位低贱，还是能和那些人相比的。心情积郁而言辞忧苦，不知写了些什么，也只是希望能多少得到您一点的怜惜、垂顾啊！韩愈再拜。

后二十九日复上宰相书

韩 愈

[题解]

这封信是继《后十九日复上宰相书》之后，韩愈给当朝宰相所写的又一封信，信中再次表达了希望宰相能够任用自己的愿望。

韩愈先是用古代的贤人周公对待的人才的态度与当时的宰相对待人才的态度作对比，表达了自己对于当时权贵们堵塞贤人进阶之路的不满，同时也表明了自己“忧天下”的苦心，指出这正是自己求官的本意。

与前一封信相比，这封信的言辞要更加尖锐和激烈一些，这恐怕与韩愈久等回音而不至，内心充满了失望和愤慨有很大关系。

[原文]

三月十六日，前乡贡进士韩愈，谨再拜言相公阁下：

愈闻周公之为辅相，其急于见贤也，方一食，三吐其哺，方一沐，三握其发[1]。当是时，天下之贤才，皆已举用，奸邪谗(chán)佞(nìng)欺负之徒[2]，皆已除去，四海皆已无虞[3]，九夷八蛮之在荒服之外者皆已宾贡[4]，天灾时变[5]，昆虫草木之妖[6]，皆已销息，天下之所谓礼乐刑政教化之具[7]，皆已修理，风俗皆已敦厚，动植之物，风雨霜露之所沾被者[8]，皆已得宜，休征嘉瑞[9]，麟凤龟龙之属[10]，皆已备至。而周公以圣人之才，凭叔父之亲，其所辅理承化之功[11]，又尽章章如是。其所求进见之士，岂复有贤于周公者哉？不惟不贤于周公而已，岂复有贤于时百执事者哉[12]？岂复有所计议、能补于周公之化者哉？然而周公求之如此其急，惟恐耳目有所不闻见，思虑有所未及，以负成王托周公之意，不得于天下之心。如周公之心，设使其时辅理承化之功未尽章章如是，而非圣人之才，而无叔父之亲，则将不暇食与沐矣，岂特吐哺握发为勤而止哉[13]？维其如是，故于今颂成王之德，而称周公之功不衰[14]。

今阁下为辅相亦近耳。天下之贤才，岂尽举用？奸邪谗佞欺负之徒，岂尽除去？四海岂尽无虞？九夷八蛮之在荒服之外者，岂尽宾贡？天灾时变，昆虫草木之妖，岂尽销息？天下之所谓礼乐刑政教化之具，岂尽修理？风俗岂尽敦厚？动植之物，风雨霜露之所沾被者，岂尽得宜？休征嘉瑞、麟凤龟龙之属，岂尽备至？其所求进见之士，虽不足以希望盛德，至比于百执事，岂尽出其下哉？其所称说，岂尽无所补哉？今虽不能如周公吐哺握发，亦宜引而进之，察其所以而去就之，不宜默默而已也。

愈之待命，四十余日矣。书再上，而志不得通[15]。足三及门，而阍(hūn)人辞焉[16]。惟其昏愚，不知逃遁[17]，故复有周公之说焉。阁下其亦察之！

古之士，三月不仕则相吊，故出疆必载质[18]。然所以重于自

进者，以其于周不可，则去之鲁，于鲁不可，则去之齐，于齐不可，则去之宋，之郑，之秦，之楚也[19]。今天下一君，四海一国，舍乎此则夷狄矣[20]，去父母之邦矣[21]。故士之行道者，不得于朝，则山林而已矣。山林者，士之所独善自养[22]，而不忧天下者之所能安也。如有忧天下之心，则不能矣。故愈每自进而不知愧焉，书亟(qì)上[23]，足数及门，而不知止焉。宁独如此而已，惴(zhuì)惴焉惟不得出大贤之门下是惧[24]。亦惟少垂察焉。渎冒威尊[25]，惶恐无已。

愈再拜。

[注释]

①“愈闻周公”六句：周公，西周初年大政治家，姓姬，名旦，封地在周（今陕西岐山东北），故称周公。他是周武王弟、周成王叔，忠心辅佐成王，为周王朝创建和巩固立下大功，被后世视为宰相的楷模。哺，咀嚼着的食物。沐，洗头。据《史记·鲁世家》载，周公为接待求见的人，一顿饭未及吃完，多次把口中的食物吐出来，一次洗头多次把头发挽起来，不怠慢求见者。②谗：说坏话挑拨离间。佞：用花言巧语向人献媚。③虞：忧虑。④九夷八蛮：这里泛指少数民族。夷，古代对东方少数民族的泛称。荒服：古代京畿之外，分地为五等，名为五服，每服距离五百里。荒服是五服之一，距京畿二千至二千五百里的地方，是最荒远的地方。宾：客，这里有服从归顺的意思。贡：向朝廷进献物品。⑤时变：指大自然出现的与时令不符的反常现象。⑥昆虫草木之妖：指昆虫、草木等物的一些变异和反常现象。古人迷信，认为这些都是天上将要降下灾祸的不祥征兆，所以称为“妖”。⑦具：这里有制度的意思。⑧沾：浸湿。被：覆盖。⑨休征嘉瑞：美好吉祥的征兆。休、嘉，都是美善的意思。瑞，征兆，多指吉祥的征兆。⑩麟凤龟龙：《礼记·礼运》“麟凤龟龙，谓之四灵”。它们都是象征吉祥的动物。属：类。⑪辅理：辅助治理。唐避高宗李治讳，常用“理”字代替“治”字。⑫百执事：这里指公卿百官。百，言其多。执事，执掌职事的人。⑬特：只是。⑭衰：消歇，减少或停止。⑮通：上达。⑯阍：看门人。⑰逃循：这里指擅自离去，或不告而行。⑱“古之士”三句：吊，慰问。疆，国境、边界。质，同“贽”，古人初见面时所献礼物。士见诸侯求仕也须献贽。以上三句语本《孟子·滕文公下》：“孔子三月无君则皇皇如也，出疆必载质。”“古之人三月无君则吊”。“无君”犹“不仕”。《孟子》本章说明古人（包括孔子）是“急”于“仕”的，但又指出“君子之难仕也”，“恶（憎恶）不以其道”。本文下句“重于自进”云云，即承此意。⑲“以其于周”九句：周，周王朝。之，往、到。鲁、齐、宋、郑、秦、楚，都是东周（春秋）时诸侯国。曾国藩说：“鲁，同姓（与周王室同姓姬），礼仪之邦，故次周后；齐，大国，次之；宋、郑，小国，次之；秦、楚，戎蛮，又次之。”（见《韩昌黎文集校注》引）揭示本文所列诸国次

序并非随便泛指。⑳狄：古代对北方少数民族的泛称。㉑父母之邦：自己生长的国家，犹祖国。㉒独善：《孟子·尽心上》："穷则独善其身。"㉓亟：屡次。㉔惴惴：惶恐不安的样子。㉕渎：轻慢，无礼貌。

[译文]

三月十六日，以前在乡贡考试中考取进士的韩愈恭敬地行再拜礼，向宰相阁下进言：

韩愈听人说过，周公在作辅佐周成王的时候，是那样急于接见贤德的人才。正在吃饭的时候，他三次把嘴里的食物吐出来迎接宾客，正洗头发的时候，他就三次握着湿漉漉的头发出来接见宾客。在当时，天下所有的贤才都受到了提拔和重用，而那些邪恶凶暴、心怀不轨、谄媚奉承、虚伪背义的坏人，全都被清除。全天下都没有什么可担心的，居住在边疆地区的很多少数民族部落，也都对周朝表示归顺，并且年年进贡。由于天气造成的灾难，以及昆虫、草木出现的反常现象，全都消失不见，国家的礼乐、刑政的制度都已经制定并且建立起来，社会风气也都变得淳厚朴实，动物、植物，凡是受风雨霜露浸润滋养的东西，都已经得到了适合它们的地方来声张，麟、凤、龟、龙这些的象征着美好和吉祥的东西，全都出现了。周公凭借着自己圣人的才能，凭借自己是成王叔叔这种至亲的关系，辅佐成王治理国家，宣扬教化，取得了显著的功绩，那些请求拜见周公的人，难道还有比周公更加贤能的吗？不仅不会比周公更加贤能，就是与当时朝廷的百官相比，也不会更加贤能。难道还能贡献出什么好的计策和议论，能对周公对天下的教化进行补益呢？但是周公依然怀着迫切的心情去访求他们，唯恐自己的耳朵会有听不见的好建议，眼睛会有看不到的贤才，大脑的思考会有什么不周到的地方，最后辜负了成王对自己的委托，无法做到天下归心。周公如此用心，假如当时辅佐成王治理天下、教化万民的功绩不是那么明显，他也不具备圣人的才能，与成王也不是叔侄那样的至亲关系，那周公也就没时间去吃饭和洗头发了，怎么能只有"吐哺握发"这样的勤劳行为就算完了呢？正是由于他肯于用心才能出现这样的局面，因此直到今天，人们对于成王的大德一直都还念念不忘，对周公的功绩交口称赞。

现在您身为宰相，在这一方面已经跟周公非常相近了。天下所有的贤人，莫非都已经受到提拔和重用了吗？邪恶凶暴、心怀不轨、谄媚奉承、虚伪背义的那些坏人，莫非都已经被清除了吗？莫非全天下都已经没有可担心的事情了吗？那些居住在边疆地区的少数民族部落，莫非都已经对朝廷表示归顺，并且年年进贡了吗？国家的礼乐、刑政制度莫非都已经制定并完善了吗？动物、植物，受风雨霜露浸润滋养的所有东西，莫非都已经得到了适合它们生长的地方了吗？麟、凤、龟、龙这些象征着美好和吉祥的东西，莫非都已经显露出了迹象？那些请求拜见您的人，虽然不敢期望自己能够拥有像您一样的大德，但是与您手下的那些官员比起来，难道就一个也不如吗？这些人向您提出的意见，莫非对于朝廷的政事一点补益都没有吗？现在您就算无法像周公一样样吐哺握发地来接待宾客，也总要接见并且举荐他们，观察他们的言行到底怎么样，然后决定是否任用，不能默默无言，冷漠对待啊！

我等候您的回信，已经有四十多天了。两次写信给您，您却不了解我的心意，三次上门求见，却受到了看门人的阻拦。只因我生性愚顽，不明白自己应该主动归隐山林，因此才做了上述一番关于周公的议论。希望您能够了解！

古代那些读书人，一旦有人三个月没有做官或担任什么职务，就会相互安慰和问候，因此他们离开自己国家的疆界时，就会在车上装载好见面礼。但是他们之所以不愿意轻易地主动求取官职，是由于他们在周朝没有得到任用，于是就离开周朝，前往鲁国求取官职。在鲁国不受重用，就离开鲁国前往齐国，在齐国不受重用，就离开齐国前往宋国，前往郑国，前往秦国，前往楚国。如今全天下只有一位君主，四海之内只有一个国家，离开这里，那就只能到夷狄之地去了，也就意味着要离开自己的祖国了。因此那些读书人中如果有人想实现自己的理想，却不能受到朝廷的任用，就只能到山林之中去做隐士了。隐居于山林之间，只不过是读书人中想要独善其身、只顾自身却不知道为天下担忧的人才会做的，假如他们的心里能够为天下担忧，就不会这样做。所以我每次主动求见您却不知道羞愧，多次给您写信，多次登门拜访却不知道停止，也正是因为这一点啊！哪里只是这样就算完了呢，我的心里常常感到惶恐，生怕自己不能得到您这样的大贤的人的推荐，所以也希望您能够稍微对我进行考察，体谅我的苦衷。亵渎冒犯了您的威严和尊贵，我的心里感到非常惶恐。

韩愈再拜向您致意。

与于襄阳书

韩 愈

[题解]

本文也是韩愈的一篇干谒文章。作者写信给于頔，希望能够获得他的赏识与推荐。士人若要扬名于世，就需要有身居高位的人引荐提拔，而身居高位的人也需要有后起之秀来继承他的事业才能流芳千古，这两种人应该是相辅相成的。作者把于襄阳和自己分别比作这两种人，试图以这种赞美获得于襄阳的赏识。

[原文]

七月三日，将仕郎守国子四门博士韩愈[1]，谨奉书尚书阁下[2]。

士之能享大名、显当世者，莫不有先达之士、负天下之望者，为之前焉。士之能垂休光、照后世者，亦莫不有后进之士、负天下之望者为之后焉。莫为之前，虽美而不彰，莫为之后，虽盛而不传。是二人者，未始不相须也。然而千百载乃一相遇焉！岂上之人无可援，下之人无可推欤？何其相须之殷而相遇之疏也？其故在下之人负其能不肯谄其上，上之人负其位不肯顾其下，故高材多戚戚之穷，盛位无赫赫之光。是二人者之所

作书干谒

七月三日，将仕郎守国子四门博士韩愈，谨奉书尚书阁下。

为皆过也。未尝干之，不可谓上无其人。未尝求之，不可谓下无其人。

愈之诵此言久矣，未尝敢以闻于人。侧闻阁下抱不世之才，特立而独行，道方而事实，卷舒不随乎时，文武唯其所用，岂愈所谓其人哉！抑未闻后进之士，有遇知于左右、获礼于门下者，岂求之而未得邪？将志存乎立功，而事专乎报主，虽遇其人，未暇礼邪？何其宜闻而久不闻也？愈虽不材，其自处不敢后于恒人。阁下将求之而未得欤？古人有言："请自隗[3]始。"愈今者惟朝夕刍[4]、米、仆、赁（lìn）之资是急，不过费阁下一朝之享而足也。如曰："吾志存乎立功，而事专乎报主，虽遇其人，未暇礼焉。"则非愈之所敢知也。世之龊龊者既不足以语之，磊落奇伟之人又不能听焉，则信乎命之穷也！

谨献旧所为文一十八首，如赐览观，亦足知其志之所存。愈恐惧再拜。

［注释］

①将仕郎：文散官。守：唐代品级较低的人担任较高官职的叫守。四门：指四门学，为国子监所统辖，其中设博士若干人。②阁下：指于頔。因做过襄州大都督，故称于襄阳。③隗：郭隗。郭隗建议燕昭王礼贤待士"先从隗始"。④刍：草料。

［译文］

七月三日，将仕郎守国子监四门学博士韩愈，谨呈此信给尚书阁下。

士人能获得大的名声，显耀于当世的，无不是靠地位显贵、为天下景仰的前辈为先导；士人能有美好的声望流传、光照后世的，同样没有一个不是靠誉满天下的后起之秀来继承他。无人做他的先导，他虽有美好的才华，但也不能在世上闻名；

没有人继承他，虽然他飞黄腾达，但也不能名传后世。这两种人，并非不是相互期待，然而千百年才能偶然遇到。难道是处于高位的人中没有可以请托的，身处下位的人中没有值得推举的吗？为什么他们期待对方时那么殷切，但相遇又那么艰难呢？这是因为身处下位的人自恃其才而不肯讨好身处高位的人，身处高位的人倚仗自己显贵的地位而不肯照应身处下位的人。因此有才能的人往往不得志，位尊之人的名声往往不显赫。这两种人的做法都是不妥的。既然不曾拜访过，就不能说身处高位的人中没有可以请托的；既然不曾物色过，也不能说身处下位的人中没有值得推举的。

我默念这样的话很久了，没有敢对别人提起过。我从旁听说阁下所怀的才能世间少有，立身行事超过常人，道德端正、办事踏实，进退有度不受时俗影响，文武双全、才能出众，难道您不就是我上面说的那种天下景仰的贤达之人吗？可是我却又并未听说过哪位晚辈受到您的赏识，在您门下受到礼遇。是不是有人访求过却没有找到？还是您忙于建功立业，报效君主，虽然遇到了贤才，却无暇礼待？为什么本该有您荐举后进的事迹传扬，却未曾听过呢？我虽然才疏学浅，但在律己方面却不敢低于常人。阁下是不是想寻求贤才却没有找到？古人曾说："请从我郭隗开始吧！"我现在只为日常的费用着急，这些只不过是阁下一顿早餐的费用而已。如果阁下说："我忙于建功立业，报效君主，虽然遇到了贤才，却也无暇礼待。"那就不是我敢知道的了。世上那些狭隘、龌龊的人，既不值得我对他们说这些话，而那些胸怀磊落、奇伟不凡的人又不能倾听这些话，那么我的命运必定不济了。

谨向阁下呈上从前所作的十八篇文章，如有幸得到您的阅览，也可以表达我的志向所在。韩愈惶恐再拜。

与陈给事书

韩 愈

[题解]

题目中的"陈给事"名陈京，子庆复，于唐德宗贞元十九年（803）被擢升为给事中，负责驳正政令的得失，韩愈在这封信中回顾了自己与陈京以前的一段不愉快经历，并且委婉地对陈京表示了自己的不满和批评，同时也希望陈京能够重新了解自己，恢复两个人之间的友情。

[原文]

愈再拜：

愈之获见于阁下有年矣。始者亦尝辱一言之誉。贫贱也，衣食于奔走[①]，不得朝夕继见[②]。其后阁下位益尊，伺候于门墙者日益进[③]。夫位益尊，则贱者日隔，伺候于门墙者日益进，则

爱博而情不专。愈也道不加修，而文日益有名。夫道不加修，则贤者不与[4]，文日益有名，则同进者忌。始之以日隔之疏，加之以不专之望[5]，以不与者之心，而听忌者之说。由是阁下之庭无愈之迹矣。

去年春，亦尝一进谒于左右矣[6]，温乎其容，若加其新也[7]；属(zhǔ)乎其言[8]，若闵(mǐn)其穷也[9]。退而喜也，以告于人。其后如东京取妻子[10]，又不得朝夕继见。及其还也，亦尝一进谒于左右矣。邈乎其容[11]，若不察其愚也[12]；悄(qiǎo)乎其言[13]，若不接其情也。退而惧也，不敢复进。今则释然悟[14]，翻然悔曰[15]：其邈也，乃所以怒其来之不继也；其悄也，乃所以示其意也。不敏之诛[16]，无所逃避[17]。不敢遂进，辄自疏其所以[18]，并献近所为《复志赋》以下十首为一卷，卷有标轴[19]。《送孟郊序》一首[20]，生纸写[21]，不加装饰。皆有揩字、注字处[22]，急于自解而谢[23]，不能竢更写[24]。阁下取其意，而略其礼可也。

愈恐惧再拜。

[注释]

①衣食于奔走：是“奔走于衣食”的倒装句。②继：连续。③伺候：等候，这里有“依附”的意思。门墙：原指师门。这里泛指尊者的门下。④贤者：这里指陈给事。与：赏识，赞赏。⑤望：抱怨，不满。⑥谒：拜见。⑦加：对待。新：新交。⑧属：连续不断。这里形容话很多，很热情。⑨闵：同“悯”，怜惜。⑩如：到。东京：指今河南洛阳。唐时首都在长安（今陕西西安），而以洛阳卫东都，也称东京。⑪邈：远。这里指表情疏而冷淡的样子。⑫愚：谦词，这里指自己的心情。⑬悄：沉默，冷淡。⑭释然：形容疑虑消除。⑮翻然：也做“幡然”，形容很快转变。⑯诛：责备。⑰无所：没有什么地方、处所。⑱辄：即，就。疏：分条陈述。⑲标轴：标签和卷轴。书画卷之端有棍干为轴。⑳孟郊：字东野，唐代诗人，韩愈的朋友。参看本书所选《送孟东野序》。㉑生纸：未经加工精制的纸。宋邵博《邵氏闻见后录》卷二十八载：“唐人有熟纸，有生纸。熟纸，所谓妍妙辉光者。其法不一。生纸非有丧故不用，退之与陈京书云《送孟郊序》用生纸写，言急于自解，不暇择耳。”㉒揩字：涂去的字。注字：添加的字。㉓谢：道歉。㉔竢：等待。

[译文]

韩愈再向您行礼。

我得到拜见阁下您的机会已经有很多年了，最初也曾蒙受您的称赞，可是由于贫贱的原因，我不得不为了衣食生计而四处奔波，无法经常去拜访、探望您。这之后您的地位变得越来越尊贵，依附在您的门庭之下的人也越来越多。地位越来越尊贵，与贫贱之人的隔膜也就一天天地加深了；依附在您门庭的人越来越多，受到您赏识和器重的人也就越来越多，因此您的感情也就变得不再专注了。而我，在道德修养方面并没有什么建树，写文章的名气却越来越大。在道德方面没能得到进步，那么贤德之人就不愿意与我交往；文章越来越有名，与我一同上进的人就会嫉妒我。因此最初我由于没有经常跟您见面而被疏远，后来又因为我对您不屑于跟我交往感到不满，听信嫉妒我的人的谗言，所以您的家里就基本上看不到我韩愈的身影和踪迹了。

去年的春天，我曾经去拜望过您一次。您的脸色温和，就像接待第一次见面的朋友一样，说话的态度殷切热情，就像对我落魄失意的处境感到同情一样。从您那里出来以后，我的心里非常高兴，并且把这些情况告诉了其他人。从那之后，我就前往洛阳去接家眷来长安，这样就不能天天不断地去拜访您。等我从洛阳回到长安之后，我又去拜望了您一次。这次您的态度很是冷淡，似乎无法体察我的内心的想法，没有什么话，似乎对我的苦衷并不理解。我回到家以后心里感到不安，也就不敢再去您的家里拜访您了。现在我一下子明白了，非常悔恨地对自己说道：您对我的冷淡表情啊，正是对我没有经常去拜望您而不满啊；您那沉默不语的态度，正是想借此来表达您这种想法。我因为自己愚蠢、鲁钝而自责，这一点不用逃避，现在我也不敢贸然前去拜见您，所以只能写信讲述情由，并且把我最近所写的《复志赋》等十篇诗文作为一卷，卷轴的前面都题了字作为标记。还有一篇《送孟郊序》，是用生纸写成的草稿，没有再进行誊写，所以还留有涂抹和添加注字的地方。由于急着向您解释并且表达歉意，我连重新抄写一遍的时间也不愿意等了。希望您能够接受我的诚意，原谅我礼节不周的罪过吧！

韩愈诚惶惶恐地向您再次行礼。

应科目时与人书

韩 愈

[题解]

本文是贞元九年（793）韩愈参加博学宏词科考试时为了传扬自己的名声、希望别人帮助他做宣传时写给相关人的信。作者通过行动的比喻，描述了自己的处境、心态，把自己的愿望以及对方的身份作用很有分寸地表达了出来。

[原文]

月、日，愈再拜：

天池之滨，大江之濆(fén)①，曰有怪物焉，盖非常鳞凡介之品汇

匹俦也[2]。其得水，变化风雨，上下于天不难也。其不及水，盖寻常尺寸之间耳[3]。无高山大陵旷途绝险为之关隔也，然其穷涸，不能自致乎水，为猵（bīn）獭之笑者，盖十八九矣[4]。如有力者，哀其穷而运转之[5]，盖一举手、一投足之劳也。然是物也，负其异于众也，且曰："烂死之沙泥，吾宁乐之。若俯首帖耳[6]，摇尾而乞怜者，非我之志也。"是以有力者遇之，熟视之若无睹也。其死其生，固不可知也。

今又有有力者当其前矣，聊试仰首一鸣号焉，庸讵知有力者不哀其穷而忘一举手、一投足之劳，而转之清波乎[7]？其哀之，命也；其不哀之，命也；知其在命，而且鸣号之者，亦命也。

愈今者，实有类于是，是以忘其疏愚之罪，而有是说焉。阁下其亦怜察之。

[注释]

①渍：水边。②常鳞凡介：平常的鱼类、龟鳖等动物。匹俦：一样，相同。③寻常尺寸之间：指极近的距离，活动范围极小。寻，八尺为"寻"；常，倍寻为"常"。④猵獭：一种獭类动物，又称猵。十八九：十之八九，言大都如此。⑤有力者：有力量的人，指当权者。哀其穷：怜悯其困厄。运转：移动位置，即改变处境。⑥俯首帖耳：驯服从命。⑦庸讵知：岂知，怎知。转之清波：放之于江海。

[译文]

某月某日，韩愈叩首：

南海的边上，大江的水边，传说有一种奇物，大概不是平常鱼类、水兽等动物可以相比。它得了水，就能变化于风雨之间，上天下地都很容易。但若得不到水，也就是平时所见的大小，即使没有广阔险峻的高山土丘阻隔，也只能困处干枯，不能到达有水的地方，十有八九会被水獭之流嘲笑。如果遇见有力量的人，可怜它们的窘境而把它拉到水里去，只不过是举手之劳罢了。但是这种怪物的抱负却与众不同，它会说："烂死在沙泥里，也是我所高兴的。如果俯首帖耳，摇尾乞怜，则绝非我的志向。"因此有能力帮它的人走过，它也熟视无睹，像没看见一般，它的死活，也就无法预测。

如今又有一个有能力的人来到眼前，试着抬起头鸣叫一声，看看有能力的人是否可怜它的窘境，而忘记了举手之劳，把它转移到水中去呢？若有人可怜它，是它的命。无人可怜它，也是它的命。知道生死由命还鸣号求助的，也算是一种命吧！

我现在的境况确实有点类似于它，所以不顾自己的粗疏和笨拙，而写下这些话，请您怜察！

送孟东野序[1]

韩愈

[题解]

中唐著名诗人孟郊，一生郁郁不得志。他年轻时屡试不第，46岁才中进士，50岁时被任命为溧阳县尉。在他即将上任时，韩愈写了这篇文章对他加以赞扬并进行了安慰，表达了对朝廷不能选用人才的感慨和不满。

[原文]

大凡物不得其平则鸣。草木之无声，风挠[2]之鸣。水之无声，风荡之鸣，其跃也，或激之[3]；其趋也，或梗之；其沸也，或炙之。金石之无声，或击之鸣。人之于言也亦然，有不得已者而后言，其谓也有思，其哭也有怀。凡出乎口而为声者，其皆有弗平者乎！

乐也者，郁于中而泄于外者也，择其善鸣者而假之鸣[4]。金、石、丝、竹、匏(páo)、土、革、木八者，物之善鸣者也。维天之于时也亦然，择其善鸣者而假之鸣。是故以鸟鸣春，以雷鸣夏，以虫鸣秋，以风鸣冬。四时之相推夺[5]，其必有不得其平者乎！

其于人也亦然。人声之精者为言，文辞之于言，又其精也，尤择其善鸣者而假之鸣。其在唐、虞，咎陶(gāo yáo)、禹，其善鸣者也[6]，而假以鸣。夔弗能以文辞鸣，又自假于《韶》以鸣[7]。夏之时，五子以其歌鸣。伊尹鸣殷，周公鸣周。凡载于《诗》《书》六艺，皆鸣之善者也。周之衰，孔子之徒鸣之，其声大而远。传曰："天将以夫子为木铎[8]。"其弗信矣乎？其末也，庄周以其荒唐之词[9]鸣。楚，大国也，其亡也，以屈原鸣。臧孙辰[10]、孟轲、荀卿，以道鸣者也。杨朱、墨翟、管夷吾、晏婴、老聃(dān)、申不害、韩非、慎到、田骈、邹衍、尸佼(jiǎo)、孙武、张仪、苏秦之属，皆以其术鸣[11]。秦之兴，李斯[12]鸣之。汉之时，司马迁、相如、扬雄，最其善鸣者也。其下魏晋氏，鸣者不及于古，然亦未尝绝也。就其善者，其声清以浮[13]，其节数以急[14]，其辞淫以哀[15]，其

志弛以肆[16]。其为言也，乱杂而无章。将天丑其德莫之顾邪[17]？何为乎不鸣其善鸣者也？

唐之有天下，陈子昂、苏源明、元结、李白、杜甫、李观[18]，皆以其所能鸣。其存而在下者，孟郊东野始以其诗鸣。其高出魏晋，不懈而及于古[19]，其它浸淫乎汉氏矣。从吾游者，李翱、张籍其尤也[20]。三子者之鸣信善矣，抑不知天将和其声而使鸣国家之盛耶？抑将穷饿其身、思愁其心肠而使自鸣其不幸耶？三子者之命，则悬乎天矣。其在上也奚以喜[21]？其在下也奚以悲？东野之役于江南也[22]，有若不释然者[23]，故吾道其命于天者以解之[24]。

[注释]

①孟东野：孟郊（751—814），著名诗人。46岁始中进士，50岁被任命为溧阳尉。②挠：搅动，搅乱。③其跃：指水掀起波浪。或激之：是有东西阻遏其势。④假之鸣：借助于其物而发出鸣声。⑤推夺：推移变化。⑥唐：帝尧的国号。虞：帝舜的国号。咎陶：皋陶，舜时执掌司法和典章制度的大臣。⑦夔：舜时的乐官。《韶》：韶乐，舜时的乐曲名。⑧夫子：指孔子。木铎：金属制成的大铃，中有舌，摇之即响，因舌为木制，故称木铎。古时以摇木铎为召集民众的信号。⑨荒唐之词：指其文章设辞奇诡，汪洋恣肆，气势宏大无边。⑩臧孙辰：臧文仲，春秋时鲁国大夫。⑪申不害：战国时韩国人，后世奉为法家之祖，著《申子》。慎到：战国时赵国人，法家学派思想家，著《慎子》。田骈：战国时齐国人，属道家学派，著《田子》。邹衍：战国时齐国人，曾为燕昭王师，阴阳家，著《终始》《大圣》。尸佼：战国时鲁国人，曾为商鞅门客，杂家，著《尸子》。孙武：孙武子，春秋时齐国人，著名军事家，著《孙子》。张仪：战国末期魏国人。纵横家，以连横之策助秦灭六国。苏秦：战国末年东周洛阳人，纵横家，以合纵之策联六国以抗秦。术：指各家的思想、学说、策略等。⑫李斯：战国末年楚国上蔡（今河南上蔡）人。著名政治家，法家学派，为秦相，佐秦统一中国，著有《谏逐客书》等。⑬清以浮：清丽而浮夸。⑭数以急：频繁而急促。⑮淫以哀：语言放荡而悲凉。⑯弛以肆：松懈而放肆。⑰将：副词，大概。丑：意动词，以……为丑。莫之顾：不顾念他们。⑱陈子昂：字伯玉，初唐著名诗人，唐代诗文革新运动的先驱者，著《陈伯玉集》。苏源明：字弱夫，盛唐诗人，著《苏源明前集》，已佚。元结：字次山，著名诗人，著《次山集》。李观：字元宾，中唐文学家，著《李元宾集》。⑲不懈而及于古：不懈努力而可追及古人。一说："不懈"即"无懈"，指其诗精到严密，无懈可击。⑳李翱：字习之，中唐古文家，著《李文公集》。张籍：字文昌，中唐著名诗人，著《张司业诗集》。其尤：其中最杰出者。㉑奚以喜：有什么值得高兴的呢？㉒役于江南：受差遣到江南去供职。

此指孟郊赴溧阳尉任。㉓有若：好像有。不释然者：不能释然于怀的，即有不开心、不愉快之事闷在心里。㉔道其命于天者：说他的命运系于上天。解之：宽慰他。

［译文］

大凡事物不得其平静就会发出声音：草木本来没有声音，风摇动它才发出声响。水本来没有声音，风摇荡它就会发出声响。水浪腾涌，是受阻激起浪花；水势急流，是有东西阻塞了水道；水花沸腾，是有火在煮它。金属、石器本来没有声音，有人敲击它就会响。人的语言也同样如此，往往到了不得已时才讲。人们唱歌是为了寄托情思，哭泣是有所怀恋，凡是从口中发而为声的，都是因有所不平吧！

音乐，是人们心中郁闷而宣泄出来的声音，人们选择善于发音的东西来奏乐。金、石、丝、竹、匏、土、革、木这八种，是器物中发音最好的。上天对于四季也是这样，选择最善于发声的借以发声。因此春天让百鸟鸣，夏天让雷鸣，秋天让虫鸣，冬天让风鸣。四季互相推移变化，也必定有其不得平静之处吧？

对于人来说也一样。人类声音的精华是语言，文辞对于语言来讲，又是它的精华，所以尤其要选择善于鸣的借之以鸣。在唐尧、虞舜时，咎陶、禹是善于表达的，就借助他们来表达。夔不能用文辞来表达，就借演奏《韶》乐来表达。夏代，五子用他们的歌声来表达。伊尹鸣于殷，周公鸣于周。凡是记载在《诗经》《尚书》等六部经籍中的，都是表达得最好的。周朝衰落时，孔子师徒表达看法，他们的声音大而传得远。经传上说："上天将使孔子成为木铎。"这可以不相信吗？周朝末年，庄周用他那荒诞、虚幻的文辞来表达。楚国是大国，它灭亡时，靠着屈原来表达。臧孙辰、孟轲、荀卿等人用道来表达。杨朱、墨翟、管夷吾、晏婴、老聃、申不害、韩非、慎到、田骈、邹衍、尸佼、孙武、张仪、苏秦这些人，都用各自的主张来表达。到秦朝兴起时，李斯是表达者。在汉朝，司马迁、司马相如、扬雄，是表达得最好的人。此后的魏晋时期，善表达的人虽不及古代，可是也并未绝迹。就其比较好的人来说，他们的声音清轻而浮泛，节奏频繁而急迫，文辞艳丽而伤感，志趣颓废而恣肆。他们的言论，杂乱而没有章法。这也许是上天憎恶这个时代的德行而不愿照顾他们吧，何以不让那些善于表达的人出来表达呢？

唐朝建立后，陈子昂、苏源明、元结、李白、杜甫、李观，都凭他们所擅长的方法表达心声。如今尚在而身居下位的，孟郊开始用他的诗歌来表达感情。他的诗超过了魏晋，有些经过不懈的努力可以赶上古人。其

皋陶

其在唐、虞，咎陶、禹，其善鸣者也，而假以鸣。

他作品也都与汉朝的水准接近了。跟我交往的人中，李翱、张籍最出色。他们三位的文辞表达的确实很好。但不知道上天将应和他们的声音，让他们来表达国家的强盛呢，还是将让他们贫穷饥饿、心肠愁苦，来表达自身的不幸呢？这三位的命运，就取决于上天了。身居高位有什么可喜？屈居下层又有什么可悲？东野将赴江南任职，心里好像有不愉快的地方，所以我讲命由天定的话来宽慰他。

送李愿归盘谷序

韩愈

[题解]

唐德宗贞元十七年（801），韩愈在长安等候调官，因仕途不得志，所以心情也不顺畅，故借好友李愿归隐盘谷的事情，抒发心中的不平之气。通过对显贵、隐士和趋炎附势之徒的对比，表达了他对官场腐败现象的批判以及对隐居的向往。

[原文]

太行之阳有盘谷。盘谷之间，泉甘而土肥，草木藂茂，居民鲜少。或曰："谓其环两山之间，故曰盘。"或曰："是谷也，宅幽而势阻①，隐者之所盘旋②。"友人李愿居之。

愿之言曰："人之称大丈夫者，我知之矣！利泽施于人③，名声昭于时。坐于庙朝，进退百官④，而佐天子出令。其在外，则树旗旄(máo)，罗弓矢⑤，武夫前呵，从者塞途，供给之人，各执其物，夹道而疾驰。喜有赏，怒有刑。才俊⑥满前，道古今而誉盛德，入耳而不烦。曲眉丰颊，清声而便(pián)体⑦，秀外而惠中，飘轻裾⑧，翳⑨长袖，粉白黛绿者，列屋而闲居，妒宠而负恃⑩，争妍而取怜。大丈夫之遇知于天子，用力于当世者之所为也。吾非恶此而逃之，是有命焉，不可幸而致也。

"穷居而野处，升高而望远，坐茂树以终日，濯清泉以自洁。采于山，美可茹⑪；钓于水，鲜可食。起居无时，惟适之安。与其有誉于前，孰若无毁于其后；与其有乐于身，孰若无忧于其心。车服不维⑫，刀锯⑬不加，理乱不知，黜陟⑭不闻。大丈夫不遇于时者之所为也，我则行之。

"伺候于公卿之门，奔走于形势之途⑮，足将进而趑趄(zī jū)⑯，口

将言而嗫嚅[17]，处污秽而不羞，触刑辟而诛戮。侥幸于万一，老死而后止者，其于为人贤不肖何如也。”

昌黎韩愈闻其言而壮之[18]，与之酒而为之歌曰：

盘之中，维子之宫[19]。盘之土，可以稼[20]。盘之泉，可濯可沿。盘之阻，谁争子所[21]？窈而深[22]，廓其有容[23]。缭[24]而曲，如往而复[25]。嗟盘之乐兮，乐且无央[26]。虎豹远迹兮，蛟龙遁藏。鬼神守护兮，呵禁不祥[27]。饮且食兮寿而康，无不足兮奚所望？膏吾车兮秣吾马[28]，从子于盘兮，终吾生以徜徉。

[注释]

①宅幽：地方很幽静。势阻：形势很险要。②盘旋：盘桓，逗留。③利泽：利益恩泽。④进退百官：决定百官的进退升降。⑤罗：列。弓矢：弓箭。⑥才俊：才能出众的人，这里指大官的门客。⑦便体：美好的体态。⑧裾：衣襟。⑨翳：通“曳”，拖着。⑩妒宠：妒忌别的姬妾得到宠爱。负恃：自负美貌。⑪美可茹：味美可吃。⑫车服：大官坐的车子和穿的衣服。维：束缚。⑬刀锯：刑具。⑭黜：降官。陟：升官。⑮奔走：为着某种目的而进行活动。形势：地位和权势。⑯趑趄：进退迟疑不决。⑰嗫嚅：要说话而又说不出来（形容奔走权贵之门的那种人的丑态）。⑱壮之：认为李愿的话气魄很大。⑲维：是。子：你，指的是李愿。宫：房屋。⑳稼：播种五谷。㉑谁争子所：谁来争夺你的住所？㉒窈而深：幽远深奥。㉓廓：广阔。其：助词。有容：能够存身。㉔缭：屈曲。㉕如往而复：好像穿过去了，又绕了回来。㉖无央：无穷尽。㉗呵禁不祥：大声吆喝，禁止不吉利的东西近前来。㉘膏吾车：有滑润的油脂抹在我的车轮上。秣吾马：用饲料喂饱我的马。

[译文]

太行山的南面有个叫盘谷的地方。盘谷中间，泉水甘美，土地肥沃，草木丰茂，人烟稀少。有人说：“因为它处于两山环抱之间，所以称作‘盘’。”也有人说：“这个山谷，位置幽静而地势阻塞，是隐者盘桓逗留的地方。”我的朋友李愿就在这里隐居。

李愿说：“人们称为大丈夫的人，我很了解。施利益恩惠给别人，使自己的名望在当世传扬，在朝廷上任免百官，辅佐皇帝发布命令。到了朝廷外，便树起旗帜，罗列弓箭，武夫在前面呼喝，侍从堵塞了道路，供应服侍的人各自拿着物品，在路旁奔跑。高兴就赏赐，生气就处罚。他们跟前挤满了才能出众的人，论古说今，赞扬他们的功德，叫人听在耳中不感厌烦。那些眉毛弯弯，面颊丰腴，声音清脆，体态轻盈，外貌秀丽，内心聪颖，起舞时轻轻的衣襟飘动，低托着长长的衣袖，白粉搽脸，绿黛描眉的女子，舒适地养在一排排房子里，失宠而忌妒得到宠爱的姬妾，比美以求主人的怜爱。这就是受到皇帝的赏识，为当代掌权的大丈夫的所作所为啊！我并非厌恶这些而逃避，只是命中注定，不能侥幸得到啊！

“在山野过穷困的生活，登上高处眺望远方，整日悠然静坐在繁茂的树下，在清澈的泉水里洗涤以使自身洁净。从山上采来的果子，甘美可食；从水中钓到的鱼虾，鲜嫩可口。日常作息没有固定时间，只要舒适就行。与其当面受到赞誉，不如背后不受毁谤；与其肉体享受快乐，不如心中无所忧虑。既不受官职的约束，也不受刑罚的威胁；无须知道天下的治乱，也不问官吏的升降。这些都是时运不好的大丈夫的所作所为，我就是这样做的。

“侍候在公卿门下，在权势的路上奔走，想要抬脚迈出又犹豫不决，想要开口说话又嗫嚅无言。处于污浊之中而不知羞耻，触犯了刑法而遭到诛戮。希望侥幸获得发迹的机会，直到老死才罢休。在为人方面哪种好，哪种不好呢？”

昌黎韩愈听了这番话，称赞他讲得有气魄。为他敬酒，并为他唱了一首歌：

盘谷之中，有你的房屋。盘谷的土地，可以耕种。盘谷的清泉，可以用来洗涤，可以沿它徘徊。盘谷地势险阻，谁会来争夺你的住所？幽远深邃，空阔宽广足以容身；山谷回环曲折，走过去却又绕回原处。啊！盘谷中的乐趣啊，快乐无穷。虎豹的足迹远离啊，蛟龙逃避躲藏。鬼神守护啊，呵斥禁绝不祥。有吃有喝啊，长寿而健康，没有不满足的啊，还有什么奢望？用油抹我的车轮啊，喂好我的马，跟随你去盘谷啊，一辈子在那儿优游徜徉。

送董邵南序

韩愈

[题解]

董邵南，寿州安丰（今安徽寿县）人，因为好几次考进士都没有中第，所以就想去河北加入藩镇幕府。韩愈向来反对割据的藩镇势力，所以就写了这篇序送给他，既表达了对他仕途不顺的同情，同时劝告他不要替割据势力做不忠不义之事。第一段先说这次远行一定会有所收获。第二段马上又说因为古今的风俗有所不同，这次远行不一定真的有好的机遇。虽然没有明确表达自己的想法，但倾向已经很清楚。最后一段暗示董邵南生不逢时，他应该和燕赵之地以前的忠义之士一样全力效忠朝廷。全文用词讲究，情意恳切，虽然字数不多，但起伏跌宕，具有很强的感染力。

[原文]

燕、赵古称多感慨悲歌之士[1]。董生举进士[2]，连不得志于有司[3]，怀抱利器[4]，郁郁适兹土。吾知其必有合也。董生勉乎哉！

夫以子之不遇时，苟慕义强(qiǎng)仁者[5]，皆爱惜焉。矧(shěn)燕、赵之士[6]，出乎其性者哉？然吾尝闻风俗与化移易，吾恶(wū)知其今不

异于古所云邪[7]？聊以吾子之行卜之也[8]。董生勉乎哉！吾因子有所感矣。为我吊望诸君之墓[9]，而观于其市，复有昔时屠狗者乎[10]？为我谢曰："明天子在上[11]，可以出而仕矣！"

[注释]

①燕、赵：原是周朝两个诸侯国，战国时属于七个强国中的两个，古代以多刺客侠义之士著称。燕的领地在今河北北部一带。赵的领地包括今河北南部、山西东部和河南、山东黄河以北地区。在唐代相当于河北道一带的地方。②生：旧时对读书人的通称。举进士：指乡贡（地方推荐）到京城参加进士科考试。③有司：古代设官分职，各有所司，故称官吏为"有司"。这里指主考官吏。④利器：锋利的兵器。这里比喻优异的才能。《三国志·曹植传》："植常自愤怨抱利器而无所施。"⑤强：勉力。⑥矧：况且。⑦恶：何，怎么。邪：通"耶"。⑧吾子：表示亲昵的对称敬词。⑨望诸君：乐毅。参看本书前选《国策·乐毅报燕王书》。据《元和郡县志》等载，乐毅墓在邯郸（今属河北）西南。乐毅被迫离开燕而不背燕，当是韩愈要董邵南去凭吊其墓的原因。⑩屠狗者：指战国时燕国侠士高渐离。高以屠狗为业，善击筑，曾于易水边送别赴秦国去刺秦王的刺客荆轲。荆轲行刺失败被杀，高欲为荆复仇，也被杀死。这里泛指隐于市井的感慨悲歌之士。⑪明天子：指唐宪宗。他即位后，才去积极措施平定了一些割据势力，收到韩愈的拥护。

[译文]

燕、赵之地自古就有人说这里有很多慷慨豪迈、击剑高歌的义士。董生前去参加进士考试，却接连几次都未被录取。他很有才情，却始终郁郁不得志，因此他下决心要去燕、赵之地。我明白他此次前往肯定会遇到好的机会。董生，努力啊！

像董先生您这样的高才却生不逢时，假如是仰慕高义而且自身品德又高尚的人，都会对你的才情和智慧表示爱惜。况且是像燕、赵豪侠之士一样的仁义呢！这完全是他们的本性啊！只是，我听别人说，一个地方的民风和习俗会随着教化的改变而发生改变，我也不了解现在的燕、赵之地跟从前人们所说的那种风气有没有什么不同之处啊？因此这次就请您前往那里进行验证吧。董生，努力啊！

你这次远行让我有了一些新的想法。请你替我到被封为望诸君的乐毅的坟墓前面去凭吊一番吧，此外还要请你到那里的街上去看一看，看那儿是否还有从前所说的那些靠屠狗为生的侠义之士？请代替我向他们表示我对他们的敬意："现在皇帝英明神武，你们可以出来做官报效皇帝了！"

送杨少尹序

韩愈

[题解]

杨少尹，名巨源，是韩愈的好友，他官至国子监司业，辞官返乡又曾担任河东郡少尹。这篇文章就是杨巨源辞官回乡时，韩愈写给他的一篇赠序。韩愈把杨巨源比做汉代的疏广、疏受叔侄，赞美他具有急流勇退的美德。

［原文］

昔疏广、受二子以年老[1]，一朝辞位而去。于是公卿设供(gōng)张(zhàng)[2]，祖道都门外[3]，车数百两[4]。道路观者，多叹息泣下，共言其贤。汉史既传其事[5]，而后世工画者[6]，又图其迹，至今照人耳目，赫赫若前日事[7]。国子司业杨君巨源[8]，方以能诗训后进[9]，一旦以年满七十，亦白丞相去归其乡。世常说古今人不相及，今杨与二疏，其意岂异也？予忝(tiǎn)在公卿后[10]，遇病不能出。不知杨侯去时[11]，城门外送者几人，车几两，马几匹，道边观者亦有叹息知其为贤与否？而太史氏又能张大其事[12]，为传继二疏踪迹否？不落莫否[13]？见(xiàn)今世无工画者[14]，而画与不画固不论也[15]。然吾闻杨侯之去，相有爱而惜之者，白以为其都少尹[16]，不绝其禄。又为歌诗以劝之。京师之长于诗者[17]，亦属(zhǔ)而和之[18]。又不知当时二疏之去有是事否？古今人同不同未可知也。中世士大夫[19]，以官为家，罢则无所于归[20]。杨侯始冠(guàn)[21]，举于其乡[22]，歌《鹿鸣》而来也[23]。今之归，指其树曰："某树吾先人之所种也[24]，某水某丘，吾童子时所钓游也。"乡人莫不加敬，诫子孙以杨侯不去其乡为法[25]。古之所谓乡先生[26]，没(mò)而可祭于社者[27]，其在斯人欤[28]！其在斯人欤！

［注释］

①疏广、受：疏广和疏受，西汉东海兰陵（今山东枣庄东）人。宣帝时，疏广为太子太傅，疏受是疏广的侄子，同时为太子少傅。在职五年，疏广对疏受说："知足不辱，知止不殆。宦成名立，如此不去，具有后悔。"于是同时称病告退，事见《汉书》本传。子：古代对男子的尊称。②公卿：公和卿是古代朝廷两种最高官衔，有"三公九卿"之称。这里泛指高级官员。供张：也做"共帐"，陈设帷帐等用具。供，陈设。张，即"帐"。③祖道：古代在道旁祭祀路神并设宴饯行的一种仪式。祖，祭祀道神。《汉书·疏广传》载："公卿大夫故人邑子设祖道，供张都门外。"④两：同"辆"字。⑤汉史：指《汉书·疏广传》。⑥工：擅长。⑦赫赫：显耀盛大的样子。⑧国子：国子监，古代国家的最高教育机构。司业：官名。国子监的副主管，帮助最高长官祭酒教授学生。⑨方：正，始。⑩忝：

谦词，有愧于。韩愈当时为吏部侍郎，所以说“忝在公卿后”。⑪侯：古代士大夫之间的尊称。⑫张大：广泛宣扬。⑬落莫：冷落，寂寞。莫，通“寞”。⑭见：同“现”。⑮固：先，姑且。⑯都：指河中府，治河东（今山西永济蒲州），唐时一度建号称“中都”。少尹：官名，相当于州府的副职。⑰京师：京都，唐时以长安（今陕西西安）为首都。⑱属：接连，跟着。和：应和。⑲中世：中古时候。士大夫：古代对官僚阶层的称呼。⑳于：动词词头，凑足一个音节，无实义。《诗经·周南·桃夭》：“之子于归，宜其室家。”故后常以“于归”两字连用。㉑冠：《礼记·曲礼》载：“二十曰弱，冠。”古代男子在十九岁足龄后的一个月举行冠礼，表示成年。㉒举：参加科举考试，也指考中。乡：指乡试。㉓《鹿鸣》：《诗经·小雅》中的一篇，是宴享宾客时所用的诗歌。唐代乡举考试后，州县长官宴请中举的人，宴会上歌唱《鹿鸣》之诗，后因称“鹿鸣宴”。㉔先人：指死去的父、祖辈。㉕法：楷模。㉖乡先生：古时称辞官乡居或在乡任教的老年士人。㉗没：通“殁”，死。社：土地神，这里指祭祀社神的地方。㉘欤：疑问语气词。这里与句首“其”相应，构成“其……欤”句式，表示推测、估计的语气。

[译文]

西汉时有疏广、疏受叔侄两个人，由于年纪老迈，于是在同一天辞去了官职，离开了朝廷。在那个时候，朝廷中的官员在京城的城门外面摆下酒席，为叔侄二人饯行，当时的马车有几百辆那么多。很多人在道路两旁围观，他们都为疏广、疏受的离开流下了眼泪，这些人没有一个不夸赞他们贤明的。汉朝人既把他们生平的事迹记载进了史书，而且后世那些善于绘画的人，也给他们留下了画像，直到今天，仍然光彩动人、清清楚楚，好像这些事情就在不久之前发生的一样。国子监司业杨巨源，正是因为自己擅长写诗，所以才让他来教育学生，等他年满七十岁之时，就禀告丞相，想要辞去官职回到自己的故乡。世人经常说古代那些人与当代的人是无法相提并论，但是现在杨巨源和疏氏叔侄，他们的想法莫非有什么不同吗？我为自己身列公卿而感到羞耻，又恰好赶上生病，无法外出为他送行。也不知道杨巨源离开之时，城门外面有多少人为他送行？城门外面停着多少辆马车？又有多少匹马？在路边旁观的人，有没有为他的行为发出感叹、称赞他是一个贤明的人呢？而且，后代的史官是否能够陈述渲染他的事迹，为他立传记并作为疏氏叔侄事迹的延续呢？不会过于冷落、寂寞吧？我看如今这世上没人善于绘画的，所以画画像的问题，也就用不着去考虑了！但是我听说杨先生在辞去官职的时候，几位丞相里面是有人对他敬重又怜惜，所以还向皇上保奏他做了他的故乡河中府的少尹，这样他的俸禄就不会断绝了，还亲手写了诗来勉励他。京城中那些在诗歌创作方面擅长的人，也都作了和诗。我不清楚古代疏氏叔侄在回故乡的时候，有没有这样的事？古人和今人的情况到底是否相同，我们真的是不知道啊！中古之后的士大夫们，通常都是靠做官的俸禄来养家的，罢官以后就没有了经济来源。杨先生在刚刚成年的时候，就受到家乡的荐举，在参加完《鹿鸣》宴之后来到了朝廷。如今他要是回到了故乡，是不是会指着乡间的某棵大树说道：“那棵树是我的已经去世的先人种植的。那条小溪，那座小山，我在小时候经长去钓鱼、玩耍。”家乡的人没有不尊敬他的，人们会告诫自己的子孙，要学习杨先生不舍故土的美德，把他当作学习的榜样。古人所说的“乡先生”，死去以后可以被埋进乡间社庙中受到后人祭祀的，也许就是说杨巨源这种人吧?

送石处士序

韩 愈

[题解]

这篇文章是韩愈送石处士前往河阳军节度使乌重胤手下担任幕僚时所写的。石处士名叫石洪，字濬川，河阳（今河南孟州）人。曾经做过黄州录事参军，后在河阳隐居长达十年之久。乌重胤早就听说过石洪的大名，因此非常恳切地邀请他出仕。韩愈通过对此事的描写，热情地赞扬了乌重胤的知人善任和石洪的雄心壮志，并且希望他们能够一心为公，亲密合作。

[原文]

河阳军节度、御史大夫乌公为节度之三月[1]，求士于从事之贤者[2]。有荐石先生者[3]。公曰：“先生何如？”曰：“先生居嵩(sōng)、邙(máng)、瀍(chán)、穀之间[4]，冬一裘[5]，夏一葛[6]，食朝夕，饭一盂[7]，蔬一盘。人与之钱，则辞[8]；请与出游，未尝以事免[9]；劝之仕，不应。坐一室，左右图书[10]。与之语道理，辨古今事当否，论人高下，事后当成败，若河决下流而东注，若驷马驾轻车就熟路[11]，而王良、造父为之先后也[12]，若烛照数计而龟卜也[13]。”大夫曰：“先生有以自老，无求于人，其肯为某来邪[14]？”从事曰：“大夫文武忠孝，求士为国，不私于家[15]。方今寇聚于恒[16]，师环其疆，农不耕收，财粟殚(dān)亡[17]。吾所处地，归输之涂[18]，治法征谋，宜有所出。先生仁且勇，若以义请而强委重焉，其何说之辞？”于是撰书词，具马币[19]，卜日以受使者，求先生之庐而请焉。

先生不告于妻子，不谋于朋友，冠带出见客，拜受书礼于门内。宵则沐浴，戒行李[20]，载书册，问道所由，告行于常所来往。晨则毕至，张上东门外[21]。酒三行且起[22]，有执爵而言者曰[23]：“大夫真能以义取人，先生真能以道自任，决去就。为先生别。”又酌而祝曰：“凡去就出处何常？惟义之归[24]。遂以为先生寿。”又

酌而祝曰："使大夫恒无变其初，无务富其家而饥其师，无甘受佞(nìng)人而外敬正士[25]，无昧于谄(chǎn)言[26]，惟先生是听，以能有成功，保天子之宠命。"又祝曰："使先生无图利于大夫，而私便其身图。"先生起拜祝辞曰："敢不敬早夜以求从祝规[27]！"于是东都之人士[28]，咸知大夫与先生果能相与以有成也。遂各为歌诗六韵[29]，遣愈为之序云[30]。

[注释]

①河阳军：河阳军节度使官署所在地，在今河南孟州南，唐代节度使的辖区多建军号，所以称"军"。节度：节度使的省称。唐时于重要地区设节度使，总揽一区军、民、财政。御史大夫：官名，主管弹劾、纠察以及掌管图籍秘书。乌公：名重胤，元和五年（810）四月任河阳节度使，御史大夫是其兼职。公，对有名望有地位人的敬称。②士：指有节操、有学问的人。从事：古时由州府长官自行招募任免的僚属称"从事"。③石先生：指石洪。他字浚川，这时隐居洛水北岸。称"先生"是对他的尊重，韩愈在《寄卢仝》诗中称他为"水北山人"。石洪于元和七年（812）去世。韩愈作有《祭石君文》《集贤校理石君墓志铭》，可见两人有一定交谊。④嵩：嵩山，古名嵩高，五岳的中岳，在河南登封北。邙：山名，在河南西部。瀍：水名，即瀍河。源出河南洛阳西北穀城山，入洛水。穀：水名。源出河南陕县东部，在洛阳西南与洛水会合。⑤裘：毛皮衣服。⑥葛：这里指用葛织布做的夏衣。在古代葛是平民穿的粗衣。⑦盂：盛食物的圆口器皿。⑧辞：谢绝。⑨免：这里指推脱。⑩左右：指两旁。⑪驷马：古代一车套四匹马，称为"驷马"。⑫王良、造父：王良是春秋时晋国大夫，造父是周穆王时人。两人都是驭马的能手。⑬龟卜：古人用灼烧龟甲来占卜，依据它的裂纹推测吉凶。这里比喻善于推断因而富有预见。⑭其：表示揣度的语气词。⑮"求士为国"两句：古时大夫所领属的称"家"，诸侯所领属的称"国"，天子所领属的称"天下"。天子领属的也可以称"国"，这里的国指唐王朝，家指乌重胤家。⑯寇聚于恒：恒，恒州，今河北正定，唐时名成德军。寇，指的是成德节度使王承宗。唐元和四年（809），王承宗叛乱，朝廷派兵讨伐，没有成功。元和五年（810）七月王承宗遣使上表自首。朝廷加以赦免，复其官爵。石洪赴河阳军事在这年六月，时战事尚在进行，故云"寇聚"。⑰殚：尽。亡：通"无"。⑱涂：同"途"字，道路。⑲币：帛。古人常用以相互赠送，因作为礼物的通称。受：通"授"。⑳戒：准备。㉑张：供张。为饯别在郊野设置的宴席。上东门：洛阳城门。㉒三行：三巡，行酒三遍。古人宴会，一般以三次斟酒为度，以免饮酒过度宾主失仪。㉓爵：酒器。㉔归：归向，依据。㉕佞人：指善意巧言献媚的人。㉖昧：昏暗，引申为心不明。谄言：巴结、奉承的话。㉗祝规：祝愿和规劝。㉘东都：唐朝建都长安，以洛阳为东都。㉙六韵：六个韵脚。旧体诗一般两句押一个韵，六韵是十二句。韩愈有《送石处士赴河阳幕》诗，即此时所作。㉚云：用在全篇最后一句的末尾，表示全篇的结束。

[译文]

河阳军节度使、御史大夫乌公重胤，在担任节度使三个月之后，向幕僚中贤能的人士询问征求贤士的事情。有人向他推荐了石洪先生，乌公说道："石先生如何？"那人回答道："石先生在嵩山和邙山、瀍河和穀河之间居住，冬天的时候身上穿着一件皮衣，夏天的时候身上穿着一件麻布衣，每天早上和晚上各吃一顿饭，每顿饭只有一碗饭、一盘蔬菜。有人送他钱，他推辞不肯接受；如果请他一同外出游玩，他就不会找借口推脱；劝他出仕，他不予理睬；坐在一间房子里面，身边都是图书。与他谈论道理，辩论从古至今那些事情的成败得失，评判古人的长短高下，事情的结果是成还是败，这个时候，石先生就像决了堤的河水向下奔流注入大海一样，就像四匹马拉着一辆空空的马车走在非常熟悉的路上，即使是历史上著名的驾车高手王良和造父，他也可以与之媲美，听了他所说的话之后，就像看见了高高的蜡烛点燃了一样明亮、就像是用蓍草计数、用龟甲占卜一样准确。"御史大夫乌公说道："石先生怀着隐居的志向，想要自由自在地活到老，不愿恳求别人，他愿意到我这里来做官吗？"乌公手下那些人说道："大夫您文武兼备，既忠孝两全，又为国家寻求人才，并不是为了个人的私利。如今造反的贼寇在恒地聚集，敌人的军队围绕在边境虎视眈眈，农田不能耕种，也没有收成，钱财和粮草都要用尽了，我们这个地方，是运输粮草钱财到京城的枢纽，需要有人帮助您制定治理的方略和征讨的计策。乌公您有仁有义而且非常勇敢，假如凭借仁义来请石先生并且对他委以重任，他还有什么借口来拒绝您的美意呢？"于是乌公就命人写了一封邀请的书信，准备好了车马和礼物，通过占卜选择了一个吉日，让使者带着书信和财物找到了石先生的住处，诚恳地请他出山。

石先生没有对家里人说这件事，也没有跟朋友商量，就把帽子戴好，把衣服收拾好，在屋子里接见客人，收下了聘书和礼物。到了晚上，他沐浴更衣，把行李准备好，把书籍装到马车上面，问清了道路，就跟经常交往的朋友告别。第二天早晨，这些朋友全都到了上东门外，摆好了酒席，准备为石先生饯行，酒过三巡之后，石先生准备出发，这时有人端着酒杯说道："御史大夫乌公确实能够根据仁义来求人才，先生您也确实可以把维护道义当作自己的责任，决定自己的去留。我在这里用这杯酒为先生您饯行。"接着又有一个人端着酒杯祝愿道："大凡是辞去官职或者出仕，有什么长时间不会改变的规定呢？唯一不会改变的是把道义当作自己的依归。我在这里敬先生一杯。"又有一个人端着酒杯祝愿道："希望先生能够不让乌公改变自己的本意，别为了个人的富裕而让军中的士兵挨饿，也不要受佞人的蛊惑，对外要尊重正直的人士，不要被谗言蒙蔽，只听先生你一个人的话，所以能够有所成就，确定可以得到天子的宠信和重用。"又有一个人祝愿道："我希望先生您别在乌公那里为自己牟私利。"石先生站起身来对大家拜谢说："怎么敢不从早到晚地恭恭敬敬地按照大家的祝愿和规劝去做！"因此，身在东都的人都明白乌公与石先生一定能够相互合作取得一定的成就。就分别做了十二行的古诗，并且让我作了这篇序文。

送温处士赴河阳军序

韩愈

[题解]

文中将镇守河阳的节度使乌重胤比喻为善于相马的伯乐，说他到河阳不久就网罗了当地的人才石生，几个月后又通过石生将温生招致幕下。作者还以埋怨的口吻抱怨乌公将当地人才尽皆选去，赞扬乌公能够为国选材，又将温处士比喻为国家需要的贤士。

[原文]

伯乐一过冀北之野而马群遂空。夫冀北马多天下，伯乐虽善知马，安能空其群邪？解之者曰：“吾所谓空，非无马也，无良马也。伯乐知马，遇其良，辄取之，群无留良焉[①]。苟无良，虽谓无马，不为虚语矣。”

东都，固士大夫之冀北也。恃才能深藏而不市者，洛之北涯，曰石生，其南涯，曰温生[②]。大夫乌公，以铁钺(fū yuè)镇河阳之三月，以石生为才，以礼为罗，罗而致之幕下。未数月也，以温生为才，于是以石生为媒，以礼为罗，又罗而致之幕下。东都虽信多才士，朝取一人焉，拔其尤[③]；暮取一人焉，拔其尤。自居守河南尹，以及百司之执事，与吾辈二县之大夫，政有所不通，事有所可疑，奚所咨而处焉[④]？士大夫之去位而巷处者，谁与嬉游？小子后生，于何考德而问业焉[⑤]？缙绅之东西行过是都者，无所礼于其庐。若是而称曰：“大夫乌公一镇河阳，而东都处士之庐无人焉。”岂不可也？

礼聘遗贤

作者写作本文，赞扬乌公能够为国选材。

夫南面而听天下，其所托重而恃力者惟相与将耳。相为天子得人于朝廷，将为天子得文武士于幕下，求内外无治，不可得也。愈縻于兹[⑥]，不能自引去，资二生以待老[⑦]。今皆为有力者夺之，其何能无介然于怀邪[⑧]？生既至，拜公于军门，其为吾以前所称，为天下贺，以后所称，为吾致私怨于尽取也[⑨]。留守相公首为四韵诗歌其事，愈因推其意[⑩]而序之。

[注释]

①群无留良：马群中没留下一匹好马。②石生：石洪。温生：温造。二人同隐于洛阳，石洪住洛水北，温造住洛水南。③拔其尤：选拔其中最优秀者。④奚所咨而处焉：到什么地方去询问以得到解决。⑤考德：考察其品德。问业：请教学业上的问题。⑥縻于兹：被束缚在这。⑦自引去：自己离开。资二生：依靠此二人。⑧介然于怀：耿耿于怀。介然：耿耿，有心事。⑨吾致私怨于尽取：我因人才尽被有力者夺去而耿耿于怀。私怨，指个人耿耿于怀。⑩推其意：进一步发挥郑余庆诗中所表达的思想。

[译文]

伯乐一经过冀北之野，马群就空了。冀北是天下产马最多之地，伯乐虽善于相马，怎么能使那里的马群空了呢？解释的人说："我们说的空，不是没有马了，而是没有良马。伯乐能识马，遇到好马就把它挑走，所以马群里留不下一匹好马。如果没有良马，即使说没有马，也不算是假话。"

东都洛阳，本是士大夫的"冀北"。有才学而隐居不仕的，洛水北岸有位石生，洛水南岸有位温生。御史大夫乌公凭节度使的身份镇守河阳的第三个月，识得石生是个人才，就依礼仪，把石生招入幕府。没有过几个月，又看中温生是个人才，于是通过石生介绍，又把温生招致幕下。东都虽然是人才很多的地方，可是怎么禁得起早晨挑选一个，把尖子挑走，晚上挑选一个，又把尖子挑走呢？这样一来，从东都留守、河南尹到各部门的官员和我们两县的官吏，如果政事上遇到问题，事情遇到疑点，找什么人去咨询以妥善解决呢？辞官闲居的士大夫们和谁交游呢？青年后辈又到哪里去考察德行、请教学业呢？东来西往经过洛阳的官员们，也无法到他们的住所去拜访。这种情况可以说是："御史大夫乌公镇守洛阳，洛阳处士的住所就没有人了。"难道不行吗？

皇帝治理天下，所依靠的得力之人，只有宰相和大将罢了。宰相为皇帝搜罗人才到朝廷，大将为皇帝网罗文人、武士到军帐里，如果这样，国家内外治理不好是不可能的了。我羁留在这里，不能自己引退，依靠石、温两位的帮助度过晚年。如今他们都被有权力的人要走了，这怎么不让我耿耿于怀呢？温生到任，在军门拜见乌公时，正如我前面所说，应为天下人祝贺；就像我后面所说，我个人对本地人才被选空是抱怨的。东都留守相公首先作诗四韵以赞美此事，我便依照他的意思作了这篇序。

祭十二郎文

韩愈

[题解]

十二郎名老成，是韩愈次兄的次子，过继给他的长兄，在族中排行第十二。韩愈小时丧父，由长兄嫂抚养，因与十二郎年龄差不多，所以感情十分亲密。这篇祭文回忆了小时与十二郎共同成长的往事，融入了真挚的感情，非常感人，被誉为祭文中的“千年绝调”。

[原文]

年、月、日，季父愈，闻汝丧之七日，乃能衔哀致诚[①]，使建中远具时羞之奠[②]，告汝十二郎之灵：

呜呼！吾少孤[③]，及长，不省所怙（hù）[④]，惟兄嫂是依[⑤]。中年，兄殁南方[⑥]。吾与汝俱幼，从嫂归葬河阳。既又与汝就食江南，零丁孤苦，未尝一日相离也。吾上有三兄，皆不幸早世，承先人后者，在孙惟汝，在子惟吾[⑦]。两世一身[⑧]，形单影只。嫂尝抚汝指吾而言曰：“韩氏两世，惟此而已。”汝时尤小[⑨]，当不复记忆，吾时虽能记忆，亦未知其言之悲也。

吾年十九，始来京城，其后四年而归视汝。又四年，吾往河阳省[⑩]坟墓，遇汝从嫂丧来葬。又二年，吾佐董丞相于汴州，汝来省吾，止一年[⑪]，请归取其孥（nú）[⑫]，明年，丞相薨[⑬]，吾去汴州，汝不果来。是年，吾佐戎[⑭]徐州，使取汝者始行，吾又罢去，汝又不果来。吾念汝从于东，东亦客也[⑮]，不可以久，图久远者，莫如西归，将成家而致汝[⑯]。呜呼！孰谓汝遽（jù）去吾而殁乎[⑰]！吾与汝俱少年，以为虽暂相别，终当久相与处[⑱]，故舍汝而旅食[⑲]京师，以求斗斛之禄[⑳]。诚知其如此，虽万乘之公相，吾不以一日辍汝而就也[㉑]。

去年，孟东野往，吾书与汝曰：“吾年未四十，而视茫茫，而发苍苍，而齿牙动摇，念诸父与诸兄，皆康强而早世，如吾之衰者，其能久存乎！吾不可去，汝不肯来，恐旦暮死，而汝抱无涯之戚也。”孰谓少者殁而长者存，强者夭而病者全乎[㉒]？

呜呼！其信然邪[23]？其梦邪？其传之非其真邪[24]？信也，吾兄之盛德而夭其嗣乎？汝之纯明而不克蒙其泽乎[25]？少者强者而夭殁、长者衰者而存全乎？未可以为信也。梦也，传之非其真也，东野之书、耿兰[26]之报，何为而在吾侧也？呜呼！其信然矣，吾兄之盛德而夭其嗣矣！汝之纯明宜业其家[27]者，不克蒙其泽矣！所谓天者诚难测而神者诚难明矣！所谓理者不可推，而寿者不可知矣！虽然，吾自今年来，苍苍者或化而为白矣，动摇者或脱而落矣，毛血[28]日益衰，志气日益微，几何不从汝而死也[29]！死而有知，其几何离？其无知，悲不几时，而不悲者无穷期矣！汝之子始十岁[30]，吾之子[31]始五岁，少而强者不可保，如此孩提者，又可冀其成立邪[32]？呜呼哀哉！呜呼哀哉！

汝去年书云："比得软脚病[33]，往往而剧。"吾曰："是疾也，江南之人常常有之。"未始以为忧也。呜呼！其竟以此而殒其生乎[34]？抑别有疾而致斯乎[35]？汝之书，六月十七日也。东野云，汝殁以六月二日，耿兰之报无月日。盖东野之使者不知问家人以月日，如耿兰之报不知当言月日，东野与吾书，乃问使者，使者妄称以应之耳。其然乎？其不然乎？今吾使建中祭汝，吊汝之孤[36]与汝之乳母，彼有食可守以待终丧，则待终丧而取以来[37]；如不能守以终丧，则遂取以来。其余奴婢，并令守汝丧。吾力能改葬[38]，终葬汝于先人之兆[39]，然后惟其所愿[40]。

呜呼！汝病吾不知时，汝殁吾不知日，生不能相养以共居，殁不能抚汝以尽哀[41]，敛不得凭其棺[42]，窆(biǎn)不临其穴[43]。吾行负神明[44]，而使汝夭，不孝不慈，而不得与汝相养以生，相守以死。一在天之涯，一在地之角，生而影不与吾形相依，死而魂不与吾梦相接，吾实为之，其又何尤[45]？彼苍者天，曷其有极！自今以往，吾其无意于人世矣！当求数顷之田于伊、颍之上，以待余年。教吾子与汝子，幸其成；长吾女与汝女，待其嫁。如此而已。呜呼！言有穷而情不可终，汝其知也邪？其不知也耶？

呜呼哀哉！尚飨(xiǎng)。

[注释]

①衔哀：含着哀痛。致诚：表达心意。②时羞：应时的鲜美菜肴。奠：祭品。③孤：幼年死去父亲（韩愈的父亲韩仲卿去世时，韩愈只有三岁）。④不省所怙：不晓得依靠谁。⑤兄嫂：韩会和郑氏，就是十二郎的嗣父母。⑥兄殁南方：韩愈十岁时，韩会贬官韶州，后来死在任上。⑦在孙惟汝，在子惟吾：从韩愈的父亲一辈算起，孙子一辈只剩下十二郎，儿子一辈只剩下韩愈自己。⑧两世一身：两代各都只剩下一人。⑨汝时尤小：你当时很小。⑩省：探望。⑪止一年：住了一年。⑫孥：妻子儿女的统称。⑬薨：古代对诸侯或高级官员死亡的特别说法。⑭佐戎：辅助军事工作。⑮东亦客也：徐州也是异乡客地。⑯致汝：招你来。⑰孰谓：谁料得到。遽去吾：骤然离开我。⑱终当久相与处：到底要长久住在一起的。⑲旅食：在他乡谋生。⑳斗斛：形容数量不多。禄：古代官吏的薪俸。㉑辍：中途离开。就：就任官位。㉒少者、强者：指的是十二郎。长者、病者：指的是韩愈自己。夭：短命早死。全：保全，这里指活着。㉓其：还是，表示选择问。下面两个"其"字相同。信然：确实如此。邪：呢。㉔传之非其真：传来的消息不是真的。㉕纯明：纯正贤明。克：能够。蒙其泽：承受其父的福泽。㉖耿兰：来报告十二郎死讯的家人。㉗宜业其家：该能继承家业。㉘毛血：毛发气血，指体质。㉙几何：多久。从汝而死：跟着你去死。㉚汝之子：十二郎的儿子韩湘。始：刚。㉛吾之子：韩愈自己的儿子韩昶。㉜冀：希望。成立：长大成人。㉝比：近来。软脚病：脚气病。㉞其竟：难道竟然。以此：因为这种病。殒其生：丧失了生命。㉟抑：还是。致斯：到这个地步（死亡）。㊱吊：慰问。孤：指的是十二郎的儿子。㊲取以来：接他们来。㊳力能改葬：有能力改葬（要先把十二郎的灵柩暂时埋葬，将来再迁葬）。㊴终：最后。先人：祖先。兆：坟地。㊵然后惟其所愿：这之后，奴婢们的去留听任他们自愿。㊶不能抚汝：不能亲自看到你的遗体。尽哀：充分表达出哀伤之情。㊷敛：通"殓"。为死者更衣称小殓，把尸体装进棺材称大殓。凭：靠着。㊸窆：落葬。穴：墓穴。㊹行负神明：行为对不起神灵。㊺何尤：怨恨谁。

[译文]

某年某月某日，叔父韩愈在听到你去世消息的第七天，才强忍哀痛向你表达心意。打发建中从远路备办了时鲜祭品，告慰于十二郎的灵前：

唉！我幼年丧父，等到长大，还不清楚父亲的样子，所依靠的只有哥哥和嫂子。哥哥中年时，在南方去世。当时我和你年纪还都小，跟随嫂嫂送哥哥的灵柩回河阳。后来我又和你到江南谋生。孤苦伶仃，我俩没有一天分离。我上面有三个哥哥，都不幸很早去世了。继承先父后嗣的，在孙子辈里只有你，在儿子辈里只有我，两代都只有一人，孤孤单单。嫂嫂曾一边抚摸着你一边指着我说："韩家两代，就只有你们了！"那时你还小，大概已记不得了，我虽能记得，但也不懂得她的话有多么悲酸。

我十九岁时，第一次到京城。此后四年，回家去看你。又过了四年，我去河阳扫墓，遇到你送嫂嫂的灵柩前来安葬。又过了两年，我在汴州辅助董丞相，你来看望我，只住了一年，要求回去接家眷。第二年，董丞相去世，我离开汴州，你没能前来。那一年，我在徐州辅助军务，派去接你的人刚动身，我又被罢职，你又没能够来。我想，即使你跟我到东边，也是异乡客地，不能久住，从长远打算，不如西归故乡，先安好家再接你来。唉！谁料到你突然去世离开了我啊！我与你都还年轻，以为虽然暂时分离，终究会长久相聚的，所以才离开你到京师谋职，企图得到微薄的俸禄。若早知如此，即使是做王公宰相，我也不愿一天离开你而去任职啊！

去年，孟东野前往江南，我托他带信给你说："我还未到四十岁，而两眼昏花，头发花白，牙齿松动。想到我诸位叔伯父和各位兄长，都是在身体健康时便过早去世，像我这样衰弱的人，能长命吗？我无法离开职守，你又不肯来。只怕我早晚死了，使你陷入无穷无尽的忧伤。"谁料想到年少的先死而年长的活着，身强的夭折而病弱的却保全了生命呢？唉！这是真的吗？还是做梦呢？还是传言不真实呢？如果是真的，为什么我哥哥的德行那么美好，他的儿子却夭亡？你那么纯洁聪明却不能承受他的遗泽？年少身强的反而早死，年长衰弱的反而活着，我不敢相信这是真的啊。这是梦，是传错了消息。孟东野的来信、耿兰的讣文，却又为什么在我的身边呢？呜呼！这是真的啊！我哥哥有那么美好的德行，他的儿子却夭亡，你那么纯正贤明适合继承家业，竟不能承受他的遗泽！所谓天啊，实在测不透；神啊，实在让人难以明白！所谓理，不可推究，所谓寿则不可知啊！虽说如此，但我从今年以来，头发有的已经全白，松动的牙齿有的已经脱落。体质一天比一天衰弱，精神一天比一天衰退。还有多少时间不跟着你去死呢？如果死后能有知觉，那分离的日子也不会很久；如果没有知觉，那我也悲伤不了多少时候，而不哀伤的日子倒是无穷无尽的。你的儿子才十岁，我的儿子才五岁。年少身强的都保不住，像这样的孩子，又怎么能希望他们长大成人呢？呜呼，悲伤啊！呜呼，悲伤啊！

你去年来信说："近来得了软脚病，越来越严重。"我说："这种病，江南人是常有的。"未曾为此而担忧。唉！难道你竟然因为这种病而丧命吗？还是得了别的病而无法挽救呢，你的信，是六月十七日写的。东野说：你是六月二日去世的，耿兰报丧的信没有写明月日。大概东野的使者不知道向家里人问明月日，而耿兰的丧报，又不懂得应当说清月日。或是东野给我写信时询问差使，差使信口胡说罢了。是这样呢？或不是这样呢？现在我派建中祭奠你，慰问你的儿子和你的生母。他们如果有粮可以守到丧期结束，那么就等到丧期完了再接他们来。如果无法守到丧期结束，那么现在就把他们接来，其余下人，都让他们守你的丧。如果我有能力给你迁葬，一定把你葬到祖先的墓地，如此才算了却了我的心愿。

唉！你患病我不知道时间，你去世我不知道日期，你活着时我们不能互相照顾，你去世了我不能抚摸你的遗体表达我的哀痛，入殓时我不能紧靠你的棺木，下葬时我不能亲临你的墓穴边。我的行为有负于神明，而使你夭折。我对上不孝，对下不慈，我既不能和你互相照顾、共同生活，又不能和你相互依靠一同去死。一个在天涯，一个在地角，活着时你的影子不能与我的形体靠拢，死后你的魂灵不能和我在梦里相会。这实在是我造成的，还能怨谁呢？苍茫的上天啊，我的痛苦何时才有尽头？从今以后，我无意活在人世！我应当在伊水和颍水旁边置几顷田地，度过我的晚年，教育我的儿子和你的儿子，期望他们成才；抚养我的女儿和你的女儿，等到她们出嫁，我想做的不过如此了！唉！话有说尽之时，而悲痛的心情却是无尽的，你知道呢，还是不知道呢？啊，悲恸啊！望你的灵魂享用祭品吧！

祭鳄鱼文

韩愈

[题解]

元和十四年（819），韩愈因谏迎佛骨，被唐宪宗贬为潮州刺史。据说，韩愈到潮州后听说境内的恶溪中有鳄鱼为害百姓，于是作了这篇《祭鳄鱼文》，劝诫鳄鱼搬迁，使得潮州境内永远免受鳄鱼的侵害。这当然只是一个传说，但此文简短有力，体现了韩愈为百姓除害的思想。

[原文]

维年月日，潮州刺史韩愈，使军事衙推①秦济，以羊一，猪一投恶溪②之潭水，以与鳄鱼食，而告之曰：

昔先王既有天下，列山泽，罔绳擉(chuò)刃③，以除虫蛇恶物为民害者，驱而出之四海之外。及后王德薄，不能远有，则江汉之间，尚皆弃之以与蛮、夷、楚、越，况潮，岭海之间④，去京师万里哉！鳄鱼之涵淹卵育于此⑤，亦固其所。

今天子嗣唐位，神圣慈武，四海之外，六合之内，皆抚而有之，况禹迹所揜(yǎn)⑥，扬州之近地，刺史，县令之所治，出贡赋以供天地宗庙百神之祀之壤者哉！鳄鱼其不可与刺史杂处此土也。刺史受天子命，守此土，治此民，而鳄鱼睅(hàn)然⑦不安溪潭，据处食民畜、熊、豕、鹿、獐，以肥其身，以种⑧其子孙，与刺史亢拒，争为长雄⑨。刺史虽驽弱⑩，亦安肯为鳄鱼低首下心，伈伈睍睍(xǐn xǐn xiànxiàn)⑪，为民吏羞⑫，以偷活于此耶？且承天子命以来为吏，固其势不得不与鳄鱼辨。

鳄鱼有知，其听刺史言：潮之州，大海在其南，鲸、鹏之大，虾、蟹之细，无不容归，以生以食，鳄鱼朝发而夕至也。

今与鳄鱼约：尽三日，其率丑类南徙于海，以避天子之命吏[13]。三日不能，至五日；五日不能，至七日；七日不能，是终不肯徙也。是不有刺史[14]，听从其言也；不然，则是鳄鱼冥顽不灵，刺史虽有言，不闻不知也。夫傲天子之命吏，不听其言，不徙以避之，与冥顽不灵而为民物害者，皆可杀。刺史则选材技吏民[15]，操强弓毒矢，以与鳄鱼从事[16]，必尽杀乃止。其无悔！

[注释]

①军事衙推：官名，州刺史之属官。②恶溪：潮州境内一河流。③列山泽：放火焚烧山林和沼泽。列：同“烈”，这里用作动词。罔绳：用绳结网捕捉。擉刃：用利刃刺杀。④以与：以之给予。况潮岭海之间：何况潮州在五岭和南海之间。言其被视为蛮荒僻远之地。⑤涵淹：潜伏于水中。卵育：产卵繁殖。⑥禹迹：夏禹治理洪水，足迹遍及九州，故以此称中国的疆域。揜：同“掩”，覆盖。⑦睅然：瞪大眼睛，凶恶的样子。⑧种：繁殖。⑨长雄：称雄。⑩驽弱：才能低下而又懦弱。⑪低首下心：甘心低头，屈服听命。伈伈：小心恐惧的样子。睍睍：不敢睁眼看。⑫为民吏羞：被百姓和官吏所耻笑。⑬命吏：任命的官吏。⑭是不有刺史：是你鳄鱼眼中没有刺史，即轻视刺史之意。不有：没有。⑮材技吏民：有才干、有技艺（此指武艺高强）的官吏和百姓。⑯以与鳄鱼从事：以弓矢来对付鳄鱼。从事：此指作战，拼杀。

德化灾兽

德政能够感化兽类，宋朝时，萧山多虎害，杜子仪为萧山县令，在任第二年，有老虎负子渡浙江，是为其政德感化，百姓皆称奇。

[译文]

某年某月某日，潮州刺史韩愈，派遣军事衙推秦济，把羊一头、猪一口，投入恶溪的潭水中，送给鳄鱼吃，并警告它：

古时候的帝王拥有天下，封锁山岭和泽地，用绳网捉，用利刃去刺，把虫、蛇等给人民带来危害的可恶动物驱逐到四海之外。到了后代，帝王的德行威望不够，不能维护远方，于是，长江、汉水之间的大片土地只得丢给蛮、夷、楚、越各族，更何况地处五岭和南海之间，离京城有万里之遥的潮州呢？鳄鱼之所以潜伏、生息在此地，也是适宜的地方。

当今天子继承了大唐帝位，神圣、仁慈、

英武，四海之外，天地四方之内，都归他统治，更何况潮州是大禹足迹所至之处，古代扬州的地域，是刺史、县令治理的地区，又是进贡纳税以供应皇上祭天地、祖宗、神灵的地方呢？鳄鱼，你不可以同刺史一起居住在这块土地上啊！刺史奉天子之命，镇守这块土地，治理这里的人民，而鳄鱼竟敢不安分地待在溪潭中，侵吞土地，吞食人、畜、熊、猪、鹿、獐，养肥自己的身体、繁衍自己的子孙，与刺史抗衡争雄。刺史虽然软弱无能，又怎么肯在鳄鱼前低头屈服，战栗害怕，给民吏丢脸，并在官府中苟且偷安呢？而且本刺史是奉天子的命令来这里任职的，不得不与鳄鱼讲明道理。

鳄鱼如有灵性，就听刺史我说：潮州这地方，大海在它的南面，大至鲸、鹏，小至虾、蟹，没有不在此安身，生活取食，鳄鱼早上出发，晚上就可以到达大海。现在，刺史与鳄鱼约定：三天之内，务必率领同类南迁到大海去，以躲避天子任命的刺史；三天办不到，就五天；五天办不到，就七天；七天还不行动，就表明始终不肯迁移了，就是不把刺史放在眼里，不听我的话；不然的话，就是愚蠢顽固，虽然刺史已经有言在先，你们却听不进，不理解。凡对天子任命的官吏傲慢无礼，不听他的劝诫，不肯躲避迁入大海，以及愚蠢、顽固而残害人民的牲畜，都应该杀掉。刺史就要挑选才技出众的官吏和民众，操起强弓毒箭，同鳄鱼作战，直到把鳄鱼斩尽杀绝才肯罢手。你们可别后悔啊！

柳子厚墓志铭①

韩愈

[题解]

韩愈和柳宗元同是唐代古文运动的领袖，私交很深。柳宗元在元和十四年（819）去世，本文作于元和十五年（802），是韩愈写的哀悼和纪念文字中的一篇。文章概括叙述了柳宗元的生平，着重论述了他的政绩和文学成就及现实意义，并对他长期仕途的坎坷表示了同情。

[原文]

子厚，讳宗元。七世祖庆，为拓跋魏侍中，封济阴公。曾伯祖奭（shì），为唐宰相，与褚遂良、韩瑗俱得罪武后，死高宗朝。皇考②讳镇，以事母弃太常博士，求为县令江南。其后以不能媚权贵③，失御史，权贵人死，乃复拜侍御史。号为刚直，所与游皆当世名人。

子厚少精敏，无不通达。逮其父时④，虽少年，已自成人，能取进士第，崭然见头角⑤，众谓柳氏有子矣。其后以博学宏词⑥，授集贤殿正字。俊杰廉悍⑦，议论证据今古，出入经史百子⑧，

chuō
踔厉风发[9]，率常屈其座人[10]，名声大振，一时皆慕与之交。诸公要人，争欲令出我门下[11]，交口荐誉之[12]。

贞元十九年，由蓝田尉拜监察御史。顺宗即位，拜礼部员外郎。遇用事者得罪[13]，例出为刺史，未至，又例贬州司马[14]。居闲益自刻苦，务记览[15]，为词章[16]，泛滥停蓄[17]，为深博无涯涘[18]，而自肆于山水间。

元和中，尝例召至京师，又偕出[19]为刺史，而子厚得柳州[20]。既至，叹曰："是岂不足为政耶[21]！"因其土俗[22]，为设教禁，州人顺赖[23]。其俗以男女质钱，约不时赎[24]，子本相侔[25]，则没为奴婢。子厚与设方计[26]，悉令赎归。其尤贫力不能者，令书其佣，足相当[27]，则使归其质[28]。观察使下其法于他州，比[29]一岁，免而归者且千人。衡湘以南为进士者，皆以子厚为师，其经承子厚口讲指画为文词者，悉有法度可观。

其召至京师而复为刺史也，中山刘梦得禹锡亦在遣中[30]，当诣播州。子厚泣曰："播州非人所居，而梦得亲[31]在堂，吾不忍梦得之穷，无辞以白其大人[32]。且万无母子俱往理！"请于朝，将拜疏[33]，愿以柳易播，虽重得罪，死不恨。遇有以梦得事白上者，梦得于是改刺连州。呜呼！士穷乃见节义。今夫平居里巷相慕悦[34]，酒食游戏相征逐[35]，诩诩强笑语[36]，以相取下[37]，握手出肺肝相示[38]，皆天日涕泣，誓生死不相背负[39]，真若可信[40]。一旦临小利害，仅如毛发比，反眼若不相识，落陷阱，不一引手救，反挤之，又下石焉者，皆是也。此宜禽兽夷狄所不忍为，而其人自视以为得计，闻子厚之风，亦可以少愧矣[41]！

子厚前时少年，勇于为人，不自贵重顾借[42]，谓功业可立就[43]，故坐废退[44]。既退，又无相知有气力得位者推挽[45]，故卒死于穷裔[46]，材不为世用，道不行于时也。使子厚在台省时[47]，自持其身，已能如司马、刺史时，亦自不斥。斥时有人力能举之，且必复用不穷[48]。然子厚斥不久，穷不极[49]，虽有出于人[50]，其文学辞章，必不能自力以致必传于后如今[51]，无疑也。虽使子厚得所愿，为将相于一时，以彼易此，孰得孰失，必有能辨之者。

子厚以元和十四年十一月八日卒，年四十七。以十五年七月十日归葬万年先人墓侧。子厚有子男[52]二人，长曰周六，始四岁，季[53]曰周七，子厚卒乃生。女子二人，皆幼。其得归葬也，费皆出观察使河东裴君行立。行立有节概[54]，重然诺，与子厚结交，子厚亦为之尽，竟赖其力。葬子厚于万年之墓者，舅弟[55]卢遵。遵，涿人，性谨慎，学问不厌。自子厚之斥，遵从而家焉[56]，逮其死不去。既往葬子厚，又将经纪[57]其家，庶几有始终者。铭曰：

是惟子厚之室，既固既安，以利其嗣人。

[注释]

①墓志铭：一种文体。刻在石头上，葬时埋在墓内。一般包括志和铭两部分，志用散文，类似死者的传记；铭用韵文，是对死者的赞扬、悼念或安慰的话。②皇考：宋代以前，对死去的父亲的尊称。③权贵：居高位而有权有势的人，这里指的是窦参。窦参任中书侍郎同平章事（相当于宰相的职位），柳镇因得罪窦参，由御史贬为夔州司马。④逮其父时：柳宗元童年时代，他父亲柳镇去江南，他和母亲留在长安家里。到他十二三岁时，柳镇在湖北、江西等地做官，他跟父亲一起去。这里指的是这个时期。逮，到。⑤崭然：突出的样子。见头角：比喻青年人显露出才华出众的气概。⑥博学宏词：选拔博学能文之士的考试科名，贞元十二年（796），柳宗元中博学宏词科。⑦廉悍：品行方正，廉洁有骨气。⑧出入：这里有融会贯通的意思。百子：先秦诸子百家的著作。⑨踔厉：议论纵横。风发：见识高远。⑩率：每每。屈其座人：使座上的客人折服。⑪令出我门下：使（柳宗元）出于自己门下。我，指的是“诸公要人”自称。⑫交口：众口一词。荐誉：推荐称赞。⑬用事者：掌权的人，指的是王叔文。王叔文是出身寒门，主张革新政治的士大夫，在唐顺宗李诵做太子的时候就得到信任。他和柳宗元等人形成了一个革新派的政治势力。李诵即位后，王叔文、柳宗元等都担任了重要官职，掌握了政权。⑭例出为刺史，未至，又例贬州司马：宪宗即位，柳宗元与刘禹锡、韩泰等都被贬。柳宗元被贬为邵州刺史，他刚走到半路，又接到命令加贬为永州司马。⑮务：勉力地做。记览：记诵阅览，这里有认真钻研书籍的意思。⑯词章：诗文的总称。⑰泛滥：形容知识广博。停蓄：形容知识积累得深而多。⑱涯涘：水边。⑲偕出：和其他人一同出京。⑳子厚得柳州：柳宗元得到柳州刺史的官职。㉑是：这里，指的是柳州。为政：做政事。㉒因：按照。土俗：当地的习俗。㉓顺赖：顺从信赖。㉔约不时赎：约定如果不按期赎回。㉕子本：利息和本金。侔：相

等。㉖设方计：订立办法。㉗足相当：应得的工资足够抵消欠下的债务。㉘归：归还。质：抵押品，就是抵押出去做奴婢的子女。㉙比：及，等到。㉚在遣中：在派遣出去的人之中。㉛亲：指母亲。㉜无辞：没有话。白：告诉。大人：指母亲。㉝拜疏：上奏章。㉞平居：安居。慕悦：仰慕交好。㉟征逐：意思是往来频繁。征，招呼；逐，追随。㊱诩诩：用好话讨好别人的样子。强：勉强。㊲以相取下：用来互相抬举，取得利益。㊳出肺肝相示：形容亲密而又真心诚意。㊴誓：发誓。不相背负：不背弃对方。㊵真若可信：好像真实可信。㊶少愧：有点儿惭愧。㊷顾借：顾惜。㊸谓：认为。立就：立刻成就。㊹坐废退：受牵连而被贬斥。㊺相知：知己朋友。有气力得位者：有权力、官位高的人。推挽：推荐引进。㊻卒：最终。穷裔：穷困的边远地方。㊼台省：当时的中央政府。㊽复用不穷：重新被重用，不会穷困潦倒。㊾斥不久，穷不极：（如果）贬谪的时间不长久，穷困尚未到极点。㊿虽有出于人：虽有出人头地之处。51自力以致必传于后如今：自己发愤努力达到现在这样必定流传于后世的水平。52子男：儿子。53季：小的。54节概：节操气概。55舅弟：表弟。56从：跟随。家：安家。57经纪：料理。

[译文]

子厚，名宗元。七世祖柳庆，北魏时做过侍中，被封为济阴公。曾伯祖柳奭，曾任唐朝宰相，同褚遂良、韩瑗一起得罪了武后，在高宗时被处死。父亲柳镇，为侍奉母亲，放弃了太常博士的官职，请求到江南做县令。后来因为他不肯迎合权贵，丢掉了御史的官职。直到那位权贵死了，才又被任命为侍御史。人们都称他刚毅正直，所交往的都是当时有名望的人。

加贬永州

永贞革新失败后，柳宗元被贬为邵州（今湖南邵阳）刺史，行未半路，又被加贬为永州（今湖南零陵）司马。同时被贬为司马的，还有七人，史称这一事件为“二王八司马事件”。

子厚少年时就很精明能干，通达事理。当他的父亲还在世时，子厚虽然很年轻，但已经成人，能够考中进士，显露出超凡的才华，人们都说柳家有个好儿子。后来又通过博学宏词科的考试，被授为集贤殿正字。他才智出众，清廉刚毅，发表议论时能引证今古事例为据，精通经史百家学说，见识高深，意气风发，常常使在座的人为之叹服。因此名声轰动，一时之间人们都向往与他交往。那些公卿贵人争着要收他做自己的门下，异口同声地赞誉推举他。

贞元十九年（803），他由蓝田县尉升任监察御史。顺宗即位，又升为礼部员外郎。正遇当权人获罪，他也被贬出京城做州刺史，还未到任，又被依例贬为州司马。他为官清闲，自己更加刻苦为学，专心诵读，写作诗文，如江河泛滥，雄厚凝练，造诣精深博大，而自己只能纵情于山水之间了。

元和年间，他曾与一同被贬的人奉召回到京师，又一起出京为刺史，子厚分在柳州。到任后，他慨叹道："这里难道不值得实施政教吗？"于是按照当地的风俗，制订了教谕和禁令，百姓都顺从并信赖他。此地习惯用儿女做抵押向人借钱，如不能按时赎回，等到利息与本金相等时，子女就会成为债主的奴婢。子厚为借债人想方设法，让他们都把子女赎了回来。那些特别穷困没有能力赎回的，就让债主记下子女当佣工的酬劳，到应得的工钱和所借钱数相当时，就让债主归还人质。观察使把这个办法推广到其它的州，一年后，免除奴婢身份回家的有近千人。衡山、湘水以南准备考进士的人，都将子厚当作老师，那些经过子厚亲自指点的人所写的文章，都可以看出有很好的章法。

武则天

柳宗元的曾伯祖柳奭，曾任唐朝宰相，在高宗朝因得罪了武后被处死。

当他被召回京又被遣出做刺史时，中山人刘梦得禹锡也在被遣之列，应当去播州。子厚流着泪说："播州不适于居住，况且梦得有老母在堂，我不忍心看到梦得处境困窘，以至于无法把这事告诉他的老母，况且绝没有母子一同前往的道理。"准备上书向朝廷请求，情愿拿柳州换播州，即使因此再次获罪，死也无憾。正好有人把梦得的情况告知了皇上，梦得因此改任连州刺史。呜呼！人在困窘之时，才看得出他的道义和气节！现在一些人，平日互相仰慕讨好，一起饮宴嬉戏，强作笑脸，互相表示愿居对方之下，手握手做出掏肝挖肺之状给对方看，指着天日流泪发誓，表示死都不背弃朋友，就像真的一样可信。一旦发生小的利害冲突，哪怕只像头发丝般细小，也会翻脸不认人；朋友落入陷阱，也不伸手援救，反而借机推挤他，往下扔石头，前面说的都是这样的人啊！这些事连那些禽兽和野蛮人都不忍心干，而那些人却自以为得计。他们听到子厚为人的风度，也应该感到一些惭愧吧！

子厚年轻时，勇于助人，不看重和爱惜自己，认为功名事业可以一蹴而就，结果受到牵连而被贬斥。被贬后，又没有有权力的熟人推荐与引进，所以最后死在穷困荒凉的边地，才干不得施展，抱负不能实现。如果子厚当时在御史台、尚书省任职时，能谨慎约束自己，像做司马、刺史时那样，也自然不会受贬斥；贬官后，若有人推举他，一定会再次被任用，不至陷入困境。然而若是子厚被贬斥的时间不长，穷困的处境未至极点，虽可出人头地，但他在文学上一定不能像这样下功夫，以至于如今天这样流传后世，这是毫无疑问的。即使满足子厚的愿望，在一个时期内官至将相，用那个换这个，何者为得，何者为失？人们一定可以分辨。

子厚在元和十四年（819）十一月初八去世，享年四十七岁。灵柩在十五年（820）七月初十安葬在万年县祖先的墓旁。子厚有两个儿子：大的名周六，才四岁；小的名周七，子厚去世后才出生。还有两个女儿，都很小。他的灵柩能够归葬祖茔，是观察使、河东人裴行立出资帮助的。行立为人有气节，守诺言，与子厚是朋友，子厚对他也很尽心尽力，最后竟靠他出力办理了后事。把子厚安葬到万年县墓地的，是他的姑舅表弟卢遵。卢遵是涿州人，性情谨慎，好学不满足。自从子厚被贬斥之后，卢遵就跟随他住在一起，直到他去世从未离开过。送子厚归葬后，又准备安排料理子厚的家事，可称得上是位有始有终的人了。铭文说：

这是子厚的墓室，既牢固又安适，有利于他的子孙。

卷九 唐宋文

作者简介

柳宗元（773—819），字子厚，河东人。唐贞元九年（793）进士，十二年（796）又中博学宏词科。累官至监察御史里行。唐顺宗即位，柳宗元辅佐王叔文推行改革，遭到宦官和权贵们的反对。数月后，宫廷政变，唐宪宗即位。王叔文被杀，柳宗元与刘禹锡等八人同时被贬。柳宗元被贬为永州司马，十年后始得还朝。不久，又出为柳州刺史，后死于柳州。他与韩愈同时的古文运动倡导者，杰出的散文家和诗人。有著作《柳河东集》传世。

驳复仇议

柳宗元

[题解]

本文是针对陈子昂的《复仇议状》而作的。徐元庆为父报仇，杀死仇人后自首。对此，陈子昂认为杀人犯法，应判死罪；为父报仇又合乎礼义，又应予表彰。柳宗元认为这种观点赏罚不明，自相矛盾，指出徐元庆为父报仇合于礼义和法律。此文强调了封建礼义和法律的一致性，在吏治腐败的封建社会，具有一定的进步意义。

[原文]

臣伏见天后时[①]，有同州下邽(guī)人徐元庆者，父爽为县尉赵师韫所杀，卒能手刃父仇，束身归罪。当时谏臣陈子昂建议诛之而旌其闾[②]，且请编之于令[③]，永为国典。臣窃独过之[④]。

臣闻礼之大本[⑤]，以防乱也，若曰“无为贼虐[⑥]，凡为子者杀无赦”；刑之大本，亦以防乱也，若曰“无为贼虐，凡为治者杀无赦[⑦]。”其本则合，其用则异，旌与诛莫得而并焉[⑧]。诛其可旌[⑨]，兹谓滥[⑩]，黩[⑪]刑甚矣。旌其可诛，兹谓僭，坏礼甚矣。果以是示于天下，传于后代，趋义者[⑫]不知所向，违害者[⑬]不知所立，以是为典可乎？

盖圣人之制，穷理[⑭]以定赏罚，本情[⑮]以正褒贬，统于一而已矣。向使刺谳(yàn)[⑯]其诚伪，考正其曲直，原始而求其端[⑰]，则刑礼之用，判然离矣[18]。何者？若元庆之父，不陷于公罪，师韫之诛，独以其私怨，奋其吏气，虐于非辜，州牧不知罪，刑官不知问，上下蒙冒[19]，吁号不闻；而元庆能以戴天为大耻，枕戈[20]为得礼，处心积虑，以冲仇人之胸，介然自克[21]，即死无憾，是守礼而行义也。执事者宜有惭色，将谢之不暇，而又何诛焉？其或元庆之父，不免于罪，师韫之诛，不愆（qiān）[22]于法，是非死于吏也，是死于法也。法其可仇乎？仇天子之法，而戕奉法之吏，是悖骜而凌上也。执而诛之，所以正邦典[23]，而又何旌焉？

且其议曰："人必有子，子必有亲，亲亲相仇，其乱谁救？"是惑于礼也甚矣。礼之所谓仇者，盖其冤抑沉痛而号无告也，非谓抵罪触法，陷于大戮。而曰"彼杀之，我乃杀之"，不议曲直，暴寡胁弱[24]而已，其非经背圣，不亦甚哉！《周礼》："调人[25]掌司万人之仇"，"凡杀人而义者，令勿仇，仇之则死。""有反杀者，邦国交仇之[26]。"又安得亲亲相仇也？《春秋公羊传》曰："父不受诛，子复仇可也。父受诛，子复仇，此推[27]刃之道，复仇不除害。"今若取此以断两下相杀[28]，则合于礼矣。

且夫不忘仇，孝也；不爱死[29]，义也。元庆能不越于礼，服孝死义，是必达理而闻道者也。夫达理闻道之人，岂其以王法为敌仇者哉？议者反以为戮，黩刑坏礼，其不可以为典，明矣！

请下臣议，附于令[30]，有断斯狱者，不宜以前议从事。谨议。

[注释]

①伏见：看到。伏，和下文"窃"一样，是旧时下对上用来表示敬意的。天后：指武则天。②旌其闾：在徐元庆家所在的里巷用立牌坊或赐匾额等方式来表扬。③编之于令：把处置这案件的办法编为法令。④窃独过之：个人意见认为陈子昂的建议是错误的。⑤大本：根本作用。⑥无为贼虐：不让杀人逞凶。⑦凡为治者杀无赦：凡是治理人民的官吏，无故杀人也不可赦免。⑧莫得而并焉：没有能同时并用的。⑨诛其可旌：杀死那可以表扬的。⑩兹谓滥：这叫作滥杀。⑪黩：轻率。⑫趋义者：寻求正义的人。⑬违害者：躲避邪恶的人。⑭穷理：据理。⑮本情：根据人情。⑯刺谳：审讯议罪。⑰原：推究。端：原因。⑱判然离矣：明显地区别开了。

⑲蒙冒：蒙蔽，包庇。⑳枕戈：连睡觉时也头枕着兵器。㉑介然：坚贞。自克：下定决心。㉒愆：失误，过错。㉓正邦典：正国法。㉔暴寡：侵害孤寡。胁弱：威胁弱者。㉕调人：周朝官名。㉖邦国交仇之：举国共同惩处他。㉗推刃：往来相杀。㉘取此：根据这个标准。两下相杀：指师韫杀元庆的父亲，元庆又杀师韫。㉙爱死：怕死。爱，吝惜。㉚请下臣议：请求发下我这篇驳议。附于令：附在法令之后。

[译文]

据臣所知，武则天皇后时，同州下邽县有个叫徐元庆的人，其父亲徐爽被县尉赵师韫杀害，他最后亲手杀死仇人并自缚到官府领罪。当时的谏官陈子昂建议将他处死，同时在他家乡表彰他的孝行，并请朝廷将这一建议编入法令，永远作为国家的制度。我私下认为这是不对的。

我听说礼的根本作用是为了防乱。是说不可伤害他人，凡是做儿子的为父报仇而杀了别人，就必须处死，决不赦免。刑法的根本作用也是为了防乱。是说不可伤害他人，凡是官吏胡乱杀人，也必须处死，决不赦免。礼和刑的根本作用是一致的，采取的方式则不同。表彰和处死是不能同用于一人身上的。处死该受表彰的人，就叫乱杀，是亵渎刑法太过分了。表彰应当处死的人，就是僭，破坏礼制也太过分了。若将陈子昂的建议作为准则传给后代，追求正义的人就不知道前进的方向，想避开祸害的人就不辨立身之道，以此作为准则行吗？

圣人制定礼法，是悟透了道理来规定赏罚，根据人情来定奖惩，不过是把礼、刑二者相结合考察罢了。当时如能弄清案情的真伪，查明是非，推究其起因，那么有刑或依礼，就能明显地区分开了。为什么呢？如果徐元庆的父亲不曾犯法获罪，赵师韫杀他，全是出于他个人的私怨，施展他当官的威风，残杀无罪之人，州官又不治赵师韫的罪，执法的官员也不予过问，上下互相蒙骗包庇，对冤屈之声充耳不闻；而徐元庆却与杀父之仇不共戴天，把时刻不忘报杀父仇看作是合乎礼制的，想尽办法，用武器刺进仇人的胸膛，然后正直地捆缚自己，即使死了也不遗憾，这是守礼行义的行为啊！执法的官员本应感到惭愧，自愧不如还来不及，还有什么理由要处死他呢？如果徐元庆的父亲确有不

公羊高

《春秋公羊传》的作者。战国时齐国人。

赦之罪，赵师韫杀他就不违法，徐元庆之父也就不是死于私怨，而是因为犯法被杀。法律难道可以被看作仇人吗？仇视天子的法律，又杀害执法的官吏，就是悖逆犯上的行为了。将其抓获处死，严正国法，又为什么要表彰他呢？

陈子昂的奏议还说："人必有儿子，儿子必有父母，人们因亲而互相仇杀，这种混乱局面谁来解救呢？"这是对礼的认识太模糊了。礼法上说的仇，是指被冤枉，悲伤呼号而又无法申告，并不是指犯法获罪而被处死的情况。若说"他杀了人，我就杀他"，不问是非曲直，不过是欺凌孤寡弱者而已。这种诋毁违背经书、违背圣教的做法，不是太过分了吗？

《周礼》上说："调人，主管调解众人的怨仇。""凡是杀人而合乎礼义的，就命令死者亲属不要报仇，如要报仇，则处死刑。""有重复杀人的，全国的人就都要把他当作仇人。"这样，又怎么会因亲人而互相为仇呢？《春秋公羊传》说："父亲无辜被杀，儿子复仇是可以的。父亲因罪被杀，儿子报仇，这就是报私仇，这样的行为是不能除去互相仇杀之害的。"现在如果用这个标准来判断互相仇杀之案，就合乎礼制了。

而且，不忘父仇，这是孝；不怕死，这是义。徐元庆能不越出礼的范围，守孝道，为义而死，这一定是个通达事理、懂得圣贤之道的人啊！通达事理、懂得圣贤之道的人，难道会视王法为仇敌吗？但上奏议的人反而认为应将其处死，这种滥用刑法、败坏礼制的建议，不能作为定法是很明显的。

请将臣此议附在法令之后颁发下去。今后有审理这类案件的，不应再按以前的意见处理。谨议。

桐叶封弟辨

柳宗元

[题解]

本文论述了大臣应如何辅佐君主这一问题。通过桐叶封弟的典故，作者批评了君主随便的一句玩笑话，臣子也要绝对服从的荒唐现象，主张不要盲从统治者的言行，要看它的客观效果。在封建时代，发表这样的观点需要非同一般的胆识。

[原文]

古之传者[①]有言，成王以桐叶与小弱弟[②]，戏曰："以封汝。"周公入贺，王曰："戏也。"周公曰："天子不可戏。"乃封小弱弟于唐[③]。

吾意不然。王之弟当封邪，周公宜以时言于王，不待其戏而贺以成之也。不当封耶，周公乃成其不中(zhòng)之戏，以地以人与小弱弟者为之王。其得为圣乎？且周公以王之言，不可苟焉而

已，必从而成之耶？设有不幸，王以桐叶戏妇、寺[4]，亦将举而从之乎？

凡王者之德，在行之何若。设未得其当，虽十易之不为病，要于其当，不可使易也，而况以其戏乎？若戏而必行之，是周公教王遂过也。

吾意周公辅成王宜以道，从容优乐，要归之大中而已。必不逢其失而为之辞。又不当束缚之，驰骤之，使若牛马然，急则败矣。且家人父子尚不能以此自克，况号为君臣者耶？是直小丈夫缺(quē)缺[5]者之事，非周公所宜用，故不可信。或曰：封唐叔[6]，史佚[7]成之。

[注释]

①古之传者：指《吕氏春秋》的编者吕不韦和《说苑》的作者刘向。②成王以桐叶与小弱弟：周成王姬诵用桐叶当圭（帝王用作凭证的玉制品）送给幼弟叔虞。③唐：古国名，在今山西翼城一带。成王封叔虞于此，后来改称晋。④妇、寺：指妇人和宦官。⑤缺缺：小聪明的样子。⑥唐叔：叔虞，因封于唐，故称唐叔。⑦史佚：尹佚，周朝太史。

[译文]

古时的记事者说，周成王拿着一片桐树叶子和年幼的弟弟开玩笑，说："凭这个封藩给你。"周公入宫祝贺。成王说："这是玩笑呀！"周公说："天子不可以随便开玩笑。"于是把唐地封给了年幼的弟弟。

我认为事情不应该这样。成王的弟弟若理应受封，周公就应及时地告诉成王，而不必等他开了玩笑再去庆贺并促成这件事。若不当受封，周公就使一句不恰当的戏言变成了事实，把土地和百姓交给年幼的弟弟做主宰，周公这么做还算是圣人吗？并且周公只是认为君王说话不可随便罢了，难道一定要听从玩笑并促成它吗？如果不幸，成王拿桐叶与妃嫔和太监开玩笑，也要依照办理吗？

大凡君王的恩德，在于如何实行。如果不恰当，即使改变十次也不为过，关键要处理得当，使事情不再更改，更何况是用它来开玩笑呢？如果玩笑也要奉行，就是周公在教唆成王顺从过错了。

我认为周公辅佐成王，应当用正确的原则去引导他，是要使他的行动从容自得和恰如其分，归于中道，必然不会去迎合他的过错并替他找借口。又不应当对他管束太严，使他像牛马那样奔忙，急于使他成长反会坏事。并且家人、父子之间，尚不能用这种方式来约束，何况还有君臣名分之不同呢？这不过是缺少见识而又自作聪明的人所干的事，不是周公应该采用的做法，所以不可信。有人说：封唐叔这件事，是太史尹佚促成的。

箕子碑

柳宗元

[题解]

箕子是殷纣王的叔父，因劝谏纣王被囚禁。商被灭后，不愿仕周，武王将朝鲜封给了他。柳宗元因参加王叔文集团的政治革新获罪，被贬谪到边远地区为官，其遭遇与古代贤者箕子有相似的地方，他写此文也是为了寄托自身的感慨。

[原文]

凡大人之道有三：一曰正蒙难，二曰法授圣，三曰化及民。殷有仁人曰箕子[①]，实具兹道，以立于世。故孔子述六经之旨，尤殷勤焉。

当纣之时，大道悖乱，天威之动不能戒，圣人之言无所用。进死以并命，诚仁矣，无益吾祀，故不为；委身以存祀，诚仁矣，与亡吾国，故不忍。具是二道，有行之者矣。是用保其明哲，与之俯仰，晦是谟范[②]，辱于囚奴。昏而无邪，隤(tuí)而不息[③]。故在《易》曰："箕子之明夷[④]。"正蒙难也。及天命既改，生人以正，乃出大法，用为圣师，周人得以序彝伦而立大典[⑤]。故在《书》曰："以箕子归，作《洪范》[⑥]。"法授圣也。及封朝鲜，推道训俗，惟德无陋，惟人无远，用之殷祀，俾夷为华。化及民也。率是大道，藂于厥躬。天地变化，我得其正。其大人欤？於虖！当其周时未至，殷祀未殄[⑦]，比干已死，微子已去，向使纣恶未稔而自毙[⑧]，武庚[⑨]念乱以图存，国无其人，谁与兴理？是固人事之或然者也。然则先生隐忍而为此，其有志于斯乎？

唐某年，作庙汲郡，岁时致祀。嘉先生独列于《易·象》，作是颂云[⑩]。

[注释]

①箕子：名胥余，商纣王叔父，因封在箕地，又称箕子。②谟：谋划。范：法，原则。③隤：跌倒。④明夷：卦名，象征黯君在上、明臣在下，明臣隐藏起自己的智慧。⑤彝：常规。伦：人伦。⑥《洪范》：相传为禹时的文献，箕子增订并

献给周武王。⑦殄：灭绝。⑧向使：如果。未稔：没成熟，没达到顶点。⑨武庚：名禄父，纣王子。周武王灭商，封武庚以存殷祀。武王死，武庚与管叔、蔡叔反叛被杀。⑩文后原附颂文近百字，此处未录。

[译文]

一般说来，伟人的原则有三条：一是在危难中保持正直的品德，二是将规范传授给圣明的君主，三是施教化给人民。殷朝有位贤人叫箕子，确实具备这三方面的德行而立身于世，因此孔子在概述“六经”的宗旨时，对他特别重视。

在殷纣王统治时，整个法度和政治陷于混乱，天威显示不能予以制止纣王的行为，圣人的话也不起作用。不顾性命进谏以维护天命国运，确实是一种“仁”，但不利于家族的延续，因此箕子不这样做。委身降顺以求自家宗庙的留存，也是一种“仁”，只是参与灭亡自己的国家，他也不忍心去做。这两种方法，已经有实行的人了。因此他便保持自己清醒的头脑，也随从沉浮，隐藏自己的主张，在被囚的奴隶中受屈辱。表面糊涂却不去做邪恶之事，看似柔弱却自强不息。因此《易》中说：“箕子能知道韬晦。”这就在危难中保持正直的品德。等到朝代更替后，人民得到了公正和安定，便献出治国的大法，成为圣王的老师，而周人也能据此调整伦理道德，创立典章制度。因此《尚书》说：“因召回了箕子而作《洪范》。”这便是将法规传授给圣明的君主。等到受封于朝鲜，在那里推行道义，训化民俗，崇尚德行不再鄙陋，人民不再被疏远，用以光大殷朝宗绪，使外夷变为华夏，这就是教化施于民众啊！所有这些崇高的品德，集于他一人之身，天地变化发展，箕子独得其中的正“道”，难道不是伟人吗？

啊！当那周朝尚未建立，殷朝尚未灭亡，比干已死，微子也已离去，假如纣王尚未恶贯满盈而已经死去，武庚能忧于祸乱并力图保存社稷，国中如没有箕子这样的人，谁和武庚一起治理国家呢？这本也是人事发展的一种可能性啊！那么，箕子能忍辱含屈到这种程度，是否在这方面有所考虑呢？

唐朝的某年，在汲郡修建箕子庙，逢年遇节便祭祀他。我敬慕先生独列名于《易经》的卦象，便写了这篇颂。

脯林酒池

夏桀荒淫，建肉山、脯林、酒池，商纣亦有过之而无不及。

捕蛇者说

柳宗元

[题解]

本文通过对以捕蛇为业的蒋家三代遭遇的描述，记录了在苛捐杂税的压迫下百姓难以生存、纷纷逃亡的社会现实，揭露了唐朝社会政治的黑暗和统治阶级的贪婪，体现了孔子所说的“苛政猛于虎”的思想。

[原文]

永州之野产异蛇，黑质而白章[①]，触草木尽死，以啮人，无御之者。然得而腊[②]之以为饵，可以已大风、挛(luán)踠(wǎn)、瘘(lòu)、疠(lì)[③]，去死肌，杀三虫。其始，太医以王命聚之[④]，岁赋其二[⑤]。募有能捕之者，当其租入。永之人争奔走焉[⑥]。

有蒋氏者，专其利三世矣。问之，则曰：“吾祖死于是，吾父死于是，今吾嗣为之十二年，几死者数矣。”言之，貌若甚戚者。

余悲之，且曰：“若毒之乎[⑦]？余将告于莅事者[⑧]，更若役，复若赋[⑨]，则何如？”

蒋氏大戚，汪然出涕曰：“君将哀而生之乎？则吾斯役之不幸，未若复吾赋不幸之甚也[⑩]。向吾不为斯役，则久已病矣。自吾氏三世居是乡，积于今[⑪]六十岁矣，而乡邻之生日蹙[⑫]，殚其地之出[⑬]，竭其庐之入[⑭]，号呼而转徙，饥渴而顿踣(bó)[⑮]，触风雨，犯寒暑，呼嘘毒疠，往往而死者相藉也[⑯]。曩(nǎng)[⑰]与吾祖居者，今其室十无一焉；与吾父居者，今其室十无二三焉；与吾居十二年者，今其室十无四五焉。非死则徙尔，而吾以捕蛇独存。

“悍吏之来吾乡，叫嚣乎东西，隳(huī)突乎南北[⑱]，哗然而骇者，虽鸡狗不得宁焉。吾恂(xún)恂而起[⑲]，视其缶，而吾蛇尚存，则弛然而卧。谨食之，时而献焉[⑳]。退而甘食其土之有[㉑]，以尽吾齿[㉒]。盖一岁之犯死者二焉[㉓]，其余则熙熙而乐，岂若吾乡邻之旦旦有是哉[㉔]？今虽死乎此，比吾乡邻之死则已后矣，又安敢毒耶？”

余闻而愈悲。孔子曰："苛政猛于虎也。"吾尝疑乎是，今以蒋氏观之，犹信[25]。呜呼！孰知赋敛之毒有甚是蛇者乎[26]？故为之说[27]，以俟夫观人风者得焉[28]。

[注释]

①黑质而白章：黑底上白的花纹。②腊：风干。③已：治疗。大风：麻风病。挛踠：手脚弯曲不能伸展的病。瘘：脖子肿。疠：恶疮。④以王命聚之：拿皇帝的命令来征集这种蛇。⑤岁赋其二：一年征缴两次。赋，征取。⑥争奔走焉：抢着做这件事。奔走，忙着做某件事。⑦若：你。毒之乎：怨恨这件事吗？⑧莅事者：指地方官。莅，临，视。⑨复若赋：恢复要你纳税。赋，给官府出财物。⑩未若：比不上。不幸之甚：更为痛苦。⑪积于今：累积到现在。⑫生：生活。日蹙：一天比一天困苦。⑬殚其地之出：完全缴出他们土地的全部出产。⑭竭其庐之入：用尽他们家庭的全部收入。⑮顿踣：劳累的倒下去。⑯相借：横一个竖一个地压着。极言死人之多。⑰曩：从前。⑱隳突乎南北：到处骚扰。⑲恂恂而起：恐惧地起来。⑳时而献焉：到时候把蛇献上去。㉑退而甘食其土之有：回家就很有味地吃着田地上产的东西。㉒以尽吾齿：过完我的余年。齿，指年龄。㉓盖一岁之犯死者二焉：原来一年中冒死亡危险只有两次。㉔旦旦有是：天天有死亡的威胁。㉕犹信：还是可信的。㉖赋敛之毒：搜刮钱粮的毒害。有甚是蛇：比这毒蛇更厉害。㉗故为之说：因此写这篇"说"。㉘俟：等待。夫：那。观人风者：视察民情的人。

[译文]

永州的野外出产一种奇异的蛇，黑色身体，白色花纹，接触到草木，草木全都枯死；咬到人，没有能抵抗的。但是捕杀它，然后风干做成药物，可以治麻风、屈肢、颈部脓肿、毒疮，除去坏死的肌肉，杀死危害人体的三尸虫。当初，太医奉皇帝的命令征集这种蛇，每年征收两次。招募能捕捉它的人，可用来充抵应纳的租税，永州的人都争着去做这件事。

有个姓蒋的，独享这个差使的好处已有三代了。我问起这件事，他说："我祖父死在这差事上，我父亲死在这差事上，如今我继承这差事已经十二年，好几次也差点死掉。"说着，表情变得很悲伤。

我替他难过，就说："你怨恨这差事吗？我去向管事的人诉说，让他更换你的差事，恢复你的赋税，你看怎样？"

姓蒋的听了更为伤心，眼泪汪汪地说："你是哀怜我，想让我活下去吗？那么我这个差事的不幸，远比不上恢复我的纳税厉害呀！若当初我不干这捕蛇的差事，早就困苦不堪了。自从我家三代居住在此地，到如今已经六十年了，而乡邻们的生活却一天比一天困难。他们拿出地里的全部出产，交出家里的所有收入；哭哭啼啼地迁离故乡，饥渴交加而倒毙在地；一路上被风吹雨淋，冒严寒酷暑，呼吸毒雾瘴气，因此死掉的人常成堆地躺在路边。从前和我祖父同居于此地，现今十家中只剩不到一家了，和我父亲同居于此的，现在十家中只剩不到两三家了，和我一起住了十二年的，如今十家中也只剩不到四五家了。他们不是死了，就是搬走了。我却因为捕蛇而能幸存。

“凶狠的差役来到我们村里时，到处吵闹，吓得人们乱叫乱嚷，连鸡狗也不得安宁。我只要小心翼翼地起来，看看那只瓦罐，见我捕的蛇还在里面，就安稳睡下。平时小心地喂养，到规定的时间就去上交。回来后就自在地享用地里的出产，以安度天年。因为一年之中只有两次冒生命危险，其他的时候都过着心情舒畅的生活，哪像我的乡邻们那样天天经历危险呢？现在即使我死在捉蛇上面，比起我乡邻们的死亡已经很晚了，又怎么敢怨恨呢？”

我听了越发难过。孔子说过：“暴政比老虎更凶猛。”我曾经怀疑这句话，现在拿姓蒋的遭遇来看，这话是真的啊！唉，谁知道横征暴敛对百姓的毒害比毒蛇更厉害呢！因此我才将此事记下，留待考察民情、风俗的官吏参考。

种树郭橐驼传

柳宗元

[题解]

这是一篇具有寓言性质的传记文章，通过为郭橐驼立传，记述了郭橐驼“顺木之天，以致其性”的养树之道，将养树与养民相比较，对中唐时有损百姓的吏治进行了批评，表达了作者希望改革弊政和同情下层百姓的思想。

[原文]

郭橐驼[①]，不知始何名，病偻[②]，隆然伏行[③]，有类橐驼者，故乡人号之[④]“驼”。驼闻之曰：“甚善，名我固当[⑤]。”因舍其名，亦自谓“橐”驼云。其乡曰丰乐乡，在长安西。

驼业种树，凡长安豪家富人为观游及卖果者，皆争迎取养[⑥]。视驼所种树，或移徙，无不活，且硕茂蚤实以蕃[⑦]。他植者虽窥伺效慕[⑧]，莫能如也。

有问之，对曰：“橐驼非能使木寿且孳也[⑨]，能顺木之天，以致其性焉尔[⑩]。凡植木之性，其本欲舒，其培欲平[⑪]，其土欲故，其筑[⑫]欲密。既然已[⑬]，勿动勿虑，去不复顾。其莳(shì)[⑭]也若子，其置也若弃，则其天者全而其性得矣。故吾不害其长而已，非有能硕茂之[⑮]也，不抑耗其实而已[⑯]，非有能蚤而蕃之也[⑰]。

“他植者则不然，根拳而土易[⑱]，其培之也，若不过焉则不及。苟有能反是者，则又爱之太殷[⑲]，忧之太勤，旦视而暮抚[⑳]，已去而复顾，甚者爪其肤以验其生枯[21]，摇其本以观其疏密，而木之性日以离矣[22]。虽曰爱之，其实害之；虽曰忧之，其实仇之。故不我若也[23]。吾又何能为哉？”

问者曰：“以子之道，移之官理[24]可乎？”驼曰：“我知种树而已，官理非吾业也。然吾居乡，见长人者好烦其令[25]，若甚怜焉[26]，而卒以祸。旦暮吏来而呼曰：官命促尔耕[27]，勖[28]尔植，督尔获，蚤缫而绪[29]，蚤织尔缕，字[30]而幼孩，遂[31]而鸡豚。鸣鼓而聚之，击木[32]而召之。吾小人辍飧饔以劳吏者[33]，且不得暇，又何以蕃吾生而安吾性耶？故病且怠。若是，则与吾业者其亦有类乎[34]？”

问者嘻曰：“不亦善夫！吾问养树，得养人术。”传其事以为官戒也。

[注释]

①橐驼：骆驼。②偻：曲背。③隆然：高耸着（指的是脊背）。伏行：身体俯下去走路。④号之：称他为。⑤名我固当：这样叫我实在很恰当。⑥争迎取养：争着（把郭橐驼）迎来，养在家中。⑦硕茂：高大茂盛。早实：早结果实。蕃：繁多。⑧效慕：模仿。⑨寿：活得长久。孳：滋生得快。⑩天：自然生长的道理。致其性：让它尽性发展。尔：罢了。⑪培：培土。平：平均。⑫筑：捣土。⑬既然已：这样做了以后。⑭莳：栽种。⑮硕茂之：使它高大茂盛。⑯抑耗其实：遏制、减少它结实。⑰早而蕃之：使它早结实而且繁多。⑱根拳：树根拳曲不能伸展。土易：泥土被更换。⑲殷：情深。⑳旦视而暮抚：早上来看看，晚上又来摸摸。㉑爪：用指爪划破。肤：树皮。㉒日以离：一天比一天差。㉓不我若：不如我。㉔官理：做官治理政事。㉕长人者：当官长的人。好烦其令：喜欢不断向百姓发命令。㉖若甚怜焉：好像很哀怜百姓。㉗官命促尔耕：官长命令催促你们耕田。㉘勖：勉励。㉙缫：抽茧出丝。绪：丝头。㉚字：养育。㉛遂：生长，引申为喂大的意思。㉜击木：敲木梆。㉝辍：停止。飧：晚饭。饔：早饭。劳：慰劳。㉞吾业者：我的同行。其：大概。亦有类乎：也相类似吧。

[译文]

郭橐驼，不知原名是什么。他患有佝偻病，脊背高高隆起，低着头走路，像骆驼一样，所以乡里人称他为“驼”。橐驼听到后，说：“很好啊，这样称呼我很恰当。”于是放弃原名，也自称“橐驼”了。他的家乡叫丰乐乡，在长安城西。

橐驼以种树为职业，长安城的豪绅富人修建观赏、游览的园林以及卖水果的商人，都争相迎请供养他。看橐驼所种植或者移植的树木，没有不成活的，而且高大繁茂，

种树郭橐驼

能顺木之天，以致其性焉尔。

果实结得又大又多。其他种树的人即使暗中察看仿效，也比不上他。

有人问他原因，他答道："我郭橐驼并不能使树木活得久且多繁殖，只不过能够顺应树木的本性，使它自然成长罢了。一般说来，树木的习性是，树根要舒展，培土要均匀，根部要带旧土，捣土要细密。这样做了以后，不要再去动它，也不必再担心它，离开后就不必再管它了。移栽时要像养育子女一样精心，栽好后就把它置于一旁，那么树木的本性就不会受破坏，而能按照它的本性生长。所以我只是不妨害它生长罢了，并没有使它长得高大茂盛的诀窍。我只是不抑制、减少它的果实罢了，并没有使它果实结得又早又多的诀窍。

"其他种树的人却不这么做，树根拳曲，又换了新土，培土不是过多就是过少。即使有人能够不这样做，又对树木爱得过深，担心得太过，早晨看看，晚上摸摸，离开后还要回头看顾。更严重是用手指抓破树皮来检验它的死活，摇动树根来察看土的松紧，这样，就背离树木的本性了。虽然说是爱护树，实际上是害它；虽说是担心树，实际上却是与他为敌。所以他们种树都比不上我，我又有什么特别的本领呢？"

问的人说："将你种树的方法，转用到为官治民上，可以吗？"橐驼说："我只知道种树罢了，为官治民并非我的职业啊！然而我住在乡里，看到那些官吏喜欢不断地发布命令，好像很爱惜百姓，却给百姓带来灾害。每天早晚，差吏跑到村中叫喊：'官长命令你们耕地，勉励你们播种，督促你们收割。早点缫你们的丝，早点纺你们的线。抚育好你们的小孩，喂大你们的鸡、猪。'一会儿击鼓聚集人们，一会儿敲木梆召集大家。我们小百姓顾不上吃饭来应酬慰劳差吏，尚且都没有空暇，又怎能人口兴旺，生活安定呢？所以都非常困苦而且疲乏。如果是这样，那就与我们种树这一行也有相似之处吧！"

问的人叹道："这说的不是很好吗？我问养树，却得到了治民的办法。"我记下此事，作为官吏的借鉴。

梓人传

柳宗元

[题解]

本文借梓人建造房屋的方法来阐述宰相的治国之道。作者认为，作为辅佐君主、治理国家的宰相，应该懂得治理国家的道理，不需要事必躬亲，应掌握全局，统领百官。若君主犯了错误，宰相也应坚持原则，宁可辞官也不能贪恋权位而迎合上意。

[原文]

裴封叔[1]之第、在光德里，有梓人款其门，愿佣隙宇而处焉。所职寻引、规矩、绳墨[2]，家不居砻(lóngzhuó)斫之器[3]。问其能，曰："吾善度材，视栋宇之制，高深、圆方、短长之宜，吾指使而群工役焉。舍我，众莫能就一宇。故食于官府，吾受禄三倍，作于私家，吾收其直大半焉。"他日，入其室，其床阙足而不能理，曰"将求他工。"余甚笑之，谓其无能而贪禄嗜货者。

其后，京兆尹[4]将饰官署，余往过焉。委[5]群材，会众工。或执斧斤，或执刀锯，皆环立向之。梓人左持引，右执杖而中处焉。量栋宇之任，视木之能举[6]，挥其杖曰："斧！"彼执斧者奔而右。顾而指曰："锯！"彼执锯者趋而左。俄而斤者斫，刀者削，皆视其色，俟其言，莫敢自断者。其不胜任者，怒而退之，亦莫敢愠焉。画宫[7]于堵，盈尺而曲尽其制，计其毫厘而构大厦，无进退焉。既成，书于上栋曰"某年某月某日某建"，则其姓字也。凡执用之工不在列。余圜视大骇。然后知其术之工大矣。

继而叹曰：彼将舍其手艺，专其心智，而能知体要者欤？吾闻劳心者役人，劳力者役于人，彼其劳心者欤？能者用而智者谋，彼其智者欤？是足为佐天子相天下法矣！物莫近乎此也。彼为天下者本于人。其执役者，为徒隶，为乡师、里胥，其上为下士，又其上为中士，为上士，又其上为大夫，为卿，为公[8]。离而为六职，判而为百役[9]。外薄四海，有方伯连率[10]，郡有守，邑有宰，皆有佐政。其下有胥吏[11]，又其下皆有啬(sè)夫、版尹[12]，以就役焉。犹众工之各有执技以食力也。彼佐天子相天下者，举而加焉，指而使焉，条其纲纪[13]而盈缩焉，齐其法制而整顿焉。犹梓人之有规矩绳墨以定制也。择天下之士，使称其职；居天

梓人架屋

一会儿，众工匠刀砍斧削地开始工作。

下之人，使安其业。视都知野，视野知国，视国知天下，其远迩细大，可手据其图而究焉，犹梓人画宫于堵而绩于成也。能者进而由之，使无所德；不能者退而休之，亦莫敢愠。不炫能，不矜名，不亲小劳，不侵众官，日与天下之英才，讨论其大经[14]，犹梓人之善运众工而不伐艺也。夫然后相道得而万国理矣。相道既得，万国既理，天下举首而望曰："吾相之功也。"后之人循迹而慕曰："彼相之才也。"士或谈殷、周之理者，曰伊、傅、周、召[15]，其百执事[16]之勤劳而不得纪焉。犹梓人自名其功而执用者不列也。大哉相乎！通是道者所谓相而已矣。

其不知体要者反此。以恪勤为公，以簿书为尊。炫能矜名，亲小劳，侵众官，窃取六职百役之事，听听[17]于府庭，而遗其大者、远者焉。所谓不通是道者也。犹梓人而不知绳墨之曲直、规矩之方圆、寻引之短长，姑夺众工之斧斤刀锯以佐其艺，又不能备其工，以至败绩，用而无所成也。不亦谬欤？或曰："彼主为室者，傥或发其私智，牵制梓人之虑，夺其世守而道谋[18]是用，虽不能成功，岂其罪邪？亦在任之而已。"余曰：不然。夫绳墨诚陈，规矩诚设，高者不可抑而下也，狭者不可张而广也。由我则固，不由我则圮(pǐ)[19]。彼将乐去固而就圮也，则卷其术，默其智，悠尔而去，不屈吾道，是诚良梓人耳。其或嗜其货利，忍而不能舍也；丧其制量，屈而不能守也。栋桡(náo)[20]屋坏，则曰："非我罪也。"可乎哉？可乎哉？

余谓梓人之道类于相，故书而藏之。梓人，盖古之审曲面势者，今谓之“都料匠”[21]云。余所遇者，杨氏，潜其名。

[注释]

①裴封叔：名瑾，柳宗元的妹夫。一说名玮，闻喜人，曾任长安县令。②寻引：计量长度的器具。寻，八尺；引，一丈。规：圆规。矩：矩尺。绳墨：木匠画直线用的工具。③砻：磨刀石。斫：刀、锯、斧之类的工具。④京兆尹：官名，管理京都及其附近属县的地方长官。唐改雍州为京兆府，以亲王担任雍州牧，雍州长史称京兆尹，治所在长安。⑤委：集聚、堆积。⑥举：适用，承当。⑦宫：这里指宫室图样。⑧徒隶：服役的犯人。乡师：一乡之长。里胥：一里之长。士：周时最低一级的贵族。大夫：地位在士之上的官员，再上为卿。公：公侯。⑨六职：指吏、户、礼、兵、刑、工六部。百役：百官。⑩方伯、连帅：指地方上的封疆大吏。据《礼记·王制》：十国为连，设连帅；二百一十国为州，设方伯。⑪胥吏：办理公文的小吏。⑫啬夫：秦汉时小乡设啬夫一人，管理诉讼和赋税。版尹：乡中掌管户籍的小吏。⑬纲纪：法制、典章。⑭大经：根本的法则、措施。⑮伊：伊尹，商初大臣，曾辅佐商汤灭夏。傅：傅说，殷王武丁大臣。周：周公，武王之弟，佐助武王灭商，后辅佐成王治理天下。召：召公，周武王之弟，名奭，辅佐武王灭殷，周成王时，与周公旦一起辅佐成王，管理国家。⑯百执事：百官。⑰听听：笑的样子。一说，为争辩之貌。⑱道谋：行路之人的主意。意即不负责任的议论。⑲圮：倒塌。⑳桡：弯曲变形。㉑都料匠：总管材料和施工的匠人。都，总。

[译文]

裴封叔的住所位于京城光德里。一天，来了一位木匠求见，想在裴家租一间空屋居住。他工作的用具只有量尺寸的寻引、画方圆的规矩和弹墨线的墨斗等，家中没有磨刀石和刀斧之类的用具。问他会做什么，他说：“我善于测算材料，根据房子的规模、高深、圆方、长短选用合适的木料，指挥工匠们干活。如果没有我的指挥，他们连一间房子也建不成，所以我在官府干活，工资相当于一般木匠的三倍，给私人干活，我的工资要占所有人工资的一大半。”有一天，我来到他的卧室，看见他的床坏了一条腿，他自己不修，他说：“我准备请别的木匠来修。”我觉得这很好笑，认为他是一个并无真实本领而只是贪钱、爱财的人。

后来，京兆尹的官署要修理，我到那里看了看。那儿已堆放好了许多建筑材料，聚集了许多工匠，有的拿着斧子，有的拿着刀锯，都围着那木匠听候指挥。那木匠左手拿着引绳，右手拿着一根木杖，在中间站立。他测量好栋梁的尺寸，又看准木料适合与否，然后挥起木杖说：“斧子！”拿着斧子的工匠立刻奔向右边，他转过头说：“锯子！”拿着锯子的就立刻奔向左边。一会儿众工匠刀砍斧削地开始工作，全部都按照他的眼色号令行事，没有谁敢自作主张。有些做得不好的工匠，被他叫在一旁，也不敢抱怨生气。他把房子的图样画在墙上，虽然只有一尺见方，却全面详尽，根据图上缩小的尺寸比例建的高楼，与设计完全相符而不增减分毫。房子建好后，他在大梁上写上“某年某月某日某某造”，“某某”就是他的名字，而那些执斧锯操作的工匠的名字却一个也不写上。我在房子四周观察一番以后大吃一惊，才知道这木匠的技艺确实太高明了。

后来，我感慨地说：那个木匠必定是个放弃了手艺，专心于智力的运用，能够把握关键的人啊！我听说用心智的人指挥别人，用体力的人被人指挥，那个木匠该是个用心智的人吧！有技能的负责操作，有智慧的只管谋划，那个木匠该是个有智慧的人吧！这足可以为辅佐天子、治国的人仿效，因为没有比这更与治国相似的事了。治国应以人为根本，从事具体工作的，是徒隶，是乡师里胥，他们的上面是下士，下士之上是中士、上士，再往上是大夫、卿、公。可分成六种职别，再细分为各种差事。从京城外到边境四方，有方伯、连帅这样的地方大员，郡有郡守，县有县令，都有辅助的僚属。下面有胥吏，再往下还有啬夫、版尹，这些都是担当职役的人。和工匠们都有各自的技能、靠劳动生活一样，辅佐天子治国的人，推荐提拔，然后指挥使用他们。整理纲纪而予以进退，使法制规范而加以整顿。如同那位木匠使用规矩、绳墨来测量格局、规模。他鉴别天下的人才，使之称职，他安顿天下的百姓，使之安居乐业。他看了京城便知道了乡野的情况，看了乡野便能了解封地，看了封地便能判断全国，远近大小之地，都可以按照地图考究出来，就像那位木匠把房屋的图纸画在墙上，按图建筑便可成功一样。有才能的人，按一般的程序推荐他，使他不必感恩戴德；无能的人，就予以辞退，他也不会有怨恨。他不自己显耀才能，夸大名声，不亲自处理费力的小事，不侵犯各级官员的职权。每天与豪杰、贤士探讨治国的重大方针。这与那位木匠善于指挥众工匠而不夸耀自己的手艺是一样的。这样，就懂得了宰相之道，国家也就得到了治理。懂得了宰相之道，国家得到治理后，全国百姓都会敬佩地说："这是我们宰相做的啊！"后世人遵循他的业绩而仰慕地说："那宰相的才能真高啊！"谈论殷、周之治的读书人只称赞伊尹、傅说、周公、召公，而从事各种具体事务的官员们，虽然勤劳，却不能被记载。就像那位木匠在房屋建好后把自己的名字书写在屋梁上，而干活的工匠们的名字却不能被书写一样。伟大啊宰相，明白这道理的，也只有宰相了。

那些不能把握关键的人与此相反，他们将勤劳、刻苦作为功业，以处理公文作为大事。自己炫耀能力，夸大声名，亲自处理费力的小事，侵犯官员们的职权，把各种差事都抢过来，还在朝廷上为此争辩，忽略了远大的事业。这就是不懂得宰相之道的人啊！就好像木匠不懂得绳墨的曲直、规矩的方圆、寻引的短长，姑且夺过工匠们的斧锯来辅助他们工作，又做得不好，以至失败，因而不能取得成就。这岂不是很荒谬吗？

有人说："如果主持建房的那个人，为了表示自己的聪明，束缚木匠的思考，剥夺他的职责，却与路人商量并采纳他们的意见，那么虽然建不成房子，难道是木匠的过失吗？能否成功，不过在于是否信任而已。"我说：不是这样的。经过绳墨、规矩确定，高处就不能压低，窄处就不能扩大。按我的方法房子就能坚固，不按我的方法就会倒塌。主持建房的人乐于放弃坚固选择倒塌，那么就该收回自己的方法，隐藏自己的智慧，悠然地离开，坚持主张而不屈服，这才是真正的好木匠啊！如果他贪图财物，忍耐而不离去，就丧失了原则，屈服而不能坚持职守。屋梁、房屋弯曲倒塌，却说："不是我的错。"能这样吗？能这样吗？

我认为做木匠与做宰相的方法相似，所以写下来留存。木匠大概就是古时所说的"审曲面势"，现在叫作"都料匠"的人。我遇到的那位木匠，姓杨，名字叫潜。

愚溪诗序

柳宗元

[题解]

本篇是柳宗元贬谪到永州之时为其《八愚诗》而写的序文，《八愚诗》现已遗失，只剩下这篇序。作者在此借溪水自喻，溪水虽美，但处于偏远之地，于世无用。作者虽很有才能，但终被贬黜，触景生情，情景交融，抒发了自己遭受排挤、不能施展伟大抱负的激愤之情。

[原文]

灌水之阳有溪焉[①]，东流入于潇水[②]。或日："冉氏尝居也，故姓是溪为冉溪[③]。"或日："可以染也，名之以其能，故谓之染溪。"余以愚触罪，谪潇水上，爱是溪，入二三里，得其尤绝者家焉[④]。古有愚公谷[⑤]，今余家是溪，而名莫能定，土之居者犹断断(yín)然[⑥]，不可以不更也，故更之为愚溪。

愚溪之上，买小丘，为愚丘。自愚丘东北行六十步，得泉焉，又买居之，为愚泉。愚泉凡六穴[⑦]，皆出山下平地，盖上出也[⑧]。合流屈曲而南，为愚沟。遂负土累石，塞其隘，为愚池。愚池之东为愚堂，其南为愚亭，池之中为愚岛。嘉木异石错置，皆山水之奇者，以余故，咸以愚辱焉。

夫水，智者乐(yào)也[⑨]。今是溪独见辱于愚，何哉？盖其流甚下，不可以灌溉，又峻急，多坻(chí)石[⑩]，大舟不可入也；幽邃浅狭，蛟龙不屑，不能兴云雨。无以利世，而适类于余[⑪]，然则虽辱而愚之，可也。

宁武子"邦无道则愚"[⑫]，智而为愚者也；颜子"终日不违如愚"[⑬]，睿(ruì)而为愚者也[⑭]。皆不得为真愚。今余遭有道[⑮]，而违于理，悖(bèi)于事[⑯]，故凡为愚者莫我若也[⑰]。然则天下莫能争是溪，

余得专而名焉。

溪虽莫利于世，而善鉴万类[18]，清莹秀澈，锵鸣金石[19]，能使愚者喜笑眷慕，乐而不能去也。余虽不合于俗，亦颇以文墨自慰，漱涤万物[20]，牢笼百态[21]，而无所避之。以愚辞歌愚溪，则茫然而不违，昏然而同归，超鸿蒙[22]，混希夷[23]，寂寥而莫我知也。于是作《八愚诗》，记于溪石上。

[注释]

①灌水：湘江的支流，源出广西灌阳西南，北流经全州注入湘江。阳：河流的北面。②潇水：在今湖南道县北，因源出潇山，故称潇水。③是潇：这条溪。是，指示代词。下文“爱是溪”同此解。④家焉：在此安家。家，作动词用。下文“家是溪”同此解。⑤愚公谷：在今山东临淄西。据刘向《说苑·政理》篇记载，齐桓公外出打猎，进入一山谷，见一老翁，便问那山谷叫什么名称。老翁说，叫愚公谷。齐桓公问为什么叫愚公谷？老翁说，因为我叫愚公，所以给它起这个名称。⑥龂龂然：争辩的样子。⑦凡：共。⑧上出：向上喷涌而出。⑨乐：喜欢、爱好。这句出自《论语·雍也》：“仁者乐山，智者要水。”⑩坻石：凸出水面的石头。⑪适类：正好相像。⑫宁武子：春秋时卫国大夫宁俞，“武”字是他死后的谥号。邦无道则愚：国家混乱时就装得像个愚人。语出《论语·公冶长》，孔子说：“宁武子，邦有道则智，邦无道则愚。其智可及也，其智不可及也。”⑬颜子：孔子的学生颜回。不违如愚：语出《论语·为政》，孔子说：“吾与回言，终日不违如愚。退而省其私，亦足以发，回也不愚。”意思是孔子给颜回讲学，颜回从来不提问题，好像很愚笨。可是过后考察他私下的言行，发现他不但完全理解孔子的话，而且能有所发挥，所以说颜回不愚。⑭睿：明智、有智慧。⑮有道：指政治清明安定的时代。⑯悖：违背。⑰莫我若：“莫若我”的倒装，意为没有比我（更愚蠢的了）。⑱鉴：照。⑲锵鸣金石：像敲钟（金）击磬（石）一样发出清脆悦耳的声音。⑳漱涤：洗涤。㉑牢笼：包罗、概括。㉒鸿蒙：指宇宙形成以前的混沌状态，也指元气。㉓希夷：指空虚寂静，人们无法感知的一种境界。语出《老子》：“视之不见名曰夷，听之不闻名曰希。”

[译文]

在灌水的北边有条溪流，向东流入潇水。有人说，以前有个姓冉的人曾经在这里住过，因此借用这个人的姓将这条溪流命名为冉溪。有人说，这溪水能够染色，以它的功能进行命名，称之为染溪。我因为愚犯了罪，被贬谪到了潇水，非常喜欢这条溪流。沿着它走了二三里，发现一个风景十分优美的地方，就在此地安家。古时候有个愚公谷，现在我的家就在这条溪流旁边，但是没有人能定下这条溪流的名字，此地的居民依然还在争论，看来不能不给它改名了，因此把给它改名为愚溪。

我在愚溪上面买了个小丘，取名为愚丘。从愚丘往东北方向走六十步，又找到了一汪泉水，又把它买下来，取名为愚泉。愚泉一共有六个泉眼，都处于山下的平地，泉水都是自下而上喷涌。各个泉眼中的泉水合流之后弯曲着向南流去，我就把泉水流经的地方命名为愚沟。于是我又运土、堆石，在狭窄的地方堵住隘口，筑成了愚池。愚池的东面是愚堂，南面是愚亭，池子中央是愚岛。嘉木、异石参差错落，这些都是奇特美丽的山水。因为我的原因，都选用了“愚”字，使它们受到了玷污。

水是智者所喜爱的，但如今这条溪流却因“愚”字而蒙受羞辱，这是为何呢？大概是因为它的水道太低，不可以用于灌溉吧！水流很急，中间又多浅滩和石头，大船无法入内。溪流幽邃浅狭，蛟龙也不屑于屈居在此，不能制造云雨，不能造福于世人，恰恰与我十分相似。既然这样，那么即使是蒙受耻辱，用“愚”字来称呼它，也是可以的。

宁武子“在国家昏庸无道的时候就表现得很愚蠢”，这是聪慧之人假装糊涂。颜回“整天也没有发表过不同于老师的见解，好像很愚笨一样”，这是睿智之人假装得很愚笨。他们都并非是真愚。现在我身处政治清明之时，却违背常理，行事有悖世道，因此我是所有愚人之中最为愚笨的人了。但是天下没人能与我争夺此溪，独有我能够给它命名。

溪流虽然没有造福于世人，但是它却善于映照世间万物，清莹透彻，能铿锵作响发出金石般的声音，让愚蠢之人喜笑颜开，对它产生眷恋、爱慕之情，十分快乐，不忍离去。我虽然与俗世不合，也还很能用文章聊以自慰，洗涤世间事物，囊括百态，没有什么避忌。我用这愚笨之辞咏唱愚溪，觉得茫茫然却不违背情理，昏昏然却与我有着同样的归宿，超越混沌的尘世，融入虚寂缥缈之中，处于寂寞清静之中没有人能了解我，因此写下《八愚诗》，记在溪石上。

永州韦使君新堂记

柳宗元

[题解]

这篇文章作于唐宪宗元和七年（812），是柳宗元散文作品中的佳品。当时柳宗元正在永州司马任上，永州刺史韦宙修建了一座新堂。作为韦宙的下属，柳宗元在新堂落成之际，以其生花妙笔写成了这篇文章，既有对韦使君乔迁之喜的祝贺，又有对韦宙治下的永州政治清明产生的欣悦，使人由衷地产生了一种顺应自然的美感、积极向上的激情。

[原文]

将为穹谷、嵁(kān)岩、渊池于郊邑之中[1]，则必辇(niǎn)山石[2]，沟涧壑，陵绝险阻，疲极人力，乃可以有为也。然而求天作地生之状，咸无得焉。逸其人，因其地，全其天，昔之所难，今于是

乎在。

永州实惟九疑之麓[3]。其始度(duó)土者[4]，环山为城。有石焉，翳(yì)于奥草[5]；有泉焉，伏于土涂[6]。蛇虺(huǐ)之所蟠[7]，狸鼠之所游，茂树恶木，嘉葩(pā)毒卉[8]，乱杂而争植，号为秽墟。

韦公之来既逾月，理甚无事。望其地，且异之。始命芟(shān)其芜[9]，行其涂，积之丘如[10]，蠲(juān)之浏如[11]，既焚既釃(shī)[12]，奇势迭出，清浊辨质，美恶异位。视其植，则青秀敷舒；视其蓄，则溶漾纡余。怪石森然，周于四隅。或列或跪，或立或仆，窍穴逶邃[13]，堆阜突怒。乃作栋宇，以为观游。凡其物类，无不合形辅势，效伎于堂庑之下[14]。外之连山高原，林麓之崖，间厕隐显[15]。迩延野绿，远混天碧，咸会于谯门之内[16]。

已乃延客入观，继以宴娱。或赞且贺曰："见公之作，知公之志。公之因土而得胜，岂不欲因俗以成化？公之择恶而取美，岂不欲除残而佑仁？公之蠲浊而流清，岂不欲废贪而立廉？公之居高以望远，岂不欲家抚而户晓？夫然，则是堂也，岂独草木、土石、水泉之适欤？山、原、林、麓之观欤？将使继公之理者，视其细知其大也。"

宗元请志诸石，措[17]诸壁，编以为二千石楷法[18]。

[注释]

①穹谷：深谷。嵁岩：高岩。②辇：载运。③九疑：九疑山，又名苍梧山，在湖南宁远县南。④度：计量、测算。⑤翳：遮蔽。奥：深。⑥涂：泥。⑦虺：毒蛇、毒虫。蟠：盘踞。⑧葩：花。卉：草的总称。⑨芟：铲除杂草。⑩丘如：像山的样子。⑪蠲：通"涓"，清洁。浏如：水清澈的样子。⑫釃：分流、疏导。⑬逶邃：曲折幽深。⑭庑：堂下四周的屋子。⑮间厕：参差错杂。⑯谯门：城门上的瞭望楼。⑰措：安置。⑱二千石：汉代郡守的年俸为粮食二千石。后即以二千石作为郡太守的代称。唐代州刺史相当于郡守，所以也用二千石称之。楷法：典范，楷模。

[译文]

假如要在城中建造幽深的山谷、陡峭的崖壁和很深的水池，那就一定要用车拉载山石，开凿出山洞和沟壑，越过险阻，耗费很多人力，才能做到。但是要想产生一种天然形成的景观，就无法做到。不用耗费大量的民力，顺着地形进行修整，而且还能保持一种天然的美感，这样的事情在以前是很难做到的，但是现在却在此处出现了。

永州位于九嶷山的山脚，最初在此地勘测和规划的人，环绕着山脚修建了一座城市。此处有山石，但被繁茂的草丛遮蔽住了；此处有清泉，但被烂泥埋藏、掩盖，变成了一个被毒蛇盘踞、狐狸和老鼠出没的地方。树木有好有坏，花草有的美丽，有的却有毒，它们混杂在一起，竞相生长。所以此地是一个非常荒凉的地方。

韦公到永州来做官，一个月的时间，州内的政治非常清明，没有什么事情。看到这片土地之后，觉得它很不寻常，于是就让人把荒草铲除，把污泥挖走。铲掉的草堆积成了一座小山，疏通之后的泉水清澈晶莹。杂草被烧掉，泉水被疏通，奇异的景色层出不穷。清秀与污浊被分开，荒凉的地方全都是美丽的景色。那些生长着的树木都非常清秀挺拔，枝条和树叶都舒展开来。那湖面上水波荡漾，弯曲萦回。怪石森森，非常繁密，环绕着四周。有的山石排成了一行，有的山石的样子就像跪拜一样，有的像是站着的人，有的像是卧倒了的人。洞穴幽深曲折，石山高耸突兀。于是就在这个地方修建了一座厅堂，作为游玩和观赏美景的地方。所有的怪石全都顺应着地形和地势，像是在堂下展现自己的绝技一样。新堂的外面，是连在一起的高原和山峰，山脚下覆盖着林木，这些树木若隐若现地穿插交错在一处。绿色的原野从近处一直延伸到远方，与蔚蓝的天空连接到了一处，难以分辨。所有这些，全都可以在门楼内看到。新堂建好之后，韦公就请客人到这里来游玩参观，然后又设下酒宴与大家一起玩乐。有的人一边赞赏，一边向韦公祝贺道："看见您修造的这座新堂，就可以了解您的志向。您根据地势开辟出这样优美的景色，难道不是想着根据本地的风俗来教化百姓吗？您把恶木和毒草都铲除掉，保留着嘉树和鲜花，难道不是想把凶暴之徒铲除、让仁善之人得到保护吗？您将烂泥挖掉、让清清的泉水流淌，难道不是想去除贪污的风气，培养廉洁的风气吗？您登上高处极目远眺，难道不是想让这里每一户人家都可以过上安定、富饶的生活吗？既然如此，那么建造这座新堂的目的就不仅仅是想让这里的草木、土石、清泉使人心旷神怡，也不仅仅是想让所有人都可以观赏到山川、原野和树林的美景，而是希望后来的人可以从这件小事上面，明白治理百姓的大道理啊！"

柳宗元请求韦公答应，让自己将这篇记文刻在石碑上面，嵌进墙里，编入史书之中，当作刺史的楷模，供后人学习。

钴鉧潭西小丘记

柳宗元

[题解]

本文是柳宗元《永州八记》中的第三篇，写于被贬到永州后，是一篇山水游记，文章行文流畅，语言优美，所写景物具有很强的代表性，风格清丽优雅，读后使人如临其境。同时，文中也反映了他孤寂、凄清、幽怨的心情。

[原文]

得西山后八日，寻①山口西北道②二百步，又得钴鉧(gǔ mǔ)潭③。潭西二十五步，当湍而浚(jùn)者为鱼梁④。梁之上有丘焉，生竹树。其石之突怒偃蹇(yǎn jiǎn)⑤，负土而出，争为奇状者，殆⑥不可数。其嵚(qīn)然⑦相累而下者，若牛马之饮于溪；其冲(chòng)然角列而上者⑧，若熊罴(pí)之登于山。

丘之小不能⑨一亩，可以笼⑩而有之。问其主，曰："唐氏之弃地，货而不售⑪。"问其价，曰："止四百。"余怜而售之⑫。李深源、元克己时同游，皆大喜，出自意外。即更取器用，铲刈秽草⑬，伐去恶木，烈火而焚之。嘉木立，美竹露，奇石显。由其中以望，则山之高，云之浮，溪之流，鸟兽之遨游，举熙熙然回巧献技，以效兹丘之下⑭。枕席而卧，则清泠之状与目谋，潆潆之声与耳谋⑮，悠然而虚者与神谋，渊然而静者与心谋。不匝(zā)旬⑯而得异地者二，虽古好(hào)事⑰之士，或未能至焉⑱。

噫！以兹丘之胜⑲，致之沣(fēng)、镐、鄠(hù)、杜⑳，则贵游之士争买者，日增千金而愈不可得。今弃是㉑州也，农夫渔父过而陋之㉒，价四百，连岁不能售㉓。而我与深源、克己独喜得之，是其果有遭乎！书于石，所以㉔贺兹丘之遭也。

[注释]

①寻：通"循"，沿着。②道：行走。③钴鉧潭：潭名。钴鉧，熨斗。潭的形状像熨斗，故名。④湍：急流。浚：深水。鱼梁：用石砌成的拦截水流、中开缺口以便捕鱼的堰。⑤突怒：石头隆起的样子。偃蹇：石头高耸的样子。⑥殆：几乎，差不多。⑦嵚然：高峻的样子。相累，相互重叠，彼此挤压。⑧冲然：向上或向前的样子。角列：争取排到前面去。一说，像兽角那样排列。⑨不能：不满，不到。⑩笼：名词用作动词，笼罩，包罗。⑪货：卖，出售。不售：卖不出去。⑫怜：爱惜。售之：买进它。这里的"售"是买的意思。⑬更：轮番，交替，一次又一次。刈：割。⑭举：全。熙熙然：和悦的样子。回巧：呈现巧妙的姿态。技：指景物姿态的各自的特点。效：效力，贡献。兹：此，这。⑮谋：这里是接触的意思。⑯匝旬：满十天。匝，周。旬，十天为一旬。虽：即使，纵使，就是。⑰好事：爱好山水。⑱或：或许，只怕，可能。焉：表示估量语气。⑲胜：指优美的景色。⑳沣：水名。流经长安（今陕西西安）。镐：古代周武王都城。在今西安西北丰镐村附近。鄠：地名，在今陕西户县北。杜：地名。在今陕西西安户

县北。沣：镐、鄠、杜，都是在当时京都长安附近的豪门贵族聚居的地主。㉑是：这个。指永州。㉒陋：鄙视，轻视。㉓售：卖的意思。㉔所以：用来……的。所，助词，以，介词。“所”先与介词“以”相结合，然后再与动词“贺”组成名词性的词组，表示祝贺这小土山运气的手段。

[译文]

觅得西山后的第八天，沿着山口向西北行进二百步，又探寻到了钴鉧潭。潭向西二十五步，正当水流深急的堤防筑有垒土阻挡流水，张网捕鱼的石堰。渔梁上有个小土丘，丘上生长着青竹、绿树，丘石或者突然升起，或兀然耸立，破土而出，形状千奇百怪的，几乎数不胜数。有的倾斜堆垒而延伸向下，好像牛马在溪边饮水；有的又猛然前突，仿佛较量着向上而行，就像熊罴向山上攀登。

这小丘不足一亩，仿佛可以装进笼子里。我向小丘的主人询问情况，他回答说：“这是唐姓人家废弃的土地，想卖却卖不出去。”我又问价格多少，他答道：“只不过四百两银子。”我怜惜小丘于是买下了它。当时，李深源、元克己与我同游，都很高兴，认为是意想不到的收获。于是就又轮流拿着用具，铲除衰草，砍掉杂树，点起了大火焚烧一切秽荒。（顿时）美好的树木挺立而出，秀美的竹林因而露出美丽的容颜，陡峭的山石更格外突出。穿过竹木、山石望去，只见远山高耸，云气飘浮，溪水淙淙，鸟兽自由自在地在其中遨游。万物都快乐地呈现出本来的姿态，天然地展示自己的技巧、技能。铺开席躺在小丘上，山水清凉、舒爽的形态映入眼帘，清澈、冰冷的流水在耳边回荡，悠远浩渺的天空与精神相通。深沉、幽静的大道与心灵契合。不满十天，我却寻得两处美景，即使是古时喜好美景的人，也未必能有此幸运啊！

唉，小丘的美景如此美丽，如果在长安附近沣、镐、鄠、杜等地方，那爱好游乐的贵族竞相购买，将日增千金，也越来越不能买到。现在小丘弃置在这永州，农人、渔夫经过而看不起它，出价仅仅四百两，却多年都卖不出去，而我与深源、克己偏偏喜爱并得到了它，这难道不是所谓因缘巧合吗？我将得到小丘的经过书写在石头上，以此来庆贺与小丘的相遇。

小石城山记

柳宗元

[题解]

本文是“永州八记”的最后一篇。文章先对小石城山的奇异景色进行了描述，以这种景色的不为人知来借景抒情，表达了自己虽有才学却无用武之地的感慨，隐约地含有对统治者不能任用贤才的讽刺。

[原文]

自西山道口径北，逾黄茅岭[①]而下，有二道。其一西出，寻之无所得；其一少北而东，不过四十丈，土断而川分，有积石

横当其垠。其上为睥（pì）睨（nì）梁欐之形②，其旁出堡坞③，有若门焉。窥之正黑，投以小石，洞然有水声，其响之激越，良久乃已。环之可上，望甚远。无土壤而生嘉树美箭，益奇而坚，其疏数④偃仰，类智者所施设也。

噫！吾疑造物者⑤之有无久矣。及是，愈以为诚有。又怪其不为之于中州，而列是夷狄⑥，更千百年不得一售其伎⑦，是固劳而无用。神者傥不宜如是，则其果无乎？或曰："以慰夫贤而辱于此者。"或曰："其气之灵，不为伟人，而独为是物。故楚之南少人而多石。"是二者，余未信之。

[注释]

①黄茅岭：在今湖南零陵西南。②睥睨：同"埤堄"，城上的矮墙。梁欐：屋的正梁。③堡坞：小城堡。④数：密。⑤造物者：古人指创造万物的上帝。⑥列是夷狄：排列布置这样的美景在偏远地区。⑦伎：同"技"，技巧，指小石城山的奇景。

小石城山

顺着山势，可以走到山顶，站在山顶可以望得很远。有两条路。一条向西，走过去寻找风景却一无所获；另一条稍为偏北朝东，只走了四十丈，泥土断裂，川河分流，许多石块堆在这条路的尽头。

[译文]

从西山路口一直向北走，越过黄茅岭再向下，有两条路：一条向西，走过去寻找风景却一无所获；另一条稍为偏北朝东，只走了四十丈，泥土断裂，川河分流，许多石块堆在这条路的尽头。石山顶部天然生成城墙栋梁之状，旁边有堡垒，好像有个洞门。向里面望，一片漆黑，丢一块小石子进去，咚的一下有水响声，清澈洪亮，好久才消失。环绕着登到山顶，站在上面望得很远。这里没有土壤却有长得很好的树木和竹子，更显得形状奇特坚挺，竹木分布疏密高低、错落有致，好像是智者特意布置的。

啊！我怀疑造物主的有无已很久了，到了这儿更相信造物主确实是有的。但又奇怪他不生在中原，却生在这荒远的蛮夷之地，即使经过千百年也没有显示技艺的机会，这简直是费力却无用，神明的造物主似乎不会这样做的。那么造物主真的不存在吗？有人说："这安排是用来安慰被贬于此的贤人的。"

也有人说："山川的灵气不孕育伟人，而唯独凝聚成奇景，所以楚地的南部少人才而多奇石。"这两种说法，我都不信。

贺进士王参元失火书

柳宗元

[题解]

从题目来看柳宗元对待王参元失火非但没有表示同情慰问，反而表示庆贺，似乎完全不通情理。文章开头，作者也给收信人设了一个悬念，然后娓娓道来，说出其中的原委。柳宗元的这封信阐述的道理跟"塞翁失马，焉知非福"的道理相似，读来使人心生慰藉，感到欣慰。

[原文]

得杨八[①]书，知足下[②]遇火灾，家无余储。仆始闻而骇，中而疑，终乃大喜。盖将吊而更以贺也[③]。道远言略，犹未能究知其状。若果荡焉泯焉而悉[④]无有，乃吾所以尤贺者也。

足下勤奉养，乐朝夕，惟恬安无事是望也。今乃有焚炀赫烈之虞，以震骇左右，而脂膏滫瀡(xiǔ suǐ)[⑤]之具，或以不给，吾是以始而骇也。

凡人之言皆曰：盈虚倚伏[⑥]，去来之不可常。或将大有为也，乃始厄困震悸，于是有水火之孽，有群小之愠。劳苦变动，而后能光明，古之人皆然。斯[⑦]道辽阔诞漫，虽[⑧]圣人不能以[⑨]是必信，是故中而疑也。

以足下读古人书，为文章，善小学[⑩]，其为多能若是，而进不能出群士之上，以取显贵者，盖无他焉。京城人多言足下家有积货，士之好廉名者，皆畏忌，不敢道足下之善，独自得之心，蓄之衔忍，而不能出诸口，以公道之难明，而世之多嫌也。一出口，则嗤嗤者以为得重赂。

仆自贞元十五年见足下之文章，蓄之者盖六七年未尝言。是仆私一身而负[⑪]公道久矣，非特[⑫]负足下也。及为御史尚书郎，自以幸为天子近臣，得奋其舌[⑬]，思以发明[⑭]足下之郁塞，然时称道于行列，犹有顾[⑮]视而窃笑者。仆良恨修己之不亮，素誉之不立，而为世嫌之所加，常与孟几道[16]言而痛之。乃今幸为天火之所涤荡，凡众之疑虑，举为灰埃。黔[17]其庐，赭其垣，以示其无有，而足下之才能，乃可以显白而不污，其实出矣，是祝融、回禄[18]之相吾子也。则仆与几道十年之相知，不若兹火一夕之为足下誉也。宥而彰之，使夫蓄于心者，咸得开其喙，发策决科者，授子而不栗。虽欲如向之蓄缩受侮，其可得乎？于兹吾有望于子，是以终乃大喜也。

古者列国有灾，同位者皆相吊。许不吊灾，君子恶之[19]。今吾之所陈若是，有以异乎古，故将吊而更以贺也。颜、曾之养，其为乐也大矣，又何阙焉？

足下前章要仆文章、古书，极不忘，候得数十篇乃并往耳。吴二十一武陵来，言足下为《醉赋》及《对问》，大善，可寄一本。仆近亦好作文，与在京城时颇异，思与足下辈言之，桎梏甚固，未可得也。因人南来，致书访死生[20]。不悉。宗元白。

[注释]

①杨八：名敬之，在杨族中排行第八。柳宗元的亲戚，王参元的好朋友。②足下：古代对对方的敬称。③吊：安慰。更：更换。④悉：全部。⑤滫瀡：这里指淀粉一类烹调用的东西。滫，淘米水。瀡，古时把使菜肴柔滑的作料叫“滑”，齐国人称之为“瀡”。⑥倚伏：出自《老子》“祸兮福之所倚，福兮祸之所伏”。意为祸是福依托之所，福又是祸隐藏之所，祸福可以互相转化。⑦斯：这，指示代词。⑧虽：即使，表让步。⑨以：认为。⑩小学：旧时对文字学、音韵学、训诂学的总称。⑪负：辜负，背弃。⑫特：只是。⑬奋其舌：这里指对皇帝劝谏、上疏等。奋，鼓动。⑭发明：表明，显露。⑮顾：回头看。⑯孟几道：孟简，字几道，擅长写诗，尚节好义，是柳宗元的好朋友。⑰黔：黑色，这里用作动词，烧黑。⑱祝融、回禄：都是传说中的火神名。⑲许不吊灾，君子恶之：据《左传》记载，鲁昭公十八年（公元前520年），宋、卫、陈、郑四国发生火灾，许国没有去慰问，当时的有识之士据此推测许国将要灭亡。许，春秋时国名，在今河南许昌一带。⑳死生：偏义副词，只指“生”。即生活情况。

[译文]

收到杨八的信，知道您家里遇到火灾，一点积蓄都没有了。我刚开始感到很吃惊，然后感到怀疑，最后却非常高兴。我本来准备慰问您，现在却要向您祝贺。由于相隔遥远，信里的话又很简单，我不能完全了解您家中现在的情形，如果真是烧得干干净净，一无所有了，我就更要因此向您祝贺。

您一向殷勤地侍奉双亲，早晚过着愉快的生活，只希望全家平安无事。现在却有一场火灾使您受到惊吓，同时，煮饭做菜的工具，也许因此不能供应。因此，刚一听到这消息我就大吃一惊。

一般人总是说："圆满和缺陷互为因果。"得和失不可能一成不变，或许一个人要想有一番作为，就要先受到种种阻碍、种种惊吓，因此会遭遇水灾、火灾，有遭到小人们怨恨的，身心受尽磨炼，承受接连的变故，然后才能够过上幸福的生活。古代的仁人志士都是这样的，但是，这种理论非常抽象、荒诞，即使是圣人也不能依据这种（理论来断定事实）必定会如此，所以（我）接着就感到疑惑。

像您这样熟读古人文章、典籍，能写文章，擅长小学，这样多才多艺，可是不能超过众人而凭借博学多才取得高官厚禄，没有别的原因，只因为京城的人大多数说您富有钱财，所以读书人中间那些爱惜自己名声的，都有所顾虑，不敢称赞您的优点，只是一个人自己知道，藏在心里，长期缄默，不说出口，加上公道不容易说明，很多世人喜欢怀疑、妒忌，一旦说出称赞您的话，那般（喜欢）嘲笑的人就认为得到了您的好处。

我从贞元十五年看见您写的文章，放在心里有六七年，从来没说过，这是我只考虑到自己而有失公道很久了，不只是对不起您呀！等到我做了御史、尚书郎，自以为有幸而做了皇上的近臣，能够尽我所言，想利用这个机会来说明足下的才能被压抑的情况。但是，我时常在同事面前称赞您的时候，还有一些人回头互相使眼色，暗中笑话我。我实在恨自己的品德修养不能使人信任，平时没有树立好的名誉，从而被世人猜疑。我常常和孟几道谈论这些事情，感到很痛心。可现在幸好您的家被天火烧光，人们的猜忌、疑虑也化为灰烬。烧黑了您的屋宇，烧红了您的墙壁，表示您一无所有了，而您的才能才可以显露出来，再也不会被其他东西污染。您的真才实学显露出来。这是火神、菩萨保佑！这样看来，我和几道十年来对您的了解，还赶不上这次火灾一个晚上给您带来的好名声。（以后大家）都会原谅你，可以公开称赞你的才能了，使得那些有话藏在心里的人，都能无所顾忌地为您说话了。主持科举考试的人，可以大胆录取您、授予您官职，不再怕别人说闲话。现在，我就是想要像过去那样避免嫌疑，被人嘲笑，可能吗？在这一点上，我对你抱了很大的希望，因此最后我非常高兴。

在古代，一个诸侯国有灾祸，其他诸侯国都会来慰问。（有一次）许国不慰问邻国宋、卫、陈、郑的灾祸，于是君子都憎恶它。现在，我说了这些，和古代的有所不同，所以本来准备慰问您，却变成要向您祝贺。颜渊和曾参侍养父母，使父母感到生活安乐，这远远超过一般人，物质上有所欠缺又有什么呢？

您先前要我的文章、古书，我始终没有忘记，只是想等到有几十篇后再一起带给您而已。吴二十一从武陵来我这里，说您写有《醉赋》及《对问》，非常好，可要寄给我一本。我近来也喜欢写文章，与在京都时很不一样，想与您这样的人说说话，却受到很严的限制，无法实现，趁着有人南来，给您一封信打探一下您的生活情况，（信）不能详尽（地表达我的意思）。宗元向您问好。

作者简介

王禹偁（954—1001），字元之，济州钜野（今山东钜野）人。宋太宗（赵光义）时考中进士，做过翰林学士、知制诰（负责草拟皇帝的诏令）等官。他的诗文朴素自然、清新流畅，是北宋初年首先起来反对绮靡文风的优秀作家。他打出的旗号“夫文，传道而明心”，看上去仍是唐代古文运动中“文以载道”的旧调重弹，但他借着“传道明心”却强调了表现内在心灵感受的意义。

待漏院记①

王禹偁

[题解]

本文采用对比的手法，以贤相和奸相不同形象的鲜明对比，劝诫宰相应忠诚无私，勤于政务，保国安民，而不应图私利、贪禄位，以至误国、误民或无所作为。

[原文]

天道[②]不言，而品物亨、岁功成者[③]，何谓也？四时之吏[④]，五行之佐[⑤]，宣其气矣。圣人不言，而百姓亲、万邦宁者，何谓也？三公论道，六卿分职，张其教矣。是知君逸于上，臣劳于下，法乎天也。古之善相天下者，自咎(gāo)、夔至房、魏可数也[⑥]。是不独有其德，亦皆务于勤耳。况夙兴夜寐，以事一人，卿大夫犹然，况宰相乎？

朝廷自国初因旧制，设宰臣待漏院于丹凤门[⑦]之右，示勤政也。乃若北阙向曙[⑧]，东方未明，相君启行，煌煌火城[⑨]。相君至止，哕哕(huì huì)鸾声。金门未辟，玉漏犹滴[⑩]。撤盖下车，于焉以息。待漏之际，相君其有思乎？

其或兆民[⑪]未安，思所泰之；四夷未附，思所来之；兵革未息，何以弭[⑫]之；田畴多芜，何以辟之；贤人在野，我将进之；佞人立朝，我将斥之；六气不和，灾眚(shěng)荐至，愿避位以禳(ráng)之[⑬]；五刑未措，欺诈日生，请修德以厘之。忧心忡忡，待旦而入。九门既启，四聪甚迩。相君言焉，时君纳焉。皇风于是乎清夷[⑭]，苍生以之而富庶。若然，则总百官，食万钱，非幸也，宜也。

其或私仇未复，思所逐之；旧恩未报，思所荣之；子女玉帛，何以致之；车马玩器，何以取之；奸人附势，我将陟之；直士抗言，我将黜之；三时告灾，上有忧色，构巧词以悦之；群吏弄法，君闻怨言，进谄容以媚之。私心慆慆，假寐⑮而坐。九门既开，重瞳⑯屡回；相君言焉，时君惑焉。政柄于是乎隳（huī）哉，帝位以之而危矣！若然，则死下狱，投远方，非不幸也，亦宜也。

房玄龄

唐初名相。名乔，字玄龄（一说名玄龄，字乔）。

是知一国之政，万人之命，悬于宰相，可不慎欤？复有无毁无誉，旅进旅退，窃位而苟禄，备员而全身者，亦无所取焉。

棘寺⑰小吏王禹偁为文，请志院壁，用规于执政者。

[注释]

①待漏院：古代百官早晨到达皇宫等候上朝时休息的地方。②天道：指大自然。③亨：通达，这里指万物的顺利成长。岁功：一年中的农业收获。④四时之吏：掌管四季的天神。⑤五行之佐：掌管五行的天神。古代阴阳家认为四时的变化是由于五行“相生”的结果。⑥咎、夔：咎即皋陶，夔即后夔，舜时贤臣。房、魏：房玄龄和魏徵，唐朝的名相。⑦丹凤门：宋朝皇城的正南门。⑧北阙：指皇帝接见群臣议政的宫殿。向曙：天快亮了。⑨火城：封建时代每次朝会，百官先集，宰相后到，列烛达数百柱，叫作火城。⑩玉漏犹滴：夜还没有过去。⑪兆民：百姓。⑫弭：平息。⑬愿避位以禳之：愿意解去官职来祈求上天消除灾殃。⑭皇风：国家的政治风气。清夷：清明平静。⑮假寐：打盹儿。⑯重瞳：相传舜的眼睛有两个瞳子，这里泛指皇帝的眼睛。⑰棘寺：大理寺（管理司法的中央机关）的别称。

[译文]

天道不说话，而万物却能顺利生长，每年有好收成，这是为什么呢？那是由于掌管四时、五行的天官们使风雨顺畅的结果。皇帝不说话，而人民亲睦，万国安宁，这是为什么呢？是由于三公商讨了纲要，六卿职责分明，伸张了皇帝的教化的结果。由此可知，君王在上安逸，臣子在下辛勤，这就是取法于天道啊！古代的贤相善于治理国家的，从皋陶、后夔到房玄龄、魏徵，屈指可数。他们不但有德行，也都很勤劳。早起晚睡为君主效劳，卿大夫都是这样，何况宰相呢？

朝廷自建国初即沿袭前代的制度，在丹凤门右边设立宰相待漏院，表示崇尚勤政。当北面的门楼上映着一线曙光，东方未亮之时，宰相就动身启行，仪仗队的灯笼、火把辉煌灿烂。宰相到来，富有节奏的马车铃声叮当回响。这时宫门未开，玉漏里的水还在滴。侍从收拢车篷，主人下车到待漏院暂息。在等候朝见时，宰相大概有很多考虑吧？

也许在想，百姓尚未安宁，考虑怎样使他们平安；各方少数民族尚未服从，考虑怎样使他们前来归附；战事未息，怎样平定它；田园荒芜，将怎样开垦它们；贤能之人尚未任用，怎样推荐他们；奸邪的小人还在朝中，怎样贬斥他们；天时不正，灾害不断，我愿辞去相位，向上天祷告以消除灾难；各种刑罚未能废除，欺诈行为不断发生，我将修养德行，加强治安。怀着深深的忧虑，等待天明上殿。宫门开后，各方意见顺利地传报告给天子。宰相向天子奏明了意见，皇帝予以采纳。于是社会风气清平，人民因此而富裕。如能这样，宰相统率百官，享受优厚的俸禄，便不是侥幸而得，而是十分应该的。

也许在想，我有私仇未报，想着怎样驱逐仇敌；有旧恩未报，想着怎样使恩人荣华富贵；金钱美女，怎样才能到手；车马玩物，如何取得；奸邪之徒依附我的权势，我便提拔他们；正直之臣直言指责我，我会贬谪他们；三时各地报告灾情，皇上忧虑，我便想怎样用花言巧语使他高兴；官吏们枉法，皇上听到怨言，我便奉承献媚以求得皇上的欢心。他为私事心思纷乱，在待漏院坐着打瞌睡。宫门开了，天子注视，宰相提出建议，皇上受到蒙惑，政权因此毁坏，皇位也因此而动摇。如果这样，即使宰相被下狱处死，或流放远地，不是不幸，而是完全应该的。

由此可知，一国之政，万人之命，系于宰相一身，难道可以不小心谨慎吗？还有一既无恶名也无好名的宰相，随大流进退，窃取高位、贪图利禄，滥竽充数只求保全自身，也是不足取的。

大理寺小官吏王禹偁作此文，希望能将其书写在待漏院壁上，用以告诫执政的宰相。

黄冈竹楼记①

王禹偁

[题解]

本文叙述了黄冈地区的风俗物产与建筑特点，描写了竹楼的风光和神韵，说明了用竹子建楼的原因，抒发了楼主人的心志与情趣，反映了屡遭贬黜、命运漂泊不定的叹息和宁折不弯的气节。可以说，竹楼是作者人格的象征和理想的寄托。

[原文]

黄冈之地多竹。大者如椽，竹工破之，刳[kū]去其节，用代陶瓦，比屋皆然，以其价廉而工省也。

子城西北隅，雉堞圮[dié pǐ]毁[2]，蓁[zhēn]莽[3]荒秽，因作小楼二间，与月波楼[4]通。远吞[5]山光，平挹江濑[6]，幽阒敻[qù xiòng][7]，不可具状。夏宜急雨，有瀑布声；冬宜密雪，有碎玉声。宜鼓琴，琴调和畅；宜咏诗，诗韵清绝；宜围棋，子声丁丁然；宜投壶，矢声铮铮然。皆竹楼之所助也。

公退之暇，被鹤氅[8]衣，戴华阳巾[9]，手执《周易》一卷，焚香默坐，消遣世虑。江山之外，第见风帆沙鸟，烟云竹树而已。待其酒力醒，茶烟歇，送夕阳，迎素月，亦谪居之胜概也。

彼齐云、落星[10]，高则高矣；井幹[hán]、丽谯[11]，华则华矣。止于贮妓女，藏歌舞，非骚人之事，吾所不取。

吾闻竹工云："竹之为瓦，仅十稔，若重复之，得二十稔。"噫！吾以至道乙未岁，自翰林出滁上，丙申移广陵[12]，丁酉又入西掖[13]，戊戌岁除日有齐安[14]之命，己亥闰三月到郡。四年之间，奔走不暇。未知明年又在何处，岂惧竹楼之易朽乎？后之人与我同志，嗣而葺[15]之，庶斯楼之不朽也。

[注释]

①黄冈：今湖北黄冈。②子城：指附属于大城的小城，如内城及城门外的套城。雉堞：城上矮墙。③蓁莽：密生的树木和野草。④月波楼：黄冈的一座城楼，也是王禹偁修筑的。⑤吞：实指望见。⑥挹：汲取，这里也指望见。濑：沙上的流水。⑦阒：寂静。敻：遥远。⑧鹤氅：用鸟羽织成的裘，道士服。⑨华阳巾：道士的一种帽子。⑩齐云：齐云楼，在苏州，相传是五代时韩浦建造。落星：落星楼，在南京东北，三国时吴国孙权建造。⑪井幹：井幹楼，汉武帝（刘彻）所建。丽谯：丽谯楼，魏武帝（曹操）所建。⑫广陵：今江苏扬州。⑬西掖：中央最高行政机关中书省的别称。这年王禹偁在中书省任知制诰。⑭齐安：指黄州，郡治在今湖北黄冈。王禹偁这年因编写《太祖实录》，直书史事，为宰相所不满，被贬。⑮葺：修理。

[译文]

黄冈地区竹子众多，大的粗如椽子，竹匠剖开它，削去节芭，用来代替陶瓦，家家用它建造房屋，因为竹瓦既便宜又省工。

在子城的西北角，矮墙毁坏，草木丛生，一片秽荒，我就在那块空地建造了两间小竹楼，与月波楼相连。登上竹楼，远眺则山色尽收眼底，平视则江滩、碧波好像可以舀取。那清幽静谧、辽远开阔的景象，实在无法一一描述。夏天适合听骤雨，人在楼中如闻瀑布声；冬天适合下大雪，小楼上好像有碎琼乱玉的敲击声；适宜弹琴，琴声清虚流畅；适宜吟诗，诗的韵味清雅绝妙；适宜下棋，棋子声丁丁悦耳；适宜投壶，箭入壶声铮铮悦耳，这些都是竹楼给予的。

竹

黄冈地区竹子众多，大的粗如椽子，竹匠剖开它，削去节疤，用来代替陶瓦。

公务办完后的闲暇时间，披着鹤氅，戴上华阳巾，手执一卷《周易》，焚香默坐，能排除世俗杂念。除山水风光之外，但见轻风扬帆，沙上禽鸟，烟云竹树一片而已。等到酒醒，茶炉的烟火也熄了，送别夕阳，迎来皓月，此亦是谪居生活中的乐事啊！

那齐云、落星两楼，确实算高的了；井幹、丽谯两楼，也的确算非常华丽的了，可惜只是用来蓄养乐妓，安顿舞女，那就不是风雅之士应做的了，我是不屑于做的。

我听竹匠说："用竹做瓦，只能用十年，如果铺两层，就可以用二十年。"唉，我在至道元年由翰林学士被贬到滁州，至道二年调到扬州，至道三年又去中书省，咸平元年除夕又奉命调往齐安，咸平二年闰三月来到郡城。四年当中，奔波不息，尚不知明年又在何处，难道还怕竹楼容易败坏吗？希望后来人与我志趣相同，继我之后修缮它，或许这座竹楼就不会朽烂了。

作者简介

李格非，字文叔，济南（今属山东）人。宋神宗熙宁九年（1076）进士。历任礼部员外郎、提点京东路刑狱。他是著名女词人李清照的父亲。

书《洛阳名园记》后

李格非

[题解]

《洛阳名园记》一书记录了北宋强盛时期洛阳的19处名园，此文相当于该书的跋。作者通过对事实的描述，得出了园囿的废兴可以反映天下治乱的道理，告诫当权者们不可因一己贪念而置天下治乱于不顾，表达了作者对当时政治状况的不满以及对国事的担忧。

[原文]

洛阳处天下之中，挟崤(yáo)、黾(méng)之阻[①]，当秦、陇之襟喉[②]，而赵、魏之走集[③]，盖四方必争之地也。天下当无事则已，有事则洛阳必先受兵。予故尝曰："洛阳之盛衰，天下治乱之候也。"

唐贞观、开元之间，公卿贵戚开馆列第于东都[④]者，号千有余邸。及其乱离，继以五季[⑤]之酷，其池塘竹树，兵车蹂蹴(cù)，废而为丘墟；高亭大榭，烟火焚燎，化而为灰烬；与唐共灭而俱亡，无余处矣。予故尝曰："园囿之兴废，洛阳盛衰之候也。"

且天下之治乱，候于洛阳之盛衰而知，洛阳之盛衰，候于园囿之兴废而得。则《名园记》之作，予岂徒然哉？

呜呼！公卿大夫方进于朝，放乎一己之私，自为之而忘天下之治忽[⑥]，欲退享此，得乎？唐之末路是已！

[注释]

①崤：山名，主峰在今河南灵宝东南。黾：黾隘，古隘道名，即今河南信阳西南的平靖关。②襟喉：衣襟和咽喉，比喻地势险要。③走集：原指边境上的堡垒。因它常地处险要，是往来必经的地方，所以叫"走集"。④东都：洛阳。⑤五季：五代，即梁、唐、晋、汉、周。⑥治忽：指国家政治的好或坏。

[译文]

洛阳处于天下的中心，凭借崤山与黾隘的险阻，控制秦川和陇山的咽喉要道，也是赵、魏的必经之地，可称为四方必争之地了。天下平安无事就罢了，一旦有事，洛阳必先遭受兵灾。因此我曾经说过："洛阳的盛衰，是中国治乱的预兆啊！"

唐代贞观、开元之间，公卿贵戚在东都洛阳所建的馆舍、府邸，不下千余座。到动乱之时，接下来是五代的残酷战争，洛阳的池塘、竹树，遭到兵车的践踏，变成废墟；高亭轩榭，也被烟火焚燎，化成一片灰烬，都与大唐一同灭亡，没有剩下一处了。因此我曾经说："园林的兴废，是洛阳盛衰的预兆啊！"

既然中国的治乱，可以从洛阳的盛衰上反映出来，而洛阳的盛衰，又可以从园林的废兴上看出来，那么，我写作《洛阳名园记》，难道无用的吗？

唉，公卿士大夫在朝廷做官，大都放纵自己的贪念，只求满足自己的私欲而不去治理天下。想引退之后安享林园之乐，可以吗？这就是唐朝的末路啊！

作者简介

范仲淹（989—1052），字希文，苏州吴县（今江苏苏州）人，北宋政治家。幼年生活贫困，刻苦好学，对下层社会生活有一定的了解，立志“以天下、国家为己任”。后历任右司谏、吏部员外郎、知州、枢密副使、参知政事等职。在朝为官时，他努力改革弊政。在率兵镇守延安时，抵御了西夏的侵扰，保卫了西北地区的和平生产。范仲淹政绩上的名声远远高于文学上的名声，不过这并不意味着他在文学上一无所成，事实上他的诗、词、文都写得很好，特别是下面所选的《岳阳楼记》，更是脍炙人口，传诵不绝。

严先生祠堂记

范仲淹

[题解]

文中多处通过比喻来说明自己对光武帝的气度和严光的品德的理解。指出他们的关系是：非刘秀不足以显严光清，非严光不足以成刘秀名。作者借此表达了渴望效仿前贤、坚守理想的情操。

[原文]

先生①，光武之故人也，相尚以道。及帝握《赤符》②，乘六龙③，得圣人之时，臣妾亿兆，天下孰加焉？惟先生以节高之。既而动星象④，归江湖，得圣人之清，泥涂轩冕，天下孰加焉？惟光武以礼下之。在《蛊》之上九，众方有为，而独“不事王侯，高尚其事”，先生以之；在《屯》之初九，阳德方亨，而能“以贵下贱，大得民也”，光武以之。盖先生之心，出乎日月之上；光武之量，包乎天地之外。微先生不能成光武之大，微光武岂能遂先生之高哉？而使贪夫廉，懦夫立，是大有功于名教也。

仲淹来守是邦，始构堂而奠焉。乃复为其后者四家，以奉祠事。又从而歌曰：“云山苍苍，江水泱泱；先生之风，山高水长！”

[注释]

①先生：指严光，字子陵，东汉人。年轻时曾与汉光武帝刘秀一同游学，光武

帝即位后，他便改名隐居。光武帝接他到京师洛阳，授官谏议大夫，他也不肯接受，回到富春山隐居，以耕钓为生。②握《赤符》：指公元25年儒生强华向刘秀奉上赤伏符。其谶文大意是刘秀发兵，汉室将要恢复。刘秀便以为是天降祥瑞的征兆。这一年刘秀即帝位。③乘六龙：六龙指《易》乾卦的六爻。④动星象：严光与光武帝睡在一起时，严光把脚放在光武帝肚子上。第二天太史官就报告说：客星犯帝座甚急。光武帝笑答道：那是我与老朋友严子陵在一起的缘故。

宾礼故人

光武帝重视人才也尊重人才，他请故人严光出仕，严光拒绝，光武帝也没有强迫。

[译文]

严光先生是光武帝的老朋友，他们以道义相互敬重。及至光武帝赤符在握，当了皇帝，顺应时势，统治无数的臣民，天下有谁能超过他呢？只有严光先生凭他的节操在他之上。后来他们的交谊使星象异动，先生又退至江畔隐居，清操自守，鄙弃高官厚禄，天下有谁能超过他呢？只有光武帝以礼甘居其下。《易经》蛊卦上九的爻辞中说，大家都在热衷于功名，只有他不侍奉王侯，有高尚的节操，这就是严先生的做法。《易经》屯卦初九的爻辞中说，阳刚之气亨通之时，却能以尊贵的身份礼敬卑贱的人，大得民心，这是光武帝的做法。大概严先生的心高于日月，光武帝的气度包容天地。没有先生就不能成就光武帝的博大，没有光武帝又怎能促成先生的高尚呢？先生能使贪婪者清廉，怯懦者坚强，这对于名教是有很大功劳的。

范仲淹来睦州任地方官，将建造祠堂祭祀先生，于是又免除先生后代四家的赋税，让他们执行祭祀的事。又作歌赞美道："云山苍茫，江水浩荡。先生的高风亮节，如山高水长。"

岳阳楼记①

范仲淹

[题解]

滕子京与范仲淹是同年的进士，也曾在仁宗时一起镇守边郡。滕子京在庆历四年（1044）被贬至岳州。岳阳楼为当地著名的古迹，因唐玄宗年间岳阳刺史张说常与文士登楼赋诗而闻名。滕子京到此后重修岳阳楼，请范仲淹撰文记之。

波澜不惊

它衔接远处的山，吞吐长江的水，无边无际。

[原文]

庆历四年春，滕子京[2]谪守巴陵郡。越明年，政通人和，百废俱兴，乃重修岳阳楼，增其旧制，刻唐贤、今人诗赋于其上。属予作文以记之。

予观夫巴陵胜状，在洞庭一湖。衔远山，吞长江，浩浩汤汤（shāng），横无际涯；朝晖夕阴，气象万千。此则岳阳楼之大观也，前人之述备矣。然则北通巫峡[3]，南极潇湘[4]，迁客骚人，多会于此，览物之情，得无异乎？

若夫霪雨霏霏，连月不开，阴风怒号，浊浪排空，日星隐曜，山岳潜形，商旅不行，樯倾楫摧，薄暮[5]冥冥，虎啸猿啼。登斯楼也，则有去国怀乡，忧谗畏讥，满目萧然，感极而悲者矣。

至若春和景明，波澜不惊；上下天光，一碧万顷，沙鸥翔集，锦鳞游泳，岸芷汀兰，郁郁青青。而或长烟一空，皓月千里，浮光耀金，静影沉璧，渔歌互答，此乐何极！登斯楼也，则有心旷神怡，宠辱皆忘，把酒临风，其喜洋洋者矣！

嗟夫！予尝求古仁人之心，或异二者之为。何哉？不以物喜，不以己悲。居庙堂[6]之高，则忧其民；处江湖之远，则忧其君。是进亦忧，退亦忧。然则何时而乐耶？其必曰“先天下之忧而忧，后天下之乐而乐”欤？噫！微斯人，吾谁与归！

[注释]

①岳阳楼：在今湖南岳阳城西，面对洞庭湖，相传始建于唐朝初年。②滕子京：名宗谅。当时他因政敌诬告，被贬为岳州巴陵郡（郡治在岳阳）知州。③巫峡：长江三峡之一，在今重庆巫山与湖北巴东之间。④潇湘：潇水和湘水。潇水流入湘

水，合流后，又北入洞庭湖。⑤薄暮：傍晚。⑥庙堂：代指朝廷。

[译文]

庆历四年（1044）春天，滕子京被贬谪到岳州任知州。到了第二年，就将此地治理的政事顺利，人民安乐，许多已废弛的事务都兴办起来，于是重修岳阳楼，扩大它原来的规模，在上面刻了唐代名人和当代作家的诗赋，并嘱托我写篇文章来记述此事。

在我看来，岳州的美好景色全在洞庭湖。它衔接远处的山，吞吐长江的水，浩浩汤汤，无边无际。早晨阳光灿烂，傍晚阴气凝结，景象变化万千，这就是岳阳楼的雄伟景观，前人已经很详尽地描绘过了。既然如此，那么北面通到巫峡，南面直到潇湘，被贬的官吏和来往的诗人常在这里聚会，观赏自然景物时的心情难道没有区别吗？

如果总是下着连绵的阴雨，连续许多日子不放晴，阴惨的风呼号，浑浊的浪头冲击天空；太阳和星星失去了光芒，山岳隐藏了形迹；商人和旅客只能停留，桅倒桨断；暮色渐渐昏暗，虎啸猿啼。那么此时登楼，就会思念国都想念家乡，担心诽谤，害怕讥笑，满眼萧条，心情因极度感慨而悲愤。

若是春日晴和、阳光明媚，波浪不起，天色和波光相映，一片碧绿远近交融；自在的沙鸥，时而飞翔时而停落，美丽的鱼儿上下沉浮；岸边的香草，洲上的兰花，青葱馥郁。有时高空云气消散，明月照耀着千里，在水面浮动闪耀着的金光，沉静的月影落入水中的白璧，渔船里传出相互唱和的歌声，使人不知多么快乐！此时登上岳阳楼，必会心胸开朗，精神愉快，荣辱全忘，举酒临风，喜气洋洋了。

唉！我曾经探求古代品德高尚的人的想法，或许跟上面说的两种不同，为什么呢？他们不因为外物的美好而喜悦，也不因自己的坎坷而悲伤。在朝廷做官就担忧百姓的生活，处在僻远的江湖间就担忧君王的政治，这就是在朝为官也发愁，辞官隐居也发愁。什么时候才快乐呢？他们一定会说“在天下人发愁之前先发愁，在天下人快乐之后才快乐”吧！唉！如果没有这种人，我能去追随谁呢？

作者简介

司马光（1019—1086），字君实，陕州夏县（今山西夏县）人。宋仁宗（赵祯）时中进士。神宗（赵顼）时任御史中丞（御史台的实际长官，负责监察工作），极力反对王安石变法，成为保守派的领袖。哲宗（赵煦）时，他任尚书左仆射、门下侍郎（宰相），主持朝政，把王安石施行的新法一律废除。

谏院题名记

司马光

[题解]

本文论述了谏官的职责与重要性。作者认为向皇帝进谏是很重要的事情，所以要设立谏官。因为谏官的责任重大，为此官者必须谨慎和忠诚，还要将谏官的名字刻在石上让当时和后来的人监督。

[原文]

古者谏无官，自公、卿、大夫至于工、商，无不得谏者。汉兴以来始置官。夫以天下之政，四海之众，得失利病，萃于一官使言之，其为任亦重矣。居是官者，当志其大，舍其细，先其急，后其缓，专利国家而不为身谋。彼汲汲于名者，犹汲汲于利也，其间相去何远哉！

天禧①初，真宗诏置谏官六员，责其职事。庆历②中，钱君始书其名于版。光恐久而漫灭，嘉祐八年③，刻著于石。后之人将历指其名而议之曰："某也忠，某也诈，某也直，某也曲。"呜呼！可不惧哉！

[注释]

①天禧：宋真宗（赵恒）年号。②庆历：宋仁宗（赵祯）年号。③嘉祐八年：宋仁宗年号，即公元1063年。

[译文]

古代没有专职规劝君王的官员，上至官居高位的公、卿、大夫，下到工匠、商贩，都可以向君主进谏。汉朝兴起后，才有了谏官的职位，将天下繁杂的政事，四海众多的百姓，社稷的得失优劣，都交集于谏官一身，让他提出正确意见，其责任也相当重。担任谏官之人，应当注意重要的方面而略去细微之处；把紧急的事放在前面，不急的放在后面；只为国家作贡献而不为自己打算。那些热衷于名声的人，一定会贪图利益，与上面原则的差距可太大了！

天禧初年，真宗下诏设立谏官六名，以监督皇帝为职责。庆历中，钱君开始将谏官的名字书写在壁版上。我恐怕多年后名字会磨灭，在嘉祐八年（1063），将它们刻在石头上，后人就可以逐个对着名字评论说："某某忠，某某奸，某某正直，某某圆滑。"哎，可以不令人畏惧吗？

作者简介

钱公辅（1021—1073），字君倚，常州武进（今属江苏）人。宋仁宗时中进士，后来当过越州通判、户部判官、知制诰、邓州知州等官。他本来与王安石是朋友，但意见却常常相左，因此当王安石执政时他竟然被排斥出京，任地方行政官员。他擅长写政论文章，在这篇《义田记》中，他运用了史传的笔法，写得很清晰流畅，叙事与感慨中间又插入一段晏子的故事作衬托、对比，使文章很有波澜跌宕之感。

义田记

钱公辅

[题解]

本文首先叙述了义田兴办的经过和具体实施办法，然后又将此事分别与晏子的事迹和享有高官厚禄却只顾自己的人做正反两方面的比较，赞美了范仲淹兴办义田、接济同族之人的美好品德。

[原文]

范文正公，苏人也。平生好施与，择其亲而贫、疏而贤者，咸施之。方贵显时，置负郭常稔（rěn）之田千亩[①]，号曰“义田”，以养济群族之人。日有食，岁有衣，嫁娶凶葬皆有赡。择族之长而贤者主其计，而时共出纳焉。日食，人一升；岁衣，人一缣（jiān）[②]。嫁女者五十千[③]，再嫁者三十千；娶妇者三十千，再娶者十五千；葬者如再嫁之数，葬幼者十千。族之聚者九十口，岁入给稻八百斛（hú），以其所入，给其所聚，沛然有余而无穷。屏（bǐng）[④]而家居俟代者与焉；仕而居官者罢莫给。此其大较也。

初，公之未贵显也，尝有志于是矣，而力未逮者二十年。既而为西帅，及参大政，于是始有禄赐之入而终其志。公既殁，后世子孙修其业，承其志，如公之存也。公虽位充禄厚，而贫终其身。殁之日，身无以为敛，子无以为丧，惟以施贫活族之义，遗其子而已。

昔晏平仲[⑤]敝车羸马，桓子曰：“是隐君之赐也。”晏子曰：“自臣之贵，父子族，无不乘车者；母之族，无不足于衣食者；妻之族，无冻馁者；齐国之士，待臣而举火者三百余人。如此，而为隐君之赐乎，彰君之赐乎？”于是齐侯[⑥]以晏子之觞（shāng），而觞桓子。予尝爱晏子好仁，齐侯知贤，而桓子服义也。又爱晏子之仁有等级，而言有次第也。先父族，次母族，次妻族，而后及其疏远之贤。孟子曰：“亲亲而仁民，仁民而爱物。”晏子为近之。今观文正公之义田，贤于平仲。其规模远举，又疑过之。

呜呼！世之都三公[⑦]位，享万钟禄，其邸第之雄、车舆之饰、

声色之多、妻孥之富，止乎一己而已，而族之人不得其门者，岂少也哉？况于施贤乎！其下为卿，为大夫，为士，廪(lǐn)稍之充、奉养之厚，止乎一己而已，而族之人，操壶瓢为沟中瘠者，又岂少哉？况于他人乎！是皆公之罪人也。

公之忠义满朝廷，事业满边隅，功名满天下，后世必有史官书之者，予可无录也。独高其义，因以遗其世云。

[注释]

①负郭：靠近城郭。稔：庄稼成熟。②缣：双丝细绢，这里指一匹丝织物。③五十千：五十贯，古代将钱穿成一串，每千个为一贯。④屏：退隐。⑤晏平仲：名婴，春秋时齐国大夫。⑥齐侯：指齐景公。⑦三公：古时丞相、太尉、御史大夫合称三公，这里泛指高官。

[译文]

范文正公，是苏州人，平生乐于布施助人，选择关系亲近而贫穷、疏远而有才能的人，都予以帮助。当他显贵的时候，购置靠近城郭常年有好收成的良田一千亩，称作“义田”，用来养育、救济同族的人，使他们天天有饭吃，年年有衣穿，嫁女、娶妻、遭灾、丧葬都予以资助。选择家族中年长且贤德的人主管账目，按时收入和支出。一人每天供给一升米、每人一年分给一匹细绢。嫁女儿的给五十千钱，改嫁的给三十千钱；娶妻的给三十千钱，再娶的给十五千钱；丧葬发给的费用和改嫁的数目相同，葬小孩的发钱十千。聚居的族人达到九十口，秋收时分给稻子八百斛，用它所收入的粮食，供应聚居于此的族人，使他们生活宽裕而无枯竭之时。退居在家、等待任命的人，就给予供应，外出做官的人则停止供给。这是义田的大致情况。

当初，范公尚未显贵时，就曾有过兴办义田的愿望，然而二十年来也无力实现。后来出任西部边境的统帅，又参与朝政，开始有了俸禄和赏赐的收入，终于实现了自己的愿望。他去世后，后代的子孙经管他的事业，继承他的志向，就像他仍在世一样。他虽地位高俸禄多，却一生过着清贫的生活。直到逝世的那天，没有钱财装殓，子孙也没有钱为他办丧事。他只是把救济穷人、养活亲族的道义传给子孙而已。

从前晏平仲乘破车、骑瘦马。陈桓子说：“这是隐瞒君主给你的赏赐。”晏子回答说：“自从我显贵以后，父亲一族的人，没有不坐车的；母亲一族的人，没有衣食不足的；妻子一族的人，没有挨饿受冻的；齐国的士子，靠着我吃饭的有三百多人。像这样，是隐瞒君主的赏赐呢，还是显扬君主的赏赐呢？”于是齐君将罚晏子的酒，罚给桓子饮。我佩服晏子好行仁德，齐君赏识贤者，桓子能信服大义。又仰慕晏子的仁德有等级之分，讲话有次序：先说父亲一族，再说母亲一族，第三说妻子一族，最后才提到疏远而贤能的人。孟子说：“能爱自己的亲人才能施仁爱于民众，能对民众仁德才能爱惜万物。”晏子的作为差不多就是这样。现在从范文正公的购置义田的行为来看，比晏子还贤明。义田的规模和久远，恐怕是要超过晏子的。

啊！世上那些身居三公高位、享受万钟禄米的人，他们宅第雄伟，车驾华丽，歌妓成群，妻儿富有，仅是为满足个人私欲而已。亲族不能登门的，难道还少吗？何况说帮助贤者呢？三公以下的卿、大夫、士，禄米充裕，俸禄优厚，也只是个人享用而已。亲族的人拿着破碗讨饭，饿死于沟中的，难道还少吗？何况对于其他人呢？这些人，都是文正公的罪人啊！

范文正公的忠义令满朝敬仰，业绩遍布边境，功名誉满天下，后代一定会有史官记载的，我可以不用赘述了。唯独敬仰、推崇他的道义，因而记下留给后人。

作者简介

李觏（1009—1059），字泰伯，建昌南城（今属江西）人，人称“觏江先生”。宋仁宗皇祐二年（1050）由范仲淹推举任太学助教，后升任直讲。他主要是一个思想家而不是一个文学家，他的文章重在阐发道理而不重于文采语词，一般来说都写得比较严肃、深奥而简洁。

袁州州学记

李觏

[题解]

宋仁宗三十二年，即宋仁宗至和元年（1054），祖无择任袁州知州，看到当地学宫破败、孔庙狭小，于是修建新学宫并祭孔。李觏听说此事后写了这篇文章。他认为，秦始皇抛弃了儒家的仁义道德导致秦朝很快灭亡，而汉武帝和光武帝则遵循圣人的学说统治天下，并勉励袁州的读书人努力学习圣贤的礼节，不要只想着谋求功名富贵。

[原文]

皇帝二十有三年，制诏州县立学。惟时守令，有哲有愚，有屈力殚虑，祗顺德意；有假官借师，苟具文书。或连数城，亡诵弦声。倡而不和，教尼[①]不行。

三十有二年，范阳祖君无择知袁州[②]。始至，进诸生，知学宫阙状，大惧人材放失，儒效阔疏，亡以称上意旨。通判[③]颍川陈君侁，闻而是之，议以克合。相旧夫子庙狭隘，不足改为，乃营治之东，厥[④]土燥刚，厥位面阳，厥材孔[⑤]良，殿堂门庑黝（wǔ）垩（è）[⑥]丹漆，举以法。故生师有舍，庖廪（lǐn）有次；百尔器备，并手偕作；工善吏

改容听讲

宋仁宗尊崇儒学，在儒师讲课时，曾不专心听讲，后来肃然改正。

勤，晨夜展力，越明年成。

舍菜⑦且有日。盱江李觏（gòushěn）谂于众曰⑧："惟四代之学，考诸经可见已。秦以山西鏖（áo）六国，欲帝万世，刘氏一呼而关门不守，武夫健将，卖降恐后，何耶？《诗》《书》之道废，人惟见利而不闻义焉耳。孝武乘丰富，世祖出戎行，皆孳孳学术。俗化之厚，延于灵、献。草茅危言者，折首而不悔，功烈震主者，闻命而释兵。群雄相视，不敢去臣位，尚数十年。教道之结人心如此！今代遭圣神，尔袁得圣君，俾尔由庠序践古人之迹。天下治，则谭⑨礼乐以陶吾民；一有不幸，尤当仗大节，为臣死忠，为子死孝，使人有所赖，且有所法。是惟朝家教学之意。若其弄笔墨以徼利达而已，岂徒二三子之羞，抑亦为国者之忧。"

[注释]

①尼：阻止。②范阳：县治在今河北涿州。袁州：治所在今江西宜春。③通判：官名，宋代州、府置通判与知州、知府共理政事。④厥：其。⑤孔：很。⑥垩：白土，用来刷墙。⑦舍菜：入学之初祭祀先圣先师的一种仪式。⑧盱江：又名汝水，在今江西东部。谂：规谏。⑨谭：通"诞"，光大。

[译文]

宋仁宗二十三年，颁诏命令各州县设立学馆。那时的州县长官，有的贤能，有的愚昧。对此事，有的尽心竭力，恭敬地服从皇帝旨意；有的假官借师，胡乱写一道奉诏文书，以致有些地方，一连几座城邑都听不到读书声。皇帝倡导而地方不响应，以至教化受阻，不能推行。

宋仁宗三十二年，范阳人祖无择任袁州知州。他刚上任，就召见一班儒生，了解了学馆残缺、破败的情况。他很担心人才流失，儒学的教化功效逐渐削弱，不符合皇上的旨意。颍川人陈侁通判，听了以为很对，意见与祖无择完全一致。他们一同察看了旧有的孔庙，觉得地方狭窄，不适宜改建为学馆，于是决定在其东面建造新学馆。那儿土地干燥坚硬，地势朝南，建筑材料非常优良。学馆的殿堂、大门、房廊，有青粉红漆，完全合乎法度。因此学生、老师都有安身之所，厨房、粮仓都排列整齐。各种器物准备齐全，大家便协力建造。工匠技艺娴熟，官吏勤快不怠，日夜不停地施工，过了一年，学馆就建成了。

学馆即将开学祭孔之时，盱江人李觏勉励众人说："虞、夏、商、周四代办学之事，只需考察一下经书就可以知道。秦始皇凭借崤山以西之地，打败东方六国，想万世称帝，被刘邦率军振臂一呼，函谷关的门便守不住。武官战将，都争着投降，这是为什么呢？是因为秦国废弃了《诗》《书》之道，使人们见利忘义。汉武帝在民富国强时登基，光武帝出身于军队，都认真推行儒学，所以民风淳厚，一直延续到汉灵帝、汉献帝的时代。当时，那些在野而敢直言进谏的人，即使有杀身之祸也不反悔；那些功劳大得使皇帝感到震慑的大臣，一听到天子的命令就放下武器。汉末诸侯相争，却都不敢称帝，这种局面尚且维持了数十年。儒家的教化之道竟能如此有力地维系人心。如今遇到圣明天子，你们袁州人又得到了贤明的官长使你们能通过学馆的教化，追随先哲先贤的遗迹。天下安定时，则可以继承礼乐来陶冶我们百姓的情操；一旦社会动荡，还可以坚持节操。作为臣子为国尽忠，作为儿子为父尽孝，使人有所依赖有所效法，这就是国家倡导教化的用意。如果只是为了功名利禄而去舞文弄墨，那就不仅仅是你们的羞耻，也是治国之人所忧虑的。"

作者简介

欧阳修（1007—1072），字永叔，号醉翁，晚年更号六一居士，祖籍吉州庐陵郡（今江西永丰）。欧阳修是著名的学者兼政治家。他为宋代学术、文化的繁荣发展，作出了多方面的开创性贡献；领导北宋诗文革新运动，开创平易流畅的一代文风，成为北宋中期举世公认的文坛宗师。

24岁那年，欧阳修考中进士。历任西京（今河南洛阳）留守推官、谏官、知制诰，后被贬知滁州（今安徽滁州），又改知扬州（今属江苏）、颍州（今安徽阜阳）、应天府（今河南商丘），后重返汴京。在京师修撰《新唐书》。不久，升为翰林学士，兼任史馆修撰。此后，任礼部侍郎拜枢密副使、户部侍郎改参知政事。后自罢参政，出知亳州（今安徽亳州），又改知青州（今山东益都），充任京东东路安抚使等。

朋党论

欧阳修

[题解]

本文选自《欧阳文忠公文集》，是宋仁宗庆历三年（1043）所作的一篇奏章。当时，因欧阳修等人的弹劾，夏竦、吕夷简等被罢官，范仲淹等人执政，就是历史上的"庆历新政"，于是夏竦等攻击范仲淹等人为"朋党"。此事与作者也有关系，作者当时在谏院任职，写了这篇奏章。

李德裕

唐朝晚年，朝臣中产生以牛僧孺、李宗闵为首的牛党，与以李德裕为首的李党相互倾轧，史称“牛李党争”。

[原文]

臣闻朋党之说，自古有之，惟幸人君辨其君子小人而已[①]。大凡君子与君子，以同道为朋；小人与小人，以同利为朋。此自然之理也。

然臣谓小人无朋，惟君子则有之。其故何哉？小人所好者，禄利也；所贪者，财货也。当其同利之时，暂相党引以为朋者，伪也。及其见利而争先，或利尽而交疏，则反相贼害，虽其兄弟亲戚，不能相保。故臣谓小人无朋，其暂为朋者，伪也。君子则不然。所守者道义，所行者忠信，所惜者名节。以之修身，则同道而相益；以之事国，则同心而共济，终始如一，此君子之朋也。故为人君者，但当退小人之伪朋，用君子之真朋，则天下治矣。

尧之时，小人共工、驩(huān)兜等四人为一朋[②]，君子八元、八恺十六人为一朋[③]。舜佐尧，退四凶小人之朋，而进元、恺君子之朋，尧之天下大治。及舜自为天子，而皋、夔、稷、契等二十二人，并列于朝，更相称美，更相推让，凡二十二人为一朋，而舜皆用之，天下亦大治。《书》曰：“纣有臣亿万，惟亿万心；周有臣三千，惟一心。”纣之时，亿万人各异心，可谓不为朋矣，然纣以亡国。周武王之臣三千人为一大朋，而周用以兴。后汉献帝时，尽取天下名士囚禁之，目为党人[④]。及黄巾贼起，汉室大乱，后方悔悟，尽解党人而释之，然已无救矣。唐之晚年，渐起朋党之论[⑤]，及昭宗时，尽杀朝之名士[⑥]，或投之黄河，曰：“此辈清流，可投浊流⑦。”而唐遂亡矣。

夫前世之主，能使人人异心不为朋，莫如纣；能禁绝善人为朋，莫如汉献帝；能诛戮清流之朋，莫如唐昭宗之世。然皆乱亡其国。更相称美、推让而不自疑，莫如舜之二十二臣，舜亦不疑而皆用之。然而后世不诮(qiào)舜为二十二人朋党所欺，而称舜为聪明之圣者，以能辨君子与小人也。周武之世，举其国之臣三千人共为一朋，自古为朋之多且大莫如周，然周用此以兴者，善人虽多而不厌也。

嗟呼！治乱兴亡之迹，为人君者，可以鉴矣！

[注释]

①“臣闻”二句：先秦典籍《韩非子·孤愤》等，就有关于朋党的记述，故称“古已有之”。②“尧之时”二句：相传尧时有不服从统治的共工、驩兜、三苗、鲧，时人谓之“四凶”。③“君子八元”句：《左传·文公十八年》：“昔高阳氏有才子八人：苍舒、隤敳、梼戭、大临、尨降、庭坚、仲容、叔达……天下之民谓之八恺。高辛氏有才子八人：伯奋、仲堪、叔献、季仲、伯虎、仲熊、叔豹、季仲……天下之民谓之八元。”④“后汉献帝时”三句：据《后汉书·党锢列传》记载，汉桓帝时宦官专权，河南尹李膺等二百余人被视为党人，遭受逮捕。灵帝时，李膺等百余人死于狱中，全国受株连者达六七百人。这是历史上著名的党锢之祸。作者误记为“汉献帝时”。⑤“唐之晚年”二句：唐穆宗至宣宗年间，朝臣中产生以牛僧孺、李宗闵为首的牛党，以李德裕为首的李党，两党相互倾轧，势不两立，斗争延续近四十年。史称“牛李党争”或“朋党之争”。⑥“及昭宗时”二句：据《新五代史·唐六臣传》载，唐哀帝天祐二年，权臣朱全忠（朱温）在白马驿杀裴枢等忠于唐廷的大臣三十余人，诬蔑为朋党，株连贬死者数百人。昭宗是唐哀帝的父亲，唐哀帝又称“昭宣帝”，此处误将“昭宣帝”记作“昭宗”。⑦“或投之黄河”四句：据《旧五代史·李振传》载，朱全忠的谋臣李振早年多次参加进士考试，未能及第，非常痛恨缙绅之士。当朱全忠杀害裴枢等人时，他献计说：“此辈常自谓清流，宜投之黄河，使为浊流。”朱全忠笑着接受了他的意见，投尸于河。清流：有名望的清高的士大夫。

[译文]

臣听说关于朋党的言论，是自古就有的，只是希望君主能区分他们是君子还是小人罢了。一般来说君子之间因目标一致结为朋党，而小人则因利益结为朋党，这是很自然的规律。

然而臣以为小人并无朋党，只有君子才有，这是什么原因呢？因为小人所爱所贪的是财货、利禄。当他们利益一致时，暂时互相勾结成为朋党，那是虚假的；等到他们见到利益而各自争先，或者利益已尽而交情疏远时，就反而会互相残害，即使是兄弟、亲戚也不会顾及，所以小人无朋党，他们暂时结为朋党，是虚假的。君子就不如此。他们坚持的是道义，奉行的是忠信，珍惜的是名节。用这些来修养德操，那么目标一致就能相互补益。用这些来为国效力，那么就能共同前进，始终如一，这就是君子的朋党。所以做君主的，只应该斥退小人虚假的朋党，进用君子真正的朋党，天下才能安定。

尧的时候，小人共工、驩兜等四人结成一个朋党，君子八元、八恺等十六人结成一个朋党。舜辅佐尧，斥退“四凶”的小人朋党，进用八元、八恺的君子朋党，尧的天下得以大治。等到舜自己做了天子，皋陶、夔、稷、契等二十二人同时列位朝廷。他们互相赞美，互相谦让，共二十二人结为一个朋党。但是舜全都进用他们，天下也得以大治。《尚书》上说：“纣有亿万臣，却有亿万条心；周有三千臣，却只有一条心。”纣王的时候，亿万人心各不同，可以说不成朋党了，纣却因此而亡国。周武王的臣子，三千人结为一个大朋党，但周朝却因此而兴盛。东汉桓帝时，把天下名士都视作党人而关押起来。等到黄巾军来了，汉朝大乱，这才悔悟，释放了党人，可局面已无可挽救了。唐朝末期，逐渐生出朋党的说法，到哀帝时，朱温把朝中名士都杀了，有的竟被投入黄河，说“这些人自命为清流，应当把他们投到浊流里去。”而唐朝也随之灭亡了。

前代的君主，能使人们各怀异心不结朋党的，都不及纣王；能禁绝好人结为朋党的，都不及汉桓帝；能杀害清流朋党的，都不及唐哀帝之时，但是都由此招来混乱以至亡国。彼此赞美谦让而不疑忌的，都不及舜的二十二位大臣，舜也用之不疑。然而后世并不讥笑舜被二十二人的朋党所蒙骗，却称赞舜是聪明的圣主，就因为他能区别君子和小人。周武王时，全国所有的臣子三千人结成一个朋党，自古以来结为朋党的人数之多、规模之大的，都不及周朝，可是周朝因此而兴盛，就因为善良之士虽多却不感到满足。

唉！这些治乱兴亡的事迹，做君王的可以引为借鉴了。

纵囚论

欧阳修

[题解]

作者认为，信义只能用于君子，对小人则要用刑罚。因此，唐太宗纵囚使归的事是不合乎常情的，是现实中不大可能存在的事情，即使发生过，也只能是上下互相欺骗、沽名钓誉之举，不能成为治理天下的定法。

[原文]

信义行于君子，而刑戮施于小人。刑入于死者，乃罪大恶极，此又小人之尤甚者也。宁以义死，不苟幸生，而视死如归，

此又君子之尤难者也。

方唐太宗之六年，录大辟囚三百余人，纵使还家，约其自归以就死。是以君子之难能，期小人之尤者以必能也。其囚及期，而卒自归无后者，是君子之所难，而小人之所易也。此岂近于人情哉？或曰：“罪大恶极，诚小人矣。及施恩德以临之，可使变而为君子。盖恩德入人之深，而移人之速，有如是者矣。”曰：“太宗之为此，所以求此名也。然安知乎纵之去也，不意其必来以冀(jì)免，所以纵之乎①？又安知夫被纵而去也，不意其自归而必获免，所以复来乎②？夫意其必来而纵之，是上贼下之情也③，意其必免而复来，是下贼上之心也。吾见上下交相贼以成此名也，乌有所谓施恩德与夫知信义者哉？不然，太宗施德于天下，于兹六年矣，不能使小人不为极恶大罪，而一日之恩，能使视死如归，而存信义，此又不通之论也。”

纵囚归狱

唐太宗贞观六年，查取死刑犯三百多人，放他们回家，与他们约定按期限自动回来受死。

然则何为而可？曰：“纵而来归，杀之无赦，而又纵之，而又来，则可知为恩德之致尔。然此必无之事也。若夫纵而来归而赦之，可偶一为之尔。若屡为之，则杀人者皆不死，是可为天下之常法乎？不可为常者，其圣人之法乎？是以尧、舜、三王之治，必本于人情，不立异以为高，不逆情以干誉④。”

［注释］

①“然安知”三句：推论唐太宗释放囚犯出去，是估计到犯人一定会回来以图得到赦免。②“又安知”三句：推论囚犯们估计到自动回来一定会得到赦免。③上贼下之情：在上窥测囚犯的心情。④“不立异”二句：不标新立异以示自己高明，

不违背人之常情谋求个人声誉。

[译文]

信义只适用于君子，刑罚却是对付小人的。被判处死刑的人，罪大恶极，这种人又是小人中最恶劣的。宁愿为义而死，不苟且侥幸而活，能够视死如归的人，这是君子中最难得的。

唐太宗贞观六年，查取死刑犯三百多人，放他们回家，与他们约定按期限自动回来受死，这是以君子都难得做到的事来期待小人中最恶劣的人一定做到。那些犯人到期果然都自动回来，没有一个超过期限的，这是君子都难以做到的，小人却很容易做到，这难道近乎常情吗？有人说："罪大恶极，确实是小人。等到对他们施加恩德，就可以使他们变为君子。恩德感人之深，迅速改变人的品行，才有这样的事发生。"我说："唐太宗之所以这样做，正是为了求得恩德深入人心的名声，怎知放犯人们回去，不是估计到他们希望被免死，一定会回牢来，所以才放他们的呢？又怎知他们被放回去，不是估计到他们自动回来定会被赦免，所以再回来的呢？估计到他们一定会回来才放他们回家，那就是太宗窃得了犯人们的隐情。如果是估计到皇帝会赦免他们才自动回来，那就是犯人知道了皇帝的想法。我从这件事中，只看到皇帝和犯人互相欺骗而成就了各自的美名，哪里有什么施恩德与知信义的事呢？如果不是这样，太宗施恩德给天下人，到这时已经六年了，不能使小人不去犯极大的罪恶，而一时的恩德却能使犯人视死如归并且懂信义，这又是讲不通的谬论。"

那么，怎样做才可行呢？我认为：放了又回来的，照样杀头不能赦免，以后的死囚也放他们回去，他们还是自愿回来，这才可以知道是皇帝的恩德将他们感化了，但是，这是一定不会发生的事。放他们回去，他们又自动回来，从而赦免他们，只可偶尔做做，如果多次这样，那么杀人的都可以不死，这可以成为天下的定法吗？不能成为定法，能称得上是圣人制定的法吗？所以尧、舜、禹、汤、文、武治理天下，一定从人情出发，不标新立异来自称高明，不违背人情以获得名誉。

释秘演诗集序

欧阳修

[题解]

本篇序文写法独特，不落俗套，并未像一般的诗序那样着力于对诗歌的鉴赏评判，而是着力于对诗人一生的死生聚散的经历进行勾勒，彰显诗人秘演的人格魅力，用笔简练传神，人物形象跃然纸上。欧阳修在此还选用"不屈以求合""以气节相高"的石曼卿和自己来映衬秘演的不得志以及其人格精神，并流露出对当权者压抑、轻视人才的强烈不满。

[原文]

予少以进士游京师[1]，因得尽交当世之贤豪。然犹以谓国家

臣一四海[②]，休兵革[③]，养息天下以无事者四十年[④]，而智谋雄伟非常之士，无所用其能者，往往伏而不出，山林屠贩[⑤]，必有老死而世莫见者，欲从而求之不可得。其后得吾亡友石曼卿[⑥]。曼卿为人，廓然有大志[⑦]。时人不能用其材，曼卿亦不屈以求合。无所放其意，则往往从布衣野老，酣嬉淋漓[⑧]，颠倒而不厌[⑨]。予疑所谓伏而不见者，庶几狎而得之[⑩]，故尝喜从曼卿游，欲因以阴求天下奇士[⑪]。

浮屠秘演者[⑫]，与曼卿交最久，亦能遗外世俗[⑬]，以气节相高。二人欢然无所间[⑭]。曼卿隐于酒，秘演隐于浮屠，皆奇男子也。然喜为歌诗以自娱。当其极饮大醉，歌吟笑呼，以适天下之乐，何其壮也！一时贤士，皆愿从其游，予亦时至其室。十年之间，秘演北渡河[⑮]，东之济、郓[⑯]，无所合，困而归，曼卿已死，秘演亦老病。嗟夫！二人者，予乃见其盛衰[⑰]，则予亦将老矣！夫曼卿诗辞清绝，尤称秘演之作，以为雅健有诗人之意。秘演状貌雄杰，其胸中浩然。既习于佛，无所用，独其诗可行于世，而懒不自惜，已老，胠其橐[⑱]，尚得三四百篇，皆可喜者。曼卿死，秘演漠然无所向。闻东南多山水，其巅崖崛峍[⑲]，江涛汹涌，甚可壮也，欲往游焉。足以知其老而志在也。于其将行，为叙其诗，因道其盛时以悲其衰。

[注释]

①京师：京城。此指北宋都城汴京（今河南开封）。②以谓：以为。臣一：臣服统一。四海：指全国各地。古人以为中国处在四海之中，故称。③兵革：代指战争。兵，武器。革，作战用的甲盾。④养息天下：让天下百姓休养生息。无事：指无兵革之事。⑤山林屠贩：指隐居山林者和屠夫、商贩。⑥石曼卿：字曼卿，(994—1041)，名延年，宋州宋城（今河南商丘）人，北宋文学家。累举进士不第，真宗时为大理寺丞。喜剧饮，人称“酒仙”。与欧阳修交厚。他死后，欧阳修作《石曼卿墓表》和《祭石曼卿文》。⑦廓然：宽阔旷达貌。⑧酣嬉淋漓：指尽情喝酒游玩。⑨颠倒：谓酒醉后神志恍惚，身体七倒八歪。⑩庶几：大概、也许。狎：亲近、亲热。⑪阴：暗地里。⑫浮屠：也作浮图。佛教中和尚的译名。这里指和尚。秘演：生平未详。《宋史·艺文志》载《僧秘演诗集》二卷。《宋诗纪事》卷九十一录秘演诗三首。题称“释秘演”。⑬遗外：犹抛开。⑭间：隔阂。

⑮河：黄河。⑯济、郓：指宋代的济州（治所在今山东巨野南）和郓州（治所在今山东东平）⑰盛衰：指盛年和衰年。⑱胠其橐：谓打开箱箧。胠，打开。橐：袋子，引申指箱箧。⑲崛峍：高峻陡峭。

［译文］

我年轻的时候考取进士，于是就寄居在了京城，因而便有很多遍结天下豪杰、贤士的机会，然而我依然认为：四海臣服、国家统一，战事停止，实行休养生息，天下没有战事太平了四十年，那些很有智谋的雄才之士，没有发挥自己才能的地方，于是就常常蛰伏不出，成为山中的隐士、屠夫、商贩，这之中必然有老死其间却没有被世人发现的。想要跟随访求贤士，却未能成功。之后我结识了我的亡友石曼卿。曼卿为人胸怀宽广，怀有大志，当时之人不能任用他，曼卿也不想委屈自己迎合他人。没有发挥才能实现抱负的地方，他就常常和平民百姓一起畅快地饮酒、嬉戏，闹得都癫狂了还不满足。于是我怀疑那些蛰伏隐居而没有被发现的人，或许只有接近他们才能寻求到。因此我曾非常喜欢和曼卿一起游乐，想借此暗中寻访天下奇士。

僧人秘演和曼卿结交的时间最长，也能使自己超然、独立于世俗之外，以高尚的气节相互勉励、提高，两人相处十分快乐、亲密无间。曼卿隐身于酒，而秘演隐身于佛，都是天下的奇士。然而他们又都喜欢写诗聊以自娱。当他们喝得大醉的时候，就会又唱又吟，又笑又叫，借此享受天下之乐，多么豪迈啊！一时之间贤士们都爱和他们一起交游，我也经常去他们的家里。十年间，秘演北边到过黄河，东边到过济州、郓州，但是没有碰到情投意合之士，十分困顿地返回了。曼卿已经死了，秘演又老弱多病。唉！这两个人，我看着他们由壮年到暮年，而我自己也要老了！曼卿的诗文清雅绝妙，但是他却更赞赏秘演的诗作，认为它典雅、劲健，富于诗人的意趣。秘演相貌雄杰，胸中养着浩然之气。既然已经研习佛学，对世人已经没什么用了，只有他的诗可以在世间流传，但是他又比较懒散不珍惜自己的诗作。人已经老了，打开他的箱子，还能找到三四百首诗作，都是令人喜爱的佳作。

曼卿去世了，秘演很寂寞没有可去之处，听闻东南一带山水较多，高崖险峻峭拔，江水汹涌澎湃，十分壮观，于是就想到那儿交游。由此可知，他人虽然已经老了，但是志气尚存。在他临行之际，我给他的诗作了序，以此来称赞他的盛年，悲叹他的暮年。

卷十 宋文

《梅圣俞诗集》序

欧阳修

[题解]

本文提出了“文穷而后工”的文学理论思想。作者认为穷与工是因果关系。诗人之“穷”是指难以实现自己的理想抱负而在社会下层生活，也因此得以了解普通百姓的生活与困苦，游览、观赏自然界的美丽景色，从而写出具有真情实感、能打动人心的优秀作品。

[原文]

予闻世谓诗人少达而多穷[1]，夫岂然哉？盖世所传诗者，多出于古穷人之辞也。凡士之蕴其所有，而不得施于世者，多喜自放于山巅水涯之外，见虫鱼草木、风云鸟兽之状类，往往探其奇怪，内有忧思感愤之郁积，其兴于怨刺，以道羁臣寡妇之所叹，而写人情之难言。盖愈穷则愈工，然则非诗之能穷人，殆穷者而后工也。

予友梅圣俞，少以荫补为吏，累举进士，辄抑于有司，困于州县凡十余年。年今五十，犹从辟(bì)书[2]，为人之佐，郁其所蓄不得奋见于事业。其家宛陵[3]，幼习于诗，自为童子，出语已惊其长老。既长，学乎六经仁义之说，其为文章，简古纯粹，不求苟说于世，世之人徒知其诗而已。然时无贤愚，语诗者必求之圣俞。圣俞亦自以其不得志者，乐于诗而发之，故其平生所作，于诗尤多。世既

梅尧臣

字圣俞，世称宛陵先生，北宋诗人。

知之矣，而未有荐于上者。昔王文康公④尝见而叹曰：“二百年无此作矣！”虽知之深，亦不果荐也。若使其幸得用于朝廷，作为“雅”“颂”，以歌咏大宋之功德，荐之清庙，而追商、周、鲁《颂》之作者，岂不伟欤？奈何使其老不得志而为穷者之诗，乃徒发于虫鱼物类、羁愁感叹之言？世徒喜其工，不知其穷之久而将老也，可不惜哉！

圣俞诗既多，不自收拾。其妻之兄子谢景初⑤，惧其多而易失也，取其自洛阳至于吴兴以来所作，次为十卷。予尝嗜圣俞诗，而患不能尽得之，遽(jù)喜谢氏之能类次也，辄序而藏之。

其后十五年，圣俞以疾卒于京师⑥，余既哭而铭之，因索于其家，得其遗稿千余篇，并旧所藏，掇其尤者六百七十七篇，为一十五卷。呜呼！吾于圣俞诗，论之详矣，故不复云。

［注释］

①“予闻”句：诗人得意显达的少，失志困厄的多。②辟书：招聘的文书。当时梅尧臣应王举正的招聘，出任许昌忠武军节度签书判官。③宛陵：安徽宣城的旧名。④王文康公：王曙，字晦叔，河南洛阳人。⑤谢景初：字师厚，富阳人，谢绛的儿子。梅尧臣的妻子是谢绛的妹妹，故称“妻之兄子”。⑥以疾卒于京师：嘉祐五年春夏之间，京师疫病流行，梅尧臣染病而死。

［译文］

我常听世人说，诗人做官很少有显达的，多数都很困厄，难道真是这样吗？大概是世上所流传的诗歌，多出于古代穷困之士笔下的缘故吧！但凡胸藏才智而又没有机会施展于世的士人，多数愿意到山头水边放浪形骸，看见虫鱼、草木、风云、鸟兽等事物，往往深入探究它们的奇异之处，内心郁积着忧愁和愤慨，很想写诗来表达他们的怨恨与讽刺，道出逐臣寡妇这类人的哀叹，而写出了一般人难以言传的感受来。遭遇越困厄就越能写得工巧。并不是写诗使人困厄，应该是困厄而不丧失志气的人才能写出好诗。

我的朋友梅圣俞，年轻时由于荫袭补到一份小小的官职，几次被推荐去考进士，总是遭到主考部门的压制，在地方被困了十多年。他已经五十岁了，还要靠别人下聘书，去给人家做帮手。郁积着自己的才能智慧，不能在事业上充分地施展。他的家乡在宛陵，幼年就学习诗歌，孩童时写出的诗句就已使得父老长辈惊异了。长大后，学习了六经仁义的学问，写出的文章简古纯正，不愿苟且取悦于世人，世人只知道他会写诗罢了。然而当时人不论高明与否，谈论诗歌必然会向圣俞请教。圣俞也喜欢把自己不得志的心情通过诗歌来发泄，因此他平时所写的东西以诗歌为多。世人虽已知道他，却没有人向朝廷推荐他。从前王文康公看到他的诗作，赞叹道：“二百年没有出现这样好的作品了！”虽对他了解很深，还是没有举荐。假使他有幸得到朝廷的重视，写出如《诗经》中雅、颂那样的作品，以歌颂大宋的功业，献给宗庙，使他类似于商颂、周颂、鲁颂等作者，难道不是很壮观的吗？可惜他到老也未能得志，只能写穷困者的诗歌，只在虫鱼之类上抒发愁苦的感叹。世人只喜爱他诗歌的工巧，却不知道他困厄如此之久，很快就要老死了，这难道不是很可惜吗？

圣俞的诗很多，自己并未收拾整理。他的内侄谢景初担心它很多且容易散失，选取他从洛阳到吴兴这个时期的作品，编为十卷。我曾非常喜爱圣俞的诗作，担心不能得到他的全部作品。我非常高兴谢氏能为它分类编排，就为之作序并珍藏起来。

从那以后又过了十五年，圣俞因病在京城死去，我已痛哭着为他写好了墓志铭，又向他家索求，得到遗稿一千多篇，连同过去所保存的，选取其中最好的六百七十七篇，分为十五卷。啊，我对圣俞的诗歌已评论地很详细了，这里不再多说了。

送杨寘序

欧阳修

[题解]

杨寘是欧阳修的朋友，屡试不第，怀才不遇，后来为了世袭一个很小的官职，不得不从中原去福建，奔波数千里。因杨寘自幼多病，而南方的环境风俗都与中原不同，作者对他比较担心，所以写了这篇文章，劝他通过学琴或欣赏音乐来陶冶性情，修身养性，从心理上预防疾病。

[原文]

予尝有幽忧之疾，退而闲居，不能治也。既而学琴于友人孙道滋[①]，受宫声数引[②]，久而乐之，不知其疾之在体也。

夫琴之为技小矣，及其至也，大者为宫，细者为羽，操弦骤作，忽然变之，急者凄然以促，缓者舒然以和，如崩崖裂石，高山出泉，而风雨夜至也；如怨夫、寡妇之叹息，雌、雄雍雍之相鸣也。其忧深思远，则舜与文王、孔子之遗音也；悲愁感愤，则伯奇[③]孤子、屈原忠臣之所叹也。喜怒哀乐，动人心深，而纯古淡泊，与夫尧舜三代之言语、孔子之文章、《易》之忧患、《诗》之怨刺无以异。其能听之以耳，应之以手。取其和者，道其堙(yīn)郁[④]，写其幽思，则感人之际，亦有至者焉。

竹坞听琴

欧阳修劝杨寘通过学琴或欣赏音乐来陶冶性情，修身养性。

予友杨君，好学有文，累以进士举，不得志。及从荫调[⑤]，为尉于剑浦[⑥]，区区在东南数千里外，是其心固有不平者。且少又多疾，而南方少医药，风俗、饮食异宜。以多疾之体，有不平之心，居异宜之俗，其能郁郁以久乎？然欲平其心以养其疾，于琴亦将有得焉。故予作琴说以赠其行，且邀道滋酌酒，进琴以为别。

[注释]

①孙道滋：作者早年在京师结识的精通乐艺的友人。②官声数引：琴调数曲。③伯奇：周宣王大臣尹吉甫的儿子，受后母谮害驱逐，作《履霜操》。④道其堙郁：开导发泄他心中的忧郁。⑤荫调：凭先辈或父兄官爵受封，而又改调另外的官职。⑥剑浦：县名，今福建南平。

[译文]

我曾患过忧劳的疾病，退职闲居，也没有治好。后来和我的朋友孙道滋学琴，学会了几支曲子，时间一长便爱上了它，就感觉不到自己身上还有病了。

琴艺只是小的技能，达到很高水平时，洪亮的声音是宫声，尖细的声音是羽声。骤然弹拨，声音忽变，急切地凄楚而短促，缓慢地从容而平和，如山石崩裂，高山上喷泻出泉水，夜里风雨突降；或如鳏寡男女的叹息，雌雄鸟儿相和鸣叫，忧思之深沉，就像舜、周文王、孔子传下的声音；感愤的悲愁，就像孤儿伯奇、忠臣屈原的叹息。那喜怒哀乐之情，深深地打动着人心，那纯朴淡泊之意，与尧舜夏商周的言语、孔子的文章，《周易》里的忧患和《诗经》里的怨刺并无不同。若能用耳听，以手应，选取平和之声以排遣内心的抑郁、抒发自己的幽情，那么当它到了感人之时，也可达到这样的佳境。

我的朋友杨寘，既好学又写得一手好文章，多次参加进士考试，都未被录取。等到受到荫封，才当上福建南平县尉，而南平是东南数千里地之外的一个很小的地方，他心里自然觉得不平，况且他自幼多病，南方又缺少医药，对风俗饮食又不习惯。以他多病的身体，带着不平的心情，居于风俗习惯差别很大的地方，能郁郁地长久支持下去吗？然而，要想使他的心平和养好他的病，从琴中或许可以得到益处。因此，我写了这篇琴说送他远行，还请了道滋一起饮酒，弹上一曲为他道别。

《五代史·伶官传》序

欧阳修

[题解]

本文是为《新五代史》中的《伶官传》所作的序言。《伶官传》是记录乐工景修等人的一篇合传。这篇序文通过对后唐庄宗得天下、失天下经过的叙述，表达了“忧劳可以兴国，逸豫可以亡身”的观点。

[原文]

呜呼！盛衰之理，虽曰天命，岂非人事哉？原庄宗之所以得天下[①]，与其所以失之者，可以知之矣。

世言晋王[②]之将终也，以三矢赐庄宗而告之曰：“梁[③]，吾仇也；燕王[④]，吾所立；契丹[⑤]与吾约为兄弟，而皆背晋以归梁。此三者，吾遗恨也。与尔三矢，尔其无忘乃父之志！”庄宗受而藏之于庙。其后用兵，则遣从事以一少牢告庙[⑥]，请其矢，盛以锦囊，负而前驱，及凯旋而纳之。

方其系燕父子以组，函梁君臣之首，入于太庙，还矢先王，而告以成功，其意气之盛，可谓壮哉！及仇雠(chóu)已灭，天下已定，一夫[⑦]夜呼，乱者四应，仓皇东出，未见贼而士卒离散，君臣相顾，不知所归，至于誓天断发，泣下沾襟，何其衰也！岂得之难而失之易欤？抑本其成败之迹，而皆自于人欤？

宠幸伶人

后唐庄宗李存勖宠幸伶人，疏远功勋，后来众叛亲离，自己也被乱兵杀死。

《书》曰：“满招损，谦得益。”忧劳可以兴国，逸豫可以亡身，自然之理也。故方其盛也，举天下之豪杰，莫能与之争；及其衰也，数十伶人困之[⑧]，而身死国灭，

为天下笑。夫祸患常积于忽微，而智勇多困于所溺，岂独伶人也哉！

[注释]

①庄宗：五代时后唐庄宗李存勖。后梁龙德三年（923）称帝，建都洛阳，国号唐。②晋王：李克用，李存勖之父。③梁：指五代后梁。④燕王：刘守光，晋王曾封他为燕王。⑤契丹：居住在辽河上游一带的古代民族，916年建契丹国，后改称辽国。⑥从事：三公及州郡长官的僚属，这里泛指一般官员。少牢：古代祭祀，牛羊猪各一称太牢，只有羊或猪为少牢。⑦一夫：指皇甫晖。⑧数十伶人困之：后唐同光四年（926），伶人郭从谦指挥一部分禁卫军作乱，李存勖中流矢而死。其后李克用养子李嗣源即位称帝。

[译文]

唉！盛衰的规律，虽说是天命决定的，难道没有人的作用吗？探求庄宗取得天下与失去天下的原因，就可以明白这个道理。

据说晋王临死时，把三支箭赐给庄宗，告诉他说："梁国是我的仇敌，燕王本是我立的，契丹与我约为兄弟，可是他们都背叛晋而投靠了梁，这三件事是我的遗恨。给你三支箭，你不要忘记你父亲的志向。"庄宗接受了箭并收藏在祖庙，以后打仗，便派手下用一头羊祭告祖先，从宗庙里恭敬地取出箭来，装在织锦的口袋里，使人背着走在最前面，等打了胜仗回来，再把箭收进宗庙。

当他捉拿并绑缚燕王父子，用盒子装着梁国君臣的头，走进太庙，把箭交还到晋王的灵座前，告诉他生前报仇的心愿已实现时，他的精神气概，是多么威风！等到仇敌都已消灭，天下已经安定，一人在夜里发难，叛乱的人四面响应，他慌忙出兵东进，还没见到乱贼，部下就溃逃了，君臣们你看着我，我看着你，不知去哪里好，以至于割下头发来对天发誓，眼泪沾湿衣襟，又是多么的可怜、衰颓啊！难道是取得天下难，失去天下易吗？还是成功失败的原因都是由于人事呢？

《尚书》说："自满招来损害，谦虚使人受益。"忧劳可以使国家兴盛，安乐能断送自己，这是必然的道理。因此，在他强大时，普天下的豪杰，没有谁能和他对抗；到他衰败时，几十个伶人就把他困住，导致身死国灭，被天下人耻笑。祸患常常是由一些小事积累而酿成的，纵使是聪明和英勇的人，也常常会被某种爱好所迷恋，消磨意志而陷于困穷，岂止是溺爱伶人才这样吗？

《五代史·宦者传》论

欧阳修

[题解]

封建帝王为了独揽大权，往往对大臣怀疑猜忌，宠信外戚或宦官。然而如此一来，会疏远大臣而导致外戚或宦官专权的局面。本文总结了历史经验，运用了对比手法，论证了宦官专权的危害及其产生的原因，希望当世和以后的统治者引以为戒。

[原文]

自古宦者乱人之国，其源深于女祸。

女，色而已，宦者之害，非一端也。盖其用事也近而习，其为心也专而忍。能以小善中人之意，小信固人之心，使人主必信而亲之。待其已信，然后惧以祸福而把持之。虽有忠臣、硕士[①]列于朝廷，而人主以为去己疏远，不若起居饮食、前后左右之亲为可恃也。故前后左右者日益亲，则忠臣、硕士日益疏，而人主之势日益孤。势孤，则惧祸之心日益切，而把持者日益牢。安危出其喜怒，祸患伏于帷闼[②]，则向之所谓可恃者，乃所以为患也。患已深而觉之，欲与疏远之臣图左右之亲近，缓之则养祸而益深，急之则挟人主以为质。虽有圣智，不能与谋。谋之而不可为，为之而不可成，至其甚，则俱伤而两败。故其大者亡国，其次亡身，而使奸豪得借以为资而起，至抉[③]其种类，尽杀以快天下之心而后已。此前史所载宦者之祸常如此者，非一世也！夫为人主者，非欲养祸于内而疏忠臣、硕士于外，盖其渐积而势使之然也。

夫女色之惑，不幸而不悟，则祸斯及矣；使其一悟，捽(zuó)[④]而去之可也。宦者之为祸，虽欲悔悟，而势有不得而去也。唐昭宗[⑤]之事是已。故曰“深于女祸”者，谓此也。可不戒哉？

[注释]

①硕士：旧指学问渊博之士。②帷闼：比喻皇室之内。③抉：挖出。④捽：揪。⑤唐昭宗：李晔，889年至904年在位。

[译文]

自古以来，宦官败乱国家，祸患的根源比女色更深。

女性，不过靠美色来取宠，宦官的祸害却不只一方面啊！这是因为他们为君主贴身办事，得以形成熟悉的关系，他们专心取悦皇帝而对人残忍，所以他们能做些小小的好事来使人满意，又能用小小的忠诚以巩固别人对他的好感，使皇帝必定信任而亲近他们。等取得皇帝的信任，就利用福祸来恐吓并控制他。这时候，虽然有忠臣、君子在朝为官，可是皇帝却认为他们与自己很疏远，比不上起居、饮食方面都侍奉自己的人可信赖。因此，皇帝与那些总是在身边的宦官日益亲近，忠臣、君子日渐疏远，使皇帝越来越被孤立。处境越孤单，害怕大祸降临的心理便逐渐急迫，而挟制他的宦官，地位便愈加牢固。皇帝的安危，取决于宦官的喜怒，祸患就潜伏在君主左右，那些以前认为是可靠的人，却是现在的祸根啊！祸患已经很深，皇帝才发觉，想与疏远的大臣铲除左右亲近的宦官，行动太慢，祸患就会更加严重；行动过急，宦官则会挟制君主作为人质。纵使有才智之士，也无法与他们商议对策了。谋划了也无法实行，实行了也不会成功，甚至可能两败俱伤。严重的可使国家灭亡，其次是使个人送命，而且让一些野心家乘机起事，找出所有宦官，斩尽杀绝，大快天下人之心才了结。从前史书所记载的宦官之祸常是如此，不只是一代。作为皇帝，并非有意在宫中培养祸患而疏远忠臣和君子，是由于日积月累的形势造成的。

女色的诱惑，如果皇帝执迷不悟，祸患就会降临；但只要他一旦觉悟，将她抓起来就能除掉。可是宦官的祸害，虽然悔悟了，已成的形势会到无法铲除的地步，唐昭宗的情况就是这样。所以说宦官“比女色之祸更深”，就是这个道理，怎能不警惕呢？

相州昼锦堂记

欧阳修

[题解]

古人有一种衣锦还乡，展示自己荣耀的虚荣心。《史记·项羽本纪》中就说道：“富贵不归故乡，如衣锦夜行。”但韩琦声名显赫，却不讲威风和排场，他虽然身兼数职，位高权重，却在自己的家乡修建了一座“昼锦堂”，向人们表明自己的心志。欧阳修对此非常赞赏，他围绕着“昼锦”二字，进行了深入的剖析，先是描绘古人衣锦还乡、得志之时的场面，然后称赞韩琦并不以此为荣，而是深以为戒的可贵精神。

[原文]

仕宦而至将相，富贵而归故乡，此人情之所荣，而今昔之所同也。盖士方穷时，困厄闾里[①]，庸人孺子，皆得易而侮之[②]，若季子不礼于其嫂[③]，买臣见弃于其妻[④]。一旦高车驷马[⑤]，旗旄导前[⑥]，而骑卒拥后，夹道之人，相与骈肩累迹[⑦]，瞻望咨嗟[⑧]，而所谓庸夫愚妇者，奔走骇汗，羞愧俯伏，以自悔罪于车尘马足之间[⑨]。此一介[⑩]之士得志于当时，而意气之盛，昔人比之衣锦之荣者也。

惟大丞相魏国公则不然。公，相人也[11]。世有令德，为时名卿[12]。自公少时，已擢高科[13]，登显仕[14]。海内之士闻下风而望余光者[15]，盖亦有年矣。所谓将相而富贵，皆公所宜素有，非如穷厄之人侥幸得志于一时，出于庸夫愚妇之不意，以惊骇而夸耀之也。然则高牙大纛[16]，不足为公荣，桓圭衮裳[17]，不足为公贵，惟德被生民，而功施社稷，勒之金石[18]，播之声诗，以耀后世而垂无穷，此公之志，而士亦以此望于公也。岂止夸一时而荣一乡哉？

公在至和中[19]，尝以武康之节[20]，来治于相，乃作昼锦之堂于后圃。既又刻诗于石，以遗(wèi)相人[21]。其言以快恩仇、矜名誉为可薄，盖不以昔人所夸者为荣，而以为戒。于此见公之视富贵为何如，而其志岂易量哉？故能出入将相，勤劳王家，而夷险一节。至于临大事，决大议[22]，垂绅正笏[23]，不动声色，而措天下于泰山之安，可谓社稷之臣矣。其丰功盛烈所以铭彝鼎而被弦歌者[24]，乃邦家之光，非闾里之荣也。余虽不获登公之堂，幸尝窃诵公之诗，乐公之志有成，而喜为天下道也。于是乎书。

[注释]

①闾里：乡里。②易：轻视。③“若季子”句：据《战国策·秦策一》记载，苏秦游说秦惠王，失意而归。“归至家，妻不下纴（此指织布机），嫂不为炊，父母不与言。”季子，苏秦字。④“买臣”句：《汉书·朱买臣传》记载，朱买臣，西汉吴县人，“家贫，好读书，不治产业……妻羞之，求去。买臣笑曰：‘我年五十当富贵，今已四十余矣。女（汝）苦日久，待我富贵报女功。’妻恚怒曰：‘如公等，饿死沟中耳，何能富贵？’买臣不能留，即听去。”后得庄助之荐，拜中大夫，历任会稽太守，丞相长史等职。⑤高车驷马：指用四匹马拉、车盖高敞的车。《华阳国志》载司马相如出蜀过升迁桥，曾题柱云：“不乘驷马高车，不过此桥。”后即以“驷马高车”代指高官厚禄。⑥旄：古代旗杆上用牛尾做成的装饰。⑦骈肩：并肩。骈，连。累迹，足迹重叠。⑧咨嗟：赞叹。⑨“奔走”三句：指苏秦之嫂和朱买臣之故妻在苏秦和朱买臣富贵后俯伏迎接的情状。⑩一介：一个。有轻视或自谦之意。⑪相：相州。⑫“世有”二句：指韩琦的祖先已富贵。他父亲韩国华，真宗时为谏仪大夫。⑬“自公”二句：韩琦于天圣年间举进士第二，年仅二十左右。擢，考中。⑭显士：显贵的官。⑮闻下风：闻风钦佩之意。《左传·僖公十五年》：“群臣敢在下风。”望余光：求益之意。《史记·甘茂列传》：“子可分我余光。”⑯高牙

大纛：用象牙装饰的大旗。⑰桓圭：刻有四棱的玉制礼器。衮裳：古代帝王、三公穿戴的礼服。⑱勒：雕刻。金石：金属器物和石碑。⑲至和：宋仁宗年号（1054—1056）。⑳武康之节：至和二年二月，韩琦因病自请以并州武康节度使知相州。㉑遗：赠给、留给。㉒临大事，决大议：韩琦曾提出立英宗、神宗，并调解英宗和太后间的对立关系，筹划、处理西夏等事务。㉓绅：衣带。笏：朝板，即古代大臣上朝时记事备忘、执于手中的手板，用木或玉制成。㉔铭彝鼎而被弦歌：上文“勒之金石，播之声诗”之意。

［译文］

官至将军、宰相，变得富有。尊贵以后回到故乡，从人情方面来说让人感到光荣，从古至今，一直都是如此啊！大凡读书人在不得志之时，在家乡窘困失意，那些平庸的人甚至是小孩子，都会轻视他、欺辱他。比如说战国时的苏秦，他的嫂子就曾很无礼地对待他，汉朝的朱买臣被妻子抛弃。但是等到他们坐上了由四匹马拉着的高大马车，前面还有旗帜作为导引，后面有骑兵簇拥着，道路两边的人，肩膀挨着肩膀，脚尖挨着脚跟，一面仰望，一面不停地称羡，至于那些平庸的男子、愚蠢的妇人，纷纷因为恐惧而四处奔跑，身上大汗淋漓，愧疚地在地上跪着，面对车轮和马蹄走过之后扬起的尘土，他们的内心感到非常后悔，认为自己犯下了很大的罪行。一个卑微的读书人，得志之时，就会显露出得意的样子，从前的人就把这种样子看作是身穿锦绣一样荣耀。

大丞相魏国公韩琦却不是这样的。魏国公是相州人，祖上世代都有美好的德行，也都是那时著名的官员。魏国公在年轻的时候就已经考中了进士，做了很大的官。全国那些身处下位的读书人，听说他的高风亮节之后，对他的光彩非常仰慕，这样的情形大约也有很多年了。人们所说的在外为将，在内为相，富贵荣华，这些都是魏国公早就已经拥有了的。他并不像那些处于困厄环境中的士人一样，偶然因为一时或一事而得志，让那些平庸的男子、愚蠢的女子感到意料，也不是为了让这些人觉得害怕而故意夸耀自己。这样说来，旗帜虽然高大，却不足以展示出魏国公的荣耀；三公的地位虽然尊贵，也不足以展示魏国公的高贵。只有把恩德施加在百姓身上，让自己的功勋有益于国家，把这些功德都镌刻在金石上面，让赞美他的诗歌在四面八方传播，让荣耀流传于后世一直到无穷无尽，这才能让魏国公的大志得到满足，而读书人也对他表现出了这样的希望。怎么能只为了炫耀于一时，荣耀于一个地方呢？

宋仁宗至和年间，魏国公曾经以武康军节度使的身份兼任相州知州，于是就在府衙的后园里面修建了一座“昼锦堂”。建成以后又在石碑上面刻诗留念，把这些留给相州的士民。魏国公的诗中有这样一种观点，那种把报恩报仇当作快事的想法、那种为自己沽名钓誉而感到自豪的行为都是非常可耻的。没有把古人认为值得夸耀的东西当作一种光荣，反过来却把它当成一种鉴戒。我们可以从这些观点看出魏国公是如何看待富贵的。至于他的志向，难道还可以轻易地做出衡量吗？所以他能够在外为将、在内为相，十分辛苦地为皇帝做事，并且不管平安还是危险都能始终保持自己的气节。遇到重大事情，需要做出重要决定的时候，也能够保持端庄严肃的样子，让国家始终像泰山一样安稳，真可以说是国家的股肱之臣啊！他所取得的丰功伟绩，因此被铭刻在鼎彝的表面，流传在人们所唱的弦歌中，这确实是国家的荣耀，而非一个地方的荣耀啊！

虽然我并没有得到登门、拜访魏国公的机会，却十分荣幸地在私下里诵读他的诗歌、文章，为他的大志得以实现感到高兴，而且也很高兴向天下人讲述他的事迹，因此就写下了这篇文章。

丰乐亭记

欧阳修

[题解]

庆历三年（1043），北宋实行新政，不久后就宣告失败，杜衍、范仲淹等主张新政的大臣相继被贬斥、放逐，欧阳修上书为其辩护，最终也被贬于滁州。本篇就写于欧阳修被贬到滁州之后的庆历六年(1046)。滁州在五代时长期遭受战乱，宋初时朝廷实行休养生息的政策，百年之后已恢复了一些元气。滁州西南琅琊山风景优美，欧阳修闲暇之时，经常到此地寻幽访胜，辟地筑亭。本文正描绘了修筑丰乐亭的经过及欧阳修与民共同游览的“乐”的情景，并且还对滁州从战乱到和平的变迁进行了勾勒，并呼吁大家珍惜来之不易的和平。

[原文]

修既治滁之明年①，夏，始饮滁水而甘，问诸滁人，得于州南百步之近。其上则丰山②耸然而特立，下则幽谷窈然而深藏③，中有清泉滃(wěng)然而仰出④。俯仰左右，顾而乐之。于是疏泉凿石，辟地以为亭，而与滁人往游其间。滁于五代干戈之际⑤，用武之地也。昔太祖皇帝⑥尝以周师破李景兵十五万于清流山下，生擒其皇甫晖、姚凤于滁东门之外⑦，遂以平滁。修尝考其山川，按其图记，升高以望清流之关⑧，欲求晖、凤就擒之所，而故老皆无在者，盖天下之平久矣。自唐失其政，海内分裂，豪杰并起而争，所在为敌国者，何可胜数？及宋受天命，圣人出而四海一⑨。向之凭恃险阻⑩，铲削消磨。百年之间，漠然徒见山高而水清⑪。欲问其事，而遗老尽矣⑫。今滁介江淮之间⑬，舟车商贾、四方宾客之所不至，民生不见外事而安于畎(quǎn)亩衣食⑭，以乐生送死⑮，而孰知上之功德，休养生息，涵

煦于百年之深也[16]？

修之来此，乐其地僻而事简，又爱其俗之安闲。既得斯泉于山谷之间，乃日与滁人仰而望山，俯而听泉，掇幽芳而荫乔木[17]，风霜冰雪，刻露清秀[18]，四时之景，无不可爱。又幸其民乐其岁物之丰成，而喜与予游也。因为本其山川，道其风俗之美，使民知所以安此丰年之乐者，幸生无事之时也。夫宣上恩德以与民共乐，刺史之事也。遂书以名其亭焉。

[注释]

①滁：滁州。②丰山：在滁县西南。③窈然：幽暗深远貌。④滃然：水大的样子。⑤五代：指后梁、后唐、后晋、后汉、后周五代，历时五十三年。⑥太祖皇帝：指宋代开国皇帝赵匡胤。⑦"尝以"二句：据《资治通鉴·后周纪三》载：显德三年（956），"上（指后周世宗柴荣）命太祖皇帝（指赵匡胤）倍道袭清流关。皇甫晖等阵于山下，方与前锋战，太祖皇帝引兵出山后，晖等大惊，走入滁州，欲断桥自守。太祖皇帝跃马麾兵涉水，直抵城下。……晖整众而出，太宗皇帝拥马颈突阵而入，大呼曰：'吾止取皇甫晖，他人非吾敌也！'手剑击晖中脑，生擒之，并擒姚凤，遂克滁州"。李景，原名璟，因避后周庙讳而名景。周师南征滁州，景惧，对周称臣。清流山，在安徽滁州西北二十五里，山上有关。皇甫晖、姚凤，皆南唐大将。⑧清流之关：清流关在清流山上，即赵匡胤率后周军队大破南唐军队的地方。⑨圣人：对帝王的尊称。此指宋太祖赵匡胤。⑩向：过去。⑪漠然：安静的样子。⑫遗老：此指经历过后周与南唐战事的老人。⑬江、淮：指长江和淮河。⑭畎亩：田地。畎，田间水沟。⑮乐生送死：指养生送死，过太平日子。⑯涵煦：滋润教化。⑰掇：拾、取。⑱刻露清秀：指秋冬季节草枯叶落，巉岩毕露。

[译文]

我治理滁州的第二年，夏天饮水才觉得甘美。向滁州人询问，得知此水取自州城以南百步之近的地方。上有丰山，高高耸立，下有溪谷，十分幽静而深藏，其中有一道十分清澈的泉水，水势很大，向上喷涌。我上下左右地打量着，环视四周十分高兴，于是就把岩石凿开，使泉流得以疏导，在此开辟了一块地方修建亭子，与滁州的人们一起在此游乐。滁州在五代战乱的时候，是长期遭受战乱的地方。以前，太祖皇帝曾经统帅周朝的军队在清流山下战胜了李景的十五万大军，在滁州东门外生擒了唐朝的大将皇甫晖、姚凤，此后滁州才算是平定了。我曾经对滁州的山川形势进行考察，根据地方志的记载，登高眺望清流关，想要找到皇甫晖、姚凤被活捉的地方，可是当年亲身经历过这场战争的人都去世了，天下已经平定很久了。自从唐朝政治凋敝之后，天下就四分五裂，豪杰之士并起，彼此之间相互争夺，敌国林立，怎么能够数得清啊？直到宋朝顺从天命，圣人出世，国家才得以统一。昔日那些凭借高山的险阻而称王的人，被铲除消亡之后，百年之间，只剩下高高耸立的山崖与清澈的流水。想要询问当时的战况，可是那些经历战事的人早就死了。现在滁州地处江淮之间，地方偏僻，船只、车马、商人和游客都很少踏足。百姓不知道外面的世界，安心于耕田、劳作，安乐地生活、养老。有谁知道这是皇上的功德，才使得百姓能休养生息，如雨露滋润一样，这样的日子已经有一百年了！

我来到滁州之后，非常喜欢它的环境僻静和公事清简，还喜欢安乐闲适的民风。既然已经在山谷中发现了这样的甘泉，就每天和滁州的人民游览此地，仰头欣赏山色之美，低首聆听泉水之声。可供采摘的幽香的花草，可供乘凉的茂盛的树木，风霜冰雪，或刻削裸露，或清秀茂盛，这四季的景色，都十分令人喜爱。百姓们五谷丰登也十分高兴，乐于和我同游。于是我就为他们介绍山川，赞赏美好的风俗，使百姓们明白之所以能够享受五谷丰登的欢乐的原因，是由于有幸生活在太平时期。宣扬皇帝的恩德，与民同乐，这正是刺史的职责。于是就写下了此文，并把亭命名为丰乐亭。

醉翁亭记

欧阳修

[题解]

本文作于庆历六年（1046）。之前一年，作者因为支持革新派的范仲淹而被贬到滁州任职。文章描述了醉翁亭周围优美的环境和多彩的风光，描绘了太守与民同乐的情景，抒发了政治抱负和仕途坎坷的抑郁之情。

[原文]

环滁皆山也[①]。其西南诸峰，林壑尤美。望之蔚然而深秀者，琅琊[②]也。山行六七里，渐闻水声潺潺而泻出于两峰之间者，酿泉[③]也。峰回路转，有亭翼然临于泉上者，醉翁亭也。作亭者谁？山之僧智仙[④]也。名之者谁？太守自谓也。太守与客来饮于此，饮少辄醉，而年又最高，故自号曰醉翁也。醉翁之意不在酒，在乎山水之间也。山水之乐，得之心而寓之酒也。

若夫日出而林霏开，云归而岩穴暝，晦明变化者，山间之朝暮也。野芳发而幽香，佳木秀而繁阴，风霜高洁，水落而石出者，山间之四时也。朝而往，暮而归，四时之景不同，而乐亦无穷也。

至于负者歌于途，行者休于树，前者呼，后者应，伛(yǔ)偻提携[⑤]，往来而不绝者，滁人游也。临溪而渔，溪深而鱼肥，酿泉

为酒，泉香而酒洌。山肴野蔌(sù)，杂然而前陈者，太守宴也。宴酣之乐，非丝非竹。射者中，弈者胜，觥(gōng)筹交错，坐起而喧哗者，众宾欢也。苍颜白发，颓乎其中者，太守醉也。

已而夕阳在山，人影散乱，太守归而宾客从也。树林阴翳(yì)，鸣声上下，游人去而禽鸟乐也。然而禽鸟知山林之乐，而不知人之乐；人知从太守游而乐，而不知太守之乐其乐也⑥。醉能同其乐，醒能述以文者，太守也。太守谓谁？庐陵欧阳修也。

［注释］

①“环滁”句：写滁州城四周山川形势。此为夸张之辞，滁州仅西南部有丛山。②琅琊：山名，在滁州西南十里。东晋元帝司马睿为琅琊王时渡江，曾驻滁州，故滁州溪山有琅琊之名。③酿泉：又名醴泉，为琅琊溪源头之一。④智仙：琅琊山琅琊寺（一名开化寺）的僧人。⑤伛偻提携：指老人小孩。⑥乐其乐：将他人的快乐当作自己的快乐。

［译文］

滁州的四面都是山。那西南的几座山峰，森林、山谷更为优美。郁郁葱葱，幽深秀丽的，是琅琊山。沿着山路走六七里，渐渐地可以听到潺潺的水声，从两座山峰之间倾泻而出的，是酿泉。绕过山峰，沿着山路拐弯，高据泉边，有一座亭子像飞鸟展翅，那就是醉翁亭。建亭子的是谁呢？是山上的僧人智仙。给它取名的又是谁呢？是自号“醉翁”的滁州太守。太守与客人们来这儿饮酒，只喝一点儿就醉了，而且年纪最高，所以自号“醉翁”。其实，醉翁的意趣不在喝酒，而在山水之间。欣赏自然山水的乐趣，是从内心领悟而又寄托在酒中的。

醉翁亭

环滁皆山也。其西南诸峰，林壑尤美。望之蔚然而深秀者，琅琊也。

有时太阳出来，山林中云雾四散，浮云归来，岩洞里暮色晦暗。这种黑暗与光明变化，是山中的黎明与黄昏。野花开放，清香飘散，树木繁茂，深秀成荫，风高霜洁，水落石出，是山中的四季。清晨前往，傍晚归来，四季风光各异，其中的乐趣也无穷无尽。

至于背扛肩挑的人在路旁唱歌，行路人在树下休息，前面的招呼，后面的答应，老老少少来往不绝，是滁州百姓来这里游赏。

到溪边钓鱼，溪水深，鱼肥美。用泉水酿酒，泉水清，酒香醇，还有野味蔬果，交错排列在面前，是太守主办的宴席。宴饮酣畅的乐趣，无须靠琴弦箫管。投壶的中了，下棋的胜了，酒杯和酒筹交错杂陈，人们或坐或立、大声喧闹，是客人们快乐的情景。那个苍颜白发，昏昏然地坐在人们中间的老人，是醉了的太守。

不一会儿，太阳下山了。只见人影散乱，是宾客们纷纷跟随太守回去。树林逐渐阴暗，上下阵阵鸟鸣声，那是游人走后鸟儿开始欢唱，然而鸟儿只知山林中的快乐，却不知人们的快乐，而人们只知跟随太守游玩的快乐，却不知太守是因能使人们快乐而快乐啊！喝醉时能与人们一起快乐，酒醒之后又能写文章将其记述下来的，是太守。太守是谁呢？是庐陵欧阳修啊！

秋声赋

欧阳修

[题解]

本文是作者53岁时所作，是一篇以悲秋为主题的赋体散文。文章由秋声起，万物凋零写起，回首曾屡遭贬谪的痛苦，面对当时朝廷黑暗、国家渐衰而又改革无望的形势，抒发了世事艰难而形神日渐衰老的感慨。

[原文]

欧阳子方夜读书，闻有声自西南来者，悚然而听之，曰：“异哉！”初淅沥以潇飒，忽奔腾而砰湃，如波涛夜惊，风雨骤至。其触于物也，𬒔(cōng)𬒔铮铮，金铁皆鸣，又如赴敌之兵，衔枚[①]疾走，不闻号令，但闻人马之行声。予谓童子：“此何声也？汝出视之！”童子曰：“星月皎洁，明河在天，四无人声，声在树间。”

予曰：“噫嘻，悲哉！此秋声也，胡为乎来哉？盖夫秋之为状也，其色惨淡，烟霏云敛，其容清明，天高日晶，其气栗冽，砭人肌骨，其意萧条，山川寂寥。故其为声也，凄凄切切，呼号奋发。丰草绿缛而争茂，佳木葱茏而可悦，草拂之而色变，木遭之而叶脱。其所以摧败零落者，乃一气之余烈。夫秋，刑官也，于时为阴[②]，又兵象也，于行为金。是谓天地之义气，常以肃杀而为心。天之于物，春生秋实，故其在乐也，商声主西方之音，夷则为七月之律。商，伤也，物既老而悲伤。夷，戮也，物过盛而当杀。嗟夫！草木无情，有时飘零。人为动物，惟物之灵，百忧感其心，万事劳其形，有动乎中，必摇其精。而况思其力之所不及，忧其智之所不能，宜其渥(wò)然丹者为槁木，黟(yī)然黑者为星星③。奈何非金石之质，欲与草木而争荣？念谁为之戕(qiāng)贼，亦何恨乎秋声？”

童子莫对，垂头而睡。但闻四壁虫声唧唧，如助予之叹息。

[注释]

①衔枚：古代行军时，常令士兵嘴里横衔一根小棍，防止说话，保持肃静。②于时为阴：古人以阴阳配合四时，春夏属于阳、秋冬属于阴。③渥然丹者：红润的面容。黟：黑色。星星：鬓发花白。

[译文]

欧阳子正在夜里读书，听到有声音从西南方向传来，不禁悚然一惊，说道：“奇怪！”这声音初听时淅淅沥沥，萧萧飒飒，忽然变得汹涌澎湃，就像夜间波涛突起，风雨骤然而至，碰到物体上如金属撞击的铿锵声。再听，又像奔赴战场的军队正衔枚疾进，听不到号令声，只有人马行进的声音。于是对童子说：“这是什么声音？你出去看看。”童子答道：“星光、月色皎洁，银河高悬中天，四周没有人声，那声音是从树林间传来的。”

秋思

秋天的色调凄清惨淡，形貌爽朗清新。

我恍然大悟，叹道：“唉，伤感啊！这就是秋声呀，它为什么而来呢？秋天的情景是：它的色调凄清惨淡，烟霭飘散，云气密集；它的形貌爽朗清新，天色高远，日光晶明；它的气候清冷萧瑟，凛冽的悲风刺人肌骨；它的意境苍凉萧条，山川空寂。所以它的声音有时凄切，有时激昂。秋风未起时，绿草繁茂争盛，树木葱茏，令人心旷神怡。然而一旦秋风来临，拂过草地，草就变色，掠过森林，树叶飘落。它用来使花草树木摧败凋零的，便是肃杀之气的余烈。秋天是刑官行刑的季节，在时令上，它属阴；秋天又是用兵的象征，在五行中属金。这就是所谓的天地之义气，常以肃杀为意志。天地对于万物，是使之在春天生长，在秋天结实。所以在音乐的五声中，秋又属西方之声的商，‘夷则’是七月的曲律之名。商，就是‘伤’的意思，万物衰老都会悲伤。夷，就是杀戮，万物过了繁盛期，都会趋于衰败。唉！草木是没有感情的，也有飘零之时。人为动物，是万物中又最有灵性的。无数的忧虑感伤他的心绪，无数的琐事劳累他的身体。劳累心神，必定会损耗精力。常常思考自己力所不能及之事，担心自己才智所不能解决的问题，自然会使他红润的肤色变得如枯木苍老，乌黑的须发变得花白。人的身体并非金石，为什么要像草木那样争一时的荣盛呢？应当考虑是谁使自己遭受磨难，为什么又去怨恨这秋声呢？”

书童没有应答，低头睡去，只听到四壁唧唧的虫鸣，好似附和我的叹息。

祭石曼卿文

欧阳修

[题解]

这篇文章作于治平四年（1067），是欧阳修为了悼念亡友石延年所写的一篇祭文。石延年，字曼卿，与欧阳修是很好的朋友，他很有气节，为人豪放不拘且才华横溢，可是一生都不得志，终于在48岁时郁郁而死。写作此文时，距曼卿之死已经过了26年，当时欧阳休刚刚被罢免了参知政事的职务，被贬到亳州做知州，政治上的失意令他对往昔异常怀念，因此写了这篇祭文。文章蕴含着真挚的感情，具有强烈的感染力。

[原文]

维治平四年七月日[1]，具官欧阳修谨遣尚书都省令史李敭至于太清[2]，以清酌庶羞之奠[3]，致祭于亡友曼卿之墓下，而吊之以文曰：呜呼曼卿！生而为英[4]，死而为灵[5]！其同乎万物生死，而复归于无物者，暂聚之形[6]，不与万物共尽，而卓然其不配者[7]，后世之名。此自古圣贤莫不皆然，而著在简册者[8]，昭如日星。呜呼曼卿！吾不见子久矣[9]，犹能仿佛子之平生[10]。其轩昂磊落[11]，突兀(wù)峥嵘[12]而埋藏于地下者，意其不化为朽壤，而为金玉之精。不然，生长松之千尺，产灵芝而九茎[13]。奈何荒烟野蔓，荆棘纵横，风凄露下，走磷飞萤[14]？但见牧童樵叟，歌吟而上下[15]，与夫惊禽骇兽[16]，悲鸣踯躅(zhí zhú)而咿嘤(yī yīng)[17]。今固如此，更千秋而万岁兮，安知其不穴藏孤貉(hé)与鼯鼪(wú shēng)[18]？此自古圣贤亦皆然兮，独不见夫累累乎旷野与荒城[19]！

呜呼曼卿！盛衰之理，吾固知其如此，而感念畴昔[20]，悲凉

凄怆，不觉临风而陨(yǔn)涕者[21]，有愧乎太上之忘情[22]。尚飨[23]！

[注释]

①维：发语词。治平：宋英宗年号（1064—1067）。②具官：官爵品级的省写。欧阳修当时的官职为观文殿学士、刑部尚书、知亳州军、州事。尚书都省：管理全国行政的衙门。令史：管理文书工作的官。李敭：生平事迹不详。太清：在今河南商丘南，石曼卿的故乡墓地。③清酌：美酒。庶羞：品多为庶，肴美为羞。语出《仪礼·公食大夫礼》："上大夫庶羞二十。"奠：祭品。④英：不平凡的人才。《礼记·礼运》："大道之行也，与三代之英。"郑玄注："英，俊选之尤者。"⑤灵：神灵。《尸子》："天神曰灵。"⑥暂聚之形：临时聚合的形体。⑦卓然：出类拔萃的样子。⑧简册：指史书。简，古时用来写字的板。⑨子：你，指石曼卿。⑩仿佛：依稀记得。平生：指石曼卿过去一切。⑪轩昂：形容人的气度不凡。磊落：心地光明坦率。⑫突兀峥嵘：高而不平。这里指人才特异优秀。⑬灵芝：菌类，古人把它看作表示吉祥神异之物。九茎：形容灵芝的茎很多。《汉书·武帝纪》："芝生殿房中，九茎。"⑭走磷：旧时指鬼火，实是夜空中磷氧化而产生的青光。⑮上下：在墓前来回地走。⑯与夫：连接词，以及，还有。⑰踯躅：徘徊不前。咿嘤：哭声，这里指禽兽悲鸣的声音。⑱貉：一种像狐狸的野兽。鼯：飞鼠。鼪：黄鼠狼。⑲累累：重叠连的样子。城：这里指坟墓。⑳畴昔：从前。㉑陨涕：落泪。㉒太上之忘情：典出《世说新语·伤逝篇》。晋人王戎死了儿子，山简前去慰问，见他悲痛欲绝，就说："孩，抱中物，何至于此？"王戎说："圣人忘情，最下不及情，情之所钟，正在吾辈。"太上，最上，指圣人。指圣人能达到不动感情的境界。㉓尚飨：祭文的套语，意思是请享用祭品吧。

[译文]

宋朝治平四年七月的一天，具官欧阳修，恭敬地请尚书都省令史李敭到太清去，用美酒和很多美食来做祭品，在故去的好友石曼卿的墓前祭奠，并且作了一篇祭文来凭吊：啊，曼卿！你活着的时候就是杰出的人才，死了以后也肯定能够成为神灵！与万物都会有生和死是一样，最终也会归于虚无之境地的，只是你那由精气暂时聚集而形成的躯体，没有与万物一起消亡。只是出类拔萃永远不会腐朽的，是你那在后世永远流传的名声。从古至今，那些圣贤，没有不是这样的，那些被记载到史书上的名字，就像太阳和星辰一样，发出明亮的光芒。啊！曼卿！我已经很长时间没有见到你了，但是还可以想象出你活着的时候的样子。你的神态是那样的潇洒，胸怀是那样的光明磊落，整个人又是那样的卓尔不群，虽然你的身体已经被埋葬在地下，但我想它不会化成腐烂的泥土，而是会变成十分珍贵的金子和美玉。如果不是这样的话，也会长成千尺高的挺拔青松，或是变成九茎的灵芝。可是为什么如今你的坟墓却到处都是荒凉的烟云，野生的蔓草，荆棘遍地，冷风凄凄，白霜遍地，磷火不停地闪动，萤火虫四处飞舞？只能看到牧童和砍柴的老人在附近唱着歌儿来回走动，还有那些因为受惊而发慌的飞禽走兽，在此地徘徊悲鸣。此时已经变成这样的情景了，那么过了千万年以后，怎么能知道狐狸、老鼠和黄鼬那些动物，会不会在此处挖出巢穴来藏身呢？从古至今，圣贤也都是这个样子的，难道没有看见这空旷的原野和一个接一个的坟墓吗？

啊！曼卿！万事万物都会由盛转衰，这个道理我原本早就明白了，可是想起以前那样的日子，我就更加觉得悲凉和凄怆。在不知不觉间迎着冷风流下眼泪的我，对于自己无法达到圣人忘情境界的举动，也只好表示惭愧了。请你尽情地享用这些祭品吧！

泷冈阡表

欧阳修

[题解]

《泷冈阡表》是欧阳修在父亲去世六十年之后进行追悼的文章，文章语言平实质朴，感情真挚，是欧阳修散文中的代表性作品。后人将韩愈的《祭十二郎文》、欧阳修的《泷冈阡表》以及袁枚的《祭妹文》合称为“千古至文”。欧阳修在父亲去世之时年仅四岁，这就使他很难撰述父亲的生平，但是欧阳修却进行了巧妙处理，运用避实就虚、以虚求实、以虚衬实的独特写作方法，将母亲的言语巧妙地穿插于文中，从不同的角度进行刻画。既以母亲的叙述为依托，对父亲的仁心惠政进行追悼和表彰；同时又使母亲高尚的品德和节操得以颂扬，父因母显，母受父成，名为父亲写祭文，但实际上却表彰了父母双亲，明写暗写相互交叉映衬。但文风并不虚华，而是简易平实，节奏舒缓有致，态度谦恭平和，处处透着一片深情，着实感人。

[原文]

呜呼！惟我皇考崇公①，卜吉于泷冈之六十年②，其子修始克表于其阡③，非敢缓也，盖有待也。

修不幸，生四岁而孤④。太夫人守节自誓⑤，居穷自力于衣食，以长以教，俾至于成人。太夫人告之曰：“汝父为吏⑥，廉而好施与，喜宾客，其俸禄虽薄，常不使有余⑦，曰：‘毋以是为我累。’故其亡也，无一瓦之覆、一垄之植以庇而为生⑧，吾何恃而能自守邪？吾于汝父，知其一二，以有待于汝也。自吾为汝家妇，不及事吾姑⑨，然知汝父之能养也。汝孤而幼，吾不能知汝之必有立，然知汝父之必将有后也。吾之始归也⑩，汝父免于母丧方逾年⑪。岁时祭祀，则必涕泣曰：‘祭而丰，不如养之薄也。’间御酒食⑫，则又涕泣，曰：‘昔常不足，而今有余，其何及也！’吾始一二见之，以为新免于丧适然耳[13]。既而其后常然，至其终身未尝不然。吾虽不及事姑，而以此知汝父之能养也。汝父为吏，尝夜烛治官书[14]，屡废而叹[15]。吾问之，则曰：‘此死狱也，我求其生不得尔。’吾曰：‘生可求乎？’曰：‘求其生而不得，则死者与我皆无恨也。矧(shěn)求而有得邪[16]？以其有得，则知不求而死者有恨也。夫常求其生，犹失之死，而世常求其死也？’回顾乳者剑汝而立于旁，因指而叹曰：‘术者谓我岁行在戌将死[17]，使其言然，吾不及见儿之立也，后当以我语告之。’其平居教他子弟[18]，常用此语。吾耳熟焉，故能详也。其施于外事，吾不能知。其居于家，无所矜饰[19]，而所为如此，是真发于中者邪[20]！呜呼，其心厚于仁者邪！此吾知汝父之必将有后也。汝其勉之。夫养不必丰，要于孝[21]；利虽不得博于物，要其心之厚于仁。吾不能教汝，此汝父之志也。”修泣而志之不敢忘。

先公少孤力学，咸平三年进士及第[22]，为道州判官[23]，泗、绵二州推官[24]，又为泰州判官[25]，享年五十有九，葬沙溪之泷冈。太夫人姓郑氏，考讳德仪[26]，世为江南名族。太夫人恭俭仁爱而有礼，初封福昌县太君[27]，进封乐安、安康、彭城三郡太君[28]。自其家少微时[29]，治其家以俭约，其后常不使过之，曰：“吾儿不能苟合于世，俭薄所以居患难也。”其后修贬夷陵[30]，太夫人言笑自若，曰：“汝家故贫贱也，吾处之有素矣[31]。汝能安之，吾亦安矣。”

自先公之亡二十年，修始得禄而养[32]。又十有二年，烈官于朝，始得赠封其亲[33]。又十年，修为龙图阁直学士、尚书吏部郎中，留守南京[34]，太夫人以疾终于官舍[35]，享年七十有二。又八年，修以非才入副枢密[36]，遂参政事[37]。又七年而罢[38]。自登二府[39]，天子推恩，褒其三世。盖自嘉祐以来[40]，逢国大庆，必加宠锡[41]。皇曾祖府君[42]，累赠金紫光禄大夫、太师、中书令[43]；曾祖妣[44]，累封楚国太夫人；皇祖府君[45]，累赠金紫光禄大夫、太师、中书令，兼尚书令[46]；祖妣累封吴国太夫人；皇考崇公，累赠金紫光禄大夫、太师、中书令兼尚书令；皇妣，累封越国太夫人。今上初郊[47]，皇考赐爵为崇国公，太夫人进号魏国。

于是小子修泣而言曰："呜呼！为善无不报，而迟速有时，此理之常也。惟我祖考，积善成德，宜享其隆。虽不克有于其躬[48]，而赐爵受封，显荣褒大，实有三朝之锡命[49]，是足以表见于后世，而庇赖其子孙矣。"乃列其世谱，具刻于碑。既又载我皇考崇公之遗训，太夫人之所以教而有待于修者，并揭于阡[50]。俾知夫小子修之德薄能鲜，遭时窃位[51]，而幸全大节，不辱其先者，其来有自。

熙宁三年[52]，岁次庚戌，四月辛酉朔[53]，十有五日乙亥[54]，男推诚保德崇仁翊戴功臣[55]，观文殿学士[56]，特进[57]，行兵部尚书[58]，知青州军州事[59]，兼管内劝农使[60]，充京东路安抚使[61]，上柱国[62]，乐安郡开国公[63]，食邑四千三百户[64]，食实封一千二百户[65]，修表。

[注释]

①惟：发语词，无实义。皇考：父死曰"考"，母死曰"妣"。"皇"是尊称。崇公：作者的父亲欧阳观死后追封崇国公。②卜吉：选择吉日。此指选择吉日埋葬。欧阳观死于大中祥符三年，次年葬于泷冈。③克：能够。表于其阡：指在墓前树立墓碑。④孤：年幼丧父曰孤。⑤太夫人：指欧阳修的母亲。古代列侯之妻称夫人，列侯死，子称其母为太夫人。⑥吏：低级官吏称吏。欧阳观生前只做过几任州、县的推官、判官等辅佐官，故称"吏"。⑦"廉而"四句：欧阳修《七贤画序》云："某为儿童时，先妣尝为某曰：'吾归汝家时极贫，汝父为吏至廉，又於物无所嗜，喜宾客，又不计其家有无以具酒食。在绵州三年，他人皆多买蜀物以归，汝父不营一物，而俸禄待宾客亦无余。'"⑧"无一瓦"二句：言无屋可居，无亩可耕，生计艰难。垄：田埂。庇：庇护。⑨姑：古代妻子称丈夫之母曰姑。⑩始归：刚出嫁。⑪免于母丧：指母亲死后，守丧期满。⑫间：间或，偶尔。御：进用。⑬适然：方才这样。⑭官书：官府的文书。此指有关刑狱的公文。⑮废：停止。⑯矧：何况，况且。⑰术者：指算命者。岁行在戌：指岁星（木星）运行到戌年。欧阳观死于宋真宗大中祥符三年庚戌（1010），与算命者的话巧合。⑱平居：平时，平日。⑲矜饰：夸张修饰。⑳中：内心。㉑要：关键。㉒咸平三年：公元1000年。咸平为宋真宗年号。㉓道州：治所在今湖南道县。判官：为州长官的僚属，掌管文书事务。㉔泗、绵二州：泗州，治所在今安徽泗县。绵州，治所在今四川绵阳。推

官：州长官的僚属，掌管刑罚。㉕泰州：治所在今江苏泰州。㉖讳：生时曰“名”，死后曰“讳”。㉗福昌县太君：福昌，古县名。县太君：宋制，朝廷卿、监和地方上知州等官的母亲封县太君；朝廷侍郎、学士和地方观察、留后等官的母亲封郡太君。㉘“进封”句：乐安、安康、彭城均为古郡名，这些郡在宋代已不存在。因此，“县太君”和“郡太君”不是实封其地，而是名义上的赠封而已。㉙少微时：早年贫贱时。㉚夷陵：县名。今湖北宜昌。景祐三年，作者因与高若讷书事被贬为夷陵令，其母曾随行。㉛素：向来。此处意为习惯。㉜“修始得”句：作者于宋仁宗天圣八年（1030）考取进士，后授将仕郎、试秘书省校书郎、充西京留守推官。㉝“又十”三句：作者于仁宗康定元年（1040）被召回京，历任馆阁校勘、太子中允。庆历元年（1041），祀南郊，加骑都尉，改集贤校理。封赠事可能即在是年。㉞龙图阁直学士：龙图阁为宋代管理文献典籍的官署，设学士、直学士、待制、直阁等官。这些官衔，多是加给皇帝侍从官的荣誉头衔。直学士，初入值馆阁，称直学士。尚书：指尚书省，下统吏、户、礼、兵、刑、工六部。吏部郎中：吏部，掌管全国官吏的任免、考课、升降、调动等事务，长官为吏部尚书，下设郎中四人，各司其职。留守南京：宋真宗时，升宋州（今河南商丘）为应天府，建为南京。皇祐二年（1050），作者以龙图阁直学士知应天府兼南京留守司事，转吏部郎中，加轻骑都尉。㉟“太夫人”句：作者之母死于皇祐四年（1052）。㊱入副枢密：进入朝廷担任枢密副使。宋代的枢密院掌管全国的军事。㊲参政事：任参知政事，即为副宰相，事在嘉祐六年。㊳又七年而罢：宋英宗治平四年（1067），作者被罢免参知政事。㊴二府：宋制，中书省和枢密院分掌政务和军事，号称“二府”。㊵嘉祐：宋仁宗年号（1056—1063）。㊶宠锡：特别赏赐。锡，同“赐”。㊷皇：尊称。府君：子孙对祖先的敬称。作者之曾祖名彬。㊸累赠：累加的最后封赠。金紫光禄大夫：金紫，金章紫绶。光禄大夫，战国时置中大夫，汉武帝时改光禄大夫。掌顾问应对。宋代为散官，加金章紫绶的，称金紫光禄大夫。太师：官名。始设于周朝，为辅佐国君的官。后世以太师、太傅、太保为三公。宋承唐制，三公均为封赠官名，以示恩宠，并无实职。中书令：中书省长官，唐时宰相，宋代为封赠之官。㊹曾祖妣：指已故的曾祖母。㊺皇祖府君：指作者的祖父，名偃。㊻尚书令：尚书省长官。魏晋以来，事实上为宰相。宋代为加官和赠封之官，班次在太师之上。㊼今上：当今皇上，指宋神宗赵顼。初郊：初次在郊外行祭天之礼。郊，郊祀，祭天。㊽躬：身体。引申为亲自、自身。㊾三朝：指宋仁宗、英宗、神宗三朝。锡命：指皇帝锡封的诏书。锡，通“赐”。㊿揭：记载。阡：墓道。(51)遭时窃位：作者自谦之词，谓并无才德却幸逢时机而侥幸做了大官。(52)熙宁三年：公元1070年，该年干支为庚戌。(53)辛酉朔：为这年四月初一日的干支。朔，农历每月初一。(54)乙亥：为是年四月十五日的干支。(55)男：儿子对父母的自称。推诚保德崇仁翊戴功臣：宋帝赐予作者的荣誉头衔。(56)观文殿学士：宋代为优礼大臣而赠的荣誉官衔，且非曾任执政者不授。宋制，诸殿学士为皇帝侍从顾问，虽无实权，但地位很高。(57)特进：官名。汉时列侯中有特殊地位的授特进。宋代为文职散官的第二级，相当于正二品。(58)行兵部尚书：大官兼任小官称行某官。兵部为六部之一，掌军事。尚书为其长官。(59)知青州军州事：宋制，朝臣为知州，号权知军州事，兼掌军、政大权。青州，治所在今山东益都。⑩内劝农使：官名，掌劝励农桑事宜。宋制以知州兼职。⑪京东路：宋代分全国行政区域为十五路，下设州、县。熙宁七年（1074），分京东路为京东东路、京东西路。安抚使：官名，主持一路军政事务，多为知州兼任。⑫上柱国：官名，战国时楚国始置。唐以后为勋官的称号。⑬乐安郡：古代郡国名，始设于东汉，在山东境内，隋初废。开国公：宋代赐予臣下的第六等爵位。⑭食邑：亦称“采邑”“封地”。食邑制始于周朝，封地内所收租税为食邑者的俸禄。⑮食实封：指实封的食邑。宋制，食邑自二百户至一万户，食实封自一百户至一千户，有时可以特加。但这些在宋代只是一种褒奖的名誉，与春秋时代的诸侯真的享受几千户、几万户租税的情况不同。以上是作者当时拥有的所有官职和封爵。

［译文］

唉！父亲崇国公在泷冈这块风水宝地已经下葬六十年了，儿子欧阳修我才得以在此为其立碑，这并非是我有意拖延，而是由于有所等待。

十分不幸，父亲在我年仅四岁之时就去世了，母亲便立志守节，家境贫苦，她凭借自己的力量，还要抚育我长大成人。母亲对我说：“你的父亲为官十分清廉，喜欢施与帮助别人，结交宾客，他的薪俸又很微薄，经常会没有什么剩余，他说：‘不要让这些东西拖累了我！’因此在他去世之后，家中并没有一片瓦、一垄田让我们维持生计。我可以依靠什么来守节呢？我对你父亲也有几分的了解，于是就将希望寄托于你。我嫁到咱们欧阳家，虽然没有赶得上侍奉婆婆，但我明白你的父亲十分孝顺。你从小丧父，我不知你将来是否能成就大事，但我知道你父亲必定后继有人。我出嫁之时，你父亲刚刚为他母亲守了一年的孝。到年末祭祀祖先的时候，他总是痛哭流涕道：‘不管祭祀有多么丰盛，也无法和生前的微薄奉养相比啊！’偶然吃到好些的酒菜时，他也会流着泪说：‘以前母亲还活着的时候经常吃不饱，现在富足了，她却吃不到这些了！’起初我碰到这种情形，以为是因为他刚刚服完丧，但后来却时常看到他这样，一直到他去世。我虽然没有赶上侍奉婆婆，但从这些事我知道你父亲十分孝顺。你父亲为官的时候，有一次在夜里点着蜡烛处理公文，多次停下来叹息。我问他原因，他说：‘这个人被判了死罪，我想为他谋条生路，但是却没办法。’我问：‘难道还要为判了死罪的人找生路吗？’他说：‘想要替他找条生路但是我却办不到，这样，死囚和我就都没有什么遗憾了。况且又有为其谋求生路并且办成的啊！正因为有被成功赦免的人，我才知道没有仔细为其谋求就被处死的人会很遗憾啊！经常想着为死囚谋求一条生路，有时候还不免会杀错人，却偏偏还总有人想把犯人都处死！’你父亲回头看见站在旁边被奶娘抱着的你，就指着你，叹了口气说：‘算命先生说戌年我就会去世，倘若果真如此的话，我就不能看着儿子长大成人了，将来你一定要把我的话转告给他。’他也经常用这样的话教导别的晚辈，我听得都很熟了，因此就能讲得很清楚。我不知道你父亲在外怎样，但是在家他从来不装腔作势，他所做的事都是出自内心的！唉！他心怀仁义，所以我相信你父亲的后代必然也会很好。你一定要多多勉励自己！奉养父母并非一定要很丰厚，关键在于孝心，虽然你不能施惠于天下所有的人，但要有仁爱之心。我不懂怎么教导你，但这些都是你父亲的心愿啊！”我含泪将这些教诲铭记在心，不敢忘记。

先父年幼之时就丧父了，之后勤奋读书。咸平三年的时候终于考取进士，曾出任道州的判官，泗州和绵州的推官，还曾为泰州判官，享年五十九岁，安葬于沙溪泷冈。母亲姓郑，外祖父的名讳是德仪，在江南世世代代都是有名望的家族。母亲恭敬、勤俭节约、甚为仁爱又很有礼仪、修养，最初被诰封为福昌县的太君，后来又晋封为乐安、安康、彭城三郡的太君。家道中落之后，她就勤俭持家，后来家境虽然富足了，但她依然很节俭反对浪费，她对我说：“我的儿子不能与世人苟合，节俭才能承受得住患难。”后来，我被贬到夷陵的时候，母亲还是像以前一样言笑，说道：“你家原本就很贫贱，我都已经习惯了，你能安定平和地对待，我也能。”

父亲去世二十年后，我才得到朝廷的俸禄供养母亲。十二年之后，在京为官，才使得双亲得到了加封。又过了十年，我成了龙图阁直学士、尚书吏部郎中，留守南京。母亲最终因病在官邸去世，享年七十二岁。八年之后，我不才，得到恩赏，又成为朝廷的副枢密使，于是就参议朝政。又过了七年终于解除了职务。我从入军、政二府之后，承蒙天子恩赏，使三代宗亲都受到了嘉赏。仁宗嘉祐年间以来，每当国家大庆之时，就会恩赏我的先祖。曾祖父先后被封为金紫光禄大夫、太师、中书令兼尚书令，曾祖母也被封为楚国太夫人。祖父被世袭封为金紫光禄大夫、太师、中书令兼尚书令，祖母也被封为吴国太夫人。父亲崇国公被世袭封为金紫光禄大夫、太师、中书令兼尚书令，母亲被世袭封为越国太夫人。皇上第一次举行郊庙祭祀的大礼，就为父亲晋爵封为崇国公，先母则晋爵封为魏国太夫人。

于是我含泪感叹道：“唉！做好事必然迟早会得到好报的，这是常理。祖辈和父亲生前积德行善，就该享有这样的回报。虽然他们生前没有享受到，但是加官晋爵，显贵荣耀，因被褒奖而高大，享受三朝的恩赏诰封，这足以使他们的德行流芳后世，庇护子孙。”因此我排列家中历代谱系，将其全部刻在石碑上，并刻下父亲崇国公的遗训、母亲大人的教导，以及所以对我有所期望的缘由，又将它们全都写入这阡表上，以便让大家明白我德行浅薄，才能甚微，只是由于恰好赶上了好时机才身居高位，而有幸保住了大的气节，没有辱没先祖，都是源于上述原因。

神宗熙宁三年，庚戌年，四月初一，四月十五日，儿子推诚保德崇仁翊戴功臣、观文殿学士、特进、行兵部尚书，知青州军州事、兼管内劝农使、充京东东路安抚使、上柱国、乐安郡开国公、食邑四千三百户、食实封一千二百户，欧阳修立表。

作者简介

苏洵（1009—1066），字明允，号老泉，亦称老苏，眉州眉山（今四川眉山）人。苏洵少时游荡不学，至27岁始发愤攻读，登上科举仕进之路，然而他先后两次举进士不中。苏洵目击时艰，既为国家前途渺茫而失望，又为自己仕路不通而灰心，于是“绝意于功名，而自托于学术”。十年之间，他闭户读书，“大究六经、百家之说，考质古今治乱成败、圣贤穷达出处之际”，不仅思想发生了质的飞跃，而且为文也进入新的境界。苏洵一生写的文章，如《几策》《权书》《衡论》《六经论》《洪范论》《史论》等，仅有百余篇，却名满天下，被后人奉为一代文豪。

苏洵作为杰出的散文家，其文独树一帜，具有鲜明的特色：一是务出己见，勇于创新；二是非特能文，更重用世；三是文贵自然，简切平易；四是学杂纵横，博辩宏伟。

管仲论

苏洵

[题解]

管仲辅佐齐桓公成为春秋时代的第一位霸主，其才能与功绩获得了世代的称赞。苏洵的这篇文章却别开生面，从另一个角度论述了管仲政策上的失误，认为他不懂治国之本，临终未能举贤者代替自己，导致齐国在桓公去世后发生了一百多年的动乱。以此告诫当政者要吸取教训，选贤举能以防奸臣作乱。

[原文]

管仲相威公[①]，霸诸侯，攘夷狄[②]。终其身齐国富强，诸侯不敢叛。管仲死，竖刁、易牙、开方[③]用，威公薨(hōng)于乱，五公子[④]争立，其祸蔓延，讫简公[⑤]，齐无宁岁。

夫功之成，非成于成之日，盖必有所由起；祸之作，不作于作之日，亦必有所由兆。故齐之治也，吾不曰管仲，而曰鲍叔。及其乱也，吾不曰竖刁、易牙、开方，而曰管仲。何则？竖刁、易牙、开方三子，彼固乱人国者，顾其用之者，威公也。夫有舜而后知放四凶[⑥]，有仲尼而后知去少正卯。彼威公何人也？顾其使威公得用三子者，管仲也。仲之疾也，公问之相。当是时也，吾意以仲且举天下之贤者以对，而其言乃不过曰竖刁、易牙、开方三子，非人情，不可近而已。呜呼！仲以为威

丑次同车

孔子从蒲返回卫国，寄居蘧伯玉家里。一天，卫灵公和夫人同车出游，让孔子坐在后面的车上。孔子生气地说："我从来没有见过喜欢美德像喜欢美女一样的人。"于是离开卫国。

公果能不用三子矣乎？仲与威公处几年矣，亦知威公之为人矣乎？威公声不绝乎耳，色不绝乎目，而非三子者则无以遂其欲。彼其初之所以不用者，徒以有仲焉耳。一日无仲，则三子者可以弹冠而相庆矣。仲以为将死之言可以絷威公之手足耶？夫齐国不患有三子，而患无仲，有仲，则三子者、三匹夫耳。不然，天下岂少三子之徒哉？虽威公幸而听仲，诛此三人，而其余者，仲能悉数而去之耶？呜呼！仲可谓不知本者矣！因威公之问，举天下之贤者以自代，则仲虽死，而齐国未为无仲也。夫何患三子者？不言可也。

五伯莫盛于威、文。文公之才，不过威公，其臣又皆不及仲。灵公⑦之虐，不如孝公⑧之宽厚。文公死，诸侯不敢叛晋，晋袭文公之余威，犹得为诸侯之盟主百余年。何者？其君虽不肖，而尚有老成人焉。威公之薨也，一败涂地，无惑也。彼独恃一管仲，而仲则死矣。夫天下未尝无贤者，盖有有臣而无君者矣。威公在焉，而曰天下不复有管仲者，吾不信也。仲之书，有记其将死论鲍叔、宾胥无之为人，且各疏其短。是其心以为数子者皆不足以托国，而又逆知其将死，则其书诞谩不足信也。

吾观史鳝(qiū)⑨，以不能进蘧伯玉而退弥子瑕⑩，故有身后之谏；萧何且死，举曹参以自代。大臣之用心，固宜如此也！夫国以一人兴，以一人亡。贤者不悲其身之死，而忧其国之衰，故必复有贤者，而后可以死，彼管仲者，何以死哉？

[注释]

①威公：齐桓公。宋避钦宗讳，作“威”。②攘：排斥。夷狄：古代对少数民族的蔑称。③竖刁、易牙、开方：三人都是齐桓公的宠幸近臣。④五公子：桓公之五子，即惠公元、孝公昭、昭公潘、懿公商人、公子雍。⑤简公：齐简公，名壬，公元前484年至公元前481年在位，为田常所弑。⑥四凶：传说被舜流放的四个凶人，指浑敦、穷奇、梼杌、饕餮。一说指共工、驩兜、三苗、鲧。⑦灵公：指晋灵公，晋文公之孙。⑧孝公：指齐孝公，齐桓公之子。⑨史鳅：史鱼，春秋时卫国大夫，字子鱼。⑩蘧伯玉：春秋时卫国大夫，名瑗。弥子瑕：卫灵公幸臣。

[译文]

管仲辅佐齐桓公，称霸诸侯，攘斥夷狄。管仲在世期间，齐国一直国富兵强，诸侯不敢反叛。管仲死后，竖刁、易牙、开方被任用。齐桓公在宫廷内乱中死去，五个公子相争继位，这个灾祸蔓延不绝，直到齐简公被杀，齐国都没有一个安宁的年份。

成功，不是发生在宣告成功的那一天，一定有它发生的原因；灾祸，也不是发生在实际发生的那一天，也一定有它的预兆。所以齐国的安定兴旺，我不说是因为管仲的功劳，而要说是因为举荐管仲的鲍叔牙；后来齐国的动乱，我不说是因为竖刁、易牙、开方的原因，倒要说是因为未曾举贤自代的管仲。为什么呢？竖刁、易牙、开方三人，固然是祸害国家的奸臣，不过任用他们的都是齐桓公啊！有了舜，才会放逐共工、驩兜、三苗、鲧等四凶；有了孔子，才会除掉少正卯。相比之下，齐桓公算什么呢？使桓公能够起用竖刁、易牙、开方三人的，正是管仲啊！管仲病重之际，桓公问谁可以继他为相。此时，我以为管仲会荐举天下贤能之士来回答桓公，可是他只是说竖刁、易牙、开方三个人不合人情不能亲近而已。唉！管仲以为桓公果真能够不重用此三人吗？管仲与桓公相处多年了，也该知道桓公的为人了吧！桓公的耳朵不能离开音乐，眼睛不能离开女色，若非此三人，也就无从满足桓公的声色之欲。桓公起先不任用他们的原因，只是管仲在世而已。一旦管仲死了，那么这三个人就可以弹着官帽，互相庆祝高升了。管仲难道以为他临终前的嘱咐，就可以束缚桓公的手脚吗？齐国并不担心此三人，而是担心没有管仲，只要管仲在世，这三个人只不过是普通的无权之人而已。不然的话，天下难道还缺少竖刁、易牙、开方这样的三个人吗？即使桓公幸而听从管仲的意见，杀了这三人，但是其他的这类人，管仲能够全部除掉吗？唉！管仲可以说是个不懂得治国之本的人。如果借桓公向他询问之机，荐举天下贤能之士以继承自己，那么管仲虽死，齐国并不是没有另一个管仲，又何患此三人呢？管仲不提到他们也是可以的。

春秋五霸中没有强于齐桓公、晋文公的了。晋文公的才能不在齐桓公之上，他的臣子又都不如管仲。晋文公的孙子晋灵公为政暴虐，不似齐桓公之子齐孝公那样仁厚。然而晋文公死后，诸侯不敢背叛晋国，晋国承袭文公的余威，还能维持一百多年诸侯盟主的地位。为什么呢？晋国后来的国君虽不贤能，可是还有老成持重的大臣辅佐。齐桓公死后，齐国一败涂地，这是无疑的，因为他只依靠一个管仲，而管仲已经死了。天下并不是没有贤能的人，但却存在着有贤臣而无明君的情况。桓公在世时，就曾断言天下不再有管仲这样的人才，我不相信。管仲的《管子》一书中，记载管仲临终时评价鲍叔牙、宾胥无二人的为人，还记下了他们各自的优缺点。在管仲的心目中，认为鲍叔牙等人都不能够托付以国家重任，然而管仲又预料到他将要死了。那么此书荒诞不实，不值得相信。

我看春秋时卫国的史鳍，由于不能使卫灵公任用贤者蘧伯玉，疏远宠臣弥子瑕，所以死后以尸进谏；汉相萧何临终前，向汉惠帝推荐曹参继任自己的职位。大臣的用心，本该如此啊！由于一个贤者的能力而兴盛，由于一个贤者的去位而灭亡。贤者并不悲伤自己的死去，而要忧虑国家在自己死后将日趋衰败。所以一定要有贤者继承他，才可以安心死去。做不到这一点的管仲，有什么理由死去呢？

辨奸论

苏洵

[题解]

苏洵认为，事情皆有一定的规律，只要能够仔细观察并把握规律，就能见微知著，因此人们可以通过观察行为而在祸乱发生之前就发现作乱的奸臣。历来有人认为这篇文章的本意是暗中批判王安石，也有人认为此文并非苏洵所作，未有定论。

[原文]

事有必至，理有固然。惟天下之静者，乃能见微而知著。月晕而风，础润而雨，人人知之。人事之推移，理势之相因，其疏阔而难知，变化而不可测者，孰与天地阴阳之事？而贤者有不知。其故何也？好恶乱其中，而利害夺其外也！

昔者，山巨源见王衍[①]，曰："误天下苍生者，必此人也！"郭汾阳见卢杞[②]，曰："此人得志，吾子孙无遗类矣！"自今而言之，其理固有可见者。以吾观之，王衍之为人，容貌言语，固有以欺世而盗名者，然不忮(zhì)不求，与物浮沉。使晋无惠帝[③]，仅得中主[④]，虽衍百千，何从而乱天下乎？卢杞之奸，固足以败国，然而不学无文，容貌不足以动人，言语不足以眩世[⑤]。非德宗之鄙暗[⑥]，亦何从而用之？由是言之，二公之料二子，亦容有未必然也。

今有人[⑦]，口诵孔、老之言，身履夷、齐之行，收召好名之士、不得志之人，相与造作言语，私立名字，以为颜渊、孟轲复出，而阴贼险狠，与人异趣，是王衍、卢杞合而为一人也，其祸岂可胜言哉？夫面垢不忘洗，衣垢不忘浣，此人之至情也。今也不然，衣臣虏之衣，食犬彘(zhì)⑧之食，囚首丧面而谈《诗》《书》，此岂其情也哉？凡事之不近人情者，鲜不为大奸慝(tè)。竖刁、易牙、开方是也！以盖世之名，而济其未形之患，虽有愿治之主，好贤之相，犹将举而用之，则其为天下患，必然而无疑者，非特二子之比也。

孙子曰："善用兵者，无赫赫之功。"使斯人而不用也，则吾言为过，而斯人有不遇之叹，孰知祸之至于此哉？不然，天下将被其祸，而吾获知言之名，悲夫！

[注释]

①山巨源:（205—283），名涛，西晋河内怀（今河南武陟西南）人，为"竹林七贤"之一。初任吏部尚书、尚书右仆射等职。王衍：字夷甫，与山涛同时而年辈较晚。②郭汾阳：郭子仪（697—781），华州郑县（今陕西华县）人。唐中期著名大将。卢杞：唐大臣，字子良，滑州灵昌（今河南滑县西南）人。③惠帝：指晋惠帝司马衷，以昏庸愚蠢出名。④中主：指才能一般的皇帝。⑤眩世：惑乱天下。⑥德宗：唐德宗李适。鄙暗：鄙陋昏庸。⑦今有人：指王安石。⑧彘：猪。

[译文]

事物有它的必然性，道理有它自身的规律。只有天下那些心境静穆的人，才能从微小的迹象中看出显著的结果。月亮四周有光环，预示天要刮风；柱石回潮、湿润，说明就要下雨，这是人所共知的。至于世事的变化、情势的规律，抽象、渺茫而不可理解，千变万化而难以预测，又怎能与天地、阴阳的变化相比呢？即使贤能的人也有不知道这些的，这是什么原因呢？就因为心中的好恶扰乱了主见，利害得失又左右着他的行动啊！

明辨诈书

汉昭帝明辨忠奸，不相信中伤霍光的谣言。

从前山涛见到王衍，说："日后祸害天下百姓的，定是此人！" 汾阳王郭子仪见到卢杞，说："这个人一旦得志，我的子孙就都要被杀了！" 就今天而言，其中的道理固然可以预见一些。据我所见，王衍其人，不论是容貌还是言谈，固然有欺世盗名的条件，但是他不妒忌、不贪污，追随大流。假如晋朝当时在位的不是惠帝，只要有一个中等才能的皇帝，即使有千百个王衍，又怎么能扰乱天下呢？像卢杞那样的奸臣，固然有能力使国家败亡，但是他不学无术，容貌难以打动别人，言谈难以影响社会，若不是唐德宗的昏庸，又怎么会让他受到重用呢？从这一点来说，山涛和郭子仪对王衍和卢杞的看法，或许有不完全正确之处。

如今有人口中吟诵着孔子和老子的话，身体力行伯夷、叔齐的清高做法，收罗了一批沽名的读书人和不得志的人，相互勾结制造舆论，私下里互相吹捧，自诩为颜回、孟子再世，但实际上阴险狠毒，志趣不同于常人。这真是集王衍、卢杞于一身了，他造成的灾祸难道能够说尽吗？脸脏了记得洗脸，衣服脏了记得洗衣，这是人之常情。如今却不是这样，他穿着罪衣，吃猪狗般的食物，头发像囚犯，面孔像死了家人，却也谈论《诗经》《尚书》，难道这合乎情理吗？大凡做事不近人情的，少有不是大奸大恶的，竖刁、易牙、开方就是这样的人。他们利用最崇高的名誉，掩盖祸患，虽然有愿意励精图治的君主和敬重贤才的宰相，还是会推举、任用他们的。因此，他们成为天下的祸患就毫无疑问了，而绝不是仅仅王衍、卢杞等人可以相比的。

孙子说："善于用兵的人，没有显赫的战功。" 如果这个人未被重用，那么是我说错了，而这个人就会产生未遇明主的慨叹，谁又能够知道会有如此的灾祸呢？不然的话，天下就会受到他的祸害，而我也将得到有远见的名声，那真是可悲啊！

心术

苏洵

[题解]

本文论述了将领与士兵的关系、将领指挥作战的规则、将领内心修养对战争的重要影响以及将领统率士兵的方法，阐述了为将之道最重要的是治心的道理。

[原文]

为将之道，当先治心。泰山崩于前而色不变，麋鹿兴于左而目不瞬，然后可以制利害，可以待敌。

凡兵上义；不义，虽利勿动。非一动之为利害，而他日将有所不可措手足也。夫惟义可以怒士，士以义怒，可与百战。

凡战之道：未战养其财，将战养其力，既战养其气，既胜养其心。谨烽燧[①]，严斥堠(hòu)，使耕者无所顾忌，所以养其财；丰

犒而优游之，所以养其力；小胜益急，小挫益厉，所以养其气；用人不尽其所欲为，所以养其心。故士常蓄其怒、怀其欲而不尽。怒不尽则有余勇，欲不尽则有余贪。故虽并天下，而士不厌兵，此黄帝之所以七十战而兵不殆也。不养其心，一战而胜，不可用矣。

凡将欲智而严，凡士欲愚。智则不可测，严则不可犯，故士皆委己而听命，夫安得不愚？夫惟士愚，而后可与之皆死。

凡兵之动，知敌之主，知敌之将，而后可以动于险。邓艾[②]缒兵于蜀中，非刘禅[③]之庸，则百万之师可以坐缚，彼[④]固有所侮而动也。故古之贤将，能以兵尝敌，而又以敌自尝，故去就可以决。

凡主将之道，知理而后可以举兵，知势而后可以加兵，知节而后可以用兵。知理则不屈，知势则不沮，知节则不穷。见小利不动，见小患不避，小利小患，不足以辱吾技也，夫然后有以支大利大患。夫惟养技而自爱者，无敌于天下。故一忍可以支百勇，一静可以制百动。

兵有长短，敌我一也。敢问："吾之所长，吾出而用之，彼将不与吾校；吾之所短，吾蔽而置之，彼将强与吾角，奈何？"曰："吾之所短，吾抗而暴(pù)之，使之疑而却；吾之所长，吾阴而养之，使之狎而堕其中。此用长短之术也。"

善用兵者，使之无所顾、有所恃。无所顾，则知死之不足惜；有所恃，则知不至于必败。尺箠当猛虎，奋呼而操击；徒手遇蜥蜴，变色而却步，人之情也。知此者，可以将矣。袒裼(tǎn xī)而案剑，则乌获不敢逼；冠胄衣甲，据兵而寝，则童子弯弓杀之矣。故善用兵者以形固，夫能以形固，则力有余矣。

[注释]

①烽燧：烽火，古代边防报警的信号。②邓艾：（197—264），字士载，又字圳，又自名范。三国时义阳棘阳（今河南新野东北）人。初为司马懿掾属，后为魏镇西将军。③刘禅：（207—271），三国蜀汉后主，字公嗣，小字阿斗，涿郡涿州（今属

河北）人。蜀汉昭烈帝刘备之子。④彼：他，指邓艾。

[译文]

做将领的原则，应当首先加强精神、意志的培养。即使是泰山在眼前崩塌也要做到面不改色，麋鹿在身边奔跑也目不转睛，然后才能够控制形势的利弊、能够对付敌人。

用兵要崇尚正义。如果不合乎正义，即使有利也不要行动。并非一动就有决定胜负的危害，而是因为后来将导致不能应付的局面。只有正义能够激励士气，士气一旦被正义激起，就可以百战百胜。

作战的道理大致是：战争尚未发生之时，要积蓄财力；战争即将发生之时，要养精蓄锐；战争已经打起来时，要培养士气；取得胜利后，要保持斗志。谨慎、认真地设置报警的烽火，严格地在边境巡逻放哨，使农民无所顾忌，这就是积蓄财力。用丰盛的酒食等物犒赏士兵，让他们充分修整，这就是培养战斗力。取得小的胜利，要使战士更加振作；受到小的挫折，要给战士们激励，以培养士气。使用战士时不要满足他们所有的欲望，要保持他们的斗志。所以战士们总是怀着旺盛的斗志，心中怀有欲望却不能完全实现。怒气未消就有勇气，欲望无止境就将继续追求，所以即使吞并了天下，战士们也不厌恶战争。这就是黄帝的军队经历了七十余次战斗也不懈怠的原因。如果不修养心性，即使打过一次胜仗也不能继续作战了。

诸葛瞻大战邓艾

魏将邓艾率兵伐蜀，用绳子拴着士兵从山上坠下悬崖峭壁。

将领要有智谋而严厉，而士兵要愚昧一些。有智谋就使别人不可预测，严厉就不可被冒犯，所以战士都不顾自己而听从命令，怎么能不愚昧呢？只有战士愚昧，然后才能和将帅一道舍生忘死。

大凡率军打仗，要了解敌方的主帅和将领，然后才能够出兵于危险的地方。魏将邓艾率兵伐蜀，用绳子把士兵吊下悬崖峭壁去偷袭蜀国，如果不是后主刘禅昏庸无能，那么邓艾即使有百万大军也可以坐而擒获。邓艾本来就轻视刘禅，所以才敢冒险出兵。因此，古代的良将，能用一部分兵力去试探敌人的强弱，同时也用敌人的情况来衡量自己，这样就可以做出自己的决断。

作为主将的要领是：明白军事原理然后可以用兵，了解形势然后可以出战，懂得节制然后可以指挥战斗。明白道理就不会屈服，了解形势就不会沮丧，懂得节制就不会陷于困境。见了小利不动心，遇上小患不回避。小利小患不值得辱没我的本领，然后才能应付大利大患。只有善于锻炼本领又自爱的人，才无敌于天下。所以一次忍耐可以抵御百勇，一次冷静可以制止上百次的轻举妄动。

军队自有长处和短处，无论敌我都是这样。请问："我方的长处，我拿出来使用它，敌人却不与我较量；我方的短处，我隐藏起来，敌人却非要与我对抗，怎么办呢？"回答道："我方的短处，我故意暴露出来，使敌人心生疑虑而退却；我方的长处，我暗中隐藏起来，使敌人疏忽而陷入圈套。这就是运用自己的长处和短处的方法。"

善于指挥打仗的人，要使战士们无所顾忌但有所依靠。战士们无所顾忌，就明白牺牲了也不值得可惜；有所依靠，就知道不至于失败。手握一尺长的木棍，面对猛虎，敢于大喊而用棍去打；空着手遇上了蜥蜴，也会吓得变了脸色而连连后退，这是人之常情。明白这个道理，就可以带兵了。假如赤身露臂但手握着剑，乌获那样的力士也不敢逼近；要是头戴着盔，身穿铠甲，抱着武器睡觉，小孩也敢弯弓把他射杀了。所以善于用兵的人，能利用各种条件来保全自身，能够利用各种条件来保全自身，他的力量就无穷了。

张益州画像记

苏洵

[题解]

苏洵的抒情散文数量不多，但有很多优秀的篇章，《张益州画像记》就是其中一篇。本文记叙张方平治理益州的事迹，表现了他的宽政爱民的思想。苏洵的散文观点鲜明，论据充足，语言锋利，话语纵横，有很强的思辨力。欧阳修称其为"博辩宏伟"，"纵横上下，出入驰骤，必造于深微而后止"（《故霸州文安县主簿苏君墓志铭》）；曾巩也夸赞他"指事析理，引物托喻"，"烦能不乱，肆能不流"（《苏明允哀词》），这些评价都是很合理的。

[原文]

至和元年秋①，蜀人传言有寇至边。边军夜呼，野无居人②。妖言流闻③，京师震惊。方命择帅，天子曰："毋养乱，毋助变。众言朋兴④，朕志自定⑤。外乱不作，变且中起⑥。既不可以文令⑦，又不可以武竞⑧，惟朕一二大吏，孰为能处兹文武之间，其命往抚朕师。"乃推曰："张公方平其人⑨。"天子曰："然。"公以亲辞⑩，不可，遂行。冬十一月，至蜀。至之日，归屯军，撤守备⑪。使谓郡县："寇来在吾，无尔劳苦。"明年正月朔旦⑫，蜀人相庆如他日，遂以无事。又明年正月，相告留公像于净众寺⑬，公不能禁。

眉阳苏洵言于众曰[14]：“未乱易治也，既乱易治也。有乱之萌，无乱之形，是谓将乱，将乱难治，不可以有乱急，亦不可以无乱弛。惟是元年之秋，如器之攲（qī）[15]，未坠于地。惟尔张公，安坐于其旁，颜色不变，徐起而正之。既正，油然而退[16]，无矜容[17]。为天子牧小民不倦，惟尔张公。尔繄（yī）以生[18]，惟尔父母。且公尝为我言：‘民无常性，惟上所待。人皆曰蜀人多变，于是待之以待盗贼之意，而绳之以绳盗贼之法。重足屏息之民[19]，而以砧斧令[20]，于是民始忍以其父母妻子之所仰赖之身，而弃之于盗贼，故每每大乱。夫约之以礼，驱之以法，惟蜀人为易。至于急之而生变，虽齐鲁[21]亦然。吾以齐、鲁待蜀人，而蜀人亦自以齐、鲁之人待其身。若夫肆意于法律之外，以威劫齐民[22]，吾不忍为也。’呜呼！爱蜀人之深，待蜀人之厚，自公而前，吾未始见也。”皆再拜稽首曰[23]：“然。”

苏洵又曰：“公之恩在尔心。尔死，在尔子孙。其功业在史官，无以像为也。且公意不欲，如何？”皆曰：“公则何事于斯[24]？虽然，于我心有不释焉[25]。今夫平居闻一善[26]，必问其人之姓名与其邻里之所在，以至于其长短、大小、美恶之状，甚者，或诘其平生所嗜好[27]，以想见其为人。而史官亦书之于其传，意使天下之人，思之于心，则存之于目。存之于目，故其思之于心也固。由此观之，像亦不为无助。”苏洵无以诘[28]，遂为之记。

公南京人[29]，为人慷慨有大节，以度量雄天下[30]。天下有大事，公可属[31]。系之以诗曰：“天子在祚[32]，岁在甲午[33]。西人传言[34]，有寇在垣[35]。庭有武臣，谋夫如云[36]。天子曰嘻[37]，命我张公。公来自东，旗纛（dào）舒舒[38]。西人聚观，于巷于涂。谓公暨暨[39]，公来于于[40]。公谓西人：安尔室家，无敢或讹[41]。讹言不祥，往即尔常。春尔条桑[42]，秋尔涤场[43]。西人稽首，公我父兄。公在西囿，草木骈骈[44]。公宴其僚，伐鼓渊渊[45]。西人来观，祝公万年。有女娟娟[46]，闺闼闲闲[47]。有童哇哇[48]，亦既能言。昔公未来，其汝

弃捐。禾麻芃芃[49]，仓庾崇崇[50]。嗟我妇子，乐此岁丰。公在朝廷，天子股肱[51]。天子曰归，公敢不承[52]？作堂严严[53]，有庑有庭[54]。公像在中，朝服冠缨。西人相告，无敢逸荒[55]。公归京师，公象在堂。”

[注释]

①至和元年：公元1054年。至和，宋仁宗年号（1054—1056）。②“蜀人”四句：《宋史·张方平传》记载：“或扇言侬智高在南诏将入寇，摄守亟调兵筑城，日夜不得息，民大惊扰。”③妖言：荒诞不经、蛊惑人心的言论。④众言朋兴：指各种说法同时兴起。⑤联：先秦为第一人称代词。秦始皇以后为皇帝的自称。⑥且：将。⑦以文令：指颁布公文命令制止骚乱。⑧以武竞：指动用军队平定骚乱。⑨张公方平：张方平，字安道，宋南京（今河南商丘）人。举茂才异等，为校书郎，知昆山县。又中贤良方正，选迁著作佐郎，通判睦州。上《平戎》十策。神宗时，累官参知政事，御史中丞。⑩亲：指父母亲。⑪“归屯军”二句：张方平在赴益州任途中，即将援军遣归，上任后又撤去守备，从而未动干戈就使局势很快稳定下来。⑫朔旦：指农历每月初一日。⑬净众寺：又名万福寺，在成都西北。⑭眉阳：指眉山之阳。山南日阳。苏洵原籍眉山（今属四川）。⑮敧：倾侧，不平。⑯油然而退：此指不声张，很自然地退去。⑰矜容：指居功自傲的神态。⑱繄：是。⑲重足屏息：指因恐惧叠足而立不敢移动，不敢呼吸。⑳砧斧：指刑具。㉑齐鲁：指春秋时的齐国和鲁国，均在今山东境内。㉒齐民：指平民百姓。㉓稽首：叩头至地。㉔何事于斯：意谓对画像一事不怎么在意。㉕不释：放不下。㉖平居：平时。㉗诘：盘问。㉘诘：反驳。㉙南京：北宋时的南京在今河南商丘县南。㉚度量：指胸襟、气量。㉛属：托付。㉜祚：指皇位。㉝岁在甲午：指甲午年，即宋仁宗至和元年（1054）。㉞西人：指蜀人。因北宋的四川路（治所在益州）在京城汴梁以西，故称。㉟垣：墙。此指边境。㊱谋夫：出谋划策的人。㊲嘻：感叹词，表示赞美。㊳纛：古代军中或仪仗队中的大旗。舒舒：形容军旗飘扬貌。㊴暨暨：果断刚毅貌。㊵于于：行动舒缓从容貌。㊶讹：假。此指谣言。㊷条桑：修剪桑树。㊸涤场：打扫打谷场。㊹骈骈：草木并生繁茂貌。㊺伐鼓：击鼓。渊渊：形容鼓声平和。㊻娟娟：美好貌。㊼闺闼：女子居住的内屋。闼，夹室。闲闲：从容自得貌。㊽哇哇：指幼童牙牙学语声。㊾芃芃：植物茂盛貌。㊿庾：露天谷仓。崇崇：高耸貌。[51]股肱：指皇帝左右得力的大臣。股，大腿。肱，手臂从肘至腕一段。[52]承：承担，接受。[53]严严：庄严肃穆貌。[54]庑：堂周围的廊屋。[55]逸荒：安逸放荡。

[译文]

北宋仁宗至和元年那年秋天，四川那边有人传言，说敌人将要侵犯宋朝的边界。驻守边境的军士在夜里都感到非常惶恐，老百姓大多数都逃走了。谣言纷纷，使京城都受到了震动。皇帝就想选拔调派将帅进行御敌，皇帝说道："不要酿成大乱，也不要促使事变的发生。尽管如今谣言非常猖獗，可是我已经下定决定了，外面的祸患是无法造成大的灾难的，事情的巨变都是从内部引发出来的。这种事情既不能一味地用文教来进行感化，也不能用武力粗暴地解决。只要派遣一两位大臣前往那里就能够处理好。不论是谁，只要能把这种需要文治和武治的事情处理好，我就派他去统率军队。"在这个时候，大家都向皇帝推荐道："张方平正好是个合适的人选。"天子表示赞同说："好！"张公却以奉养父母为借口表示拒绝，可是皇帝却没有答应他的要求，因此他便出发前往蜀地了。冬天十一月的时候才到了蜀地。就在他上任的那一天，张公就下令让驻扎的军队回去，并且解散了守卫的人员，他还派手下对各个郡县的长官说道："敌人让我来应付，你们就用不着劳心费力了。"到了第二年正月初一的早上，蜀地的百姓还是像以前那样庆祝新年，始终没有什么敌人前来侵犯。很快，又到了第三年的正月，百姓们便暗中商议把张公的画像摆放在净众寺里，张公想要阻止百姓们这种行为，但是却没能阻止住。

眉阳人苏洵对百姓们说："祸乱没有发生，是非常容易控制住的，祸乱已然发生了，也是很容易就能够平定，但是祸乱的苗子已经出现了，只是还未发展成祸乱，这样的情况被称为祸乱马上要发生，马上要发生可是却还未出现，这种时候是最难于治理的。我们不能因为出现了祸乱的苗头便急着去治理，又不能由于祸乱还没有出现便放松警惕。如今至和元年秋天出现的那种局势，就好像是器物已经有些倾斜，但还没有完全倒下。只有你们所佩服的张公，还能安稳地坐在那里，连脸色都不改变，缓缓地站起身来把器皿扶正。扶正以后，他又缓缓地坐了下来，脸上没有显现出一点骄傲的神色。替天子治理百姓，能够做到毫不懈怠，这便是你们的张公。你们靠着张公的智慧才得以生存，他对你们来说就是重生父母。另外，张公曾经对我说过：'老百姓的情感是能够被改变的，只是需要看官吏是如何对待他们的。大家都这么说，蜀地的人不断地制造小麻烦。于是上司便采用对付盗贼的方法来对付此地的百姓，用对付盗贼的刑法来约束他们的行为。那些百姓原本就已经非常害怕了，如今还用残酷的刑法来对待他们，这样的话百姓们才会狠下心来把自己的父母和妻儿抛弃，不顾他们的生命，去当了盗贼，因此大的祸乱时常发生。如果用礼仪来教化他们的话，依照法律对他们进行差使，那此地的人就很容易进行管理了。如果将他们逼急了致使变乱的出现，那么就算是齐鲁之地的百姓也一样会发动叛乱的。我采取对待齐鲁之地百姓的方法来对待他们，那么蜀地的人也会觉得自己像齐鲁之地的人一样有教化了。如果由着自己的性子胡来而不按照法律来做事的话，只是一味地想靠武力来对平民进行威胁，这种事情我是不会做的。'唉，张公对蜀地人的爱护是多么的真诚啊！他对蜀人又是多么的忠厚啊！在张公以前，我还没有见过哪个人能像这样。"大家听了我的话以后，全都重新向张公行礼说："是啊！"

苏洵又接着说道："张公给你们的恩情，必须要在心里牢记，就算你们去世了，也要让后代子孙在心里牢记。他在此地建立的功绩，已经记录在史官所著的史册中，不用再给他画像了。何况张公心里并不想让你们这么做，那么该怎么做呢？"大家都说："张公是不会理睬这种事情的。就是如此，我们的心中感到非常过意不去。

即使是平时听到有人做了好事，尚且要问问做好事的人的姓名和住处，以及那个人的身形、年龄、容貌等情况呢。还有的人，要问问他的生平，有什么爱好，这是为了更好地对这个人的品行进行评判。这样的人也是史官应该写进传记里面的，目的当然是想让天下所有的人都把他记到心里，还要经常能够浮现在眼前。声音和容貌能够经常闪现在人们的眼睛里面，才能够把他记忆得更加长久和深远啊！所以，我们给他画像也还是有些意义的。”苏洵听了以后，没有话来应对，于是为他们作了这篇画像记。

张公出生在南京，为人品行高尚，很有雅量，他的声名传遍了天下。国家如果有什么重大的事情，都是能够托付给他的。在这篇文章的末尾，我作了一首诗，内容如下：

宋朝皇帝坐龙廷，甲午之年日月兴。蜀人忽然起谣言，敌人兴兵攻边境。朝中良将多如雨，文臣谋士又如云。天子称赞说声好，下令张公远出征。张公方平到此地，猎猎西风扬大旗。蜀人争相睹风采，人山人海巷中满。都说张公真坚毅，神色安详又镇定。张公开言把话讲：“你们全都回家乡，莫信谣言自安邦。既是谣言就莫听，回家依旧作营生。春天动手剪桑枝，秋天要把谷场清。”蜀人跪地拜张公，因他就像父和兄。公在蜀地园林住，草木茂盛郁青青。宴请文臣和武将，敲鼓奏乐响咚咚。蜀人一起来观望，同祝公寿永无疆。姑娘美丽似婵娟，幽静贞淑在闺房。幼儿呀呀向人语，似对张公做表彰。若是张公不来此，尔等尸体填沟渠。目下庄稼真茁壮，谷子多多堆满仓。蜀地百姓妇与子，高高兴兴庆丰收。张公原是栋梁材，天子身边肱股臣。天子下诏令返驾，张公怎敢不奉命。修好殿堂真庄严，左边廊房右边庭。张公画像挂正中，朝服冠带如真容。蜀人纷纷对像言，绝不放荡当懒人。张公放心请回京，画像为他传美名。

作者简介

苏轼（1037—1101），字子瞻，号东坡居士，眉州眉山（今属四川）人。苏洵子。嘉祐进士。宋神宗时任祠部员外郎，知密州、徐州、湖州。哲宗时任翰林学士，出知杭州、颍州，官至礼部尚书。后贬谪惠州、儋州。北还后，第二年病逝常州，追谥文忠。其文汪洋恣肆，其诗清新豪健，其词开豪放一派，于书法丰腴跌宕，自创新意，于绘画则喜作枯木怪石。存世诗文有《东坡七集》等。

刑赏忠厚之至论

苏轼

[题解]

本文是嘉祐二年（1057）苏轼参加礼部考试的一篇策论。文章质疑儒家典籍中的“疑”字，援引古时仁者以忠厚为本进行赏罚的事例，阐述了仁政的思想，认为忠厚在于以“君子长者之道”治国，而不全在于刑与赏。当时的主考官欧阳修对此文评价很高，曾说：“读轼书不觉汗出，快哉！老夫当避此人，放出一头地。”

[原文]

尧、舜、禹、汤、文、武、成、康之际[1]，何其爱民之深，忧民之切，而待天下以君子长者之道也！有一善，从而赏之，又从而咏歌嗟叹之，所以乐其始而勉其终。有一不善，从而罚之，又从而哀矜惩创之[2]，所以弃其旧而开其新。故其吁俞[3]之声，欢休惨戚，见于虞、夏、商、周之书[4]。成、康既没，穆王立而周道始衰，然犹命其臣吕侯[5]，而告之以祥刑。其言忧而不伤，威而不怒，慈爱而能断，恻然有哀怜无辜之心，故孔子犹有取焉。

传[6]曰：“赏疑从与，所以广恩也；罚疑从去，所以慎刑也。”当尧之时，皋陶为士。将杀人，皋陶曰：“杀之三。”尧曰：“宥（yòu）之三。”故天下畏皋陶执法之坚，而乐尧用刑之宥[7]。四岳曰：“鲧可用[8]。”尧曰：“不可。鲧方命[9]圮（pǐ）族。”既而曰：“试之。”何尧之不听皋陶之杀人，而从四岳之用鲧也？然则圣人之意，盖亦可见矣。《书》曰：“罪疑惟轻，功疑惟重。与其杀不辜，宁失不经。”呜呼！尽之矣！可以赏可以无赏，赏之过乎仁；可以罚可以无罚，罚之过乎义。过乎仁，不失为君子；过乎义，则流而入于忍人，故仁可过也，义不可过也。

古者赏不以爵禄，刑不以刀锯。赏之以爵禄，是赏之道行于爵禄之所加，而不行于爵禄之所不加也。刑以刀锯，是刑之威施于刀锯之所及，而不施于刀锯之所不及也。先王知天下之善不胜赏，而爵禄不足以劝也；知天下之恶不胜刑，而刀锯不足以裁也。是故疑则举而归之于仁，以君子长者之道待天下，使天下相率而归于君子长者之道。故曰忠厚之至也。

《诗》曰：“君子如祉，乱庶遄（chuán）已；君子如怒，乱庶遄沮。”夫君子之已乱，岂有异术哉？时其喜怒，而无失乎仁而已矣。《春秋》之义，立法贵严，而责人贵宽。因其褒贬之义以制赏罚，亦忠厚之至也。

[注释]

①尧：陶唐氏，史称唐尧。舜：有虞氏，史称虞舜。禹：亦称大禹、夏禹，其子启建立夏朝。汤：又称成汤，建立商朝。文：周文王姬昌。武：文王之子，周武王姬发，建立周王朝。成：武王之子周成王。康：成王之子周康王。成康之世，号称大治。②哀矜：怜悯。惩创：惩治、警戒。③吁：叹其不然之词。俞：应许之词。④虞、夏、商、周之书：《尚书》中有《虞书》《夏书》《商书》《周书》。⑤吕侯：周穆王司寇，史录其事作《吕刑》。⑥传：指《尚书》孔安国传。⑦皋陶：舜时掌刑法之官。宥：宽恕。⑧四岳：官名，总掌四岳诸侯之事。鲧：四岳推举鲧治水。后失败被杀，其子禹继而治之。⑨方命：逆命不从。

[译文]

尧、舜、禹、汤、文、武、成、康的时候，他们那么深爱人民、关切人民，又用君子、长者的态度对待天下人。有人做了一件好事，奖赏他之余，又歌唱赞美他，欢迎他有一个好的开始，勉励他坚持到底。有人犯下一点错误，处罚他之余，又哀怜同情他，希望他改正错误而开始新的生活。同意和反对的声音，欢喜和忧伤的情绪，在虞、夏、商、周的书里都可见到。成王、康王死后，穆王继位，周朝的王道便开始衰落。但是，周穆王还是召见大臣吕侯，告诫他使用刑法的方法。他的话忧愁却不悲伤，威严却不愤怒，慈爱而能决断，有哀怜无罪者的感情。因此，孔子给予了一定的赞赏。

《书传》说："奖赏时，对可疑者，应留在奖赏之列，为的是推广恩泽；处罚时对可疑者宁可免去，为的是慎用刑法。"尧的时候，皋陶是大法官，准备处死一个人，皋陶三次说当杀，尧帝却连续三次说应当宽恕。所以天下人都畏惧皋陶执法坚决，而赞美尧用刑宽大。四岳建议："鲧可以任用。"尧帝说："不可！鲧违抗命令，伤害同族的人。"后来又说："试用一下吧。"为什么尧不听从皋陶处死犯人的主张，却采纳了四岳任用鲧的建议呢？圣人的心意，由此可见了。《尚书》说："罪行有可疑时，就从轻发落；功劳有疑点，就从重奖赏。与其错杀无辜者，宁可自己承担犯执法失误之过。"唉！这句话把忠厚之意已经说尽了。可以赏，可以不赏，赏了是超过了仁的范围；可以罚，可以不罚，罚了是超过了义的规定。推行仁政过分，不失为君子；坚持正义过火，则堕落成残忍的人。所以仁可过分，义不可过分。

古时不仅仅以爵禄赏赐，不仅仅用刀锯执行刑罚。用爵禄赏赐，作用只限于具有受爵禄条件的人，对于不具备受爵禄条件的人则没有作用。刑罚只用刀锯，威力只限于受刑的人，对于不够服刑条件的人则无作用。先王知赏赐不可能普及天下的好人，爵位和俸禄也不足以鼓励他们。知天下的坏人也不可能都处罚，刀和锯也不足以制裁他们。所以赏罚有疑问的就以仁爱对待，以君子、长者的态度对待天下人，使天下人走上君子长者之道。因此说，忠厚到了极点了。

《诗经》说："君子如果高兴，祸乱就会很快止息；君子如果愤怒，祸乱就会很快停止。"君子止息祸乱，难道还有奇异的方法吗？他不过是恰当地控制喜怒，不偏离仁的原则罢了。《春秋》的大义是，立法贵在严厉，处罚贵在宽厚。根据它赞扬和批评的大义来制定赏罚，这也是忠厚到了极点啊！

范增论

苏轼

[题解]

本文主要论证了范增没有正确地选择离开项羽的时机。作者认为，范增应该在项羽杀宋义时选择离开。因为杀宋义后，项羽与义帝必不能再共存，项羽杀掉义帝，也就开始怀疑范增，范增应在他与项羽同侍义帝而尚无君臣名分时择机离开。虽然作者认为范增在此事上不很聪明，但在文章结尾还是评价范增为人中的豪杰。

[原文]

汉用陈平计，间疏楚君臣。项羽疑范增[1]与汉有私，稍夺其权。增大怒曰："天下事大定矣，君王自为之，愿赐骸(hái)骨归卒伍！"归未至彭城，疽(jū)[2]发背死。苏子曰：增之去，善矣！不去，羽必杀增。独恨其不早耳！然则当以何事去？增劝羽杀沛公，羽不听，终以此失天下，当于是去耶？曰：否。增之欲杀沛公，人臣之分也，羽之不杀，犹有君人之度也。增曷为以此去哉？《易》曰："知几其神乎？"《诗》曰："相彼雨雪，先集维霰(xiàn)。"增之去，当于羽杀卿子冠军时也[3]。

陈涉之得民也，以项燕、扶苏。项氏之兴也，以立楚怀王孙心[4]。而诸侯叛之也，以弑(shì)义帝。且义帝之立，增为谋主矣。义帝之存亡，岂独为楚之盛衰，亦增之所与同祸福也。未有义帝亡而增独能久存者也。羽之杀卿子冠军也，是弑义帝之兆也。其弑义帝，则疑增之本也，岂必待陈平哉？物必先腐也，而后虫生之，人必先疑也，而后谗入之。陈平虽智，安能间无疑之主哉？

吾尝论义帝天下之贤主也：独遣沛公入关，不遣项羽，识卿子冠军于稠人之中，而擢(zhuó)以为上将，不贤而能如是乎？羽既矫杀卿子冠军，义帝必不能堪，非羽弑帝，则帝杀羽，不待智者而后知也。增始劝项梁立义帝，诸侯以此服从，中道而弑之，非增之意也，夫岂独非其意，将必力争而不听也。不用其言而杀其所立，羽之疑增，必自是始矣。

方羽杀卿子冠军，增与羽比肩[5]而事义帝，君臣之分未定也。为增计者，力能诛羽则诛之，不能则去之，岂不毅然大丈夫也哉？增年已七十，合则留，不合则去，不以此时明去就之分，而欲依羽以成功名，陋矣！虽然，增，高帝之所畏也。增不去，项羽不亡。呜呼！增亦人杰也哉！

[注释]

①范增：项羽的重要谋臣，屡劝项羽杀刘邦而项羽不听。②疽：恶疮。③卿子冠军：指宋义。卿子，是对人的尊称；冠军，指楚怀王封宋义为上将，位在其他将领之上。④心：楚怀王孙子熊心。项梁曾立熊心为怀王。项羽自称西楚霸王后，尊熊心为义帝。⑤比肩：地位相当。

[译文]

汉高祖采用陈平的计策，离间疏远楚国君臣。项羽怀疑范增和汉私下串通，逐渐剥夺他的权力。范增大怒，说："天下的事情已经确定了，君王自己处理吧！希望您开恩准我告老还乡。"可是还没到彭城，就因背上痈疽发作而死。苏子说，范增离开得对，若不离开，项羽一定会杀他。只遗憾他没有早些离开。那么，范增应当因什么事情离开呢？范增劝项羽杀沛公，项羽不听，因此失掉天下。应当在此时离去吗？回答说，不。范增建议杀沛公，是做臣子的职责。项羽不杀刘邦，说明他还有君王的度量。范增怎能因此事离去呢？《易经》说："懂得事情的预兆，那不是很神明吗？"《诗经》说："观察下雪之前，水汽必定先聚集成霰。"范增离开，应当在项羽杀宋义的时候。

陈涉受到拥护，因为打出了项燕和扶苏的旗帜。项羽的兴起，因为拥立了楚怀王的孙子心，而诸侯反叛，是因为他杀了义帝。况且拥立义帝，范增实为主谋。义帝是否被杀，岂止是关系着楚国的盛衰，也关系到范增的祸福。没有义帝被杀，范增就没有长久独存之理。项

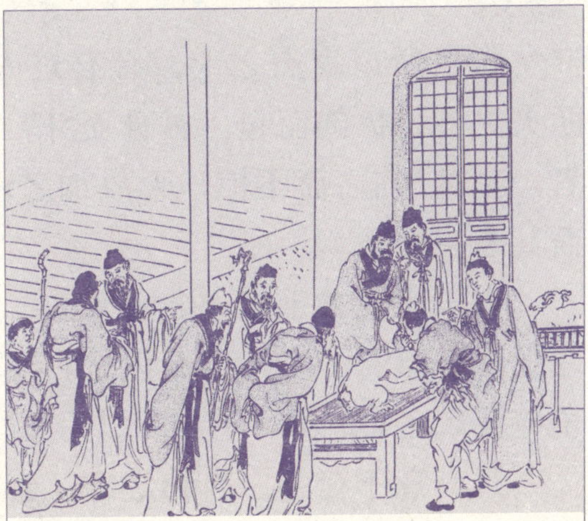

公平分肉与治天下

汉用陈平计，间疏楚君臣。此图讲的是陈平宰肉均平的故事。

羽杀宋义，是杀害义帝的先兆。他杀义帝，就是怀疑范增的根本，难道还要等到陈平去离间吗？物品必定先腐烂了，然后才能生出虫子；人必定先有了疑心，然后谗言才能听得进去。陈平虽说聪明，又怎能离间没有疑心的君主呢？

我曾经评论义帝是天下的贤君。他只派沛公入关而不派遣项羽，在许多人之中识别宋义，提拔他做上将军，这样做还不够贤明吗？项羽既然假托义帝之命杀死宋义，义帝必然不能容忍。不是项羽谋杀义帝，就是义帝杀了项羽，这用不着聪明人指点就可知道了。范增当初劝项梁立义帝，诸侯因此而服从，中途谋杀义帝，必不是范增的想法。岂止不是他的主意，他必然极力反对却不被接受。不听他的话而杀死他所拥立之人，项羽怀疑范增，必定是从此时开始的。

在项羽杀宋义时，项羽和范增同为义帝之臣，还没有确定君臣名分。替范增考虑，有能力杀项羽就杀了他，不能杀他就离开他，岂不是很果断的男子汉吗？范增年纪已经七十，意见相合就留下来，不合就离开，不在此时弄清去留的分寸，却想依靠项羽而成就功名，不明智啊！虽然如此，范增还是汉高祖所畏惧的人。范增不离去，项羽也不会被灭。唉，范增也是人中的豪杰呀！

留侯论

苏轼

[题解]

本文是苏轼应试科考时所作的一篇历史人物评论，对《史记》中记载的张良于桥上遇黄石老人，“纳履授书”的事进行评论，说明张良取得成功的原因，是能够做到“忍小忿而就大谋”，在辅佐汉高祖时，也能够劝汉高祖忍耐，从而得到天下。

[原文]

古之所谓豪杰之士，必有过人之节，人情有所不能忍者。匹夫见辱，拔剑而起，挺身而斗，此不足为勇也。天下有大勇者，卒然①临之而不惊，无故加之而不怒，此其所挟持者甚大，而其志甚远也。

夫子房受书于圯(yí)上之老人也，其事甚怪。然亦安知其非秦之世，有隐君子者，出而试之？观其所以微见其意者，皆圣贤相与警戒之义，而世不察，以为鬼物，亦已过矣。

且其意不在书。当韩之亡、秦之方盛也，以刀锯鼎镬(huò)待天下之士，其平居无事夷灭者不可胜数。虽有贲(bēn)、育②，无所获施。夫持法太急者，其锋不可犯，而其势未可乘。子房不忍忿忿之心，以匹夫之力，而逞于一击之间。当此之时，子房之不死者，

其间不能容发，盖亦危矣。千金之子，不死于盗贼[3]，何哉？其身可爱，而盗贼之不足以死也。子房以盖世之才，不为伊尹、太公之谋[4]，而特出于荆轲、聂政之计[5]，以侥幸于不死，此圯上老人所为深惜者也。是故倨傲鲜腆(xiǎn tiǎn)而深折之，彼其能有所忍也，然后可以就大事，故曰：“孺子可教也。”

楚庄王伐郑，郑伯肉袒牵羊以迎。庄王曰：“其主能下人，必能信用其民矣。”遂舍之。勾践之困于会稽，而归臣妾于吴者，三年而不倦。且夫有报人之志，而不能下人者，是匹夫之刚也。夫老人者，以为子房才有余，而忧其度量之不足，故深折其少年刚锐之气，使之忍小忿而就大谋。何则？非有平生之素，卒然相遇于草野之间，而命以仆妾之役，油然而不怪者，此固秦皇之所不能惊，而项籍之所不能怒也。

张子房悲歌散楚

这是一场很经典的心理战。霸王项羽被韩信十面埋伏在垓下包围，张子房悲歌散楚，使项羽军心动摇。

观夫高祖之所以胜，项籍之所以败者，在能忍与不能忍之间而已矣。项籍唯不能忍，是以百战百胜，而轻用其锋；高祖忍之，养其全锋而待其敝，此子房教之也。当淮阴破齐而欲自王，高祖发怒，见于词色。由是观之，犹有刚强不能忍之气，非子房其谁全之？

太史公疑子房以为魁梧奇伟，而其状貌乃如妇人女子，不称其志气。呜呼，此其所以为子房欤！

[注释]

①卒然：突然。卒，通“猝”。②贲、育：战国时的勇士孟贲、夏育。③千

萧何害功臣韩信

韩信破齐后要自立为王，汉高祖大怒，语气脸色都显露出来，可见，他还有刚强不能忍耐的气度，韩信最终还是难逃被捉。

金之子，不死于盗贼：语出《史记·货殖列传》："谚曰：千金之子，不死于市。"④伊尹：商朝开国功臣，商汤之师。太公：吕尚，周朝开国功臣，周武王之师。⑤荆轲：卫国人，为燕太子丹刺杀秦王，不中，被杀。聂政：韩国人，为韩卿严遂刺死相国韩傀，后自杀。

[译文]

古时人们所说的豪杰之士，必定有过人的节制力，以及人之常情无法忍受的境遇。一个人受到侮辱，拔剑而起，挺身与对方搏斗，这算不上勇敢。世上真正勇敢的人，遇到突发的情形毫不惊慌，无故受辱也不动怒。因为他担负的任务重大，志向很远大啊！

张良从桥上老人手里得到兵书，此事确实很奇怪，但是，谁知那是不是秦朝时的一位隐士考验他？看那老人用来暗示的意思，都是圣贤互相劝诫的道理。一般人不明白，认为他是神仙，真是太错误了。

再说，老人的用意并不在于送兵书。当时韩国已灭亡，秦朝势力正当强大，秦王用刀锯、油锅迫害天下的志士，那种住在家里毫无罪过被抓去杀头灭族的人，数也数不清。就是有孟贲、夏育那样的勇士，也无用武之地。凡是执法过分严厉的政权，他的锋芒是不好硬碰的，他的威势是不可利用的。张良控制不住对秦王的气愤，以他个人的力量，想用一次猛击达到目的，在那时他没有被捕、被杀，但也处于死亡的边缘，危险极了！富贵的人，不会死在盗贼手里的，为什么呢？因为他们的生命宝贵，死于盗贼之手不值得。张良有超人的才能，不去做伊尹、姜尚那样的深远的考虑，反而用荆轲、聂政的手段，因为侥幸没有死掉，这是那位桥上老人为他深感到痛惜的。所以那老人故意傲慢无礼地侮辱他，如果他能忍受，才可以成就伟大的事业，所以说："这个年轻人可以教育。"

楚庄王攻打郑国，郑襄公赤膊牵了羊来迎接。庄王说："国君能委屈自己尊重别人，一定能信任和使用他的人民。"于是放过了他。越王勾践在会稽被吴国围困，就投降到吴国做奴仆，三年都不懈怠。再说，只有报复的大志，却不能做人下人的，不过是普通人的刚硬而已。那老人认为张良才智有余，担心他度量不够，所以深深挫折他年轻人的刚锐之气，使他能忍得住小怨愤去完成大计划。为什么这样呢？老人和张良素不相识，突然在野外相遇，却命他做奴仆做的事，张良顺从了他而毫不责怪，因此秦始皇不能使他害怕，项羽也不能使他发怒了。

观察汉高祖成功、项羽失败的原因，就在于一个能忍耐、一个不能忍耐而已。项羽不能忍耐，所以虽百战百胜，但却轻易消耗他的兵力。汉高祖能忍耐，保全自己的力量等待项羽衰亡，这是张良教他的啊！当韩信攻破齐国要自立为王，汉高祖大怒，语气脸色都显露出来，由此可见，他还有刚强不能忍耐的气度，不是张良帮助他，又有谁能成全他呢？

太史公原本认为张良是魁梧奇伟的，但他的长相却像个女人，和他的志气不相称。啊，这就是张良之所以成为张良的原因吧！

贾谊论

苏轼

[题解]

贾谊是西汉时人，很有才干，却一生不得志，被贬远离朝廷。这篇文章引证古今，从正反两方面举例，分析了贾谊才能不得施展的原因。作者认为，贾谊只是对君王不赏有识之士心存埋怨，却忽略了自身性格不坚强的弱点。有才能的人应当不怕挫折，持之以恒。这种看法也是作者的自勉。

[原文]

非才之难，所以自用者实难。惜乎！贾生[①]，王者之佐，而不能自用其才也。夫君子之所取者远，则必有所待；所就者大，则必有所忍。古之贤人，皆负可致之才，而卒不能行其万一者，未必皆其时君之罪，或者其自取也。

愚观贾生之论，如其所言，虽三代何以远过？得君如汉文[②]，犹且以不用死，然则是天下无尧、舜，终不可有所为耶？仲尼圣人，历试于天下，苟非大无道之国，皆欲勉强扶持，庶几一日得行其道。将之荆，先之以冉有，申之以子夏。君子之欲得其君，如此其勤也。孟子去齐，三宿而后出昼[③]，犹曰："王其庶几召我。"君子之不忍弃其君，如此其厚也。公孙丑问曰："夫子何为不豫？"孟子曰："方今天下，舍我其谁哉？而吾何为不豫？"君子之爱其身，如此其至也。夫如此而不用，然后知天下果不足与有为，而可以无憾矣。若贾生者，非汉文之不能用生，生之不能用汉文也。

夫绛侯亲握天子玺而授之文帝，灌婴连兵数十万，以决刘、吕之雌雄，又皆高帝之旧将，此其君臣相得之分，岂特父子骨肉手足哉？贾生，洛阳之少年，欲使其一朝之间，尽弃其旧而谋其新，亦已难矣。为贾生者，上得其君，下得其大臣，如绛、灌之属，优游浸渍[4]而深交之，使天子不疑，大臣不忌，然后举天下而唯吾之所欲为，不过十年，可以得志。安有立谈之间，而遽为人痛哭哉！观其过湘为赋以吊屈原[5]，萦纡郁闷，趯然[6]有远举之志，其后以自伤哭泣，至于夭绝，是亦不善处穷者也。夫谋之一不见用，安知终不复用也？不知默默以待其变，而自残至此。呜呼！贾生志大而量小，才有余而识不足也。

古之人，有高世之才，必有遗俗之累。是故非聪明睿智不惑之主，则不能全其用。古今称苻坚得王猛于草茅之中，一朝尽斥去其旧臣而与之谋，彼其匹夫略有天下之半，其以此哉！

屈尊劳将

周勃曾亲自握着皇帝的印玺献给汉文帝。此图讲的是汉文帝屈尊去军营慰问周勃之子周亚夫之事。

愚深悲生之志，故备论之。亦使人君得如贾生之臣，则知其有狷介[7]之操，一不见用，则忧伤病沮，不能复振，而为贾生者，亦谨其所发哉！

[注释]

①贾生：贾谊。古代对有学识的人尊称为“生”，犹后世称“先生”。②汉文：汉文帝刘恒，西汉前期最有作为的君主之一。③昼：地名，在今山东临淄。④优游浸渍：从容不迫，逐渐渗透。⑤“观其过湘”句：指流传至今的《吊屈原赋》。⑥趯然：跃然。⑦狷介：性情正直，不肯同流合污。

[译文]

不是才能难得，难的是把自己的才能施展出来。可惜啊，贾谊是辅佐帝王的人才，却未能发挥出自己的才能。君子想达到远大的志向，就一定要等待，想成就伟大的功业，就一定要忍耐。古代的贤士，都有建功立业的才能，但有些人最终未能发挥出万分之一，未必都是当时君王的过错，有的是他们自己造成的。

我考察贾谊的议论，按所说的规划去做，即使夏、商、周三代的成就又怎能远远地超过他呢？遇到汉文帝这种明君，尚且因未能尽才而郁郁死去，那不就是说，如果天下没有尧、舜就不能有所作为了吗？孔子是圣人，遍游诸国，只要不是极端无道的国家，他都想勉力扶助，希望有一天能实践他的治国主张。将到楚国时，先派冉有去，再派子夏去。君子要想得到国君的重用，就是这样的殷切、努力。孟子离开齐国时，在昼地住了三夜才离去，还说："齐宣王大概会召我回朝。"君子不忍心别离他的国君，感情是如此深厚。公孙丑问道："先生为什么不高兴？"孟子回答："当今世界上，除了我还有谁能担当重任呢？我为什么要不高兴？"君子爱惜自己到这种程度。如果做到了这样，还是得不到任用，那么就应当明白天下果然不值得他去努力，也就可以没有遗憾了。至于贾谊这样的人，不是汉文帝不重用他，而是他不能利用汉文帝啊！

周勃曾亲自握着皇帝的印玺献给汉文帝，灌婴曾联合数十万兵力，决定过吕、刘两家的胜败，他们又都是汉高祖的旧部，他们这种君臣相遇合的情分，岂止是父子骨肉之情所能比拟的呢？贾谊不过是洛阳的一个青年，想要皇帝在一朝一夕就全部弃旧图新，也真太难了。作为贾谊这样的人，如果上面得到皇帝的信任，下面得到大臣的支持，从容不迫地，逐渐地同周勃、灌婴之类的大臣结成深交，使得天子不疑虑，大臣不猜忌，然后整个天下就会按我的想法去治理了。不出十年，就可以实现自己的抱负。怎么能在顷刻之间就突然对人痛哭流涕呢？看他经过湘江时作赋凭吊屈原，心绪紊乱，忧郁愤懑，大有远走高飞的退隐之意。此后，终因经常感伤哭泣而过世，这是个不善于在逆境中生存的人。谋略一次不被采用，又怎么知道就永不再被采用呢？不知道默默地等待形势的变化，而自我摧残到这种地步。唉，贾谊真是志向远大而气量狭小，才能有余而识见不足啊！

古人有高出世人之才，必有超越世俗的缺点，所以若不是英明智慧、不受蒙蔽的君主，就不能使他们充分发挥才能。古今之人都称道苻坚能从草野平民之中起用王猛，在很短时间内全部斥去旧臣而与王猛商讨军国大事。苻坚那样一个普通人，竟能占据半个中国，大概就是这个原因吧！

我很惋惜贾谊的不得志，所以对此加以详尽的评论。同时也要使君主知道：如果得到贾谊这样的臣子，就应当了解这类人有孤高不群的性格，一旦得不到重用，就会忧伤颓废，不能重新振作。而作为贾谊这样的人，也应该谨慎地考虑发表政见的时机！

晁错论

苏轼

[题解]

本文总结了晁错削藩失败被杀的原因。作者认为，晁错被杀，首先有七国叛乱给皇帝造成的压力和受到政敌中伤的原因，但又提出了另一个观点，即晁错自己也缺乏坚强的意志和临危不惧的精神，才给了政敌攻击他的机会。

[原文]

天下之患，最不可为者，名为治平无事，而其实有不测之忧。坐观其变，而不为之所，则恐至于不可救。起而强为之，则天下狃(niǔ)[①]于治平之安，而不吾信。惟仁人君子豪杰之士，为能出身为天下犯大难，以求成大功。此固非勉强期月之间，而苟以求名之所能也。天下治平，无故而发大难之端，吾发之，吾能收之，然后有辞于天下。事至而循循焉欲去之，使他人任其责，则天下之祸必集于我。

昔者晁错尽忠为汉，谋弱山东[②]之诸侯。山东诸侯并起，以诛错为名，而天子不之察，以错为之说。天下悲错之以忠而受祸，不知错有以取之也。

古之立大事者，不惟有超世之才，亦必有坚忍不拔之志。昔禹之治水，凿龙门[③]，决大河，而放之海。方其功之未成也，盖亦有溃冒冲突可畏之患。惟能前知其当然，事至不惧，而徐为之图，是以得至于成功。

夫以七国之强而骤削之，其为变岂足怪哉？错不于此时捐其身，为天下当大难之冲而制吴、楚之命，乃为自全之计，欲使天子自将而己居守。且夫发七国之难者谁乎？己欲求其名，安所逃其患？以自将之至危，与居守之至安，己为难首，择其至安，而遗天子以其至危，此忠臣、义士所以愤怨而不平者也。

当此之时，虽无袁盎，亦未免于祸。何者？己欲居守，而使人主自将，以情而言，天子固已难之矣，而重违其议，是以袁盎之说得行于其间。使吴、楚反，错以身任其危，日夜焠砺[④]，东向而待之，使不至于累其君，则天子将恃之以为无恐，虽有百盎，可得而间哉？

嗟夫！世之君子，欲求非常之功，则无务为自全之计。使错自将而讨吴、楚，未必无功。惟其欲自固其身，而天子不悦，

奸臣得以乘其隙。错之所以自全者，乃其所以自祸欤！

［注释］

①狃：习惯。②山东：指崤山以东。③龙门：今陕西韩城东北，是黄河奔流最湍急处。④焠砺：锻炼磨砺。引申为冲锋陷阵，发愤图强。

［译文］

天下的灾祸，最难以解决的，是表面太平无事，其实有难以预料的隐患。旁观事态发展而不加处理，就怕发展到无可救药的地步。采用强制办法武断处理，那么天下就会因为习惯于太平安乐而不相信我。只有那些仁人君子、贤士英雄，才能挺身冒险为国效力，来建立功勋，但这本来就不是在短时间勉强去做，只为了出名的人就能办到的。国家安定，突然无故发生灾难。我引起此事，又能解决，对天下人就可以交代。事情无法解决时却胆怯地想逃避，让别人承担责任，那国家灾难就集中到我一人身上了。

从前晁错忠心为汉朝谋划削弱山东诸侯国的实力，这些国家一同叛乱，以杀晁错为名，但皇帝不加详查，反以杀晁错为理由劝诸侯退兵。天下人惋惜晁错忠于汉朝却被杀，却不知道是晁错自取其祸啊！

自古建立大功业的人，不只有杰出的才能，也一定有坚忍不拔的意志。从前大禹治水，凿开龙门，引导黄河之水流入大海。尚未成功之时，也有洪水泛滥的可怕隐患，只是大禹能够预料事情的进展，洪水发生后就不会畏惧，而能从容地思考处理办法，所以获得了成功。

七国那样的强大，而突然削弱它们，发生叛乱难道很奇怪吗？晁错不在此时挺身而出，为天下承担解决这场大难的责任，制服七国，反而想出保全自己的办法，想让皇帝亲自出征而自己驻守后方，那么引起七国叛变的是谁呢？自己要追求美名，怎么能够逃避它所引发的灾难呢？亲自出征是最危险的，留守京城是最安全的，自己是问题的制造者，却选择了最安全的，反劝说皇帝去做最危险的事，这是忠臣义士们最气愤的做法。

当时，即使没有袁盎，晁错也难免一死。为什么呢？自己希望留守，而让皇帝亲自出征，从情理上说，皇帝已经很难接受了，因此内心反对晁错的建议，所以袁盎的建议得以实行。如果吴国、楚国等叛乱，晁错担当起最危险的任务，昼夜练兵，做好防守东边的准备，使局势不会威胁到皇帝，那么皇帝就会依赖晁错而无所畏惧，就算有一百个袁盎，又怎能离间他们君臣的关系呢？

唉！世上的君子如果想成就非凡的事业，就不要只做好保全自己的准备。如果晁错亲自率军讨伐叛军，未必不能取胜，只是他想保全自身，才使皇帝不高兴，从而使奸臣可乘机挑拨。晁错用来保全性命的做法，正是自取其祸啊！

卷十一 宋文

上梅直讲书

苏轼

[题解]

本文是苏轼为表示感谢之情而写给梅尧臣的信。作者先将周公与孔子作对比，突出表现了孔子虽贫贱却能够与弟子分享快乐，而周公虽富贵却不得知己而缺乏快乐，然后竭力赞美欧阳修和梅尧臣，表达了自己“士遇知己”的喜悦与感激之情。

[原文]

轼每读《诗》至《鸱(chī)鸮(xiāo)》[①]，读《书》至《君奭(shì)》[②]，常窃悲周公之不遇。及观《史》，见孔子厄于陈、蔡之间，而弦歌之声不绝，颜渊、仲由之徒，相与问答。夫子曰：“匪兕(sì)[③]匪虎，率彼旷野，吾道非耶？吾何为于此？”颜渊曰：“夫子之道至大，故天下莫能容。虽然，不容何病？不容然后见君子。”夫子油然而笑曰：“回！使尔多财，吾为尔宰[④]。”夫天下虽不能容，而其徒自足以相乐如此。乃今知周公之富贵，有不如夫子之贫贱。夫以召公之贤，以管、蔡之亲，而不知其心，则周公谁与乐其富贵？而夫子之所与共贫贱者，皆天下之贤才，则亦足以乐乎此矣！

轼七八岁时，始知读书。闻今天下有欧阳公者，其为人如古孟轲、韩愈之徒；而又有梅公者，从之游，而与之上下其议论。其后益壮，始能读其文词，想见其为人。意其飘然脱去世俗之乐，而自乐其乐也。方学为对偶声律之文，求升斗之禄，自度无以进见于诸公之间。来京师逾年，未尝窥其门。今年春，天下之士群至于礼部，执事与欧阳公实亲试之。轼不自意，获在第二。既而闻之，执事爱其文，以为有孟轲之风，而欧阳公亦以其能不为世俗之文也而取，是以在此。非左右为之先容[⑤]，

非亲旧为请属，而向之十余年间，闻其名而不得见者，一朝为知己。退而思之，人不可以苟富贵，亦不可以徒贫贱，有大贤焉而为其徒，则亦足恃矣！苟其侥一时之幸，从车骑[⑥]数十人，使闾巷小民聚观而赞叹之，亦何以易此乐也！

《传》[⑦]曰："不怨天，不尤人。"盖"优哉游哉，可以卒岁"。执事名满天下，而位不过五品，其容色温然而不怒，其文章宽厚敦朴而无怨言，此必有所乐乎斯道也，轼愿与闻焉！

[注释]

①《鸱鸮》:《诗经·豳风》篇名。②《君奭》:《尚书》篇名。③兕：雌性犀牛。④宰：指家臣、管家。⑤先容：先作介绍，疏通关节。⑥从车骑：使车骑相从。⑦《传》：指《论语》。

仲由

仲由，字子路，孔子的学生。

[译文]

我苏轼每次读到《诗经》的《鸱鸮》，读到《书经》的《君奭》时，总是私下里悲叹周公的不幸遭遇。等到读了史传，看到孔子在陈、蔡受困，而弹琴唱歌之声不绝，颜渊、仲由等学生与孔子互相问答。孔子说："不是犀牛，不是虎，却能在旷野上奔跑，我的主张难道不对吗？为什么落到这个地步？"颜渊说："先生的主张太宏大了，所以天下无人接受。虽然这样，但不被接受又有什么害处？不被接受，才显出您是君子。"孔子高兴地笑着说："颜回，如果你很富有，我替你掌管。"虽然天下无人接受孔子的主张，但他的学生竟能够在精神上得到满足。于是我懂得了，周公的富贵实在还比不上孔子的贫贱。像召公这样的贤人，管叔、蔡叔这样的亲属，却不了解周公的心思，那么周公还能跟谁同享这富贵的快乐呢？然而跟孔子一同过着贫贱生活的人，却都是天下的贤才，因此也足够得到快乐了。

我七八岁时，才知道读书。听说天下有一位欧阳公，他的为人就像古代的孟轲、韩愈那样；又有一位梅公，与欧阳公往来，互相启发，一块讨论。后来年纪大了，才能读他们的文章辞赋，想象他们的为人，猜想他们必定是潇洒地脱离世俗的快乐而自得其乐。我当时正在学做讲究对偶声律的文章，以求取微薄的俸禄，自知无法进见诸位前辈。来到京城一年多，也未曾登门求教。今年春天，天下文士聚集在礼部，先生和欧阳公亲自主持考试。我没有想到，会得到第二名。后来听说，先生赏识我的文章，认为有孟轲的风格，而欧阳公也因为我能够写出不同流俗之文而把我录取，原因就在这里。不是先生手下的人替我疏通关节，不是亲朋为我说情，从前十多年里只能闻名而不得相见的人，一下子竟成为知己。回来想一想，觉得人不可轻率地追求富贵，也不可空守着贫贱，世有大贤而能成为他的学生，那也就可以依靠了。如果侥幸获得成功，成为有成队的车马和几十个随从的高官，使里巷百姓围观并赞叹的，又怎么抵得上为大贤之徒的乐趣？

《论语》上说："不怨天，不尤人。"因为"从容自得啊，可以过一辈子"。先生名满天下，但官位不过五品，先生的面色温和而不生气，先生的文章宽厚质朴而无怨言。这必定是有所以快乐的道理吧，我希望听到您的教导啊！

喜雨亭记

苏轼

[题解]

嘉祐六年（1061），苏轼在凤翔府任职，第二年修建了这座亭子。因正逢喜降春雨，所以命名为"喜雨亭"。文章记述了喜雨亭命名的原因及修建经过，表达了人们喜得春雨的快乐之情，体现了作者重视农耕、重视百姓的思想情感。

[原文]

亭以雨名，志喜也。古者有喜，则以名物，示不忘也。周公得禾，以名其书[①]；汉武得鼎，以名其年[②]；叔孙胜敌，以名其子[③]。其喜之大小不齐，其示不忘一也。

予至扶风之明年，始治官舍。为亭于堂之北，而凿池其南，引流种树，以为休息之所。是岁之春，雨麦[④]于岐山之阳，其占为有年。既而弥月不雨，民方以为忧。越三月，乙卯乃雨，甲子又雨，民以为未足。丁卯大雨，三日乃止。官吏相与庆于庭，商贾相与歌于市，农夫相与忭(biàn)[⑤]于野，忧者以喜，病者以愈，而吾亭适成。

于是举酒于亭上，以属(zhǔ)客而告之，曰："五日不雨可乎？"曰："五日不雨则无麦。""十日不雨可乎？"曰："十日不雨则无

禾。”“无麦无禾，岁且荐饥[⑥]，狱讼繁兴而盗贼滋炽，则吾与二三子，虽欲优游以乐于此亭，其可得耶？今天不遗斯民，始旱而赐之以雨，使吾与二三子得相与优游而乐于此亭者，皆雨之赐也。其又可忘耶？”

既以名亭，又从而歌之，曰：“使天而雨珠，寒者不得以为襦(rú)；使天而雨玉，饥者不得以为粟。一雨三日，伊谁之力？民曰太守。太守不有，归之天子。天子曰不然，归之造物。造物不自以为功，归之太空。太空冥冥，不可得而名。吾以名吾亭。

［注释］

①“周公”句：指《尚书·微子之命》。周成王把其弟献的异株同穗之禾赐予周公，“周公既得命禾，旅天子之命，作《嘉禾》”。②“汉武”句：指《史记·孝武本纪》。武帝于元狩六年夏六月得宝鼎于汾水，即改年号为元鼎。③“叔孙”句：指《左传·文公十一年》。叔孙得臣在这一年击败狄军，俘获其首领侨如，即将自己的儿子命名为侨如。④雨麦：天上落下麦子。⑤忭：欢喜。⑥荐饥：连年饥荒。

［译文］

这座亭子以雨命名，是为了体现喜庆。古时遇到喜事，就用它来命名事物，以示不忘。周公得到稻禾，便用“嘉禾”作为他文章的篇名；汉武帝得鼎，便用“元鼎”作为年号；叔孙得臣打败狄人侨如，便用“侨如”作为儿子的名字。他们的喜事大小不同，表示不忘的用意却是一样的。

我到扶风的第二年，才开始营造官邸，在厅堂北面修建了一座亭子，在南面凿了一口池塘，引水种树，当作休息的场所。这年春天，岐山南面的天空落下麦子，占卜后认为今年是个好年成。然而此后整月没有下雨，百姓这才担忧了。到了三月的乙卯日才下雨，甲子日又下雨，百姓们觉得还不够，丁卯日又下了大雨，一连三天才停止。官吏们在院子里相互庆贺，商人们在市场相互唱歌，农夫们在野地里相互欢笑，忧愁的人为之高兴，生病的人为之痊愈，而我的亭子也恰好在此时造成。

于是在亭子里摆上酒宴，向客人举杯劝酒，问道：“五天不下雨行吗？”回答说：“五天不下雨，麦子就长不成了。”又问：“十天不下雨行吗？”回答说：“十天不下雨就养不活稻子了。”无麦无稻，年成自然荒歉了，诉讼案增加而盗贼猖獗。那么我与你们即使想在这亭中游赏，做得到吗？现在上天不遗弃百姓，刚旱了几天便降下雨来，使我与你们能够一起游玩赏乐于亭中，这都是雨的恩赐啊！这怎么能够忘记呢？

既已确定亭名，又接着来歌唱此事。歌词道：“假使上天下珍珠，受寒的人不能将其作棉衣；假使上天下白玉，挨饿的人不能将其作粮食。一场雨下了三天，是谁的力量？百姓说是太守，太守说不具备这力量；归功于天子，天子也说不对；归功于造物主，造物主也不把它当作自己的功劳；归功于太空，而太空缥缈，不能够命名它，因而用雨来命名我的亭子。”

凌虚台记

苏轼

[题解]

宋仁宗嘉祐八年（1063），苏轼任凤翔府签书判官。太守陈希亮于后圃筑土台，自名“凌虚台”，请苏轼写了这篇题记。文章记叙了土台的修建和命名过程，并引古证今，大发感慨，从人事万物变化无常的感叹中，批判了稍有所得便“夸世而自足”的作风，鼓励人们去探求真正可以永久依靠的东西。文章寓理深刻，委婉含蓄，读来耐人寻味。

[原文]

国于南山之下[①]，宜若起居饮食与山接也。四方之山，莫高于终南，而都邑之丽山者[②]，莫近于扶风[③]。以至近求最高，其势必得。而太守之居，未尝知有山焉，虽非事之所以损益，而物理有不当然者[④]。此凌虚之所为筑也。

方其未筑也，太守陈公杖履逍遥于其下[⑤]，见山之出于林木之上者，累累如人之旅行于墙外而见其髻也[⑥]，曰：“是必有异。”使工凿其前为方池，以其土筑台，高出于屋之檐而止。然后人之至于其上者，恍然不知台之高，而以为山之踊跃奋迅而出也。公曰：“是宜名凌虚[⑦]。”以告其从事苏轼[⑧]，而求文以为记。

轼复于公曰：“物之废兴成毁，不可得而知也。昔者荒草野田，露露之所蒙翳（yì）[⑨]，狐虺（huǐ）之所窜伏[⑩]。方是时，岂知有凌虚台耶？废兴成毁，相寻于无穷，则台之复为荒草野田，皆不可知也。尝试与公登台而望，其东则秦穆之祈（qí）年、橐（tuó）泉也[⑪]，其南则汉武之长杨，五柞（zuò）[⑫]，而其北则隋之仁寿，唐之九成也[⑬]。计其一时之盛，宏杰诡丽，坚固而不可动者，岂特百倍于台而已哉[⑭]！然而数世之后，欲求其仿佛，而破瓦颓垣无复存者，既已化为禾黍荆丘墟陇亩矣[⑮]，而况于此台欤！夫台犹不足恃以长久，而

况于人事之得丧，忽往而忽来者欤？而或者欲以夸世而自足，则过矣。盖世有足恃者，而不在乎台之存亡也。”

既以言于公，退而为之记。

[注释]

①国：指都城。这里用作动词，为“筑都城”。南山：终南山，秦岭山峰之一，主峰在今西安市南。②丽：依附，靠着。③扶风：凤翔府，治所在今陕西凤翔。④物理：事物的道理。⑤杖履：手持杖，足着履。⑥累累：重叠连接的样子。⑦凌虚：升越天空之意。⑧从事：辅佐官吏。⑨蒙翳：蒙盖遮蔽。⑩虺：毒蛇。⑪秦穆：春秋时秦国国君秦穆公。公元前659年至前621年在位，春秋五霸之一。祈年：宫名。秦孝公时又称橐泉宫。相传秦穆公的坟墓在橐泉宫下。⑫汉武：汉武帝刘彻。公元前140年至前87年在位。长杨：汉代宫名。旧址在今陕西周至东南。本为秦旧宫，因宫中有垂柳数亩，故名。五柞：宫名。旧址也在今陕西周至东南，为汉代离宫，因宫中有五株柞树，故名。⑬仁寿：宫名。隋文帝杨坚时建造。九成：宫名。唐代贞观五年改仁寿宫为九成宫。⑭岂特：岂止，岂但。⑮陇：通“垄”。

[译文]

都城修建在终南山的山脚下面，饮食起居自然就与山相接近。四面的山峰，没有哪一座能比终南山更高了。至于城市中最靠近这座山的，就没有哪一座比扶风城更近了。依靠着距离山最近但是要求住得更高，那么这样的位置一定能够达到。可是太守居住的地方，在刚开始的时候还不知道那附近有山峰。虽然这并非事情有得有失的原因，可是根据事物的道理却不应该如此，这便是修建凌虚台的原因。

在凌虚台还未修筑以前，陈太守手持拐杖、脚穿布鞋、逍遥地游玩于山下，看到山峰超出了树林，层叠累加的样子就像有人在围墙外面行走、但是却能够看到墙内人的发髻的形状一样。陈太守说道：“这肯定有不一样的地方。”因此派遣工匠到山的前面开凿出了一个方形的池子，用挖出来的土建造了一座高台。台子的高度超过了屋檐，这才停止修建。这以后有人登上高台，全都迷迷糊糊不知道这座台究竟有多高，而只是觉得这座山是突然冒出来的一样。陈公说道：“这台起名为凌虚台非常合适。”于是就将这件事情告诉了下属苏轼，让苏轼写篇文章来记述这件事情。

苏轼回答陈公道：“一种事物的兴盛与衰亡，是不能预先知晓的。从前这里长满了荒草，是一片野地，到处都覆盖着霜露，出没此地的动物有狐狸和毒蛇。在那个时候，怎么能知道这里会修建一座凌虚台呢？兴盛和衰败无休止地交替着，那么这座高台会不会再次变成一片长满了荒草的野地呢，这些全是无法预料的。我曾经尝试着与陈公一起登上高台远望，看到它的东面就是当年秦穆公命人修建祈年、橐泉两座宫殿的遗址，它的南面是当年汉武帝命人修建的长杨、五柞两座宫殿的遗址，它的北面是当年隋朝修建的仁寿宫，那也是唐朝的九成宫遗址。想起它们当年曾经一度兴盛过，非常壮观雄伟，坚固似乎不可动摇，何止是区区一座灵虚台的百倍而已呢？但是几百年以后，再想寻找它们的模样，却连一块破瓦、一段断墙都无法找到，已然成为一片长满了庄稼的田亩和全是荆棘的废墟了。相比而言，这样一座高台又会如何呢？这样一座凌虚台尚且不值得长久的依靠，相对于一个人的得失而言，来去匆匆又能怎么样呢？或者说要想凭借一座高台来向世人夸耀而得到一种自我满足的感觉，那就是错了。如果这世界上真的有一种可以依靠的东西，就不会对这座高台的存亡那么在意了。"

我对陈公说完了这些话之后，回到家里就为他写了这篇文章。

超然台记

苏轼

[题解]

本文作于宋神宗熙宁九年（1076），苏轼时任密州知州，修复了一座残破的楼台，其弟苏辙为之起名"超然"。苏轼便写了这篇《超然台记》，以表明超然物外、无往而不乐的思想。文章写景生动，说理透辟，语言清新自然，行文如汩汩流泉，体现了苏文洒脱自如、纵横不羁的特点。

[原文]

凡物皆有可观。苟有可观，皆有可乐，非必怪奇玮丽者也。𫗦(bù)糟啜(chuò)醨(lí)[1]，皆可以醉，果蔬草木，皆可以饱。推此类也，吾安往而不乐？

夫所为求福而辞祸者，以福可喜而祸可悲也。人之所欲无穷，而物之可以足吾欲者有尽。美恶之辨战乎中[2]，而去取之择交乎前，则可乐者常少，而可悲者常多，是谓求祸而辞福。夫求祸而辞福，岂人之情也哉？物有以盖之矣[3]。彼游于物之内，而不游于物之外。物非有大小也，自其内而观之，未有不高且大者也。彼挟其高大以临我[4]，则我常眩(xuàn)乱反复[5]，如隙中之观斗，又乌知胜负之所在[6]？是以美恶横生而忧乐出焉，可不大哀乎？

予自钱塘移守胶西[7]，释舟楫之安而服车马之劳，去雕墙之美，庇采椽(chuán)之居[8]，背湖山之观而行桑麻之野。始至之日，岁比不登[9]，盗贼满野，狱讼充斥[10]，而斋厨索然[11]，日食杞菊[12]。人固疑余之不乐也。处之期(jī)年[13]，而貌加丰，发之白者日以反黑。予

既乐其风俗之淳，而其吏民亦安予之拙也。于是治其园圃(pú)[14]，洁其庭宇，伐安丘、高密之木[15]，以修补破败，为苟全之计。而园之北，因城以为台者旧矣，稍葺(qì)而新之[16]。时相与登览，放意肆志焉。南望马耳、常山[17]，出没隐见，若近若远，庶几有隐君子乎？而其东则庐山[18]，秦人卢敖之所从遁也[19]。西望穆陵[20]，隐然如城郭，师尚父、齐桓公之遗烈犹有存者[21]。北俯潍水[22]，慨然大息[23]，思淮阴之功[24]，而吊其不终。台高而安，深而明，夏凉而冬温。雨雪之朝，风月之夕，予未尝不在，客未尝不从。撷(xié)园蔬[25]，取池鱼，酿(shú)秫酒[26]，瀹(yuè)脱粟而食之[27]，曰："乐哉！游乎！"

方是时，予弟子由适在济南[28]，闻而赋之[29]，且名其台曰"超然"。以见予之无所往而不乐者，盖游于物之外也。

[注释]

①铺：食。糟：酒渣。啜：饮。与"歠"通。醨：淡酒。《楚辞·渔父》："众人皆醉何不餔其糟而歠其醨。"此即用其意。②中：指内心。③盖：遮蔽。④临：这里指居高下看。⑤眩乱：迷乱，迷惑。眩，原意为两眼昏黑发花。⑥乌：何。⑦钱塘：县名，宋时为两浙路治所。即今浙江杭州市。苏轼于熙宁四年至七年（1071—1074）通判杭州。胶西：指出东胶河以西地区。这里指密州，治所在山东诸城。⑧采椽：采伐的木椽，不加雕饰。此指简陋的房屋。⑨岁比：连年。登：庄稼成熟。⑩狱讼：指诉讼案件。⑪斋厨：厨房。⑫杞菊：枸杞和菊花。嫩苗都可食。这里泛指野菜。⑬期年：整整一年。⑭园圃：养植花木蔬菜的园地。⑮安丘：今属山东。高密：今属山东。⑯葺：修理。⑰马耳：山名，在今山东诸城南五里。常山：山名，在今山东诸城南二十里。⑱庐山：山名，在今山东诸城南三十里。本名故山，因卢敖而得名。⑲卢敖：燕国人。秦始皇时博士。秦始皇命其入海求仙药，不得，逃避到密州东部的故山隐居。⑳穆陵：关名，故址在今山东临朐东南大岘山上。春秋时为齐国南境，山谷峻狭，素有"齐南天险"之称。㉑师尚父：吕尚，姜太公。商末周初人，曾辅周文王、周武王灭商，建立周王朝。被尊称为师尚父，封于齐。齐威公：齐桓公，齐国国君，春秋五霸之一。㉒潍水：今潍河。源出山东箕屋山，流经诸城、高密等地，至昌邑入海。汉将韩信破齐，楚使龙且来救，韩信在潍水两岸破龙且军二十万。㉓大息：太息，叹息。㉔淮阴：指西汉淮阴侯韩信。淮阴人，曾辅佐刘邦有功，封为楚王，后有人告其谋反，被降为淮阴侯。公元前196年，被吕后以叛逆罪诛杀。㉕撷：采摘。㉖秫酒：黄米酒。秫，黏性谷物的通称。㉗瀹：这里是煮的意思。脱粟：脱去皮壳，未曾精制的小米。㉘子由：苏辙，字子由，苏轼之弟，当时为齐州（今山东济南）掌书记。㉙闻而赋之：苏辙作有《超然台赋》，见《栾城集》卷十七。

[译文]

但凡一种事物，都有值得观赏的地方。如果有值得观赏的地方，就必然会有快乐，不一定非是奇特、险绝、雄伟、壮丽的景色。吃酒糟、饮薄酒，都能够使让人沉醉，水果、蔬菜、草木，都能够让人饱腹。按照这一点进行类推，我不管到哪里都可以寻找到快乐，怎么会不快乐呢?

人们寻求幸福、远避祸患的原因，是由于幸福能够给人带来快乐，祸患必然会带来悲伤。人的欲望是没有休止的，可是能够满足我们欲望的东西却是非常有限的。哪个美哪个丑，在人们的心里争论不休，索取这个，舍弃那个，还要对眼前的事物不停地选择，这样的话，能够让人快乐的地方经常就很少了，而让人悲哀的地方经常就很多了，这就被称为求祸避福。这难道就是人们所说的寻常情理吗？这是外物对人所形成的蒙蔽效果啊！他们只是把心思放在事物的内部，却没有从事物的表面脱离出来。事情原本就没有大小的区别，假如人被事物的内部所迷惑进而从这个角度来看待它，那么没有一件事情不是高大的。它那高大的形象只是让我注视着它，那么我就经常会因为眼花缭乱而感到犹豫了，就像透过隙缝来看别人争斗一样，怎能明白哪个人取得了胜利，哪个人打败了呢？所以，美丑交错形成，忧愁和快乐夹杂着一起生出来，这难道不是非常大的悲哀吗?

朝廷把我从钱塘调到胶西来担任知州，我放弃了坐船的安逸，而甘愿承受骑马坐车的劳累；我放弃了豪华的雕梁画栋的住宅，而栖身于用粗木制成的居室之中；我脱离了湖山的优美景色，转而行走于种植着桑麻的田野中。我刚到此地的时候，庄稼连年歉收，盗贼四处丛生，罪案不可胜数。厨房里面空荡荡的，我每天只能靠着吃枸杞和菊花来活命，人们肯定都觉得我不高兴。这样过了一年的时间，我的脸胖了，身体壮了，头上所生的一些白头发，也逐渐都变黑了。我钟情于这里拥有的淳厚风俗，这里的官吏和百姓也对我的笨拙质朴感到习惯，所以，在此地对花园菜圃进行修整，对庭院和屋宇进行维修，把安丘、高密的高大树木砍下来，修补那些破败的地方，当作自己苟安一时居住的方法。在园子的北面，紧靠着城墙修建的高台已经很破旧了，稍微修葺一下就能够让它变得焕然一新，经常和众人一起登上高台玩赏。敞开自己的心扉，尽情地放纵自己的感情。从高台上向南方远望，是马耳山、常山，它们一会儿出现，一会儿隐没，看起来不知道是近还是远，或许有隐士在那里居住吧？而它的东面是卢山，秦人卢敖曾经在那里隐居的。向西面远望可以看到穆陵关，高高的就像城郭一样，姜太公、齐桓公所留下的风气，依然留存在那里。向北面俯视潍水，禁不住感慨万分，令人想到淮阴侯韩信曾经建立的赫赫战功，又悲哀地叹息他没有得到善终。这座台又高大又平稳，进深而且明亮，夏天凉爽\冬天暖和。在雨雪纷飞的早上，清风明月的夜晚，我无时无刻不在那里游赏，客人们也没有不跟随我前往的。从园子里采摘蔬菜，从池塘里钓取游鱼，酿成米酒，煮熟糙米，大家边吃边喝，都说："这样的游玩真是痛快啊！"

在这个时候，我弟弟苏辙恰好正在济南，听说这件事之后，就写了一篇赋，并且把这座台命名为"超然"，以示我不管到哪儿都很快乐，实际上这完全是由于我的心能够超脱于事物之外的原因啊！

放鹤亭记

苏轼

[题解]

放鹤亭是“云龙山人”张天骥在宋神宗元丰元年（1078）所建。云龙山人在此养了两只鹤，故名“放鹤亭”。苏轼任徐州知州时与他结为好友，本文即写于这一时期。文章描写了作者与云龙山人的游宴之乐，描绘了山中的景色，赞美了隐逸生活的乐趣，也寄托了自己政治上不得志的感慨。

[原文]

熙宁十年秋，彭城大水①，云龙山人张君之草堂，水及其半扉。明年春，水落，迁于故居之东、东山之麓。升高而望，得异境焉，作亭于其上。彭城之山，冈岭四合，隐然如大环；独缺其西一面，而山人之亭，适当其缺。春夏之交，草木际天，秋冬雪月，千里一色。风雨晦明之间，俯仰百变。山人有二鹤，甚驯而善飞。旦则望西山之缺而放焉，纵其所如，或立于陂田，或翔于云表，暮则傃（sù）②东山而归，故名之曰“放鹤亭”。

郡守苏轼，时从宾佐僚吏往见山人，饮酒于斯亭而乐之。挹山人而告之曰：“子知隐居之乐乎？虽南面③之君，未可与易也。《易》曰：‘鸣鹤在阴，其子和之。’《诗》曰：‘鹤鸣于九皋④，声闻于天。’盖其为物，清远闲放，超然于尘埃之外，故《易》《诗》人以比贤人君子。隐德之士，狎而玩之，宜若有益而无损者，然卫懿公好鹤则亡其国。周公作《酒诰》⑤，卫武公作《抑》戒，以为荒惑败乱，无若酒者，而刘伶、阮籍之徒，以此

放鹤亭

山人有二鹤，甚驯而善飞。

全其真而名后世。嗟夫！南面之君，虽清远闲放如鹤者，犹不得好，好之则亡其国。而山林遁世之士，虽荒惑败乱如酒者，犹不能为害，而况于鹤乎？由此观之，其为乐未可以同日而语也。”

山人欣然[6]而笑曰：“有是哉！”乃作放鹤、招鹤之歌曰：“鹤飞去兮西山之缺，高翔而下览兮择所适。翻然敛翼，宛将集兮，忽何所见，矫然而复击。独终日于涧谷之间兮，啄苍苔而履白石。”“鹤归来兮，东山之阴。其下有人兮，黄冠草履，葛衣而鼓琴。躬耕而食兮，其余以汝饱。归来归来兮，西山不可以久留。”

[注释]

①熙宁十年：公元1077年。彭城：徐州。②傃：向。③南面：古之帝王皆坐北面南称尊。④九皋：深泽。⑤《酒诰》:《尚书》篇名。⑥欣然：高兴的样子。

[译文]

熙宁十年秋，彭城遭遇了洪水，云龙山人张君的草屋，被洪水淹到大门的一半。第二年春天，水退了，山人家搬到原来住屋的东面的东山脚下。登高眺望，找到了一块奇异的地方，就在那里建了一座亭子。彭城的山，冈岭四面围拢，隐约望去像个大环，只缺少正西一面，而山人的亭子刚巧对着那个缺口。春夏交替时，草木茂盛，似乎接近天空；秋冬时的月光雪景，千里一色；风雨阴晴之日，景色变化万千。山人有两只鹤，很驯服，也很善飞。早晨，就向西山的缺口把它们放出去，听任它们飞翔。它们有时站在水边田里，有时高飞至云层上面，傍晚就向着东山回来，所以亭子命名为“放鹤亭”。

郡守苏轼时常带着幕僚和下属去拜访山人，在放鹤亭上喝酒，感到很快乐。苏轼向山人敬酒，并且告诉他说：“您知道隐居的快乐吗？即使是面南而坐的君主，也不和他交换啊！《易经》上说：‘鹤在山上隐蔽的地方叫，它的雏鹤在应和它。’《诗经》也说：‘鹤在九层深的沼泽间鸣叫，声音会直达天上。’这是因为鹤的品格清高、深沉、安静、超脱于尘世之外，所以《易经》和《诗经》的作者把它比作贤人、君子。道德高又有才能的贤者，跟它亲昵，跟它玩耍，好像是有利而无害的，然而，卫懿公好鹤竟丧失了国家。周公作《酒诰》，卫武公作《抑》以为戒，都认为迷惑性情，败坏和扰乱国家的，没有比酒更严重的了，可是刘伶、阮籍这些人却以酒保全了自身，而且名传后世。唉！朝南坐的君主，即使是清高沉静如鹤，还不能爱好它，爱好它就会亡国。然而，在山林间逃避世俗的人，即使是如酒一样迷惑性情，败坏和扰乱国家的东西，也不能成为他的祸害，何况是鹤呢？由此可见，国君和隐士的快乐是不可相提并论的。”

山人听了我的话，笑着说：“是这个道理啊！”于是，我作放鹤和招鹤的歌：“鹤飞去呀，望着西山的山口。高高飞翔，向下面观察，选择它们认为好的地方。忽然收起翅膀，似乎打算降落下来；忽然看到什么东西，又昂首振翅高翔。终日徘徊在涧谷之间。嘴啄青苔，停在白石之上。鹤归来了，在东山的北面。山下有个人，头戴道帽，足穿草鞋，身着葛衣，正在坐着弹琴。亲自耕种来生活，用剩余的粮食喂养你们。归来吧！归来吧！西山不能够久留。”

石钟山记

苏轼

[题解]

这是一篇富有哲理性的游记散文，记述了作者考察石钟山名称由来的过程。首先，作者对石钟山两种得名的原因表示了怀疑，然后通过实地考察去探求真实的原因，最后得出“事不目见耳闻”便不能“臆断其有无”的观点。

[原文]

《水经》云：“彭蠡(lǐ)[1]之口有石钟山焉。”郦元以为下临深潭，微风鼓浪，水石相搏，声如洪钟[2]。是说也，人常疑之。今以钟磬置水中，虽大风浪不能鸣也，而况石乎？至唐李渤始访其遗踪，得双石于潭上，扣而聆之，南声函胡，北音清越，桴[3]止响腾，余韵徐歇。自以为得之矣。然是说也，余尤疑之。石之铿然有声者，所在皆是也，而此独以钟名，何哉？

元丰七年六月丁丑，余自齐安舟行适临汝[4]，而长子迈将赴饶之德兴尉，送之至湖口，因得观所谓石钟者。寺僧使小童持斧，于乱石间择其一二扣之，硿硿(kōng)然。余固笑而不信也。至莫[5]夜月明，独与迈乘小舟至绝壁下。大石侧立千尺，如猛兽奇鬼，森然欲搏人，而山上栖鹘，闻人声亦惊起，磔磔云霄间。又有若老人 且笑于山谷中者，或曰此鹳鹤也。余方心动[6]欲还，而大声发于水上，噌吰(chēnghóng)如钟鼓不绝。舟人大恐。徐而察之，则山下皆石穴罅(xià)[7]，不知其浅深，微波入焉，涵澹澎湃而为此也。舟回至两山间，将入港口，有大石当中流，可坐百人，空中而多窍，与风水相吞吐，有窾坎镗鞳之声，与向之噌吰者相应，如

乐作焉。因笑谓迈曰：汝识之乎？噌吰者，周景王之无射(yì)也[⑧]；窾坎镗鞳者，魏献子之歌钟也[⑨]。古之人不余欺也。”

事不目见耳闻而臆断其有无，可乎？郦元之所见闻，殆与余同，而言之不详，士大夫终不肯以小舟夜泊绝壁之下，故莫能知，而渔工水师，虽知而不能言，此世所以不传也。而陋者乃以斧斤考击而求之，自以为得其实。余是以记之，盖叹郦元之简，而笑李渤之陋也。

[注释]

①彭蠡：鄱阳湖。②洪钟：古代一种打击乐器。③桴：鼓槌。④齐安：黄冈。临汝：汝州。⑤莫：通“暮”。⑥心动：指害怕。⑦穴罅：洞和裂缝。⑧无射：钟名。⑨歌钟：编钟，古代乐器。

[译文]

《水经》上说：“彭蠡湖口有座石钟山。”郦道元认为，山下面是深潭，微风掀起波浪，水和岩石互相撞击，发出如洪钟般的声音。对这种说法，人们常常很怀疑。现在把钟和磬放在水里，即使大风浪也不能使它发出响声，何况石头呢？到唐代，李渤寻访了郦道元到过的地方，在潭边上找到两座山石，敲着听它的声音，南边的山石声音厚重而模糊，北边的山石声音清脆而响亮。敲击停止以后，声音还在响，余音慢慢消失。他便认为找到石钟山命名的原因了。然而对这种说法，我更加怀疑。能敲出铿锵响声的山石，到处都有，可是唯独这座山用钟来命名，这是什么原因呢？

石钟山

有大石当中流，可坐百人，空中而多窍，与风水相吞吐。

元丰七年农历六月丁丑日，我乘船从齐安到临汝，大儿子苏迈也要到饶州德兴县做县尉，我送他到湖口，借此机会得以看到石钟山。庙里的和尚叫小童拿着斧头，在杂乱的石头中间选择几块敲击，发出硿硿的响声。我只是笑笑，并不相信。到了夜里，我单独和苏迈坐小船，到绝壁下面。大石壁在水边耸立，高达千尺，形状就像猛兽和鬼怪，阴森森的，好像要扑过来抓人似的；栖息在山上的鹘鸟，听到人声也受惊飞起，磔磔地叫着飞入高空；还有像老人咳着笑着的声音在山谷中回响，有人说这是鹳鹤。我正心中惊恐打算回去，忽然巨大的声音从水上发出，咚咚嗡嗡的声音响个不停，有如击鼓敲钟。船夫非常害怕。我慢慢地观察，原来山下都是石头的洞穴和裂缝，不知有多深，微波进入里面，激荡澎湃，便形成这种声音。船行至两山中间，快要进入港口，有一块大石挡在水流中心，上面大约可坐百人，中间却是空虚的，有很多窟窿，风卷着浪吞进吐出，发出窾坎镗鞳的声音，跟先前的响声互相应和，就像奏乐一样。我因而笑着对迈儿说："你知道吗？发出噌吰响声的，就像周景王的无射钟，发出窾坎镗鞳响声的，就像魏庄子的歌钟。古人并未欺骗我们！"

事情不是亲眼所见、亲耳所闻，却主观地推断它的有无，行吗？郦道元所见所闻大概与我相同，可是记载不够详尽。一般士大夫又总不愿夜晚乘小船停靠在绝壁下面，所以没有能了解真相，而渔夫船工，虽然知道却又说不出来。这就是这座山山名的来历没能流传于世的原因啊！而浅陋的人竟用斧头敲击来寻求以"石钟"命名的缘由，还自以为发现了真相。我记下上面的情况，叹息郦道元记叙的简略，而笑李渤见识的浅陋啊！

潮州韩文公庙碑

苏轼

[题解]

唐宪宗元和十四年（819），韩愈因谏迎佛骨被贬为潮州刺史。韩愈在潮州期间，施行仁政，深受当地百姓拥护。后来，当地人建庙纪念他。宋哲宗时，潮州人另建新庙，苏轼写了这篇碑文，对韩愈的性格、思想及对后世的影响都给予了高度评价。

[原文]

匹夫而为百世师，一言而为天下法，是皆有以参天地之化、关盛衰之运。其生也有自来，其逝也有所为。故申、吕自岳降[①]，傅说(yuè)为列星[②]，古今所传，不可诬也。孟子曰："我善养吾浩然之气。"是气也，寓于寻常之中，而塞乎天地之间。卒然遇之，则王公失其贵，晋、楚失其富，良、平失其智，贲、育失其勇，仪、秦失其辨。是孰使之然哉？其必有不依形而立，不恃力而行，不待生而存，不随死而亡者矣！故在天为星辰，在地为河岳，幽则为鬼神，而明则复为人。此理之常，无足怪者。

自东汉以来，道丧文弊，异端并起。历唐贞观、开元之盛，辅以房、杜、姚、宋而不能救。独韩文公起布衣[③]，谈笑而麾(huī)之，

天下靡然从公，复归于正，盖三百年于此矣。文起八代之衰，而道济天下之溺，忠犯人主之怒，而勇夺三军之帅，此岂非参天地、关盛衰，浩然而独存者乎？

盖尝论天人之辨，以谓人无所不至，惟天不容伪；智可以欺王公，不可以欺豚鱼；力可以得天下，不可以得匹夫匹妇之心。故公之精诚，能开衡山之云，而不能回宪宗之惑；能驯鳄鱼之暴，而不能弭皇甫镈、李逢吉之谤；能信于南海之民，庙食百世，而不能使其身一日安于朝廷之上。盖公之所能者天也，其所不能者人也。

始潮人未知学，公命进士赵德为之师，自是潮之士，皆笃于文行，延及齐民，至于今，号称易治。信乎孔子之言："君子学道则爱人，小人学道则易使也。"潮人之事公也，饮食必祭，水旱疾疫，凡有求必祷焉。而庙在刺史公堂之后，民以出入为艰，前太守欲请诸朝作新庙，不果。元祐五年，朝散郎王君涤来守是邦[4]，凡所以养士治民者，一以公为师，民既悦服，则出令曰："愿新公庙者，听。"民欢趋之。卜地于州城之南七里，期(jī)年而庙成。

或曰："公去国万里而谪于潮，不能一岁而归。没而有知，其不眷恋于潮也审矣！"轼曰："不然。公之神在天下者，如水之在地中，无所往而不在也。而潮人独信之深，思之至，焄蒿凄怆，若或见之。譬如凿井得泉，而曰水专在是，岂理也哉？"

元丰元年，诏封公昌黎伯[5]，故榜曰"昌黎伯韩文公之庙"。潮人请书其事于石，因作诗以遗之，使歌以祀公。其辞曰：

公昔骑龙白云乡，手抉云汉分天章[6]，天孙为织云锦裳[7]。飘然乘风来帝旁，下与浊世扫秕糠。西游咸池略扶桑[8]，草木衣被昭回光。追逐李、杜参翱翔，汗流籍、湜走且僵[9]，灭没倒影不能望。作书诋佛讥君王，要(yāo)观南海窥衡湘[10]，历舜九嶷吊英皇。祝融先驱海若藏，约束蛟鳄如驱羊。钧天无人帝悲伤，讴吟下

招遣巫阳[11]。犦牲鸡卜羞我觞[12]，于粲荔丹与蕉黄。公不少留我涕滂，翩然被发下大荒。

[注释]

①申、吕：指申伯、吕侯。②傅说：《庄子·大宗师》说傅说“乘东维，骑箕尾，而比于列星。”③韩文公：韩愈，字退之，谥文，世称韩文公。④朝散郎：七品文官。⑤昌黎伯：韩愈的远祖籍在昌黎，因而封为昌黎伯。⑥云汉：指银河。天章：指天上的日月星辰。⑦天孙：织女，是天帝之孙。⑧咸池：传说中太阳沐浴的地方。⑨僵：仆倒。⑩要：要服，古代离王城极远的地方。⑪钧天：天的中央。⑫犦牲：祭祀用的犎牛。鸡卜：占卜。羞：进献。

[译文]

一个普通人能够成为百代的榜样，一句话却成为天下行为的准则。这是因为他们可以参助天地化育万物，也关系到国家的兴衰。他们的降生在世上是有来历的，他们的逝世也是有其作用的。所以，申伯、吕侯由高山五岳神气降生，傅说死后成为天上的列星，从古到今传颂的事情，是不可否认的。孟子说：“我善于修养我的浩然之气。”这个“气”，蕴藏在平常的事物之中，又充满于天地之间。突然遇上它，相比之下，王公贵族就失去他们的尊贵，晋、楚大国就显示不出它们的富有，张良、陈平就会显示不出他们的智慧，孟贲、夏育就会失去他们的勇力，张仪、苏秦就会失去他们的辩才。是什么原因使它这样呢？必定有一种不依附形体而成立，不依靠外力而运行，不等待出生就存在，不随着死亡就消逝的东西啊！这种东西，在天上就成为星宿，在地下就化为河川、山岳，在阴间就化为鬼神，在阳世就变成了人。这个道理很普通，不值得奇怪。

自从东汉以来，道统沦丧，文风败坏，各种邪说一齐出现。历经了唐代贞观、开元时期的盛世，依靠房玄龄、杜如晦、姚崇、宋璟等贤臣辅佐，仍不能挽救。只有韩文公从普通人里崛起为文坛领袖，在谈笑间一挥手，天下人纷纷追随他，使思想和文风又回归正道，到现在已经三百年了。他的文章振兴了八代以来衰败的文风，他对儒道的宣扬拯救了天下人心的沦丧，他的忠诚曾触发了君王的恼怒，他的智勇能折服三军的主帅，这难道不是参助天地化育万物，关乎国家盛衰，独立存在的浩然之气吗？

傅说

傅说死后成为天上的列星。

我曾谈到天道和人事的区别，认为人没有做不到的事，只是天容不得人作伪；人的智谋可以欺骗王公，却不能欺骗豚鱼；人的凭借武力可以取得天下，却不能得到普通百姓的心。所以文公的专心诚意，能够驱散衡山上的乌云，却不能够解开宪宗的执迷；能够驯服残暴的鳄鱼，却不能够制止皇甫镈、李逢吉的诽谤；能够取得潮州百姓世代的信任受到祭祀，却不能使自身在朝廷上有一天的平安。这是因为文公能够遵从的是天道，不善于处理的是人事。

从前，潮州人不知道学习，文公指派进士赵德做他们的老师。从此潮州的读书人，都专心努力地学习礼义文章，并影响到普通百姓。到现在，潮州仍被称为容易治理的地方。孔子的话确实很对啊，他说："有地位的人学了道理就有仁爱之心，平民百姓学了道理就容易治理。"潮州人敬奉文公，有好吃的必定先祭祀他，遇到灾荒病疫，必定到祠庙里去祈祷。可是祠庙在州官衙门大堂的后面，百姓祭祀时出入不方便。前任太守想请朝廷建造新的祠庙，未能实现。元祐五年，朝散郎王涤来这个州做官，对待士人，治理百姓，完全以文公为榜样。百姓心悦诚服以后，他便下命令说："愿意重新修建文公祠庙的人，就来听从命令。"百姓兴高采烈地赶来参加这项工程。在州城南面七里选了一块地方，用了一年时间新庙就建成了。

有人说："文公被贬到离京城万里的潮州，不到一年便回去了，假如他死后有知，是一定不会深切怀念潮州的。"我说："不是这样，文公的神灵在人间，好比地上的水，无处不在，而且潮州人对他的信仰特别深厚，思念十分恳切，香烟浮腾、感情激动，就像见到了他，好比挖井得到了水，就说水只存在这个地方，难道有这个道理的吗？"

元丰元年，皇帝下诏书封文公为昌黎伯，所以新庙的匾额上题写着"昌黎伯韩文公之庙"。潮州人请我撰文书写他的事迹刻在石碑上，于是作首诗送给他们，让他们歌咏着祭祀文公。此诗的词句是：

您从前骑龙遨游帝乡，亲手拨开云彩，指点日月星辰，织女替您织成云锦衣裳。您轻快地乘风来到天帝身旁，降临人间，为混乱的俗世扫除异端。您西游咸池，巡视了扶桑，草木也承受了您的恩泽和光辉的普照。您追随李白、杜甫，与他们一起翱翔，使张籍、皇甫湜与您比起来相形见绌，您高尚的光辉使人不能仰望。您曾写出诋佛的文章，讽谏君王，要浏览南海，观赏衡山和湘江，又途经埋葬帝舜的九嶷山，凭吊了娥皇和女英。火神祝融为您在前面开路，海神率怪物深深躲藏，您管束蛟龙、鳄鱼，如驱赶羊群一样。天上缺少贤材，天帝为之悲伤，派巫阳唱到下界招您回到天上。敬献上我们微薄的祭品，还有殷红的荔枝、金黄的香蕉。您不在人间稍作停留，使我们泪下如雨。请从天上下来吧，接受我们的祭祀。

乞校正陆贽奏议进御札子

苏轼

[题解]

本文是苏轼呈给皇帝的奏折，"札子"这种文体到宋代才出现，是奏折的一种，也可以视为臣下给皇帝写的信。陆贽是唐德宗时宰相，他的奏疏见解独到、文采斐然，很受后人称道。苏轼当时担任翰林学士、吏部尚书，他与吕希哲、吴安礼等人在校正陆贽的奏疏之前，给当时的皇帝宋哲宗写了这道奏折。

[原文]

臣等猥以空疏[1]，备员讲读。圣明天纵[2]，学问日新。臣等才有限而道无穷，心欲言而口不逮[3]，以此自愧，莫知所为。窃谓人臣之纳忠，譬如医者之用药。药虽进于医手，方多传于古人。若已经效于世间，不必皆从于己出。伏见唐宰相陆贽，才本王佐，学为帝师。论深切于事情，言不离于道德，智如子房而文则过[4]，辩如贾谊而术不疏[5]，上以格君心之非[6]，下以通天下之志，但其不幸，仕不遇时。德宗以苛刻为能[7]，而贽谏之以忠厚；德宗以猜疑为术，而贽劝之以推诚；德宗好用兵，而贽以消兵为先；德宗好聚财，而贽以散财为急。至于用人听言之法，治边御将之方，罪己以收人心，改过以应天道，去小人以除民患，惜名器以待有功[8]，如此之流，未易悉数。可谓进苦口之药石[9]，针害身之膏肓[10]。使德宗尽用其言，则贞观[11]可得而复。

臣等每退自西阁[12]，即私相告言，以陛下圣明，必喜贽议论。但使圣贤之相契[13]，即如臣主之同时。昔冯唐论颇、牧之贤[14]，则汉文为之太息[15]。魏相条晁、董之对[16]，则孝宣以致中兴[17]。若陛下能自得师，则莫若近取诸贽。夫六经三史[18]，诸子百家[19]，非无可观，皆足为治。但圣言幽远[20]，末学支离[21]，譬如山海之崇深，难以一二而推择。如贽之论，开卷了然，聚古今之精英，实治乱之龟鉴[22]。臣等欲取其奏议，稍加校正，缮写进呈。愿陛下置之坐隅[23]，如见贽面，反复熟读，如与贽言。必能发圣性之高明，成治功于岁月。臣等不胜区区之意，取进止[24]。

[注释]

①猥：鄙贱。有自谦之意。②天纵：上天所赐。③逮：及，达。④子房：西汉张良，字子房。⑤贾谊：西汉文学家、政治家。⑥格：正。⑦德宗：唐德宗李适。公元780年至805年在位。⑧名器：古代表示统治者等级地位及其使用的车舆服装。⑨石：砭石，古代治病用的石针。⑩针：治疗。作动词。膏肓：古代医学把

心尖脂肪称为膏，心脏和隔膜之间称肓，认为是药物无法达到的地方。这里指严重疾病。⑪贞观：唐太宗李世民的年号（627—649）。这一时期由于采取了一系列有利于发展社会生产的措施，出现了经济繁荣、政治清明的局面，史称“贞观之治”。⑫西阁：宋朝皇帝听讲的地方。⑬契：合。⑭冯唐：西汉文帝时任中郎署长。颇：廉颇，战国时赵国名将，屡次战胜齐、魏等国。牧：李牧，战国时赵国名将，长期防守赵国北境，屡次击退东胡、林胡匈奴的骚扰。⑮汉文：汉文帝刘恒。冯唐曾向汉文帝称道廉颇和李牧，汉文帝听后慨叹地说：“嗟乎！吾独不得廉颇、李牧为吾将。”事见《史记·冯唐列传》。⑯魏相：曾任西汉宣帝丞相，封高平侯。主张整顿吏治，考核实效。奏章中常引用晁错、董仲舒等言论。条：列举。晁：晁错，汉景帝时有名的政治家，文帝时任太常掌故，景帝时任御史大夫。董：董仲舒，汉武帝时有名的思想家。曾建议汉武帝“罢黜百家，独尊儒术”。⑰孝宣：西汉宣帝刘询。公元前72年至前49年在位。他在丞相霍光辅佐下，整顿吏治，任用贤能，发展农业，巩固边防，社会经济有所发展，与前汉昭帝时期政治、经济局面相较，有明显不同，史称“中兴”。⑱六经：指《书》《诗》《易》《礼》《春秋》《乐》六部儒家经典。三史：指《史记》《汉书》《后汉书》三部史学著作。⑲诸子百家：指先秦时孔丘、孟轲、庄周、老聃、墨翟、韩非、荀子等人的著作和儒、道、墨、名等各种流派的学说。⑳圣言：圣人之言，指《六经》。㉑末学：指史学与子书。㉒龟鉴：借鉴。龟，古代用龟甲占卜，龟即卜卦。鉴，即镜子。㉓坐：通“座”。隅：角，边。㉔取进止：听从裁处。取，听任。进止，进退。

[译文]

臣等才能空虚、学识疏浅，担任皇帝的侍读和侍讲实在感到惭愧。皇上的圣明和睿智是上天赐给的，学问每天都能获得进步。我们这些做臣子的才学是有限的，可是要学习的知识却是无限的，心里想要说些什么，但是却表达不出来，因为这一点，我觉得更加羞愧，不知道应该怎么做才好。臣等在私下里议论，觉得做臣子就应该对皇上忠心耿耿，就如同医生给病人开药一样，药物虽然是医生开给病人的，可是药方大多却是从古代流传下来的。只要这些药物已经被前人证明是有作用的，那为什么还要在乎必须是医生本人发现的呢？我们看到受人敬佩的唐朝宰相陆贽，依靠自己的才学来辅佐君主，无论对什么事情都有自己深刻的见解，言谈没有违背道义的地方，在智谋上堪与汉代的张良比肩，而才学则比张良更高，他的应答辩论之术与贾谊差不多，但处世之道却又比贾谊强得多。他可以指出君王的缺点，具有治理好天下的远大志向。但是不幸的是，他的官运不够好。唐德宗在治理天下的时候非常苛刻，陆贽凭着一片忠厚之心向他进谏。唐德宗对大臣总是猜疑不定，陆贽就劝他应该做到用人不疑；唐德宗是个好大喜功的皇帝，而陆贽则努力地想要消除兵患；唐德宗喜欢聚拢钱财，陆贽则把散财救民当作自己的任务。在用人、治理边境祸患这些问题上面，陆贽的主张是要能够主动承担责任，通过这样的举动来安定人心，要及时地对错误进行改正来顺应天道。疏远那些小人来消除百姓身上的痛苦，不要随便地对臣下进行赏赐，只有立了功的人才能够得到封赏。能做这些的人实在是少之又少！应该说，陆贽便是那能治病的好药，假如唐德宗可以听取陆贽的建议，那么就可以重新出现贞观之治的局面了。

臣等每当从西阁退出来以后，都会互相议论，觉得凭借皇上的圣明，肯定钟爱陆贽这些议论。只要圣明的君主和贤能的大臣能够意见相合，那么即使相隔百年的君臣也可以像共同处于一个时代一样。以前，冯唐对于廉颇、李牧的贤能发表了一番议论，令汉文帝为自己不能遇到贤才而发出了叹息；魏相举出晁错、董仲舒向皇帝提出的对策，使汉宣帝最终采纳而让汉朝中兴。假如皇上想要亲自求得一位像老师一样的古人，那么没有比就近从陆贽那儿获得有益的东西更加合适了。古代流传下来的六部经书与三部史书，诸子百家的著作，并不是没有可以观赏的地方，研习这些文章对于治理国家是很有帮助的。可是，圣人的言论过于深奥，史书和诸子百家的道理过于分散，就像高山、深海一样，很难从中挑选出精简而有实效的东西。但是陆贽所发表的言论，一看就能够了解，综合了从古到今那些对于政治上的见解的精华部分，的确是国家治乱兴衰的借鉴。我们想把他给皇帝的奏议拿来，稍微进行校正，然后缮写成表章进呈给皇上，希望您能够将它放在御座旁边，就像看到陆贽本人一样。多次熟读，就像与陆贽本人进行交谈一样。如此，我们相信肯定能够对皇上神圣的天分有所启发，在很短的时间内就能够成就太平盛世的丰功伟业。臣等怀着无法尽说得诚恳心意，恳请皇上决定是否进呈这些文章。

前赤壁赋

苏轼

[题解]

苏轼游黄州城外赤壁时，联想到三国时周瑜打败曹操的赤壁，写下了一首词和两篇赋。后人称前一篇赋为《赤壁赋》或《前赤壁赋》，称后一篇赋为《后赤壁赋》。本文通过记述宾主于月夜泛舟、饮酒赋诗引起的对话，表达了作者吊古伤今的感慨和坚定不移的志向。

[原文]

壬戌[1]之秋，七月既望，苏子与客泛舟游于赤壁[2]之下。清风徐来，水波不兴。举酒属客，诵《明月》之诗，歌“窈窕”之章。少焉，月出于东山之上，徘徊于斗、牛之间。白露横江，水光接天。纵一苇[3]之所如，凌万顷之茫然。

周瑜

三国时期杰出的军事统帅，字公瑾。

浩浩乎如冯虚[4]御风，而不知其所止，飘飘乎如遗世独立，羽化[5]而登仙。

于是饮酒乐甚，扣舷而歌之。歌曰：“桂棹兮兰桨，击空明兮溯流光[6]。渺渺兮予怀，望美人兮天一方。”客有吹洞箫者，倚歌而和之。其声呜呜然，如怨如慕，如泣如诉；余音袅袅，不绝如缕，舞幽壑之潜蛟，泣孤舟之嫠妇[7]。

苏子愀然，正襟危坐而问客曰：“何为其然也？”客曰：“‘月明星稀，乌鹊南飞’，此非曹孟德之诗乎？西望夏口[8]，东望武昌[9]，山川相缪，郁乎苍苍，此非孟德之困于周郎者乎？方其破荆州，下江陵，顺流而东也，舳舻(zhú lú)[10]千里，旌旗蔽空，酾(shī)酒[11]临江，横槊(shuò)赋诗，固一世之雄也，而今安在哉？况吾与子渔樵于江渚之上，侣鱼虾而友麋鹿，驾一叶之扁舟，举匏(páo)樽以相属[12]。寄蜉蝣于天地，渺沧海之一粟。哀吾生之须臾，羡长江之无穷，挟飞仙以遨游，抱明月而长终。知不可乎骤得，托遗响于悲风。”

苏子曰：“客亦知夫水与月乎？逝者如斯[13]，而未尝往也；盈虚[14]者如彼，而卒莫消长也。盖将自其变者而观之，则天地曾不能以一瞬，自其不变者而观之，则物与我皆无尽也，而又何羡乎？且夫天地之间，物各有主，苟非吾之所有，虽一毫而莫取。惟江上之清风，与山间之明月，耳得之而为声，目遇之而成色，取之无禁，用之不竭，是造物者之无尽藏[15]也，而吾与子之所共适。”

客喜而笑，洗盏更酌，肴核既尽，杯盘狼藉，相与枕藉乎舟中，不知东方之既白。

[注释]

①壬戌：指宋神宗元丰五年（1082）。②赤壁：赤壁之战的故地，说法不一。一般人认为在今湖北蒲圻北。苏轼所咏的赤壁是黄州的赤鼻矶。③一苇：小船。④冯虚：凌空。冯，通“凭”；虚，太空。⑤羽化：变化飞升。道家谓人升仙为“羽化”。⑥空明：指明澈如空的江水。流光：月光浮动的水面。⑦嫠妇：寡妇。

⑧夏口：在湖北武昌西的黄鹄山上。⑨武昌：今湖北鄂州。⑩舳舻：长方形大船。⑪酾酒：滤酒。这里指饮酒。⑫匏樽：用葫芦做的酒器。相属：互相敬酒。⑬逝者如斯：《论语·子罕》："子在川上曰：'逝者如斯夫，不舍昼夜。'"斯，指江水。⑭盈虚：月亮的圆缺。⑮无尽藏：佛家语，即无穷无尽的宝藏。

[译文]

壬戌年秋季，七月十六日，我与客人们在赤壁下泛舟游玩。清风阵阵拂来，水面没有波澜。我举起酒杯向客人敬酒，吟诵《陈风·明月》的诗句，吟唱章《窈窕》。不一会儿，明月从东山后升起，盘桓在斗宿与牛宿之间。白蒙蒙的雾气横贯江面，粼粼的波光连着天际。听任小船自在而行，凌驾于苍茫的万顷烟波之上。浩大无边，似乘着轻风无所不至，不知到哪才会停歇，感觉身轻得似要离开尘世飘飞而去，有如飞升的神仙。

这时，喝酒喝得很高兴，用手叩击着船舷，引吭高歌。唱道："桂木船棹啊木兰船桨，迎击空明的粼波，逆着东来的水光。我心怀无尽，我思念的伊人在天涯那方。"同伴吹起洞箫，随着歌声伴奏。洞箫呜呜作声，如怨怼，如倾慕，像啜泣，像低诉，余音回荡，丝丝缕缕缭绕不绝。深谷中的蛟龙为之起舞，孤舟上守船的孀妇为之饮泣。

我的神色也凝重起来，正襟危坐，向同伴问道："箫声为何如此哀怨呢？"同伴回答："'月明星稀，乌鹊南飞'，这不是曹孟德的诗么？向西望到夏口，向东望到武昌，山河连绵，树木苍苍。这不正是曹孟德被周瑜所围困的古战场么？当初他攻陷荆州，夺得江陵，大军顺流东下，麾下的战船延绵千里，旌旗遮天蔽日，在江边持酒而饮，横槊赋诗，也算是当世的一位英雄人物，而他今天又在哪里呢？何况你我就像在江边的水渚上打鱼砍柴，为友做伴的只有鱼虾和麋鹿，驾着这一叶小舟，举起杯盏相互劝酒，如同蜉蝣置身于广阔的宇宙中，像沧海中渺小的一粟。哀叹我们的一生只是短暂的片刻，羡慕长江的流水没有穷尽。希望与仙人携手遨游，与明月相拥而永存世间。知道这些终究难以实现，只得将憾恨借着箫音，托寄在悲风中而已。"

我说："你也理解这水与月么？江水流逝不停，也可以说它并未流逝；月亮圆缺变化不定，终究又何尝盈亏？可见，从变的方面看，天地间没有一瞬间不发生变化；而从不变方面看，万物与自己的生命同样无穷无尽，为什么又羡慕长江的无穷尽呢？何况天地之间的物品，各有自己的归属，若不是我们所有的，即使一分一毫也不能求取。只有江上的清风，以及山间的明月，传到耳边便是美好的音乐，进入眼帘便是美丽的图画，不会有人禁止这些，也不必忧虑会有穷尽。这是造物者恩赐的源源不竭的大宝藏，你我都可尽情享用。"

客人笑了，大家洗杯重饮，直到酒菜净尽，杯盘凌乱，相互依靠着在船上睡着了，连天亮也不知晓。

后赤壁赋

苏轼

[题解]

此文是《前赤壁赋》的续篇，写于作者因“乌台诗案”被贬至黄州时。本文主要描写了孟冬季节江岸上的活动，采用了传统赋体主客问答的形式，阐发了内心感悟人生的哲理。作者借孤独的鹤与奇异的山石，表达了自己超凡自在的心境。

[原文]

是岁十月之望，步自雪堂[①]，将归于临皋。二客从予，过黄泥之坂。霜露既降，木叶尽脱，人影在地，仰见明月，顾而乐之，行歌互答。

已而叹曰：“有客无酒，有酒无肴，月白风清，如此良夜何？”客曰：“今者薄暮，举网得鱼，巨口细鳞，状如松江之鲈。顾安所得酒乎？”归而谋诸妇。妇曰：“我有斗酒，藏之久矣，以待子不时之需。”

于是携酒与鱼，复游于赤壁之下。江流有声，断岸千尺，山高月小，水落石出。曾日月之几何，而江山不可复识矣！予乃摄衣而上，履巉(chán)岩，披蒙茸[②]，踞虎豹[③]，登虬(qiú)龙[④]，攀栖鹘(hú)[⑤]之危巢，俯冯(píng)夷[⑥]之幽宫。盖二客不能从焉。划然长啸，草木震动，山鸣谷应，风起水涌。予亦悄然而悲，肃然而恐，凛乎其不可留也。反而登舟，放乎中流，听其所止而休焉。时夜将半，四顾寂寥。适有孤鹤，横江东来，翅如车轮，玄裳缟(gǎo)衣[⑦]，戛然长鸣，掠予舟而西也。

须臾客去，予亦就睡。梦一道士，羽衣蹁跹，过临皋之下，揖予而言曰：“赤壁之游乐乎？”问其姓名，俯而不答。“呜呼噫嘻！我知之矣！畴昔之夜，飞鸣而过我者，非子也耶？”道士顾笑，予亦惊寤(wù)。开户视之，不见其处。

[注释]

①雪堂：苏轼在黄冈城东所建住所。②披蒙茸：拨开丛生的灌木杂草。③踞虎豹：蹲坐状如虎豹的山石。④登虬龙：攀缘形似虬龙的弯曲古木。⑤鹘：鹰隼。

⑥冯夷：水神名，即河伯。⑦玄裳缟衣：黑色下裙，白色上衣。

［译文］

这年十月月圆之日，我自雪堂出发，准备回临皋亭。两位客人与我同行，走过黄泥坂。这时霜露已经降下，树叶也都落光了。清晰的身影倒映在地上，抬头望见明月升起。主客相视而笑，一路相互吟诗问答。

过了一会儿，我叹惜说："有客人而没有酒，有了酒，却没有菜。月色皎洁，清风吹拂，这样的美景良宵，我们怎么度过呢？"一位客人说："今天傍晚，我撒网得到了一条鱼，大嘴细鳞，形状就像吴淞江的鲈鱼。不过，从哪儿才能弄到酒呢？"一到家我就和妻子商量，妻子说："我有一斗酒，保存了很久，正是为了应付您的突然需要的。"

就这样，我们携带着酒和鱼，再次游于赤壁下面。江水发出声响，江岸高耸陡峭；山势越高，月亮显得越小，水位降低，礁石露了出来。才相隔多少时日，景色却变得再也认不出来了！我撩起衣襟上岸，登上险峻的山岩，拨开丛生的野草，蹲在虎豹形状的怪石上，又不时拉住形如虬龙的古树，爬上猛禽盘踞的悬崖，俯视水神冯夷的深宫。两位客人都不能跟着我到这个险处。我一声长啸，草木被震动，山谷回声呼应，大江波浪狂涌。我也不觉忧伤悲哀、悚然恐惧，我不敢停留，返回小船，把船划到江心，任凭它漂流到哪里就在哪里停泊。这时快到半夜，举目四顾，一片冷清寂寞。正好有只孤鹤横穿江面从东边飞来，翅膀像车轮一样大小，尾部的黑羽如同黑色的裙边，白色的羽毛如同洁白的衣衫，戛然一声长叫，擦过我们的小舟向西飞去。

一会儿客人离开了，我也睡觉了。梦见一位道士，披着羽衣，轻快地走来，走过临皋亭的下面，向我作揖说："赤壁之游玩得快乐吗？"我问他的姓名，他低头不答。"噢！哎呀！我知道了。昨天夜里，边飞边叫经过我船边的，不就是你吗？"道士回过头笑了笑，我也惊醒了。开门一看，却已不知他去了哪里。

三槐堂铭

苏轼

［题解］

此文是宋神宗元丰二年（1079）苏轼在湖州任上为学生王巩家中的"三槐堂"题写的铭词。三槐堂是北宋初年兵部侍郎王佑家中的厅堂，因手植三棵槐树于庭院而得名（古代传说，三棵槐树象征朝廷官吏中职位最高的三公）。王巩是王旦（宋真宗时任宰相）的孙子，北宋诗人，授太常博士，任宗正丞，与苏轼既是师生又是朋友。王巩的家在汴京东郊，苏轼在京期间曾去家访见过王巩之父王素（官至工部尚书）。苏轼在徐州期间，王巩曾与其一起交游吟诗。苏轼来湖州上任，王巩也赶来相会，并请其为自家三槐堂题铭。苏轼便应邀撰写《三槐堂铭》。从此，王佑后裔便称为三槐王氏，是我国王氏最大的望族。

[原文]

天可必乎？贤者不必贵，仁者不必寿。天不可必乎？仁者必有后。二者将安取衷哉[1]？吾闻之申包胥曰[2]："人定者胜天，天定亦能胜人[3]。"世之论天者，皆不待其定而求之，故以天为茫茫[4]。善者以怠，恶者以肆。盗跖(zhí)之寿[5]，孔、颜之厄[6]，此皆天之未定者也。松柏生于山林，其始也，困于蓬蒿，厄于牛羊，而其终也，贯四时、阅千岁而不改者[7]，其天定也。善恶之报，至于子孙，则其定也久矣。吾以所见所闻考之，而其可必也审矣[8]。

国之将兴，必有世德之臣厚施而不食其报，然后其子孙能与守文太平之主共天下之福。故兵部侍郎晋国王公[9]，显于汉、周之际，历事太祖、太宗[10]，文武忠孝，天下望以为相，而公卒以直道不容于时。盖尝手植三槐于庭，曰："吾子孙必有为三公者[11]。"已而其子魏国文正公[12]，相真宗皇帝于景德、祥符之间[13]，朝廷清明，天下无事之时，享其福禄荣名者十有八年。今夫寓物于人，明日而取之，有得有否。而晋公修德于身，责报于天，取必于数十年之后，如持左契[14]，交手相付，吾是以知天之果可必也。

吾不及见魏公，而见其子懿敏公[15]。以直谏事仁宗皇帝[16]，出入侍从将帅三十余年，位不满其德。天将复兴王氏也欤？何其子孙之多贤也？世有以晋公比李栖筠者[17]，其雄才直气，真不相上下。而栖筠之子吉甫[18]，其孙德裕[19]，功名富贵略与王氏等，而忠恕仁厚，不及魏公父子。由此观之，王氏之福，盖未艾也[20]。

懿敏公之子巩与吾游[21]，好德而文，以世其家，吾以是铭之。铭曰："呜呼休哉[22]！魏公之业，与槐俱萌，封植之勤，必世乃成。既相真宗，四方砥平[23]。归视其家，槐阴满庭。吾侪小人[24]，朝不及夕，相时射利，皇恤厥德[25]？庶几侥幸，不种而获。不有君子，其何能国？王城之东，晋公所庐，郁郁三槐，惟德之符。呜呼休哉！"

[注释]

①衷：通“中”，此为正确之意。②申包胥：春秋时楚国大夫，姓公孙，名包胥，因其封地在申，故称申包胥。③“人定者”二句：语出《史记·伍子胥传》，原文为：“人众者胜天，天定亦能破人。”人定，人的意志。④茫茫：渺茫。此为不可捉摸之意。⑤盗跖：传为春秋末期奴隶起义领袖。名跖，“盗”是奴隶主贵族对他的蔑称。⑥孔：孔子。颜：颜渊，字回，孔子的弟子。⑦贯：贯穿。阅：经历。⑧审：清楚，明白。⑨晋国王公：王祜，一作王祐，字景叔。五代末至宋初时人。后汉、后周时，曾任司户参军、县令等职，宋初任潞州知州，后任兵部侍郎，死后封晋国公。⑩太祖：宋太祖赵匡胤，公元960年至975年在位。太宗：宋太宗赵匡义，即位后改名炅，公元976年至997年在位。⑪三公：西汉时称丞相、太尉、御史大夫为三公。宋时仍沿袭旧称，但已无实际职务。这里泛指朝廷的高级官员。⑫魏国文正公：王旦，字子明。王祜次子。宋太宗太平兴国年间进士。真宗时历任同知枢密院事、参知政事、工部尚书、同中书门下平章事等职。死后封魏国公，谥文正。⑬真宗：宋真宗赵恒，公元998年至1022年在位。景德、祥符：宋真宗年号。景德，自公元1004年至1007年。祥符，大中祥符的省称，自公元1008年至1016年。⑭左契：古代契约分为左右两联，立契双方各执一联。左契即左联，为索偿的凭据。⑮懿敏公：王素，字仲仪，王旦之子。赐进士出身。累官至工部尚书。为官敢于断事，议论不避权势，颇受时人称道。死后谥懿敏。⑯仁宗：宋仁宗赵祯，公元1023年至1063年在位。⑰李栖筠：唐朝大臣。字贞一，唐肃宗时，累官给事中，有宰相声望。后为元载所忌，出任常州刺史，以治绩又任浙西观察使。唐代宗欲用为宰相，因惧元载重。⑱吉甫：李栖筠之子，字弘宪。唐宪宗时两次出任宰相，曾策划讨平藩镇叛乱，并更换三十六个藩镇长官，裁减冗官冗员，对维护中央集权起了重要作用。⑲德裕：李吉甫之子，字文饶。唐武宗时累官至宰相。力主削弱藩镇势力，加强中央集权统治。唐宣宗时遭人谗害，贬崖州（治今海南琼山东南）司户而死。⑳艾：止，绝。㉑巩：王巩，字定国，自号清虚先生。有俊才，擅于作诗。因豪放傲世，终身未做大官。㉒呜呼休哉：表示感叹、赞颂之意。㉓砥平：像磨刀一样平稳。这里指安定。砥，磨刀石。㉔侪：类，辈。㉕皇恤：皇通“遑”，怎能。恤，忧虑。

[译文]

上天肯定会把他的意愿展现出来吗？可是为何贤德的人不一定会得到富贵，仁厚慈爱的人不一定能够长寿呢？莫非上天不是一定要把自己的意愿表现出来吗？可是施行善举、保持仁爱之心的人肯定都会有好的后人。关于这两种说法，到底哪一种才是正确的呢？我曾经听申包胥说：“由人造成的因素是能够改变天命的，天命胜过由人造成的因素。”世界上讨论天道的人，都没有等到上天的意愿完全展现出来便去要求，所以觉得上天是茫茫无知的。心地善良的人因为这一点而变得懈怠，内心邪恶的人由于这一点而变得放肆。盗跖这样的恶人能够长寿，孔子、颜回这样的贤人却要遭受困厄之苦，这全是因为上天还没有来得及展现自己的真实意愿而造成的。松树和柏树在山林中生长，最初被蓬蒿、野草包围，被牛羊的蹄子践踏，可是最后还是能够四季常青，历经千年而不会凋零，这便是上天赐给他的天性。对于善人和恶人的报应，有的需要在子孙后代的身上展现出来，这些都是上天已经确定了很久的。我从自己的所见所闻对这些进行验证，上天的意愿肯定会得到展现，这一点是确定无疑的。国家在将要进入兴盛时期的时候，必然会有世世代代积累德行的大臣，做了大量的好事却没有得到应有的福报，可是在此之后他的子孙却可以与遵守先王法令的太平盛世的君主，一起享受布满天下的福禄。已经去世的兵部侍郎晋国公王佑，在后汉、后周两朝时非常显赫，后来又在太祖、太宗两朝担任官职，能文能武，忠孝两全，天下人都盼望着他能够担任宰相的职务，但是王佑因为正直不阿，不能被当世容纳。他曾经亲手在庭院中栽种了三棵槐树，并且说道："我的后代子孙日后肯定有人能够位列三公。"到了后来，他的儿子魏国文正公，在宋真宗景德、祥符年间当上了宰相，那时的朝廷政治上清明，天下太平无事，他享受福禄和荣耀有十八年的时间。如今假如要把东西寄存在别人哪里，第二天便去拿回来，那么可能得到，也可能无法得到，可是晋国公自己修养自身的德行，来求得上天给予的福报，在几十年以后，就得到了肯定的回报。就像手里拿着契约，亲自前去交接一样。我由此明白上天的意愿必然会展现出来。我没能来得及看到魏国公的风采，却有幸看到了他的儿子懿敏公。他在做仁宗皇帝的大臣时能够做到直言进谏，外出带兵、入朝为官长达三十多年的时间，这样的爵位还无法与他的美好德行相比。上天会又一次让王氏一门兴盛起来吗？为什么他的子孙后代中拥有这么多的贤人呢？有些世人将晋国公和李栖筠进行比较，他们两个人的确有雄才大略和正直气节，的确可以说是不相上的下。至于李栖筠的后人李吉甫、李德裕，父子两人所得到功名富贵与王氏比起来也很相似，可是说到忠恕仁厚，他们就不如魏公父子了。从这一点可以看出，王氏的福分正处于旺盛不衰的阶段啊！

懿敏公的儿子王巩与跟我有交往，他喜好美好的道德而且擅长诗文，从这一点来说是继承了家风，所以我也为他作了铭文。铭文说：啊，真是美好啊！魏公一门，与槐树一同兴起。辛苦的培植，必然要在经过一代之后才能够长成。他尽心为真宗服务、使天下成为太平盛世，回到家乡探家，槐树的阴凉笼罩了庭院。我们这些小人，一天从早忙到晚，只知道等待时机获得名利，哪里有时间来让自己的德行得到提升？只是盼望着能够得到意外的侥幸，不用种植就能够收获。假如君子不存在，那么国家又怎么能够成为一个国家？在京城的东部，便有晋国公的住宅，那茂盛青葱的三株槐树，正好代表着王氏的仁德。啊，真是美好啊！

方山子传

苏轼

[题解]

陈慥为人豪爽，好饮酒，苏轼在凤翔任职时曾与他交游。十九年后，苏轼被贬为黄州团练副使，途中遇到了陈慥。此时的陈慥已成了隐士，号方山子。苏轼赞赏他放弃富贵隐居深山能够怡然自得，感慨于人世的变迁，为他写了此篇传记，记下了他青年时期的豪气和隐居后的风度。

[原文]

方山子，光、黄[1]间隐人也。少时慕朱家、郭解为人[2]，闾里[3]之侠皆宗之。稍壮，折节读书，欲以此驰骋当世，然终不遇。晚乃遁于光、黄间，曰岐亭，庵居蔬食，不与世相闻。弃车马，毁冠服，徒步往来山中，人莫识也。见其所著帽，方耸[4]而高，曰："此岂古方山冠之遗像乎[5]？"因谓之方山子。

余谪居于黄，过岐亭，适见焉。曰："呜呼！此吾故人陈慥(zào)季常也，何为而在此？"方山子亦矍(jué)然，问余所以至此者。余告之故。俯而不答，仰而笑，呼余宿其家。环堵萧然，而妻子奴婢皆有自得之意。余既耸然异之。

独念方山子少时，使酒好剑，用财如粪土。前十九年，余在岐山[6]，见方山子从两骑，挟二矢，游西山。鹊起于前，使骑逐而射之，不获。方山子怒马独出，一发得之。因与余马上论用兵及古今成败，自谓一时豪士。今几日耳，精悍之色犹见于眉间，而岂山中之人哉[7]？

然方山子世有勋阀，当得官，使从事于其间，今已显闻。而其家在洛阳，园宅壮丽与公侯等。河北有田，岁得帛千匹，亦足以富乐。皆弃不取，独来穷山中，此岂无得而然哉？

余闻光、黄间多异人，往往佯狂垢污。不可得而见，方山子傥见之欤？

[注释]

①光：光州（治所在今河南光山）。黄：黄州（治所在今湖北黄冈）。②朱家、郭解：均为汉时著名游侠。③闾里：乡里。闾，里巷大门，代指里巷。④方耸：帽顶呈方形。⑤方山冠：汉代祭宗庙时乐师所戴的帽子。遗像：遗留下的式样。⑥岐山：指陕西凤翔。苏轼曾做凤翔佥判。⑦山中之人：指一般的隐居山野之人。

[译文]

方山子是光州、黄州一带的隐士。他年轻时，仰慕朱家、郭解的为人，乡里的游侠都推崇他。年岁稍长，就改变志趣，发奋读书，想以此在当世闻名，但是一直没有机遇。晚年就隐居在光州、黄州一带名叫岐亭的地方。他住茅屋，吃素食，不与俗士交往。舍弃了车马，毁坏书生衣帽，徒步来往于山里，当地无人认识他。人们见他戴的帽子又方又高，就说："这不就是古代方山冠遗留下来的样子吗？"因此都称他为"方山子"。

我因贬居黄州，有一次经过岐亭时，正巧遇见他。我说："啊，这是我的老朋友陈慥呀，为什么他住在这里呢？"方山子也惊讶地问我到此地的原因。我把原因告诉了他，他低头不语，接着又仰天大笑，请我住到他家去。他家里四壁空空，然而他的妻儿、奴仆都有种怡然自乐的神情。我感到十分惊异。

回想起方山子年轻的时候嗜酒弄剑、挥金如土的情景。十九年前，我在岐山，见到方山子带着两个骑马的随从，身佩两副弓箭，在西山游猎。前方飞起一鹊，他便叫随从追赶射鹊，未能射中。方山子独自跃马而出，一箭射中飞鹊。他和我就在马上谈论起用兵之道及古今成败之事，自诩为一代豪杰。至今又过了多少日子了，那股英气勃勃的神态，依然在眉宇间显现，这怎么会是一位隐士呢？

方山子出生于世代功勋的家族，理应有官做，假如他进入官场，到现在必已显达了。他家原在洛阳，园林宅舍雄伟富丽，可与公侯之家媲美。在河北还有田产，每年可得上千匹的丝帛收入，这些足以使他过上富裕安乐的生活了。然而他都抛开了，偏要来到穷山僻壤的地方，这难道是心中毫无所求的人能做到的吗？

我听说光州、黄州一带有不少奇人逸士，常常假装疯癫、衣衫破旧，但是总也没有机会见到他们，方山子或许见过他们吧。

作者简介

苏辙（1039—1112），字子由，一字同叔，晚号颍滨遗老，眉州眉山（今属四川）人。与父苏洵、兄苏轼合称"三苏"，并入"唐宋八大家"之列。

苏辙的主要文学成就在散文。有"冲和淡泊，遒逸疏宕"之誉。

苏辙从小受父亲的影响，长大受哥哥的感染，使他的散文风格既有苏洵的简洁雄健，又有苏轼的飘逸潇洒，简洁雄健主要表现在议论文章中，飘逸潇洒则表现在叙事抒情散文中。但他的议论文章比苏洵明快，而不如苏洵浑厚，他的抒情叙事文则比苏轼简洁，却远不如苏轼自由奔放，在"三苏"中可以媲美于其父而赶不上其兄，在"唐宋八大家"中也只能和曾巩同陪末席而难以与其他人比肩争先。

六国论

苏辙

[题解]

这是一篇史论文章，通过史实论述了六国灭亡的原因。作者认为，六国只看重眼前的小利，撕毁了相互之间的盟约，齐、楚、燕、赵不去帮韩、魏抵抗秦国，却争相割地贿赂秦国，导致自身逐渐被削弱，最后一一被秦国灭掉。

[原文]

尝读六国世家[①]，窃怪天下之诸侯，以五倍之地、十倍之众，发愤西向，以攻山西[②]千里之秦，而不免于灭亡。常为之深思远虑，以为必有可以自安之计。盖未尝不咎其当时之士，虑患之疏，而见利之浅，且不知天下之势也。

夫秦之所与诸侯争天下者，不在齐、楚、燕、赵也，而在韩、魏之郊；诸侯之所与秦争天下者，不在齐、楚、燕、赵也，而在韩、魏之野。秦之有韩、魏，譬如人之有腹心之疾也。韩、魏塞秦之冲，而蔽山东之诸侯，故天下之所重者，莫如韩、魏也。昔者范雎(jū)用于秦而收韩，商鞅用于秦而收魏。昭王未得韩、魏之心，而出兵以攻齐之刚、寿[③]，而范雎以为忧，然则秦之所忌者可见矣。秦之用兵于燕、赵，秦之危事也。越韩过魏而攻人之国都，燕、赵拒之于前，而韩、魏乘之于后，此危道也。而秦之攻燕、赵，未尝有韩、魏之忧，则韩、魏之附秦故也。夫韩、魏，诸侯之障，而使秦人得出入于其间，此岂知天下之势耶？委区区之韩、魏，以当强虎狼之秦，彼安得不折而入于秦哉？韩、魏折而入于秦，然后秦人得通其兵于东诸侯，而使天下遍受其祸。

夫韩、魏，不能独当秦，而天下之诸侯藉之以蔽其西，故莫如厚韩亲魏以摈秦。秦人不敢逾韩、魏以窥齐、楚、燕、赵之国，而齐、楚、燕、赵之国，因得以自完于其间矣。以四无事之国，佐当寇之韩、魏，使韩、魏无东顾之忧，而为天下出身[④]以当秦兵。以二国委秦，而四国休息于内，以阴助其急。若此，可以应夫无穷，彼秦者将何为哉？

不知出此，而乃贪疆埸[⑤]尺寸之利，背盟败约，以自相屠灭，秦兵未出，而天下诸侯已自困矣。至于秦人得间其隙[⑥]，以取其国，可不悲哉？

[注释]

①世家：指《史记》中记述诸侯王的家世兴衰的传记。六国在《史记》中专列

“世家”记述。②山西：战国秦汉时，崤山或华山以西为山西，即关西；以东为山东，即关东，也指秦以外的六国。秦国地属山西。塞秦之冲：堵塞、阻挡着秦国的军事要冲。③刚：今山东宁阳。寿：今山东郓城。皆齐国领地。④出身：挺身而出。⑤场：边界。⑥间其隙：利用六国间的矛盾。

[译文]

我读过《史记》的六国世家，私下里感到奇怪，天下的诸侯，凭着比秦国大五倍的土地，多十倍的民众，全心全力向西攻打崤山以西方圆千里的秦国，却最终不免于灭亡。我常深远思考此事，认为一定有能够使他们自我保全的计策，因此我总是怪罪那时六国的谋臣，在考虑忧患时疏忽大意，图谋利益时又目光短浅，而且不了解天下的形势！

秦国要和诸侯争夺天下的要害，不在齐、楚、燕、赵等地区，而在韩、魏的边境；诸侯要和秦国争夺天下的要害，也不在齐、楚、燕、赵等地区，而在韩、魏的边境。对秦国来说，韩、魏的存在，就好比人的心腹之患，韩、魏两国阻碍了秦国出入的要道，掩护着崤山东边的各诸侯国，所以全天下再也没有比韩、魏更重要的地方了。从前范睢被秦国重用，就征服了韩国，商鞅被秦国重用，又征服了魏国。秦昭王在还没获得韩、魏的归心以前，却出兵去攻打齐国的刚、寿两地，范睢却非常担忧。那么秦国忌惮的事情就可以看出来了。秦国对燕、赵出兵，这对秦国是危险的事情；越过韩、魏两国去攻打别国的国都，燕、赵在前面抵挡，韩、魏就在后面袭击，这是危险的方式。可是当秦国去攻打燕、赵时，却不曾有韩、魏会从后面袭击的顾虑，那是因为韩、魏归附了秦国的缘故啊！韩、魏是诸侯各国的屏障，却让秦国人在他们之间进出自如，这难道说是了解天下的形势吗？任由小小的韩、魏两国，去抵挡强暴如虎狼的秦国，他们怎能不屈服而归顺秦国呢？韩、魏屈服而归向秦国，于是秦国就可以出动军队直达东边各国，而使天下到处都遭受到他的祸害。

韩、魏无法单独抵挡秦国，可是全天下的诸侯，却必须靠着他们去挡住西边的秦国，所以不如亲近韩、魏使他们抵挡秦国，秦国人就不敢越过韩、魏来图谋齐、楚、燕、赵四国，然后齐、楚、燕、赵四国，也就可以保全自己了。凭着四个没有战事的国家，协助面对强敌的韩、魏，让韩、魏无东顾之忧，替全天下挺身而出来抵挡秦军，用韩、魏两国对付秦国，四国在后方休养生息，来暗中帮助解决急难，像这样就可以源源不绝地应付下去，秦国还能做些什么呢？

诸侯们不知道这样的谋略，却只贪图边境上些微土地的利益，破坏盟约，自相残杀，秦国的军队还没出动，天下的诸侯各国就已经将自己消耗困窘了，致使秦国人能够乘虚而入来夺取他们的国家，怎能不令人感到悲哀？

上枢密韩太尉书

苏辙

[题解]

本文为苏辙十九岁所作。苏辙考中进士后，写了这封自荐信，求见当时管理全国军事的韩琦。文章没有阿谀谄媚之态，而是从作文之道着手，将求进之事与文学结合起来，不同流俗，使得韩琦另眼相看。文中提出了实践对创作具有重要意义的观点，丰富和发展了我国古代的文学理论。

[原文]

太尉执事：辙生好为文，思之至深，以为文者气之所形[①]，然文不可以学而能，气可以养而致。孟子曰："我善养吾浩然之气。"今观其文章，宽厚宏博，充乎天地之间，称其气之小大。太史公行天下，周览四海名山大川，与燕、赵间豪俊交游，故其文疏荡[②]，颇有奇气。此二子者，岂尝执笔学为如此之文哉？其气充乎其中而溢乎其貌，动乎其言而见乎其文，而不自知也。

辙生十有九年矣。其居家所与游者，不过其邻里乡党[③]之人；所见不过数百里之间，无高山大野可登览以自广。百氏[④]之书，虽无所不读，然皆古人之陈迹，不足以激发其志气。恐遂汩(gǔ)没[⑤]，故决然舍去，求天下之奇闻壮观，以知天地之广大。过秦、汉之故都，恣观终南、嵩、华之高[⑥]；北顾黄河之奔流，慨然想见古之豪杰；至京师，仰观天子宫阙之壮，与仓廪(lǐn)、府库、城池、苑囿之富且大也，而后知天下之巨丽；见翰林欧阳公，听其议论之宏辩，观其容貌之秀伟，与其门人贤士大夫游，而后知天下之文章聚乎此也。太尉以才略冠天下，天下之所恃以无忧，四夷之所惮以不敢发，入则周公、召公[⑦]，出则方叔、召虎[⑧]，而辙也未之见焉。

且夫人之学也，不志其大，虽多而何为？辙之来也，于山见终南、嵩、华之高，于水见黄河之大且深，于人见欧阳公，而犹以为未见太尉也。故愿得观贤人之光耀，闻一言以自壮，然后可以尽天下之大观而无憾者矣。

辙年少，未能通习吏事。向之来，非有取于斗升之禄，偶然得之，非其所乐。然幸得赐归待选⑨，使得优游数年之间，将以益治其文，且学为政。太尉苟以为可教而辱教之，又幸矣！

［注释］

①文者气之所形：指文章是作者的精神气质的外在表现。②疏荡：指文风疏畅而跌宕有致。③邻里乡党：泛言乡里。古代以五家为邻，二十五家为里，五百家为党，一万二千五百家为乡。④百氏：指诸子百家。⑤汩没：埋没，消沉。⑥终南：终南山，在今陕西西安南。嵩：嵩山，在河南洛阳东南。华：华山，在陕西华阴南。⑦周公：名旦。召公：名奭。二人都是周初的辅弼大臣。⑧方叔、召虎：周宣王的大臣。方叔征荆蛮、玁狁有功。召虎曾讨平淮夷。⑨待选：等待选派官职。

［译文］

太尉执事：我生性喜欢写作，并经过很深的思考。我认为文章是由气形成的，然而文章不是单凭学习就写得好的，而气可以通过修养获得。孟子说："我善于修养自己的浩然之气。"今天看他的文章，宽厚广博，充塞于天地之间，与他气的大小相称。司马迁走遍天下，广游四海名山大川，与燕、赵之间的豪杰才俊交游，因此他的文章疏放不羁，很有奇特之气。这两个人，难道靠执笔学习就能写出这样的文章吗？他们的气充满在内心而外化于容貌，流动在言语中而表现为文章，自己却并未察觉。

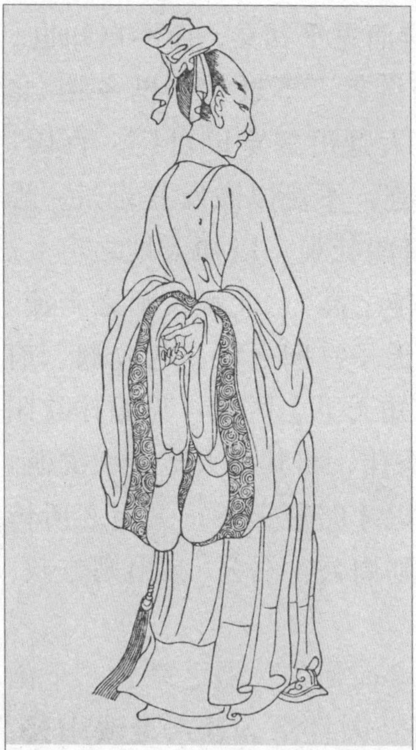

苏文定公

苏辙，谥文定。

我出生已经十九年了，在家乡所交往的，不过是邻居乡里的人，所见到的不过方圆数百里的景物，没有高山旷野可以登高远望以开阔自己的视野。诸子百家的书，虽然无所不读，然而都是古人的陈迹，不足以激发自己的志气。我恐怕就此而被埋没，因此坚决地离开家乡，去寻求天下的奇异见闻、雄壮景观，以便了解天地的广大。经过秦汉故都，纵情观览终南山、嵩山、华山的高大。北望奔流的黄河，慷慨激昂地想到了古代的豪杰。到了京城，仰望壮丽的天子宫殿和富庶巨大的粮仓、府库、城池、园林，然后才知道天下宏伟壮丽的景象。见到翰林学士欧阳修，听他宏肆雄辩的议论，看他秀美伟岸的容貌，和他的门人贤士大夫交游，这才知道天下的文章都聚集在这里。太尉您雄才大略、称冠天下，举国百姓依靠您而无忧无虑，周边的少数民族畏惧您而不敢侵犯，进入朝廷像周公、召公一样德高望重，领兵出征像方叔、召虎一样勇猛威武，可是我还未见过您。

况且一个人的学习，如果没有立下大志，即使学得再多又有什么用呢？我来到京城，对于山，见到了终南山、嵩山、华山；对于水，见到了深广的黄河；对于人，见到了欧阳修，而我还没有见到您啊！所以希望能够看到贤德的风采，听到您一句话也足以激励我，这样就可以遍历天下的宏伟景观而没有遗憾了。

我还年轻，还没能全面地见习过政务。先前来京城参加考试，并不是为了求取一官半职，偶然考中了，也并不是我喜欢的。然而，有幸能够被准许回家，等待朝廷的选用，使我能够从容地再学几年，我将好好地揣摩做文章之道，而且学习处理政事。太尉如果认为我还可以教导并且屈尊教导我，那就更使我感到幸运了。

黄州快哉亭记

苏辙

[题解]

元丰二年（1079），苏轼因“乌台诗案”被贬，苏辙因上疏替苏轼辩解也遭到贬谪。与苏轼同样谪居在黄州的张梦得于元丰六年（1083）在住所西南建了一座亭子，苏轼将其命名为“快哉亭”。本文描写了三个人，即张怀民、苏轼和作者自己，他们的共同之处是都处于被贬中。文章赞扬了身处逆境时旷达乐观的精神，也流露出失意和不平之情。

[原文]

江出西陵，始得平地，其流奔放肆大，南合湘沅，北合汉沔[①]，其势益张。至于赤壁之下，波流浸灌，与海相若。清河张君梦得，谪居齐安[②]，即其庐之西南为亭，以览观江流之胜，而余兄子瞻名之曰“快哉”。

盖亭之所见，南北百里，东西一舍[③]，涛澜汹涌，风云开阖；昼则舟楫出没于其前，夜则鱼龙悲啸于其下；变化倏忽，动心骇目，不可久视。今乃得玩之几席之上，举目而足。西望武昌诸山，冈陵起伏，草木行列，烟消日出，渔夫、樵父之舍，皆可指数[④]，此其所以为“快哉”者也。至于长洲之滨，故城之墟，曹孟德、孙仲谋之所睥睨（bì nì）[⑤]，周瑜、陆逊之所驰骛[⑥]，其风流遗迹，亦足以称快世俗。

昔楚襄王从宋玉、景差于兰台之宫[⑦]，有风飒然至者，王披

襟当之，曰：“快哉此风！寡人所与庶人共者耶？”宋玉曰：“此独大王之雄风耳，庶人安得共之！”玉之言盖有讽焉。夫风无雄雌之异，而人有遇不遇之变。楚王之所以为乐，与庶人之所以为忧，此则人之变也，而风何与焉？

士生于世，使其中不自得，将何往而非病？使其中坦然，不以物伤性，将何适而非快？今张君不以谪为患，收会稽之余，而自放山水之间，此其中宜有以过人者。将蓬户瓮牖，无所不快，而况乎濯(zhuó)长江之清流，挹(yì)西山之白云，穷耳目之胜以自适也哉！不然，连山绝壑，长林古木，振之以清风，照之以明月，此皆骚人思士之所以悲伤憔悴而不能胜者，乌睹其为快也哉！

[注释]

①汉沔：汉水和沔水。汉水上游称漾水，至陕西沔县一段又称沔水，东经褒城，纳褒水，始称汉水。②齐安：旧郡名，即黄州。③一舍：三十里。④指数：指点计算。⑤睥睨：斜视的样子。此指傲视对方，相互争雄。⑥驰骛：逐战。⑦宋玉、景差：楚国以辞赋见长的文学家。兰台：楚国官苑，故址在今湖北钟祥。

[译文]

长江流出西陵峡，开始进入平地，水流变得奔腾浩荡。南边与湘水、沅水合流，北边与汉水、沔水汇聚，水势显得更加壮阔。流到赤壁之下，江流滚滚，如海洋一般。清河张梦得，贬官后居住在齐安，在靠近住宅的西南方向建了一座亭子，用来观赏长江的胜景。我的哥哥子瞻将其命名为“快哉亭”。

在亭子里能看到南北上百里、东西三十里。波涛汹涌，风云多变。白天，船只在亭前出没；夜间，鱼龙在亭下悲鸣。景色瞬息万变，令人触目惊心，不能长时间观看。现在能在亭中的小桌坐席旁赏玩这些景色，抬起眼来就能看个够。向西眺望武昌的群山，山脉高低起伏，草木排列成行，烟云消散，太阳出来，渔夫、樵夫的房舍历历可数，这就是把亭子称为“快哉”的原因。至于沙洲的岸边，故城的废墟，是曹操、孙权争夺的地方，是周瑜、陆逊率兵驰骋的场所，他们流传下来的风采和遗迹也足以使世俗之人称快。

从前，楚襄王让宋玉、景差跟从游览台宫。一阵风吹来，飒飒作响，楚王敞开衣襟迎着风，说：“这风多么令人畅快啊！这是我和百姓共有的吧？”宋玉说：“这只是大王的雄风，百姓怎么能和大王共同享受！”宋玉的话里大概有讽喻的意味。风并无雄雌之别，而人有际遇的不同。楚王之所以觉得快乐，而百姓之所以感到忧愁，是因为人的境遇不同，与风又有什么关系呢？

士人生活在世上，假如他心中不坦然，那么，到哪里能没有痛苦？假使心胸坦荡，不因为外界的影响而妨害性情，那么，到哪里能没有快乐？现在，张君不因贬官而感到忧患，在办完了公务之后，在山水之间尽情游玩，这大概是因为他的心胸有超过常人之处。即使是用蓬草编门，以破瓦片做窗，也不会有什么不快乐的，更何况在清澈的长江中洗浴，面向西山的白云来观赏，使耳目饱览美景而使自己畅快呢？如果不是这样，连绵的峰峦，深陡的沟壑，大片的森林，参天的古木，清风吹拂，明月高照，这些都是使失意文人感到悲伤憔悴而难以忍受的景物，哪里看得出这是能使人快乐的呢？

作者简介

曾巩（1019—1083），字子固，宋建昌南丰县（今江西南丰）人，官宦世家出身。仁宗嘉祐二年（1057）中进士，初任太平州（今安徽当涂）司法参军。嘉祐五年（1060）入京编校史馆书籍，历馆阁校勘、集贤校理。为英宗实录检讨官。后曾巩自求外任，任地方官十二年。元丰四年（1081），迁史馆修撰，兼判太常寺，主修五朝国史。拜中书舍人。

曾巩为地方官时，颇有治绩，为人所称道。但他的主要成就还是在文学创作上。他能诗善文，与欧阳修等一起为宋代的诗文革新运动做出了杰出的贡献，成为“唐宋八大家”之一。著有《元丰类稿》五十卷，《续元丰类稿》四十卷，《外集》十卷。可惜后两种在南宋时已散失，只有《元丰类稿》存世。另有史学著作《隆平集》。

寄欧阳舍人书

曾巩

[题解]

欧阳修为曾巩的祖父撰写了墓志铭，本文即是曾巩为表示感谢而写给欧阳修的信，充分体现了曾巩文纡徐、简奥的特色，被公认为曾巩最有代表性的一篇作品。

[原文]

去秋人还，蒙赐书及所撰先大父[①]墓碑铭，反复观诵，感与惭并。

夫铭志之著于世，义近于史，而亦有与史异者。盖史之于善恶无所不书，而铭者，盖古之人有功德、材行、志义之美者，惧后世之不知，则必铭而见之，或纳于庙，或存于墓，一也。苟其人之恶，则于铭乎何有？此其所以与史异也。其辞之作，所以使死者无有所憾，生者得致其严。而善人喜于见传，则勇于自立；恶人无有所纪，则以愧而惧。至于通材达识，义烈节

士，嘉言善状，皆见于篇，则足为后法。警劝之道，非近乎史，其将安近？

及世之衰，人之子孙者，一欲褒扬其亲而不本乎理。故虽恶人，皆务勒铭，以夸后世。立言者既莫之拒而不为，又以其子孙之请也，书其恶焉，则人情之所不得，于是乎铭始不实。后之作铭者当观其人。苟托之非人，则书之非公与是，则不足以行世而传后。故千百年来，公卿大夫至于里巷之士莫不有铭，而传者盖少；其故非他，托之非人，书之非公与是故也。

然则孰为其人而能尽公与是欤？非畜道德而能文章者无以为也。盖有道德者之于恶人，则不受而铭之，于众人则能辨焉。而人之行，有情善而迹非，有意奸而外淑，有善恶相悬而不可以实指，有实大于名，有名侈于实。犹之用人，非畜道德者，恶(wū)能辨之不惑，议之不徇？不惑不徇，则公且是矣！而其辞之不工，则世犹不传，于是又在其文章兼胜焉。故曰：非畜道德而能文章者，无以为也。岂非然哉？然畜道德而能文章者，虽或并世而有，亦或数十年或一二百年而有之。其传之难如此，其遇之难又如此。若先生之道德文章，固所谓数百年而有者也。先祖之言行卓卓，幸遇而得铭，其公与是，其传世行后无疑也。而世之学者，每观传记所书古人之事，至于所可感，则往往衋(xì)然[2]不知涕之流落也，况其子孙也哉？况巩也哉？其追睎(xī)[3]祖德，而思所以传之之由，则知先生推一赐于巩，而及其三世。其感与报，宜若何而图之？

抑又思若巩之浅薄滞拙而先生进之，先祖之屯(zhūn)蹶否(pǐ)塞[4]以死，而先生显之。则世之魁闳(hóng)豪杰不世出之士，其谁不愿进于门？潜遁幽抑之士，其谁不有望于世？善谁不为，而恶谁不愧以惧？为人之父祖者，孰不欲教其子孙？为人之子孙者，孰不欲宠荣其父祖？此数美者，一归于先生！既拜赐之辱，且敢进其所以然。所论世族之次，敢不承教而加详焉。

愧甚，不宣。

[注释]

①先大父：已故世的祖父。②衋然：悲伤痛苦的样子。③晞：仰慕。④屯蹶：艰难而不顺利。否塞：境遇不好。

[译文]

去年秋天有人回来，承蒙您赐书信给我及为先祖父撰写墓碑铭。我反复读诵，觉得既感慨又惭愧。

铭志之所以能够著称于世，是因为它的意义与史传相接近，但也有与史传不同之处。史传对传主的善恶都加以记载，而碑铭呢，大概是怕古代功德卓著、德操出众、志向远大、道义高尚的人不为后世所知，所以一定要立碑刻铭来显扬自己，有的放入家庙，有的放置在墓穴中，其用意是一样的。如果是个无功业的恶人，又有什么好铭刻的呢？这就是碑铭与史传的不同之处。铭文的作用，就是使死者没有什么遗憾，生者借以表达哀思和尊敬。行善之人希望自己的善行能够流传，就发奋有所建树；恶人没有什么可记，因此感到惭愧和恐惧。至于博学多才、见识通达的人，忠义英烈、节操高尚之士，他们的美言善行，都记载在碑铭里，这就足以成为后人的榜样。铭文警世劝诫的作用，不与史传相近又与什么相近呢？

到了世风衰微之时，为人子孙的，一心只想褒扬他们死去的亲人而不顾事理。虽然是恶人，也一定要立碑、刻铭以夸耀后世。撰写铭文的人既不能拒绝不作，只因为死者子孙的一再请托。如果直书死者的恶行，从人情上讲又不应该，因此铭文就开始不真实了。后代要请人作碑铭者，应当观察一下作者的为人。如果所请的人不得当，那么他写的铭文必定会不公正，不合乎事实，就不能流传于世。所以千百年来，尽管公卿以至里巷小民死后都有碑铭，但流传于世的很少。这没有别的原因，正是因为请了不适当的人，撰写的铭文不公正、不符合事实。

那么怎样的人才能做到公正而符合事实呢？不是道德高尚、文章高明的人是不能做到的。因为道德高尚的人是不会接受恶人的请求而撰写铭文的，对于一般的人也能够分别善恶。而人们的品行，有内心善良而行为表现不见得好的，有内心奸恶而外表良善的，有评价悬殊而很难说清楚的，有实际大于名望的，有名不符实的。好比用人，不是道德

曾文定

曾巩，谥文定。

高尚的人，怎么能辨别清楚而不受迷惑，议论公正而不徇私情？能不受迷惑，不徇私情，就会公正和实事求是。但是如果辞藻不精美，依然无法流传，因此就要求他还必须擅长文章。所以说，不是道德高尚而又工于文章的人是写不好铭文的，难道不是如此吗？

但是道德高尚而又善做文章的人，虽然有时会接连出现，也有时几十年甚至一二百年才有一个。这种人的出现很难，而遇见这种人更加困难。像先生的道德文章，是几百年中才会出现的。我先祖的言行高尚，幸运地遇上先生您撰写公正而又实事求是的碑铭，先祖将流传当代和后世是无疑的了。世上的学者，每当阅读传记所载古人的事迹，看到感人之处，就常常激动得不觉流下泪来，何况是作为子孙的呢？又何况是我呢？我追怀先祖高尚的道德而想到之所以能传之后世的原因，就知道先生惠赐一篇碑铭，恩泽将及于三代。这感激与报答之情，我应该怎样表达呢？

我又想到，像我这样浅薄愚陋的人，还受到先生的提拔和鼓励，像我先祖这样潦倒不得志而死的人，先生能使他显扬，那么世上那些俊伟豪杰之士，他们谁不愿意拜倒在您的门下呢？那些潜居山林、穷居退隐之士，他们谁不希望扬名于世呢？好事谁不想做，丑恶的事谁不羞愧害怕？做父亲、祖父的，谁不想好好教导自己的子孙？做子孙的，谁不想使自己的父祖荣耀显扬？这种种好的效果，都应当归功于先生。我荣幸地得到了您的恩赐，并且冒昧地向您陈述自己心里的想法。来信所论及的我的家族的辈次，我一定听从您的教诲而加以研究审核。

惭愧之至，书不尽怀。

赠黎安二生序

曾巩

[题解]

这篇赠序是曾巩在治平四年（1067）受黎、安两位书生的请求所写的。黎、安二人是由苏轼写信推荐给曾巩的，他们对曾巩提出自己写古文受到当时人们的嘲笑，曾巩从此事着笔，委婉地告诫两个人不要怕嘲笑，也不要放弃自己的原则，要敢于坚持自己的主见，走自己的道路。文章反映出了古文运动在宋代经历的种种斗争，其中提到的“道”和“古”，在当时是具有一定的进步意义的。

[原文]

赵郡苏轼①，余之同年友也②。自蜀以书至京师遗(wèi)余③，称蜀之士曰黎生、安生者。既而黎生携其文数十万言，安生携其文亦数千言，辱以顾余④。读其文，诚闳(hóng)壮隽伟⑤，善反复驰骋，穷尽事理，而其材力之放纵，若不可极者也。二生固可谓魁奇特起之士，而苏君固可谓善知人者也。顷之，黎生补江陵府司法参军⑥，将行，请予言以为赠。余曰：“余之知生，既得之于

心矣，乃将以言相求于外邪[⑦]？”黎生曰：“生与安生之学于斯文[⑧]，里之人皆笑以为迂阔[⑨]。今求子之言，盖将解惑于里人。”余闻之，自顾而笑。夫世之迂阔，孰有甚于予乎？知信乎古，而不知合乎世[⑩]；知志乎道，而不知同乎俗，此余所以困于今而不自知也[⑪]。世之迂阔，孰有甚于予乎？今生之迂，特以文不近俗[⑫]，迂之小者耳，患为笑于里之人[⑬]。若余之迂大矣，使生持吾言而归，且重得罪[⑭]，庸讵止于笑乎[⑮]？然则若余之于生，将何言哉？谓余之迂为善，则其患若此。谓为不善，则有以合乎世，必违乎古，有以同乎俗，必离乎道矣。生其无急于解里人之惑[⑯]，则于是焉必能择而取之。遂书以赠二生，并示苏君，以为何如也。

[注释]

①赵郡：治所在今河北赵县。苏轼的祖先为赵郡栾城（今河北栾城）人，故文中称“赵郡苏轼”。②同年：就称同科考中的认为同年。曾巩与苏轼同为嘉祐二年（1057）进士，故称。③“自蜀”句：苏轼于治平三年（1066）丁父忧归蜀，至熙宁二年（1069）还朝。写此信时在蜀，故云。遗，给。④辱：谦词，有“承蒙”“屈驾”之意。顾：过访。⑤闳壮：宏大。⑥补：旧指官吏有缺额时选员补充。江陵府：治所在今湖北江陵。司法参军：负责狱讼的地方低级官员。⑦乃：岂，难道。⑧斯文：指当时欧阳修、苏轼等所倡导的古文。⑨迂阔：不切实际。⑩合：同。⑪困：窘迫，不通达。⑫特：只，仅。⑬患：担心。与下文“其患若此”之“患”作“祸害”讲不同。⑭且：将。重：更加。⑮庸讵：岂，何。⑯其：助词，有“请”“希望”之意。

[译文]

赵郡的苏轼与我是同一年考中进士的朋友。他在蜀地写了一封信寄给了身在京城的我，向我推荐蜀地的两个读书人黎生、安生。没过多久，黎生携带着自己几十万字的文章，安生也带着自己几千字的文章，屈尊前来访问我。我看了他们所写的文章，的确气势磅礴，风格雄伟俊逸，善于纵横捭阖，对事理的剖析非常透彻。他们的才华和文笔都很好，前途看起来不可限量。这两个人的确算得上是十分杰出的人才，而苏轼也确实称得上擅长识别人才！没过多久，黎生补任为江陵府的司法参军。临行之时，他请我写篇文章作为赠别。我对他说：“我从内心觉得对你已经有了深入的了解，难道还要再用言语表达出来吗？”黎生说道：“我与安生学写古文，家乡的人们都嘲笑我们，认为我们迂腐而不切实际。如今请您给我写篇文章，是希望可以消除家乡人对我们的错误看法。”我听黎生说了这番话之后，想到了自己的经历，忍不住发出了笑声。这个世界上的迂腐之人，还有什么人能比我更严重的呢？我只想着遵守古训，却不知道如何迎合当世；只想着以圣贤之道为自己的行事原则，却不明白应该随波逐流。这便是我为何到现在还一直处于困顿状态而不自知的原因啊！这个世界上的迂腐之人，还有谁能比我更厉害？如今你们所谓的迂腐，只不过是由于文章与世俗不和，这只是很微小的一种迂腐罢了，还要为自己被同乡嘲笑而担心，像我这样的迂腐可是很厉害了。假如你们把我的话拿回去让人看，恐怕会得到更多更严厉的指责，怎么可能只是得到一些嘲笑呢？既然如此，我又该向你们说点什么好呢？假如把我的迂腐看成好的，但是它却造成了这样的祸害；说我的迂腐是不好的，可尽管它能够迎合世人，却与古训产生了必然的冲突，如果与流俗相附和之处，就肯定与圣贤之道相背离。我劝你们还是别急着去消除家乡人们的错误看法了，如此就肯定可以在古文和时文、正道和世俗这些方面做出正确的选择。于是我把这些话写下来送给两位，并且把这篇文章拿给苏轼先生看一看，觉得我的看法怎么样呢？

作者简介

王安石（1021—1086），字介甫，晚号半山，抚州临川（今江西临川）人。曾封舒国公、荆国公，死后追赠舒王，谥文。世称荆公、舒王、王文公、王临川。

王安石的散文长于说理，逻辑性强；布局严整，文势跌宕起伏；运笔倔强、峭拔。另一显著特点是文笔简洁而用意深长。和其他人的作品比起来，虽然不那么纡徐摇曳，不那么含蓄蕴藉，词句也不那么讲究雕琢锤炼，但更富于一针见血的锐利和开门见山的明快，这也许和他“务为有补于世”的实用文学观和倔强爽直的个性有关，在下面四篇散文作品中我们能看到一些他的风格，也能感觉到他还有好发议论善于联想的特点。

读孟尝君传

王安石

[题解]

齐国的孟尝君与赵国的平原君、魏国的信陵君、楚国的春申君并称为“战国四公子”，都以招揽贤士闻名于世。本文为王安石读《史记》中孟尝君传记后所作，批驳世人之定论，写得短小精悍，是一篇有名的翻案文章。

[原文]

世皆称孟尝君能得士，士以故归之，而卒赖其力以脱于虎豹之秦①。嗟乎！孟尝君特鸡鸣狗盗之雄耳，岂足以言得士？不然，擅齐之强，得一士焉，宜可以南面而制秦，尚何取鸡鸣狗盗之力哉？鸡鸣狗盗之出其门，此士之所以不至也。

[注释]

①“而卒”句：秦昭王十年（前297），孟尝君在秦国被囚，他的门客中有善于狗盗者，夜入秦宫，盗得狐白裘，献给昭王宠姬，宠姬因劝昭王释放孟尝君。孟尝君逃至函谷关时，昭王后悔，派人来追。此时，天色未明，按规定到鸡鸣后才能开关放人进出，又有一门客善于学鸡鸣，骗开关门，孟尝君得以逃回齐国。

[译文]

世人都称赞孟尝君能够搜罗人才，因此人才都投到他的门下，而他终于因他们的出力帮助，得以从虎豹一样凶残的秦国逃走。咳！孟尝君只不过是鸡鸣狗盗之徒的首领罢了，哪里称得上能搜罗人才呢？如果不是这样，凭借齐国的强大，得到一个真正的人才，就应该可以南面称王而制服秦国，还用得着这些鸡鸣狗盗之徒吗？鸡鸣狗盗之辈出入他的门下，这正是真正的人才不去他那里的原因呀！

同学一首别子固

王安石

[题解]

本文是王安石在读了友人曾巩（字子固）写给他的《怀友》一文后写的，作于庆历四年（1044）。文章表现了王安石和友人之间互相敬慕、勉励，以期携手共进的情怀；也表明王安石在青年时期就怀有企慕圣人，有所作为的志向。文章在表现手法上的最大特色，是陪衬法的运用。文章一开始便以曾巩和作者的另一友人孙侔（字正之）相提并论，说明他们志同道合，具有共同的言行特点，因此要互相勉励，以实现理想。因此，文章题为“别子固”，却处处以孙正之陪说，写正之即是在写子固，反复强调，交互映发，错落参差，结构紧凑，而不显得单调重复。文章淡淡写来，却显得情真意笃，“淡而弥远，自令人寻味无穷”（吴楚材、吴调侯评语）。

[原文]

江之南有贤人焉[①]，字子固，非今所谓贤人者，予慕而友之。淮之南有贤人焉[②]，字正之[③]，非今所谓贤人者，予慕而友之。二贤人者，足未尝相过也，口未尝相语也，辞币未尝相接也[④]。其师若友[⑤]，岂尽同哉？予考其言行[⑥]，其不相似者何其少也！曰：学圣人而已矣。学圣人，则其师若友必学圣人者。圣人之言行，岂有二哉？其相似也适然[⑦]。

予在淮南，为正之道子固，正之不予疑也[⑧]。还江南，为子固道正之，子固亦以为然。予又知所谓贤人者，既相似又相信不疑也。

子固作《怀友》一首遗(wèi)予⑨，其大略欲相扳(pān)以至乎中庸而后已⑩，正之盖亦尝云尔。夫安驱徐行⑪，轥(lìn)中庸之庭⑫而造于其室⑬，舍二贤人者而谁哉？予昔非敢自必其有至也⑭，亦愿从事于左右焉尔，辅而进之，其可也。

噫！官有守⑮，私有系⑯，会合不可以常也。作《同学一首别子固》，以相警且相慰云⑰。

［注释］

①江：指长江。②淮：指淮河。③正之：孙侔，字正之，一字少述，吴兴（今属浙江）人。一生隐逸不仕。④辞：书信。币：缯帛，古人常用作礼物。⑤若：和。⑥考：查核，引申为考察、观察。⑦适然：应该，恰好。⑧不予疑："不疑予"的倒装。⑨遗：赠送。⑩扳：通"攀"，援引。中庸：不偏为中，不变为庸，即不偏不倚，循常守则。这是儒家奉行的道德标准。⑪安驱徐行：稳步前进的意思。驱，行进。徐，缓。⑫轥：车轮，这里用作动词。⑬造于其室：《论语·先进》："子曰：'由也升堂矣，未入于室也'。"后世便以升堂入室比喻学习由浅入深的两个阶段。王安石在这里化用其意。造，到。⑭必：肯定。⑮守：工作岗位。⑯私：私人。系：牵制，指系念的琐事。⑰警：警策，勉励。云：句末助词。

［译文］

江南一位贤人，字子固，不是现在通常所说的那种贤人，我仰慕他并以他为朋友。淮南有一位贤人，字正之，不是现在通常所说的那种贤人，我仰慕他并以他为朋友。这两位贤人，足不曾登门相访，口不曾相互交谈，书信、礼物也不曾交换过。他们的老师和朋友，难道都相同吗？我观察他们的言行，彼此不相同的地方是多么的少呀！我说：这是学习圣人的结果罢了。学习圣人，那么他们的老师和朋友必定也是学习圣人的。圣人的言行，难道会有两样的吗？他们的相似也是当然的了。

我在淮南，向正之介绍子固，正之不怀疑我说的话。回到江南，向子固介绍正之，子固也认为我的话对。我又由此知道被称为贤士的人，既相似又互相信任、不疑。

子固作了一篇《怀友》送给我，文章的大意是要互相援引，以期最终达到中庸之道的境界。正之也曾经这样说过。驾车稳稳地行进，通过中庸的厅堂，然后到达它的内室，除了这两位贤人之外还有谁能做到呢？我从前不敢肯定自己能够达到中庸之道的境界，却也愿意跟随他们去做，在他们的帮助下朝着这个方向前进，也就可以了。

啊！做官有典守的岗位，私人有羁绊的琐事，友朋间的相聚不可以经常得到。作《同学一首留别子固》，用来互相勉励并互相安慰。

游褒禅山记

王安石

[题解]

本文是王安石变法前，任舒州通判时所作的一篇叙议结合的游记，通过记述他和同伴游褒禅山的过程，借物言志，生发议论，阐述人生道理，说明若要成就大事业，就要有坚强的毅力，并且有一定的物质条件作为辅助。

[原文]

褒禅山[1]亦谓之华山。唐浮图慧褒[2]始舍于其址，而卒葬之，以故其后名之曰“褒禅”。今所谓慧空禅院者，褒之庐冢也。距其院东五里，所谓华山洞者，以其乃华山之阳[3]名之也。距洞百余步，有碑仆道，其文漫灭，独其为文犹可识，曰“花山”。今言“华”如“华实”之“华”者，盖音谬也。

其下平旷，有泉侧出，而记游者甚众，所谓“前洞”也。由山以上五六里，有穴窈(yǎo)然，入之甚寒，问其深，则其好游者不能穷也，谓之“后洞”。予与四人拥火以入，入之愈深，其进愈难，而其见愈奇。有怠而欲出者，曰：“不出，火且尽。”遂与之俱出。盖予所至，比好游者尚不能十一，然视其左右，来而记之者已少。盖其又深，则其至又加少矣。方是时，予之力尚足以入，火尚足以明也。既其出，则或咎其欲出者，而予亦悔其随之，而不得极乎游之乐也。

王安石诗《太湖恬亭》

日落断桥人独立，山涵幽树鸟相依。

于是予有叹焉。古之人观于天地、山川、草木、虫鱼、鸟兽，往往有得，

以其求思之深而无不在也。夫夷以近，则游者众，险以远，则至者少。而世之奇伟、瑰怪非常之观，常在于险远，而人之所罕至焉。故非有志者，不能至也。有志矣，不随以止也，然力不足者，亦不能至也。有志与力，而又不随以怠，至于幽暗昏惑而无物以相之，亦不能至也。然力足以至焉，于人为可讥，而在己为有悔。尽吾志也而不能至者，可以无悔矣，其孰能讥之乎？此予之所得也。

予于仆碑，又有悲夫古书之不存，后世之谬其传而莫能名者，何可胜道也哉！此所以学者不可以不深思而慎取之也。

四人者：庐陵萧君圭君玉，长乐王回深父，予弟安国平父、安上纯父[4]。

［注释］

①褒禅山：在今安徽含山北。②唐浮图慧褒：唐代的和尚慧褒。浮图，或作浮屠、佛图，梵语译音，有佛、佛徒、佛塔等义。这里指佛徒。③华山之阳：华山之南。④庐陵：今江西吉安。萧君圭君玉：萧君圭，字君玉，生平不详。长乐：今福建长乐。王回深父：王回，字深父（或作深甫），宋代理学家。安国平父：王安国，字平父（或作平甫），安石之弟。安上纯父：王安上，字纯父（或作纯甫），亦安石之弟。

［译文］

褒禅山也叫作华山。唐代高僧慧褒开始在这里建房居住，而死后就葬在这里。因此，以后就把这座山称作褒禅山。现在被称为慧空禅院的地方，就是慧褒和尚的房舍和墓地。距离禅院东面五里，有个被称为华山洞的地方，是因为它在华山的南面而得名的。离洞一百多步，有一块石碑倒在路上，碑上的文字已经模糊不清了，只有“花山”二字还能辨认出来。现在将“华”字读成“华实”的“华”，是把字音读错了。

山洞下面平坦而开阔，有泉水从旁边流出，到这里游览并题字留念的人很多，这就是人称“前洞”的地方。沿山向上走五六里，有一个山洞很幽暗深邃，走进去感觉很寒冷。询问它有多深，就是那些喜欢游山玩水的人也不能走到尽头，人们称它为“后洞”。我和四个游伴举着火把走进去，进去越深，前进越难，而见到的景色就越奇妙。有懈怠而想出来的，说：“不回去，火把就要烧完了。”于是大家就和他一起出来了。大概我们所到的地方，与那些喜欢游山玩水的人相比，还不到十分之一，可是看到左右洞壁，来到这里并且题字留念的人已经很少了。大概越往深处，到达的人就越少。这时候，我的力气还足够继续往前走，火把也还足够照明。出洞以后，有人就责怪那吵着要退出的人，我也后悔跟着他退了出来，而不能尽情享受游览的乐趣。

于是，我颇有感慨。古代的人在观察天地、山川、草木、虫鱼、鸟兽时，往往有心得体会，这是因为他们思考问题很深刻，所考虑的无所不在。那些平坦而距离又近的地方，游人就很多；艰险而又遥远的地方，去的人就很少。然而世界上奇特、壮丽、极不寻常的自然风景，常常是在艰险遥远而人们很少到达的地方。因此，没有志向的人是不能到达的。有了志向，不轻易停止前进，但是气力不足，也不能到达。既有志向又有气力，也不轻易懈怠，但是到了幽深、昏暗、又神迷目乱之处，没有外物的辅助，也不能到达。然而，气力足却因不够努力而没有到达，是要被别人讥笑的，而在自己也会感到懊悔。已经尽了自己的努力却仍不能到达，可以不必后悔，又有谁会讥笑呢？这就是我的心得。

游山

本文是一篇游记，通过记述作者和同伴游褒禅山的过程，阐述人生道理。

我看到倒伏在路上的石碑，又感慨古书的散失，使后世的人以讹传讹而无法弄清许多事情的真实情况，这类事情哪能说得完呢！这就是治学的人不能不深入思考和谨慎择取的原因。

同游的四个人是：庐陵的萧君圭字君玉，长乐的王回字深父，我的弟弟安国字平父、安上字纯父。

泰州海陵县主簿许君墓志铭

王安石

[题解]

这篇墓志铭是作者为一位名叫许平的县主簿所写的，许平是一个普通的官吏，作者对他一生壮志难酬、大材小用的悲惨遭遇感到惋惜，针对当时科举制度埋没人才的现象提出了批评，并且含蓄的指出，许平的不得志与范仲淹的被贬有直接关系。

文章以议论为主，充分表达了作者的愤懑之情，再加上文章“欲说还休”的写法，更让人有一种“言有尽而意无穷”的深沉感慨。

[原文]

君讳平，字秉之，姓许氏。余尝谱其世家[①]，所谓今泰州海陵县主簿者也。君既与兄元相友爱称天下[②]，而自少卓荦(luò)不羁[③]，善

辩说，与其兄俱以智略为当世大人所器[4]。宝元时[5]，朝廷开方略之选[6]，以招天下异能之士，而陕西大帅范文正公、郑文肃公争以君所为书以荐[7]，于是得召试，为太庙斋郎[8]，已而选泰州海陵县主簿。贵人多荐君有大才[9]，可试以事，不宜弃之州县。君亦常慨然自许[10]，欲有所为，然终不得一用其智能以卒。噫！其可哀也已。

士固有离世异俗[11]，独行其意，骂讥笑侮，困辱而不悔。彼皆无众人之求[12]，而有所待于后世者[13]。其龃龉（jǔ yǔ）固宜[14]。若夫智谋功名之士[15]，窥时俯仰[16]，以赴势利之会[17]，而辄不遇者[18]，乃亦不可胜数。辩足以移万物[19]，而穷于用说（shuì）之时[20]；谋足以夺三军[21]，而辱于右武之国[22]。此又何说哉？嗟乎！彼有所待而不遇者，其知之矣！

君年五十九，以嘉祐某年某月某甲子[23]，葬真州之扬子县甘露乡某所之原[24]。夫人李氏。子男瓌，不仕；璋，真州司户参军[25]；琦，太庙斋郎；琳，进士。女子五人，已嫁二人，进士周奉先、泰州泰兴县令陶舜元[26]。

铭曰：有拔而起之[27]，莫挤而止之[28]。呜呼许君！而已于斯[29]。谁或使之？

[注释]

①“余尝”句：指王安石曾撰有《许氏世谱》一文。世家，家族世系。②元：指许元，字子春，曾历知扬、越、泰州。《宋史》卷二九九有传。③卓荦：特出。不羁：不受拘束。④大人：对德高望重者的称呼。这里也指权贵人士。器：器重。⑤宝元：宋仁宗赵祯的年号（1038—1039）。⑥方略之选：宋代为选拔具有治国用兵才能的人而设置的一项临时制举科目，须经近臣推荐方能应试。⑦范文正公：范仲淹，字希文，北宋著名政治家，曾任陕西经略安抚副使等职，卒谥文正。郑文肃公：郑戬，字天休，北宋大臣，曾任陕西四路都总管兼经略招讨使，卒谥文肃。⑧太庙斋郎：在皇帝的祖庙中掌管祭祀的小官。据《续资治通鉴长编》卷一四一载，庆历三年（1043）五月，以试方略人许平为太庙斋郎。⑨贵人：指大官要人。⑩自许：称许自己。指自负而又自信。⑪固：本来。离世异俗：超脱尘世，不同凡俗。⑫众人：指一般人。⑬有所待于后世者：指期望流芳于后世。⑭龃龉：上下齿不相合。此处比喻与时不合。宜：当然，应该。⑮若夫：至于。⑯窥

时俯仰：指窥测时机，随机应变。⑰赴：奔走以从事。势利之会：权势和财利的场合。⑱辄：总是，每每。⑲移：改变。这里引申为感化。⑳穷：困。说：游说，指劝说别人听从自己的意见。㉑三军：全军，古代军队分为左、中、右三军。㉒右武之国：崇尚武力的国家。㉓嘉祐：宋仁宗赵祯的年号（1056—1063）。某甲子：某日。古以干支记日。㉔真州之扬子县：真州时属淮南路，州治扬子县（今江苏仪征）。原：墓地。㉕司户参军：州郡的佐吏，主管民户。㉖泰兴：今江苏泰兴。㉗拔：提拔。起：起用。㉘挤：排挤。止：阻止。㉙斯：代词，指主簿这个小官。

[译文]

这位人君名平，字秉之，姓许。我曾经为他的家族编过家谱，这个人就是家谱上所写的现任泰州海陵县主簿的人。许君著称于世的是和他哥哥许元的深厚的兄弟之情，他从小的时候就很出众，不愿意被拘束，他还擅长辨析论说，他及其哥哥都很富有智谋才略，当时德高望重的贵人都很器重他们。宝元年间，朝廷开设“方略”的科举考试科目，希望用这种方式来招纳天下的贤才，而陕西大帅范仲淹、郑文肃都争着把许君的文章推荐给皇上，于是许君才得到了招试的机会，让他做太庙斋郎，没过多久就让他担任泰州海陵县主簿。达官贵人都很器重许君，认为其可以担任大事，把他的才能抛弃、埋没在州县任上是很可惜的。许君也常常激昂慷慨地赞叹自己，想有一番作为，可惜还没有得到施展才能的时候就去世了。唉！真是可悲啊！

士人中本来就有超凡脱俗的人，却自我率性，遭到世人的谩骂、讥讽、嘲笑甚至轻侮，但是他们虽然困窘受屈却不悔恨。他们都不像一般人那样强烈追求功名，却一心想着流芳于后世，他们肯定是不合时代潮流的。至于那些有智谋、有功名心的士人，他们把握住时机，随机应变，在各种势利的场合穿梭，还是不能得到机遇，这样的人也是不计其数的啊！辩说足以感化万物，却在看重游说的时代遇到冷落；智谋能够使三军降服，但是在崇尚武力的国家却是被鄙视的。又能做什么解释呢？唉！对于那些还有期望但是最终却悔恨的人，大概是悟透了这里面的道理了吧！

许君阳寿五十九岁，在嘉祐某年某月某日去世，在真州的扬子县甘露乡某处下葬。夫人姓李。儿子叫许瑰，一辈子不做官；许璋，是真州司户参军；许琦，担任太庙斋郎；许琳，是进士出身。女儿有五个，已出嫁的有两个，她们分别嫁给进士周奉先和泰州泰兴县令陶舜元。

铭文说：他得到别人的提拔和起用，并没遭受别人的排挤和嫉妒。唉，许君！你一直都担任这个官职，是谁使你落得如此下场呢？

卷十二 明文

作者简介

宋濂（1310—1381），字景濂，号潜溪，浦江（今浙江浦江）人。明朝初年接受明太祖朱元璋的征聘，任江南儒学提举，后负责纂修《元史》，官至翰林学士承旨知制诰，为明朝开国文臣之首。当时朝廷上关于祭祀、朝会、诏谕、封赐的文章，大多由他执笔写成。晚年辞官回家。因长孙宋慎犯法，全家流放茂州（今四川汶川）。在半路上生病死去。宋濂是元末明初著名的散文家。他的散文内容简洁，善于变化。和他同时的另一位著名散文家刘基曾推许他为“当今文章第一”。他的文名还远播国外。著有《宋文宪公全集》。

送天台陈庭学序

宋濂

[题解]

这篇赠序，先描述川蜀山水之奇以突出游览的艰难，认为游览川蜀可以提高陈庭学写诗的能力，然后惋惜自己不能体会出游的快乐，再以颜回和原宪的事例说明虽然山水名胜可使人的修养提高，但还有高于“山水之助”的儒道，需要人们苦思冥想去探索其中的奥秘。

[原文]

西南山水，惟川蜀最奇，然去中州万里，陆有剑阁栈道[①]之险，水有瞿唐滟滪之虞[②]。跨马行，则竹间山高者，累旬日不见其巅际。临上而俯视，绝壑万仞，杳莫测其所穷，肝胆为之悼栗。水行，则江石悍利，波恶涡诡，舟一失势尺寸，辄糜碎土沉，下饱鱼鳖。其难至如此！故非仕有力者，不可以游；非材有文者，纵游无所得；非壮强者，多老死于其地。嗜奇之士恨焉！

天台[③]陈君庭学，能为诗，由中书左司掾(yuàn)[④]屡从大将北征，有劳，擢四川都指挥司照磨[⑤]，由水道至成都。成都，川蜀之要地。扬子云、司马相如、诸葛武侯之所居[⑥]，英雄俊杰战攻驻守之迹，诗人文士游眺饮射[⑦]、赋咏歌呼之所，庭学无不历览。既览必发为诗，以纪其景物时世之变，于是其诗益工。越三年，

以例自免归，会予于京师[8]。其气愈充，其语愈壮，其志意愈高，盖得于山水之助者侈矣。

予甚自愧，方予少时，尝有志于出游天下，顾以学未成而不暇。及年壮可出，而四方兵起，无所投足。逮今圣主兴而宇内定，极海之际，合为一家，而予齿益加耄（mào）[9]矣！欲如庭学之游，尚可得乎？

然吾闻古之贤士，若颜回、原宪，皆坐守陋室，蓬蒿没户，而志意常充然，有若囊括于天地者，此其故何也？得无有出于山水之外者乎？庭学其试归而求焉，苟有所得，则以告予，予将不一愧而已也！

[注释]

①剑阁：今四川剑阁东北大剑山、小剑山之间的栈道，是古代川、陕间的主要通道。栈道：在峭岩陡壁上搭木形成的道路。②瞿唐：长江三峡之一，在今四川奉节东。滟滪：滟滪堆，瞿唐峡口的险滩。③天台：天台府，在今浙江天台。④中书左司掾：中书省下所设左司的属员。明代中书省下设左右司。⑤都指挥司：军事指挥机构。照磨：都指挥司下属官吏，掌文书宗卷。⑥扬子云：扬雄，字子云，蜀郡成都人，西汉文学家。司马相如：蜀郡成都人，西汉文学家。诸葛武侯：诸葛亮，官至三国时蜀汉丞相，封武侯。⑦射：射覆，酒令的一种。⑧京师：明初京师应天，即今江苏南京。⑨耄：年老。

[译文]

西南山水，只有四川境内最奇特。然而那里与中原相距万里，陆路有险阻的剑阁、栈道，水上有令人忧惧的瞿塘、滟滪。如果骑马走，那么竹林遮蔽山高，连接几十天望不到顶。在上面俯视，万仞绝壁，茫茫不见谷底，令人胆战心惊。如果乘船走，那么江石凶悍锋利，险恶的波浪变幻的漩涡，船有一点尺寸的偏离，就会立即破碎如泥土般沉

原宪

像颜回、原宪，都甘居陋室，庭院中蒿草满地，可是他的志气很充沛。

入水底，喂饱鱼鳖。通往四川道路的难度如此之大，所以不是有权有财富的人，不能去游览；不是有才能擅长抒发的人，即使游了也说不出什么；不是强壮的人，入川后多老死在那里。爱好奇山异水的人往往因为这些原因而感到遗憾。

浙江天台的陈庭学，能写诗，因为做中书左司掾，多次跟从大将北征，因有功绩，升四川指挥司照磨，从水路到成都。成都，是川蜀要地，扬雄、司马相如、诸葛亮居住地方，留有古代英雄豪俊战攻驻守的痕迹，是诗人文士登临眺望、饮酒赋诗的之处，庭学没有不游览的，游览后一定赋诗抒情，来记录景物和时世的变化，于是他的诗越发工妙了。过了三年，按惯例辞职归家，在京城遇见我。他士气更充实、言谈更壮、志气更高，大概在山水中得到了许多帮助。

我很惭愧，我年轻时，曾立志出游天下，因学业未成而无暇顾及。到壮年可以出游，而四方战火纷飞，没有落脚之处。直到现在圣明天子兴起而天下太平，四海之内都合成为一家了，可是我也已年老力衰，想像庭学一样去游历，还能做到吗？

然而我听说古代的贤士，像颜回、原宪都甘居陋室，庭院中蒿草满地，可是他的志气很充沛，有囊括天地的胸怀。这是什么原因呢？莫非他们的心中有出自于山水之外的东西吗？庭学回去后试着从这方面寻找，如果有新的收获，请来告诉我，我也将不因未游历川蜀而羞愧了。

阅江楼记

宋濂

[题解]

这是一篇应制文。明太祖打算在狮子山修筑一座阅江楼，宋濂奉命为此楼写了这篇记文，目的是“寓其致治之思”。文中提出了许多规谏君主励精图治的箴言，但因是奉命而作，也充满了大量歌功颂德的赞美言辞。本文写景、叙事和议论结合得比较巧妙，结构安排合理。

[原文]

金陵为帝王之州。自六朝迄于南唐，类皆偏据一方，无以应山川之王气。逮我皇帝，定鼎[①]于兹，始足以当之。由是声教所暨[②]，罔间朔南[③]，存神穆清，与天同体，虽一豫一游，亦可为天下后世法。京城之西北，有狮子山，自卢龙蜿蜒而来，长江如虹贯，蟠绕其下。上以其地雄胜，诏建楼于巅，与民同游观之乐，遂锡嘉名为“阅江”云。

登览之顷，万象森列；千载之秘，一旦轩露。岂非天造地设，以俟大一统之君，而开千万世之伟观者欤？当风日清美，

法驾④幸临，升其崇椒⑤，凭阑遥瞩，必悠然而动遐思。见江汉之朝宗⑥，诸侯之述职，城池之高深，关阨⑦之严固，必曰：“此朕栉(zhì)⑧风沐雨，战胜攻取之所致也。”中夏之广，益思有以保之。见波涛之浩荡，风帆之上下，番⑨舶接迹而来庭，蛮琛(chēn)联肩而入贡，必曰：“此朕德绥威服，覃(tán)⑩及内外之所及也。”四陲之远，益思有以柔之。见两岸之间、四郊之上，耕人有炙肤皲(jūn)⑪足之烦，农女有捋桑行馌(yè)⑫之勤，必曰：“此朕拔诸水火，而登于衽席⑬者也。”万方之民，益思有以安之。触类而思，不一而足。臣知斯楼之建，皇上所以发舒精神，因物兴感，无不寓其致治之思，奚止阅夫长江而已哉！彼临春、结绮⑭，非不华矣；齐云、落星⑮，非不高矣，不过乐管弦之淫响，藏燕、赵之艳姬，不旋踵间而感慨系之。臣不知其为何说也？

虽然，长江发源岷山⑯，委蛇⑰七千余里而入海，白涌碧翻，六朝之时，往往倚之为天堑。今则南北一家，视为安流，无所事乎战争矣。然则果谁之力欤？逢掖⑱之士，有登斯楼而阅斯江者，当思圣德如天，荡荡难名，与神禹疏凿之功，同一罔极。忠君报上之心，其有不油然而兴耶？

臣不敏，奉旨撰记。欲上推宵旰(gàn)⑲图治之功者，勒诸贞珉(mín)⑳。他若流连光景之辞，皆略而不陈，惧亵也。

白涌碧翻

白波汹涌、碧浪翻腾。

［注释］

①定鼎：传说禹铸九鼎象征天下九州之土。古代以鼎为传国之宝，置于国都，故往往称建都为定鼎。②暨：及，到。③罔间：无间隔。朔南：北方与南方。④法驾：天子

的车驾。⑤椒：山巅。⑥朝宗：原指诸侯朝见天子，这里借指江河入海。⑦阨：通“隘”，险要的地方。⑧栉：梳头。⑨番：指外国。⑩覃：延长。⑪皸：冻裂。⑫馌：给田间耕作的人送饭。⑬衽席：床席。⑭临春、结绮：南朝陈后主所建的楼，隋军攻入南京时，尽焚于火。⑮齐云：唐代在今江苏吴县所建，明太祖攻占苏州，吴王张士诚群妾在此焚死。落星：三国时孙吴在今江苏南京东北落星山上所建楼。⑯岷山：在今四川北部。⑰委蛇：通“逶迤”。⑱逢掖：古代读书人穿的一种袖子宽大的衣服。⑲宵旰：宵衣旰食。旰，晚。⑳珉：似玉的石头。

[译文]

金陵是适合帝王居住的地方。从六朝到南唐，全是割据偏安，无法与山川所蕴藏的王气相适应。直到当今皇上，开国建都于此，才得以与此地王气相当。从此声威、教化传至各地，不因地分南北而有所阻隔；精神和穆清高，与天地融为一体。即使一次巡游、一次娱乐，也可以为天下后世效法。京城的西北方有座狮子山，是从卢龙山弯曲延伸到这里。长江有如一线长虹盘绕在山脚下。皇上因为这一带地势雄伟壮丽，下诏在山顶建楼，与百姓同享游览观景的快乐，于是赐它一个美名叫“阅江”。

登上楼四处观赏，万千景色次第罗列，千年奥秘，顷刻间一下显露。这难道不是天地有意造就了美景，以等待一统天下的明君，展现千秋万世的壮丽景色吗？风和日暖时，皇上的车驾降临，登上山巅，凭栏远眺，必定神情悠悠而触动神思。看见长江汉江滔滔东去，四方长官赴京朝见天子，看到高深的城池，严防的关隘，必定说：“这是我栉风沐雨，战胜敌人、攻城取地所获得的啊！”幅员广阔的中国，更想要想办法来保全它。看见波涛浩荡，帆船来往，外国船只载着珍宝相继前来进贡，必定说：“这是我用恩德安抚、以威力震慑，声望延及国内外所达到的。”四方广阔的边境，更想到要设法安抚它们。看见大江两岸之间、四郊田野之上，耕田的人们被烈日烘烤皮肤、被寒气冻裂脚趾，农家妇女有采桑送饭的勤劳，必定说：“这是我从水火中拯救，安置于床席之上的人啊！”天下万方的百姓，更要想办法让他们安居乐业。从这些方面类推，还会想到许多。由此我知这座楼的兴建，是皇上用来抒发怀抱，通过观景而触发感慨，无不寄寓着他治理天下的思考，哪里是仅仅用它来观赏长江的风景呢？临春阁、结绮阁那些楼阁，不是不华美啊，齐云楼、落星楼那样的楼，不是不高大啊，但不过是因为演奏了淫曲而感到快乐，或藏匿着从燕、赵等地搜罗来的美女以供寻欢，但转瞬之间便国破家亡而令人感慨无穷，我真不知怎样来评说这些事啊！

虽然这样，长江发源于岷山，曲折蜿蜒七千余里才流入东海，白波汹涌、碧浪翻腾，六朝之时，往往将它倚为天然壕堑。如今已是南北统一，长江被视为平安河流，不再利用它的条件进行战争了。然而，这究竟是谁的力量呢？读书人有登上此楼观览此江的，应当想到圣主的恩德有如苍天，浩荡无尽难以形容，如同大禹凿山疏水、拯救万民的功绩。忠君报国的心情能不油然而生吗？

我愚钝不明，奉皇上旨意撰写这篇《阅江楼记》，想要把皇上昼夜辛劳使国家得到治理的功业，铭刻于碑石。其他如流连光景的词句，一概略而不言，唯恐亵渎圣明啊！

作者简介

刘基（1311—1375），字伯温，处州青田（今属浙江）人。元代末年中进士，当过官，但两次离职。朱元璋起兵后，他当了主要谋臣，是明朝开国功臣，曾任御史中丞兼太史令，封诚意伯。他是民间传说中的一个神秘人物，《烧饼歌》等预卜未来的迷信文章都传说出自他的手笔，其实这并不可靠。从他留有的诗文来看，他是一个很优秀的文学家，尤其是寓言《郁离子》写得很机智幽默，文采飞扬。下面两篇作品都出自《郁离子》，读上去颇有些屈原、庄子的韵味。

司马季主论卜

刘基

[题解]

本文是《郁离子》一书中“天道”的一章，通过描写汉初邵平与卜者司马季主的对话，选取常见的事物，以盛衰的对比来说明抽象的哲理，阐述了有进步意义的“人灵于物”的思想，也表达了世间万物和人生皆有盛衰且循环转化无穷无尽的观点。

[原文]

东陵侯[①]既废，过司马季主[②]而卜焉。季主曰：“君侯何卜也？”东陵侯曰：“久卧者思起，久蛰[③]者思启，久懑(mèn)[④]者思嚏(tì)。吾闻之：‘蓄极则泄，闷(bì)极则达，热极则风，壅极则通。一冬一春，靡屈不伸；一起一伏，无往不复。’仆窃有疑，愿受教焉。”季主曰：“若是，则君侯已喻之矣，又何卜为？”东陵侯曰：“仆未究其奥也，愿先生卒教之。”

季主乃言曰：“呜呼！天道何亲？惟德之亲。鬼神何灵？因人而灵。夫蓍，枯草也；龟，枯骨也；物也。人，灵于物者也，何不自听而听于物乎？且君侯何不思昔者也？有昔者必有今日。是故碎瓦颓垣，昔日之歌楼舞馆也；荒榛断梗，昔日之琼蕤(ruí)[⑤]玉树也。露蛩[⑥]风蝉，昔日之‘凤笙’‘龙笛’也；鬼磷萤火，昔日之金缸[⑦]华烛也；秋荼春荠，昔日之象白[⑧]驼峰也；丹枫白荻[⑨]，昔日之蜀锦齐纨(wán)也[⑩]。昔日之所无，今日有之不为过；昔日之所有，今日无之不为不足。是故一昼一夜，华开者谢；一春一秋，物故者新；激湍之下，必有深潭；高丘之下，必有浚[⑪]谷。君侯亦知之矣，何以卜为？”

[注释]

①东陵侯：邵平。秦时为东陵侯，汉代被废，在长安城东种瓜。②司马季主：西汉初一个善于占卜的人。③蛰：冬眠的动物。④懑：郁闷。⑤琼蕤：美好的花朵。⑥蛩：又作“蛬”，即蟋蟀。⑦缸：又作“釭”，即灯。⑧象白：象的脂肪。⑨荻：与芦苇相似的一种植物。⑩蜀锦：四川出产的锦缎。齐纨：山东出产的白细绢。⑪浚：深。

[译文]

东陵侯被废为民后，到司马季主那儿去占卜。季主说：“您为了什么事来占卜呢？”东陵侯说：“躺卧时间长了就想起来，闭门独居久了就想与人交往，胸中积闷久了就想打喷嚏。我听说：‘积聚过多就会发泄，烦郁之极就要通达，热极了就会起风，堵塞到了极致就会流通。有一冬就有一春，不会总是屈而不伸；有一起就有一伏，没有只去不还的。’我私下有所疑惑，想得到你的指教。”季主说：“既然这样，您已经很明白事理了，又何必占卜呢？”东陵侯说：“我尚未透彻理解其中的奥妙，希望先生能指点我。”

季主于是说：“唉！天道与什么人亲近？只照应有德之人。鬼神怎么会灵？靠着人事才显灵。蓍草不过是几根枯草，龟甲也不过是几块枯骨，都是物。人比物灵，为什么不听从自己，却相信物呢？而且，您为什么不想想过去呢？有过去才会有今天。所以，您看那些碎瓦坏墙，就是从前的歌楼舞馆；那些荒棘断梗，就是从前的琼花玉树；在风露中哀鸣的蟋蟀和蝉，就是从前的凤笙龙笛；鬼火萤光，就是从前的金灯华烛；秋天的苦菜，春天的荠菜，是从前象白驼峰那样的美味；红的枫叶和白的荻草，就是从前的蜀产美锦，齐制细绢。过去没有的现在有了，并不为过；过去有的现在没有了，也不为不足。所以从白昼到黑夜，花开了又谢；从秋天到春天，凋零的万物又复苏。激流之下，必有深潭；高高的山岭下，必定有深深的峡谷。这些道理您已经懂得了，何必还要占卜呢？”

卖柑者言

刘基

[题解]

本文选自《诚意伯文集》，是一篇寓言体的讽刺文章。作者假托杭州卖柑者的一番议论，形象地讽刺了封建官僚们尸位素餐、欺世盗名，却没有能力治理好国家的本质。文笔犀利尖锐，达到了很好的讽刺效果。

[原文]

杭有卖果者，善藏柑，涉①寒暑不溃，出之烨然，玉质而金色②。置于市，贾十倍，人争鬻（yù）③之。

予贸[4]得其一，剖之，如有烟扑口鼻，视其中，干若败絮[5]。予怪而问之曰："若所市于人者，将以实笾(biān)豆[6]、奉祭祀、供宾客乎？将衒(xuàn)外以惑愚瞽乎？甚矣哉，为欺也[7]！"

卖者笑曰："吾业是有年矣。吾赖是以食吾躯。吾售之，人取之，未闻有言，而独不足子所[8]乎？世之为欺者不寡矣，而独我也乎？吾子未之思也[9]。今夫佩虎符、坐皋(pí)比者[10]，洸(guāng)洸乎干城之具也[11]，果能授孙、吴[12]之略耶？峨大冠，拖长绅者[13]，昂昂乎庙堂之器也[14]，果能建伊、皋[15]之业耶？盗起而不知御，民困而不知救，吏奸[16]而不知禁，法斁(dù)[17]而不知理，坐糜廪(lǐn)粟而不知耻[18]。观其坐高堂、骑大马，醉醇醴(lǐ)而饫(yù)肥鲜者[19]，孰不巍巍乎可畏，赫赫乎可象也？又何往而不金玉其外、败絮其中也哉？今子是之不察[20]，而以察吾柑！"

予默然无以应。退而思其言，类东方生滑稽之流[21]。岂其忿世嫉邪者耶[22]？而托于柑以讽耶？

[注释]

①涉：经历。②"出之"句：形容柑的色泽滋润澄黄。③鬻：这里是买的意思。④贸：用钱买。⑤败絮：破旧的棉絮。⑥实：放在笾豆里的东西叫实。笾豆：古代祭祀或宴会时，盛果品等物的竹器叫笾，盛肉食等物的木器叫豆。⑦"将衒"二句：你这种骗人的勾当，太过分了！⑧子所：你的需要。子是对对方的尊称；所是所需的省略。⑨"吾子"句：您没有去考虑这个道理啊。⑩虎符：虎形的兵符。兵符是古代调兵用的凭证。皋比：虎皮。⑪洸洸：威武的样子。干城：捍卫。⑫孙、吴：指古代著名的军事家孙武和吴起。⑬峨：高耸。绅：古代士大夫束在腰间的带子。⑭昂昂：高贵的样子。庙堂：宗庙朝堂。这里指朝廷。⑮伊、皋：指古代著名的政治家伊尹和皋陶。⑯奸：狡诈。⑰斁：败坏。⑱坐：白白地。糜：浪费。廪粟：公家发给的米粮。⑲醇醴：味道醇厚的甜酒。饫：饱食。⑳"今子"句：现在您不去察看这两种人。㉑东方生：指东方朔。东方朔，字曼倩，汉武帝时为太中大夫，善辞赋，性诙谐。皇帝犯有过错，他能进行讽谏。滑稽：诙谐，机智，使人发笑后有所启发。㉒忿世嫉邪：对世事表示愤慨，对邪恶表示憎恨。

[译文]

杭州有个卖水果的人，很会贮藏柑子，经过一冬一夏也不腐烂，拿出来依然光泽鲜亮，玉石般的质地，黄灿灿的颜色。拿到市场上卖，售价高出十倍，人们都争着买。

我买了一个，把它剖开，好像有烟尘扑向口鼻，往里面看，干枯得像破棉絮一般。我很奇怪，问他说：“你卖柑子给别人，是准备用它装在盛祭品的容器中，供奉神灵、招待宾客呢，还是要用它漂亮的外表来迷惑傻瓜和瞎子呢？这样骗人也太过分了啊！”

卖柑子的人笑着说：“我卖这种柑子已经许多年了。我靠它养活自己。我卖它，别人买它，从未听见有说什么的，却唯独不能令您满意吗？世上骗人的事不少，难道就我一个吗？您不想想看，当今那些佩带兵符、坐在虎皮椅子上，威风凛凛，好像是捍卫国家的人才，他们真的像孙武、吴起那样有韬略吗？那些峨冠博带的大臣，神气活现，好像国家的栋梁，他们真的能够建立伊尹、皋陶那样的功业吗？盗贼兴起却不懂得怎样抵挡，百姓贫困却不知道如何解救，官吏狡诈却无法禁止，法度败坏却不知该怎样治理，白耗国家的仓粮却不知道羞耻。看他们坐在高敞的厅堂上，骑着高头大马，喝足了美酒，吃饱了鱼肉，哪一个不是威风八面而令人生畏，威严显赫、不可一世呢？可是他们又何尝不是外表像金玉、内里像破絮呢？现在您对这些视而不见，却来挑剔我的柑子！”

我沉默着，无以回答。回来再细想他的话，觉得他好像是东方朔一类的人物，难道他是对世事邪恶表示愤慨嫉恨的人吗？他是借柑子来进行讽刺吗？

作者简介

方孝孺（1357—1402），字希直，一字希古，人称正学先生，宁海（今浙江宁海）人。他是宋濂的弟子。洪武二十五年（1392）任汉中府教授。建文帝即位后，他任翰林侍讲学士。燕王朱棣举兵南下，攻入南京，命他起草登基诏书，他掷笔于地，拒不受命。朱棣用“灭九族”来威胁他，他回答说：“虽灭十族，亦不附乱！”结果被杀，除灭九族外，还杀他的学生，以成十族之数，死者达870余人。他是明初著名的散文家，文风雄健豪放。著有《逊志斋集》。

深虑论

方孝孺

[题解]

本文主要论述了天道是人的思虑所不能企及的。文中列举了自秦朝至宋朝开国明君的例子，来证明即使是才智出众的圣明君主的周密思考也不能确保万无一失，也无法参透天道。再以古之圣人的事迹说明有远虑者应“以大德结乎天心”，才能治理好国家。

[原文]

虑天下者，常图其所难而忽其所易，备其所可畏而遗其所

不疑。然而祸常发于所忽之中，而乱常起于不足疑之事。岂其虑之未周与？盖虑之所能及者，人事之宜然，而出于智力之所不及者，天道也。

当秦之世，灭诸侯，一天下，而其心以为周之亡在乎诸侯之强耳，变封建而为郡县。方以为兵革可不复用，天子之位可以世守，而不知汉帝起陇亩之中，而卒亡秦之社稷。汉惩秦之孤立，于是大建庶孽①而为诸侯，以为同姓之亲可以相继而无变，而七国萌篡弑之谋。武、宣以后，稍剖析之而分其势，以为无事矣，而王莽卒移汉祚（zuò）②。光武之惩哀、平，魏之惩汉，晋之惩魏，各惩其所由亡而为之备，而其亡也，皆出于所备之外。唐太宗闻武氏之杀其子孙，求人于疑似之际而除之，而武氏日侍其左右而不悟。宋太祖见五代方镇之足以制其君，尽释其兵权，使力弱而易制，而不知子孙卒困于敌国。此其人皆有出人之智、盖世之才，其于治乱存亡之几，思之详而备之审矣。虑切于此而祸兴于彼，终至乱亡者何哉？盖智可以谋人，而不可以谋天。良医之子多死于病，良巫之子多死于鬼。彼岂工于活人而拙于活己之子哉？乃工于谋人而拙于谋天也！

古之圣人，知天下后世之变，非智虑之所能周，非法术之所能制，不敢肆其私谋诡计，而唯积至诚、用大德以结乎天心，使天眷其德，若慈母之保赤子而不忍释。故其子孙，虽有至愚不肖者足以亡国，而天卒不忍遽亡之，此虑之远者也。夫苟不能自结于天，而欲以区区之智笼络当世之务，而必后世之无危亡，此理之所必无者也，而岂天道哉？

[注释]

①庶孽：妾所生子女。②祚：帝位。

[译文]

考虑天下大事的人，经常考虑困难的问题，而忽略了容易的问题，防备可怕的事情，而不防备没有引起疑虑的事情。然而祸乱经常产生在那些被忽略的方面和没有引起疑虑的事情上。是他们考虑得不周全吗？是因为他们能想到的都是本该如此的。人的智力所不能涉及的，则是天道。

当初秦国消灭诸侯，统一天下，秦国的统治者认为周灭亡的原因是诸侯国强大，于是设郡县而不分封诸侯，认为这就不用再进行战争，天子之位可以世代相传。却不知道刘邦在田野间起义，终于灭了秦国。汉初的统治者认为秦朝孤立无援而灭亡，于是又大量分封子弟、亲戚，建立诸侯国，以为各同姓诸侯间的亲缘关系可以延续汉的统治而不发生叛变，却没有想到七个诸侯国萌发了篡权的阴谋。武帝、宣帝后，逐渐削弱诸侯国的势力，以为这就不会有什么问题了，却没有想到王莽最后篡夺了汉朝的皇位。光武帝吸取哀帝、平帝的教训，魏朝吸取汉灭亡的教训，晋朝吸取魏灭亡的教训，都借鉴前朝亡国原因而进行防范。但他们的灭亡却都来自他们没有想到要防范的方面。唐太宗听说会有姓武的人杀戮他的子孙，就把有嫌疑的人都除掉，却没有觉察到每天陪伴在他左右的武则天。宋太祖看到五代时期藩镇势力过于强大能够制约中央政权，而解除了武将的兵权，使其势力弱小而容易控制，却没有想到他的子孙受到敌国的侵扰。上述这些开国的统治者都有超人的智慧和盖世的才华，他们对于治乱存亡考虑得详尽而防范得谨慎。但是祸乱没有产生于他们所仔细防范的方面，而是发生于他们没有防范的方面，导致后来的灭亡。为什么会如此呢？原因在于人的智力只能考虑到人事，却不能谋划天意。好医生的子女多死于疾病，好巫师的子女多死于鬼祟，难道他们都只善于治病驱邪去救别人却不善于救自己的子女吗？其实是他们可处理人事，却无法预见天道。

古代的圣人，知道后世的变化不是当时的认知水平能够考虑周全的，也不是任何当时的方法能够限制的，所以不敢任凭想象来谋划算计，只能是积累诚意运用德治，得到上天的认可，使上天眷顾他的诚心和德行，好像慈母抚养婴儿那样不忍心遗弃。因此，虽然他们的子孙中有愚钝不肖到足以亡国的，而上天却不忍心让其立刻灭亡，这才是考虑长远的人。如果自己不能顺应天意，而想以微不足道的个人智慧控制所有事情，以为这样就可保长治久安，于理不符，难道还会符合天道吗？

豫让论

方孝孺

[题解]

本文作者认为，不能辅助君主防患于未然，而只能在变乱发生后为君主自杀的人，是不具备成为国士资格的。豫让不能在智伯贪得无厌时加以劝阻，而在智伯被杀后去刺杀赵襄子不得成功，只能伏剑自杀，不足以成为国士。

[原文]

士君子立身事主，既名知己，则当竭尽智谋，忠告善道，销患于未形，保治于未然，俾身全而主安。生为名臣，死为上鬼，垂光百世，照耀简策，斯为美也。苟遇知己，不能扶危于

未乱之先，而乃捐躯殒命于既败之后，钓名沽誉，眩世炫俗。由君子观之，皆所不取也。

盖尝因而论之。豫让臣事智伯[①]，及赵襄子[②]杀智伯，让为之报仇，声名烈烈，虽愚夫愚妇，莫不知其为忠臣义士也。呜呼！让之死固忠矣，惜乎处死之道有未忠者存焉！何也？观其漆身吞炭，谓其友曰："凡吾所为者极难，将以愧天下后世之为人臣而怀二心者也！"谓非忠可乎？及观斩衣三跃，襄子责以不死于中行氏[③]，而独死于智伯，让应曰："中行氏以众人待我，我故以众人报之；智伯以国士待我，我故以国士报之。"即此而论，让有余憾矣！

段规之事韩康[④]，任章之事魏献[⑤]，未闻以国士待之也，而规也、章也，力劝其主从智伯之请，与之地以骄其志，而速其亡也。郄疵[⑥]之事智伯，亦未尝以国士待之也，而疵能察韩、魏之情以谏智伯。虽不用其言以至灭亡，而疵之智谋忠告，已无愧于心也。让既自谓智伯待以国士矣，国士，济国之士也。当伯请地无厌之日，纵欲荒暴之时，为让者正宜陈力就列，谆谆然而告之曰："诸侯大夫，各安分地，无相侵夺，古之制也。今无故而取地于人，人不与，而吾之忿心必生；与之，则吾之骄心以起。忿必争，争必败，骄必傲，傲必亡。"谆切恳告，谏不从，再谏之；再谏不从，三谏之；三谏不从，移其伏剑之死，死于是日。伯虽顽冥不灵，感其至诚，庶几复悟，和韩、魏，释赵围，保全智宗，守其祭祀。若然，则让虽死犹生也，岂不胜于斩衣而死乎？让于此时，曾无一语开悟主心，视伯之危亡，犹越人视秦人之肥瘠也，袖手旁观，坐待成败。国士之报，曾若是乎？智伯既死，而乃不胜血气之悻悻，甘自附于刺客之流，何足道哉？何足道哉？

虽然，以国士而论，豫让固不足以当矣。彼朝为仇敌，暮为君臣，腼（tiǎn）然[⑦]而自得者，又让之罪人也。噫！

［注释］

①豫让：春秋末年人，曾为晋国贵族范氏、中行氏家臣，后投奔智伯。在赵、魏、韩三家贵族灭智氏之后，他屡次刺杀赵襄子未遂，伏剑自杀。智伯：春秋时晋国贵族，曾联合韩、赵、魏三家吞并、瓜分了范氏、中行氏的土地，后与赵襄子因土地发生矛盾引起战争，被赵、魏、韩所灭并三分其地。②赵襄子：春秋时晋国贵族。③中行氏：复姓中行。春秋时晋国大夫荀林父因掌中行军，后遂以官为姓。④段规：韩康的谋臣。韩康：春秋时晋国贵族。⑤任章：魏献的谋臣。魏献：春秋时晋国贵族。⑥郄疵：智伯的家臣。⑦靦然：厚着脸皮的样子。

［译文］

有品德才能的士人树立品德侍奉君主，既为知己就应该竭尽智慧和计谋，给予忠告并巧妙引导，消解祸患于没有形成之际，保障安定在发生动乱之前，才能既保全自身，也使君主平安。这样，活着时作为名臣，死了也成为上等的灵魂，光辉照耀史籍，这才是值得称赞的。倘若遇到了知己，不能在发生变乱之前扶救危险，而只是在失败后牺牲生命，以此来沽名钓誉，迷惑世间并夸耀于社会，在君子看来，都是不可取的。

我曾以这样的看法评论豫让。豫让曾是智伯的家臣，当赵襄子杀了智伯，豫让为他报仇，他声名显赫，即使是没有知识的平民，也没有不知道他是忠臣义士的。哦！豫让的死应该算得上忠了，可惜他所选择的死亡方式还有不忠的地方啊！为什么呢？看他漆身吞炭，向他朋友说："我所做的都是常人难以做到的事，我将以此来使天下后世做臣子而怀二心的人感到惭愧。"能说这是不忠吗？但看到他连续跳起三次用剑刺杀赵襄子，赵襄子责问他为什么不为中行氏而死，却单单为智伯而死时，豫让答道："中行氏像对待普通人那样对待我，我因此也像普通人那样回报他；智伯用待国士的态度待我，我就用国士的行为回报他。"就这一点来说，豫让是有缺陷的。

段规侍奉韩康子，任章侍奉魏献子，并未听说曾以国士来对待他们，可是段规和任章都竭力劝说君主依从智伯的要求，用割让土地来使智伯越来越骄纵，从而加速他的灭亡。郄疵侍奉智伯，智伯也并未以国士来对待他，但是郄疵能觉察出韩、魏的意图来谏止智伯。虽然智伯没有采纳他的看法而终于灭亡，然而郄疵的智谋和忠告，已经可以使他问心无愧了。豫让既然认为智伯以国士对待他，国士就是解救国家危难的人！当智伯索求土地而贪得无厌、纵欲肆暴之时，作为豫让，应该拿出自己的能力、履行自己的职责，诚恳地告诉他："诸侯和大夫都应该安守各自管辖的土地，不应互相争夺，这是自古以来的规矩。如今无故向别人索取土地，别人不给，就必然使我们心生气愤；别人给了，就必然使我们心生骄气。气愤必定会有争斗，争斗必然会失败；骄纵必定会产生傲慢，傲慢就必然会灭亡。"耐心诚恳地劝谏，劝谏不听，就再一次劝谏，再谏不听，就第三次劝谏。若三谏仍不从，把那事后的伏剑自杀挪到这个时候来进行。智伯纵然是冥顽不灵，也会被这样的至诚所感动，很可能会醒悟过来的，就会与韩、魏和好，解除对赵国的围困，保全了智氏的宗族，使其世世延续按时祭祀。如果能这样，那豫让就是虽死而犹生的，岂不是胜过用剑斩赵襄子的衣服再自杀吗？豫让在那时，从无一句话来开导和提醒君主，眼看着智伯陷入危险以至灭亡，就像越人看着秦人的贫富一样，袖手旁观，坐等胜败，国士对君主的报答是这样的吗？等到智伯已经死了，才压不住自己愤恨不平的感情冲动，甘心加入刺客之流的行列，这有什么可称赞的呢？这有什么可称赞的呢？

虽然如此，以国士而论，豫让固然是承担不起的。但同那种早上还是仇敌，晚上就成了君臣，并且厚着脸皮而自鸣得意的人相比，他们又成为豫让的罪人了。咳！

作者简介

王鏊（1450—1524），字济之，吴县（今属江苏）人，明孝宗弘治年间曾任侍讲学士，一度辞官居家。明武宗即位后任文渊阁大学士，曾力主制裁宦官刘瑾。刘瑾控制朝政后，他只好再次辞官回乡。刘瑾被杀后，朝廷虽几次征召他为官，但他都没有接受。王鏊不是一个文学家，但旧时代以文取士，当官者多善于作文，尤其是科举程文，王鏊也不例外，据说当年就有很多国子监生争相传诵他的文章。这篇《亲政篇》写得文字流畅、逻辑清晰。作为一篇呈交皇帝的文章，他还写得很有分寸，在规劝时很注意口吻的和缓，在说理时很讲究语气的委婉。

亲政篇

王鏊

[题解]

本文首先提出，只有上下君臣之间能够很好地相互沟通，国家才能得到很好的治理。然后，作者描绘了古时能使君臣间相互紧密联系的朝政制度，和近世在这方面出现的一些弊病相比较，指出应当怎样改革弊政。最后劝谏当时的皇帝，鼓励他效法古代和本朝的圣君，使上下君臣间的意见能够相通，使国家得到更好的治理。

[原文]

《易》之“泰”曰：“上下交而其志同。”其“否”曰：“上下不交而天下无邦。”盖上之情达于下，下之情达于上，上下一体，所以为“泰”。下之情壅阏[1]而不得上闻，上下间隔，虽有国而无国矣，所以为“否”也。

交则泰，不交则否，自古皆然。而不交之弊，未有如近世之甚者。君臣相见，止于视朝数刻；上下之间，章奏批答相关接，刑名[2]法度相维持而已，非独沿袭故事，亦其地势使然。何

丹书受戒

周武王斋戒下堂，东面而立向姜尚求受《丹书》。说明亲政的君主应勤于政事才能使国家长治久安。

也？国家常朝于奉天门，未尝一日废，可谓勤矣。然堂陛悬绝，威仪赫奕，御史[3]纠仪，鸿胪[4]举不如法，通政司[5]引奏，上特视之，谢恩见辞，惴惴而退。上何尝治一事，下何尝进一言哉？此无他，地势悬绝，所谓堂上远于万里，虽欲言无由言也。

愚以为欲上下之交，莫若复古内朝之法。盖周之时有三朝：库门之外为正朝，询谋大臣在焉；路门之外为治朝，日视朝在焉；路门之内曰内朝，亦曰燕朝。《玉藻》云：“君日出而视朝，退适路寝[6]听政。”盖视朝而见群臣，所以正上下之分；听政而适路寝，所以通远近之情。汉制：大司马、左右前后将军、侍中、散骑诸吏为中朝[7]，丞相以下至六百石为外朝。唐皇城之北，南三门曰承天，元正、冬至，受万国之朝贡，则御焉，盖古之外朝也。其北曰太极门，其西曰太极殿，朔望则坐而视朝，盖古之正朝也。又北曰两仪殿，常日听朝而视事，盖古之内朝也。宋时常朝则文德殿，五日一起居则垂拱殿，正旦、冬至、圣节称贺则大庆殿，赐宴则紫宸殿或集英殿，试进士则崇政殿。侍从以下，五日一员上殿，谓之轮对，则必入陈时政利害。内殿引见，亦或赐坐，或免穿靴[8]，盖亦有三朝之遗意焉。盖天有三垣[9]，天子象之。正朝，象太极也；外朝，象天市也；内朝，象紫微也。自古然矣。

国朝圣节、正旦、冬至大朝会则奉天殿，即古之正朝也；

常日则奉天门，即古之外朝也；而内朝独缺。然非缺也，华盖、谨身、武英等殿，岂非内朝之遗制乎？洪武中，如宋濂、刘基，永乐以来如杨士奇、杨荣等[10]，日侍左右；大臣蹇义、夏元吉等[11]，常奏对便殿。于斯时也，岂有壅隔之患哉？今内朝未复，临御常朝之后，人臣无复进见，三殿高閟(bì)[12]，鲜或窥焉，故上下之情，壅而不通，天下之弊，由是而积。孝宗晚年，深有慨于斯，屡召大臣于便殿，讲论天下事。方将有为，而民之无禄，不及睹至治之美，天下至今以为恨矣。

惟陛下远法圣祖，近法孝宗，尽铲近世壅隔之弊。常朝之外，即文华、武英二殿，仿古内朝之意。大臣三日或五日，一次起居；侍从、台谏[13]各一员上殿轮对。诸司有事咨决，上据所见决之，有难决者，与大臣面议之。不时引见群臣，凡谢恩辞见之类，皆得上殿陈奏。虚心而问之，和颜色而道之。如此，人人得以自尽。陛下虽深居九重，而天下之事灿然毕陈于前。外朝所以正上下之分，内朝所以通远近之情。如此，岂有近时壅隔之弊哉？唐虞之时，明目达聪，嘉言罔(wǎng)[14]伏，野无遗贤，亦不过是而已！

[注释]

①阏：堵塞。②刑名：以名分责成行为。古代有刑名之学。③御史：掌纠劾百官的官员。④鸿胪：明代掌殿廷礼仪的官员。⑤通政司：明朝所设掌管内外章疏的官署。⑥路寝：天子、诸侯处理政事的宫室。⑦大司马：掌全国军事的最高武官。将军：大司马下设有大将军、车骑将军、前将军、后将军等武官。侍中、散骑：皇帝侍从。⑧穿靴：唐代臣属上朝必须穿朝靴。⑨三垣：古代分周天恒星为三垣二十八宿。三垣即太微、紫微、天市。⑩杨士奇：曾任翰林编纂官，修《太祖实录》。成祖永乐初入内阁，经宣宗至英宗朝长期辅政。杨荣：官至文渊阁大学士，历仕仁宗、宣宗、英宗三朝。⑪蹇义：官至少师，历仕五朝，熟悉典章制度。夏元吉：官至户部尚书，历仕五朝，主持财政二十七年。⑫閟：关闭。⑬台谏：台官和谏官。台官指掌纠劾百官的御史台官员，谏官指谏议大夫、给事中等。⑭罔：通“不”。

[译文]

《周易》中的“泰”卦说：“上下沟通就会使志向相同。”“否”卦说：“上下隔阂天下就没有国家。”如此看来，上情下达，下情上举，上下一体才可称为“泰”。而下情无法上闻，君臣之间被阻隔，国家形同虚设，只能称为“否”了。

所以君臣相通就会吉利，不相通就有危机，自古皆为此理。然而上下不通的弊病，还没有像近世这样严重。君臣相见，仅是上朝那很短的时间，君与臣之间，不过以奏章和批复相联系，依靠法令和制度维持关系而已。这并不只是承袭旧例，也是彼此地位的悬殊才形成的。为什么呢？君臣在奉天门举行朝会，一天也不曾废止，可以说是勤勉了。但殿堂台阶高耸，仪式威严显赫，御史督察百官礼仪，鸿胪卿检举不知礼法的人，通政使导引上奏，皇帝只大略看看，大臣就要诚惶诚恐地谢恩告退。如此，皇帝何尝处理过一件事，臣属又何尝进献一言呢？这并无其他原因，只是因为上下的地位悬殊，就像人们常说的君臣同在朝堂，却相隔万里之遥，臣属即使有话要说，又如何有机会开口呢？

臣以为，如果想做到君臣相通，不如恢复古代内朝的制度。原来周朝时有三种设朝的制度：设于库门之外的为“正朝”，天子在此向臣子咨询谋划国事；设在路门之外的为“治朝”，天子每日在此举行朝会；设于路门之内的为“内朝”，又称“燕朝”。《玉藻》说：“日出时君主上朝，退朝后在路寝听政。”总之，君主上朝接见群臣，以正上下名分；到路寝处理政事，以通晓远近的情况。汉朝的制度：大司马、左右前后将军、侍中、散骑等官吏，在中朝被接见。丞相以下至六百石俸禄的官员，在外朝被接见。唐朝皇城北面的南三门名为承天门，每年元旦、冬至，皇帝在这里接受各国使节的朝贺，这大概就是古时的外朝。它的北面是太极门，西面是太极殿，每月初一、十五，皇帝在此坐朝，这大概就是古时的正朝。再往北面是两仪殿，皇帝日常在此坐朝处理政事，这就是古时的内朝了。宋朝时，皇帝日常在文德殿听政，而臣子每五天则在垂拱殿向皇帝请安。每年元旦、冬至和皇帝寿辰的庆典则在大庆殿举行，皇帝给臣下赐宴，是在紫宸殿或集英殿，进士的考试，就在崇政殿举行了。侍从以下的官员，每五日有一位上殿朝见，称为“轮对”，他必须向皇帝陈述时政的利弊。在内殿引见臣属，有时给他们赐座，有时免去他们穿朝靴的礼节，大概还延续着三朝的遗风吧！原来天上有三垣，天子以它们为法。正朝仿效太极，外朝仿效天市，内朝仿效紫微，自古以来就是这样。

本朝皇帝寿辰、元旦、冬至等大型朝会在奉天殿举行，相当于古时的正朝。日常在奉天门设朝，相当于古时的外朝。然而内朝偏偏缺失，其实内朝并不缺少，那华盖、谨身、武英等殿的朝会，不就是古时内朝的遗制吗？洪武年间如宋濂、刘基，永乐以来如杨士奇、杨荣等，每日在皇帝身边侍奉，大臣蹇义、夏元吉等人常在便殿奏事应答。那时，难道会产生上下之间被阻隔的弊病吗？现在内朝还没有恢复，皇上驾临日常的朝会后，臣属们就无门进见了，三座殿高门深锁，很少有人来到这里看一看。因而君臣之间被阻隔难以沟通，天下的弊病积累得越来越多。孝宗晚年时，对这一问题深有感触，屡次在便殿召见大臣，商量议论国事，正要有所作为，但百姓没有福气，没来得及看到天下大治的好光景，人们至今还感到遗憾。

愿陛下长远效法圣明的祖先，向近世学习孝宗的作为，将近世以来上下阻隔的弊病全部铲除。除了日常的朝会，再至文华、武英二殿设朝，效法古代内朝的制度。大臣们每隔三天或者五天进宫请安一次，侍从与台谏各派一名官员轮流上殿奏事对答，各部有事请示裁决，皇帝可根据了解的情况做决定，有不好裁决的，就与大臣们面议。皇帝还应经常召见群臣，凡属谢恩、告辞一类事，都可以上殿陈述启奏，皇上虚心询问他们，和颜悦色地引导他们。这样做，就能人尽其言。陛下虽然深居宫内，但天下之事都能清楚地展现在您的面前。外朝的作用是摆正君臣名分，内朝的作用是沟通远近情况。这样做了，难道还会发生近世上下之间被阻隔的弊病吗？尧、舜之时，帝王耳聪目明，好的言论不会被沉埋，偏僻之地也没有被遗漏的贤人，也不过就像上面所说的而已。

作者简介

王守仁（1472—1528），字伯安，号阳明，余姚（今属浙江）人，弘治十二年（1499）中进士，后任刑部侍郎、兵部主事，因触怒宦官被贬到贵州当龙场驿丞。后来该宦官被杀，王守仁又当了右佥都御史、南京兵部尚书。王守仁是明代最重要的思想家，他关于"心外无物"的哲学和"致良知"的认识论在后世一直影响着不同的学人，也使得后人对他的评价一直众口纷纭。作为一个思想家，散文创作自然是他的副业，他在文字上很下功夫，语言自然清新，主题明白豁朗。他并非一个冬烘的儒师，也不是一个古板的道德家，他的文章中还有"情"有"趣"，因而很多散文名家实际上还比不上他。

尊经阁记

王守仁

[题解]

稽山书院是宋代名臣范仲淹创设的著名书院，明嘉靖三年（1524）绍兴知府南大吉及山阴县令吴瀛重修书院，增建"明德堂""尊经阁"。王守仁在这里讲学，阐述自己"致良知"的学术观点，并撰写了这篇《稽山书院尊经阁记》。在这篇文章当中，作者集中阐述了自己的学术思想，把书院作为扩大自己学说影响力的基地，反对当时官学使得读书人都热衷于追求名利的弊端，提出讲求明伦的古圣贤之学等观点。

[原文]

经①，常道也。其在于天谓之命，其赋于人谓之性，其主于身谓之心。心也，性也，命也，一也。

通人物，达四海，塞天地，亘(gèn)古今②，无有乎弗具，无有乎弗同，无有乎或变者也，是常道也。其应乎感也③，则为恻隐，为羞恶，为辞让，为是非。其见于事也，则为父子之亲，为君臣之义，为夫妇之别，为长幼之序，为朋友之信。是恻隐也、羞恶也，辞让也，是非也，是亲也，义也，序也，别也，信也，一也。皆所谓心也，性也，命也。

通人物，达四海，塞天地，亘古今，无有乎弗具，无有乎弗同，无有乎或变者也，是常道也。以言其阴阳消长之行[4]，则谓之《易》；以言其纪纲政事之施[5]，则谓之《书》；以言其歌咏性情之发，则谓之《诗》；以言其条理节文之著[6]，则谓之《礼》；以言其欣喜和平之生，则谓之《乐》；以言其诚伪邪正之辨，则谓之《春秋》。是阴阳消长之行也，以至于诚伪邪正之辨也，一也，皆所谓心也，性也，命也。

通人物，达四海，塞天地，亘古今，无有乎弗具，无有乎弗同，无有乎或变者也，夫是之谓六经。六经者非他，吾心之常道也。是故《易》也者，志吾心之阴阳消息者也[7]；《书》也者，志吾心之纪纲政事者也；《诗》也者，志吾心之歌咏性情者也；《礼》也者，志吾心之条理节文者也；《乐》也者，志吾心之欣喜和平者也；《春秋》也者，志吾心之诚伪邪正者也。君子之于六经也，求之吾心之阴阳消息而时行焉，所以尊《易》也；求之吾心之纪纲政事而时施焉，所以尊《书》也；求之吾心之歌咏性情而时发焉，所以尊《诗》也；求之吾心之条理节文而时着焉，所以尊《礼》也；求之吾心之欣喜和平而时生焉，所以尊《乐》也；求之吾心之诚伪邪正而时辨焉，所以尊《春秋》也。

盖昔者圣人之扶人极[8]，忧后世而述六经也，犹之富家者之父祖、虑其产业库藏之积，其子孙者或至于遗忘散失，卒困穷而无以自全也，而记籍其家之所有以贻之[9]，使之世守其产业库藏之积而享用焉，以免于困穷之患。故六经者，吾心之记籍也，而六经之实，则具于吾心，犹之产业库藏之实积，种种色色，具存于其家，其记籍者，特名状数目而已[10]。而世之学者不知求六经之实于吾心，而徒考索于影响之间[11]，牵制于文义之末，硁硁(keng)然以为是六经矣[12]，是犹富家之子孙不务守视、享用其产业库藏之实积，日遗忘散失，至为窭(jù)人丐夫[13]，而犹嚣嚣然指其记籍曰[14]：“斯吾产业库藏之积也。”何以异于是？

呜呼！六经之学，其不明于世，非一朝一夕之故矣。尚功利，崇邪说，是谓乱经。习训诂[15]，传记诵，没溺于浅闻小见，以涂天下之耳目[16]，是谓侮经。侈淫辞，竞诡辨[17]，饰奸心盗行，逐世垄断，而犹自以为通经，是谓贼经[18]。若是者，是并其所谓记籍者，而割裂弃毁之矣！宁复知所以为尊经也乎？

越城旧有稽山书院[19]，在卧龙西冈，荒废久矣。郡守渭南南君大吉[20]，既敷政于民[21]，则慨然悼末学之支离，将进之以圣贤之道，于是使山阴令吴君瀛拓书院而一新之[22]，又为尊经之阁于其后，曰：“经正则庶民兴，庶民兴斯无邪慝(tè)矣[23]。”阁成，请予一言以谂(shěn)多士[24]。予既不获辞，则为记之若是。呜呼！世之学者得吾说而求诸其心焉，其亦庶乎知所以为尊经也已。

[注释]

①经：指后文所提到的《易经》《书经》《诗经》《礼经》《乐经》《春秋》六部儒家经典。②亘：贯通。③应：应和，因感而发。④阴阳：事物的两种对立变化的方面、力量。消长：消歇与生长，盛衰。⑤纪纲政事：法制法令与政治事务。⑥条理节文：按礼仪规定的有关的各种法则、伦理制度等。在古代，因为人与人之间等级有别，因此各种人的起居、饮食、婚丧、车马、服饰都有所不同。⑦志：记。消息：上文“消长”的意思。⑧人极：人世间的道德规范，道德准则。⑨记籍：登记用的簿子。这里作动词用。⑩特：只，不过。⑪影响：非本质的东西，事物表象。⑫硁硁然：固执、浅陋的样子。⑬窭人：穷人。⑭嚣嚣然：大声嚷嚷的样子。⑮训诂：对汉字字义的解释。⑯涂：蒙蔽、惑乱。⑰辨：通“辩”。⑱贼：伤残，残害。⑲越城：今浙江绍兴。稽山书院：宋代时在稽山（在绍兴市东南）越王城遗址建造的一座书院。⑳郡守：州郡的长官，此指绍兴知府。南大吉：字元善，陕西渭南人。明武宗正德六年（1511）二甲进士，时任绍兴知府。㉑敷政：施政。㉒山阴：今属浙江绍兴市。㉓斯：连词，则，就。邪慝：邪恶。㉔谂：规劝。

[译文]

经书中所讲的，是永恒不变的真理，它对于天来说称为命数，它赋予给人就称为本性，它主宰身体就称为精神。精神，本性，命数，是相同的。

沟通自身与外物，遍及四海，充塞天地，贯通古今，无处不存在，无处不相同，不会发生变化，所以它是永恒不变的真理。它体现在人的情感中，就是同情心，就是羞耻心，就是谦让之心，就是是非之心；体现在人际关系上，就是父子之亲，就是君臣之义，就是夫妻之别，就是兄弟之序，就是朋友之信。恻隐之心，羞耻之心，谦让之心，是非之心，就是亲、义、序、别、信，它们是相同的，都是上面所说的精神、本性、命数。

沟通自身与外物，遍及四海，充塞天地，贯通古今，无处不存在，无处不相同，不会发生变化，这就是所谓的不变的真理。这种不变的真理，用来解释阴阳消长的运行规律，就是《周易》；用来阐述纲领政事的施行，就是《尚书》；用来抒发歌咏性情，就是《诗经》；用来彰显体统礼仪，就是《礼记》；用来宣泄欣喜平和的韵律，就是《乐经》；用来分辨真伪善恶，就是《春秋》。所以阴阳消长的运行，以至于真伪善恶的分辨，都是相同的，都是精神、本性、命数。

沟通自身与外物，遍及四海，充塞天地，贯通古今，无处不存在，无处不相同，不会发生变化，因此被称为六经。六经不是别的，是我们心中永恒不变的真理。所以《周易》，是记载我们心中阴阳消长的经典；《尚书》，是记载我们心中纲领政事的经典；《诗经》，是记载我们心中歌咏性情的经典；《礼记》，是记载我们心中传统礼仪的经典；《乐经》，是记载我们心中欣喜平和的经典；《春秋》，是记载我们心中真伪善恶的经典。君子对待六经，要探求我心中的阴阳消长而及时遵循其规律，所以会推崇《周易》；探求我心中的纲领政事而及时施行，所以会推崇《尚书》；探求我心中的歌咏性情而及时抒发，所以会推崇《诗经》；探求我心中的体统礼仪而及时彰显，所以会推崇《礼记》；探求我心中的欣喜平和而及时宣泄，所以会推崇《乐经》；探求我心中的真伪善恶而及时辨明，所以会推崇《春秋》。

或许当初圣人匡扶纲常、为后世忧虑而编纂六经，就像是富庶之家的祖辈，担心自己积累下来的那些产业，传到了子孙手中会被遗忘散失，最后落得穷困而无法自保，于是将家中所有的财物都记录在册留给他们，让他们能够世代守护并享用这些库藏中的财物，以避免穷困的祸患。所以可以说六经，是我们心中的账册，而六经的实际的意义，则存在于我们心中，就好像库藏中实际积累的财物，各种各样的，都存放在家中。而至于账册，只是记录了名目和数量而已。而如今学习六经的人，不懂得向自己的内心去探求六经的实际意义，反而仅仅在一些微小的形迹中去寻求，被文字上的细枝末节所束缚，浅陋地认为那就是六经了。这就像富家子孙，不去守护享用库藏中实际的财物，一天天地遗忘散失，最终变成了穷人乞丐，但是依然傲然自得地指着他的账册，说："这是我库藏中的财物！"这有什么不同吗？

唉！六经的学问不被世人所了解已经不是一朝一夕的事了。追逐功利,、推崇荒谬的学说，这就叫作混淆经义；学习搜求字句的意思，教授背诵文字，沉溺于肤浅的学说和琐屑的见解，来蒙蔽天下人的耳目，这就叫作歪曲经文；夸大荒谬的言论，争相使用花言巧语，掩饰奸邪的心术和卑劣的行径，横行世间控制言论，还自认为通晓六经，这就叫作残害经义。像这样的人，连那些所谓的账册都撕毁扔掉了，还哪里知道什么叫作注重经义？

越城原来有稽山书院，在卧龙岗的西面，已经荒废很久了。知府渭南人南大吉在施政于民之余，又感慨痛惜近世学风的浅薄杂乱，希望使其重归圣贤之道，于是让山阴县令吴瀛扩建书院，使之焕然一新，又在书院之后建了一座尊经阁，说："经学归于正道，百姓才会振奋，百姓振奋就不会作恶了。"尊经阁建成之后，他让我写篇文章，来告诫众多的读书人。我既然推辞不掉，就为他写了这篇文字。唉！世上的读书人，如果能够理解我的主张并在心中多加探求的话，那么他们也就大致懂得怎样才是尊奉经文了。

象祠记

王守仁

[题解]

象祠，是供奉象的祠庙。作者借苗人翻新象祠一事，推断象最后改过自新，进一步阐发自己的观点，即君子应该像舜一样修身养性，善于用美好的德行感化别人。

[原文]

灵博之山[①]，有象祠[②]焉。其下诸苗夷之居者，咸神而祠之。宣尉安君，因诸苗夷之请，新[③]其祠屋，而请记于予。予曰："毁之乎，其新之也？"曰："新之。""新之也何居乎？"曰："斯祠之肇也，盖莫知其原，然吾诸蛮夷之居是者，自吾父、吾祖溯曾、高而上，皆尊奉而禋(yīn)祀[④]焉，举而不敢废也。"予曰："胡然[⑤]乎？有鼻之祀，唐之人盖尝毁之。象之道，以为子则不孝，以为弟则傲。斥于唐，而犹存于今，坏于有鼻，而犹盛于兹土也，胡然乎？"

我知之矣。君子之爱若[⑥]人也，推及于其屋之乌，而况于圣人之弟乎哉？然则祠者为舜，非为象也。意象之死，其在干羽既格之后乎？不然，古之骜(ào)桀[⑦]者岂少哉？而象之祠独延于世。吾于是盖有以见舜德之至，入人之深，而流泽之远且久也。

象之不仁，盖其始焉耳，又乌[⑧]知其终之不见化于舜也？《书》不云乎："克谐以孝，烝烝(zhēng)[⑨]乂，不格奸"，"瞽瞍(gǔ sǒu)[⑩]亦允若"。则已化而为慈父。象犹不弟[⑪]，不可以为谐。进治于善，则不至于恶。不底[⑫]于奸，则必入于善。信乎象盖已化于舜矣。《孟子》曰："天子使吏治其国"。象不得以有为也。斯盖舜爱象之深而虑之详，所以扶持辅导之周也。不然，周公之圣，而管、蔡不免焉。斯可以见象之既化[⑬]于舜，故能任贤使能，而安于其位，泽加于其民，既死而人怀之也。诸侯之卿，命于天子，盖《周官》之制，其殆仿于舜之封象欤？

吾于是盖有以信人性之善，天下无不可化之人也。然则唐人之毁之也，据象之始也，今之诸苗奉之也，承象之终也。斯义也，吾将以表于世。始知人之不善虽若象焉，犹可以改，而君子之修德，及其至也，虽若象之不仁，而犹可以化之也。

[注释]

①灵博之山：指灵鹫山和博南山。在今天贵州的黔西。②象祠：传说中舜的同父异母弟弟。曾跟舜的父亲和后母一起加害过舜。③新：翻新。④禋祀：祭祀。禋，古代在祭祀的时候会烧柴升烟来祭天求福。⑤胡然：为什么这样。⑥若：这种，这样。⑦骜桀：暴戾不逊。⑧乌：怎么的意思。⑨烝烝：浓厚的样子。⑩瞽瞍：舜的父亲。⑪弟：通“悌”，敬爱兄长的意思，古代一种纲常礼仪。⑫底：通“抵”，抵达、到达之义。⑬化：感化的意思。

[译文]

位于贵州黔西的灵鹫山和博南山上有象的祠庙。那山下住着许多苗族人民，他们都把象当作神来祭祀。宣慰使安君，顺应苗民的请求，把祠庙的房屋重新修整一番，同时，请我为象祠作一篇记。我问他说：“你打算是拆毁它呢，还是重新修整它呢？”宣慰使说：“是重新修整它对它翻新。”我说：“重新修整它对它翻新，是什么道理呢？”宣慰使说：“大概没有人知道这座祠庙的创建的起源了。然而我们这些居住在这里的原著苗民，从我的父亲、祖父，一直追溯到曾祖父、高祖父以前，都尊敬信奉这座寺庙，而且偶尔并诚心祭祀，不敢懈怠荒废。”我说：“怎么会这样呢？有鼻那地方也有个象祠，唐朝的时候有人曾经把它毁掉了。象的为人，作为儿子不孝顺父母，作为弟弟不懂得尊敬兄长，态度傲慢。对象的祭祀，在唐朝就受到斥责，可是象祠还是存留到了现在。在有鼻他的祠庙被拆毁，可是在这里却还香火旺盛。怎么会这样呢？”

我明白这个道理了！君子爱这个人，便会把他的爱扩大到他房顶上的乌鸦，更何况是对圣人的兄弟呢！既然这样，那么这座象祠庙是为了舜而兴建的，不是为了象啊！由此我推想，象是在舜用干舞羽舞感化了苗族之后才死去的吗？如果不是这样，那古代暴戾不逊、嚣张跋扈的人难道还少吗？可是唯独只有象的祠庙能源远传到今世。从这里我能够感觉到舜的品德的高尚，深深地进入到人的心中，他的恩德惠泽流传得非常辽远长久。

象的凶暴大概在年少时就是这样的，又怎么知道他后来没有被舜的恩德感化呢？《书经》上不是这么说吗：“舜能用他的孝顺美德使家庭和睦融洽，使家人逐渐向善靠拢，不至于走到邪门歪道上去。”“舜的父亲也表示顺从他”，由此可见，他最终被舜感化成为一个慈祥的父亲了。如果象还是不尊敬兄长，就不能够说全家和睦融洽了。他不断向善进步，就不至于仍然是个邪恶的人；他不往邪路上走，就表明他一定会向善的道路上走。象最终被舜感化了是真实可信的啊！《孟子》说："天子派官吏去治理象的封地，象不可能会大有作为的！"这可能是因为舜深爱着象，并且为他考虑得非常周详，所以用来扶植、辅助他的办法就很周到。不然的话，像周公那样圣明的人，在他当政的时候，管叔、蔡叔却不能避免被诛杀、放逐的命运。从这里我们能够看出象被舜感化了，因此他能够任用贤能的人，安稳地保住他的位子，给老百姓施与恩泽，所以，他死了以后，才会有人想念他啊！诸侯的卿，都是由天子来任命的，这是周代的典章制度，这种制度大概是仿效舜封象的办法吧！

因此我完全相信：人的本性是善良的，天下没有不能被善感化的人。既然这样，那么唐朝人拆毁象的祠庙，根据的是象开始时的行为表现。如今苗民尊奉、祭祀他，依据的是象最终的行为表现。这个道理，我将把它向世人做一个详细的说明。让人们明白：人即使跟象一样不善良，也能够改正。君子修养自身的德行，到了至圣的极点，即使身边有人跟象一样不仁、凶暴，也能够感化他的。

瘗旅文

王守仁

[题解]

本文记述了一个吏目和他的儿子还有仆人三人死在蜈蚣坡下，作者同情他们，便带着两个小仆人埋葬了他们，并作祭文祭奠，以此表达了作者自身作为游子的思乡之情，和对人生无常、性命不期的悲愤和慨叹。

[原文]

维正德四年秋月三日[1]，有吏目云自京来者[2]，不知其名氏，携一子一仆将之任，过龙场[3]，投宿土苗家。予从篱落间望见之，阴雨昏黑，欲就问讯北来事，不果，明早，遣人觇(chǎn)之[4]，已行矣。薄午[5]，有人自蜈蚣坡来，云："一老人死坡下，傍两人哭之哀。"予曰："此必吏目死矣，伤哉！"薄暮，复有人来云："坡下死者二人，傍一人坐哭。"询其状，则其子又死矣。明日，复有人来云："见坡下积尸三焉。"则其仆又死矣。呜呼伤哉！

念其暴骨无主，将二童子持畚(běn)、锸(chā)往瘗(yì)之[6]。二童子有难色然。予曰："噫！吾与尔犹彼也[7]。"二童闵然涕下，请往。就其傍山麓为三坎，埋之。又以只鸡、饭三盂，嗟吁涕洟(yí)而告之曰[8]：

呜呼伤哉！繄（yì）何人[9]？繄何人？吾龙场驿丞余姚王守仁也[10]。吾与尔皆中土之产，吾不知尔郡邑，尔乌为乎来为兹山之鬼乎？古者重去其乡，游宦不逾千里，吾以窜逐而来此宜也，尔亦何辜乎？闻尔官吏目耳，俸不能五斗，尔率妻子躬耕可有也，胡为乎以五斗而易尔七尺之躯？又不足，而益以尔子与仆乎？呜呼伤哉！尔诚恋兹五斗而来，则宜欣然就道，胡为乎吾昨望见尔容蹙然，盖不任其忧者？夫冲冒雾露，扳援崖壁，行万峰之顶，饥渴劳顿，筋骨疲惫，而又瘴疠侵其外，忧郁攻其中，其能以无死乎？吾固知尔之必死，然不谓若是其速，又不谓尔子、尔仆亦遽然奄忽也。皆尔自取，谓之何哉！吾念尔三骨之无依而来瘗耳，乃使吾有无穷之怆也。呜呼伤哉！纵不尔瘗，幽崖之狐成群，阴壑之虺（huǐ）如车轮[11]，亦必能葬尔于腹，不致久暴露尔。尔既已无知，然吾何能为心乎？自吾去父母乡国而来此三年矣，历瘴毒而苟能自全，以吾未尝一日之戚戚也。今悲伤若此，是吾为尔者重，而自为者轻也，吾不宜复为尔悲矣。吾为尔歌，尔听之。

歌曰：连峰际天兮飞鸟不通，游子怀乡兮莫知西东。莫知西东兮维天则同，异域殊方兮环海之中[12]。达观随寓兮奚必予宫[13]，魂兮魂兮无悲以恫（dòng）[14]。又歌以慰之曰：与尔皆乡土之离兮，蛮之人言语不相知兮。性命不可期，吾苟死于兹兮，率尔子仆，来从予兮。吾与尔遨以嬉兮，骖（cān）紫彪而乘文螭（chī）兮[15]，登望故乡而嘘唏兮。吾苟获生归兮，尔子、尔仆尚尔随兮，无以无侣为悲兮！道旁之冢累累兮，多中土之流离兮，相与呼啸而徘徊兮。餐风饮露无尔饥兮，朝友麋鹿暮猿与栖兮。尔安尔居兮，无为厉于兹墟兮[16]！

[注释]

①维：发语词，无实义。正德四年：公元1509年。正德为明武宗年号（1506—1521）。②吏目：低级官名，掌管官府文书。明代时在安抚、招讨、市舶、盐课诸司及各州、各千户均有设置。③龙场：在今贵州修文境内。④觇：观察，窥视。⑤薄：迫近。⑥畚：畚箕。锸：铁锹。瘗：用土埋葬。⑦尔：你，你们。⑧涕洟：

流泪。涕：泪。洟：鼻涕。⑨繄：感叹词。⑩驿丞：官名，掌管邮传、迎送事务。⑪虺：毒蛇。⑫环海之中：此指中国。古人以为中国四周环海。⑬达观随寓：乐观，随处可以安身。宫：此指家。⑭恫：惧怕。⑮骖：三马或四马拉一车，两边的马称“骖”。这里作驾驭解。紫彪：紫色斑纹小虎。文螭：有花纹的无角龙。⑯厉：恶鬼。墟：村墟。

[译文]

大明正德四年秋季某月的初三，从北京来了一个吏目，不知道他的名姓，带着一个儿子和一个仆从，将要去赴任，路过龙场，投宿到当地的苗人家中。我从篱笆之间望见他，因为阴雨之中一片昏黑，想要接近他询问一下北方的情况，却没有实现。第二天早上，我派人去查看，他们已经走了。快到中午的时候，有人从蜈蚣坡走来，说：“一个老人死在了坡下，两个人在一旁哭得很伤心。”我说：“这一定是吏目死了。悲哀啊！”快要黑天的时候，又有人来说：“坡下有两个死者，旁边一个人坐在那里叹息。”问了他们的样子，知道吏目的儿子也死了。第二天早上，又有人来说：“看到坡下躺着三具尸体。”我就知道他的仆从也死了。真是伤心啊！

想到他们的尸骨暴露在荒野而无人认领，就带着两个僮仆拿着簸箕和铁锹前去埋葬，两个僮仆面有难色。我说：“唉，我与你们其实和他们一样啊！”两个僮仆悲悯地流下了眼泪，请求一起去。于是我们靠近山脚挖了三个墓穴，将他们掩埋了。又摆上一只鸡、三碗饭，声泪俱下地祭告说：

悲伤啊！你们是什么人？你们是什么人呢？我是龙场驿的驿丞王守仁。我和你们都来自中原，我不知道你的家乡在哪里，你又为什么来做这座山的鬼魂呢？古时的人对离开家乡这种事是很慎重的，外出做官不会超过千里。我是因为被流放才来到这里，这是理所应当的。你又是因为什么过错呢？听说你只是一个吏目而已，俸禄还不足五斗粮食，你带着妻子亲自耕种就能得到了，为什么为了五斗米而换去自己的七尺之躯呢？这还不够，为什么又连累了你的儿子和仆从？悲伤啊！你真的是因贪图五斗米而来的话，就应当愉快地上路，为什么我昨天望见你皱着眉头，好像有无法承受的忧愁？一个人一路踏着清霜白露，攀缘着悬崖峭壁，翻过群山的峰顶，饥渴劳碌，筋骨疲惫，而且在外又受到瘴气的侵袭，内心之中又受到忧郁的烦扰，他能够免于一死吗？我虽然知道你一定会死，但没想到会这么快，又没想到你的儿子、你的仆从也这么快就死去了。都是你自己找来的，还有什么好说的呢？我念及你们三个人的尸骨无所归依才前来埋葬，却引起了我无边的悲痛。悲伤啊！即使不埋葬你们，那幽深的山崖之间成群的狐狸和车轮粗细的毒蛇也必然会将你们葬在腹中，而不至于长久地暴露在外。你们已经没有知觉了，但是我又怎么能安心呢？自从我离开家乡到这里，已经三年了，经受了瘴疠毒气而能够勉强保全自己，是因为我没有一天怀着忧伤的情绪。今天这么悲伤，是为你们想得太重，而为我自己想得太轻了，我不该再为你们悲伤了。我为你们唱歌，你们听听吧！

歌唱道：连绵的高山直上云天啊，鸟儿无法飞过。游子思念着家乡啊，不知该往何处去。不知该往何处去啊，头顶的天空却相同。虽然地域相距非常遥远啊，但是还在四海的环绕之中。豁达地随遇而安啊，何必非要住在自己家中。魂魄啊魂魄，不要悲伤。又唱了一首歌来告慰你们：我和你们都远离故土啊，和南方人言语不通没法交流。性命无法预料，如果我死在了这里，那就领着你的儿子和仆从来找我吧！我和你们一起遨游嬉戏，驾着紫色的虎，乘着五彩的龙，登高望向故乡长叹。如果我能够活着回去的话，你的儿子和仆从还和你在一起，不要因为没人陪伴悲哀！道路旁的坟冢累累，大多都是中原流离到这里的人，你可以与他们一起呼啸徘徊。食清风，饮露水！早上有麋鹿相伴，晚上和猿猴一起栖息。你们要安分地居住在墓中，不要在这里化成厉鬼啊！

作者简介

唐顺之（1507—1560），字应德，武进（今属江苏）人，嘉靖八年曾获会试第一名，当过兵部郎中，曾亲自率兵船与倭寇作战，后来升任右佥都御史、代凤阳巡抚，人称荆川先生。在明代中叶文坛上，他是“唐宋派”的代表人物，所谓“唐宋”其实只是对抗前后七子“文必秦汉”主张的借口，并不见得他们写出来的散文都像“唐宋八大家”。唐顺之一面主张做文章要直抒胸臆、信手拈来，一面又主张要符合唐宋散文的“开阖首尾经纬错综之法”，但从他自己的作品看来似乎还未能把这两方面融为一体，倒是模仿唐宋人的口吻、格局这方面较多。从这篇《信陵君救赵论》中可以看出，他的确揣摩了不少宋人的史论，写得很像苏轼、王安石等人那种开阖跌宕又标新立异的风格。

信陵君救赵论

唐顺之

[题解]

文章首先论述了信陵君之罪不在窃符，在于心中没有魏王。信陵君窃符救赵，并不是为了魏国，更不是为了六国，而是为了与他有姻亲关系的平原君。因此，信陵君的行为属于权臣植党谋求私利。对于此事，魏王也有因宠幸如姬而疏忽之过。信陵君的做法是结党营私，魏王则失掉了君王的权力，作者认为后世应当引以为鉴。

[原文]

论者以窃符为信陵君之罪[①]，余以为此未足以罪信陵也。夫强秦之暴亟矣，今悉兵以临赵，赵必亡。赵，魏之障也。赵亡，则魏且为之后。赵、魏，又楚、燕、齐诸国之障也，赵、魏亡，则楚、燕、齐诸国为之后。天下之势，未有岌岌于此者也。故救赵者亦以救魏，救一国者亦以救六国也。窃魏之符以纾(shū)[②]魏之患，借一国之师以分六国之灾，夫奚不可者？

然则信陵果无罪乎？曰："又不然也。"余所诛者，信陵君之心也。

信陵一公子耳，魏固有王也！赵不请救于王，而谆谆焉请救于信陵，是赵知有信陵，不知有王也。平原君[3]以婚姻激信陵，而信陵亦自以婚姻之故欲急救赵，是信陵知有婚姻，不知有王也。其窃符也，非为魏也，非为六国也，为赵焉耳；非为赵也，为一平原君耳。使祸不在赵，而在他国，则虽撤魏之障、撤六国之障，信陵亦必不救。使赵无平原，或平原而非信陵之姻戚，虽赵亡，信陵亦必不救。则是赵王与社稷之轻重，不能当一平原公子，而魏之兵甲所恃以固其社稷者，只以供信陵君一姻戚之用。幸而战胜，可也；不幸战不胜，为虏于秦，是倾魏国数百年社稷以殉姻戚！吾不知信陵何以谢魏王也！

夫窃符之计，盖出于侯生[4]，而如姬[5]成之也。侯生教公子以窃符，如姬为公子窃符于王之卧内，是二人亦知有信陵，不知有王也。余以为信陵之自为计，曷若以唇齿之势激谏于王，不听，则以其欲死秦师者而死于魏王之前，王必悟矣。侯生为信陵计，曷若见魏王而说之救赵，不听，则以其欲死信陵君者而死于魏王之前，王亦必悟矣。如姬有意于报信陵，曷若乘王之隙而日夜劝之救，不听，则以其欲为公子死者而死于魏王之前，王亦必悟矣。如此，则信陵君不负魏，亦不负赵，二人不负王，亦不负信陵君。何为计不出此？信陵知有婚姻之赵，不知有王。内则幸姬，外则邻国，贱则夷门[6]野人，又皆知有公子，不知有王。则是魏仅有一孤王耳！

呜呼！自世之衰，人皆习于背公死党之行而忘守节奉公之道。有重相而无威君，有私仇而无义愤。如秦人知有穰(ráng)侯[7]，不知有秦王；虞卿[8]知有布衣之交，不知有赵王。盖君若赘瘤久矣。由此言之，信陵之罪，固不专系乎符之窃不窃也。其为魏也，为六国也，纵窃符犹可。其为赵也，为一亲戚也，纵求符于王，而公然得之，亦罪也。

虽然，魏王亦不得为无罪也。兵符藏于卧内，信陵亦安得窃之？信陵不忌魏王，而径请之如姬，其素窥魏王之疏也；如姬不忌魏王，而敢于窃符，其素恃魏王之宠也。木朽而蛀生之矣。古者人君持权于上，而内外莫敢不肃。则信陵安得树私交于赵？赵安得私请救于信陵？如姬安得衔信陵之恩？信陵安得卖恩于如姬？履霜之渐⑨，岂一朝一夕也哉！由此言之，不特众人不知有王，王亦自为赘瘤也！

故信陵君可以为人臣植党之戒，魏王可以为人君失权之戒。《春秋》书“葬原仲”“翚(huī)帅师”⑩。嗟夫！圣人之为虑深矣！

[注释]

①符：兵符，是调动军队的凭证。信陵君：魏公子无忌，战国时魏安釐王之弟，当时任魏相，其姐为赵相平原君夫人。公元前257年，秦攻赵，赵求救于魏，魏王派晋鄙救赵，但又惧怕秦国，按兵不动。信陵君听从侯嬴之计，通过魏王宠妾如姬窃得兵符，杀晋鄙，与赵国合兵击败秦国。②纾：解除。③平原君：赵胜，赵惠文王之弟。④侯生：侯嬴，信陵君门下食客。⑤如姬：魏王宠妾。其父为人所杀，后信陵君为她杀仇人，报了父仇。⑥夷门：魏国都城大梁的东门。⑦穰侯：魏冉，秦昭襄王母宣太后之弟，曾任秦国将军、相国等职。⑧虞卿：战国时游说之士，赵孝成王时曾任赵相，但他为了帮助朋友脱险，抛弃相印，与朋友一起逃走。⑨履霜之渐：意思是踩到霜，就知道严冬要来了。⑩原仲：陈国大夫。翚：羽父，鲁国大夫。宋国等伐郑，也让鲁国出兵，鲁隐公不答应，翚执意请求，带兵而去。孔子认为这是目无君主的行为。

[译文]

后世的论者认为盗窃兵符是信陵君的罪过，我认为此事并不足以成为信陵君的罪过。那时秦朝残暴，气焰逼人，将所有兵力压到赵国的边境上，赵必灭亡。赵国是魏国的屏障，赵国灭亡了，魏国也会和它一样灭之。赵、魏两国又是楚、燕、齐等国的屏障，赵、魏灭亡了，楚、燕、齐等国也会和它们一样灭亡。天下的局势，没有危险过此时的了。所以救赵，也就是救魏，救一个国家，也就是救六个国家呀。窃魏国的兵符来解救魏国，用一国的兵力化解六国的灾难，又有何不可呢？

那么，信陵君就无罪了么？可以说：“又并非如此。”我要责备的，是信陵君的心。

信陵君不过是一个公子，而魏国本是有君王的。赵国不求于魏王，却再三求救于信陵君，说明左赵国心中只知有信陵君而不知有魏王呀。平原君利用婚姻关系打动信陵君，信陵君也因为有姻亲的原因，希望尽快救赵，这说明信陵君心中只知姻亲的关系而不知有魏王呀。可见，信陵君窃符救赵，并非为了魏国，也不是为了六国，只是为了赵国而已。其实并非为了赵国，只是为了平原君而已。如果灾祸不是发生在赵国，而是发生在其他国家，那么即使是有损于魏国的屏障，有损于六国的屏障，信陵君也一定不会去救援的。如果赵国没有平原君，或者平原君与信陵君没有姻亲的关系，那么即使赵国即将被灭，信陵君也一定不会去救援的。可见，赵王与国家，对信陵君来说，都不如一个平原君重要，而魏国用来保卫国家的军队，也只用来援救信陵君的一个姻亲。幸好是取得了胜利，若不幸战败，被秦国俘虏去，相当于使魏国几百年的基业毁于一旦，为了一个姻亲殉葬。我不知信陵君该用什么来向魏王谢罪。

这窃符的计策，是由侯生提出，由如姬执行的。侯生让信陵君计盗兵符，如姬为信陵君从魏王卧室盗出兵符，这说明他们的心中也只知信陵君而不知魏王呀。我认为，信陵君与其为自己谋划，不如用唇亡齿寒的形势，急切地进谏魏王。如果魏王不听从，就以自己准备与秦军拼死决战之心死于魏王面前，魏王必定会感悟的。侯生为信陵君好，不如见魏王劝其救赵。若不听，则以为信陵君死之心，死于魏王前，王必悟。如姬若报答信陵君，就闲时劝王，若不听，就以为信陵君死之心，死于魏王前，王必悟。这样，信陵君就既不会有负于魏国，也不会有负于赵国。侯生和如姬也既不会有负于魏王，也不会有负于信陵君。为什么不在这个方面想办法呢？信陵君心中只知有姻亲关系的赵国而不知有魏王。宫内宠幸的姬妾，境外的邻国，地位很低的侯生等夷门野人，全部都是心中只知有信陵君而不知有魏王。这可以说明魏国只有一个孤立的君王而已。

唉！自从世道衰败，对于违背公道、只为私党卖命的行为，人们都已习以为常，却忘记了守节奉公之道。有权势极重的宰相，却没有威望很高的君王，有私下的仇恨而没有正义的愤怒。就像秦国人只知有穰侯而不知有秦王，虞卿只知有平民的朋友而不知有赵王。这种将君王看得像赘瘤一样的情况已很久了。由此说来，信陵君之罪，并不完全在于他是否盗窃了兵符。如果他是为了魏国和六国，即使盗窃了兵符也是可以的。如果他只是为了赵国和他的姻亲，即使向魏王求取兵符并公正地得到了它，也是有罪的。

虽然如此，魏王也不能说是无罪的。兵符藏在他的卧室之中，信陵君又怎么能够偷到呢？信陵君不忌惮魏王，直接请求如姬盗窃兵符，是因为他平时就看出了魏王的疏忽。如姬不害怕魏王，敢于盗窃兵符，是因为她素来倚仗魏王对她的宠爱。木头朽烂了才会生出蛀虫。古时的君王高高在上独揽大权，内外之人没有敢不恭敬的。如果能这样，信陵君又怎么能与赵国私下建立交情？赵国怎么能私下求救于信陵君？如姬怎么能对信陵君的恩情念念不忘？信陵君怎么能为了得到回报而对如姬施加恩德？严寒岂是在一朝一夕之间就到来了的啊！由此说来，不只是人们不知有魏王，就连魏王自己也自认为是赘瘤了。

所以信陵君可以作为臣子结党营私的鉴戒，魏王可以作为君王大权旁落的鉴戒。《春秋》记载了葬原仲和翚帅师的事情。唉！圣人的思虑多么深远啊！

作者简介

宗臣（1525—1560），字子相，号方城山人，兴化（今江苏兴化）人。嘉靖二十九年（1550）进士，任刑部主事、吏部员外郎。性耿介，不附权贵。嘉靖三十六年（1557）因作文祭杨继盛而得罪严嵩，被贬为福建布政使司左参议。后因防御倭寇有功，迁提学副使。他是明代中叶著名的文学家，文章风格豪放雄厉。他在散文创作上的成就，在“后七子”中是比较突出的。著有《宗子相集》。

报刘一丈书[1]

宗 臣

[题解]

刘玠博学多才，参加科考却一直不能得中，终生不仕。本文是作者写给他的一封回信，以漫画的手法，刻画出官府小吏的无耻行径，严府不可一世的气焰及其门人狐假虎威的丑态，反映了当时社会的黑暗与官场的腐败。

[原文]

数千里外，得长者时赐一书，以慰长想，即亦甚幸矣；何至更辱馈遗(kuì wèi)[2]，则不才[3]益将何以报焉？书中情意甚殷[4]，即长者之不忘老父，知老父之念长者深也。至以“上下相孚(fú)[5]，才德称位”语不才，则不才有深感焉。夫才德不称，固自知之矣，至于不孚之病，则尤不才为甚。

且今之所谓“孚”者何哉？日夕策马候权者之门，门者故不入[6]，则甘言媚词[7]作妇人状，袖金以私之。即门者持刺[8]入，而主人又不即出见，立厩中仆马之间，恶气袭衣裾[9]，即饥寒毒热不可忍，不去也。抵暮，则前所受赠金者出，报客曰：“相公[10]倦，谢客矣。客请明日来。”即明日又不敢不来。夜披衣坐，闻鸡鸣即起盥栉(zhì)[11]，走马推门。门者怒曰：“为谁？”则曰：“昨日之客来。”则又怒曰：“何客之勤也！岂有相公此时出见客乎？”客心耻之，强忍而与言曰：“亡奈何矣，姑容我入。”门者又得所赠金[12]，则起而入之[13]，又立向[14]所立厩中。幸主者出，南面召见，则惊走匍匐[15]阶下。主者曰：“进！”则再拜，故迟不起。起则上所上寿金[16]。主者故不受，则固请；主者故固不受，则又固请。然后命吏内[17]之。则又再拜，又故迟不起，起则五六揖始出。出揖门者曰："官人幸顾我[18]！他日来，幸[19]无阻我也！"门者答揖。大喜，奔出。马上遇所交识，即扬鞭语曰："适自相公家来，相公厚我！厚我！"且虚言状[20]。即所交识，亦心畏[21]相公厚之矣。相公又稍稍[22]语人曰："某也贤，某也贤。"闻者亦心计交赞之。此世所谓"上下相孚"也，长者谓仆能之乎？

前所谓权门者，自岁时伏腊[23]一刺之外，即经年不往也。间道经其门，则亦掩耳闭目，跃马疾走过之，若有所追逐者[24]。斯则仆之褊(biǎn)衷[25]，以此长不见悦于长吏[26]，仆则愈益不顾也。每大言曰："人生有命，吾惟守分而已。"长者闻之，得无厌其为迂乎？

[注释]

①刘一丈：字墀石，名不详，排行第一，是作者父亲的朋友。②辱：承蒙。这是谦词。馈遗：赠送礼物。③不才：不成材的人。这是作者称呼自己的谦词。④殷：深厚。⑤上下相孚：上级和下级要互相信任。⑥门者：守门的仆人。故不入：故意为难，不让入内。⑦甘言媚词：甜言蜜语。⑧刺：谒见的名片。⑨"恶气"句：难闻的气味扑向人体。⑩相公：对宰相的一种称呼。⑪盥栉：洗脸和梳头。⑫"门者"句：守门的人又一次得到了客人所赠送的金钱。⑬"则起"句：就起身开门，让客人进来。⑭向：上次。⑮匍匐：用手足在地上爬行。⑯寿金：赠金。以金帛赠人叫寿。实际上就是贿赂。⑰内：同"纳"，接受。⑱官人：对守门人的敬称。幸顾我：幸而看得起我。⑲幸：希望。⑳虚言状：捏造当时相公厚待他的情况，加以叙述。㉑畏：佩服。㉒稍稍：偶尔，随意地。㉓岁时：一年四季。春、夏、秋、冬叫作四时。伏腊：夏天的伏日和冬天的腊日。夏伏冬腊，在古时都举行祭祀，是一年中的重大节日。㉔"若有"句：好像在追赶什么似的。㉕褊衷：狭隘的心胸。㉖"以此"句：因此常常不被长官所喜欢。

[译文]

几千里外，时常得到您的来信，安慰我长久想念的心情，这已经非常幸运了，怎么还能让您赠送礼物，这让我用什么报答呢？您信中的情意十分深厚，说明您没有忘记我的父亲，从而也可以知道我的父亲深切地想念您的原因了。至于信中将"上下要互相信任，才能和品德要与职位相符"的话告诉我，正是我所深有感触的。我的才能和品德与职位不符，我素来是知道的。至于不能做到相互信任的弊病，在我的身上表现得尤为厉害。

且看如今所说的上下信任是怎么一回事呢？有的人从早到晚骑马去权贵人家的门口恭候，守门的人故意为难不肯进去禀报，他就甜言蜜语，装作妇人的姿态，把藏在袖里的金钱偷偷地塞给守门人。守门人拿着名帖进去之后，主人却不立即出来接见，他就站在马棚里，在仆人和马匹中间，臭气熏着衣服，即使是饥饿寒冷或闷热到无法忍耐，也不肯离去。一直到傍晚，那个先前曾经接受金钱的守门人出来，告诉他说：“相公疲劳了，谢绝会客，客人请明天再来吧！”而第二天又不敢不来。晚上披衣而坐，一听到鸡叫就起来洗脸梳头，骑着马跑去推门，守门人厉声说：“是谁？”他便回答说：“昨天的客人又来了。”守门人怒气冲冲地说：“你这个客人怎么这么勤快！相公难道在这个时候会出来见客人吗？”客人感到受了耻辱，却勉强忍耐着对守门人说：“没办法呀！姑且让我进去吧！”守门人再次得到他送的金钱，才起身放他进去。他又站在上次站过的马棚里。幸好主人出来了，在客厅上朝南坐着，唤他进见，他便慌慌张张地跑上去，拜伏在台阶下。主人说：“进来！”他便拜了两拜，故意迟迟不站起，起来后就献上进见的礼物。主人故意不接受，他就再三请求收下；主人故意坚决不接受，他就再三请求。然后主人叫手下人把东西收下，他便拜了两拜，故意迟迟不站起，起来后又作了五六个揖才退出。出来他就对守门人作揖说：“承蒙官人关照我！以后再来，希望不要阻拦我。”守门人给他还礼，他就非常欢喜地跑出来。骑在马上遇见所交往的朋友，就扬起马鞭得意洋洋地对人说：“我刚从相公家出来，相公待我很好，很好！”并且夸大其词地叙述受到接待的情况。因此他的朋友，也从心里敬畏他能得到相公的看重。相公又偶尔对人提到：“某人有才能，某人有才能。”听到的人也都在心里盘算着并且一起称赞他。这就是如今所说的上下信任了，您说，我能这样做吗？

对于前面所说的那个有权势的人家，我除了过年过节投一个名帖外，就整年不去。有时经过他的门前，就捂住耳朵，闭着眼睛，鞭策着马匹疾跑过去，就像后面有人追似的。这就是我狭隘的心怀，所以经常不被长官喜欢，而我却更加不顾。我常宣称：“人生是由一定的命运决定的，我只要安守自己的本分就行了！”您听了我的这番话，或许不会觉得我很迂腐吧？

作者简介

归有光（1506—1571），字熙甫，号震川，昆山（今属江苏）人。嘉靖十九年（1540）考中举人。以后参加八次会试，都没有考中。退居嘉定（今属上海）的安亭江边，教书授徒二十余年之久。嘉靖四十四年（1565）才成为进士，任长兴（今属浙江）知县。隆庆四年（1570）任南京太仆寺丞，修《世宗实录》。归有光是明代优秀的散文家。他从小爱读司马迁的《史记》，相传他曾用五种颜色的笔圈点《史记》。他的散文受司马迁和欧阳修的影响很大，但有自己的特色。他善于用疏淡的笔墨，描写家人、朋友之间在日常生活中的一些琐碎事情，言近旨远，充满了真挚的感情。著有《震川先生集》。

吴山图记

归有光

[题解]

作者的朋友魏用晦任吴县知县期间，为官清廉，深受百姓爱戴，他离任时，当地百姓送《吴山图》给他作为纪念。于是作者写了这篇文章记录此事，就官与民的关系展开议论，用苏轼和韩琦的事例，说明贤能的官吏一定会受到百姓的怀念，也表达了作者自己对吏治的期望。

[原文]

吴、长洲二县[①]，在郡治所，分境而治。而郡西诸山，皆在吴县。其最高者，穹窿、阳山、邓尉、西脊、铜井。而灵岩，吴之故宫在焉，尚有西子[②]之遗迹；若虎丘、剑池及天平、尚方、支硎，皆胜地也。而太湖汪洋三万六千顷，七十二峰沉浸其间，则海内之奇观矣。余同年[③]友魏君用晦为吴县，未及三年，以高第召入为给事中[④]。君之为县有惠爱，百姓扳[⑤]留之不能得，而君亦不忍于其民，由是好事者绘《吴山图》以为赠。

夫令之于民诚重矣。令诚贤也，其地之山川草木，亦被其泽而有荣也；令诚不贤也，其地之山川草木，亦被其殃而有辱也。君于吴之山川，盖增重矣。异时吾民将择胜于岩峦之间，尸祝于浮屠老子之宫也[⑥]，固宜。而君则亦既去矣，何复惓惓(quán)[⑦]于此山哉？

昔苏子瞻称韩魏公去黄州四十余年[⑧]，而思之不忘，至以为思黄州诗，子瞻为黄人刻之于石。然后知贤者于其所至，不独使其人之不忍忘而已，亦不能自忘于其人也。君今去县已三年矣。一日与余同在内庭，出示此图，展玩太息，因命余记之。噫！君之于吾吴有情如此，如之何而使吾民能忘之也？

[注释]

①吴、长洲：吴县与长洲县均为吴郡辖县，同在今江苏苏州。②西子：春秋时吴王夫差的妃子西施。③同年：科举制度中同榜考中的人互称同年。④高第：指考试或官吏考核被列入较高的等第。给事中：明代掌监察六部、侍中规谏之职的官员。⑤扳：通“攀”，挽留。⑥尸祝：尸是代表鬼神受享祭的人，祝是传告鬼神言辞的人。这里引申为祭祀。浮屠：这里指佛。⑦惓惓：恳切的样子。⑧苏子瞻：苏轼，字子瞻，北宋时文学家。韩魏公：韩琦，北宋大臣，封魏国公。黄州：治所在今湖北黄冈。

[译文]

吴县、长洲两县，都在吴郡的郡治所在地，划界而治。府城西面有许多山冈，都在吴县境内。其中最高的，有穹窿、阳山、邓尉、西脊、铜井等山。灵岩山，是春秋时吴国的宫殿所在之处，那里还有西施的遗迹。像虎丘、剑池以及天平、尚方、支硎等处，都是著名的风景之地。面积三万六千顷的太湖浩浩渺渺无穷，七十二峰在湖中立起，堪称海内奇观。我的同年好友魏用晦任吴县县令未满三年，因政绩卓著被调入京城担任给事中。魏君在吴县时有恩于民，离任时，百姓设法挽留不成，魏君也舍不得离开他的百姓，于是有位热心人便画了一幅《吴山图》送给他。

县令对于百姓来说，的确是很重要的，如果他十分贤良，那么当地的山川草木也为蒙受其恩泽而感到荣耀；如果他并不贤良，那么当地的山川草木也会遭到祸害，蒙受耻辱。魏君可以说是让吴县的山河增添光彩了。将来吴县的百姓会在青山秀岩间挑选一块名胜宝地，修一座神庙祭祀他，这完全是应该的。然而魏君既然已经离开了吴县，为什么还对这里的山川草木那样眷恋呢？

从前，苏东坡称赞韩琦离开了黄州四十多年仍对其念念不忘，以至于写下了怀念黄州的诗歌。苏东坡为黄州的百姓把这诗刻在石碑上。此后人才明白：贤能之士对于他曾治理过的地方，不仅会使那儿的人民不忍心忘记他，自己也是不能忘记那里的人民。魏君离开吴县到现在已三年了，一天，他与我同在内廷，拿出这幅《吴山图》给我看，一边欣赏，一边感叹，于是嘱托我写篇文章记载这件事情。唉！魏君对吴县的百姓有如此深厚的感情，又怎能使吴县百姓忘记他呢？

沧浪亭记

归有光

[题解]

本文记述了沧浪亭兴建和演变的过程。沧浪亭最初为宋代诗人苏舜钦所建，到了明代，僧人文瑛又在原地重建。因为时代的发展，许多古迹都已消失，但是，与曾经奢华辉煌的吴越宫殿相比，苏舜钦所建的沧浪亭却获得了后世的赞美。

[原文]

浮图[①]文瑛居大云庵，环水，即苏子美沧浪亭之地也[②]。亟求余作《沧浪亭记》，曰："昔子美之记，记亭之胜也，请子记吾所以为亭者。"

余曰："昔吴越有国时，广陵王镇吴中[③]，治南园于子城之西南，其外戚孙承佑[④]亦治园于其偏。迨淮海纳土[⑤]，此园不废，苏子美始建沧浪亭，最后禅者居之。此沧浪亭为大云庵也。有庵以来二百年，文瑛寻古遗事，复子美之构于荒残灭没之余。此大云庵为沧浪亭也。夫古今之变，朝市改易。尝登姑苏之台[⑥]，望五湖[⑦]之渺茫，群山之苍翠，太伯、虞仲之所建[⑧]，阖(hé)闾、夫差之所争[⑨]，子胥、种、蠡(lǐ)之所经营，今皆无有矣，庵与亭何为者哉？虽然，钱镠因乱攘窃，保有吴越，国富兵强，垂及四世，诸子姻戚，乘时奢僭，宫馆苑囿，极一时之盛。而子美之亭，乃为释子所钦重如此。可以见士之欲垂名于千载，不与澌然[⑩]而俱尽者，则有在矣。"

文瑛读书喜诗，与吾徒游，呼之为沧浪僧云。

[注释]

①浮图：梵语的音译，这里指佛教徒。②苏子美：苏舜钦，字子美，北宋文学家。曾修沧浪亭，并作《沧浪亭记》。③广陵王：钱元璙，吴越王钱镠的儿子。吴中：泛指今太湖流域一带。④孙承佑：钱镠之孙钱俶的岳父。⑤淮海纳土：指吴越国降宋，献出淮海一带的土地。⑥姑苏之台：春秋时吴王夫差所建，在今江苏苏州西南的姑苏山上。⑦五湖：泛指太湖一带所有湖泊。⑧太伯、虞仲：周太王古公亶父的长子、次子。传说是吴国的开创者。⑨阖闾、夫差：春秋时相继就任的两位吴王。夫差是阖闾之子。⑩澌然：冰块融化的样子。

[译文]

文瑛和尚居住在大云庵，那里四面环水，曾是苏子美建造沧浪亭的地方。他多次请我写篇《沧浪亭记》，说："从前苏子美所作《沧浪亭记》，是写亭子的优美景色，您就记述我修复这个亭子的缘由吧。"

我说：从前吴越建国时，广陵王管辖吴中，曾在内城的西南修建了一座南园，他的外戚孙承佑，也在它的旁边建了座园子。到淮海之地被宋国吞并时，这个园子还没有荒废。苏子美最初在园中修建了沧浪亭，后来住进了和尚。这就是从沧浪亭变成大云庵的过程。大云庵至今已有二百年的历史了。文瑛寻访历史遗迹，在废墟上按原样子修复了沧浪亭。这就是大云庵变成沧浪亭的过程。历史经历了变迁，朝代不断地改换。我曾经登上姑苏台，眺望浩渺的五湖，苍翠的群山，太伯、虞仲曾在那里建国，阖闾、夫差曾在那里进行战争，子胥、文种、范蠡筹划的事业，如今都已不复存在，庵与亭又算得了什么呢？虽然如此，钱镠趁天下动乱窃据权位，占有吴越之地，国富兵强，传了四代，其子孙亲戚也借着权势大肆挥霍，大建宫馆园林，盛极一时，而子美的沧浪亭，才被和尚如此钦重。可见士人若想垂名千载，不像冰块一样很快消失，是有原因的。

文瑛好读书作诗，常与我们交游，大家称他为沧浪僧。

作者简介

茅坤（1512—1601），字顺甫，号鹿门，归安（今浙江吴兴）人，嘉靖十七年（1538）中进士，当过大名兵备副使，后被贬，返乡闲居。他与唐顺之、归有光等人的散文相近，提倡学习唐宋人的古文，所以后世称他们为"唐宋派"。他编选了《唐宋八大家文钞》。

《青霞先生文集》序

茅坤

[题解]

沈炼因曾弹劾严嵩父子遭到贬谪，后来被害。当陷害沈炼的人也被罢免后，沈炼的门人将其生前的诗文编成文集，作者受沈炼之子沈襄所托，写了这篇序文。文中记载了沈炼的为人及其被害的经过，对其作品能够存在和流传的现实意义做了评价。

[原文]

青霞沈君①，由锦衣经历上书诋宰执②。宰执深疾之，方力构其罪，赖天子仁圣，特薄其谴，徙之塞上。当是时，君之直谏之名满天下。已而，君累然携妻子，出家塞上。会北敌数内犯，而帅府③以下束手闭垒，以恣敌之出没，不及飞一镞以相抗，甚且及敌之退，则割中土之战没者，与野行者之馘(guó)④以为功。而父之哭其子，妻之哭其夫，兄之哭其弟者，往往而是，无所控吁。君既上愤疆场之日弛，而又下痛诸将士日菅(jiān)⑤刈我人民以蒙国家也，数呜咽欷歔，而以其所忧郁发之于诗歌文章，以泄其怀，即集中所载诸什是也。君故以直谏为重于时，而其所著为诗歌文章又多所讥刺，稍稍传播，上下震恐，始出死力相煽构，而君之祸作矣。君既没，而一时阃(kǔn)寄⑥所相与谗君者，寻且坐罪罢去。又未几，故宰执之仇君者亦报罢。而君之门人给谏⑦俞君，于是裒(póu)辑⑧其生平所著若干卷，刻而传之。而其子以敬，来请予序之首简。

伍子胥一战入郢

伍子胥，名员，字子胥，春秋时期楚国人，春秋末期吴国大夫，军事家、谋略家。本文作者认为，伍子胥的进谏似乎在威胁君王。

茅子受读而题之曰：若君者，非古之志士之遗乎哉？孔子删《诗》，自《小弁》之怨亲，《巷伯》之刺谗以下，其忠臣、寡妇、幽人、怼士之什，并列之为“风”，疏之为“雅”，不可胜数。岂皆古之中声也哉？然孔子不遽遗之者，特悯其人，矜其志，犹曰：“发乎情，止乎礼义；言之者无罪，闻之者足以为戒焉耳。”予尝按次《春秋》以来，屈原之《骚》疑于怨，伍胥之谏疑于胁，贾谊之疏疑于激，叔夜之诗疑于愤，刘蕡之对疑于亢，然推孔子删《诗》之旨而裒次之，当亦未必无录之者。君既没，而海内之荐绅⑨大夫，至今言及君，无不酸鼻而流涕。

嵇康

三国时魏末著名的诗人与音乐家，是当时玄学家的代表人物之一，为人耿直。本文的作者认为他的诗歌过于激愤。

呜呼！集中所载《鸣剑》《筹边》诸什，试令后之人读之，其足以寒贼臣之胆，而跃塞垣战士之马，而作之忾也，固矣。他日国家采风者之使出而览观焉，其能遗之也乎？予谨识之。至于文词之工不工，及当古作者之旨与否，非所以论君之大者也，予故不著。

[注释]

①沈君：沈炼，字纯甫，别号青霞山人，会稽（今浙江绍兴）人。明世宗嘉靖十七年（1538）进士，曾任溧阳花平知县，后又任锦衣卫经历。②锦衣经历：锦衣卫的经历官。锦衣卫原是皇室亲军，兼管刑狱、巡捕；明中叶以后，和东厂、西厂同为特务机构。宰执：这里指宰相严嵩。③帅府：边境最高军事机关。④馘：被杀者的左耳。⑤菅：一种草。⑥阃寄：指担任军职。⑦给谏：给事中和谏议大夫合称，掌纠正过失和规谏。⑧裒辑：搜集、编辑。⑨荐绅：同搢绅，古代士大夫垂绅搢笏，因以此称士大夫。

[译文]

青霞山人沈君，以锦衣卫经历的身份，上书责备宰相，宰相对他很痛恨，竭力罗织罪名陷害他，幸亏皇帝仁慈圣明，特地减轻其罪责，把他贬谪到边塞。那时沈君敢于直谏的美名传遍天下。不久，沈君就携带妻儿，离家来到塞上。正巧北方一带频频传来敌人入侵的告急警报，而帅府以下诸将都束手无策，紧闭城垒，任凭敌人出入侵扰，连发一支箭以抗击敌人都没有做到。甚至等到敌人退却，就割下我方阵亡者和在郊野行走百姓的左耳以邀功请赏。于是父亲哭儿子、妻子哭丈夫、哥哥哭弟弟的惨状，比比皆是，百姓们却无处控诉呼吁。沈君对上既为边疆防务的日益废弛而愤慨，对下又对众将士任意残杀人民、蒙骗朝廷而悲痛叹息，乃将他的忧郁表现在诗歌文章之中，以抒发情怀，文集中所收的这些篇章就是。沈君原来就以直谏被时人敬重，而他所作的诗文又多有讽刺，逐渐传播出去，于是上下都感到震惊恐慌，就开始竭力造谣陷害，沈君的大祸就产生了。沈君被害后，当年掌握大权、一起陷害沈君的人，不久便因罪罢职。又过了不久，原来仇视沈君的宰相也被罢免。沈君的门人给事中俞君，于是收集编辑了他一生所作的诗文若干卷，刊刻流传。其子沈襄，来请我作序放在文集前面。

我恭读了文集后写道：像沈君这样的人，不就是古代志士的遗风吗？孔子删定

《诗经》，从《小弁》篇的怨恨父亲、《巷伯》篇的讥刺谗人以下，其中忠臣、寡妇、隐士和怨怼之士的作品，一起被列于“风”、被分入“雅”的，数不胜数。它们难道都是上古的中和之声吗？然而孔子终究不删掉它们，只是因为怜悯这些人，爱惜他们的心志啊，还说是“发自内心的感情，又合乎礼义的规范”，“言者无罪，听的人完全应该引以为戒”。我曾经依序考察《春秋》以来的作品，屈原的《离骚》近乎怨恨，伍子胥的进谏似乎在威胁君王，贾谊上疏似乎过于偏激，嵇康的诗歌似乎过于激愤，刘蕡的奏对也有过分之嫌。然而若以孔子删定《诗经》的宗旨来编辑它们，恐怕也未必不被录取。沈君死后，海内的士大夫至今一提到他，无不鼻酸流泪。啊！文集中所收载的《鸣剑》《筹边》等篇，如果让后人读，足可使奸臣胆寒，使塞上战士勇敢杀敌，激起他们同仇敌忾之气，那是必然的！日后朝廷派遣的采风使者出使各地而看到这些诗篇，难道会遗漏它们吗？我恭敬地记述在此。至于文辞的精美与否，以及与古代作家为文的宗旨是否相合，那无关乎评论沈君的大节，所以我不予评论。

作者简介

王世贞（1526—1590），字元美，号凤洲、弇州山人，太仓（今属江苏）人，嘉靖年间中进士，任南京刑部尚书。他是“后七子”之一，和李攀龙并称。虽然他也是“文必西汉，诗必盛唐”之类复古口号的鼓吹者，但似乎他的胸襟比李攀龙等人宽广，对不同的文学思想和文学创作都能宽容。他本人的散文创作，则常常超越他们画地为牢的口号，在古奥中见流畅，于奇崛中有清新，比起七子中另六子来似乎高明一些；尤其是他学问广博，知识丰富，笔下文章也常常能显示出学问功底和涵养工夫，因而别有一种淳厚韵味，有些像宋代散文家的格调。

蔺相如完璧归赵论

王世贞

[题解]

作者首先对蔺相如完璧归赵的事表示了怀疑，因为如果赵国畏惧秦国，就应当将和氏璧送给秦国；而如果赵国想让秦国背上失信的恶名，也应当放弃和氏璧。但是蔺相如却令人怀揣和氏璧逃回赵国，让自己变成了理屈的一方，这种做法并不高明。因此，即使完璧归赵的事情是真实的，也是赵国的运气好罢了。

[原文]

蔺相如[①]之完璧，人皆称之，予未敢以为信也。

夫秦以十五城之空名，诈赵而胁其璧，是时言取璧者情也，非欲以窥赵也。赵得其情则弗予，不得其情则予；得其情而畏之则予，得其情而弗畏之则弗予。此两言决耳，奈之何既畏而复挑其怒也？

且夫秦欲璧，赵弗予璧，两无所曲直也。入璧而秦弗予城，曲在秦；秦出城而璧归，曲在赵。欲使曲在秦，则莫如弃璧；畏弃璧，则莫如弗予。夫秦王既按图以予城，又设九宾[2]，斋而受璧，其势不得不予城。璧入而城弗予，相如则前请曰："臣固知大王之弗予城也。夫璧非赵璧乎？而十五城秦宝也，今使大王以璧故而亡其十五城，十五城之子弟，皆厚怨大王以弃我如草芥也。大王弗予城而绐(dài)[3]赵璧，以一璧故而失信于天下，臣请就死于国，以明大王之失信。"秦王未必不返璧也。今奈何使舍人怀而逃之，而归直于秦？是时秦意未欲与赵绝耳。令秦王怒，而僇[4]相如于市，武安君[5]十万众压邯郸，而责璧与信，一胜而相如族，再胜而璧终入秦矣。吾故曰："蔺相如之获全于璧也，天也！"若其劲渑(miǎn)池[6]，柔廉颇[7]，则愈出而愈妙于用。所以能完赵者，天固曲全之哉！

[注释]

①蔺相如：战国时赵国大臣。②九宾：又称九仪。指设傧相九人接待来人的隆重仪式。③绐：欺骗。④僇：通"戮"，杀戮。⑤武安君：秦国名将白起，封武安君。⑥劲渑池：公元前 279 年，秦昭襄王与赵惠文王在渑池（今属河南）会盟，秦王欲辱赵王，受到蔺相如的有力还击。⑦柔廉颇：蔺相如立功拜为上卿，位在大将廉颇之上，廉颇不服，蔺相如就处处谦让，终于感动廉颇。

[译文]

蔺相如完璧归赵，人们都称赞他，我却不敢苟同。

秦国以十五座城池的空名，欺骗赵国，并且威胁索取其和氏璧。这时，秦国想要得到璧是实情，但不是要趁机窥伺赵国。赵国能看穿诡计就不给它，看不穿就只有给它；看穿而惧怕秦国就给它，看穿而不惧怕秦国就不给它。给予不给，只要两句话就能解决啊，为什么既惧怕他而又要惹他发火呢？

况且，秦国想得到璧，赵国并不想给，双方是无所谓是非曲直的。赵国送去了璧而秦国不割让城池，则错在秦国。秦国交出城池而赵国又拿回了璧，则错在赵国。要想使这错在秦国，就不如放弃璧；害怕这块璧被骗去，就不如不给。秦王既然答应按照地图交割城池，又准备了九宾的隆重仪式，斋戒沐浴，恭敬地前来接受这块璧，这形势，是不得不交割城池的了。如果秦王骗去了璧而不给城池，相如就可以上前恭敬地说："我早就知道大王是不会给城的。那璧不是赵国的宝贝吗？而十五座城池也是秦国所珍惜的。如今若大王为了这块璧的缘故而失去了十五座城池，城里的百姓，都会深深地怨恨大王把他们如同草芥一样地抛弃。大王也可以不给城池而骗取和氏璧，就为了一块璧而在天下人之前失信，我请求就死在您的面前，来表明大王的言而无信。"这样，秦王未必不会将璧归还。而蔺相如为什么要派手下的人怀揣着璧逃回去，把有理的一方让给了秦国呢？那时秦国还不想与赵国决裂啊！假如秦王发怒而杀相如示众，派武安君统领十万大军兴师问罪，进攻邯郸，责问那块璧的去向及赵国的失信，秦兵的一次胜利就可以使相如灭族，再次胜利就可以得到和氏璧了。所以我说，蔺相如能够保全这块璧，是天意啊！至于他在渑池的强硬态度，对廉颇的温和忍让，办法是越来越高明了。所以赵国能够保全，实在是上天有意保佑它啊！

作者简介

袁宏道（1568—1610），字中郎，号石公，公安（今属湖北）人。他是袁宗道的弟弟、袁中道的哥哥。万历二十年（1592）进士，先后担任过吴县知县、京兆校官、礼部仪制司主事、验封司主事。中间曾两度告归。晚年定居沙市（今属湖北）。他是明代著名的文学家，"公安派"的代表作家。兄弟三人之中，他的才力和名望最著名。他的散文力求自由解放，给人以清新活泼的感觉。著有《袁中郎全集》。

徐文长传

袁宏道

[题解]

徐渭是明朝著名作家，在诗文、戏曲、书法以及绘画等诸多方面都有很高的造诣，却终生潦倒不得志，只有以诗文发泄胸中的不平。他死后四年，袁宏道偶然见到了他的诗集，于是为他写了这篇传记，记述了他坎坷不平的一生，表达了自己的同情和对世俗的傲视与愤慨。

[原文]

徐渭，字文长，为山阴诸生①，声名籍甚。薛公蕙校越时②，奇其才，有国士③之目。然数奇④，屡试辄蹶。中丞胡公宗宪闻之⑤，客诸幕。文长每见，则葛衣乌巾，纵谈天下事，胡公大喜。是时，公督数边兵，威镇东南，介胄⑥之士，膝语蛇行，不敢举头，而文长以部下一诸生傲之，议者方之刘真长⑦、杜少陵⑧云。会得白鹿，属文长作表，表上，永陵⑨喜。公以是益奇之，一切

疏[10]计，皆出其手。文长自负才略，好奇计，谈兵多中，视一世事无可当意者，然竟不偶。

文长既已不得志于有司，遂乃放浪曲糵(niè)[11]，恣情山水，走齐、鲁、燕、赵之地，穷览朔漠。其所见山奔海立，沙起云行，雨鸣树偃，幽谷大都，人物鱼鸟，一切可惊可愕之状，一一皆达之于诗。其胸中又有勃然不可磨灭之气，英雄失路、托足无门之悲，故其为诗，如嗔如笑，如水鸣峡，如种出土，如寡妇之夜哭、羁人[12]之寒起。虽其体格时有卑者，然匠心独出，有王者气，非彼巾帼而事人者所敢望也。文有卓识，气沉而法严，不以模拟损才，不以议论伤格，韩、曾之流亚也[13]。文长既雅不与时调合，当时所谓骚坛主盟者，文长皆叱而怒之，故其名不出于越。悲夫！

喜作书，笔意奔放如其诗，苍劲中姿媚跃出，欧阳公[14]所谓"妖韶女老自有余态"者也。间以其余，旁溢为花鸟，皆超逸有致。

卒以疑，杀其继室，下狱论死。张太史元汴[15]力解，乃得出。晚年愤益深，佯狂益甚。显者至门，或拒不纳。时携钱至酒肆，呼下隶与饮；或自持斧击破其头，血流被面，头骨皆折，揉之有声；或以利锥锥其两耳，深入寸余，竟不得死。周望[16]言：晚岁诗文益奇，无刻本，集藏于家。余同年有官越者，托以钞录，今未至。余所见者，《徐文长集》《阙编》二种而已。然文长竟以不得志于时，抱愤而卒。

石公[17]曰：先生数奇不已，遂为狂疾；狂疾不已，遂为囹圄[18]。古今文人牢骚困苦未有若先生者也。虽然，胡公间世豪杰，永陵英主；幕中礼数异等，是胡公知有先生矣；表上，人主悦，是人主知有先生矣。独身未贵耳。先生诗文崛起，一扫近代芜秽之习，百世而下，自有定论。胡为不遇哉？梅客生[19]尝寄予书曰："文长吾老友，病奇于人，人奇于诗。"余谓文长无之而不奇者也。无之而

不奇，斯无之而不奇也。悲夫！

[注释]

①诸生：县学生员，即秀才。②薛公蕙：薛蕙，明代正德年间进士，官至吏部郎中。③国士：一国中杰出的人士。④数奇：命运不好。⑤胡公宗宪：胡宗宪，字汝贞，号默林，嘉靖三十四年（1555）任浙江巡按御史，后升总督。⑥介胄：甲胄，即铠甲与头盔，代指军服。⑦刘真长：名惔，东晋人。仕为丹阳尹，深为丞相王导所器重，为人恃才傲物。⑧杜少陵：杜甫。杜甫曾在剑南节度使严武幕中供职。他与严武是世交，关系密切，不拘礼仪。⑨永陵：指明世宗朱厚熜。他的年号嘉靖，陵墓叫永陵。⑩疏：奏疏，臣下呈给皇帝的公文。⑪曲糵：指酒。⑫羁人：羁旅之人。⑬韩：指韩愈，唐代著名散文家，古文运动领袖。曾：指曾巩，宋代著名散文家。⑭欧阳公：指欧阳修，宋代著名文学家。⑮张太史元汴：张元汴，字子荩，号阳和，山阴人，曾任翰林院编修，故称为太史。⑯周望：陶望玲，字周望，号石篑，会稽人，曾任翰林院编修，是袁宏道的朋友。⑰石公：袁宏道的号。⑱囹圄：牢狱。⑲梅客生：名国桢，湖北麻城人，作者的朋友。

[译文]

徐渭，字文长，是山阴的生员，声名盛大。薛公蕙在浙江主持考试时，对他的才华感到十分震惊，把他视作国士。然而徐渭命运不好，遇事不顺，屡次应试总是失败。中丞胡宗宪听说后，请他去做幕僚。文长每次去见胡公，都穿着葛布长衫，头戴乌巾，放任地谈论天下之事。胡公十分称赞。这时，胡公统率着几支军队，威震东南，普通士兵在他面前总是侧身缓步，跪着说话，不敢仰视，而文长以帐下一个生员的身份狂傲地对待胡公，好议论的人把他比作刘真长与杜甫。胡公恰巧猎得一头白鹿，嘱托文长写一篇贺表。表递交上去后，世宗皇帝看了很高兴。胡公因此更加器重徐渭，一切疏记奏章都交给徐渭办理。文长自负才智过人，喜好出奇制胜，谈论用兵之道时往往被他说对，觉得当时的士人没有一个能入他眼的，却总是遭遇不顺。

纵情山水

文长既已不得志于有司，遂乃放浪曲糵。

文长既然不得志，不被当权者重视，于是放浪于酒，纵情山水，他游历了齐、鲁、燕、赵之地，饱览北方的大漠。他所看到的山奔海立，沙起云飞，风起雷鸣，大树倾伏，幽深的山谷和繁华的大都，人物鱼鸟和奇异的树木，一切可惊可愕的形状和景观，一一写入了诗中。他胸中又有强烈的不平之气和英雄无用武之地，投靠无门的悲愤，所以他的诗时怒时笑，如山流在峡谷中鸣叫，如种子出土，如寡妇深夜的哭泣，如旅行的人在夜半寒冷时启程。虽然有些诗的格调也不是很好，但匠心独运，有雄伟的气派，不是那些如女子般以媚态事人的人所能写出来的。他的文章有真知灼见，气度深沉而章法严谨，不因墨守成规而损伤他的才华，也不因议论而伤害了文章的格调，是与韩愈和曾巩文风相近啊！文长既然志趣高雅，从来不与潮流合拍，对当时诗坛所谓的风云人物，文长都加以抨击。因此，他的名声出不了绍兴，实在令人为之感到悲哀！

他喜欢书法，笔意奔放如同他的诗，苍劲中另具一种妩媚的姿态，就像欧阳修所说的“迟暮女子也自有一番余韵”。他有时尚有余力，兴趣还涉及画些花鸟画，都高超有情致。

后来，他因为多疑而杀他的继妻，被下狱定为死罪。张太史元汴极力为他辩解，他才得以出狱。晚年对世道的愤懑越来越深，于是有意假装疯狂，达官贵人登门拜访，他会拒绝不见。时常带着钱到酒店，叫仆人与他一起饮酒。有时拿着斧头把自己的头击破，血流满面，头骨都折断，用手揉摩，咔咔作响。有时用尖利的锥子锥进自己的两耳一寸多深，竟没有死。周望说：徐文长晚年的诗文越发奇特，没有刻本，集起来后都藏于家中。我的科考同年在浙江做官，我托他抄下来，现在还没有拿到。我所见到的，只有《徐文长集》《阙编》两种而已。然而，文长竟然因为当时不得志，带着愤恨而死。

石公说：文长先生一生命运多舛，以至变得疯狂；疯狂不止，又导致他被抓进监狱。古今文人的牢骚不满及所受的穷困苦难，没有像文长先生一样的。虽然如此，胡公是罕见的豪杰，世宗是英明的君主，在幕府中胡公对文长与对别人不同，是胡公了解他啊！表上奏给皇帝，取得皇帝的欢心，是皇帝也知道有先生啊！唯一欠缺的就是他没能显贵起来。文长先生诗文崛起，一扫近代文坛贫乏肮脏的风气，将来的历史自有定论，怎么能说他不得志呢？梅客生曾寄信给我说：“文长是我的老朋友，他的怪病比他的人更怪，他作为一个奇人比他的诗还奇。”我说文长没有一处不奇异。正因为没有什么不奇，所以命运也就没有一处不艰难坎坷。真是令人悲哀呵！

作者简介

张溥（1602—1641），字干度，后改字天如，号西铭，太仓（今属江苏）人。幼年勤苦学习，所读书必手抄，抄至六七遍才停止。后来就把他的书斋叫作“七录斋”。他与同邑张采共学齐名，人称“娄东二张”。他富有正义感，同情东林党。崇祯元年（1628）他写《五人墓碑记》。崇祯二年（1629）他联合各地文社，组成“复社”，主张“兴复古学”，改良政治，名震朝野。崇祯四年（1631）中进士，选翰林院庶吉士，授编修。次年告假归家。他是明末著名的散文家，风格亢爽、质朴。著有《七录斋诗文合集》《七录斋近集》，编有《汉魏六朝百三名家集》。

五人墓碑记

张溥

[题解]

明朝末年，宦官魏忠贤专权，他排斥异己，杀害大臣，对人民施行残暴的统治。以士大夫为首的东林党人，多次上疏与魏忠贤斗争，遭到了阉党的迫害。天启六年（1626），魏忠贤又派人到苏州捉拿周顺昌，激起苏州市民的反抗，于是统治者搜捕暴动市民。为了不牵连无辜，市民首领颜佩韦等五人主动投案就义。崇祯皇帝即位后，魏忠贤畏罪自杀。为纪念五人，苏州市民将他们合葬于城外。张溥于崇祯元年（1628）作此文，刻在墓碑上。

[原文]

五人者，盖当蓼(liǎo)洲周公[①]之被逮，激于义而死焉者也。至于今，郡[②]之贤士大夫请于当道，即除魏阉废祠之址以葬之[③]，且立石于其墓之门，以旌[④]其所为。呜呼！亦盛矣哉！

夫五人之死，去今之墓而葬焉，其为时止十有一月耳。夫十有一月之中，凡富贵之子，慷慨得志之徒[⑤]，其疾病而死，死而湮没[⑥]不足道者，亦已众矣，况草野[⑦]之无闻者欤！独五人之皦皦(jiǎo)[⑧]，何也？

予犹记周公之被逮，在丁卯三月之望[⑨]。吾社[⑩]之行为士先者，为之声义[⑪]，敛资财以送其行，哭声震动天地。缇骑(tí jì)[⑫]按剑而前，问：“谁为哀者[⑬]？”众不能堪，抶(chì)而仆之[⑭]。是时以大中丞[⑮]抚吴者，为魏之私人，周公之逮所由使也。吴之民方痛心焉，于是乘其厉声以呵[⑯]，则噪[⑰]而相逐，中丞匿于溷藩(hùn)[⑱]以免。既而以吴民之乱请于朝，按诛[19]五人，曰：颜佩韦、杨念如、马杰、沈扬、周文元，即今之傫然[20]在墓者也。

然五人之当刑也，意气扬扬[21]，呼中丞之名而詈(lì)[22]之，谈笑以死。断头置城上，颜色不少变。有贤士大夫发五十金，买五人之脰而函之[23]，卒与尸合。故今之墓中，全乎为五人也。

嗟夫！大阉之乱，缙绅[24]而能不易其志者，四海之大，有几人欤？而五人生于编伍之间[25]，素不闻诗书之训[26]，激昂大义，蹈[27]死不顾，亦曷故哉？且矫诏[28]纷出，钩党[29]之捕，遍于天下，卒以吾郡之发愤一击，不敢复有株治[30]。大阉亦逡巡[31]畏义，非常之谋难于猝发[32]，待圣人之出，而投缳(huán)道路[33]，不可谓非五人之力也。

由是观之，则今之高爵显位，一旦抵罪，或脱身以逃，不能容于远近，而又有剪发杜门[34]，佯狂[35]不知所之者，其辱人贱行[36]，视[37]五人之死，轻重固何如哉？是以蓼洲周公，忠义暴于朝廷，赠谥美显，荣于身后；而五人亦得以加其土封[38]，列其姓名于大堤之上，凡四方之士，无有不过而拜且泣者，斯固百世之遇也。不然，令五人者保其首领，以老于户牖之下[39]，则尽其天年，人皆得以隶使[40]之，安能屈豪杰之流[41]，扼腕[42]墓道，发其志士之悲哉？故予与同社诸君子，哀斯墓之徒有其石也，而为之记。亦以明死生之大，匹夫之有重于社稷也。

贤士大夫者，冏卿因之吴公[43]、太史文起文公[44]、孟长姚公[45]也。

[注释]

①蓼洲周公：周顺昌，字景文，号蓼洲，明神宗万历年间进士，曾任福州推官、文选员外郎，后辞官回家。因斥责魏忠贤而被捕，入京后下狱，受酷刑死。②郡：吴郡，今江苏苏州一带。③除：收拾，清理。魏阉：指魏忠贤。废祠：已被废除的生祠。生祠，为纪念某人而在他生前建立的祠堂。④旌：表彰。⑤慷慨得志之徒：这里泛指平时神气活现和任得一官半职的人。⑥湮没：埋没。⑦草野：指民间。⑧皦：洁净明亮。⑨丁卯：天启七年（1627）。望：阴历每月十五日。⑩吾社：指东林党。⑪声义：声张正义。⑫缇骑：逮捕罪犯的差役。⑬“谁为”句：你们为谁痛哭？⑭抶：鞭打。仆：跌倒。⑮中丞：官名，即都察院的副

都御史。⑯呵：呵斥。⑰噪：大声吵嚷。⑱溷藩：厕所内。⑲按诛：依照法律斩杀。⑳傫然：平白无故地被杀死。㉑意气扬扬：情绪激昂。㉒詈：骂。㉓脰：脖子，这里指头。函：用匣子装起来。㉔缙绅：指有官职或做过官的人。㉕生于编伍之间：出身于平民。古时户口编制以五家为一伍。五人都是平民出身：颜佩韦，商人的儿子；杨念如，卖衣服的商人；马杰，市民；沈扬，牙行的中人；周文元，周顺昌的轿夫。㉖诗书：指经书。训：教诲。㉗蹈：践踏，身临。㉘矫诏：伪托皇帝的诏令。㉙钩党：相互牵连为同党。㉚株治：株连惩办。㉛逡巡：有所顾虑而不敢继续进行。㉜猝发：突然发动。㉝投缳道路：中途上吊自杀而死。㉞剪发：清以前的男子都留长发，剪短头发或者剃光头都是不正常的。杜门：闭门不出。㉟佯狂：假装发狂。㊱辱人贱行：可耻的人格，卑鄙的行为。㊲视：比起。㊳加其土封：在他们的坟上添土。㊴户牖之下：家中。㊵隶使：当奴仆使唤。㊶屈豪杰之流：使英雄豪杰们拜倒。㊷扼腕：用一只手握住另一只手腕，表示惋惜。㊸冏卿：官名，即太仆寺卿。因之吴公：吴默，字因之。㊹太史：明代称翰林为太史。文起文公：文震孟，字文起。㊺孟长姚公：姚希孟，字孟长。

七录斋

张溥自幼勤苦学习，所读书必手抄，抄至六七遍才停止。后来就把他的书斋叫做“七录斋”。

[译文]

这五个人，就是当周蓼洲先生被捕之时，激于义愤而死的。到了现在，本郡的贤德之士向当局请求，获得批准在已被废除的魏忠贤生祠旧址来安葬他们，并且在墓门之前竖立碑石，来表彰他们的事迹。啊，也真是盛大的事情呀！

这五人的死，距离现在为他们建墓安葬，时间不过十一个月。在这十一个月当中，那些富贵人家的子弟，意气豪放、志得意满的人，因患疾病而死，死后埋没不再被人提起的，也太多了，何况乡间没有声名的普通百姓呢？唯独这五个人名声显耀。为什么呢？

我还记得周公被捕，是在丁卯年三月十五日。那时我们社里一些道德品行堪称楷模的人，替他伸张正义，捐资送他起程，哭声震天动地。差役们按着剑柄走上来，问：“谁在为他悲痛？”大家忍无可忍，把他们打倒在地。当时以大中丞职衔担任吴郡巡抚的是魏忠贤的党羽，周公被捕就是由他主使的。苏州的老百姓正十分痛恨他，这时乘他厉声呵斥之机，就群起呼喊着追赶他。这位巡抚藏在厕所里才得以逃脱。不久，他以苏州百姓发动暴乱的罪名向朝廷请示，追究处死了五个人，他们是：颜佩韦、杨念如、马杰、沈扬、周文元，就是现在合葬在这墓中的五个人。

当五人临刑之时，神情慷慨自若，喊着中丞的名字大骂，谈笑而死。砍下的头放在城头上示众，神色一点都没有改变。有位贤德之士拿出五十两银子，买下五个人的头装于匣中，最终与尸体合到了一起。所以现在墓中是完整的五个人。

唉！当魏忠贤祸国乱政的时候，做官的人能够不改变自己志节的，中国之大，有几个人呢？但这五个人身为平民，从未接受过诗书的教诲，仅仅被大义所激励，置生死于不顾，又是什么缘故呢？况且当时假诏书纷纷传出，追捕同党的人遍及全国，终于因为我们苏州人民的愤怒抗击，阉党才不敢再株连治罪；魏忠贤也因畏惧正义而迟疑不决，篡夺帝位的阴谋不敢立刻发动，直到当今的圣君即位，魏忠贤自缢在放逐的路上，不能不说有这五个人的功劳呀！

由此看来，今天那些高官显贵们，一旦犯罪受罚，有的脱身潜逃，不被远近所容；也有的剪发毁容、闭门不出，或假装疯狂不知该逃到何处，他们那可耻的人格，卑贱的行为，比起这五个人的牺牲，轻重的差别应该是怎样的呢？因此蓼洲周公的忠义在朝廷显露，受赠的谥号美好而光荣，死后十分荣耀；而这五个人也能够得到修建一座大坟墓的恩宠，立碑刻名于大堤之上，所有四方有志之士路过这里没有不跪拜哭泣的，这实在是百代难得的荣誉啊！若不如此，假使让这五个人保全性命在家中平安地活到老，尽享天年，有地位的人都能够像奴仆一样使唤他们，又怎么能让英雄豪杰屈身拜倒于墓前，扼腕叹息，抒发他们有志之士的悲壮感情呢？因此我和同社中的诸位先生，惋惜这墓前空有石碑而无碑文，就作了这篇碑记，也借此说明死生意义的重大，普通百姓对于国家也有重要的作用啊！

几位贤德之士是：太仆卿吴公因之，太史文公文起，姚公孟长。

图书在版编目(CIP)数据

图解古文观止/吴楚材、吴调侯编著,崇贤书院释译.—合肥:黄山书社,2015.11

(经典传家系列丛书)

ISBN 978-7-5461-5329-2

Ⅰ.①图… Ⅱ.①吴… ②崇… Ⅲ.①古典散文-散文集-中国 ②《古文观止》-通俗读物 Ⅳ.①H194.1-49

中国版本图书馆CIP数据核字(2015)第286475号

总 策 划 李 克
选题策划 汤吟菲 白剑峰
编辑统筹 刘 春
责任编辑 程 景
装帧设计 未 氓
责任印制 戚 帅
出版发行 时代出版传媒股份有限公司(http://www.press-mart.com)
黄山书社(http://www.hspress.cn)
地址邮编 合肥市政务文化新区翡翠路1118号出版传媒广场7层 230071
印 刷 安徽新华印刷股份有限公司
版 次 2016年3月第1版
印 次 2018年1月第3次印刷
开 本 700mm×1000mm 1/16
字 数 540千
印 张 34.75
书 号 ISBN 978-7-5461-5329-2
定 价 35.80元

服务热线 0551-63533706

销售热线 0551-63533761

官方直营书店(http://hsssbook.taobao.com)